Friedrich Katz

·PANCHO VILLA·

Friedrich Katz

·PANCHO VILLA·

Traducción de Paloma Villegas

2

Ediciones Era

La traducción de esta obra fue posible gracias al apoyo del
Fideicomiso para la Cultura México-Estados Unidos,
una iniciativa del Fondo Nacional para la Cultura y las Artes,
la Fundación Cultural Bancomer y The Rockefeller Foundation.

Título original: *The Life an Times of Pancho Villa*
Primera edición en español: 1998
Primera reimpresión: 1999
Segunda reimpresión: 1999
Segunda edición (ampliada): 2000
Primera reimpresión: 2003
ISBN: 968-411-481-8
ISBN: 968-411-483-4 (tomo 2)
DR en lengua española © 1998, Ediciones Era, S. A. de C. V.
Calle del Trabajo 31, 14269 México D. F.
Impreso y Hecho en México / *Printed and made in Mexico*

www.edicionesera.com.mx

ÍNDICE

La nueva guerra civil:
el villismo a la ofensiva

EL ENCUENTRO DE PANCHO VILLA Y EMILIANO ZAPATA

Como en la historia de la mayoría de las revoluciones, la fase más sangrienta de la revolución mexicana no se produjo cuando los revolucionarios peleaban contra los defensores del antiguo régimen, sino cuando empezaron a combatir entre sí. En la mayoría de los casos, quienes defienden al antiguo régimen son una minoría apoyada por algunos sectores de las antiguas clases altas y aliados extranjeros. En cambio, las facciones rivales en el movimiento revolucionario mueven grandes masas y sus dirigentes suelen ser muy capaces, puesto que deben lo que han logrado a sus propios méritos, ya sean militares o políticos, y a su carisma, más que a las relaciones familiares o a la cuna. Para Robespierre, Danton era infinitamente más peligroso que Luis XVI. En la Rusia de Stalin, los seguidores de Trotsky tuvieron un destino mucho peor que quienes habían luchado contra los bolcheviques en las filas de los ejércitos blancos, durante la guerra civil. En la nueva confrontación que se desataba en México, los revolucionarios tratarían a veces con mayor dureza y brutalidad a sus antiguos aliados que a los comandantes federales de Huerta, a muchos de los cuales amnistiaron tras su derrota final.

Otras diferencias distinguían este nuevo conflicto entre revolucionarios de la anterior lucha de todas las facciones contra Huerta. En 1913-1914, cuando peleaban contra el ejército federal, los voluntarios revolucionarios se enfrentaban a reclutas más bien poco dispuestos, que peleaban a la fuerza. Esta vez sería una lucha de voluntarios contra voluntarios. En el largo combate contra Huerta, muy pocos dirigentes o unidades cambiaron de bando, aunque algunos soldados sueltos del ejército federal se pasaban a veces a las filas revolucionarias, y algunos oficiales capturados, al tener que elegir entre incorporarse a los insurgentes o encarar al pelotón de fusilamiento, no optaban por morir para probar su lealtad a Huerta. Pero en la guerra entre los revolucionarios, el cambio de lealtades fue muy frecuente y a menudo dependía de la decisión personal de los jefes o de quien creían que ganaría al final.

En la lucha contra Huerta, los revolucionarios podían dar por supuesto que contaban con el apoyo popular. Sus esfuerzos propagandísticos más importantes no estaban dirigidos tanto a México como a Estados Unidos, de donde esperaban obtener armas, municiones y apoyo diplomático. Esta vez, los revolucionarios, y especialmente la facción carrancista, se vieron forzados a poner en marcha una propaganda y una movilización política mucho mayores para ganarse ese apoyo popular.

Cuando estallaron las hostilidades, a fines de 1914, la mayoría de los observadores estaba convencida de que Villa triunfaría rápida y fácilmente. Esta opinión se vio más que confirmada por la ofensiva aparentemente irresistible que lanzó Villa en las semanas iniciales de la guerra civil. Su primera decisión importante consistió en ordenar a sus tropas que marcharan sobre la ciudad de México, para que la Convención tuviera el control del país en términos tanto reales como simbólicos. El avance se produjo sin dificultades y barrió con las guarniciones carrancistas que se hallaban en el camino, y que pertenecían principalmente al Ejército del Noreste, comandado por Pablo González. Sus restos, desmoralizados, huyeron hacia Veracruz, que los estadounidenses habían evacuado, para unirse a Carranza, quien había concentrado allí al grueso de sus tropas, o a las regiones norteñas que aún controlaban los constitucionalistas.

En su camino hacia la capital, Villa fue recibido con júbilo en poblados y ciudades. "Todo el pueblo sin excepción estaba encantado de la llegada de Villa", informó el representante de Wilson, George Carothers,

> y eran frecuentes las quejas contra el tratamiento que habían recibido a manos de los carrancistas. Los tenderos acusaban a éstos de no pagar nunca lo que tomaban y de que, durante su breve régimen, no había habido más que desorden. A la llegada de las tropas de Villa, se abrieron las tiendas y el comercio reinició actividades inmediatamente. Las disposiciones de Villa contra el saqueo y el secuestro de cualquier propiedad privada eran muy estrictas, y sus soldados estaban obligados a pagar cualquier cosa que compraban.[1]

El 28 de noviembre de 1914, las avanzadas de la División del Norte llegaron por Tacuba a la entrada de la ciudad de México. No pasaron de allí porque, al mismo tiempo, las tropas del Ejército Libertador del Sur, a las órdenes de Emiliano Zapata, ocuparon la capital, y Villa no quiso hacer nada sin su consentimiento.

El primer jefe convencionista que entró en la ciudad de México después de Zapata fue el presidente Eulalio Gutiérrez; se dirigió discretamente a Palacio Nacional, por cuyo interior lo condujo el hermano de Zapata, Eufemio. No hubo desfile, ni multitud vitoreante, ni gran recepción para el nuevo presidente, lo que sin duda reflejaba el hecho de que era prácticamente desconocido en el país y la estima en que lo tenían los zapatistas relativamente escasa. La acogida que se le tributó a Villa fue muy diferente. Su histórico primer encuentro con Zapata ocurrió en el pueblo de Xochimilco, a las afueras de la ciudad, donde lo esperaba el jefe sureño. Los dos fueron recibidos por escolares cargados de flores, y se dirigieron a la escuela pública del pueblo, donde tuvieron una primera reunión, afortunadamente preservada para la posteridad tanto por un estenógrafo como por Leon Canova, un representante estadounidense al que Villa había invitado. "Tras intercambiar unos cuantos saludos, estos hombres que nunca antes se habían visto", informó el estadounidense,

pero que trabajaban en coordinación desde hacía algunos meses, se dieron el brazo y se dirigieron a la escuela municipal, donde debían celebrar una conferencia. Los condujeron a un gran salón del piso superior que inmediatamente atiborraron unas tres veintenas de personas íntimamente vinculadas a ambos jefes. En la habitación no había más que unas pocas sillas; los generales Villa y Zapata se sentaron ante una gran mesa oval, y pudo verse el marcado contraste entre ellos. A mi izquierda se hallaba Paulino Martínez, uno de los hombres de confianza del general Zapata y delegado a la Convención. Junto a él estaba el general Villa, alto, robusto, con unos noventa kilos de peso, tez casi tan roja como la de un alemán, tocado con un casco inglés, un grueso suéter café, pantalones color caqui, polainas y gruesos zapatos de montar. Zapata, a su izquierda, con un inmenso sombrero que por momentos daba sombra a sus ojos de modo que no era posible distinguirlos, piel oscura, rostro delgado, mucho más bajo que Villa y con unos sesenta y cinco kilos de peso. Llevaba un saco negro, una gran pañoleta de seda azul claro anudada al cuello, una camisa de intenso color turquesa, y usaba alternativamente un pañuelo blanco con ribetes verdes y otro con todos los colores de las flores. Vestía pantalones de charro negros, muy ajustados, con botones de plata en la costura exterior de cada pierna. Villa no llevaba ningún tipo de joya ni color alguno en sus prendas.[2]

El contraste entre la apariencia de uno y otro, la elegancia de Zapata y el atavío informal de Villa, no se continuaba en sus respectivos ejércitos; más bien ocurría lo contrario.

El vestuario de los hombres de Zapata reflejaba su condición: eran ante todo hombres del campo y sólo secundariamente soldados. Llevaban las camisas de algodón blanco que usan los campesinos del sur de México y los característicos huaraches. Los hombres de Villa, en cambio, mostraban su mayor grado de profesionalización militar: portaban uniformes color caqui recién llegados de Estados Unidos, y sus armas eran mucho más homogéneas que la variopinta mezcla de rifles y carabinas de los zapatistas.

Por fortuna para la historia, Leon Canova, el representante de Estados Unidos que tomó parte en la reunión, había sido periodista y estaba bien dotado para la escritura. (Ésa pudo ser la razón por la que Bryan le dio a este hombre, que resultó uno de los funcionarios más corruptos del Departamento de Estado, un alto cargo en su dependencia.) Canova nos dejó un inolvidable retrato de ese primer encuentro. "Fue interesante y divertido ver a Villa y Zapata tratando de hacer amistad. Durante media hora se quedaron sentados en un incómodo silencio, ocasionalmente roto por algún comentario insignificante, como novios de pueblo."[3]

Para relajar la atmósfera, Zapata hizo traer una botella de coñac y propuso un brindis. Villa, que era abstemio, rehusó al principio, pero luego cedió a la presión. "Asió titubeante su vaso y pareció tomar por fin una determinación. Lo alzó y bebió con Zapata. Por poco se ahoga. Su rostro se retorció y las lágrimas acudieron a su ojos al tiempo que pedía agua con voz ronca." Lo que finalmente rompió el hielo no fue el coñac sino la referencia a "ese personaje que no les gustaba a ninguno de los dos: Carranza". En la subsecuente conversación, surgieron las ideas y las limitaciones que tenían en común, y quedó apuntado, aunque de forma muy velada, lo que los separaba. Cada uno dejó en claro que no tenía ambición de llegar a presidente o de asumir el poder nacional. "No quiero cargos públicos porque no sé manejarlos", dijo Villa, "[...] Entiendo muy bien que nosotros, el pueblo ignorante, somos los que damos la pelea, mientras que sólo aprovecha a los gabinetes."

Los dos insistieron en que debían controlar rigurosamente a "los gabinetes" que ejercerían el poder. "Simplemente nombramos a los que no van a dar problemas", dijo Villa. Y Zapata insistió, "aconsejaré a todos nuestros amigos que tengan mucho cuidado, si no, sentirán el filo del machete [...] No nos engañarán. Nos limitamos a jalarles las riendas, vigilarlos muy bien e irlos orientando". Lo que querían decir con que el gobierno nacional "no iba a dar problemas", como dijo Villa, o con "vigilarlos muy bien", como recomendó Zapata, era que se proponían limitar severamente la capacidad de decisión de las autoridades nacionales en los asuntos relativos a las regiones de origen de los propios revolucionarios. Aparte de las tareas propias de la diplomacia y la representación, la autoridad del gabinete nacional estaría restringida a los asuntos exteriores y a las regiones en que Villa y Zapata no tenían interés, y cuyos líderes regionales estuvieran dispuestos a ceder el control.

También son reveladoras y significativas las limitaciones que los dos hombres compartían. Aparte de la reforma agraria, no se tocó ninguno de los graves problemas que afectaban a México. No se ocuparon de política exterior, de las relaciones con Estados Unidos, de los problemas laborales, ni de otros temas igualmente centrales.

La conversación también dejó entrever vagamente una diferencia importante, que pronto contribuiría a debilitar su alianza. En términos militares, Emiliano Zapata era un jefe regional con capacidades limitadas, en el mejor de los casos, al control de su propia región. Su ejército era incapaz de hacer la guerra fuera de Morelos y de tener un impacto decisivo sobre el destino del país. Sin embargo, en términos políticos y sociales, Emiliano Zapata era mucho más que un dirigente regional. Tenía una agenda nacional que se reflejaba en el Plan de Ayala, el cual fijaba términos concretos para la reforma agraria en todo el país. Desde el momento en que lo proclamó, en 1911, hasta su encuentro con Villa en 1914, Emiliano Zapata había insistido en que su plan era nacional. Para que fuera reconocido como tal, primero se alió con Orozco en 1911 y luego intentó, sistemáticamente, establecer alianzas con Villa y con otros dirigentes revolucionarios, tanto en el norte (Contreras no era sino un ejemplo), como entre los revolucionarios de Tlaxcala, más cercanos a su base regional.

Villa, en cambio, tenía un ejército capaz de hacer la guerra a escala nacional, como había demostrado la División del Norte. Pero su agenda social era de carácter meramente regional. En el programa que desarrolló en su conversación con el emisario de Woodrow Wilson, Paul Fuller, y en el acuerdo a que llegó con Obregón, había insistido en la necesidad de la reforma agraria y en que ésta fuera definida por los concejos locales y las asambleas regionales, y no por un gobierno central.

Aunque nunca se formularon, esas diferencias entre Villa y Zapata estaban implícitas en sus conversaciones sobre la reforma agraria y en lo que hablaron y dejaron de hablar sobre temas militares. Aunque Villa defendía en términos generales la reforma agraria –"todas las grandes haciendas están en manos de los ricos y los pobres tienen que trabajar de sol a sol. Estoy convencido de que en el futuro la vida será diferente y, si las cosas no cambian, no entregaremos los máusers que tenemos en nuestras manos"– y aceptaba el Plan de Ayala en principio, no dijo nada acerca de cuándo, cómo y quién concretamente repartiría la tierra. Cuando más adelante intentara llevar a cabo la reforma agraria en Chihuahua, no lo haría con base en el Plan de Ayala. Durante mucho tiempo, mantendría su idea de permitir a cada región decidir qué reforma agraria llevar a cabo. Sólo en fecha relativamente tardía promulgó un plan nacional de reforma agraria, por lo demás sustancialmente distinto del Plan de Ayala.

Si la perspectiva agraria de Villa era regional y la de Zapata era una agenda nacional, lo contrario ocurría en cuanto a los asuntos militares. Villa insistía en las victorias de sus ejércitos y en sus alcances nacionales, mientras Zapata hablaba poco de la estructura y las posibilidades del Ejército Libertador del Sur.

No hay indicios de que se discutiera una agenda nacional más amplia en el encuentro más privado que tuvieron, después de la multitudinaria primera reunión. De dicho encuentro privado salió, en sustancia, la decisión de repartirse las responsabilidades militares: Villa se encargaría del norte y Zapata del sur, y en Veracruz harían una campaña conjunta contra Carranza. Un tema más polémico que tocaron en esa reunión privada fue el de qué hacer con los enemigos de cada uno que se habían refugiado en el ejército del otro.[4]

Al término de las deliberaciones, encabezaron juntos un desfile de decenas de miles de soldados por las calles principales de la ciudad de México, entre los vítores de sus habitantes.

Hicieron una visita de cortesía al presidente Gutiérrez en Palacio Nacional y Villa, bromeando, se sentó un momento en la silla presidencial, con Zapata a su lado. Un fotógrafo registró la escena, y esa placa, que pronto recorrería el mundo, fue para muchos observadores una prueba adicional de que Villa se había convertido en el verdadero hombre fuerte de México.

Ese día tal vez llegó a su cúspide la carrera de Villa. Nadie podía esperar entonces que, en poco más de un año, los enormes ejércitos de la Convención que marchaban por la ciudad de México, con su reputación de cuasi invencibilidad, estarían derrotados. Nadie podía pensar que tan poco tiempo después Villa y Zapata se hallarían fugitivos en sus propias regiones, forzados a volver a la guerra de guerrillas que probablemente creyeron haber dejado atrás para siempre el día que ocuparon la capital.

Las causas de la inesperada y dramática derrota de las fuerzas que comandaba Pancho Villa siguen siendo uno de los aspectos más controvertidos de la historia de la revolución mexicana. ¿Se debió a factores subjetivos u objetivos? ¿Era inevitable? Objetivamente, no es posible excluir la posibilidad de que Villa hubiera triunfado de haber aplicado una estrategia y una táctica diferentes. Sin embargo, tenía escasas probabilidades: los factores objetivos tendían a favorecer a Villa en el corto plazo y a Carranza en el largo.

Cuando estalló la nueva guerra civil, los observadores atribuían una clara ventaja a la coalición convencionista. No sólo sus fuerzas controlaban la mayor parte de México, sino que sus líneas de comunicación no estaban interrumpidas: desde la frontera estadounidense hasta Morelos, todo el país se hallaba bajo su dominio. Por otra parte, los carrancistas no sólo no dominaban una masa territorial semejante, sino que se encontraban divididos en diversos enclaves que, en ciertos momentos, sólo podían comunicarse por mar. El principal contingente de las fuerzas de Carranza, así como su gobierno, se encontraban en Veracruz y las regiones circunvecinas, sin contacto terrestre con las fuerzas que operaban en el noreste. Eran igualmente precarias las comunicaciones con las importantes fuerzas carrancistas situadas en el occidente, en torno al estado de Jalisco.

Los carrancistas sólo dominaban una pequeña parte de Sonora y Coahuila, los dos estados de que procedían la mayoría de sus hombres y sus bases de apoyo. En Sonora, ocupaban un área pequeña, fronteriza con Estados Unidos, mientras la mayor parte del territorio de Coahuila estaba dominado por los villistas. Aunque los carrancistas controlaban el estado de Nuevo León, el apoyo con que contaban allí era más bien tibio. En muchos de los estados del centro-sur y del sur –particularmente en Oaxaca, Chiapas, Yucatán (hasta mediados de 1915) y, en menor grado, Veracruz– se les consideraba como forasteros, como fuerzas de ocupación del norte, e incluso hubo rebeliones locales contra ellos.

Carranza carecía del arraigo popular y la personalidad carismática de Villa o de Zapata. No tenía popularidad entre el pueblo mexicano y su autoridad personal sobre sus tropas era mucho más débil que la de Villa o la de Zapata sobre las suyas. Su alianza con Obregón parecía endeble. Poco después de unírsele, éste había abogado por su renuncia y le había pedido que dimitiera. Sus generales nunca habían obtenido victorias comparables a los triunfos de Villa en Torreón y Zacatecas.

Otra ventaja de Villa era la velocidad adquirida. Se le percibía como un vencedor y sus ejércitos parecían irresistibles, lo que causaba creciente desmoralización entre los seguidores de Carranza. La expresión más palpable de esa baja moral fue la forma en que las fuerzas de Pablo González prácticamente se fueron desvaneciendo, sin ser derrotadas, conforme Villa arrasaba las guarniciones que debían cerrarle el paso a la ciudad de México.

Otro factor a favor de Villa era la impresión generalizada, tanto en México como en Estados Unidos, de que el gobierno de Wilson lo prefería. Aunque esa idea lo perjudicaba ante muchos mexicanos de mentalidad nacionalista, muchos otros la veían como una prueba más de que Villa quedaría como vencedor y, por tanto, era hora de unirse a su causa.

Sin embargo, esas ventajas sólo lo eran en el corto plazo. En el largo (calculable en meses, tal vez incluso en semanas, más que en años), los carrancistas tenían algunas cartas que fueron adquiriendo importancia. Su coalición era más coherente, menos heterogénea y divisionista que la de la Convención, y demostraría un grado mucho más alto de unidad militar. Disponían de mayores recursos económicos. Por último, en términos objetivos, la postura de Estados Unidos resultaría más favorable a ellos que a los convencionistas.

Las ventajas objetivas de que disfrutaban los carrancistas se veían reforzadas por una ventaja subjetiva: la personalidad del propio Pancho Villa, un hombre mucho más orientado a lo regional que Carranza y sus partidarios, y que nunca desarrolló una estrategia militar o política de alcance nacional. A diferencia de Álvaro Obregón, que se convertiría en su principal adversario, Villa nunca aprendió las lecciones que ofrecía la primera guerra mundial en materia de estrategia militar. Y lo más grave: conforme su poder crecía, Villa se iba volviendo más arrogante y estaba menos dispuesto a aceptar críticas y consejos.

UNA ALIANZA FRÁGIL Y HETEROGÉNEA

Las zonas que formaban el núcleo central de la alianza convencionista eran las respectivas regiones de origen de Villa y Zapata, que dominaban casi totalmente. El territorio de Zapata abarcaba el estado de Morelos y las zonas colindantes de los estados vecinos, particularmente Guerrero y el Estado de México. Para fines de 1914, los zapatistas habían ampliado su dominio a porciones del estado de Puebla, incluida su capital.

El zapatismo era esencialmente un movimiento de las comunidades, que constituían la mayoría de la población de Morelos. Tenía cierto apoyo entre los trabajadores residentes en las haciendas, pero menos en las clases medias del estado. Aunque algunos de sus defensores intelectuales eran miembros de la Casa del Obrero Mundial, los zapatistas no contaban con mucho apoyo en la clase obrera urbana y no se esforzaron demasiado por ampliar su influencia entre los trabajadores industriales.

La zona de Villa –Chihuahua, Durango y la región lagunera, que incluía partes de Coahuila– era más rica y más extensa que la de Zapata. Aunque Villa tenía allí un dominio casi completo, enfrentaba una oposición más activa que Zapata en la suya. En Chihuahua, los hermanos Maclovio y Luis Herrera, antiguos jefes incorporados a la División del Norte originarios de Parral, se habían pronunciado por Carranza y, aunque reducidos a unos pocos cientos de hombres, seguían oponiéndose a Villa. Otro tanto ocurría en el vecino Durango con una facción encabezada por los hermanos Arrieta. Si bien se vieron forzados a retirarse a una pequeña zona montañosa, Villa nunca logró derrotarlos.

A diferencia del zapatismo en Morelos, en sus regiones nucleares el villismo era una coalición multiclasista: incluía antiguos habitantes de las colonias militares, trabajadores agrícolas, mineros, ferrocarrileros y otros trabajadores industriales, grandes sectores de las clases medias, así como algunos hacendados revolucionarios (en general originarios de otros estados y no de Chihuahua).

Los principales dirigentes campesinos en las filas del movimiento villista habían sido Toribio Ortega y Porfirio Talamantes, de Chihuahua, y Calixto Contreras, de Durango; pero Talamantes había caído en la batalla de Tierra Blanca y Ortega había muerto de tifus. El principal vocero de los intereses campesinos que quedaba en Chihuahua, aparte del propio Villa, era un intelectual: Federico González Garza. Por su parte, los dirigentes campesinos de Durango habían sobrevivido y todavía desempeñaban un papel decisivo dentro de la División del Norte.

La alianza Villa-Zapata ejerció una poderosa atracción sobre los movimientos campesinos que se habían desarrollado fuera de esas zonas nucleares. La mayoría de ellos tomó partido por la Convención y contra Carranza. Así ocurrió con un importante movimiento campesino del estado de San Luis Potosí. Se había producido allí un clásico conflicto entre campesinos y hacendados. Las grandes haciendas se habían apropiado terrenos tradicionalmente en poder de los pueblos y provocado una resistencia cada vez más amplia, que convirtió a San Luis en una de las bases de apoyo de la revolución maderista. Wilfred Bonney, uno de los pocos cónsules estadounidenses en México que pensaba que la revolución no era un simple asunto de asaltantes de caminos y bandidos rurales, hizo un sucinto análisis de la revolución que se produjo en San Luis Potosí cuando Huerta tomó el poder.

> La revolución en este distrito se dirige instintivamente contra el sistema de castas de la sociedad y el sistema feudal de producción, más que a objetivos puramente políticos. Aunque a menudo se dice que detrás de la revolución se encuentra la cuestión agraria, más bien se la considera una revuelta contra el sistema feudal de producción, que incluye la tenencia de la tierra y determina los mercados, los sueldos y el transporte, y permea toda la estratificación comercial y social.[5]

Militarmente y, hasta cierto punto, también ideológicamente, la revolución constitucionalista de San Luis Potosí se desarrolló con independencia de la norteña y la sureña. En marzo de 1913, cuando el movimiento apenas estaba empezando en el norte, Alberto Carrera Torres, un maestro de primaria de Tula, organizó una fuerza guerrillera en la frontera entre San Luis Potosí y Tamaulipas, y proclamó un plan agrario que exigía el fin del peonaje por deudas, la confiscación de los latifundios y su reparto en lotes de diez hectáreas para cada campesino sin tierras. Carrera Torres añadió una cláusula sorprendente que ningún otro movimiento revolucionario planteó: se le daría tierra a cada soldado federal que se negara a pelear por Huerta. Carrera Torres logró el apoyo de una familia de rancheros relativamente ricos que en otro tiempo se disputaban la mano de obra con una hacienda vecina: los hermanos Cleofas, Magdaleno y Saturnino Cedillo. Este último, que era el más influyente y más instruido de los tres, asistió a la Convención de Aguascalientes y, por recomendación suya, Carrera Torres y sus seguidores decidieron dar todo su apoyo al movimiento convencionista.[6]

Varios cientos de kilómetros al sur de San Luis Potosí, tomaban una decisión similar otros hermanos: los Arenas del estado de Tlaxcala, que encabezaban un gran alzamiento agrario.[7] En Tlaxcala como en San Luis Potosí, la intrusión de las haciendas en sus tierras había encendido el descontento de los campesinos. Ese descontento se había expresado a través de la participación masiva de la población rural en la revolución maderista. En ambos casos, el gobierno de Madero había hecho muy poco por satisfacer las demandas de esas bases. En San Luis Potosí, el gobernador maderista Cepeda, elegido con los votos de muchos de los revolucionarios campesinos, colaboró con los hacendados para suprimirlos. En Tlaxcala la situación era un tanto distinta: los campesinos habían logrado elegir como gobernador a un hombre favorable a sus demandas, Antonio Hidalgo. Cuando éste se negó a volverse contra sus antiguos seguidores, y de hecho, propuso un programa de cambios agrarios radicales, los hacendados del estado, en colaboración con el gobierno de Madero en la ciudad de México, dieron un golpe de estado para deponerlo.[8]

Como los Cedillo y Carrera Torres en San Luis, los hermanos Arenas de Tlaxcala se decepcionaron del gobierno de Madero, pero pronto comprendieron que Huerta era aún más hostil a sus intereses y más despiadado: cuando tomó el poder en la capital, se sublevaron.

La experiencia de los revolucionarios de ambos estados durante el gobierno de Madero influyó mucho en ellos. En 1911, se habían ido a casa y habían depuesto las armas, evidentemente a la espera de que el nuevo gobierno atendería sus demandas y llevaría a cabo una reforma agraria a gran escala. Tras el golpe de Huerta, ya no esperaron a nadie. En San Luis, Carrera Torres promulgó un plan agrario radical en marzo de 1913, cuando la revolución apenas había empezado en el norte, y en Tlaxcala, los Arenas iniciaron el reparto masivo de tierras de las haciendas. Desconfiaban de Carranza, a quien consideraban otro Madero. Sin embargo, junto con Máximo Rojas, otro dirigente revolucionario de Tlaxcala, se unieron al Ejército del Noreste, que fue la primera fuerza venida del norte que entró en su estado. Cuando estalló la guerra civil entre Carranza y la Convención, los Arenas abandonaron la división de González, proclamaron su lealtad a la Convención y establecieron íntimos vínculos con Emiliano Zapata. En ello influyó la poderosa tendencia agrarista de la Convención, así como el hecho de que Pablo González pusiera a Rojas, que ellos consideraban su rival, al mando de la revolución en Tlaxcala.

La popularidad personal de los Arenas, junto con el atractivo del movimiento de Villa y Zapata, atrajo a la mayoría de los revolucionarios y Rojas se quedó con sólo unos cientos de hombres de su región de origen.[9]

En el estado occidental de Jalisco, donde los problemas agrarios eran menos agudos que en Tlaxcala, Morelos o San Luis Potosí, el mayor movimiento popular estuvo encabezado por un minero, Julián Medina, que defendía la reforma agraria y había intentado en 1912 repartir tierras de las haciendas.[10]

Incluía un porcentaje mucho mayor de trabajadores industriales y agrícolas que los movimientos de los dos estados anteriores, y también tomó el partido de la Convención.

Dentro de la coalición convencionista existía, como contrapeso a los revolucionarios agraristas, una fuerte facción conservadora. Sus principales proponentes se concentraban a lo largo de la costa occidental de México, en una región no controlada directamente por las fuerzas de Villa. Su vocero más importante era el gobernador de Sonora, José María Maytorena. Tras la escisión entre Villa y Carranza, Maytorena hizo unos cuantos pronunciamientos radicales e incluso intentó brevemente adoptar una actitud populista prometiendo concesiones a los trabajadores industriales y la reforma agraria a los yaquis, pero su política básicamente conservadora no se modificó.[11] Las haciendas confiscadas que había devuelto a sus antiguos dueños siguieron en manos de éstos. Aunque había establecido fuertes vínculos con los yaquis –los había protegido de la deportación en tiempos de Díaz, por lo que se convirtieron en sus acérrimos defensores–, no hizo nada por devolverles las tierras que les habían expropiado.

El más cercano aliado y protegido de Maytorena era el gobernador del vecino estado de Sinaloa, Felipe Riveros, también un maderista relativamente conservador, que había sido elegido tras la victoria de la revolución de 1910-1911. A diferencia de Maytorena, que abandonó el país antes que aceptar el golpe militar, Riveros[12] reconoció a Huerta, pero la rendición no le evitó la cárcel aunque sí le salvó la vida: Huerta, que obviamente lo consideraba inofensivo, acabó poniéndolo en libertad. Riveros pronto se unió a los revolucionarios de su estado natal, muchos de los cuales se negaron a reconocer su mando debido a la actitud que había tenido hacia Huerta. Sin embargo, logró recuperar la gubernatura, en gran medida gracias a la ayuda de Maytorena. Al igual que éste en Sonora, Riveros enfrentaba una fuerte oposición de los revolucionarios locales, partidarios de Carranza, y por esa rivalidad, más que por cualquier tipo de convicción social, se alió con Villa.

Un tercer y más sorprendente miembro de ese bloque conservador era Rafael Buelna, el joven dirigente revolucionario que había tomado el control de Tepic y sus alrededores, sobre la costa del Pacífico. Buelna representaba un tipo de revolucionario frecuente a finales del siglo XX, pero raro en la revolución mexicana: el estudiante revolucionario. Brillante y audaz general, movilizó a un grupo grande de hombres, la mayoría procedentes de su región nativa de Tepic, cuna de uno de los mayores levantamientos campesinos del siglo XIX. Triunfó en las condiciones más desventajosas y logró el control de la región; a partir de ese momento, decepcionó profundamente a sus seguidores de clase baja, que esperaban tener en él un protector y vocero de los pueblos indios. En cambio, hizo la paz con la familia más poderosa del lugar, el clan Casa Aguirre. Como dice un biógrafo que, por lo demás, generalmente simpatiza con Buelna, los revolucionarios que se habían levantado en el sur de Sinaloa y en Tepic

no se habían lanzado a la carrera por ambición militar. Había dolores sociales y económicos que empujaban a la gente a la guerra civil; no era un simple cambio de hombres el anhelado. Esto bien lo sabía Buelna. Sin embargo, engolosinado con el poder, olvidó las esperanzas que las mayorías habían puesto en él [...] Había dejado de ser una promesa para quienes, aunque sin expresarlo como sistema, creían en una transformación beneficiosa para las grandes masas.

En cambio, había logrado la simpatía de la pueblerina aristocracia tepiqueña, que le llamaba "Granito de Oro".[13]

A principios de 1915, Buelna, en vez de repartir entre los campesinos los latifundios confiscados por los revolucionarios en 1913, propuso a la Convención devolverlos a sus antiguos dueños.[14]

La familia Madero, muchos de cuyos miembros tenían relación con Villa, también pertenecía al ala más conservadora del movimiento villista. Los hermanos de Francisco, Raúl y Emilio, eran generales de la División del Norte. Parientes suyos eran Eugenio Aguirre Benavides, también general, y su hermano, Luis Aguirre Benavides, secretario de Villa. En Estados Unidos, Salvador Madero y una empresa que pertenecía a la familia abastecían de armas a los villistas.[15] Sin embargo, la unanimidad no era total: otro de los hermanos, Julio Madero, peleaba en el ejército de Obregón; durante su visita a Chihuahua, los Aguirre Benavides le habían dicho a Obregón que se oponían a Villa, y de hecho pronto se volverían contra él. La influencia más importante que tuvieron los Madero sobre las decisiones de Villa se refería a sus propias tierras y a las grandes haciendas de la rica región lagunera. Villa exentó de toda confiscación esas propiedades e incluso las de las familias emparentadas con los Madero, como los acaudalados Zuloaga de Chihuahua. Además, confió a Eugenio Aguirre Benavides la administración de las haciendas confiscadas de La Laguna, dándole así una gran influencia en la economía de la región.[16] Raúl Madero era gobernador de Nuevo León. Pero no hay indicios de que los Madero influyeran de alguna otra forma en la política económica o social de Villa.

Se ha dicho con frecuencia[17] que los altos funcionarios de Madero que se unieron a Villa formaban parte también de la facción conservadora, dentro de la coalición convencionista. No fue así en todos los casos, y las profundas diferencias que había entre ellos se expresan claramente en una controversia entre Federico González Garza, por una parte, y Ángeles y Miguel Díaz Lombardo, por otra. "Cuando estuvieron aquí el general Ángeles y el licenciado Díaz Lombardo", le escribió Federico González Garza a su hermano Roque,

advertí, hablando sobre estos asuntos, que ellos reconocen que nos diferenciamos de los carrancistas en que éstos quieren o prometen realizar las reformas revolucionarias dentro del llamado periodo *preconstitucional*, mientras que nosotros aspiramos a restablecer antes de todo el orden constitucional como base indispensable para introducir después las reformas. La verdad es que ése no fue el motivo primitivo de nuestra división con Carranza y cuando yo salí de Chihuahua en diciembre, nadie hablaba todavía de esa diferencia.[18]

A la alianza ya heterogénea entre Villa, Zapata, Maytorena y Ángeles, se añadió un elemento aún más disímil: lo que quedaba de la tercera fuerza de la Convención de Aguascalientes, convertida en el núcleo central del gobierno convencionista. En términos políticos, sus miembros eran de muy variado origen. Algunos habían sido carrancistas, otros habían formado parte de la División del Norte y otros más eran verdaderos independientes. En términos sociales, ninguno de ellos era campesino ni había encabezado un movimiento campesino antes de la revolución de 1910. El presidente Eulalio Gutiérrez había sido minero, y tenía una larga historia de activismo revolucionario. Nacido en una hacienda de Coahuila, se trasladó muy joven al pueblo de Concepción del Oro, en el estado de Zacatecas, donde halló empleo en una mina. A los diecinueve años tuvo su primer roce con el sistema porfiriano cuando apoyó a un candidato de oposición para un cargo local. Esta experiencia, tal vez, lo empujó a unirse al Partido Liberal, y tan ferviente fue su militancia que seis años más tarde, a la edad de veinticinco, encabezó un levantamiento contra las autoridades porfirianas. Su pequeña fuerza pronto fue derrotada y tuvo que huir a Estados Unidos. Regresó en 1911, participó en la revolución maderista y se levantó en armas contra el gobierno golpista de Huerta. Nunca logró convertirse en un jefe militar importante ni llegó a tener bajo sus órdenes a más de doscientos hombres.[19] Sin embargo, en cierto sentido la calidad de sus tropas compensaba su poca cantidad: muchos de sus soldados eran mineros expertos en explosivos. Una de sus principales actividades consistía en volar trenes, y por ella se hicieron famosos en toda la región de Coahuila, San Luis y Zacatecas, donde operaban. Aunque durante un tiempo Gutiérrez combatió a las órdenes del hermano de Jesús Carranza, disfrutó de un mayor grado de autonomía que la mayoría de los jefes revolucionarios.

En términos militares, el miembro más importante de la tercera fuerza era el antiguo comandante del carrancista y obregonista Ejército del Noroeste, Lucio Blanco, que permaneció leal a la Convención Revolucionaria. Blanco abrigaba un profundo resentimiento contra Carranza. En las primeras semanas de la revolución constitucionalista, había sido uno de los jefes militares más exitosos del noreste y había logrado la captura de la importante ciudad de Matamoros. Carranza lo había removido del mando porque le molestó el reparto de tierras que realizó en la hacienda de Los Borregos, perteneciente a Félix Díaz, y porque Blanco no se entendía bien con el favorito de Carranza, Pablo González. Entonces Blanco se fue a Sonora y se unió al Ejército del Noroeste; se convirtió en uno de sus mejores generales y sus cargas de caballería se hicieron legendarias.[20] Cuando se produjo la ruptura entre Villa y Carranza, mandaba un ejército de diez mil hombres acantonados en la ciudad de México, que se incorporó en su totalidad a las fuerzas convencionistas. En situación parecida a la suya se hallaban dos de los generales villistas, José Isabel Robles y Eugenio Aguirre Benavides. Ambos eran miembros instruidos de la clase media; Robles tenía fama de poder citar a Plutarco, y Aguirre Benavides, el prestigio de sus vínculos maderistas. Aunque oficialmente pertenecían a la División del Norte, le habían dado a Obregón señales de oponerse a Villa y, en la Convención, habían apoyado con entusiasmo, junto a los carrancistas de la tercera fuerza, la idea de una renuncia simultánea de Villa y Carranza.

Estos hombres formaron el núcleo central del nuevo gobierno convencionista, oficialmente reconocido por Villa y por Zapata. Habían reclutado a José Vasconcelos, uno de los intelectuales más brillantes de México, como secretario de Instrucción Pública en el nuevo gabinete. Contaban con que Carranza sería rápidamente derrotado por Villa y ellos podrían tomar las riendas efectivas del país, pero no está claro cómo pensaban imponerse. ¿Creían que Villa y Zapata se retirarían a sus propias regiones y dejarían el control del resto del país en manos del gobierno convencionista? ¿Creían que, vencido Carranza, los elementos de la tercera fuerza que lo habían apoyado se unirían a ellos y los fortalecerían frente a Villa y Zapata? Cualesquiera fueran sus concepciones estratégicas, pronto descubrirían que ninguna de ellas era plausible.

A esta heterogénea coalición de campesinos revolucionarios, conservadores occidentales y militares de clase media, hay que añadir un variado conjunto de jefes regionales y locales que tomaron partido por la alianza convencionista porque parecía ser la que iba a triunfar o porque prometía más autonomía que el gobierno de Carranza. Lo que hacía a esa coalición aún más dispar y frágil era la estrategia que siguieron algunos sectores de las fuerzas conservadoras tradicionales de México, consistente en pactar con o incluso unirse a ella.

PANCHO VILLA Y LAS FUERZAS DEL ANTIGUO RÉGIMEN

La derrota del ejército federal y la renuncia de Huerta crearon una situación nueva y precaria para el establishment tradicional de México. El ejército, los hacendados y la iglesia se enfrentaban a una difícil disyuntiva. ¿Debían unirse a alguna de las facciones revolucionarias? ¿Debían intentar permanecer neutrales? ¿O debían apoyar de nuevo a la contrarrevolución?

En las primeras semanas, tras la renuncia de Huerta, la mayor parte de las fuerzas del antiguo régimen trataron todavía de hallar una solución aceptable para todos sus integrantes. Pero el intento fracasó a las pocas semanas, y la élite económica y política se fragmentó.

Pancho Villa y el ejército federal

El sector de las fuerzas vivas tradicionales más inmediatamente amenazado por los éxitos de los revolucionarios era el ejército federal. A pesar del odio que se había granjeado entre los revolucionarios, sus jefes aún esperaban que pudiera sobrevivir a la revolución constitucionalista como había sobrevivido al levantamiento maderista, y confiaban en las divisiones que existían en las filas de los insurgentes. Pero fueron esperanzas vanas. Villa rehusó absorber a los federales en sus tropas. Obregón, que había utilizado brevemente a la guarnición de la ciudad de México para impedir la entrada de los zapatistas, disolvió al ejército federal y amnistió a sus oficiales y soldados. Sin embargo, un amplio sector del cuerpo de oficiales no se resignaba a ingresar en la vida civil. Atraídos por la presencia de Ángeles, muchos de ellos procuraron incorporarse a la División del Norte. Villa tenía una actitud contradictoria al respecto. Un diplomático chileno informó desde la ciudad de México en enero de 1915 que "Villa convocó a un número considerable de militares pertenecientes al exejército federal y logró atraérselos ofreciendo devolverles los grados que anteriormente tenían, lo que aceptaron entusiasmados en vista de la precaria situación en que se hallaban".[21]

Un mes más tarde, sin embargo, el 16 de febrero, el periódico villista *Vida Nueva* informaba que cientos de oficiales federales habían ofrecido sus servicios a Ángeles, y decía: "se cree que el general Villa no los aceptará en el ejército revolucionario por haber apoyado el cuartelazo"[22] contra Madero.

Si atendemos a la mayoría de los observadores, los carrancistas tenían mayor resistencia que Villa a recibir a los antiguos oficiales y soldados federales, aunque éste acusó más tarde a Carranza de haberlos acogido también.

Esta diferencia de actitud hacia el ejército federal reflejaba en parte la gran heterogeneidad de la facción convencionista, gracias a la cual Villa tenía menos dificultad para incorporar a las tropas federales que Carranza. También reflejaba fuertes diferencias personales y distintas necesidades militares. Aunque Huerta había encarcelado a Villa, éste se hallaba menos mal dispuesto hacia el ejército federal que Carranza, probablemente debido a la influencia de Ángeles. Aunque no está claro hasta qué punto insistió cerca de Villa para que reclutara a los federales, sin duda pesaba su propio ejemplo como antiguo comandante federal luego absolutamente leal.

Había otra importante diferencia entre la División del Norte y los ejércitos carrancistas: estos últimos contaban con un mayor porcentaje de oficiales instruidos procedentes de las ciudades, en contraste con los campesinos, en gran parte analfabetas, que comandaban las tropas villistas. Villa tenía mayor necesidad de técnicos y expertos. Además, estaba acostumbrado a tratar con soldados y oficiales federales ya que al menos algunos de ellos se habían incorporado a la División del Norte tras ser capturados en batalla. Si bien lo habían hecho bajo presión (para evitar ser fusilados), al parecer la mayoría permaneció leal. Por lo demás no ejercieron ninguna influencia importante en la División del Norte. La predicción de Obregón de que Ángeles los agruparía en una fuerza aparte, para hacerse con un poder independiente dentro de la División del Norte, nunca se cumplió.[23] No resulta sorprendente que en una proclama al pueblo de México, a fines de 1915, Villa, ya al borde de la derrota, justificara todavía su empleo de las tropas federales.

Los mal llamados constitucionalistas nos han dicho reaccionarios. *Esto es falso y es villano.* Aceptamos realmente los servicios de algunos generales, jefes y oficiales del extinto ejército federal cuando nos convencemos de la pureza de sus intenciones, de la rectitud de sus principios, de que habían sido esclavos del deber, de que habían reprochado la traición desde el fondo de sus corazones y de que no se habían ensañado nunca contra nuestros hermanos. Verdad es que desgraciadamente se mezclaron entre el grupo de exfederales honrados algunos hombres indignos, pero a ésto. hemos ido eliminando poco a poco y ahora sólo nos queda un grupo ducidísimo de exfederales que casi en su totalidad son hombres dignos ι aprecio. En cambio, entre las filas del constitucionalismo *sí abundan los elementos indignos de la federación*; allí sí hay un exceso de oficiales y jefes de los más sanguinarios y crueles, de los más cobardes y asesinos.[24]

En conjunto, parece que sólo una minoría de los antiguos federales se sumó a alguna de las dos facciones revolucionarias. Muchos de los soldados que habían sido reclutados a la fuerza simplemente se fueron a sus casas. Un número considerable de oficiales se alistó en las filas de los contrarrevolucionarios que operaban en los estados de Veracruz, Oaxaca y Chiapas.[25]

A pesar de las alianzas temporales establecidas por miembros individuales o incluso unidades del antiguo ejército federal, y a pesar de los pactos que unos y otras hicieron con diferentes facciones revolucionarias, para 1915 el ejército federal había dejado de existir como fuerza coherente. Nunca reaparecería, y su lugar sería ocupado por el nuevo ejército surgido de la revolución.

Villa y la iglesia católica

Un segundo bastión de conservadores, la iglesia católica, al parecer mantuvo mejores relaciones con Villa que con Carranza. Los carrancistas, en su mayoría de clase media y obrera, se consideraban herederos de los liberales anticlericales del siglo XIX. Esa postura se había visto reforzada por la sistemática oposición que mantuvo contra Madero el recién formado Partido Católico en los años 1911-1912 y por la actitud favorable a la dictadura de Huerta que, al menos por un tiempo, asumieron tanto ese partido como algunos altos dignatarios de la iglesia.

La postura de Villa ante la iglesia era también ambivalente. Aunque no era antirreligioso, y probablemente creía en el catolicismo, despreciaba a los curas. "¿Un cura es Dios?", preguntó retóricamente en una entrevista con un reportero estadounidense.

No lo son. Pueden enseñar las doctrinas de Cristo, pero eso no significa que porque enseñan qué es el bien se les permita quebrantar casi todos los mandamientos, como en mi experiencia hacen siempre. Los curas, tal como yo los he conocido en los pueblos chicos e incluso en las ciudades de las montañas de Chihuahua, son miserables pordioseros de mente y cuerpo. Son demasiado débiles mental y físicamente para ganarse la vida.

Viven como los piojos: a costa de otros. Por lo que me dicen, en otras partes de México son iguales que en mi estado de Chihuahua. En primer lugar, hay demasiados. Tomemos por ejemplo la ciudad de Parral. Hay catorce iglesias y sabe Dios cuántos curas. Y todos viven de la gente pobre que apenas tiene para comer y para medio vestirse.

¿Que no los conozco? ¿No he visto que un cura no mueve un dedo a me-

23

nos que vaya a conseguir dinero? Bah, no me discuta. Si usted es católico, no quiero herir sus sentimientos, *mi amigo*, pero déjeme decirle que si usted no les tiene tanto asco como yo, es porque los curas [de su país] son distintos de los curas de México.

En opinión de Villa, la mayoría de los curas eran explotadores y ladrones.

Entra usted en cualquiera de nuestras iglesias en México y encontrará cajas para limosnas en cada puerta y en cada pared, a veces hasta veinte en una iglesia. Tienen rótulos que dicen "Para la caridad", "Para San Pedro", "Para las almas que sufren en el purgatorio", "Para oraciones por los muertos", y cosas por el estilo.

Los pobres nunca reciben un centavo de la cajita de limosnas. San Pedro no necesita las pobres monedas de cobre que deposita el pueblo hambriento en la caja que lleva su nombre. No se puede rescatar a un alma del purgatorio con dinero y dudo que a los muertos les sirvan de algo las plegarias compradas.

¡Ah, los curas! Pronto les va a llegar la hora. Posiblemente la religión es buena para los que tienen la educación que les permite comprenderla. Pero un montón de curas mantenidos por los pobres no hace más religioso a México.[26]

Una de las peleas domésticas más tormentosas entre Villa y su esposa Luz Corral tuvo lugar cuando él descubrió, al mostrarle su casa a Obregón, que ella había construido secretamente un oratorio. "Esto me huele, general", le dijo a Obregón, "a que ya los curas se cogieron del rebozo de mi mujer y me la van a echar a perder."

Villa ordenó que el oratorio fuera inmediatamente desmantelado, pero se calmó cuando Luz Corral, sin duda la más inteligente y diplomática de sus esposas, en vez de oponerse, le explicó: "Para rogar a Dios por ti, nunca me ha hecho falta, pues siempre acostumbro cuando todos duermen, cuando todo está en silencio, hincarme y, con todo mi corazón, implorarle que te ayude y hasta hoy me ha oído, pues no te ha pasado nada".[27]

Su mezcla de tolerancia ante la religión y convicción de que los sacerdotes explotaban a la gente influyó en la política de Villa respecto de la iglesia.

Por una parte, tras tomar la ciudad de Saltillo, sometió a los muchos jesuitas capturados a un simulacro de ejecución, para forzarlos a pagar un enorme rescate.[28] Por otra, cuando ocupó Guadalajara, ordenó que se reabrieran muchas iglesias que los carrancistas habían cerrado.[29] Su periódico *Vida Nueva* atacó a los carrancistas por atentar contra la libertad religiosa cerrando iglesias e impidiendo el libre ejercicio de la religión católica. "Necesidad justiciera es expulsar o perseguir a los malos clérigos; inútil torpeza es fusilar efigies, incendiar altares y mutilar Crucificados [...] La religión no es la clerecía, de la misma manera que el Ciudadano Carranza no es la Revolución."[30]

En conjunto, su visión de la religión, más positiva que la de los carrancistas, refleja hasta cierto punto el hecho de que los campesinos mexicanos eran más religiosos que las clases media y obrera.

La conducta que siguió Villa con la iglesia pudo procurarle cierto apoyo adicional entre los campesinos, pero no el apoyo de la propia iglesia. Algunos de los miembros más destacados del clero mexicano habían huido a Estados Unidos, entre ellos el arzobispo de la ciudad de México, Mora, y al parecer participaban en una gran conspiración para emprender la contrarrevolución en México, con apoyo estadounidense.[31]

Pancho Villa y los hacendados

Si bien Villa tendía a mostrarse más flexible que Carranza ante los militares federales y la iglesia, no ocurría otro tanto con un tercer grupo de conservadores que continuaba ejerciendo considerable influencia en partes importantes del país: los hacendados. A diferencia del ejército federal, que desapareció como institución, los hacendados sí lograrían sobrevivir como clase a la revolución, por lo menos en un buen número. Pero quedarían tan debilitados que ya no pudieron presentar una resistencia importante en 1934, cuando el gobierno del presidente Lázaro Cárdenas decidió expropiar la mayor parte de los latifundios, veinticuatro años después del estallido del movimiento revolucionario.

El debilitamiento de los hacendados se debió más a la pérdida de poder económico y político que a la aniquilación física. A este respecto, la revolución mexicana se distinguió de la francesa y de la rusa.

En la amplia bibliografía literaria que inspiró la revolución mexicana dentro y fuera de México, no existe el equivalente mexicano de la *Historia de dos ciudades*, de Charles Dickens, novela en la que vemos a los aristócratas franceses subir, trágica o heroicamente, al cadalso. El equivalente mexicano de la guillotina era el pelotón de fusilamiento, y la imagen de un hombre de pie ante los cañones de los fusiles, a veces con los ojos vendados, a veces dirigiendo su propia ejecución, forma parte de la literatura y la leyenda de la revolución mexicana. Sin embargo, muy rara vez se trataba de hacendados. Con escasas excepciones, si un terrateniente llegaba a encontrarse ante el pelotón de fusilamiento, probablemente no era víctima de una ejecución real, sino de un simulacro, medio eficaz para forzarlo a pagar un costoso rescate por su liberación. En la mayoría de los casos, este expediente funcionaba, y el hacendado podía cruzar la frontera y hallar asilo en Estados Unidos. En conjunto, las ricas familias terratenientes de México lograron escapar a la revolución físicamente incólumes.

Es característico de la revolución mexicana, y no carece de valor simbólico, el hecho de que Francisco Madero, Emiliano Zapata, Francisco Villa, Venustiano Carranza y Álvaro Obregón murieron de muerte violenta, mientras que José Yves Limantour, Luis Terrazas, Enrique Creel y Pablo Escandón murieron en cambio de muerte natural.

Buscaríamos en vano por las calles de El Paso o de Los Ángeles, donde se establecieron la mayoría de los hacendados exiliados, un equivalente mexicano de los aristócratas rusos arruinados que, tras escapar de la revolución bolchevique, trabajaron en París como meseros, encargados de seguridad en algún club nocturno o choferes de taxi. A diferencia de sus pares rusos, casi todos los hacendados mexicanos pudieren llevarse con ellos gran parte de su fortuna. Esto no significa que la revolución no les afectara. Muchos habían huido de sus fincas cuando los ejércitos de Villa, Carranza y Zapata se acercaban, y muchas haciendas habían sido "intervenidas". Sin embargo, esas "intervenciones", como se les llamaba a las confiscaciones de los revolucionarios, rara vez implicaron su ruina total. En general, el avance de los revolucionarios no fue inesperado y muchos pudieron convertir parte de sus propiedades en dinero. Algunos vendieron precipitadamente sus cosechas y su ganado. Muchos otros lograron vender sus haciendas, con frecuencia a bajos precios, a los extranjeros cuyas propiedades los revolucionarios estaban forzados a respetar, especialmente si eran estadounidenses.

De ningún modo todas y tal vez ni siquiera la mayoría de las haciendas habían sido confiscadas cuando Huerta renunció. En las regiones controladas por los revolucionarios, fueron respetadas prácticamente todas las propiedades de extranjeros, con excepción de las de los españoles. Obviamente, los hacendados que habían tomado partido por la revolución no fueron afectados. Pero cuando estalló la guerra civil, los que se pronunciaron por la Convención sufrieron mayores represalias de los carrancistas que los que habían sido porfiristas o huertistas.

En Coahuila y Sonora, dos estados que fueron centrales para la revolución mexicana, tanto Carranza como Maytorena hicieron cuanto pudieron por salvaguardar a los hacendados. Carranza impidió muchas confiscaciones en su estado y Maytorena, tras reasumir la gubernatura de Sonora, devolvió numerosas haciendas expropiadas.[32]

Incluso Villa, que había decretado la confiscación de todas las fincas pertenecientes a la oligarquía, estaba dispuesto a respetar a algunos hacendados que no se habían incorporado a su movimiento. Como ya dijimos, respetó las propiedades de los Zuloaga, en Chihuahua, probablemente porque estaban emparentados con los Madero. También existen versiones según las cuales los Zuloaga le habían dado hospitalidad alguna vez, y Villa tenía una excelente memoria.[33] Otros hacendados llegaron a algún tipo de acuerdo con él o con alguno de sus comandantes. Uno de los intermediarios más eficaces para tales tratos era George Carothers, el representante especial de Woodrow Wilson, quien al parecer hizo una gran fortuna como agente en esos negocios y a quien Villa procuró atraerse por todos los medios.

En Morelos y las regiones adyacentes, controladas por Zapata, prácticamente todas las haciendas les fueron arrebatadas a sus dueños. En cambio, en el sureste de México, donde no tuvo lugar ninguna revolución, las haciendas permanecieron intactas. Cuando Huerta renunció, los terratenientes seguían controlando sus fincas y en muchos casos también a sus peones.

Debido a que la situación de los hacendados en las diferentes partes del país era tan diversa, sus tácticas y sus reacciones también variaban enormemente. Desde luego, los que habían perdido sus propiedades se comportaron de un modo muy distinto que los que las conservaban.

Durante un breve periodo, muchos hacendados y miembros de la oligarquía tradicional esperaban que Villa llegaría a ser su hombre. A sus ojos era un bandido, de manera que no había razón para que no fuera posible comprarlo y cooptarlo, como Porfirio Díaz había cooptado a hombres que también consideraba bandidos. Sabían que el aliado de Villa, Maytorena, había devuelto las propiedades confiscadas en Sonora. Algunos creían que sería posible persuadir a Villa de hacer lo mismo en las regiones bajo su control, en vista de sus íntimos lazos con los estadounidenses.

Las esperanzas, expectativas y decepciones que Villa suscitó en ciertos sectores de la oligarquía se reflejan en los informes del encargado de negocios de Francia en México, Ayguesparre. Era cuñado de uno de los hombres más ricos del país, que por un tiempo fue secretario en el gabinete de Huerta. Sus colegas del servicio diplomático francés consideraban que ese hecho influía en las interpretaciones de Ayguesparre.[34] Al principio, albergó la esperanza de que Carranza "forme un gobierno de coalición [...] para ganarse el apoyo a la revolución de algunas partes del antiguo ejército federal, el capital, la aristocracia terrateniente y el clero".[35]

Pocas semanas más tarde, después de que los carrancistas ocuparon la ciudad de México, Ayguesparre se decepcionó profundamente. Describió al Primer Jefe como

> un hombre sinceramente moderado que, sin embargo, es débil y no muy inteligente y que no puede controlar a sus jóvenes generales, jefes de las bandas que han combatido durante un año y que ahora como vencedores pretenden destruir cuanto les opone resistencia.
>
> Prácticamente todos estos generales son indios, pero indios de los estados norteños, vecinos de Estados Unidos, y por tanto más inteligentes, más avanzados, que los indios del resto de la república. Han oído hablar de las ideas abstractas de libertad e igualdad y las están aplicando más o menos de la misma manera en que lo hizo Robespierre.

Ayguesparre estaba convencido de que la revolución mexicana trataba de imitar a la revolución francesa y era "ciertamente una revolución social, un levantamiento de las clases bajas contra todos los elementos conservadores: contra los capitalistas, terratenientes y el clero, etcétera". Se quejaba de que los revolucionarios "habían encarcelado a la mayoría de los grandes terratenientes, intervenido sus propiedades, ocupado sus residencias privadas y confiscado sus caballos y sus coches".

Desilusionado de Carranza, Ayguesparre ponía ahora sus esperanzas en Villa.

Durante algún tiempo Villa y su amigo el general Ángeles (antiguo oficial del ejército federal) parecieron querer separarse de Carranza para buscar un acercamiento con los mejores elementos del antiguo gobierno de Madero, es decir, los moderados, los intelectuales, los "científicos", como se les llama aquí, que fueron consejeros de Madero.

Por esa razón, actualmente Villa constituye la esperanza de México.

Todos aquellos, y son muchos, que están insatisfechos, todos los que han sido despojados y arruinados, todos los antiguos miembros del ejército federal que fueron licenciados por el señor Carranza y ahora se mueren de hambre, todos los antiguos funcionarios federales que han perdido sus empleos y que también se mueren de hambre, se están uniendo en torno a Villa.[36]

Pero las nuevas esperanzas de Ayguesparre pronto se disiparon también. No tardó en darse cuenta de que Villa nunca devolvería sus propiedades a la oligarquía. Pocas semanas después de su optimista informe a París, Ayguesparre escribía en un tono muy distinto sobre Villa y Zapata.

Estos dos movimientos, el villismo que viene del norte y el zapatismo que viene del sur, tienen similitudes: son demasiado intransigentes, demasiado dogmáticos, no suficientemente sinceros; albergan demasiados odios personales, demasiados deseos de venganza, demasiados negocios y ambiciones personales, y ambos tienen una tendencia claramente anárquica y destructiva que ataca al capital allí donde lo encuentra y bajo cualquier forma que se presente. Bajo tales circunstancias, esos movimientos apenas representan alguna esperanza.[37]

Muchos de los hacendados del norte y el centro del país cuyas propiedades habían sido confiscadas pronto se dieron cuenta de que Carranza era la única posibilidad que tenían de recuperarlas.

En enero de 1915, Carranza promulgó una ley agraria radical que, en la práctica, sería escasamente aplicada durante su gobierno. Al mismo tiempo, empezó a devolver gran cantidad de haciendas a sus antiguos dueños.[38] Así pues, no es sorprendente que muchos hacendados en el centro y el norte se alinearan con su facción y, en algunos casos, estuvieran incluso dispuestos a apoyarlo con la fuerza de las armas. Así sucedió en Jalisco, donde el general carrancista Diéguez contó con tropas encabezadas por los terratenientes.[39]

En los estados surorientales de Oaxaca, Tabasco, Chiapas y Yucatán, la situación era diferente. Allí no se produjo antes de 1914 una revolución social a gran escala. En algunos de esos estados, sobre todo en Chiapas, hubo levantamientos maderistas, básicamente movimientos conducidos por la élite y que un grupo de terratenientes esperaba utilizar para desplazar al grupo que había tenido el poder hasta entonces. A diferencia de los del norte y parte del centro, los hacendados sureños no habían perdido sus tierras. Sólo en casos limitados y en general aislados se produjeron revueltas campesinas más radicales. Ninguna de ellas triunfó.

Cuando Carranza mandó tropas a controlar el sureste de México, muchos de esos hacendados, particularmente en Yucatán, Chiapas y Veracruz, se sublevaron. Más que los impuestos que Carranza pudiera señalarles, temían su honesto deseo de abolir el peonaje por deudas, que aún prevalecía en todo el sur del país. Para combatir esas revueltas de terratenientes, Carranza envió a algunos de sus hombres más radicales, como Salvador Alvarado y Francisco Múgica, que procedieron a liberar a los peones de sus deudas.[40]

Algunos hacendados rebeldes consideraban que la única forma eficaz de combatir a Carranza era llegar a un acuerdo con Villa. Se autodenominaron villistas para adquirir cierta legitimidad y tal vez algo de apoyo armado, pero de hecho nunca aceptaron instrucciones de Villa o del gobierno convencionista.

En Chiapas, Tiburcio Fernández Ruiz, que había combatido un tiempo en las filas de la División del Norte, se declaró villista a pesar de que encabezaba una revuelta conservadora, en la que los hacendados habían incorporado a algunos campesinos para impedir el paso a los "carrancistas extranjeros" que ocupaban el estado.[41] Los vínculos de Ruiz con Villa fueron siempre nominales, y no hay indicios de que, tras regresar a Chiapas, aceptara alguna vez órdenes del caudillo del norte.

Otro núcleo de terratenientes conservadores se alineó brevemente con Villa. Como en el caso de los chiapanecos, sus vínculos con la Convención eran nominales y su filiación villista estaba destinada a ocultar lazos mucho más estrechos con otras fuerzas exteriores. Se trataba de un grupo de hacendados encabezado por Manuel Peláez, en la región petrolera de la costa del Golfo. Peláez era un finquero próspero (no está claro si sus propiedades eran lo bastante grandes para que se le considerara un hacendado), que había vendido parte de sus tierras a compañías petroleras extranjeras y durante un tiempo fue empleado de la British Mexican Eagle Oil Company. Se hallaba ligado también a los conservadores mexicanos: había apoyado la sublevación de Félix Díaz en 1912; partió al exilio en Estados Unidos cuando fue derrotada y sólo regresó a México cuando Huerta tomó el poder. Apoyó al usurpador hasta que resultó claro que iba a ser derrotado, y entonces creó su propio movimiento. Al producirse la escisión entre los revolucionarios, se presentó como partidario de la Convención. Obtuvo grandes sumas de dinero de las compañías petroleras que le permitieron equipar y mantener a una fuerza militar bien entrenada, con la que controló casi totalmente los campos petroleros de México, aunque no el puerto exportador de Tampico.[42] El gobierno de Carranza acusó a Manuel Peláez de ser un instrumento de las compañías extranjeras para proteger el petróleo frente a las fuerzas revolucionarias. Aunque las compañías nunca negaron sus aportaciones monetarias a Peláez, insistieron en que las habían hecho bajo coerción, porque los había amenazado con incendiar los pozos. La verdad parece hallarse en algún punto intermedio entre las dos versiones. Al principio, Peláez forzó a las compañías a pagarle, pero pronto se dieron cuenta de que él constituía un dique eficaz contra cualquier avance revolucionario en su región y lo abastecieron de cuanto necesitaba. Pronto fueron también respaldadas por el gobierno británico[43] y luego por miembros del gobierno de Wilson.

Manuel Peláez era algo más que un instrumento de los petroleros. Al parecer contaba con un alto grado de apoyo local, ya que mientras la guerra civil desgarraba al país y traía la destrucción, la pobreza y el hambre, la región petrolera siguió siendo un enclave próspero. La extracción aumentaba continuamente, y las compañías petroleras abastecían regularmente de alimentos y de otros productos, fácilmente importados gracias a la cercanía de la costa. Los trabajadores petroleros eran una élite privilegiada y muchos de ellos consideraban que Peláez defendía sus privilegios. Ninguna administración convencionista se estableció en su territorio ni aplicó las reformas que propugnaba la Convención.

Los hacendados "villistas" de Chiapas y de la región petrolera fueron pues una anomalía en el México revolucionario. La gran mayoría de ellos mantuvieron tropas contrarrevolucionarias o estuvieron dispuestos a pactar con Carranza. Otro tanto hicieron incluso algunos miembros de la vieja élite de los científicos. Aunque gran parte de sus propiedades habían sido confiscadas, la élite financiera conservó un porcentaje mucho mayor de su riqueza que la mayoría de los hacendados. Esto no se debió sólo a que ya eran originalmente más ricos, sino a sus conexiones internacionales. Terrazas había hecho grandes inversiones en Estados Unidos y Creel era socio de una serie de empresas extranjeras, incluidos numerosos bancos y la Mexico Eagle Company, de propiedad británica. Limantour se exilió durante el periodo de Madero y, cuando no se estaban haciendo confiscaciones, probablemente transfirió sus fondos y títulos trasladables a Francia, donde había fijado residencia. En vista de que Carranza seguía la política de devolver las tierras confiscadas, la élite porfirista tenía razones para creer que acataría sus pretensiones. Y así ocurrió. Carranza devolvió sus propiedades a Limantour y se inclinaba a hacer lo mismo con Creel y Terrazas, aunque nunca logró cumplir enteramente este propósito.[44] No resulta sorprendente, por tanto, que los hacendados mexicanos prefirieran a Carranza antes que a la Convención revolucionaria.

UNA ALIANZA DESGARRADA POR DIVISIONES CRECIENTES

No hay expresión más clara de la heterogeneidad y las contradicciones del movimiento convencionista que la ausencia de un mando unificado. Oficialmente, todos los que apoyaban a la Convención reconocían a Eulalio Gutiérrez como presidente de México y aceptaban su autoridad, pero en la práctica, Gutiérrez no ejercía ninguna autoridad real,[45] ni siquiera en la ciudad de México donde ocupaba el Palacio Nacional.

Villa era el jefe nominal de las fuerzas armadas de la Convención y sin duda alguna la personalidad más popular. Sin embargo, sólo controlaba su propia División del Norte. Zapata no se consideraba su subordinado y sólo llevaba a cabo las campañas militares que creía necesarias. Aunque Villa tenía una mayor influencia sobre Maytorena y los hermanos Cedillo, ellos también tendían a tomar decisiones por su lado. Tampoco existía, en los territorios dominados por la Convención, una verdadera unidad económica.

Tal vez la unidad de las facciones convencionistas se debilitó aún más por la incapacidad (o la falta de voluntad) de Villa para proporcionarles armas y municiones. Este problema era tanto más serio cuanto que, a excepción de Maytorena cuyo estado colindaba con Estados Unidos, ninguna otra facción vinculada con Villa tenía acceso directo a la frontera.

La coalición convencionista representaba tal mezcla de fuerzas sociales, ideológicas y económicas, que una alianza duradera entre ellas parecía inconcebible y, de hecho, pronto se desintegraría. Mientras los seguidores campesinos de Zapata exigían el inmediato reparto de las tierras de las haciendas, al igual que muchos soldados de Villa (aunque éstos estaban dispuestos a esperar hasta el triunfo de la revolución), Maytorena acababa de devolver muchas de las tierras confiscadas a sus antiguos dueños. Había una brecha igualmente amplia entre la demanda de Eulalio Gutiérrez de ejercer verdadero poder nacional en todos los territorios que reconocían su autoridad y la renuencia de los principales jefes de la facción convencionista a prestarle algo más que una obediencia nominal. Esto no sólo se debía a que amplios sectores del movimiento convencionista, especialmente sus componentes campesinos, se oponían en principio a ser controlados por cualquier gobierno central, sino también a la naturaleza del gobierno de Gutiérrez. Nunca había sido una figura revolucionaria importante y nunca había mandado un número sustancial de tropas. Había sido elegido, en principio, como candidato negociado entre la tercera fuerza de la Convención –cuyo líder principal era Obregón–, los villistas y los zapatistas. Pero Obregón, al igual que otros líderes de esa tercera fuerza, se había pasado a Carranza, con lo que la autoridad de Gutiérrez se había reducido aún más.

A diferencia de la cuestión agraria y de la del gobierno central, otro tema que desempeñó un papel principal en la revolución mexicana no produjo divisiones significativas en la coalición convencionista.

Ninguna facción de esa coalición tenía una postura radical de nacionalismo antiestadounidense, en parte, porque Woodrow Wilson se había opuesto a Huerta y tenía una actitud favorable a los revolucionarios. También influía el localismo campesino: muchos campesinos no tenían trato alguno con extranjeros o con compañías extranjeras, y sólo les interesaban su propio pueblo y las regiones vecinas. Algunos de los líderes convencionistas más destacados, como Felipe Ángeles, estaban firmemente convencidos de que México nunca podría prosperar sin la ayuda estadounidense. Además de esos factores obvios, otros dos motivos un poco menos evidentes tuvieron un peso considerable en la política proestadounidense de los dirigentes convencionistas. Uno era que la dependencia económica respecto de Estados Unidos estaba aumentando en vez de disminuir. Con el estallido de la guerra europea, Estados Unidos se había convertido en la fuente más importante de armas para cualquier facción en México. Pero los precios habían subido drásticamente, ya que los revolucionarios mexicanos tenían que competir con Gran Bretaña, Francia, Rusia y otros países beligerantes. Los recursos con que los convencionistas podían pagar las importaciones disminuían, aunque la Convención controlaba ahora una parte mayor del territorio. La enorme cantidad de ganado que Villa había utilizado a principios de 1914 para financiar la revolución se había agotado por sus ventas masivas a Estados Unidos. Las cosechas de algodón de La Laguna, que habían servido para similar propósito, disminuían rápidamente, y las compañías mineras estadounidenses, cuyos impuestos también le habían sido muy útiles a la División del Norte, estaban casi totalmente paradas. Todas las facciones revolucionarias del norte dependían de la buena voluntad estadounidense, pero la de Villa más que ninguna. Tenía que atraerse a las compañías mineras extranjeras si quería que reemprendieran labores. También debía encontrar la manera de que los comerciantes del otro lado de la frontera siguieran aceptando su moneda, a pesar de que se devaluaba rápidamente conforme sus prensas imprimían millones de nuevos pesos. Esa aceptación estaba íntimamente vinculada a la idea de que Villa iba a ganar porque el gobierno estadounidense lo apoyaba, de manera que cualquier tensión con Estados Unidos podía causar que su moneda se desplomara y se cancelara la posibilidad de comprar armas.

A los ojos de los villistas más conservadores, los vínculos con Estados Unidos tenían otra ventaja: podían servir para controlar a Villa e impedirle tomar medidas que ellos consideraban demasiado radicales. Según parece, le advirtieron a Villa que cualquier reforma social radical podría alarmar a Estados Unidos y por tanto poner en peligro su capacidad militar.

LA COALICIÓN CARRANCISTA

La coalición carrancista era, como la convencionista, una alianza de fuerzas diversas, pero no tan heterogéneas como las de aquélla, sobre todo porque abarcaba pocas fuerzas que pudiéramos considerar movimientos campesinos. Aunque en las filas de Carranza militaban campesinos en tanto que individuos sueltos, eran pocas las comunidades campesinas integradas en tanto que tales, como las que constituían el grueso del ejército de Zapata o de Contreras, y que desempeñaban tan importante papel en la División del Norte. Es significativo que los defensores más importantes de las demandas campesinas dentro de la coalición carrancista fueran intelectuales que, si bien no coincidían con Carranza acerca de las cuestiones agrarias, tenían con él otros puntos en común que les permitían pasarlas por alto, sobre todo su nacionalismo.

Las fuerzas de Carranza constituían, en un grado mayor que los zapatistas o que la División del Norte, un verdadero ejército profesional. Estaban dispuestas a combatir en cualquier punto del país. En cambio, con la excepción significativa de la División del Norte, muchos de los comandantes y soldados convencionistas sólo operaban en sus regiones nativas y se resistían a abandonarlas.

Esa actitud habría sido impensable para la mayoría de los generales carrancistas, ya que los estados que controlaban no eran los suyos y sus fuerzas se hallaban muy lejos de sus territorios de origen. Nunca habrían podido conservar el control de esas regiones confiando sólo en el apoyo local. Dependían del éxito nacional de los ejércitos carrancistas, lo que también explica su mayor grado de centralización durante la guerra civil contra la Convención, en 1914-1915. Esta centralización se iba reforzando conforme progresaba la guerra, porque el poder de Carranza crecía constantemente gracias, en gran parte, a que al ocupar Veracruz ejercía también un control cada vez mayor sobre las arcas del movimiento: Veracruz, que era el puerto más importante del país, generaba cuantiosos recursos.

Los ingresos que producían los territorios en posesión de Carranza duplicaban los que se podían obtener de las partes del país que dominaba la Convención.[46] Los carrancistas controlaban las exportaciones más importantes: la región petrolera de Tampico, los campos henequeneros de Yucatán y las regiones cafetaleras de Chiapas. A diferencia de las regiones exportadoras del norte, el sur y la región petrolera no se habían visto afectados por la guerra; por el contrario, su producción –sobre todo la de petróleo y henequén– había seguido aumentando, ya que los precios de las materias primas subieron como resultado de la escasez producida por la primera guerra mundial.

Se pensaba que el gobierno de Wilson favorecía a Villa, pero objetivamente iba a serle mucho más útil a los carrancistas. Al principio de la guerra civil, las tropas estadounidenses evacuaron Veracruz y entregaron a los carrancistas tanto la ciudad como los enormes depósitos de armas en ella almacenados. (Examinaremos más adelante el motivo de esa decisión.) Esa ventaja fortaleció el control del Primer Jefe sobre su ejército, porque le dio las riendas del abasto de armas y municiones.

En el curso de la guerra civil, la coalición carrancista resultaría más sólida y coherente que su rival convencionista. Se dividiría al igual que ésta, pero sólo en 1920, cinco años después de asegurarse la victoria.

DECADENCIA Y CAÍDA DEL MOVIMIENTO CONVENCIONISTA

Como resultado de la heterogénea composición del movimiento convencionista, no es sorprendente que, incluso antes de que los ejércitos de Villa se vieran aplastados en una serie de batallas que se inició en la primavera de 1915, las profundas contradicciones existentes en el interior de la alianza suscitaran desacuerdos y una especie de parálisis ideológica y política.

El proceso de declinación dio principio con la ruptura entre la facción de Eulalio Gutiérrez y el resto del movimiento convencionista. A continuación, crecieron las tensiones entre villistas y zapatistas. La Convención se mostró cada vez menos capaz de establecer puentes con los sectores urbanos de la población de México y sobre todo con la clase obrera. Aunque se proclamaron y aplicaron programas de reforma en algunas regiones, el movimiento convencionista no logró llevar a cabo ninguna reforma a escala nacional ni adoptar una ideología nacional. Ni internamente ni en el extranjero, pudo la Convención contrarrestar la propaganda carrancista, cada vez más eficaz. Finalmente, por razones que en gran medida no eran responsabilidad suya, las relaciones de los convencionistas con Estados Unidos se deterioraron rápidamente.

Las contradicciones en el interior del movimiento convencionista eran apenas visibles para los muchos observadores que presenciaron el desfile triunfal de las fuerzas de Villa y Zapata por las calles de la ciudad de México. Pero pronto surgieron a la luz, conforme la relación entre los dos caudillos por una parte y Gutiérrez por la otra se aproximaba al quiebre.

La ruptura entre Villa y el gobierno de Eulalio Gutiérrez era probablemente inevitable. El gobierno de la Convención, resultado de un pacto entre los movimientos de Villa y Zapata, estaba condenado a una existencia ilusoria. Después de que los obregonistas se retiraron, Gutiérrez dejó de representar una fuerza real. Se había unido a Villa y Zapata con la esperanza de controlarlos, pero ellos, a su vez, querían utilizarlo solamente como vocero de la Convención, para acrecentar su propia influencia. Ninguno de los dos soñaba siquiera con subordinársele; más bien, desconfiaban de él. Sin embargo, la ruptura probablemente no se habría producido tan rápidamente de no ser por la palmaria indiferencia que mostraron los dos revolucionarios ante la autoridad del gobierno de Gutiérrez en el único lugar en que éste intentaba ejercerla efectivamente: la capital.

Esa actitud tuvo su expresión más clara en lo que podría llamarse el Terror de la Ciudad de México, que fue semejante al terror que reinó en París en 1793 y 1794 porque fueron ejecutados tanto miembros de la vieja clase gobernante como disidentes revolucionarios, pero tuvo un alcance mucho menor. Se dice que entre diez y quince mil personas fueron ejecutadas en París, mientras que el representante estadounidense Leon Canova calculaba que las víctimas del terror villista en la ciudad de México fueron unas ciento cincuenta.[47] El terror villista se limitó a los miembros de la clase alta y partidarios del régimen de Huerta. Fueron ejecutados algunos de los antiguos comandantes del ejército federal, como el general Eutiquio Munguía, el general Herrera y Caro, el general Canseco, así como muchos civiles íntimamente asociados a Huerta.[48] Pero hubo una serie de excepciones notorias: revolucionarios que habían optado por la Convención, que según todos los criterios del movimiento convencionista gozaban de inmunidad y que, sin embargo, murieron a manos de miembros de las facciones villista o zapatista.

Guillermo García Aragón peleó junto a Zapata durante la revolución maderista. Se negó a continuar cuando este último se sublevó contra Madero, y durante la revolución constitucionalista actuó por su cuenta. Zapata lo consideraba un traidor y le guardaba profundo rencor. El hecho de que García Aragón fuera miembro de la comisión permanente de la Convención Revolucionaria y hubiera sido nombrado por el presidente Gutiérrez como gobernador del Palacio Nacional[49] no lo protegió de ser arbitrariamente ejecutado.

Un destino similar tuvieron otros dos destacadísimos miembros de la Convención Revolucionaria: David Berlanga y Paulino Martínez. Berlanga había sido un representante importante de la tercera fuerza, que clara y abiertamente criticó tanto a Villa como a Zapata, pero se negó a secundar la defección de los que optaron por el bando del Primer Jefe. La causa inmediata de su detención y ejecución no está enteramente clara. Según una versión, se hallaba comiendo en uno de los mejores restaurantes de la ciudad, el Sylvain's, cuando vio que un grupo de oficiales villistas ebrios se negaban a pagar la cuenta. Encolerizado por esta conducta, contraria en su opinión a la ética revolucionaria, los reconvino y pagó por ellos. Resultó que uno de esos oficiales era Fierro, el verdugo de Villa, que habría matado a Berlanga. El relato añade que Berlanga mostró tal calma y valor de cara a la muerte que incluso el mortífero Fierro quedó impresionado.

El más famoso de los revolucionarios ejecutados durante el terror villista fue Paulino Martínez. Su muerte aún está envuelta en el misterio. Según un relato, en la reunión a puerta cerrada que celebraron en Xochimilco, Villa y Zapata habrían llegado a un acuerdo acerca de Martínez. Villa habría aceptado entregar a García Aragón, y Zapata no se habría opuesto a la ejecución de Paulino Martínez. La enemistad de Villa contra Martínez se debía a que éste había participado de manera destacada en el movimiento de Orozco, había peleado contra Madero y había continuado atacando a éste en la prensa. Según otra versión, los villistas habrían arrestado arbitrariamente a Martínez y lo habrían matado, sin preocuparse por la ira que ello provocaría en los zapatistas.[50]

Generalmente las detenciones se llevaban a cabo de noche y los prisioneros eran ejecutados en secreto. Esto contrasta con las ejecuciones públicas que tuvieron lugar en Francia. La demanda zapatista de juicios y ejecuciones públicos nunca se cumplió.

No es posible establecer quién daba las órdenes. En algunos casos, fueron Villa y Zapata; en muchos otros, fueron obra de subordinados. Numerosos observadores consideran que Urbina llevó a cabo la mayoría de las ejecuciones.[51] Aun si así fue, esos subalternos nunca fueron repudiados por ninguno de los dos caudillos, y Zapata protegió explícitamente a los responsables cuando el presidente Gutiérrez protestó enérgicamente por los fusilamientos. La forma en que se realizaban era de una arbitrariedad escalofriante. Martín Luis Guzmán describe cómo un subordinado le dice una noche a Villa que han sido detenidos cinco hombres acusados de falsificación. Sin escuchar a los acusados ni examinar las pruebas, Villa da órdenes de que los falsificadores sean ejecutados al amanecer. Las familias de los cinco sentenciados vienen a pedir clemencia, o por lo menos ser escuchados, pero de nada sirve. Cuando Martín Luis Guzmán intenta intervenir ante Villa, sus guardias le dicen que no es posible despertar al general antes de las nueve de la mañana, que es la hora fijada para la ejecución. El presidente Gutiérrez y el secretario de Guerra, Robles, se oponen a la condena, pero no intentan siquiera despertar a Villa porque saben que es inútil.[52]

En este caso, la dureza de Villa puede explicarse porque las falsificaciones se habían convertido en un auténtico dolor de cabeza para él. La continua devaluación de su moneda, como resultado natural del exceso de circulante que imprimía, se vio exacerbada por las enormes cantidades de billetes falsos. Por ello se aplicaron castigos drásticos a los falsificadores.

En otro caso, en que estaba en juego la vida de un miembro importante del gobierno de Gutiérrez, Villa se negó a respaldar la autoridad del presidente interino. José Vasconcelos, que había sido abogado en el porfiriato y era un intelectual prominente, había sido designado secretario de Instrucción Pública. Un general revolucionario, Juan Banderas, popularmente conocido como "El Agachado", lo había amenazado de muerte porque lo acusaba de haberle recibido dinero para solucionar un juicio, antes de la revolución, y no haber hecho nada al respecto. Cuando Gutiérrez le pidió a Villa, jefe nominal del ejército convencionista, que disciplinara a Banderas y le diera protección a Vasconcelos, Villa se negó y le aconsejó al infortunado secretario de Instrucción Pública que huyera de México y se fuera al norte. Para Villa, la vida de un intelectual y ministro no valía los problemas que le acarrearía una ruptura con Banderas, quien comandaba numerosa tropa.[53]

Las ejecuciones sólo eran una parte del reinado del terror en la ciudad de México. También eran frecuentes los secuestros de hombres ricos, a quienes se amenazaba de muerte para que pagaran grandes rescates. La mayoría de estas acciones fueron atribuidas a Urbina, aunque Villa ciertamente participó.

Adams, representante de Lord Cowdray en la ciudad, describe vívidamente los métodos que se empleaban:

> En México, Urbina ha establecido su cuartel general en un tren, en la estación central de ferrocarriles, y entre otros crímenes ha cometido los siguientes:
>
> Juan Carbó, un hombre rico de Puebla, fue secuestrado en su casa del Paseo de la Reforma y llevado al mencionado tren; se le pidió rescate y fue torturado hasta que consintió en entregar unos dos mil pesos, que era todo lo que tenía en la casa. Lo pusieron frente a un pelotón de fusilamiento, lo colgaron del cuello hasta que perdió el sentido, etcétera, y finalmente fue liberado.
>
> Melchor Ayala, un ranchero de Irapuato: mataron a su mayordomo y su secretario fue hecho prisionero, se pagaron quinientos pesos en Irapuato por su liberación. El secretario fue de nuevo encarcelado, porque se pensó que si se habían pagado quinientos pesos por el secretario se pagaría una suma mayor si se conseguía secuestrar a su jefe. Guiados por el secretario, [los extorsionadores] capturaron a Ayala en su residencia de la calle Londres. También se llevaron a la señora Ayala a pesar de que se puso muy enferma, ella y su esposo estuvieron bajo vigilancia todo el día. El hermano de la señora Ayala, Luis Covarrubias, que los estaba buscando, también fue capturado y finalmente forzado, a punta de pistola, a ir al banco para retirar y entregar a los captores diecisiete mil pesos que tenía en depósito. Ni Ayala ni Carbó habían participado para nada en política.[54]

También Villa utilizaba esos métodos, aunque en el único caso de que informa Adams no se empleó tortura. Villa "consignó a Jesús y Antonio García, de Zacatecas, en el sótano de su casa de la calle Liverpool (la misma en que vivía Huerta) y se les exigió un rescate de quinientos mil pesos que no pudieron reunir. Finalmente, Villa se los llevó consigo a Chihuahua. No recibía como pago ningún tipo de papel moneda, sólo plata u oro".[55]

Extorsionar dinero a las clases acaudaladas era un procedimiento que todos los revolucionarios habían seguido y sin el cual la revolución no se habría podido financiar. Villa lo había hecho en todas las ciudades que había capturado y también Obregón intentó obtener de las clases altas cuanto pudo cuando ocupó por primera vez la capital. Sin embargo, en los casos anteriores, esas medidas se tomaron abiertamente. Villa decretaba la confiscación de las propiedades de los ricos o les imponía préstamos forzosos, como hizo en su primera toma de Torreón. Si en la ciudad de México recurría a los secuestros para volver a llenar las arcas de la División del Norte, era porque no podía imponer públicamente contribuciones sin infringir la autoridad del gobierno convencionista.

Es interesante señalar que Villa no tomó represalias en las prisiones en que había estado encarcelado. Sin duda le dio particular satisfacción visitar la penitenciaría "para ver la celda en que había estado confinado cuando lo trajeron prisionero de Chihuahua, detenido por órdenes del general Victoriano Huerta. En su visita, el general Villa conversó con el director de la prisión, don Marines Valero, recordando las penalidades que soportó durante su encarcelamiento".[56] No ejecutó ni detuvo a los guardias de la penitenciaría. ¿Habían huido aquellos que lo tuvieron preso, o lo habían tratado tan bien que no deseaba vengarse de nadie?

El desprecio de Villa por la ciudad de México se manifestó de otra manera menos destructiva. Forzó a la capital, en su opinión responsable de la muerte de Madero, a darle el nombre del presidente mártir a una de sus principales calles. Con ese motivo se llevó a cabo una impresionante ceremonia, en la que el cuerpo de Madero fue desenterrado y vuelto a enterrar. Todos los comercios y tiendas cerraron

y las tropas de la División del Norte desfilaron por las calles hacia el Panteón Español.

Las tropas formaron una guardia de honor en torno a la tumba de Madero y el cuerpo del presidente asesinado fue desenterrado y colocado en un costoso ataúd de plata.

El general Villa en persona actuó como maestro de ceremonias, mientras la banda tocaba el himno nacional y las banderas del ejército, enlutadas con crespones, eran arriadas a media asta, en saludo al difunto.

Antes de que el cuerpo fuera de nuevo consignado a la tumba, el general Villa se dirigió a la multitud. Entre otras cosas, dijo:

"La marca más negra que ha manchado jamás el honor de México es el asesinato del padre de la nueva república. Madero fue el único hombre que un día, en la historia de las naciones, se levanta y salva a su país de la ruina y el deshonor. Amaba a su pueblo y peleó por el honor y el bienestar de la raza mexicana; le arrancó los grilletes a su pueblo y expulsó a los científicos de sus cargos y su poder. De no ser por Madero, los científicos todavía serían reyes y señores, y el pueblo llano de México, abyectos esclavos.

"El tiempo convertirá a Madero en la figura más grande de la historia de México. Desearía poder hacer más por él, pero con esta simple manifestación probamos que aún lo queremos y apreciamos. Que su glorioso ejemplo esté siempre ante nosotros mientras trabajamos por la regeneración de nuestra amada patria."

Cuando terminó, el general Villa tenía los ojos llenos de lágrimas y la voz tan ahogada por la emoción que no podía continuar expresando sus pensamientos. Los asistentes estaban profundamente conmovidos al ver llorar al duro jefe norteño, y la multitud permaneció de pie en solemne silencio durante varios minutos [...] Más tarde, el general Villa regresó a la ciudad y personalmente se subió a una escalera en cada esquina de la avenida de San Francisco y sustituyó sus viejos rótulos por otros nuevos que llevaban el nombre de "Avenida de Francisco Madero" y que habían sido retirados durante la dictadura de Huerta.[57]

El "reinado del terror" en la ciudad de México tuvo dos consecuencias inmediatas. Dañó gravemente la imagen de Villa ante las clases altas del país y ante los diplomáticos y observadores extranjeros, y condujo a la ruptura final entre Villa y Zapata, por un lado, y Eulalio Gutiérrez, su gobierno y sus partidarios por otra.

La desilusión de los observadores extranjeros ante la conducta de Villa se expresa especialmente bien en lo que Adams, el representante de Lord Cowdray, escribe a su jefe:

Cuando [Villa] entró en México todos albergaban la esperanza de que él sería su salvación; aunque era bien conocido que poseía tendencias arbitrarias, se pensaba que estaría lo bastante bien aconsejado, y que era lo bastante capaz para entender que, tras el desorden y la inmoralidad por cuya causa Carranza había perdido la plaza que él acababa de conquistar, sería necesario un aspecto de orden y moralidad para quienquiera que deseara consolidar el gobierno.

La entrega de las casas que habían sido ocupadas, y la suspensión de las confiscaciones de los coches a motor y los caballos confirmaron esta esperanza, pero más tarde nos desengañamos de una manera inequívoca [...]:

Los generales Urbina, Fierro y Medinaveitia, favoritos de Villa, han sido y son la influencia dominante sobre él, compañeros asiduos en el palenque establecido en San Cosme, donde cada día se apuestan grandes sumas de dinero, y en otras diversiones aún más escandalosas, mediante las cuales halagan las marcadas debilidades del general y dominan por tanto sus acciones.[58]

Adams no había renunciado totalmente a su fe en Villa, ya que pensaba que los malos consejeros eran los principales responsables del terror. El representante de Estados Unidos, Leon Canova, compartía esa opinión y pensaba que la ausencia de dirigentes como Ángeles y Raúl Madero en la capital contribuía a la conducta arbitraria de Villa.[59]

El enojo de los extranjeros contra Villa se vio exacerbado por otro episodio, de naturaleza muy distinta. Un día, en la tienda propiedad de una francesa, una cajera llamó la atención de Villa, que le hizo insinuaciones amorosas y le prometió que volvería al día siguiente, porque esperaba que ella correspondiera a sus deseos. La cajera fue presa del pánico, pero la dueña de la tienda le dijo que al día siguiente se quedara en casa, y tomó su lugar. Cuando Villa llegó a la tienda como había prometido, no sólo no halló a la joven, sino que se encontró con las burlas y risitas de los empleados. Sintiéndose amenazado en su machismo, hizo detener a la propietaria francesa, y fueron necesarias muchas protestas y prolongadas argumentaciones para liberarla, de modo que el suceso tomó visos de escándalo internacional.[60]

No está claro qué tanto afectaban estos hechos a las clases bajas de la ciudad. Les impresionaba más que Villa hubiera recogido a más de sesenta huérfanos sin hogar que vagaban por las calles y los hubiera enviado a la escuela, en Chihuahua, episodio que acrecentó grandemente su fama como una especie de Robin Hood mexicano.

Para Eulalio Gutiérrez y su gobierno, el terror villista en la ciudad de México no era más que la punta del iceberg. Habían comprendido que Villa y Zapata no respetarían jamás realmente su autoridad, ni en sus territorios de origen ni, siquiera, en la capital, donde tenía su sede el gobierno. El resultado fue la ruptura terminante entre Villa y lo que quedaba de la tercera fuerza de la Soberana Convención de Aguascalientes.

El objetivo de Gutiérrez era reconstruir la unidad de esa tercera fuerza, que había logrado su elección a la presidencia. La mayoría de sus miembros, encabezados por Obregón, se habían pasado a Carranza, pero una minoría que incluía a algunos antiguos carrancistas como Lucio Blanco y algunos de los generales de la División del Norte, como Robles y Eugenio Aguirre Benavides, habían permanecido fieles a la Convención. Gutiérrez empezó por enviar mensajes a diversos comandantes carrancistas insinuando que estaría dispuesto a luchar contra Villa y Carranza si ellos se le unían. Aunque ninguno pensaba romper con Carranza, alentaron a Gutiérrez a seguir por el camino que proponía.

A fines de diciembre, cuando le llegaron rumores de una posible renuncia o defección del presidente, Villa, que se hallaba en Guadalajara, ordenó que se cortara el servicio de trenes entre la ciudad de México y el resto del país. A la cabeza de varios miles de hombres, le hizo una "visita sorpresa" a Eulalio Gutiérrez, y se produjo una dramática confrontación entre ambos. Villa amenazó con fusilar a Gutiérrez si renunciaba, pero el presidente se mantuvo inflexible. Dijo que no podría gobernar efectivamente el país mientras se cometieran en la ciudad de México extorsiones y asesinatos, y que Villa y Zapata le estaban impidiendo ejercer cualquier autoridad real, ya que seguían controlando los ferrocarriles, las comunicaciones telegráficas y la impresión de papel moneda. Le indignaba especialmente el asesinato de David Berlanga que, como miembro de la Convención, debería haber contado con total inmunidad. Villa no mostró remordimiento alguno. "Ordené que mataran a Berlanga porque era un perrillo faldero que siempre me estaba ladrando. Me cansé de tanto ruido y finalmente me encargué de él."[61]

Villa hubiera podido ejecutar al presidente, pero vaciló: todavía no tenía ninguna prueba clara de su traición, y podía dañar su legitimidad y sus relaciones con Estados Unidos. Por fin, llegaron a un extraño arreglo: Villa le dijo a Gutiérrez que había ordenado a sus tropas impedirle por todos los medios salir de la ciudad de México, pero, al mismo tiempo, puso a dichas tropas bajo el control nominal de Gutiérrez.

Esta confrontación no hizo más que fortalecer la resolución de Eulalio Gutiérrez. Uno de los generales carrancistas con los que   había estado escribiendo era Antonio Villarreal, cuyas tropas fueron derrotadas y puestas en fuga por Ángeles, con lo que parte de su correspondencia con Gutiérrez cayó en manos de Villa, quien ordenó a José Isabel Robles, secretario de Guerra en el gabinete, pero también general de la División del Norte, que inmediatamente ejecutara al presidente. Robles no sólo rehusó, sino que le mostró a Gutiérrez el telegrama de Villa. Gutiérrez decidió entonces evacuar la ciudad de México con todas las tropas que aún le eran leales.[62]

Eulalio Gutiérrez había hecho ciertos preparativos para la crisis que enfrentaba: había trasladado a la ciudad una buena cantidad de sus fuerzas leales, para protegerlo de las unidades que Villa había dejado en ella. También había enviado a Eugenio Aguirre Benavides a San Luis Potosí como gobernador y jefe militar, porque allí planeaba establecer su gobierno. Ingenuamente esperaba todavía convertirse en cabeza de una poderosa y reconstituida tercera fuerza, que eliminaría a Villa, Zapata y Carranza, y le dejaría a él la presidencia de México. La noche del 14 de diciembre, juntó todas sus tropas y todo el dinero que quedaba en las arcas de la nación, y salió subrepticiamente de la capital. Las tropas leales a Villa y Zapata fueron tomadas por sorpresa, y eran demasiado escasas para oponérsele. Al día siguiente, Gutiérrez publicó un manifiesto, escrito por Vasconcelos en un tono sumamente mordaz, en el que denunciaba a Villa y a Zapata, y destituía a ambos de su mando. Las razones con que explicaba su defección eran las mismas que le había dado oralmente a Villa en su encuentro de sólo tres semanas atrás. Atacaba a Villa y a Zapata por el terror que habían impuesto sobre la capital y por no haber dejado al gobierno convencionista ningún poder de decisión sobre sus regiones, su economía y los ferrocarriles y comunicaciones que controlaban. Los acusaba de imprimir cantidades infinitas de papel moneda sin consultar al gobierno central y de desarrollar su propia política exterior respecto de Estados Unidos.[63]

Las esperanzas que tenía Eulalio Gutiérrez de reconstituir la tercera fuerza resultaron vanas. Los carrancistas publicaron alegremente su manifiesto, para demostrar a México y al resto del mundo las debilidades y fisuras de la facción convencionista. Ninguno de los generales carrancistas estaba dispuesto a romper con el Primer Jefe. Las fuerzas con que contaba Gutiérrez eran demasiado débiles para atraerlos. Por el contrario, su defección alimentaba su fe en que sería posible derrotar a Villa y Zapata.

Tampoco logró Gutiérrez atraerse a los partidarios de Villa dentro de las clases media y alta. Pocos días después de la evacuación de la ciudad de México, Eugenio Aguirre Benavides conferenció en Saltillo con los hermanos

Raúl y Emilio Madero, generales de la División del Norte, y con Orestes Pereyra, para invitarlos a tomar las armas contra Villa. Confiaba en persuadirlos, ya que estaba emparentado con los Madero y Raúl había sido su lugarteniente como comandante de la Brigada Zaragoza. No se equivocaba enteramente. Tanto Raúl Madero como Orestes Pereyra mostraron alguna simpatía por sus puntos de vista pero, finalmente, decidieron permanecer leales a Villa por consejo del hermano mayor, Emilio. Según Aguirre Benavides, la negativa de Emilio obedecía a sus obligaciones personales con Villa y "la necesidad que cree existe de que nuestro país sea gobernado por un tirano".[64] A pesar de que no tuvo éxito en la conferencia de Saltillo, Aguirre Benavides aún esperaba dar un giro radical a su suerte obteniendo el apoyo de Ángeles, y le pidió que lo ayudara en su lucha contra la "tiranía inconsciente de Villa, que por su misma inconsciencia será muchas veces peor que las anteriores".[65] Ángeles rechazó aún más firmemente las propuestas de Aguirre Benavides que los propios Madero.

> Yo no combato por la dictadura, combato por la democracia y lamento que ustedes estén malogrando la revolución en sus ideales agrarios, que van a imposibilitarse por las ambiciones personales y por insensateces de ustedes [...] Mientras estuvo usted con nosotros iba de triunfo en triunfo, a veces muy a su pesar; desde ahora irá usted de malo en peor.[66]

Las palabras de Ángeles fueron proféticas en lo que se refiere a Eulalio Gutiérrez y sus partidarios. Eugenio Aguirre Benavides había ido a resguardarse en San Luis Potosí, pensando que ese estado, base de poder original de Gutiérrez, se convertiría en el baluarte desde el que él y sus asociados podrían derrotar tanto a Villa como a Carranza. Pronto se dio cuenta de que había juzgado erróneamente la situación general del país, las relaciones de fuerza y la lealtad de sus propias tropas. Cuando los contingentes villistas encabezados por Urbina se aproximaron a San Luis Potosí, la mayor parte de los soldados de Aguirre Benavides se negaron a combatir y tuvo que retirarse de la capital del estado. Las fuerzas de Urbina lo alcanzaron en San Felipe Torres Mochas; allí, la mayor parte de sus desmoralizadas tropas rehusaron pelear y fue decisivamente derrotado. Trató de huir a Estados Unidos, pero fue interceptado por las fuerzas carrancistas y sumariamente ejecutado por el general Emiliano Navarrete, a pesar de que llevaba un salvoconducto de otro general carrancista.

Lucio Blanco, también abandonado por la mayor parte de sus tropas, logró abrirse paso hasta Estados Unidos, donde durante un tiempo fue recluido por el gobierno. Cayó, años más tarde, en una intentona contra el gobierno de Obregón. Eulalio Gutiérrez, hostigado por las fuerzas villistas, disminuido por las constantes deserciones, alcanzó finalmente la pequeña y oscura población de Doctor Arroyo, en Nuevo León, donde intentó establecer su capital. Abandonado por casi todos sus seguidores, pronto se dio cuenta de que su situación era imposible, renunció a la presidencia e hizo la paz con los carrancistas.

José Isabel Robles, que durante largo tiempo había sido uno de los generales favoritos de Villa, fue el único dirigente convencionista que durante un tiempo siguió ejerciendo alguna influencia. Pactó con Villa, quien lo indultó en nombre de sus viejas simpatías y en cuyas filas permaneció hasta la derrota de 1915. Después, se unió a Carranza, que aceptó sus servicios y lo envió a Oaxaca, a combatir contra los conservadores sureños sublevados contra su gobierno. Hombre tan encantador, culto y civilizado como inconsistente, Robles cambió de bando una vez más en 1917, y decidió repentinamente apoyar a los rebeldes oaxaqueños. Fue capturado por los carrancistas y sumariamente ejecutado. De nada sirvieron las peticiones de clemencia de sus amigos, que le recordaban a Obregón que el sentenciado le había salvado la vida cuando Villa amenazó con fusilarlo.[67]

La deserción de Eulalio Gutiérrez y sus partidarios tuvo profundas consecuencias políticas y militares para la facción convencionista. En términos políticos, las acusaciones de Gutiérrez tuvieron un impacto negativo en los gobiernos extranjeros, especialmente el de Estados Unidos, y en algunos sectores de la clase media mexicana. Pero, sobre todo, la defección puso fin incluso a la apariencia de un gobierno convencionista centralizado, capaz de regir todo el país. Esto no significa que ese gobierno central dejara de existir: la misma noche en que Gutiérrez salió de la ciudad de México, el muy respetado delegado de Villa ante la Convención Revolucionaria, Roque González Garza, presidente de dicha Convención, asumió las riendas del gobierno, y el resto de los delegados, tanto villistas como zapatistas, lo confirmaron en su cargo. Sus atribuciones y su poder estaban extremadamente limitados en la práctica y en la teoría. Sólo dos semanas después de la huida de Eulalio Gutiérrez, Villa, alegando que las comunicaciones con el centro estaban interrumpidas o en el mejor de los casos eran muy difíciles de mantener, creó su propia administración para el norte del país. Aunque dijo claramente que se trataba de una solución provisional y que sería en última instancia responsable ante la Convención, en la práctica había establecido un segundo gobierno. Por primera vez desde que fue gobernador de Chihuahua, Villa asumía un cargo político. Él era la cabeza de la administración del norte, y tres destacados intelectuales, Juan Escudero, Miguel Díaz Lombardo y Luis de la Garza Cárdenas, todos ellos antiguos maderistas, fueron nombrados respectivamente secretarios de Relaciones Exteriores, Hacienda y Comunicaciones. Aunque gozaban de cierto prestigio dentro y fuera de México debido a sus vínculos con Madero, el suyo era en conjunto un gobierno débil. Con la posible excepción de Díaz Lombardo, no eran muy cercanos a Villa y cabe dudar que tuvieran posibilidad alguna de influir verdaderamente sobre él. Ninguno contaba con una auténtica base de poder, y su autoridad derivaba completamente de la de Villa. No tenían el nivel de los intelectuales zapatistas o carrancistas. Ninguno poseía la capacidad de un Soto y Gama o de un Cabrera, o un Fabela, ni eran reformadores sociales radicales. El gobierno norteño de Villa nunca fue capaz de elaborar una agenda ni una política nacional. La posibilidad de que existiera un verdadero gobierno central convencionista desapareció precisamente en el momento en que el gobierno de Carranza, en Veracruz, demostraba que era un auténtico gobierno nacional, con una política también nacional, mediante la promulgación de amplios planes de reforma agraria y una serie de reformas sociales.[68]

En cierto sentido, la deserción de Eulalio Gutiérrez también dañó la frágil y precaria relación entre villistas y zapatistas. González Garza pronto enfrentó problemas similares a los que se le habían presentado a Gutiérrez. Los zapatistas, celosos de su autonomía y con el vivo recuerdo de lo que les había sucedido cuando confiaron en Madero, se negaron a que ningún gobierno central ejerciera autoridad en Morelos. Al mismo tiempo, exigían más y más recursos y ayuda de ese gobierno central. Hubo una serie de conflictos entre ellos y el gobierno de Roque González Garza, predominantemente villista, lo que agravó las tensiones entre las dos facciones. Sus causas más profundas tenían que ver con diferencias ideológicas que pocas semanas más tarde emergerían con fuerza en las deliberaciones de la Convención.[69]

Todavía más importantes eran las consideraciones militares. Durante su encuentro en Xochimilco, Zapata y Villa habían establecido una serie de obligaciones mutuas. Los zapatistas encabezarían la ofensiva contra los carrancistas en el sur, para lo cual Villa les proporcionaría grandes cantidades de armas y municiones. Ambas partes resultaron en gran medida incapaces (y poco deseosas) de cumplir esas obligaciones. Los soldados campesinos de Zapata se resistían a combatir fuera de su región de origen. Zapata no se esforzó mucho por persuadirlos. Villa, por su parte, estaba perennemente escaso de municiones y, en vista de la limitada capacidad de combate del Ejército Libertador del Sur, darle armas y municiones no era una de sus prioridades más apremiantes.

El terror reinante en la ciudad de México, la actitud de Villa ante Eulalio Gutiérrez y su resistencia a darle armas a Zapata eran algo más que simples expresiones de su odio por la capital, de su desprecio por el gobierno central y de su falta de respeto por la eficacia militar de Zapata. También reflejaban una recién estrenada arrogancia en el poder. Hasta que llegó a jefe supremo de las fuerzas convencionistas y tomó la ciudad de México, Villa había sido extremadamente cuidadoso de su imagen. Había mantenido una disciplina de hierro al ocupar Chihuahua y Torreón. También había insistido siempre en su respeto a las instituciones legales y en su voluntad de subordinarse a las autoridades civiles. Antes de tomar cualquier decisión importante en el campo militar, civil, económico o diplomático, siempre había consultado a sus asesores intelectuales: Silvestre Terrazas, Ángeles y a veces Carothers. Pero en la ciudad de México empezó a tomar decisiones unilateralmente; parecía que no le importaban las consecuencias ni pensaba siquiera en la relación costo-beneficio de los pasos que daba. Probablemente esto se debía, entre otras cosas, a que gran parte de la dirección villista original, que lo había acompañado hasta su llegada a la capital, se hallaba dispersa por todo el país. Ángeles estaba en el norte, Silvestre Terrazas en Chihuahua y muchos de sus generales hacían campaña en otros puntos. En cierto sentido, ello era producto del exceso de confianza que Villa siempre sentía después de una victoria, pero en otro sentido reflejaba la corrupción que produce el poder. Los líderes carismáticos y extraordinariamente populares, constantemente rodeados de admiradores y sicofantes, tienden a ser víctimas de ese tipo de arrogancia, cuyo resultado final es la creencia de que ellos y sólo ellos encarnan la voluntad del pueblo.

El terror en la ciudad de México así como la ruptura con Gutiérrez empañaron la imagen de Villa tanto en el interior como en el extranjero. Desde la toma de Ciudad Juárez, Villa había procurado desvanecer su imagen de bandido y forajido. Los sucesos de la capital la revivieron, y la muy eficaz maquinaria propagandística de Carranza la magnificó con incesante intensidad y energía.

LA GUERRA PROPAGANDÍSTICA

A la sombra del conflicto armado que pronto involucró a todo el país, se desarrollaba otro tipo de guerra menos ruidosa: la de la propaganda. En ella, el siglo XX combatía contra el XVIII, los modernos métodos de propaganda y relaciones públicas contra las formas tradicionales de movilización de masas, los métodos empleados en el mundo urbano mayoritariamente alfabetizado contra los que podían emplearse en la parte rural y mayoritariamente analfabeta de México.

Los carrancistas resultaron ser los maestros en el arte de la propaganda moderna durante la revolución mexicana. Su propaganda se concentraba en la imagen de Villa como un vulgar bandido, instrumento de los reaccionarios.

Obregón y Carranza tenían un problema que suele planteárseles a prácticamente todos los dirigentes en todas las revoluciones: en los diseños rápidamente cambiantes que trazan las alianzas y los conflictos en cualquier revolución, los líderes tienen que convencer no sólo a sus propios partidarios, sino a la población del país en su conjunto de que el aliado y héroe revolucionario de ayer se ha convertido en un traidor contrarrevolucionario. Ése fue el dilema que se le planteó a Robespierre en la revolución francesa, cuando tildó a Danton de contrarrevolucionario al servicio de la reacción, y el de Stalin cuando llamó a Trotsky agente de la contrarrevolución. La técnica que emplearon tanto Robespierre como Stalin consistió en describir debilidades y rasgos negativos auténticos de sus enemigos, combinarlos con otras fallas más imaginarias y sostener que cualesquiera acciones positivas que esos enemigos hubieran llevado a cabo eran sólo una cortina de humo para sus negativas intenciones. A Danton le gustaban la buena vida, la buena mesa y el lujo, y, según muchas versiones, no estaba exento de corrupción. Quería poner coto al terror que se estaba extendiendo por toda Francia. La técnica que Robespierre empleó para desacreditarlo consistió en decir que las convicciones de Danton no presentaban verdaderas diferencias de opinión y de interpretación, sino que demostraban que había sido comprado por las fuerzas de la reacción. Más de un siglo después, Trotsky colaboró, antes de la revolución de 1917, con los mencheviques, una facción del Partido Socialdemócrata ruso opuesta a los bolcheviques de Lenin. Más tarde se unió a éste y se convirtió en uno de los principales dirigentes de la revolución bolchevique. Cuando Stalin quiso desacreditarlo, sostuvo que sus diferencias mostraban que Trotsky había sido todo el tiempo un agente de los mencheviques en el interior del partido bolchevique.

La misma táctica emplearon Obregón y Carranza contra Villa. Quien alguna vez fue un bandido siempre será un bandido. Un elemento de la propaganda carrancista consistía en señalar constantemente que el verdadero nombre de Villa era Doroteo Arango, para recordar que, debajo del glorioso Francisco Villa, se escondía el bandolero y asesino, que se había cambiado de nombre precisamente para escapar a su horrendo pasado. Aquel bandido, decía la propaganda, estaba controlado por dos hombres malvados que personificaban a las fuerzas de la reacción: Felipe Ángeles y José María Maytorena.

Contra Ángeles emplearon una táctica similar: quien una vez fue oficial federal, siempre será un oficial federal. Dado que había sido oficial de alta graduación en el ejército federal, antes de la revolución, podía suponerse que continuaría actuando como tal a lo largo de toda la campaña insurgente. Obregón llegó incluso más lejos en sus acusaciones: insinuó que Ángeles se había incorporado al ejército revolucionario con el pleno consentimiento de Huerta, para minarlo desde dentro y servir como agente de la reacción dentro del movimiento revolucionario.[70] Al principio, Obregón no trató de probar sus asertos. Pero poco después los carrancistas ofrecieron ciertas "pruebas", resultado al parecer de una campaña de desinformación extremadamente astuta.

En la primavera de 1915, la oficina de propaganda del gobierno de Carranza en Estados Unidos, el Buró Mexicano de Información, emitió copias de dos cartas que, según sostenía, Ángeles había olvidado en una visita a Baja California. La primera era una presunta carta de Porfirio Díaz, fechada en junio de 1913, en la que le pedía a Ángeles que salvara al ejército federal del aniquilamiento y que prestara atención a las siguientes ideas porque

significarían la salvación de una institución que para mí es sagrada, ya que le he dedicado mis mayores esfuerzos. Usted es un miembro de esa institución y sabe lo que vale.

Los sucesos de febrero colocaron al ejército en este terrible dilema. O bien supera la ira del pueblo, que ya ruge amenazadora, y logra la paz y tal vez el único gobierno estable de México, o el pueblo aniquilará al ejército. La salvación del ejército es cosa sencilla, y usted está mejor dotado que nadie para realizar esa labor, que significa tal vez la salvación del país.[71]

La segunda carta que los agentes de Carranza "encontraron" en Baja California habría sido escrita supuestamente casi un año más tarde por Limantour, antiguo ministro de Hacienda de Díaz, al antiguo presidente provisional De la Barra, a su domicilio en La Habana. La carta decía que Ángeles representaba la única esperanza que quedaba de salvar al ejército federal.

Usted sabe que la división norteña [la División del Norte] no tiene ningún objetivo político o social, ya que es comandada por un hombre ambicioso, deseoso de dinero y poder; por otra parte, uno de los nuestros sirve en sus filas con un alto grado militar. Es imposible que Felipe Ángeles llegue a olvidar los grandes servicios que le debe al general Porfirio Díaz. Podemos satisfacer la ambición del primero con nuestro oro y aprovechar la gratitud de Ángeles con nuestra habilidad. Una vez hecho esto, aconsejaremos a Villa cómo atraerse a Zapata y así daremos a nuestro nuevo orden de cosas un aspecto revolucionario y reivindicativo, que por el momento es lo que necesitamos. Cumpliremos fielmente el Plan de Ayala, repartiremos tierras sólo en el estado de Morelos y nos compensaremos por esta munificencia con concesiones y tierras en otros estados menos turbulentos. Luego organizaremos un poderoso ejército, seleccionando a los miembros más destacados del ejército federal y colocando al ejército villista-zapatista bajo su mando, y de esta manera gobernaremos de nuevo en México.[72]

Los editores del *New York Times* quedaron tan impresionados que publicaron ambas cartas, dándoles así amplia difusión dentro de Estados Unidos y en México. Al mismo tiempo, sin embargo, el editorial decía que las cartas ciertamente no probaban que Ángeles fuera un instrumento de los conservadores.

Que Felipe Ángeles la recibiera no prueba que esté trabajando para restaurar el régimen de los científicos. La creencia en la imperecedera gratitud de Ángeles que expresa el señor Limantour en su carta al señor De la Barra, publicada al mismo tiempo, tampoco prueba nada [...] es justo decir que no existe ni la más mínima prueba de que el general Ángeles tiene simpatías por el proyecto. La sospecha de que no simpatiza con los revolucionarios con los que está asociado sólo se basa en que posee una educación y una posición social superiores. Es el Felipe Igualdad de la revolución mexicana.[73]

Felipe Igualdad era el apodo de Luis Felipe, duque de Orleáns, que se convirtió en revolucionario y renunció a su título adoptando el nombre de Ciudadano Igualdad; a pesar de que votó en la Convención por la ejecución de su primo Luis XVI, fue arrestado y guillotinado a su vez tras la deserción de su hijo, el futuro rey Luis Felipe, que se pasó a la contrarrevolución. La comparación entre los dos hombres tal vez no era enteramente injustificada, pero los documentos muy probablemente estaban falsificados. En una carta al *New York Times* pocos días después, Limantour dijo que jamás había escrito misiva semejante. Aunque su simple negativa no es necesariamente convincente, otra parte de la carta sí lo es: "El señor De la Barra no estaba en La Habana en mayo de 1915, ni pasó allí un solo día durante todo ese año. Estaba en París y yo tuve ocasión de verlo allí en el momento en que supuestamente le escribía desde esa ciudad a La Habana. Segundo, la carta atribuida al general Porfirio Díaz en que se hacen referencias a la mía es del 18 de junio de 1913, un año antes de la fecha que exhibe la que lleva mi nombre".

El representante de Villa en Estados Unidos también negó la autenticidad de la carta, diciendo que Ángeles nunca había estado en Baja California. Además, es improbable que en junio de 1913 Díaz escribiera en tales términos: era el momento en que la revolución parecía desinflarse; Carranza, derrotado en Coahuila, se había visto forzado a dejar su estado natal; Villa encabezaba en Chihuahua lo que todavía era una banda relativamente pequeña; la revolución de Sonora estaba desgarrada por hondos desacuerdos y Maytorena se había ido pocas semanas antes a Estados Unidos; todas las potencias europeas habían reconocido a Huerta, y aún no estaba en absoluto claro qué actitud tomaría el presidente Wilson. No se encuentran copias de esa carta ni en los archivos de Díaz ni en los de Limantour.[74]

Muestra de la sofisticación de la propaganda carrancista fue que Antonio Villarreal contratara a John Kenneth Turner, autor de *México bárbaro* y enemigo ideológico de Villa desde 1911, para que escribiera un durísimo retrato de éste. Probablemente Turner y Villarreal se habían conocido antes de la revolución, ya que ambos estaban íntimamente vinculados con el Partido Liberal Mexicano, que dirigían los hermanos Flores Magón. Villarreal le pagó a Turner mil dólares y le ofreció mil más cuando terminara el manuscrito. Además lo invitó a Veracruz, donde se le proporcionaría toda la información necesaria.[75] No hay razón para suponer que las consideraciones financieras fueran decisivas para Turner; tenía conexiones con el magonismo y con la IWW, y muchos radicales estadounidenses cercanos a uno y otra desconfiaban de Villa: recordaban que había desarmado a los magonistas por petición de Madero en 1911; se había opuesto a Orozco, a quien el PLM apoyaba, y había expulsado de Chihuahua a los activistas de la IWW.

El retrato de Turner, que nunca visitó ninguna región controlada por los villistas, incluía todas las acusaciones de bandidismo y homicidio que alguna vez se le habían hecho a Villa. Según él, no se había convertido en forajido porque su hermana hubiera sido violada por un hacendado, ya que no tenía ninguna hermana. Turner condenaba las ejecuciones de prisioneros del ejército federal sin mencionar que se habían hecho por órdenes expresas de Carranza. Negaba que Villa tuviera intenciones reformistas: lo único que había hecho era transferir las haciendas de la oligarquía a sus propios generales.[76]

Los artículos de Turner se publicaron en inglés y en español, y estaban dirigidos a los lectores tanto estadounidenses como mexicanos. Los carrancistas lanzaron una exitosa campaña de prensa enviando gratuitamente los artículos a un gran número de diarios estadounidenses.

La ofensiva propagandística carrancista iba acompañada de una ofensiva ideológica igualmente eficaz. Por consejo de los intelectuales de su facción, Carranza empezó a hacer declaraciones y emitir decretos radicales. A fines de 1914, en una serie de adiciones al Plan de Guadalupe, declaró que tendrían lugar en México profundos cambios sociales. El 6 de enero de 1915 promulgó un decreto en que estipulaba que las tierras expropiadas a los pueblos les serían devueltas y que los latifundios podían ser expropiados para repartir tierras a quienes carecían de ellas. Se crearían comisiones agrarias locales, regionales y nacionales para supervisar el proceso. En todas las regiones controladas por los carrancistas, y especialmente en el sureste del país, se declaró ilegal el peonaje por deudas y los peones fueron emancipados. Los carrancistas también cortejaron a la clase obrera. Los gobernadores y comandantes de Carranza con frecuencia apoyaban las huelgas de los trabajadores industriales, especialmente si estaban dirigidas contra empresas extranjeras. La mayor federación sindical de México, la Casa del Obrero Mundial, obtuvo un estatus semioficial; se le permitió organizar libremente a los trabajadores en las zonas bajo control carrancista, se le dio apoyo en los conflictos contra los patrones y se le otorgaron subsidios, ocasionalmente en efectivo y más frecuentemente en forma de casas confiscadas para sus oficinas.

No es fácil cuantificar el efecto que tuvieron estas medidas. Se ha dicho con frecuencia que la ley agraria del 6 de enero tuvo por resultado que la mayoría de los campesinos de México se adhiriera a la causa carrancista. Son muy escasos los datos en ese sentido. La mayoría de los campesinos de México que participaron en la revolución se identificaban con Villa y Zapata, y desconfiaban tradicionalmente de los políticos. Cabe dudar que el decreto agrario de Carranza los atrajera masivamente, pues no se aplicó a gran escala. Algunos dieron pasos preliminares para crear comisiones agrarias y para plantear demandas a la dirigencia carrancista, pero hubo pocos casos de campesinos organizados que se adhirieran a ella.

Los decretos de reforma tenían consecuencias más concretas cuando iban seguidos de medidas de orden práctico. En los estados del sureste, donde había prevalecido el peonaje por deudas, los comandantes militares carrancistas efectivamente liberaron a los peones y, especialmente en los estados de Yucatán y Tabasco, obtuvieron el más amplio apoyo. Además, los carrancistas se anotaron grandes éxitos entre la clase trabajadora. Carranza y Obregón firmaron un pacto con la Casa del Obrero Mundial que, a cambio de las concesiones que le hizo Carranza, creó los Batallones Rojos de obreros sindicalizados, los cuales participaron con el ejército carrancista en los combates contra zapatistas y villistas: más de seis mil de sus miembros pelearon en las batallas de Celaya.[77] En ciertas zonas de México controladas por los carrancistas se crearon organizaciones y partidos políticos.

La coherencia y la unidad eran los rasgos distintivos de la propaganda carrancista. Aunque existían en efecto profundas divergencias dentro de ese bando, nunca se manifestaron en la propaganda ni en la ideología durante la guerra civil. No puede decirse otro tanto del campo convencionista. Su mucho mayor heterogeneidad se reflejaba en una falta de unidad e incluso en contradicciones de su propaganda.

La primera gran dificultad para la facción convencionista era que no tenía uno, sino por lo menos tres centros de poder: el gobierno convencionista en la ciudad de México encabezado por González Garza, el cuartel general del movimiento de Zapata en Morelos y el gobierno villista en el norte.

La única facción convencionista que mantuvo la misma coherencia desde el día en que surgió y que no tuvo que hacer ningún tipo de maromas ideológicas fueron los zapatistas. Nunca habían confiado en Carranza, nunca le habían declarado su apoyo, siempre habían advertido a su gente que bien podía convertirse en otro Madero y, por tanto, su discurso no tenía que superar grandes obstáculos. Su propaganda era más limitada en cuanto a temario que la de los carrancistas o los villistas, y se ocupaba básicamente de una cuestión: el problema agrario. Su esencia se expresa en una proclama escrita por Antonio Díaz Soto y Gama, consejero intelectual de Zapata, tras el fracaso de los intentos de Carranza por llegar a un entendimiento con Zapata antes del inicio de la Convención Revolucionaria. "El país quiere algo más", decía Soto y Gama, "que todas las vaguedades del señor Fabela, patrocinadas por el silencio del señor Carranza. Quiere romper de una vez con la época feudal [...]." Afirmaba que los constitucionalistas poco tenían que ofrecer a los sectores más pobres del pueblo mexicano.

> Reformas en la administración [...] pureza ideal en el manejo de los fondos públicos [...], libertad de imprenta para los que no saben escribir, libertad de votar para los que no conocen a los candidatos, correcta administración de justicia para los que jamás ocupan un abogado; todas esas bellezas democráticas, todas esas grandes palabras con que nuestros abuelos y nuestros padres se deleitaron han perdido ahora su mágico atractivo y su significación para el pueblo.

Los zapatistas dejaron claro que identificaban a Carranza con Madero diciendo: "Con elecciones o sin elecciones, con sufragio efectivo y sin él, con la dictadura porfirista y la democracia maderista, con prensa amordazada y con libertinaje de prensa, y siempre y de todos modos él [el pueblo] sigue rumiando sus amarguras, padeciendo sus miserias, devorando sus humillaciones inacabables".[78]

La propaganda villista carecía de la coherencia que poseía la de sus opositores carrancistas y la de sus aliados zapatistas: reflejaba las contradicciones entre los heterogéneos elementos que constituían la coalición villista. En la proclama que lanzó en septiembre de 1914, antes de la Convención de Aguascalientes, Villa citaba la oposición de Carranza a la reforma agraria como uno de los principales motivos para repudiarlo como Primer Jefe. La Convención misma apoyó, según consta en actas, el Plan de Ayala de los zapatistas. Pero cuando el más importante diario villista, *Vida Nueva*, quiso explicar la guerra civil que había estallado en México, ni siquiera mencionó la cuestión agraria; atribuía la guerra civil ante todo a la ilegítima ambición presidencial de Carranza, su resistencia a plegarse a la voluntad de la gran mayoría de los revolucionarios, expresada en la Convención de Aguascalientes. Según el diario, eran esas ambiciones personales las que amenazaban con hundir al país en un nuevo y sangriento conflicto. Carranza había hecho caso omiso del mensaje que la Convención en su conjunto, y luego Gutiérrez en su nombre, le habían hecho llegar:

> Subiste al Poder designado tácitamente por una minoría de Jefes Revolucionarios; hoy que una aplastante mayoría de Jefes Revolucionarios te repudia, debes bajar del Poder. Te notificamos nuestra resolución para que

la acates. Pero como la ambición te ha hecho sordo a la voz de la razón y del afecto, unimos nuestra voz al mandato solemne de nuestros hermanos muertos en los campos de batalla, que en sus últimos momentos [...] cerraron sus labios maldiciendo a los perjuros del Ideal.[79]

Tal vez una faceta más importante de la explicación de los villistas sobre la ruptura era la acusación de que el Primer Jefe trataba de robarles los frutos de la victoria a aquellos que en realidad la habían obtenido. La idea de que la División del Norte había sido la fuerza principal que derrotó a Huerta y de que Carranza trataba de beneficiarse de una victoria que no había conseguido, ya era uno de los principales puntos del manifiesto de Villa en septiembre de 1914. *Vida Nueva* retomaba el tema, que reaparecería una y otra vez en la propaganda villista. De ahí el desprecio que mostraba el diario tanto por los dirigentes civiles del movimiento carrancista como por muchas de sus figuras militares. "No habían visto nunca la cara a las victorias, son [...] incapaces de obedecer a un Fabela o a un Palavicini cualquiera, que ni se han batido, ni saben batirse, ni han triunfado, ni saben triunfar."[80]

El tema del orden y la estabilidad, completamente ausente en la propaganda zapatista pero extremadamente importante en todos los manifiestos carrancistas, también desempeñaba un papel destacado en la propaganda villista. Según *Vida Nueva*, los carrancistas eran los verdaderos bandidos de la revolución mexicana. "Si el general Villa no viene con su invencible División a someter al carrancismo, la más espantosa anarquía seguirá, y la revolución será maldecida por todas las bocas."[81] La única salvación para México, la única esperanza de restablecer un orden civilizado y decoroso, eran "los valientes, los que han sabido luchar y han sabido vencer [...] Volverán al país al orden y al trabajo, dentro de la libertad tan brillante adquirida. Ellos sacarán al pueblo de la triste condición en que ha quedado y harán lucir a México como merece".[82]

El aspecto más notable de la propaganda villista en las primeras semanas tras la ruptura con Carranza fue la ausencia de referencias a la cuestión agraria y a las profundas reformas que Villa había realizado en Chihuahua: la expropiación de las tierras de la oligarquía, el reparto de algunas de ellas y de muchos bienes y productos a los pobres, el desarrollo de la educación, etcétera. Esto no era casual. Reflejaba las profundas divisiones entre los intelectuales villistas, entre reformadores radicales como Federico González Garza y hombres más conservadores, como Ángeles y el jefe del gobierno villista en el norte, Miguel Díaz Lombardo.

Cada vez más, los editorialistas de *Vida Nueva* concentraban su propaganda en una especie de culto a la personalidad de Villa.

Villa tuvo seguramente una revelación divina, fue ungido por el Dios bueno, para la salvación de su pueblo, y con la frente en alto y la mirada en el más allá, fue siempre sin vacilaciones de ninguna especie, sin detenerse en los más grandes obstáculos, hacia la escarpada montaña donde había sido aislado el Ideal de su pueblo. Y Villa llegará y entregará a ese pueblo suyo el tesoro que le había sido robado.

Ante sus ojos no hay sino un camino recto: la Ley, y una conquista: la Libertad. El Destino le ha marcado un deber: la Justicia. Por eso, siendo un elegido y un predestinado, su labor ha sido y será siempre una misma: invariable, profunda y fructífera.

Después de haber probado y estar probando que es un caudillo de su pueblo en la guerra, ha probado, está probando y probará que es un caudillo en la paz. Allá, en los campos de batalla despedaza ejércitos; aquí, en la vastísima región sustraída ya al desorden organiza gobiernos y construye administraciones.[83]

El editorialista de *Vida Nueva* estaba diciendo de hecho que Villa sería el mejor presidente del país. Esa insinuación entraba en marcado contraste con una entrevista de un periódico estadounidense a Miguel Díaz Lombardo, el más alto funcionario civil de Villa, que fue reproducida por *Vida Nueva*. Díaz Lombardo decía que la Convención pronto se trasladaría a Chihuahua, que el nombramiento de González Garza como presidente sólo era provisional y que el sentimiento de la mayoría de los jefes militares del villismo y del propio Villa era que Ángeles debía convertirse en presidente interino. Esto era una bofetada a González Garza, a Zapata, que no había sido consultado, y a las posibles aspiraciones presidenciales de Villa. Al día siguiente, Díaz Lombardo tuvo que retractarse diciendo que el corresponsal estadounidense lo había malinterpretado: no había hablado como funcionario del gobierno villista, sino a título personal. Opinaba que, dado que Roque González Garza era el presidente de la Convención pero no el presidente interino de México, Felipe Ángeles sería uno de los mejores candidatos para ese cargo. Díaz Lombardo no eliminaba la posibilidad de que Villa llegara un día a presidente: "En cuanto al señor general Francisco Villa, en varias ocasiones ha manifestado que por ahora no piensa aceptar puesto político, pues desea consagrar sus energías a la pacificación del país, dirigiendo personalmente y con toda actividad las operaciones militares que tiene a su cargo".[84]

Con ese culto a la personalidad y la insinuación de que algún día Villa sería presidente, los editorialistas de *Vida Nueva* confiaban en la inmensa popularidad de Villa, que seguía siendo la mejor carta del movimiento convencionista.

En cuanto a Zapata, en la medida en que operaba en el campo, la ausencia de técnicas propagandísticas modernas no representaba ningún problema. Al devolver la autoridad municipal a los representantes elegidos por las comunidades, y las tierras a los pueblos, se aseguraba mejor su lealtad que con cualquier género de publicidad. Pero cuando sus tropas ocuparon la ciudad de México, fueron incapaces de encontrar un lenguaje común con el amplio e importante movimiento obrero de la ciudad, a pesar de que algunos dirigentes zapatistas eran de hecho miembros de la Casa del Obrero Mundial y tenían conocimiento y comprensión de los agravios sufridos por los trabajadores.

Villa tenía más experiencia en la ocupación de ciudades y en el trato con sus clases bajas. Lo hacía en los términos de la tradición del caudillo del siglo XIX, más que con propaganda moderna. Mientras las bandas militares tocaban en las principales plazas de la ciudad recién ocupada, Villa distribuía entre los pobres alimentos, ropa y otros productos tomados de las tiendas de mexicanos y españoles, lo que le procuraba gran popularidad. Pero con frecuencia esto sucedía en una sola ocasión, y no permitía forjar el tipo de vínculos políticos con los grupos urbanos de clase baja que Obregón lograba establecer. Sin embargo, a pesar de la propaganda carrancista, Villa seguía siendo a los ojos de todos el más popular entre las clases inferiores, especialmente en el campo.

Si se compara la forma en que carrancistas y villistas explicaban el estallido de la nueva guerra civil, aparece una serie de notables similitudes. Ambos bandos se dirigen en esas primeras semanas a un público limitado: sus bases civiles y militares inmediatas, las facciones revolucionarias locales que están indecisas y el gobierno de Wilson y los empresarios estadounidenses. Los puntos en que hacen mayor hincapié son la legitimidad y la estabilidad. La reforma social está notoriamente ausente de su propaganda. El punto fuerte de los carrancistas es que la facción convencionista no tiene nada que ofrecer más que la anarquía o la reacción, o una combinación de ambas. La idea central era inspirar miedo más que esperanza, por lo menos hasta mediados de enero de 1915, cuando el Primer Jefe por fin plantea un programa positivo de reformas que promete transformar al país. Los radicales partidarios de Obregón y Carranza, que habían insistido en la proclamación de esas reformas, al parecer tuvieron que vencer la fuerte resistencia del Primer Jefe. Carranza se dio cuenta finalmente de que el apoyo con que contaba entre las masas populares era débil y de que las clases inferiores no compartían en modo alguno su miedo a Villa. Si quería ganárselas, debía hacer promesas concretas.

Los temas de la legitimidad y la estabilidad también fueron piedras angulares de la primera propaganda villista. Mientras los carrancistas trataban de legitimar su movimiento diciendo que sus oponentes eran bandidos y reaccionarios, los villistas lo hacían insistiendo en que representaban a la vasta mayoría de los revolucionarios, encarnada en la Convención de Aguascalientes, y que, por tanto, eran los únicos demócratas genuinos de México. También insistían en que sólo Villa, gracias a su gran prestigio y autoridad, podía poner orden en el caos.

En un grado mucho mayor que los dirigentes carrancistas, Villa apelaba al orgullo de sus soldados, cosa por lo demás enteramente razonable: ellos habían ganado las más grandes batallas de la revolución, habían sufrido más, habían hecho los mayores sacrificios y, tras la victoria, todo podía resultar vano. Ese recurso se vinculaba con otro tema característico de la propaganda villista: el orgullo regional. El núcleo central de la División del Norte estaba compuesto por hombres y mujeres de Chihuahua y Durango, e incluso los opositores de Villa en esos estados pensaban que los "extranjeros" de otros estados trataban de robarles los frutos del triunfo.

Una de las deficiencias más sobresalientes de la propaganda villista fue que durante largo tiempo no reaccionó a la ofensiva ideológica y legislativa de la facción carrancista. Esto se debió en parte a que Villa no se interesaba, en general, por los problemas ideológicos. Tenía relativamente pocas razones para ello. Se daba cuenta de que, aunque a diferencia de otros dirigentes revolucionarios no había promulgado ningún plan ni legislado sustantivamente, era con mucho el más popular de todos. Además, siempre había defendido la descentralización. Cada estado debía emitir sus propias leyes sociales. Tal vez también temía que en vista de la heterogeneidad de su movimiento, cualquier ley que promulgara suscitaría inmediatos desacuerdos. Por añadidura, si le permitía a la Convención seguir legislando en esos asuntos ideológicos que consideraba poco importantes, tal vez lograría probar ante sus aliados del sur y ante la opinión pública nacional e internacional que todavía respetaba su soberanía.

A los delegados a la Convención, en cambio, sí les preocupaban las ofensivas ideológicas de Carranza. "Aquí tiene a Venustiano Carranza dictando leyes agrarias, y nosotros perdiendo el tiempo", señaló uno de ellos.[85]

La mayoría de los convencionistas, y principalmente los delegados de Zapata, reaccionaron muy rápidamente. El 8 de febrero propusieron que todas las haciendas confiscadas que estaban siendo administradas por el estado fueran inmediatamente repartidas entre los campesinos de las haciendas y los pueblos vecinos. Cada pueblo debía establecer una comisión agraria, elegida por todos sus habitantes, para que supervisara el reparto de tierras. El 18 de febrero, la mayoría de la Convención aprobó un amplio programa de reformas políticas y sociales que garantizaba el sufragio universal y amplios derechos obreros, incluido el de crear sindicatos, el de huelga y el de realizar boicots contra los patrones. También daba derechos a las mujeres y no reconocía diferencia alguna entre hijos legítimos e ilegítimos.

Estos decretos fueron una respuesta eficaz a las proclamas de Carranza, pero su adopción se demoró varios meses, debido a la fuerte oposición de los delegados del norte, especialmente los de Ángeles y Maytorena, contra las disposiciones más radicales. No estaban de acuerdo con un reparto inmediato de la tierra, y sus principales argumentos probablemente recogían la opinión del propio Villa: el reparto inmediato discriminaría a los que más merecían recibir tierras, los soldados del ejército revolucionario. Como dijo un delegado: "los soldados que ahora están con nosotros en armas, no podrán ver con buenos ojos que los terrenos se estén repartiendo a individuos pacíficos, a quienes, sin duda, tocarán los mejores, cuando ellos tenían esperanzas fundadas de que les correspondieran los mejores lugares, por haberse expuesto en la lucha que tanto ha hecho sufrir al país".[86]

Este argumento reflejaba las diferencias que existían entre los ejércitos del norte y del sur. Los guerrilleros de Zapata, que combatían cerca de sus pueblos, no tenían problema para estar presentes en el momento en que se repartieran las tierras. En cambio los soldados de Villa, que a menudo se hallaban peleando a cientos de kilómetros de distancia, no podían volver a casa para reclamar tierras. Si éstas se repartían, existía el peligro de que muchos soldados desertaran y regresaran a sus pueblos para participar en el reparto.

Un segundo argumento importante sólo para el norte era el temor de que se afectara la propiedad extranjera y que ello causara resentimiento contra los revolucionarios, sobre todo en Estados Unidos, cosa irrelevante para los zapatistas, ya que había pocas propiedades de extranjeros en Morelos.[87] Un tercer argumento de los norteños era que el reparto inmediato causaría dificultades económicas, porque la producción disminuiría drásticamente. Los campesinos volverían a la agricultura de subsistencia, en vez de sembrar cultivos comerciales, como sucedió en efecto en Morelos, donde el azúcar, producto tradicional de esa región, fue sustituido por maíz y frijoles. Sin embargo, ese tipo de proceso suponía menos problemas para los zapatistas que para los norteños: eran escasas las posibilidades de disponer del azúcar, ya que no tenían frontera con un país extranjero. En el norte, en cambio, el algodón y otros muchos productos se podían vender al otro lado de la frontera y utilizarse para comprar armas, municiones y otros pertrechos. Sin éstos, la División del Norte no podría seguir siendo una fuerza militar viable.

Si bien estas consideraciones prácticas reflejaban la situación en el norte del país y las opiniones de Villa, algunos delegados norteños fueron más allá y objetaron en principio la idea de dividir los latifundios. El representante de Maytorena, Castellanos, dijo que los latifundios "honradamente adquiridos" no debían ser repartidos entre los campesinos. Había, insistió, suficientes terrenos baldíos que pertenecían al estado y que podían emplearse en la reforma agraria.[88]

Una serie de delegados norteños, incluido el representante de Maytorena y el delegado de Ángeles, Federico Cervantes, se opusieron a otra parte del proyecto de reforma: el sufragio universal directo. Treviño, delegado del norte, dijo que el noventa por ciento de la población de México era analfabeta, que muchos indios ni siquiera hablaban español y que esa gente no debía participar en la elección directa de diputados: sólo debían poder hacerlo los que supieran leer y escribir. Estas objeciones fueron rechazadas por la mayoría de los convencionistas.

Los delegados norteños objetaron otro párrafo de las reformas políticas y sociales que otorgaba a los obreros el derecho de huelga y el de realizar boicots. Uno de ellos, Velázquez, dijo que el derecho de huelga sería mal empleado por agitadores que provocarían continuamente huelgas injustificadas. Otro norteño declaró que si se aceptaba el derecho al boicot, México sería prácticamente destruido.[89] Cervantes se opuso a que el estado mexicano reconociera oficialmente la legitimidad de los sindicatos.[90] En relación con este tema, los delegados se ocuparon por primera vez de la cuestión del socialismo. Para contrarrestar al más importante de los delegados de Zapata, Soto y Gama, el representante de Ángeles, Cervantes, dijo que el socialismo era una doctrina extremadamente peligrosa, ya que declaraba que los capitalistas eran explotadores y defendía la teoría de la "explotación del hombre por el hombre" bajo el capitalismo.[91] No se tomó ninguna decisión al respecto.

No existió unanimidad entre los delegados norteños cuando se trataron los problemas de la legislación familiar. En el proyecto de reformas sociales y económicas que una comisión había propuesto, se otorgaban derechos iguales a los hijos ilegítimos. Mientras Cervantes defendía vigorosamente este proyecto, otro norteño, Marines Valero, sostenía que tendría por resultado la poligamia. Otro delegado norteño, José Casta, fue aún más lejos y dijo que dar derechos iguales a los hijos ilegítimos era sancionar oficialmente el amor libre.[92] Surgieron diferencias de opinión todavía mayores cuando se examinó un párrafo del nuevo programa político, económico y social en el que se legalizaba el divorcio. "¿Qué se consigue, pues, con el divorcio? Abrir la puerta a los apóstatas de una fe, a los quebrantadores de un compromiso, a los perjuros de un juramento. El divorcio viene, pues, a aflojar los vínculos, antes que unirlos, a traer la ruina social, a depravar las costumbres."[93]

En todos los casos, las objeciones de los delegados norteños más conservadores fueron rechazadas por la mayoría de los convencionistas, y se aprobaron las propuestas originales, con pequeñas modificaciones.

¿Reflejaban las opiniones conservadoras de los norteños la posición del propio Villa? No es fácil de determinar, dado el poco interés de Villa por los asuntos en cuestión y dado que su representante, Roque González Garza, no participó en ese tipo de discusiones, tal vez porque siendo el presidente de la Convención debía oficialmente asumir una posición neutral.

Es casi seguro que los norteños que se oponían a la reforma agraria no hablaban por Villa. Éste había dejado claro que estaba en favor de un reparto agrario masivo a expensas de los grandes terratenientes de México. No queda claro qué postura tenía respecto a los derechos laborales. Había reconocido los sindicatos que existían en Chihuahua, pero había prohibido las huelgas. Cuando los sindicatos y los trabajadores pidieron mayores salarios a fines de 1915, y amenazaron con la huelga, Villa no los reprimió sino que trató de ser conciliador.[94] Cabe dudar que Villa fuera un gran defensor de la emancipación de las mujeres. Sin embargo, les dio su nombre a todos sus hijos ilegítimos.

LA POLÍTICA AGRARIA CARRANCISTA Y VILLISTA

Villa abandonó su actitud abstencionista en temas de ideología y de legislación social en mayo de 1915, cuando decretó una ley agraria. Ciertamente no es casual que proclamara esa ley después de sufrir las dos grandes derrotas de Celaya. Él y sus consejeros probablemente pensaban que era una forma de restaurar su declinante apoyo interno y externo. Todas las propiedades que superaran cierto tamaño debían ser repartidas entre los campesinos, quienes pagarían en pequeños abonos alguna forma de indemnización a los propietarios. Aunque se trataba de una ley nacional, aún reflejaba la convicción descentralizadora de Villa, ya que debía ser implementada por los gobiernos estatales y no por el federal. No se mencionaba la propiedad comunal de los pueblos. Finalmente, la ley reflejaba el carácter heterogéneo y divergente del movimiento convencionista: para mantener la unidad de las facciones que lo apoyaban, Villa dejaba mucha libertad en la aplicación de la reforma.

La ley también atendía los deseos de los campesinos del norte, la mayoría de los cuales nunca se habían organizado comunalmente, en contraste con los del centro y el sur. Una de las principales disposiciones de la ley fue definida por el consejero de Zapata, Soto y Gama, de la siguiente manera:

> Muy distinta era y es, en verdad, la concepción agraria de los hombres del norte, comparada con la manera como los del sur entendían el problema.
>
> Para el sur la principal preocupación era la restitución y dotación de tierras comunales a los pueblos. Así lo confirma el Plan de Ayala, traducción fiel del pensamiento suriano.
>
> Para los norteños –desde San Luis Potosí, Jalisco y Zacatecas hacia arriba–, la solución radicaba en el fraccionamiento de los enormes latifundios y en la creación de gran número de pequeñas propiedades, con extensión suficiente para soportar el costo de una buena explotación agrícola, realizada con recursos suficientes para garantizar abundante producción y perspectivas de progreso.[95]

En términos teóricos, la ley de Villa era en cierta forma más conservadora que el decreto de Carranza. Este último establecía que los campesinos recibirían sus tierras gratuitamente, mientras que la ley de Villa hablaba de que pagarían pequeños abonos. Al dar a cada estado más autonomía en la determinación de las políticas agrarias, la ley de Villa facilitaba que los gobiernos estatales recalcitrantes impidieran el reparto. Pero en términos prácticos había un agudo contraste entre la actitud de uno y otro jefes hacia la reforma agraria: al mismo tiempo que lanzaba un decreto radical, Carranza devolvía silenciosamente las tierras confiscadas a sus antiguos dueños. No realizó casi ningún reparto. Entre los carrancistas más radicales, como Francisco Múgica, ello suscitó un sentimiento creciente de desesperación y pesimismo. En una carta al general Salvador Alvarado –otro carrancista que, además, era su superior–, Múgica escribía en agosto de 1916:

> No estoy de acuerdo con la política general [...]; se ha creado una Gran Comisión Nacional Agraria para vigilar el funcionamiento de la mencionada Ley, que ha resultado fiasco y, a pesar de que apenas se aboca el gobierno de la revolución a solucionar el problema, ya se hace política para estrangular los primeros pasos [...] Porque ahora que en febrero y marzo estuve en México vi más encono contra los villistas, los zapatistas y los convencionistas que contra los huertistas [...] ¿Adónde iremos por esta senda, mi querido general?[96]

A diferencia de Carranza, Villa se oponía fundamentalmente a devolver ninguna de las haciendas confiscadas, excepto en los pocos casos en que no podía controlar a sus partidarios más conservadores, como Maytorena. Una y otra vez, *Vida Nueva* informó sobre los preparativos que se estaban haciendo para la reforma agraria en muchas partes del país, bajo el dominio villista. En el corto espacio de unas dos semanas, del 10 al 26 de marzo de 1915, el periódico reportó que, en la región lagunera, el jefe militar había decretado el cierre de todas las fábricas de bebidas alcohólicas y que, para que subsistieran los trabajadores de todas ellas, se les entregarían tierras de los latifundios. Un día después, el 11 de marzo, el diario decía que el gobierno villista había enviado deslindadores a las haciendas de Santa Ana del Conde, La Sandía, Jalpa, Atotonilquillo, Maravillas, Coecillo, Otates y San Pedro del Monte, para preparar el reparto agrario. Seis días después, anunciaba que se preparaba una gran reforma agraria en el estado de Durango, y el 26 de marzo entraba en detalles diciendo que se habían enviado deslindadores a la hacienda de Avilés para fraccionar sus tierras entre los campesinos.

Villa dio un paso más en el verano de 1915, cuando envió un mensajero a Sonora para inducir a Maytorena a iniciar el reparto de tierras.[97] Pero la región en que Villa mostró mayor interés fue Chihuahua. En el otoño de 1914 y a principios de 1915, *Vida Nueva* publicó todos los días anuncios en que se pedían ingenieros agrónomos que pudieran deslindar tierras para su reparto. A principios de 1915, se distribuyeron entre los hombres del campo cuestionarios sobre qué tierras querían obtener. En agosto de 1915, Villa pidió que comenzara la reforma agraria en Chihuahua,[98] y el gobernador Fidel Ávila firmó la ley correspondiente. Sin embargo, Villa le dio instrucciones a Ávila de que no repartiera todavía las haciendas de Terrazas, probablemente porque quería que les fueran repartidas a sus soldados: "Respecto a solicitudes para reparto de tierras, manifiéstole que, como soldados y miembros del Ejército no pueden ir a ésa a hacer sus solicitudes, sírvase reservarles todas las haciendas terraceñas y repartir lo demás".[99] Pero la decisión de Villa llegó demasiado tarde. Para entonces sus fuerzas habían sido vencidas, y cabe dudar de que los habitantes quisieran aceptar tierras de su derrotado gobierno: ello los señalaría como villistas y los desacreditaría a los ojos de los vencedores.

La diferencia más notable entre la propaganda de uno y otro bando, aparte del grado de coherencia, era que la carrancista era más radical que su práctica, mientras que la villista era más conservadora que la práctica villista. Los carrancistas nunca mencionaron que, al mismo tiempo que prometían tierras a los campesinos, devolvían la mayoría de las haciendas confiscadas. Inversamente, los villistas nunca mencionaron que habían expulsado a la oligarquía tradicional de grandes partes de México, y que habían repartido grandes cantidades de mercancías a los pobres, en todo el territorio que controlaban.

LA GUERRA ENTRE REVOLUCIONARIOS

En términos militares, mientras libró una guerra regular (por oposición a su periodo guerrillero), Pancho Villa reaccionó más que actuó. Fue el ejército federal el que determinó dónde tendrían lugar las grandes batallas de la División del Norte. Cuando estalló la guerra entre las facciones revolucionarias, Villa encontró por primera vez que podía actuar y decidir dónde iba a combatir. Al hacerlo, desatendió los consejos de Ángeles, con desastrosas consecuencias.

Ángeles era el único dirigente de la facción convencionista que percibía con claridad la situación militar, las ventajas iniciales de los convencionistas y sus desventajas a largo plazo. Él había forjado en gran medida esa alianza y entendía su fragilidad. Habiendo tratado con muchos de los jefes carrancistas en Aguascalientes, también conocía sus fortalezas y debilidades. Probablemente comprendía mejor que Villa que los recursos económicos de que disponía la Convención eran limitados y temía que, en una larga guerra de desgaste, la única solución sería utilizar las propiedades de los extranjeros, hasta entonces escasamente gravadas; ello alejaría a Estados Unidos y destruiría por tanto una de las piedras angulares de la idea que Ángeles se hacía del futuro político de México.

Ángeles trató por todos los medios de convencer a Villa de que no se demorara en la ciudad de México, sino continuara su avance sobre el cuartel general de Carranza en Veracruz. El impulso adquirido de Villa era tan grande que podría haber convencido a Gutiérrez y a sus seguidores e incluso a los zapatistas, tan opuestos a apartarse de su territorio, de unírsele en un ataque contra el puerto. El ejército de Pablo González estaba desmoralizado por las deserciones y derrotas, y Obregón aún no había podido reorganizar a las fuerzas carrancistas. Al parecer, Villa estuvo al principio de acuerdo con Ángeles, pero cambió de idea al recibir un cable de su comandante en la norteña ciudad de Torreón, Emilio Madero, según el cual las fuerzas carrancistas se acercaban y amenazaban la ciudad. En cuanto recibió ese mensaje, Villa llamó a Ángeles y le ordenó marchar al norte para liberar Torreón y capturar las ciudades de Saltillo y Monterrey. Ángeles discutió hasta el agotamiento (muy pocos generales de la División del Norte se hubieran atrevido a ello). "Mi general", le dijo a Villa, "nuestra base es ahora la capital y no Torreón. Con las fuerzas que tiene Emilio Madero basta y sobra para defenderlo. Lo importante para nosotros es atacar a Carranza, que es la cabeza. Siempre hay que pegar a la cabeza." Villa sostenía que Zapata ciertamente podría destruir a Obregón.

"Acabando con la cabeza, se acaba con todo", insistió Ángeles.

Si usted ve un clavijero que tiene colgados varios sombreros y quiere tirarlos todos, no hay que ocuparse de arrojar al suelo uno por uno. Es preferible, más fácil, más rápido, arrancar el clavijero para que vengan al suelo todos los sombreros. Carranza, no hay que olvidarlo, es en este caso el clavijero. Las fuerzas del sur no tienen la organización ni el armamento necesarios para acabar con la resistencia de Carranza, cuyas fuerzas no podrán resistir el empuje de los elementos de la División del Norte combinados con los del Ejército Libertador del Sur.[100]

Pero Villa no atendió a razones, y el general no tuvo más alternativa que obedecer y marchar al norte.

Ángeles tenía razón. Un ataque inmediato sobre Veracruz era la única posibilidad que tenía Villa de superar sus desventajas estratégicas a largo plazo y tal vez de alcanzar la victoria. Al descartar esa opción, le dio a Carranza un nuevo plazo de vida.

Fueron varias las razones que empujaron a Villa a esa decisión fatídica. Con frecuencia se ha aducido que el motivo principal fue una visión regional, una incapacidad de visualizar a México en su conjunto y la convicción de que sólo el norte contaba. Es casi seguro que ello influyó y que Villa temía que le cortaran la comunicación con su base original mucho más que Obregón, quien, aunque en gran medida aislado de su estado de Sonora, era perfectamente capaz de operar con eficacia en otras partes del país.

Sin embargo, el regionalismo no fue el único factor que llevó a Villa a actuar como lo hizo y a enviar a sus mejores generales a liberar una ciudad que no estaba todavía seriamente amenazada. Tenía vívidos recuerdos de cómo su avance hacia el sur había quedado paralizado cuando Carranza le cortó el abastecimiento de carbón para sus trenes, procedente de la única región carbonera de México, en el estado de Coahuila. Si dominaba esa región, Villa tendría el recurso natural necesario para continuar sus operaciones militares. Tal vez dudaba también de la viabilidad de una campaña en Veracruz. En todas las demás ciudades y estados que había tomado, siempre había podido confiar en la ayuda de sus aliados locales. Cuando se aventuró por primera vez fuera de Chihuahua y atacó Torreón, le apoyaban varios miles de hombres del lugar, comandados por Contreras, Pereyra y Urbina. En Zacatecas contó con la ayuda de las fuerzas locales encabezadas por Natera, y en la ciudad de México se le había unido Zapata. En cambio, no parecía haber en Veracruz suficientes fuerzas partidarias de la Convención.

Uno de los consejeros más cercanos de Ángeles atribuyó la decisión de Villa a motivos muy distintos. En su conferencia secreta, Villa y Zapata habían acordado que aquél restringiría sus actividades militares al norte, mientras que éste operaría en el sur. Según esta versión, Zapata sentiría que al ocupar Veracruz y al marchar a través de Puebla, que estaba bajo el control de tropas que le eran leales, Villa estaba invadiendo sus terrenos. Y quizás tenía otra razón para temer el avance villista por Puebla: las tropas zapatistas que ocupaban esa ciudad no eran morelenses, sino antiguos orozquistas a quienes Villa odiaba y que se habían unido a Zapata. Era posible que, si la División del Norte entraba en Puebla, Villa simplemente hiciera matar a sus antiguos enemigos. Según el ayudante de Ángeles, Villa no creía realmente que Zapata podía derrotar él solo a Obregón y Carranza, como le dijo al general. Más bien pensaba que Zapata sufriría una derrota y luego no tendría más opción que pedirle auxilio. En ese caso, la supremacía de Villa dentro de la coalición quedaría establecida de una vez para siempre.[101]

La decisión de enviar a Ángeles al norte no representó una breve suspensión del ataque a Veracruz, sino un cambio completo de estrategia. Villa abandonó la ciudad de México llevándose consigo a la mayor parte de sus tropas, y decidió concentrar todos sus esfuerzos en destruir a las fuerzas carrancistas del norte y el occidente. Tal estrategia subestimaba fatalmente a Obregón, a quien Villa se refería despectivamente como "El Perfumado". Aunque Villa y Ángeles lograrían algunas victorias significativas en esa campaña, no consiguieron destruir y eliminar a ninguno de los ejércitos carrancistas, y en cambio le dieron tiempo a Obregón de organizar su ejército y de elegir el teatro de operaciones más favorable.

Pocos observadores contemporáneos, con excepción de Ángeles, previeron este curso de los acontecimientos. Obregón, que esperaba con certeza la marcha de Villa sobre Veracruz, contemplaba con pesimismo las posibilidades de conservar ese importante puerto. Había planeado retirar a su ejército aún más al sur, hacia el Istmo de Tehuantepec.[102] Grandes fueron su sorpresa y su alivio al ver que el ataque de Villa no llegaba.

En la primera fase de la nueva guerra civil, la estrategia norteña y occidental de Villa pareció rendir frutos. A las pocas semanas se había apuntado dos victorias importantes, con la ocupación de las dos mayores ciudades de México después de la capital, Guadalajara y Monterrey, y su popularidad ascendió a nuevas alturas no sólo entre las clases bajas sino entre algunos sectores de las clases media y alta. Así sucedió claramente en Guadalajara.

Las primeras tropas revolucionarias que ocuparon la ciudad fueron carrancistas encabezados por Manuel Diéguez, viejo miembro del Partido Liberal Mexicano y uno de los organizadores, en 1906, de la gran huelga minera de Cananea, reprimida con gran violencia y derramamiento de sangre por el régimen de Díaz. Después de ocupar Guadalajara, Diéguez persiguió al clero, alentó a los obreros a ir a la huelga, mató o encarceló a muchos huertistas y confiscó propiedades de la oligarquía. Ni él ni sus oficiales hicieron esfuerzo alguno para que las clases bajas de Guadalajara se beneficiaran de esas confiscaciones. Al parecer, más bien ocurrió lo contrario. Un caso nada excepcional fue, según Cuzin, un comerciante francés y empleado consular en Guadalajara, la confiscación de mil trescientos costales de trigo de un rico hacendado, con el pretexto de que las tropas carrancistas necesitaban el grano para alimentar a sus caballos. En realidad el trigo fue vendido a un empresario francés de la ciudad, Colignon, a ocho pesos el costal. Él lo revendió en el mercado a cuarenta y tres pesos, el doble de lo que se pagaba por el trigo pocas semanas antes. Como resultado de tales acciones, los carrancistas perdieron rápidamente el apoyo de las clases altas y bajas, situación que Diéguez sólo revirtió parcialmente con los auténticos esfuerzos que hizo por apoyar a los obreros y empleados en sus demandas contra los patrones, especialmente si éstos eran extranjeros. Cuzin estaba preocupado porque sus trabajadores le exigían un importante aumento de sueldo y no aceptaban ninguna solución intermedia. "Piensan que cuentan con el apoyo incondicional del gobierno."[103] Pronto cambió de opinión. Las autoridades carrancistas estaban dispuestas a pactar, pero los trabajadores no. "Las autoridades piensan que son los villistas y el clero los que los han convencido de ser tan intransigentes."[104]

Las confiscaciones masivas de Diéguez, que no beneficiaron en forma alguna a los pobres, su persecución anticlerical, las arbitrariedades de sus soldados –"dondequiera que se encuentren los soldados, toman lo que quieren sin pagar"–[105] crearon una rara unanimidad entre las clases superiores e inferiores. "Al parecer", señalaba Cuzin, "los villistas cuentan con el apoyo de los estadounidenses, y una gran parte del elemento porfirista, huertista y católico se les está uniendo y los apoya."[106]

No es sorprendente que se unieran a Villa muchos de los revolucionarios del estado de Jalisco, encabezados por uno de los rebeldes locales más destacados e influyentes, Julián Medina. Su número se acrecentaba constantemente con las deserciones masivas que sufría el ejército de Diéguez, y cuando se les incorporó el propio Villa con gran parte de la División del Norte, Diéguez se vio forzado a evacuar Guadalajara, a la que los villistas entraron triunfalmente.

"Todos gritaban '¡Viva Villa!'" En su recorrido en coche de la estación de ferrocarril al palacio, "una multitud inmensa y muy entusiasta lo saludó". "Cuando pasó por la calle de San Francisco, le arrojaron confeti, flores y pedazos de papel. Nunca había visto una muchedumbre así. Las calles, los balcones estaban tan llenos como el zócalo. Se puede decir que fue recibido por aclamación popular. Qué contraste con los que se habían ido dos días atrás."[107]

Aunque los conservadores apreciaban la superior disciplina de las tropas villistas y que cesara la persecución anticlerical, su entusiasmo por Villa se marchitó rápidamente. Poco después de ocupar Guadalajara, Villa convocó a una reunión de los hombres más ricos tanto de la ciudad como del estado. Tras notificarles que les impondría un préstamo forzoso de un millón de pesos, declaró:

Algunos de ustedes creen que la reacción ha llegado aquí junto con la División del Norte. Se equivocan. Nosotros apoyamos al pueblo y ay del rico que dé dinero para financiar un movimiento "revolucionario" [por "revolucionario" Villa quería decir obviamente en este caso un movimiento *contrarrevolucionario* dirigido contra él]. Pagarán un alto precio por tal comportamiento. En cuanto a los hacendados, déjenme advertirles. Ustedes serán los que más sufrirán. Se acabó el tiempo en que uno podía decir que Dios gobernaba los cielos y los ricos gobernaban la tierra. Aquellos entre ustedes que tienen tales creencias se equivocan. Esas ideas traerían la anarquía y nos veríamos obligados a levantar una guillotina peor que la de la Revolución Francesa.[108]

Los conservadores jaliscienses no se inquietaron por que Villa y su esposa recorrieran Guadalajara repartiendo dinero a los pobres. Incluso les impresionó que Villa repartiera diez o quince pesos por cabeza a los antiguos oficiales federales, ahora desempleados. Pero sí les preocuparon otras de las medidas previstas. De pronto, los diarios de Guadalajara anunciaron los preparativos para una reforma agraria. "El gobierno ha empezado a estudiar la división de las haciendas y el reparto de tierras, como había prometido, a los soldados, oficiales, etcétera. Las haciendas de las personas hostiles a la revolución serán simplemente confiscadas. En cuanto a los que permanecieron neutrales, el gobierno tratará con ellos para comprar sus haciendas y pagarles con bonos redimibles dentro de cierto tiempo."[109]

La inquietud de los hacendados obedecía también a que el gobierno villista les había cerrado uno de los resquicios que permitía a muchos de ellos eludir la confiscación: vender sus propiedades, nominalmente, a extranjeros. Un decreto dejó claro que quienes incurrieran en ese tipo de operaciones serían castigados y sus propiedades confiscadas. Los comerciantes franceses le tenían tanto miedo a Villa que se negaron a participar en las lucrativas maniobras que practicaban hombres como Carothers, poniendo a su nombre propiedades de mexicanos.[110]

Las medidas del gobierno villista no sólo afectaban a los hacendados. Quería forzar a los propietarios que habían subvaluado sus propiedades con fines fiscales a que declararan todo su valor. Para ello, empleó el expediente tradicional: si una propiedad era confiscada por interés público, el estado sólo pagaría el valor que el dueño hubiera declarado. "Ahora tenemos un cuchillo en la garganta. Si hacemos una declaración completa, probablemente tendremos que pagar impuestos muy altos, y si damos un precio mucho más bajo que el real nos arriesgamos a perder nuestras propiedades."[111] Cuzin señalaba con tristeza que Villa "no era ningún Porfirio Díaz". Preveía un negro futuro para México. "Imaginaos a todos esos indios que tendrán tierras y no tendrán fondos para trabajarlas. No tendremos cosecha el año próximo y la vida se volverá muy difícil."[112]

Un colega de Cuzin, el cónsul estadounidense Davis, era aún más explícito en su odio por Villa y su desprecio por el gobernador Medina.

¡Cielo santo! El cambio del antiguo régimen de Díaz a los matones carrancistas ya fue bastante duro, pero tener que tratar con esta cosa, este ignorante, este indio iletrado, ¿cómo podremos?

El general Medina antes era mecánico. Pero al hablar de ese gremio en dialecto mexicano, no debemos pensar en compararlo con los inteligentes mecánicos estadounidenses, ¡de ninguna manera!

El general Medina parece un indio. El general Medina actúa como un indio. El general Medina es un indio. Peor aún: un indio inculto.[113]

La simpatía de las clases altas de Jalisco por Villa menguó todavía más cuando ordenó una serie de ejecuciones, aunque fueron menos que las realizadas por Diéguez: en total, nueve personas, principalmente altos funcionarios del gobierno huertista. Uno era el gobernador de Colima, que había intentado sin éxito salvar la vida pasándose a las filas villistas en el último momento. Otro era una alto funcionario huertista que había mandado matar al hermano del gobernador Medina.[114] En cambio, entre las clases bajas el entusiasmo por Villa seguía siendo enorme. Era recibido con aclamaciones y aplausos dondequiera que iba.

LA CAMPAÑA DE ÁNGELES EN EL NORTE Y LA TOMA DE MONTERREY

El otro gran triunfo militar de los ejércitos convencionistas fue obra principalmente de Felipe Ángeles. Era la primera campaña militar que emprendía solo y, tanto en términos militares como políticos, llevaba su sello personal. Fue cuidadosamente preparada y estratégicamente concebida. En cuanto al trato de los prisioneros, fue la campaña más humana de toda la revolución mexicana. Y Ángeles intentó que a su victoria militar siguiera una estrategia política bien definida.

En términos de armamento y hombres, ninguno de los dos bandos tenía una superioridad clara. Las fuerzas que Ángeles había traído consigo de la ciudad de México sumaban, junto con las tropas villistas que se hallaban en el noreste al mando de Emilio Madero, unos once mil hombres. Los carrancistas que encabezaban Antonio Villarreal y Maclovio Herrera, antiguo compañero y ahora feroz enemigo de Villa, rondaban aproximadamente la misma cifra.

Ángeles llevó a cabo una maniobra de distracción: mientras ordenaba a Emilio Madero marchar hacia la ciudad de Saltillo, capital del estado natal de Carranza, envió a sus propios hombres en diecinueve trenes hacia un lugar muy alejado de la ciudad: Estación Marte. La finta dio resultado: el grueso del ejército carrancista marchó sobre Estación Marte con la esperanza de rechazar a Ángeles. Pero éste no los esperó. Dejando ochocientos soldados para que cubrieran la retaguardia, el resto de sus hombres abandonó los trenes y acudió a reforzar a las tropas de Madero cerca de Saltillo. Juntos, atacaron la ciudad de General Cepeda, una posición de avanzada destinada a proteger la capital. Los seiscientos hombres de la guarnición carrancista huyeron, y Ángeles marchó con el grueso del ejército sobre Saltillo. Demasiado débil para resistir el aplastante poderío de las fuerzas villistas, la guarnición carrancista evacuó la ciudad y Ángeles pudo ocuparla sin disparar un tiro.

Una vez tomada la capital de Coahuila, Ángeles representaba una amenaza directa al dominio carrancista sobre Monterrey, la tercera ciudad del país y uno de los más importantes centros industriales. Para detener su avance, los carrancistas concentraron todas sus fuerzas en la población de Ramos Arizpe, situada a unos quince kilómetros de Saltillo. La batalla que tuvo lugar allí, el 8 de enero de 1915, fue una de las más extrañas y bizarras de la historia militar de la revolución mexicana. La población estaba cubierta por una niebla tan densa que no era posible distinguir a amigos de enemigos, dado que los uniformes eran muy similares. También era difícil para los oficiales de artillería saber dónde se hallaban las posiciones de cada bando. Los resultados fueron a veces grotescos. Raúl Madero fue capturado dos veces por los carrancistas, que lo liberaron otras tantas, sin darse cuenta de que era un comandante del bando opuesto. Los oficiales villistas, creyendo que trataban con sus propios hombres, abastecían a los carrancistas de municiones. Mientras los artilleros carrancistas disparaban por equivocación sobre su propio cuartel general, los villistas diezmaban a su propia gente. Cuando la niebla se levantó unos breves momentos, el carrancista Maclovio Herrera se encontró, de buenas a primeras, cara a cara con su antiguo compañero de armas y ahora general villista, Martiniano Servín, y lo mató de un tiro de pistola. Este triunfo personal de Herrera no evitó la desmoralización de su tropa, que emprendió la huida abandonando en manos de Ángeles enormes cantidades de municiones, abastos y prisioneros. Los villistas capturaron más de doscientos mil cartuchos, catorce locomotoras, diecinueve vagones, once mil granadas de artillería y más de tres mil prisioneros de un ejército enemigo de entre once y doce mil hombres.[115] Como consecuencia de la derrota, los carrancistas tuvieron que abandonar la ciudad de Monterrey, que cayó en poder de Ángeles.

En este breve periodo de su vida y de la revolución constitucionalista en que tuvo un mando independiente, Ángeles no sólo impuso su estrategia militar, sino también sus concepciones políticas e ideológicas. Tras la batalla, puso en fila a los numerosísimos prisioneros, el veinticinco por ciento del ejército carrancista, y les dijo que los consideraba hermanos descarriados. Ordenó que todos fueran liberados con la condición de dar su palabra de honor de que jamás volverían a tomar las armas contra los ejércitos convencionistas. El primero en prestar esa solemne promesa fue el general Ramos, uno de los oficiales carrancistas de más alto grado entre los capturados. Dos días más tarde se había reincorporado a las filas de Pablo González y combatía de nuevo contra los villistas.[116]

Cuando Ángeles entró en Monterrey, la población lo recibió con júbilo. Estaba resentida contra los carrancistas, que habían incendiado la estación de ferrocarril antes de evacuar la ciudad. Las clases altas y medias quedaron especialmente satisfechas cuando Ángeles anunció que se restablecería la plena libertad de cultos, que no habría confiscaciones a gran escala y que los derechos individuales, políticos y de propiedad, serían respetados. Es probable que estas medidas moderadas de Ángeles no agradaran a la mayoría de los oficiales villistas. Ello explicaría por qué en la elección para determinar quién sería el gobernador militar de Nuevo León, Ángeles sólo obtuvo un voto y el cargo recayó en Raúl Madero, que recibió diez.[117]

Pocas semanas después de la toma de Monterrey, llegó Villa para imponer su propio estilo político. En una reunión con los más ricos de la ciudad –sus comerciantes e industriales– Villa los reprendió, acusándolos de elevar los precios de tal modo que los pobres se hallaban al borde de la inanición y los amenazó con deportarlos a Chihuahua. Tras muchas súplicas y negociaciones, desistió finalmente, con la condición de que pagaran un millón de pesos al gobierno del estado. Ese dinero no se destinaría a gastos de guerra, como había ocurrido en Guadalajara, sino a comprar alimentos para mantener a los pobres. Estas medidas no pudieron impedir una creciente carestía, lo que tuvo por resultado que algunos de los habitantes más pobres de la ciudad murieran de hambre. La desesperada situación alimentaria de Monterrey se debía parcialmente a la guerra misma. La ciudad estaba aislada de gran parte de su *hinterland*, aún ocupado por los carrancistas. Las haciendas del estado de Durango, que eran su fuente habitual de alimentos, habían quedado devastadas por los combates y la producción agrícola había descendido a niveles nunca vistos. Además, según el cónsul español en Monterrey, el gobierno de Raúl Madero hizo muy poco por aliviar la situación.[118]

La gran victoria de Ángeles tuvo dos consecuencias inmediatas para el movimiento convencionista. Primero, le reveló a Villa toda la duplicidad de Gutiérrez: los carrancistas se habían retirado tan velozmente que habían dejado tras de sí la correspondencia incriminadora entre el expresidente y Obregón.

En segundo lugar, en términos económicos, los villistas pudieron ocupar las minas de carbón de Coahuila y por tanto asegurar el movimiento ininterrumpido de sus trenes.

La ocupación de esas dos ciudades importantes, junto con un triunfo adicional de los zapatistas, que lograron capturar la ciudad de Puebla, no tuvieron consecuencias decisivas en el curso de la guerra. Los ejércitos carrancistas derrotados, el de Diéguez en el occidente y el de Villarreal y Herrera en el este, estaban golpeados, pero no destruidos ni desmoralizados. Un gran flujo de armas y dinero les ayudó a reponer sus pérdidas y reconstruir su moral, aún más fortalecida por el conocimiento de que su fuerza principal, comandada por Obregón y situada en Veracruz, no sólo no había sido afectada en absoluto por la ofensiva convencionista sino que, por el contrario, se preparaba para una campaña ofensiva que ciertamente aliviaría la presión sobre ellos.

La defección de Gutiérrez produjo una inversión de la marea. En el único análisis que llegó a ofrecer Villa acerca de las causas de su derrota, como parte de un discurso que pronunció en noviembre de 1915, escribió que "la traición de Gutiérrez fue para Carranza el principio de su engrandecimiento, porque se encontró a las tropas de la legalidad diezmadas, cansadas y débiles a consecuencia de los combates de San Felipe, de Sayula, de Matehuala, de El Ébano y de cien lugares más".[119] Obviamente Villa no era un observador objetivo, y acusar a Gutiérrez de su derrota era una forma conveniente de ignorar sus propias debilidades. Sin embargo, la defección del presidente convencionista no sólo tuvo decisiva importancia política, sino también militar, aunque no por el número de las tropas que comandaba. Villa no tuvo dificultades para vencerlo. Los seguidores de Gutiérrez estaban desmoralizados y no tenían una idea clara de por qué estaban peleando, de modo que casi no opusieron resistencia. Los soldados de Aguirre Benavides que se negaron a combatir contra los villistas en San Luis Potosí no eran sino el botón de muestra de lo que se convertiría en una avalancha de rendiciones. Villa pudo desarmar, con sólo dieciocho hombres, a la Brigada Elizondo, que constaba de más de dos mil y que ocupaba la ciudad de Querétaro, a punto de unirse a las fuerzas de Gutiérrez. Cuatro mil villistas al mando de Agustín Estrada pudieron derrotar a más de diez mil soldados de Blanco, en San Felipe Torres Mochas.

Con todo, la deserción de Gutiérrez le robó a Villa más de diez mil partidarios y lo obligó a evacuar todas sus tropas de la ciudad de México para hacer frente al peligro que podían presentar los desertores en el norte. Al mismo tiempo, dejó un número sustancial de soldados en Guadalajara, pero se llevó consigo al norte parte de las tropas que habían tomado esa ciudad. El resultado fue que Obregón desalojó fácilmente a los zapatistas de Puebla y después entró en la ciudad de México, que éstos no estaban dispuestos a defender firmemente. La victoria de Obregón dio un tremendo impulso psicológico a los carrancistas y frenó la velocidad adquirida por la facción convencionista. Sin embargo, no afectaba todavía la reputación de invencibilidad que tenía Villa, puesto que había derrotado a las tropas de Zapata y no a las suyas. En cambio, esa fama sí se vio afectada cuando Diéguez logró vencer a los contingentes de la División del Norte que Villa había dejado en Guadalajara al mando de Calixto Contreras y Rodolfo Fierro. Ambos tenían grandes dificultades con sus soldados, aunque de diferente naturaleza: a Contreras le era difícil disciplinarlos, a Fierro, obtener y conservar su lealtad. El problema de Contreras era que se resistía a castigar la indisciplina; por su parte, los hombres de Fierro lo consideraban un asesino sin escrúpulos, que no les tenía consideración. Uno de ellos relata un episodio que ilustra la conducta de Fierro. Al pasar junto a un soldado herido y oírlo quejarse, Fierro se detuvo. "¿Qué pasa?", le preguntó. "Es el dolor, general", contestó el hombre. "Te lo voy a aliviar", le dijo Fierro y, sacando la pistola, lo mató.[120]

La victoria de Diéguez sobre las tropas villistas, según Enrique Pérez Rul, uno de los más inteligentes entre los antiguos secretarios de Villa, "con todo y de haber sido de poca importancia en el orden material, fue un poderoso estímulo para los carrancistas, porque empezaron a ver que los soldados de la División del Norte no eran invencibles, como se había dicho; y empezaron a perderles el 'miedo'".[121]

Si había una cosa que Villa entendía bien era la importancia de su reputación y tradición de invencible. Por esa razón, movilizó al grueso de su ejército y marchó sobre Guadalajara. Diéguez había fortificado la población de Sayula para resistir las cargas de la caballería villista, pero no lo logró. Por última vez en una gran batalla, los violentos asaltos de la caballería de Villa lograron imponerse sobre posiciones bien fortificadas. Esa victoria y la recepción triunfal que tuvieron en Guadalajara al ocuparla de nuevo fortalecieron la moral villista. Diéguez había instituido tal reino de terror en la ciudad, que los villistas fueron recibidos como libertadores.

Ésta fue la última victoria importante que Villa obtendría en la guerra contra los carrancistas, y no fue decisiva. Diéguez logró retirarse con casi todos sus soldados a la costa, y Villa no lo siguió porque Ángeles estaba llamándolo al noreste para destruir a las fuerzas carrancistas que allí quedaban.

·13·
Cómo arrebatar la derrota de entre las fauces de la victoria

De aquella gran División del Norte, sólo unos cuantos quedamos ya; subiendo cerros, cruzando montes, buscando siempre con quien pelear.[1]

EL DERRUMBE DE PANCHO VILLA EN 1915

La estrategia de concentrar todos los esfuerzos ofensivos contra los carrancistas en el norte, el noreste y el occidente de México sólo le produjo a Villa éxitos temporales. En el noreste, no logró ninguna victoria importante, pero pudo extender su dominio sobre casi todo el territorio de Nuevo León, Coahuila y Tamaulipas. Una parte del Ejército del Noreste que mandaba Pablo González, desmoralizada, había preferido retirarse sin presentar combate. Sólo había una región del noreste en que los carrancistas mantenían sus posiciones: se trataba de El Ébano, entrada hacia la rica región petrolífera de México. Allí, el comandante carrancista Jacinto Treviño consiguió rechazar todos los ataques de los villistas torpemente dirigidos por Urbina, y finalmente derrotarlo. Para Carranza y Obregón estaba claro que, si Villa lograba controlar esa región, se alteraría decisivamente el equilibrio de fuerzas en el país: perderían los cuantiosos ingresos que les producía el puerto exportador de Tampico, recursos financieros que eran su única ventaja importante y que Villa podría utilizar para comprar más armas y municiones.

Carranza y Obregón reaccionaron de diferente manera ante la difícil situación. Carranza sugirió que Obregón se retirara de la ciudad de México, destruyera todas las comunicaciones con el norte y se replegara más hacia el sur, para esperar el ataque de Villa. Obregón no estuvo de acuerdo.[2] Consideraba que la mejor estrategia era tomar la ofensiva, única forma, creía, de frustrar el ataque que Villa planeaba contra Tampico.

Para entonces, Obregón había estudiado cuidadosamente la táctica de su enemigo e identificaba sin dificultad sus principales debilidades. Villa confiaba ante todo en los asaltos masivos de caballería, a menudo ni siquiera coordinados entre sí; además, no comprendía la necesidad de guardar tropas de reserva.

Obregón había estudiado también la estrategia y la táctica que estaban aplicando en Europa los ejércitos contendientes en la Gran Guerra. Al principio todos los bandos recurrían aún a las cargas de caballería, pero muy poco después quedó claro para cualquier Estado Mayor europeo que se habían vuelto obsoletas. La infantería, amontonada en las trincheras, resguardada tras alambradas y apoyada con ametralladoras, simplemente había desbancado a la caballería. Obregón decidió aplicar contra Villa esas lecciones europeas. Emprendió el camino hacia el norte con su ejército para acercarse cuanto podía a la ciudad de Irapuato, donde se concentraban las tropas de Villa. Eligió un campo de batalla idealmente adecuado para la táctica que quería aplicar: la población y los alrededores de Celaya, lugar situado en el granero del Bajío mexicano y surcado por canales de riego, que podían utilizarse perfectamente como trincheras. También eran perfectos para evitar las cargas de caballería concertadas, ya que los caballos simplemente tropezarían y caerían en los canales. Obregón esperaba que Villa, a pesar de todo, ordenaría dichas cargas.

El plan presentaba enormes riesgos. Las armas y municiones que Obregón necesitaba para reabastecer a sus tropas tenían que ser transportadas por tren a través de un territorio en que operaban tropas hostiles. Si los zapatistas decidían lanzar una ofensiva concentrada contra esas comunicaciones, Obregón podía encontrarse aislado del puerto de Veracruz, sin municiones suficientes para resistir. Además, Ángeles podía persuadir a Villa de que modificara su estrategia y esperara el ataque, en vez de tomar la ofensiva. Sin embargo, estaba optimista. Sus agentes le informaban desde la ciudad de México que había crecientes desacuerdos entre villistas y zapatistas. Dudaban de que Zapata estuviera dispuesto, o fuera siquiera capaz, de emprender un ataque masivo contra las comunicaciones de Obregón. Éste conocía el carácter de Villa, y contaba con que su obstinado orgullo le impediría retirarse o adoptar una postura defensiva.

Los planes y la estrategia de Villa están esbozados en una carta que le envió a Zapata pocas semanas antes del primero de sus grandes choques con las fuerzas de Obregón. En ella, Villa describía las victorias que había obtenido tanto en el noreste como en el noroeste, y expresaba confianza en que las tropas que había enviado a Jalisco para perseguir a Diéguez, quien se hallaba en retirada, pronto controlaran todo el occidente. Confiaba en que Urbina, a quien había mandado a El Ébano para penetrar en la región petrolera, se apoderaría del puerto de Tampico. En cuanto a él, había decidido salir al encuentro de Obregón y atacarlo. El motivo principal era, paradójicamente, la falta de municiones. Explica Villa "que fracasó una compra concertada de 40 millones de cartuchos, que ha contratado 17 millones que todavía no empiezan a entregarle". Y dice: "Esa carestía me ha hecho tomar la resolución de ir a quitarle al enemigo municiones que le abundan a los carrancistas".[3] Pedía disculpas diciendo que, debido a esa escasez de parque, no había podido enviar el que había prometido, pero que pronto podría hacerlo y, a la vez, le pedía a Zapata que se esforzara lo más posible por interrumpir las líneas de comunicación de Obregón.

Esta carta revela claramente el exceso de confianza de Villa. Pensaba con total seriedad que podía tomar la ofensiva en todos los frentes a la vez, a pesar de carecer de armas y municiones. No se daba cuenta de que la moral de los carrancistas era muy diferente de la de las tropas federales, contra las que había obtenido sus principales victorias. Además, como ya dijimos, subestimaba a Obregón, a quien llamaba "El Perfumado", dando a entender que lo consideraba una especie de petimetre afeminado. Tal era su desprecio que se lanzó al ataque con insuficiente parque y sólo una parte de su ejército. Ángeles, que tenía más respeto por las capacidades tácticas de Obregón, trató de disuadirlo. Entendía cuán vulnerable era el enemigo a una interrupción de sus líneas de comunicación con Veracruz, y esperaba forzarlo a avanzar más y más hacia el norte, lo que aumentaría mucho esa vulnerabilidad. Pero Villa se negó a escuchar.[4] Su excesiva seguridad, suscitada por los éxitos que había obtenido y por los halagos de quienes le rodeaban, no fue sino uno de los factores que lo empujaron a tomar la ofensiva. Otro fue su miedo a que si daba siquiera una apariencia de retirada, peligraría su reputación de invencibilidad y muchos caudillos que se le habían unido por oportunismo cambiarían de bando.

Además, la crisis de escasez de armas y municiones era muy real. La primera guerra mundial había transformado la sobreoferta en sobredemanda cuando los Aliados en Europa empezaron a hacer compras masivas a Estados Unidos. Muchos comerciantes de armas se negaban a vender a sus clientes mexicanos. Cuando Villa lograba conseguir municiones, tenía que pagar sesenta y siete dólares por el millar de cartuchos, en vez de los cuarenta o cincuenta dólares que le costaban antes del estallido de la guerra europea.[5]

Tanto los villistas como los carrancistas padecían esta nueva situación, pero estos últimos estaban mejor equipados para resolverla. Podían satisfacer gran parte de sus necesidades creando en los territorios que controlaban fábricas de municiones con las que nunca pudo competir la industria armamentista que Villa había intentado establecer en Chihuahua. Además, como ya mencionamos, el precio de las principales exportaciones de los territorios carrancistas –el petróleo y el henequén– había subido mucho también, como resultado de la demanda creada por la guerra, de manera que sus ingresos aumentaban a la par que el precio de las armas.

No era tal el caso de los villistas. Recordemos que sus ingresos se basaban en buena medida en la venta y la exportación de ganado, algodón y productos mineros a Estados Unidos. El valor de esas exportaciones era menor en 1915 que en 1914. Gran parte de los enormes rebaños que vagaban por los pastos del norte antes de la revolución ya habían sido vendidos al otro lado de la frontera en 1914, para pagar el material de guerra que Villa necesitó para derrotar al ejército federal. La cosecha de algodón fue mucho menor en 1915 que en los años anteriores, debido a los combates en el norte y a la huida de muchos hacendados de la región algodonera de La Laguna. También muchas de las minas habían reducido drásticamente su producción o cerrado del todo, porque el transporte ferrocarrilero de sus productos a Estados Unidos se había vuelto irregular. Esos problemas económicos objetivos se sumaban a las dificultades "personales". Los compradores de armas y municiones más importantes con que trataban Villa y algunos de sus lugartenientes se quejaban de la mala calidad de las armas que su principal representante en Estados Unidos, Felix Sommerfeld, estaba adquiriendo.[6] Sin embargo, Villa mantuvo a Sommerfeld en su nómina, probablemente en consideración a su cercana relación con Madero (había encabezado el servicio secreto de Madero en Estados Unidos). Tras el estallido de la primera guerra mundial, la utilidad de Sommerfeld para Villa se redujo aún más, porque era ciudadano alemán. Muchos productores temían que si le vendían armas y municiones, sus clientes ingleses, franceses y rusos los boicotearían. Por tanto, no resulta sorprendente que Villa lo despidiera a principios de 1915.[7] Encargó las compras a otros dos hombres: su hermano Hipólito, que estableció una agencia en la población fronteriza de Ciudad Juárez para manejar los fondos de Villa en moneda extranjera, y un hombre de negocios de Torreón, Lázaro de la Garza, que trataba con las compañías estadounidenses. De la Garza fue probablemente el funcionario más corrupto que jamás trabajó para Villa. Primero obtuvo su confianza, en octubre de 1913, después de que aquél ocupó la ciudad de Torreón. En abril de 1915, Villa le telegrafió a Estados Unidos: "Viendo la formalidad que usted tiene para cumplir todas sus promesas [...] en ustedes tengo depositada mi confianza y estoy seguro de que sabrán corresponder a ella. Espero pues que las municiones me las enviarán lo más pronto posible, trabajando para ello día y noche si fuere necesario".[8] Tan grande era su confianza en De la Garza que le ordenó a Sommerfeld que le pasara un contrato por quince millones de cartuchos que había firmado con la Western Cartridge Company. Sólo llegaron a la División del Norte setecientos mil cartuchos, y Villa, desconcertado y desesperado, le telegrafió a De la Garza: "¿Por qué no responde a mis telegramas?"[9] Tras entregar los mencionados setecientos mil cartuchos, De la Garza había ofrecido el contrato a los carrancistas, dispuestos a pagarle un precio más alto, y finalmente lo había vendido, a un precio aún mayor, al Morgan Bank, que representaba al gobierno francés.[10]

Pero no era sólo por consideraciones estratégicas que Ángeles aconsejaba no atacar a Obregón. Se había lastimado al caerse de un caballo y no podía acompañar al ejército en su marcha hacia el sur. Le preocupaba que, sin su asesoría, la precipitación de Villa, su falta de educación militar y su creciente arrogancia lo llevaran a la derrota. Tenía razón. A los pocos días de su conversación con Ángeles, Villa tendría su Waterloo en las dos batallas de Celaya. En grado mucho mayor que Napoleón, él mismo fue responsable de su derrota. No buscó un campo de batalla que le diera alguna ventaja estratégica. De hecho, ni siquiera hizo un reconocimiento de la región de Celaya, donde iba a tener lugar el encuentro decisivo con Obregón. Como le escribió a Zapata, entró en combate sabiendo que no tenía suficientes municiones. Finalmente, no procuró explotar el único punto que tenía a favor: la debilidad y la extensión de las comunicaciones de Obregón con Veracruz.

El desdén por el enemigo, tan profundo como infundado, contribuyó a esta imprudencia. La víspera de la batalla, Villa le dijo a un reportero de su periódico *Vida Nueva* que Obregón estaba acabado. "Esta vez no se me escapará

Obregón, sé que va a retirarse, como siempre, pero yo lo obligaré a que se bata, para así destruir esos núcleos de gente que sólo sirven para entorpecer las operaciones militares, pero sin resultados prácticos."[11] Tenía la errónea idea de que Obregón representaba un peligro menor incluso que Diéguez, comandante de las fuerzas carrancistas en Jalisco.

Las primeras horas de la batalla de Celaya, que se inició el 6 de abril de 1915, cuando Obregón cometió uno de sus pocos errores tácticos, sólo fortalecieron en Villa el exceso de confianza y la falta de prudencia. Obregón no había reconocido el terreno lo suficiente después de enviar a mil quinientos hombres en avanzada a ocupar la hacienda de El Guaje, situada entre la ciudad de Irapuato y la de Celaya, y cortar las líneas férreas que llevaban a ésta para reducir así la movilidad de las tropas villistas. Creyó que el grueso de éstas se concentraban en Irapuato, y no, como era el caso, cerca de El Guaje. Sus tropas sufrieron encuentros devastadores con una fuerza enemiga muy superior y estuvieron a punto de ser completamente exterminadas.

A Obregón nunca le faltó valor. Personalmente tomó el mando de un tren que se dirigía a El Guaje con el objeto de desviar los ataques villistas. Aunque era un táctico cuidadoso, también era un maestro de la improvisación. Se dio cuenta de que su descalabro inicial podía convertirse en victoria si lograba que el enemigo atacara las posiciones cuidadosamente preparadas en Celaya a su manera ya tradicional: las cargas masivas de caballería. Pronto pudo comprobar que no se había equivocado. Al ver que las líneas de avanzada y el tren de Obregón se retiraban, Villa y sus tropas se convencieron de que tenían la victoria en las manos. Los jinetes, a caballo o desmontados, se lanzaron de cabeza contra las posiciones fortificadas para encontrarse con el fuego devastador de los soldados atrincherados con ametralladoras. Sus pérdidas fueron enormes. Sin embargo, la terquedad de Villa no le permitió desistir. Aún le embargaba la sensación de triunfo y sus duros veteranos estaban dispuestos a seguirlo a dondequiera que les ordenara. En todas las batallas anteriores, tras los descalabros iniciales, las cargas villistas siempre habían resultado invencibles. Según Obregón (que pudo exagerar su propio éxito), los villistas cargaron cuarenta veces contra sus líneas y, con una excepción, fueron otras tantas rechazadas.[12] Según el general Garfias, agudo analista militar de la batalla de Celaya, uno de los mayores errores estratégicos de Villa fue no intentar aplastar las defensas de Obregón concentrando fuerzas en un solo sector del frente.[13] En un momento, los villistas sí lograron penetrar en las líneas carrancistas, cuyo frente estuvo a punto de desintegrarse. En ese instante, Obregón mostró de nuevo su capacidad de improvisación. Ordenó a su corneta, un niño de once años, que tocara a retreta, y los villistas, creyendo que la orden venía de su propio mando, abandonaron la posición que habían conquistado a tan alto precio. Cuando se hallaban diezmados, exhaustos y desmoralizados, Obregón inició un contraataque decisivo. También fue ése el momento en que las municiones de Villa empezaron a agotarse.

Los villistas habían estado empleando dos tipos de rifles: carabinas 30-30 y máusers. Si bien tenían suficientes municiones para las 30-30, súbitamente se les acabaron las de los máusers.[14] Obregón lanzó sus reservas al ataque; Villa, por su parte, no había guardado tropas de recambio y sus soldados exhaustos tuvieron que retirarse cuando los obregonistas de las trincheras se incorporaron al ataque general. A diferencia de su oponente, Obregón contaba con un abastecimiento constante de nuevas municiones procedentes de Carranza. Zapata, que no había recibido municiones de Villa, no quiso comprometer al grueso de sus tropas atacando unas líneas férreas situadas lejos de Morelos, y se limitó a realizar unas cuantas operaciones menores y esporádicas.

La primera batalla de Celaya fue la primera gran derrota de Villa. Él mismo y muchos de sus jefes la atribuyeron únicamente a la falta de parque. Un observador enviado por Roque González Garza juzgó el hecho de manera más realista. Además de la falta de municiones, atribuyó la derrota a que Villa se había negado a guardar tropas de reserva y a la deserción, durante la batalla, de uno de los jefes villistas, un hombre llamado Colín, que en el momento más candente del combate se dio vuelta en redondo e hizo que sus tropas dispararan contra sus propios aliados.[15]

La reputación de invencibilidad de Villa no se había desvanecido aún. La prensa villista desmintió vigorosamente que Carranza y Obregón hubieran triunfado. El periódico *Vida Nueva* decía el 10 de abril, después de la batalla: "Obregón ha fracasado al intentar romper la línea de fuego villista. Los mensajes recibidos en Washington indican que la batalla de Celaya fue por completo favorable para la División del Norte". Sólo dos días después, el encabezado de *Vida Nueva* era todavía más explícito: "Tanto en el extranjero como en Veracruz celebran los triunfos(?) de Obregón. Esto lo hacen creyéndose de los embustes del lugarteniente carrancista, que cínicamente convierte en victorias los descalabros que sufre. Sus fuerzas rehúyen el combate y han empezado a evacuar Celaya".[16] Dado que ambos bandos, en su propaganda, insistían constantemente en que eran los vencedores, cualquiera que fuera el resultado de una batalla, las pretensiones de Carranza y Obregón acerca de la victoria de Celaya fueron recibidas con gran escepticismo fuera y dentro de México.

Villa había sufrido una derrota, pero de ninguna manera estaba vencido. No sólo había logrado conservar casi todo su ejército y sus armas, sino que la moral de sus tropas aún era alta, y en cambio la situación general de Obregón era precaria. Si en ese momento Villa hubiera convocado a la mayor parte de las tropas que combatían en las costas este y oeste, dejando sólo una retaguardia para contener a los carrancistas, si hubiera esperado a recibir municiones y, sobre todo, si hubiera logrado cortar las comunicaciones de Obregón, aún hubiera podido ganar y destruir al ejército enemigo. Pero, aparte de ordenar a su hermano Hipólito que le enviara parque, Villa no hizo ninguna de las tres cosas.

Esperaba atraer a los carrancistas fuera de sus posiciones fortificadas. Con ese propósito, le envió una carta a Obregón diciendo que, para evitar a la población el derramamiento de sangre que su artillería causaría, le sugería que saliera de Celaya y que ambos ejércitos combatieran fuera de la ciudad. La propuesta fue respaldada por los cónsules extranjeros en Celaya, que le pidieron a Obregón que le evitara daños a la ciudad combatiendo en alguna otra parte. Esta maniobra no tenía posibilidades de éxito. Obregón no albergaba la menor intención de renunciar a su superioridad estratégica, y su ejército permaneció en Celaya. No está claro si Villa realmente creía que podía convencerlo o si simplemente esperaba impresionar a los diplomáticos extranjeros, especialmente a los estadounidenses, con su preocupación por la población civil y por la propiedad extranjera.

En la batalla del 13 de abril, Villa volvió a emplear la misma táctica que en el anterior encuentro, y esta vez las consecuencias fueron aún más desastrosas. Obregón se había preparado bien para el ataque villista. Puso barreras de alambre de púas frente a las trincheras que ocupaban sus soldados y aumentó el número de ametralladoras. También dejó una reserva de seis mil de caballería, escondidos en un bosque cercano. Cuando se inició la batalla, la caballería de Villa cargó una y otra vez contra las trincheras de Obregón. La única ventaja que había tenido en la primera batalla, su historia de invencibilidad, ya no existía. Se vio frenada por los muchos canales de riego que surcaban el campo y por las alambradas, que había que cortar. Conforme avanzaba, iba quedando a tiro de las ametralladoras. Con esos ataques frontales, Villa repitió su principal equivocación de la primera batalla. También repitió el resto de sus errores: no hizo ningún intento serio por interrumpir las comunicaciones de Obregón, aunque la situación de los carrancistas se había vuelto extremadamente precaria. "Hónrome comunicarle que continúa combate desesperadamente", telegrafió Obregón a Carranza el 14 de abril. "No contamos ya con ninguna reserva de parque y sólo tenemos dotación para combatir pocas horas más. Haremos todo esfuerzo para salvar la situación."[17] Tampoco esta vez estudió Villa cuidadosamente el campo de batalla y, por tanto, nada supo de la fuerza de caballería escondida en el bosque bajo las órdenes del general Cesáreo Castro. Una vez más, no dejó tropas de reserva a las que echar mano en el momento de necesidad. Así, una vez agotadas sus fuerzas en los continuos asaltos, que duraron dos días, la caballería oculta contraatacó, y Villa se halló sin refuerzos para contenerla.

Esta vez la derrota se convirtió en total desastre. "Escapé audazmente", informa con tristeza un oficial villista, "y al subir a la falda del cerro, el espectáculo que presencié no podré olvidarlo en mi vida: vi batallones enteros formados, parecía que se alineaban así para atacar Celaya nuevamente, pero eran prisioneros. En el cerro estaban abandonadas piezas de artillería y adelante un río de gente pasaba sin detenerse ni pensar en nada. ¡Lo que querían era huir, huir siempre...!"[18]

Terminada la batalla, Obregón pidió a todos los oficiales villistas, muchos de los cuales vestían como soldados rasos, que se identificaran, prometiéndoles que no sufrirían ningún daño. Ciento veinte oficiales villistas lo hicieron y fueron fusilados de inmediato.[19] Según el informe que le envió Obregón a Carranza, Villa había perdido treinta y dos cañones, tres mil de sus hombres habían muerto, seis mil habían caído prisioneros y se habían capturado cinco mil rifles y cerca de mil caballos.[20]

No está claro por qué Villa repitió en la segunda batalla los errores cometidos en la primera. La ausencia de Ángeles ciertamente contribuyó a la debacle. También el machismo de Villa. No sólo pensaba que retirarse era deshonroso, sino que si no enfrentaba de nuevo a Obregón, su reputación de invencibilidad desaparecería. Además, al parecer era cautivo de su propia propaganda, que atribuyó la pérdida de la primera batalla a la falta de parque. Esta vez la derrota fue tan inequívoca que su propia prensa no pudo ignorarla. Pero como Villa nunca la reconoció abiertamente, a su periódico, *Vida Nueva*, le fue muy difícil informar de los resultados del combate. Por una parte, equiparó los rumores sobre la derrota a los muchos rumores erróneos difundidos por la prensa carrancista. En un editorial titulado "Tengamos fe", el editorialista recordaba a sus lectores "las docenas de veces que *han tomado* Chihuahua, Torreón y hasta Ciudad Juárez y Ojinaga; valdría la pena recordar las veces que *han matado* al general Villa, *fusilado* al general Chao y aniquilado a la División del Norte".[21] Por otra parte, *Vida Nueva* intentaba dirigirse a quienes sí creían que Villa había sido derrotado.

Pero pongámonos en lo peor: supongamos que el ejército convencionista no pudo lograr la toma de Celaya; ¿olvidaremos que la retirada del general Villa del ataque de Chihuahua se completó brillantemente en la importantísima toma de Ciudad Juárez?

¿Y quién era Villa entonces? El jefe de menos de 5 000 hombres que apenas había ceñido el laurel en Torreón. ¿Cuál era su ejército? Esos miles de hombres mal armados que apenas habían olido la pólvora. Y triunfó y triunfaron muchos miles de soldados, veteranos organizados y equipados paciente y espléndidamente por la dictadura huertista.[22]

No muchos caudillos militares habrían continuado luchando tras sufrir derrotas de la magnitud de las de Celaya. Sin embargo, Villa poseía al parecer cantidades ilimitadas de confianza en sí mismo, valor y aguante. Ante todo, tenía tal carisma que sus soldados estaban dispuestos a continuar, e incluso pudo reclutar más hombres para su ejército. Convocó a la mayoría de sus tropas en otras partes del país y pronto se le unió Ángeles, ya recuperado completamente de su lesión. Le dijo a Villa que todavía era posible derrotar a Obregón, pero para ello tendrían que cambiar radicalmente de estrategia. La División del Norte debía retirarse hacia el norte, a Torreón o tal vez incluso a Chihuahua. Esa maniobra les daría tiempo suficiente para recobrarse y alargaría las líneas de comunicación de Obregón todavía más. También, Villa debía evitar la guerra ofensiva y pasar a la defensiva, para forzar a Obregón a un combate prolongado en que sus tropas se fatigarían y se le acabaría el parque. Villa se negó a escuchar el primer consejo de Ángeles.[23] En vez de retirarse hacia el norte, a su propio territorio, decidió presentar batalla de nuevo en el centro del país, cerca de la ciudad de León, Guanajuato, aunque Ángeles opinaba que el lugar era problemático, porque podían fácilmente encontrarse rodeados por el enemigo. Villa sí aceptó, por lo menos temporalmente, pasar a la defensiva, e hizo que sus tropas se atrincheraran a lo largo de un frente de unos veinte kilómetros, entre León y Trinidad. La prensa villista exhalaba de nuevo confianza en que la victoria estaba al alcance de la mano.

El mayor núcleo de la facción de Carranza, por un lado, y una parte importante de las fuerzas de la Convención, por otro, están frente a frente. El general Villa vencerá al general Obregón; pero no es eso lo más importante; lo que interesa es que el triunfo signifique el aplastamiento del segundo, de ese ejército que hoy por hoy es el único que se atreve a enfrentarse con el Ejército del Pueblo.[24]

Como resultado de la nueva táctica defensiva de Villa, la batalla de León, como llegó a ser conocida, duró casi cuarenta días y en algún momento empezó a asemejarse a los largos e indecisos combates que estaban librando los ejércitos europeos. Los dos bandos se enfrentaban de manera limitada, tratando de obtener ventajas estratégicas sin lanzar ataques a gran escala. Obregón esperaba que Villa acometiera el tipo de carga general que le había valido la derrota en Celaya, para segar su caballería con sus ametralladoras. Villa se negaba a hacerle ese favor, y los generales obregonistas empezaban a preocuparse cada vez más de que pudiera acabárseles el parque y finalmente les cortaran las comunicaciones con Veracruz. Por primera vez, Zapata envió grandes contingentes de tropas a atacar esas líneas de comunicación, contribuyendo con ello al temor de los carrancistas. Tras la derrota de Celaya, Zapata empezó a preocuparse de que una derrota decisiva de Villa permitiera a los carrancistas concentrar todos sus esfuerzos en "pacificar" su propio feudo de Morelos. Sin embargo, los zapatistas no tenían ni las armas, ni la organización ni, tal vez, la voluntad para hacer una guerra ofensiva a gran escala fuera de su terreno. Por razones inexplicables, Villa sólo se esforzaba a medias por interrumpir las comunicaciones de los carrancistas. Sin embargo, a muchos generales de Obregón, sobre todo a Francisco Murguía, les inquietaba el curso que la batalla estaba tomando, una especie de estancamiento en que ninguno de los dos bandos parecía lo bastante fuerte para derrotar al otro. Murguía temía que, si la situación continuaba, ello redundaría en beneficio de los villistas. "El enemigo había tomado el plan de permanecer a la defensiva, tratando de cortar nuestras comunicaciones al sur, y como contaba con suficientes municiones, si lograba que nosotros permaneciéramos más tiempo sin decidirnos [a] avanzar sobre León, daría por resultado que se nos agotara el parque, y si conseguía la total interrupción de las comunicaciones con Veracruz, como después sucedió, estaríamos derrotados."[25] Murguía urgió a Obregón a pasar a la ofensiva. Aunque lo apoyaron Diéguez y varios generales más, Obregón se resistía. Todavía tenía la esperanza de que Villa se impacientara, atacara con todo y le permitiera repetir la exitosa estrategia que le había dado dos veces la victoria. Como la presión de sus generales aumentaba, se resolvió finalmente a atacar el 5 de junio. Pero tres días antes, Villa le cumplió sus deseos decidiendo atacar por su parte, no sólo porque en efecto era impaciente y estaba poco habituado a los largos tiempos muertos de la guerra de trincheras, sino que sus soldados se estaban desmoralizando lentamente debido a las difíciles condiciones en que se hallaban.

Hay una gran cantidad de cadáveres insepultos y es casi insoportable la hediondez. Después de nuestros "equivocados hermanos" los carrancistas, nuestros peores enemigos son las moscas, los piojos y las ratas. Las moscas son preciosas, verde pavo real, y hay millares que, de los ojos y las bocas de los cadáveres, vuelan a posarse en nuestra comida. Las ratas son tan voraces que, a pesar de estar panzonas de carne de muertos, ante nosotros van a morder nuestras pocas provisiones [...] A los dos o tres días de bañados y limpios, ya estamos empiojados de nuevo.[26]

Contra el consejo de Ángeles, Villa tomó todas las reservas que le quedaban y atacó a los carrancistas desde atrás. Al principio tuvo éxito y logró capturar la ciudad de Silao. Otros contingentes villistas, sin embargo, no lograron conquistar una posición carrancista que era de importancia decisiva para el contraataque que planeaba Obregón: la hacienda de Santa Ana. Allí, los asaltos villistas costaron una enorme cantidad de bajas y contribuyeron a la desmoralización de la División del Norte. Sí se anotaron, sin embargo, un éxito importante: el 3 de junio, cuando Obregón se hallaba en la torre de la hacienda reconociendo el campo de batalla, una bomba villista explotó y le arrancó el brazo derecho. Convencido de que se desangraría hasta la muerte, trató de suicidarse de un tiro en la sien. Afortunadamente para él, su ayudante había limpiado la pistola la noche anterior y retirado los cartuchos. Sus hombres le quitaron el arma y lo llevaron al hospital. La incapacidad temporal del jefe no paralizó a sus tropas. Al retirar reservas del frente, las tropas de Villa habían quedado muy vulnerables a cualquier ataque. Ésa era la oportunidad que los carrancistas esperaban. Pasaron a la ofensiva conducidos por Benjamín Hill, lugarteniente de Obregón, y las debilitadas líneas de Villa no pudieron contenerlos. El 5 de junio, los villistas sufrieron más de tres mil bajas y se retiraron de León en desorden.

Esta nueva derrota destruyó al villismo como fuerza nacional. Villa sin embargo no desistió. Pensaba que Obregón aún podía ser vencido y decidió hacerle frente, por última vez, en la ciudad de Aguascalientes. Concentró allí todas las tropas que le quedaban, y por fin consideró prioritario interrumpir las comunicaciones de Obregón con Veracruz, cosa que logró a pesar de su creciente debilidad. Envió dos grandes unidades de caballería tras las líneas del enemigo, una al mando de Rodolfo Fierro y la otra de Canuto Reyes, para detener el tránsito ferroviario y forzar a Obregón a retirar una parte del ejército que atacaba Aguascalientes y enviarla a perseguir a los jinetes villistas. La maniobra tuvo éxito. Fierro probó que no sólo era un carnicero y un asesino, sino un guerrillero de primer orden. Tomó la ciudad de León enviando un telegrama falso al comandante de la guarnición en que le ordenaba abandonar la ciudad. Ocupó temporalmente la ciudad de Pachuca, donde se le unieron

algunos soldados zapatistas, lo que preocupó tanto a Pablo González que evacuó a sus tropas de la ciudad de México. Pero los triunfos de Fierro fueron
efímeros. Pocas semanas más tarde, fue derrotado por un contingente mucho
mayor, que Obregón había enviado a perseguirlo. Había logrado, con todo,
su principal propósito, que era interrumpir las comunicaciones carrancistas.
Si esto hubiera ocurrido unas semanas antes, durante la batalla de Celaya, tal
vez habría significado la posibilidad de la victoria. Pero ya era demasiado tarde. En cuanto se dio cuenta de que sólo tenía parque para unos pocos días,
Obregón ordenó un ataque general contra las líneas villistas en Aguascalientes. Los restos de la División del Norte, debilitados y desmoralizados por tres
grandes derrotas, apenas resistieron, y terminaron por huir hacia el norte, a
Torreón y Chihuahua. La División del Norte había dejado de ser una fuerza
militar importante.

LA DERROTA DE PANCHO VILLA: UN ANÁLISIS

Desde que se produjeron las catastróficas derrotas de Villa en el centro de
México, no han dejado de sucederse los debates, primero entre observadores
contemporáneos y luego entre historiadores, en torno a si se debieron principalmente a factores objetivos o subjetivos. ¿Pudo haber vencido Villa o era
inevitable que perdiera? ¿Era tan grande su inferioridad, en términos de municiones y abastos como en cuanto a número de soldados, que nunca hubiera
podido ganar? No hay pruebas de que tal fuera el caso. Aunque la falta de
municiones para los máusers ciertamente desempeñó un papel importante
en la primera batalla de Celaya, la escasez de parque no era un hecho inmo-
dificable. Villa decidió ir al combate sin parque suficiente, porque subestimaba a Obregón. Si hubiera esperado, habría solucionado ese problema: no le
faltaron municiones en las posteriores batallas contra las fuerzas carrancistas.
No hay tampoco indicios de que sus ejércitos fueran numéricamente inferiores a los de Obregón.

Las derrotas militares de Villa se debieron sobre todo a crasos errores estratégicos. El principal de ellos consistió en no atender el consejo de Ángeles
de atacar Veracruz en el momento en que los carrancistas no habían logrado
aún reorganizar sus fuerzas y Villa se hallaba en la cúspide de su poder. El segundo gran error consistió en intentar combatir en todos los frentes al mismo
tiempo, en vez de concentrar las fuerzas para enfrentarse a cada uno de los
ejércitos de Carranza. El tercero fue no escuchar la opinión de Ángeles en el
sentido de que había que atraer a Obregón cada vez más al norte y, por tanto,
hacer más vulnerables sus líneas de comunicación.

A esos errores de estrategia se sumaron errores tácticos igualmente graves.
En Celaya, Villa enfrentó al enemigo en un campo de batalla extremadamente desfavorable para él. No reconoció el terreno con anticipación; no concentró
sus fuerzas en un frente sino que atacó simultáneamente por todas partes, li-
mitando así la presión sobre cada uno de los puntos de la línea carrancista.
Aunque en la primera batalla de Celaya vio cómo era devastada su caballería

cuando intentaba atacar a la bien atrincherada infantería de Obregón, protegida con alambradas y nidos de ametralladora, repitió esa equivocación en todas la batallas subsecuentes. Se puede entender que durante la primera batalla Villa confiara en que Zapata interrumpiría las comunicaciones de los carrancistas. Pero no es comprensible que, cuando Zapata falló, Villa no intentara cortar esas comunicaciones con sus propias tropas, como finalmente haría durante la batalla de Aguascalientes, cuando ya era demasiado tarde. Finalmente, Villa repitió una y otra vez la equivocación de no establecer una fuerza de reserva capaz de entrar en combate cuando el resto de sus hombres se hallaban agotados.

Los errores de Villa se debieron a diversos factores. En parte eran resultado de su limitada perspectiva norteña, que le impidió tomar la iniciativa y atacar Veracruz. En parte, de su falta de educación. A diferencia de Obregón, mucho más instruido, no leía los periódicos y no sabía nada de las nuevas estrategias y tácticas que se estaban poniendo en práctica en Europa. En anteriores ocasiones, había compensado esa falta de educación con su disposición a atender consejos, sobre todo de Ángeles. Cuando se convirtió en jefe de los ejércitos de la Convención y, de hecho, en líder indisputado de la facción convencionista, la arrogancia le impidió escuchar otras opiniones. Estaba menos dispuesto aún que Carranza u Obregón a discutir las alternativas con sus subordinados.

Villa no era hombre afecto a la autocrítica y ningún dato indica que alguna vez entendiera los graves errores estratégicos y tácticos que había cometido. En el único análisis que llegó a hacer sobre los motivos de su derrota en las batallas del Bajío, simplemente echó la responsabilidad sobre los hombros de Ángeles. Su principal acusación contra quien hasta entonces había sido su subordinado favorito era que, tras ocupar Monterrey, había sido presa del pánico al ver que se aproximaba una fuerza carrancista superior, y había llamado a Villa para que viniera inmediatamente a rescatarlo. Por ese motivo, Villa había interrumpido su campaña victoriosa en el estado occidental de Jalisco, contra el comandante carrancista Diéguez, para ir en ayuda de Ángeles. Villa pensaba que éste en realidad no necesitaba su ayuda: había sobrestimado con mucho la fuerza de las tropas carrancistas que lo amenazaban calculando su número en veinte mil, aunque en verdad su comandante, Pablo González, no contaba con más de seis mil soldados. Villa consideraba que "Si [Ángeles] no me hubiera distraído, Diéguez habría sido exterminado y Obregón no hubiera tenido tiempo de organizar el ejército con que peleó en el Bajío, ya que yo habría lanzado todas mis fuerzas contra él. Por esta razón, el general Ángeles es en realidad responsable del desastre de Celaya".

Villa probablemente tenía razón en suponer que Ángeles pudo haberse sostenido sin su ayuda y en que, si hubiera destruido a las tropas de Diéguez, habría tenido más parque en la primera batalla de Celaya, y más tropas, ya que no habría tenido que dejar a tantos hombres para continuar la campaña en Jalisco. Además, sus soldados habrían estado más frescos y más relajados, ya que no habrían tenido que atravesar primero todo el país, de oeste a este, para rescatar a Ángeles, y luego marchar de nuevo al Bajío. Por otra parte, cabe dudar que Villa hubiera recurrido a ningún otro tipo de táctica aparte de las desastrosas cargas de caballería que contribuyeron tan decisivamente a su perdición.

La segunda acusación de Villa contra Ángeles está menos justificada. En la batalla de León, Ángeles estaba encargado de la infantería cuando Villa, contra su consejo, y tras cuarenta días de empate, tomó toda su caballería para atacar a Obregón desde atrás, mientras le ordenaba a Ángeles que sostuviera la línea del frente y resistiera cualquier ataque carrancista. "¿Y qué hizo el general Ángeles?", le dijo Villa a su subordinado: "No pudo resistir la presión de los carrancistas, le destruyeron sus líneas, y mi ataque, con el que los debilité decisivamente, no tuvo resultados." Lo que Villa no comprendía era que sus tropas se habían desmoralizado tras las dos grandes derrotas de Celaya y que no tenía reservas que pudieran entrar en combate para reforzar a la infantería.[27]

Tras los dos desastres sufridos en el centro del país, Villa se retiró a su territorio norteño, donde aún esperaba mantenerse. Como indican sus acciones posteriores, se daba cuenta de que sus posibilidades de supervivencia dependían más que nunca de sus relaciones con Estados Unidos.

DE SIR GALAHAD A BANDIDO: LA TORMENTOSA RELACIÓN ENTRE PANCHO VILLA Y ESTADOS UNIDOS

Una característica central y desconcertante de la política del gobierno estadounidense hacia Villa era el contraste entre sus declaraciones favorables y sus acciones, que parecían beneficiar a Carranza. Tal discrepancia no sería tan extraña si sólo reflejara la habitual contradicción entre lo que se dice públicamente y la *realpolitik*. En este caso, sin embargo, las declaraciones no estaban destinadas al consumo del público, sino que parecían reflejar las verdaderas opiniones de los miembros del gobierno, así como de influyentes hombres de negocios. Sin embargo, la política estadounidense, al menos a primera vista, no parecía coincidir con ellas.

Poco después de que las tropas de Estados Unidos ocuparon Veracruz y Villa manifestó su oposición a la protesta de Carranza por ese motivo, el secretario de Estado Bryan escribió a George Carothers, representante especial de Estados Unidos ante Villa: "Deseamos sinceramente que existan las relaciones más amistosas y nos complace y tranquiliza mucho lo que usted nos informa que ha dicho el general Villa. Muestra una amplitud de visión por su parte y una comprensión de la situación en su conjunto que habla muy bien de él".[28]

Más o menos al mismo tiempo, Bryan se refirió a Villa, por la misma razón, como "Sir Galahad".[29]

El 30 de agosto de 1914, cuando la ruptura entre Villa y Carranza ya había salido a la luz, el coronel House, confidente de Woodrow Wilson, escribía en su diario: "Nos ocupamos cuidadosamente de la situación mexicana y coincidimos en que Villa es el único hombre fuerte que se percibe ahora en México. Tememos que Carranza no esté a la altura de las circunstancias".[30] Pocas semanas más tarde, el 8 de octubre de 1914, el general John J. Pershing escribió a Hugh Scott: "Villa parece un hombre fuerte y tal vez es el hombre del momento".[31] Y en diciembre de 1914, Bryan, en una carta a Wilson, expresaba optimismo respecto de Villa. "La situación parece aclararse en México. Villa y Zapata trabajan en armonía y Gutiérrez al parecer tomará el control sobre la mayor parte del país. La ocupación de Carranza probablemente no durará mucho."[32]

El 4 de mayo de 1914, un editorial del *New York American* de William Randolph Hearst criticaba acerbamente al gobierno de Wilson por apoyar aparentemente a Villa contra Huerta. Decía: "Se le hace un favor al vecino si se llama a la policía para que saque a un asaltante que se ha introducido en su casa, pero escaso servicio se le hace si se envía a un ladrón y asesino con las manos manchadas de sangre para que saque a un delincuente menor". Menos de tres meses más tarde, Hearst modificó completamente su postura. En un editorial del mismo periódico, firmado personalmente por él, escribió:

El único hombre en este conflicto y esta crisis de México que parece destacarse sobre todos los demás por su poder y su capacidad personales, por su magnetismo para el liderazgo, su maestría en el mando y su capacidad para llevar a cabo las cosas, es Francisco Villa...

Si Villa es hecho presidente, permanecerá como presidente y formará un gobierno estable y confiable.

Si otro hombre llega a presidente por la interferencia extranjera, tendrá que vérselas con Villa y con las masas que creen en él.[33]

Un representante de Villa en Estados Unidos informaba que John Hays Hammond, que dirigía a la American Smelting and Refining Company en México,

habiendo tomado [...] una defensa muy directa por usted elogiándolo a todo trance, haciendo notar que todo aquello que usted decía lo cumplía, y que así estaba él impresionado por varios americanos que le habían hablado de usted y a la vez manifestó que a su juicio tienen mejor garantizados los intereses los americanos en México que en cualquier otra parte del mundo y que él no vacilaría en emprenderla en cualquier negocio desde luego con completa seguridad y en el estado de Chihuahua de preferencia.[34]

A pesar de estas declaraciones favorables por parte de funcionarios y empresarios, y a pesar de que rehusó condenar junto con Carranza la invasión de Estados Unidos a Veracruz, en las semanas que siguieron a la ocupación, el gobierno de Wilson le bloqueó a Villa los envíos de armas, pero no a Carranza.[35]

Esta discrepancia no tiene una explicación clara y sencilla. No hay razón para dudar de la sinceridad de los funcionarios, ya que se trata de memoranda internos, no destinados al público. ¿La falta de coherencia puede deberse a divergencias de opinión dentro de la burocracia y a que los diversos hombres o departamentos aplicaban políticas diferentes? Hay ciertos indicios de

80

que eso pudo ocurrir al menos respecto del bloqueo impuesto a Villa y no a Carranza, en mayo y junio de 1914. Cuando Carranza amenazó a Estados Unidos con la guerra por la ocupación de Veracruz, Wilson impuso un embargo general de armas a México. Ese embargo se relajó al llegar enormes cargamentos de armas europeas para Huerta, en mayo de 1914. Pero ese relajamiento fue selectivo. Las autoridades de Estados Unidos querían impedir que el equilibrio de poder se inclinara demasiado a favor de Huerta, pero no querían dar a los revolucionarios mexicanos una provisión ilimitada de armas. La implementación de esta política al parecer se dejó, en gran parte, en manos del representante especial de Woodrow Wilson en México, John Lind, hombre muy favorable a Carranza. Él explicó a los representantes de los revolucionarios que la decisión de permitir que algunas armas llegaran al puerto de Tampico, pero no a otras partes de México, era ante todo una maniobra de relaciones públicas. El gobierno de Wilson no quería anunciar que reinauguraba los envíos de armas a los revolucionarios, de modo que oficialmente sostenía que las armas que llegaban al puerto mexicano estaban destinadas a Cuba.[36] Pero como Carranza controlaba Tampico, todas esas armas caían en sus manos. No se idearon argucias similares para enviar armas a Villa, lo que bien pudo deberse a las simpatías carrancistas de Lind y a la hostilidad que le tenían a Villa muchos funcionarios aduanales.

Incluso sin la decisión de bloquearle las armas a la División del Norte, el problema tuvo que haber llegado al escritorio de Wilson para junio de 1914, cuando Villa, en una carta personal, le pidió que levantara el embargo contra sus tropas para poder marchar sobre la ciudad de México.[37] Wilson no respondió a esa solicitud, ni dio ninguna explicación al respecto. Con toda probabilidad temía que el avance de Villa sobre la capital, en un momento en que los carrancistas estaban a punto de tomarla, conduciría a una nueva guerra civil que su gobierno quería en ese tiempo evitar.

La decisión del gobierno estadounidense de entregar Veracruz y sus enormes recursos armamentísticos y financieros a Carranza es de naturaleza más compleja. No la tomaron los burócratas de nivel medio o bajo, sino los funcionarios de más alto nivel. En septiembre de 1914, Wilson había indicado que quería retirar a las fuerzas estadounidenses de Veracruz y devolver la ciudad a la soberanía mexicana. Esa decisión fue acogida con entusiasmo por todas las facciones revolucionarias. En parte se basaba en el supuesto, sostenido por muchos observadores en ese momento, de que en la Convención de Aguascalientes se llegaría a un acuerdo y surgiría un gobierno mexicano de unidad. Estados Unidos no necesitaría entonces el puerto de Veracruz para influir sobre los acontecimientos, ya que contaría con otros medios. También pesaba cada vez más el estallido, sólo un mes antes, en agosto de 1914, de la primera guerra mundial. Los funcionarios estadounidenses temían que los submarinos alemanes pusieran en peligro el comercio con Europa y que Japón se volviera agresivo en China. Mantener en México a una gran parte del ejército estadounidense, relativamente pequeño entonces, era debilitar la capacidad de negociación de Estados Unidos con el resto del mundo. La evacuación se demoró, porque los estadounidenses planteaban ciertas condiciones que Carranza se negaba a aceptar: exigían que no se tomaran represalias contra los mexicanos que habían trabajado para las autoridades de ocupación, que los habitantes de Veracruz que habían pagado impuestos a esas autoridades no fueran obligados a volverlos a pagar a un gobierno mexicano y que los más de quince mil refugiados que habían inundado Veracruz no sufrieran represalias. Carranza consideraba que esas condiciones infringían la soberanía de México. Sin embargo, consultó a la Convención Revolucionaria de Aguascalientes, la cual le recomendó aceptar para que las tropas extranjeras salieran cuanto antes del puerto.

En noviembre de 1914, después de estallar la guerra civil entre sus fuerzas y las de la Convención, Carranza finalmente accedió a las demandas estadounidenses. Sin embargo, antes de tomar la decisión final, el gobierno de Wilson consultó a Villa sobre quién debía asumir el control de Veracruz. Como cabía prever, Villa contestó pidiendo que la ciudad le fuera entregada a un representante de la Convención. El problema era que no había tropas de esa facción cerca de Veracruz. Toda la región circunvecina estaba controlada por tropas leales a Carranza. Wilson encaraba entonces el dilema de quedarse en la ciudad hasta que los villistas triunfaran sobre Carranza y la tomaran, o transportar tropas villistas en naves estadounidenses a Veracruz, o entregar la ciudad a Carranza. Para Wilson y su gobierno, esta tercera opción presentaba menos riesgo de provocar una confrontación armada con tropas mexicanas. Si Wilson reconocía al gobierno de la Convención y permitía que entraran en Veracruz tropas villistas en barcos de Estados Unidos, bien podía suscitar graves acciones antiestadounidenses de los carrancistas, y verse a su vez provocado a intervenir aún más profundamente en México. Además, ni la opinión pública en Estados Unidos ni los estadounidenses con intereses en México parecían enteramente favorables a Villa.[38] La primera opción –quedarse más tiempo en Veracruz– parecía igualmente riesgosa. El secretario de Guerra Garrison le escribió a Wilson, en noviembre, que si las fuerzas permanecían en Veracruz existía una posibilidad real de que entraran en combate con los carrancistas.[39] Conforme la primera guerra mundial aumentaba su ritmo e intensidad, Wilson se resistía más y más a quedar atado en México.

Esta interpretación, ampliamente aceptada, de las acciones de Wilson no explica suficientemente que se retirara de Veracruz y entregara la ciudad a la facción carrancista. Peor aún, no explica por qué Wilson se negó a considerar una tercera opción: destruir o evacuar todo el material de guerra de la ciudad, para no darle a ningún bando una injusta ventaja. Si el miedo de quedar entrampado en una guerra en México fue el principio guía de las acciones de Wilson, no se ve claramente por qué violó ese principio sólo once meses más tarde cuando, en octubre de 1915, reconoció a Carranza y permitió a las tropas carrancistas cruzar territorio estadounidense para atacar a Villa. En un momento en que la primera guerra presentaba riesgos mucho mayores para Estados Unidos que en 1914, aceptó la posibilidad –que se convertiría efectivamente en realidad– de que se produjeran represalias villistas contra Estados Unidos.[40] ¿Sería el motivo principal de Wilson su temor al radicalismo villista y zapatista, y la esperanza de que Carranza, más moderado, prevaleciera en la guerra civil? Parece improbable. Aunque Wilson desconfiara del radicalismo de Villa y Zapata, ciertamente le molestaba también el nacionalismo de Carranza. Además, cabe dudar que Wilson o cualquier otro funcionario estadounidense creyera en ese momento que, ni siquiera con las armas almacenadas en Veracruz, Carranza podría vencer en la guerra civil. La opinión de prácticamente todos los observadores extranjeros coincidía en que la Convención era muy superior en términos militares y políticos, así como en popularidad. Lo más probable es que el gobierno de Wilson simplemente no quisiera que ninguna facción dominara del todo.

Wilson siempre deseó para México un gobierno estable, favorable a la libre empresa y al estilo estadounidense de democracia, y si no obediente, sí abierto a sus sugerencias. La mejor forma de obtener ese gobierno era no dejar que una sola facción triunfara, para llegar a una coalición de todas las facciones. Ése fue de hecho uno de los principales objetivos de la política mexicana de Wilson desde el momento en que asumió el cargo hasta octubre de 1915, cuando reconoció a Carranza. Primero intentó lograr un acuerdo entre el ala más moderada del régimen de Huerta, encabezada por Federico Gamboa, y Carranza. Después de la renuncia de Huerta, aún tenía esperanzas de lograr un régimen de coalición que incluyera a los revolucionarios y a representantes de las fuerzas conservadoras que habían apoyado a Huerta.

Con ese mismo propósito, en junio de 1915, cuando Villa iba de derrota en derrota, Wilson le lanzó una especie de salvavidas. "No queremos que la facción de Carranza sea la única con la que podamos tratar en México", le escribió a Wilson el secretario de Estado Lansing. "Carranza parece tan imposible que la aparición de por lo menos una oposición contra él nos daría la oportunidad de invitar a las facciones a negociar. Creo por tanto que es político por el momento permitirle a Villa obtener suficientes recursos financieros para que su facción permanezca en armas hasta que se llegue a un acuerdo."[41] Además, una serie de factores importantes persuadieron a Wilson de abandonar su política de manos fuera en la guerra civil mexicana.

Sin duda el más importante de estos factores fue la primera guerra mundial. Aunque oficialmente neutral, Estados Unidos se inclinaba más y más por los Aliados, y las relaciones con Alemania eran cada vez más tensas. La posibilidad de que se viera arrastrado a la guerra flotaba en el horizonte. Lo último que Wilson quería en semejante momento era que su atención se desviara de Europa y el Lejano Oriente, donde Japón estaba poniendo en peligro los intereses estadounidenses en China. Por razones económicas también, Wilson necesitaba paz y tranquilidad al sur de la frontera. Los Aliados dependían cada vez más del petróleo mexicano, y Estados Unidos requería también cada vez más el henequén de Yucatán, dado que sus otras fuentes de esa materia prima, como el África Oriental Alemana, estaban cerradas a causa de las hostilidades.[42] El presidente se dio cuenta claramente de los riesgos que México podía presentar cuando se descubrieron los planes alemanes para provocar una guerra entre México y Estados Unidos, precisamente con objeto de evitar que éste enviara armas a los Aliados y asegurar que no intervendría en Europa. Un agente secreto, Franz von Rintelen, fue detenido por las autoridades británicas cuando regresaba de Estados Unidos a Alemania. Fue acusado de haber entregado doce millones de dólares a Huerta, quien a cambio prometió dar un golpe de estado en México y, si tenía éxito, atacar a Estados Unidos.[43]

También influyó en Wilson un informe de su emisario especial, Duval West. En abril de 1915, West había llegado a la conclusión errónea de que ningún partido o facción podía triunfar en México "sin la ayuda o asistencia de Estados Unidos".[44] West se oponía tajantemente a cualquier intervención militar estadounidense y decía que había opciones más pacíficas para favorecer "una situación de paz y orden permanentes y la instauración de un gobierno estable".[45] Según él, Estados Unidos tenía tres alternativas: podía reconocer y apoyar a una de las facciones en la guerra civil; podía proponer a un candidato propio y darle todo su apoyo, o podía reconocer a un miembro del gobierno de Madero que le sucediera constitucionalmente. Era esta última solución la que West defendía y la que, por lo menos durante un tiempo, Wilson consideró.

La sensación que tenía Wilson de que había que hacer algo urgentemente en México también derivaba de que le llegaban informes según los cuales el gobierno francés estaba contemplando la posibilidad de una intervención europea conjunta en México, "a pesar de los deseos estadounidenses al respecto", al terminar la primera guerra mundial.[46]

Motivado por todo ello, Woodrow Wilson envió a las partes beligerantes en México una nota redactada en términos duros en que los llamaba a ponerse de acuerdo lo más pronto posible. De otro modo, el gobierno estadounidense se vería "obligado a decidir qué medios había que emplear para ayudar a México a salvarse".[47] Wilson no decía en qué consistiría esa nueva política, pero la mayoría de los revolucionarios mexicanos tomaron su nota como una clara amenaza de intervención.

Carranza la rechazó tajantemente, pero Villa seguramente la consideró un regalo de los dioses. Si Wilson era lo bastante enérgico y amenazante, cabía esperar que Carranza detendría su avance y, por tanto, no podría derrotarlo. Probablemente Villa pensaba también que la llamada de Estados Unidos restablecería la moral de muchos de sus hombres, porque les permitiría confiar en que el triunfo de Carranza no era totalmente inevitable. Aunque acogió bien la iniciativa de Wilson, Villa no quiso apoyarla públicamente, ya que implicaría reconocer el derecho de Estados Unidos a intervenir en los asuntos de México. En una nota a Wilson se mostró cauto, y dijo sólo que Carranza era responsable del estallido de la nueva guerra civil. De otra manera, sin embargo, apoyó tácitamente el punto de vista de Wilson. Declaró que si Carranza estaba dispuesto a dejar el país él entregaría inmediatamente su mando de la División del Norte y saldría también de México. En una nota dirigida a Carranza, sostuvo que era imperativo para todas las facciones llegar a un acuerdo para impedir la intervención armada de Estados Unidos.[48] Carranza no le respondió.

Cuando quedó claro que la nota de Wilson no había obtenido el resultado deseado, el secretario de Estado Robert Lansing planeó una conferencia de representantes de Estados Unidos, Argentina, Brasil y Chile, con el fin explícito de convocar una reunión de los jefes militares secundarios de México que, a su vez, crearían un nuevo gobierno. Éste sería reconocido y provisto de armas por Estados Unidos y los tres países sudamericanos; simultáneamente, quedarían cortados los envíos a las otras facciones. Esos jefes secundarios, sin embargo, no elegirían al nuevo presidente y su gabinete: en su propuesta de conferencia, Estados Unidos se reservaba el derecho de participar en la decisión. En realidad, el gobierno de Wilson no tenía al parecer la menor intención de dejar en manos de los revolucionarios mexicanos tan importante asunto. Empezó a examinar a los posibles candidatos, para proponer a uno de ellos, y tal vez imponerlo, en la conferencia planeada.[49] Carranza se negó a participar en ella, pero Villa envió como su delegado en Washington a uno de sus funcionarios más importantes, el antiguo presidente de la Convención, Roque González Garza.

El salvavidas que Wilson le lanzó a Villa llegó en un momento en que las relaciones entre éste y Washington se hallaban en su punto más bajo hasta entonces. Lejos estaban los días en que Villa consideraba a Wilson una especie de Madero estadounidense, un idealista y amigo de los pobres. En enero de 1915, cuando se reunió con antiguos oficiales del ejército federal y los invitó a unirse a su División del Norte, les dijo "que todos debían prepararse para combatir por la integridad del territorio; que los norteamericanos mantenían en México a varios agentes confidenciales con el exclusivo objeto de avivar las disensiones entre él, Gutiérrez, Carranza y Zapata; y que era indispensable estar listos para batirse contra el enemigo común".[50] Esta declaración nunca fue publicada. Villa no quería atacar públicamente a Estados Unidos, pero en conversaciones privadas con representantes estadounidenses no disimulaba que su actitud hacia el vecino del norte había sufrido un cambio profundo. Cuando el representante especial de Wilson, Duval West, fue a entrevistarse con él en marzo de 1915, Villa fue tajante sobre sus objetivos y su actitud respecto de Estados Unidos.

Al preguntársele hasta qué punto debía alentarse a los extranjeros a desarrollar el país, [Villa] dijo que no había voluntad de prohibir esas acciones, excepto en el caso de la tierra; no debía permitirse o no se permitiría a los extranjeros poseer tierra. Que era su idea que el país debía desarrollarse con capital mexicano, y que a ese capital debía obligársele o requerírsele –no dijo cuál de las dos cosas ni cómo ni cuándo– que se empleara en el establecimiento de las empresas industriales habituales.

La anterior declaración, y el hecho de que el general Villa no aprovechara la oportunidad que la pregunta le ofrecía de dejar claro el deseo de sus seguidores de alentar al capital extranjero, me dan la idea de que se apoya en la demanda popular de que "México debe ser para los mexicanos" y de que abrir la puerta a los inversionistas extranjeros es en última instancia poner en peligro a la nación.[51]

El deterioro de las relaciones de Villa con Estados Unidos se debió en gran parte a que tenía la impresión de que la práctica contradecía las declaraciones idealistas de Wilson. Sus suspicacias debieron crecer enormemente a causa de "una larga nota confidencial enviada al general Villa a través del cónsul Silliman en que se le prometía de hecho el reconocimiento para pocas semanas después (diciembre de 1914) si hacía varias concesiones impuestas por el Departamento de Estado: el uso de la Baja California, la Bahía de la Magdalena y los campos petroleros de Tampico eran sutilmente mencionados". Según el mismo informante, que le reportó esto al senador estadounidense Fall, Villa le envió una carta a Zapata "en la que mencionaba esta nota y le preguntaba si estaba dispuesto a hacer esas concesiones al gobierno de Estados Unidos". Zapata le contestó "que aceptaba y que llevara a cabo los arreglos que creyera convenientes con el gobierno de Estados Unidos".[52] Sin embargo, no hay pruebas de que Villa se comprometiera a hacer tales concesiones.

Tampoco hay pruebas de que Silliman actuara por instrucciones ni de Woodrow Wilson ni del secretario de Estado William Jennings Bryan. Pero es improbable que Silliman hablara sólo a título personal. Otros representantes del Departamento de Estado le harían demandas similares a Villa más tarde. Con toda probabilidad Silliman representaba a una facción dentro del gobierno, encabezada por el secretario del Interior, Franklin Lane, que mantenía estrecho contacto con las compañías petroleras de Estados Unidos.

Sin duda también la conspiración de Iturbide contribuyó a acrecentar el enojo y el recelo de Villa. Eduardo Iturbide era un rico terrateniente del estado de Michoacán, descendiente del primer emperador de México, Agustín de Iturbide, y cercano al Partido Católico. Con el objeto de mejorar sus relaciones tanto con la iglesia como con la oligarquía, Huerta había nombrado a Iturbide gobernador del Distrito Federal y por tanto jefe de la policía de la ciudad de México. A diferencia del dictador, Iturbide se esforzó en ser amable con los extranjeros y especialmente con los estadounidenses, y su policía les ofreció toda la protección posible. Esto le ganó, entre las influyentes colonias extranjeras de la ciudad, muchas simpatías que no compartían los campesinos mexicanos. Según los zapatistas, Iturbide había matado o enrolado en el ejército a ochenta peones de las haciendas de Michoacán.[53] Además, había mandado a sus policías contra los zapatistas de las afueras de la ciudad de México. No resulta sorprendente que tanto Villa como Zapata lo odiaran, y que temiera por su vida cuando las tropas convencionistas ocuparon la capital. Gracias a sus buenas relaciones con los extranjeros acomodados –y a una mordida de cinco mil dólares–, logró convencer al representante especial de Wilson, Leon Canova, de que lo sacara del país ilegalmente.[54] Villa se enteró de que Canova había escondido a Iturbide en su compartimento de tren, para el cual reclamaba inmunidad diplomática. Villa mandó a sus soldados a arrestar a Iturbide, pero éstos vacilaron antes de atreverse a entrar en el compartimento. Nervioso, Canova se negó a seguir protegiéndolo, e Iturbide saltó por la ventana del tren y se abrió paso hasta el lado estadounidense de la frontera.[55] Allí fue calurosamente acogido por influyentes políticos y hombres de negocios estadounidenses que se proponían dar un golpe de estado contrarre-volucionario y ponerlo a la cabeza del país. El vocero del grupo era Leon Ca-nova, encargado de la sección del Departamento de Estado que se ocupaba de México. Canova vendría a ser el Oliver North de la revolución mexicana. Co-mo su posterior modelo, Canova quería hacer la contrarrevolución por me-dios encubiertos, y estaba dispuesto a saltarse los canales oficiales y a violar las leyes. En ese proceso, colaboraría con intereses empresariales y oscuros aven-tureros, y utilizaría sus actividades políticas para obtener ganancias personales.

Canova era un periodista que hablaba español y había escrito algunos ar-tículos sobre América Latina, los cuales habían impresionado tanto al secre-tario Bryan que lo nombró uno de los agentes especiales de Wilson en México. Carecía del aplomo y el carisma de Oliver North, y muchos mexicanos y cole-gas del cuerpo diplomático, así como otros observadores extranjeros, lo des-preciaban: "Canova es un pillo de primer orden, poseído de su propia impor-tancia", lo describía un colega. "Anda presumiendo por ahí en los automóviles de la delegación y siempre buscando la forma de ponerse en lugar visible. Tie-ne la manía de los embajadores, creo, porque continuamente me habla de lo bien que conoce a todos ellos e incluso me pregunta si no me parece que se lleva muy bien con ellos."[56]

Un periodista estadounidense no era menos crítico: "Leon J. Canova, otro de los representantes personales del señor Wilson, es de ascendencia portu-guesa. Sólo porque hablaba español, circulaba por el cuartel de Carranza co-mo representante del gran pueblo estadounidense [...] El día antes de que Canova saliera con el señor Iturbide para la frontera, los zapatistas que sa-queaban la casa de éste descubrieron un recibo por cinco mil dólares a nom-bre de Edward H. Iturbide y firmado por Leon J. Canova".[57]

Un banquero francés escribía desdeñosamente: "El señor Canova proba-blemente ha sido jefe de alguna estación ferroviaria".[58]

El plan de Canova no sólo consistía en que Estados Unidos proporcionara armas al grupo de Iturbide, sino que sugería una forma de apoyo que se utili-zó con éxito en años posteriores: dotaciones de alimentos para repartir entre la población. Este gesto, se esperaba, le aseguraría a Iturbide la popularidad de que carecía. A cambio de esa ayuda y de un cuantioso préstamo –se menciona-ba la cantidad de quinientos millones de dólares– de los bancos estadouniden-ses, los conservadores debían hacer amplias concesiones al gobierno y a los banqueros de Estados Unidos, incluyendo la "supervisión estadounidense de la recaudación aduanal". Debían también aceptar que Estados Unidos nom-brara un "consejero administrativo no oficial", con poderes no especificados, para "supervisar las reformas necesarias". En su memorándum al secretario de Estado Bryan, Canova no explicaba qué entendía por "reformas necesarias".[59] Pero en otro memorándum dirigido a Chandler Anderson, que con frecuencia sirvió como intermediario entre el gobierno y los empresarios, Canova estipu-laba que "todas las propiedades de la iglesia y otras confiscadas desde el 13 de febrero de 1913 por las bandas revolucionarias u otros, sin el proceso legal ade-cuado o debido, serían reocupadas por sus propietarios legales".[60]

El plan de Canova era algo más que un simple intento de un alto funcionario del Departamento de Estado y algunos socios mexicanos y estadounidenses de obtener ventajas en México. Lo respaldaban importantes sectores de la oligarquía prerrevolucionaria mexicana, representados por Manuel Calero, y empresarios estadounidenses, de los que era vocero Chandler Anderson.[61] Su propósito era explotar la desunión del campo revolucionario para restablecer un régimen parecido al de Porfirio Díaz pero, a diferencia de su predecesor, dominado por Estados Unidos.

Con toda probabilidad, este plan tenía su complemento en un acuerdo secreto entre los conservadores mexicanos y los intereses empresariales estadounidenses relevantes (entre los que destacaban las compañías petroleras), acuerdo que Canova no reveló a los funcionarios gubernamentales al someterles su proyecto. Según ese pacto secreto, los intereses estadounidenses tendrían una influencia decisiva en la selección del secretario de Relaciones Exteriores y del secretario de Hacienda de México. Estados Unidos debía otorgar un préstamo importante a México y supervisar sus finanzas. Obtendría bases navales en el Pacífico, sobre todo en la Bahía de la Magdalena. Y las empresas estadounidenses compartirían el control del ferrocarril de Tehuantepec, hasta entonces en manos de los británicos.[62]

El plan de Canova tuvo importantes apoyos dentro del gobierno de Wilson; el más explícito fue el del secretario del Interior, Franklin K. Lane, que en años posteriores se identificó íntimamente con los intereses petroleros.[63] Por iniciativa suya, el plan fue discutido en una reunión de gabinete, pero Bryan alegó que Estados Unidos "no debía apoyar a un hombre que probablemente jugaría el juego de los reaccionarios".[64] Aunque Wilson no emitió ninguna opinión en esas reuniones, más tarde expresó que estaba de acuerdo con la postura de Bryan, y el plan fue descartado.[65]

Canova al parecer entró en contacto con algunos generales villistas, y le escribió al secretario de Estado: "Me aseguran que veinte mil hombres, en su mayoría soldados adiestrados del antiguo ejército federal, procedentes sobre todo de las filas villistas, se adherirían; pero lo más probable es que todo el ejército de Villa se una al movimiento".[66] También se acercó a Ángeles, tratando de obtener su apoyo para el plan, que el general rechazó con gran indignación.[67] No cabe duda de que Villa fue informado de la conspiración de Iturbide, ya fuera por alguno de los generales que Canova había contactado o por Ángeles. Como nunca supo que Wilson había rechazado el plan, su desconfianza ante la política estadounidense debió aumentar, y más aún cuando Canova intentó de nuevo convencerlo de acceder al tipo de condiciones que Iturbide había aceptado y que habrían transformado a México, *de facto*, en un protectorado de Estados Unidos.

El emisario que Canova le envió a Villa era muy parecido a él: un oscuro hombre de negocios llamado J. F. Keedy. Según un funcionario estadounidense destacado en la frontera mexicana, Keedy había sido procurador estadounidense en Puerto Rico y la zona del Canal de Panamá, y formaba parte de un "infernal torrente de impostores y maromeros que no beneficiaban en nada al gobierno y que, en el mejor de los casos, confundían a la mentalidad mexicana".[68] Había hecho algunos negocios con Villa y se había ganado su confianza. Según el testimonio que dio a un agente del Buró de Investigación, en septiembre de 1915, Keedy,

en representación del señor Paul Fuller y del señor Canova del Departamento de Estado, [debía emplear] sus buenos oficios y su influencia sobre Villa para lograr que nombrara un gabinete acorde con sus deseos en el caso de que se produjera el reconocimiento [de Villa]. Keedy llegó a Chihuahua en septiembre y a través del coronel Darío Silva, miembro del Estado Mayor del general Villa, obtuvo muy pronto una audiencia para tratar dichos asuntos. Después de su conversación con Villa y de dejarle claro de qué manera los [que él consideraba] mejores intereses de la República Mexicana se verían servidos si nombraba su gabinete según los lineamientos que le proporcionaban el señor Fuller y el señor Canova, Villa le dijo que llamaría a Díaz Lombardo para consultarle antes de tomar una decisión sobre asuntos tan importantes [...] Keedy dijo que varias veces se le dieron largas de la misma manera, hasta que vio que [Díaz] Lombardo había aconsejado a Villa contra sus planes y que le sería imposible cumplir su encargo, por lo que dice que regresó de Chihuahua a Washington tras el fracaso de su misión, viajando vía El Paso.[69]

Parece al principio difícil entender por qué Fuller y Canova, que estaban bien informados sobre la situación en México y sabían que Villa se hallaba al borde de la derrota, le ofrecían el reconocimiento y mostraban tan poderoso interés por el gabinete que nombraría. ¿Actuaron por su cuenta o representaban a un grupo estadounidense más amplio? Es probable que representaran a la misma coalición de fuerzas que respaldaba a Iturbide: importantes miembros de la iglesia católica, compañías petroleras y un miembro conservador del gabinete de Wilson, el secretario del Interior Franklin Lane. Este grupo se oponía al reconocimiento de Carranza. A los miembros del clero les preocupaba su actitud anticlerical, mientras que las compañías petroleras habían hecho un cómodo arreglo con Manuel Peláez, que estaba "protegiendo" los pozos petroleros contra los carrancistas. El objetivo de todos ellos era que Estados Unidos impusiera un candidato para la presidencia de México que contara con el apoyo tanto del gobierno como de los intereses empresariales estadounidenses. Su candidato preferido era Iturbide, pero estaban dispuestos a aceptar otras opciones, como el antiguo ministro de Madero, Vázquez Tagle. Canova quería el apoyo de Villa así como el de su ejército para cualquier candidato que los estadounidenses nombraran. Probablemente para mostrar al gobierno que podían contar con Villa y su ejército, y que su candidato tenía amplio apoyo en México, quería que éste nombrara a algunos funcionarios pertenecientes a esa "nueva" facción conservadora. También pudo ser un medio de presionar a Carranza.

Varios meses antes, cuando Silliman le había hecho una propuesta parecida, Villa por lo menos la tomó en consideración. Esta vez, a pesar de su situación desesperada, rechazó prontamente la oferta de Keedy. Se había convencido de que el verdadero objetivo de Estados Unidos era transformar a México en una colonia, y no estaba dispuesto a colaborar en semejante proyecto, aunque ello le costara el apoyo de ese país.[70]

El deterioro de las relaciones entre Villa y Estados Unidos también se debía a factores económicos. Conforme progresaba la guerra entre las facciones revolucionarias, se agotaban recursos como el ganado de Chihuahua y el algodón de La Laguna y se depreciaba vertiginosamente su moneda, cada vez era más difícil para Villa mantener su política inicial de eximir a los estadounidenses del pago de altos impuestos. Empezó a pedir contribuciones a las haciendas cuyos dueños y administradores eran estadounidenses, y a presionar a los propietarios de minas que habían suspendido la producción debido a la incertidumbre reinante. Ya había amenazado a los dueños de las minas con confiscárselas a menos que reemprendieran el trabajo, lo que había provocado tensiones con Estados Unidos.

Cada vez que Villa planteaba esas amenazas, los funcionarios estadounidenses protestaban vehementemente, dando a entender que si seguía adelante no podría comprar armas en Estados Unidos. Una y otra vez, Villa cedió, mientras las compañías mineras continuaban en general sin trabajar y, por tanto, sin pagarle impuestos.[71] Lo único que Estados Unidos estaba dispuesto a concederle a cambio de su política conciliatoria era un relajamiento de las normas sanitarias, para permitirle seguir exportando ganado y carne.

Villa siguió convencido de que Carranza no sería reconocido. Le tranquilizaban a ese respecto tanto lo que le decían constantemente Carothers y otros representantes como las noticias que recibía de los dos cabilderos que había contratado en Estados Unidos para promover su causa e impedir el reconocimiento de Carranza. Se trataba de James Rudolph Garfield, hombre básicamente conservador, hijo de un expresidente de Estados Unidos que tenía buenas relaciones con el Departamento de Estado, y el empresario Nelson Rhoades.[72] En años posteriores, Garfield representaría a las compañías petroleras estadounidenses con inversiones en México. No defendió el reconocimiento de Villa y, tras la derrota de Celaya, éste comprendió que ese reconocimiento era improbable; en cambio, Garfield proponía el "establecimiento en México de un nuevo gobierno provisional representativo de todas las facciones, la eliminación de Carranza y el apoyo político y financiero de Estados Unidos a ese nuevo gobierno".[73] Aunque el plan de Garfield no mencionaba la eliminación de Villa, éste había declarado públicamente que si Carranza salía del país, él haría lo mismo. Cuando, en agosto de 1915, el secretario de Estado y los representantes de los mayores países latinoamericanos pidieron a todas las facciones mexicanas que enviaran delegados a una conferencia que se celebraría en Estados Unidos para elegir a un presidente provisional, Villa probablemente creyó que sus dos promotores habían tenido un importante papel en ese resultado. Envió a sus intelectuales más destacados, Díaz Lombardo y sobre todo Ángeles, para convencer a Wilson de que no reconociera a Carranza.

90

Pensaba con razón que Ángeles contaba con considerable apoyo e incluso admiración dentro del gobierno de Wilson. Los emisarios estadounidenses ante las diferentes facciones mexicanas, primero Paul Fuller y luego Duval West, habían descrito a Ángeles en términos deslumbrantes. En junio de 1915, el secretario de Estado Bryan le escribió a Wilson: "Es posible que fuera sensato alentar a Ángeles, si puede demostrar que cuenta con el apoyo suficiente".[74] Ese entusiasmo sin duda aumentó en junio de 1915, cuando Ángeles escribió una carta al presidente estadounidense para responder a la nota que éste dirigió a todas las facciones mexicanas. Ángeles expresaba su respeto y admiración por Wilson. "Ahora que usted, en nombre de la humanidad y por simpatía hacia el pueblo mexicano se propone llevar a cabo en breve la pacificación de mi amada patria, estoy seguro de que sus actos estarán inspirados por la más estricta justicia hacia las facciones contendientes, cuyos miembros son tan numerosos, y por el deseo de lograr para mi patria el mayor bien posible."[75]

En julio de 1915, Woodrow Wilson contemplaba la posibilidad de que "haya un hombre (tal vez Ángeles) que pueda, recomendado por nuestra fe en él, lograr la confianza de los demás".[76] Ángeles quería reunirse con él y exponerle sus deseos, pero Wilson rehusó, no porque se opusiera, sino porque para todas las facciones habría sido una clara señal de que favorecía a los villistas o, por lo menos, a Ángeles. Sin embargo, éste pudo reunirse con el jefe de Estado Mayor estadounidense, Hugh Scott, y con el secretario del Interior, Franklin Lane. Aunque Scott se mostró evasivo, sí expresó su admiración por Ángeles en una carta que le envió a Villa pocos días más tarde y en la que decía: "He hecho por él cuanto he podido".[77]

El funcionario de más alto nivel con quien Ángeles logró reunirse fue Lane. A él le dijo que Estados Unidos debía apoyar un gobierno encabezado por alguien que hubiera formado parte del gabinete de Madero. Sugirió a Vázquez Tagle, "que no ha participado en política desde que se disolvió el gabinete de Madero". Lane expresó su escepticismo respecto a que Carranza aceptara esa propuesta, y Ángeles le dijo que Estados Unidos debía presionarlo. "Le pregunté", informó Lane,

> qué tipo de presión habría que aplicar, y él dijo que hacerle saber secretamente que si no aceptaba el pacto para nombrar un presidente provisional, Estados Unidos le bloquearía las municiones y consideraría a sus barcos como piratas. Le pregunté si eso no nos atraería la enemistad del pueblo mexicano, y dijo que si se sabía que Estados Unidos había intentado solventar las diferencias entre las facciones y que Carranza se había opuesto al intento, el pueblo mexicano se alegraría de que el presidente presionara para lograr ese resultado.

Lane consideró tan importante esta conversación que le envió a Wilson un memorándum al respecto.[78]

Ángeles se ganó la estima de estos funcionarios no sólo porque se oponía a que Carranza ocupara cualquier cargo político, sino porque insinuó que tampoco debía tenerlo Villa. Sugirió "que la facción de Carranza nombrara a aquellos que debían ser eliminados del bando de la Convención y ésta a los de la facción carrancista. Esa eliminación consistiría en renunciar a ser candidato a cualquier cargo político durante el siguiente periodo presidencial constitucional".[79] Este objetivo coincidía con las repetidas declaraciones de Villa en el sentido de que no quería ningún puesto. Lo que no está claro es si Ángeles se proponía solamente evitar que Villa ocupara algún cargo o si estaba dispuesto a ir más lejos y exigir que entregara el mando de la División del Norte y saliera del país.

Pero las esperanzas de Ángeles de que pudiera evitarse el triunfo final de Carranza se disiparon pronto debido al colapso militar, económico y político, cada vez más claro, del villismo.

EL DERRUMBE

Tras obtener sus decisivas victorias contra Villa en el centro de México, Obregón se dispuso a expulsarlo de sus últimos bastiones en el norte. Procedió cautelosa y lentamente hacia el corazón del villismo, en parte porque, conforme avanzaba, sus líneas de comunicación se distendían peligrosamente. Los asaltos de Fierro y de Canuto Reyes le habían demostrado cuán vulnerables eran. Otro motivo, aún más importante, era la esperanza de que el villismo se colapsaría y desintegraría por su propia dinámica. Tales expectativas estaban bien fundadas.

Aparte de su carisma y de que muchos en las clases populares se identificaban con él, la popularidad de Villa y del villismo descansaba en cuatro pilares: la reputación de invencibilidad de Villa, la amplia distribución de bienes y dinero a las clases bajas, la promesa de repartir la tierra tras la victoria y, por último, la idea de que no podía perder porque los estadounidenses lo respaldaban.

Esos cuatro pilares se habían cuarteado. Durante un tiempo, Villa pudo ocultar la amplitud de su derrota mediante reiteradas negativas y gracias a la falta de credibilidad de la propaganda carrancista. Además, los ataques de Fierro y Reyes en el centro y el sur, que forzaron a Pablo González a evacuar brevemente la ciudad de México, crearon la ilusión de que el villismo contraatacaba, de que Villa de nuevo avanzaba inexorablemente hacia el sur y tenía posibilidades de quedar triunfador en la guerra civil. Para fines de junio y principios de julio, cuando Fierro y Reyes, en retirada, huían hacia el norte, ya no fue posible esconder la magnitud del desastre. La moral de las tropas de Villa se desplomó y, más grave aún, lo mismo sucedió con su moneda, lo que produjo la paralización de la vida económica en los territorios que controlaba. Conforme las prensas de todas las facciones revolucionarias (con excepción de los zapatistas) escupían más y más papel moneda, su valor caía. Sin embargo, la declinación de la moneda villista no fue muy violenta mientras hubo expectativas de que finalmente triunfaría y redimiría, de un modo u otro, las enormes cantidades de billetes que había emitido. Durante largo tiempo, la gente aún aceptaba esos billetes en los territorios que Villa controlaba. Muchas compañías extranjeras habían comprado grandes cantidades de moneda villista a precios de descuento, para pagar sus impuestos con ella cuando su facción quedara triunfadora. Al ver que tal vez tendrían que pagarle impuestos a Carranza, lanzaron al mercado sus existencias de billetes villistas. El peso de Villa, que pocas semanas antes valía treinta centavos de dólar, cayó a un centavo y medio.[80] Hubo rápidos aumentos en los precios de todas las mercancías, tanto importadas como nacionales. Cuando la moneda villista tocó fondo, muchos comerciantes empezaron a rechazarla, con lo que los trabajadores y los soldados reclamaban que les pagaran en oro o en dólares. Al principio, Villa cedió a las demandas de los mineros y obligó a las compañías extranjeras a pagarles en moneda fuerte. Esto creo descontento entre los ferrocarrileros, que amenazaron con ir a la huelga, y entre los soldados de Villa, y se incrementó notablemente el número de deserciones.

Villa, que no sabía nada de economía, no podía entender por qué su moneda caía de forma tan drástica; lo atribuía a la codicia de los financieros que especulaban con su dinero y a la rapacidad de los comerciantes que aumentaban los precios para obtener mayores beneficios. "Los comerciantes de Chihuahua", afirmaba Villa,

han explotado al pueblo de manera escandalosa por espacio de largos meses, y la situación se presenta como realmente desesperada y estamos en serio peligro de que la gente se amotine por falta de comida o más bien porque los comerciantes, habiendo encontrado una inagotable mina de oro, la explotan a expensas de los necesitados con el pretexto de que el tipo de cambio de nuestra moneda ha bajado, día con día, declinación que se debe principalmente a las oscuras manipulaciones de ciertos canallas; los comerciantes aumentaron escandalosamente los precios de la mercancía, de modo que muchos artículos cuestan de veinticinco a treinta veces su precio ordinario y esto incluso con mercancías producidas dentro del territorio nacional. Muchos otros escondieron su mercancía para producir un enorme aumento del precio o exigieron que se les pagara en plata, oro mexicano u oro americano, contribuyendo con ello, criminalmente, a la depreciación del papel moneda del estado. Todos mis esfuerzos por suprimir esta actitud innoble de los comerciantes fueron estériles. Los mayores abusos fueron cometidos por los comerciantes extranjeros, que son los dueños de la tiendas mayores, y desde luego los comerciantes minoristas necesariamente tenían que vender a precios mayores que los mayoristas.[81]

Estaba convencido de que podía resolver el problema económico tratando a los comerciantes como había tratado a la oligarquía de Chihuahua: mediante la intimidación y la confiscación. En la capital del estado, Villa metió en prisión a la mayoría de los comerciantes y se negó a darles alimento durante cuarenta y ocho horas, "a fin de que supieran lo que es sufrir hambre".[82] Firmó una orden de expulsión de todos los comerciantes de forma que debían cruzar la frontera para que "fueran a buscar oro al otro lado".[83] Luego canceló dicha orden para no perder el apoyo estadounidense, pero confiscó las existencias de todos los comerciantes mexicanos y de algunos extranjeros. Esos productos se vendieron a muy bajos precios al pueblo de Chihuahua y en la región lagunera alrededor de Torreón. El resultado era predecible, como lo expresó un observador español. Las medidas de Villa, dijo,

lejos de resolver el conflicto contribuyeron, como es natural, a agravarlo aún más, porque temerosos todos los comerciantes de incurrir en el enojo del general Villa e imposibilitados de vender a los precios que éste quería, se negaban a vender y durante varios días era difícil encontrar qué comer, al mismo tiempo que constituyen una situación insostenible para el porvenir, porque agotadas las existencias que hay en la actualidad, seguramente que no habrá comerciante alguno que se arriesgue a traer otras nuevas.[84]

La situación empeoró también como consecuencia de la drástica caída de la producción agrícola, debida en parte a la demanda de los enormes ejércitos de ambas facciones y a que su paso afectaba a la agricultura. "Un ejército mexicano de tipo irregular como el del general Villa", señalaba un observador,

que consiste casi totalmente en tropas montadas, requiere una enorme cantidad de alimento para los caballos y los hombres, acrecentada por la corrupción y el despilfarro en la distribución de dicho alimento y porque no existe ningún servicio de economato, sino que las esposas y las familias acompañan a los hombres, incluso en el frente, lo que suma otras tantas bocas que alimentar [...] a esto hay que añadir los muy considerables trechos de tierra que quedan entre las facciones enfrentadas y están expuestos a las requisiciones de éstas, así como el muy considerable territorio ocupado de hecho por los ejércitos, donde las existencias de alimentos han sido capturadas y las cosechas abandonadas o atropelladas hasta desaparecer.

El observador también señalaba que en muchas haciendas, después de que la élite terrateniente huyó, "la organización en muchos casos necesaria en esta república para una agricultura eficaz, particularmente en cuanto a riego, ha sido destruida y la producción bajo las nuevas condiciones se ha reducido mucho".

Una parte cada vez mayor de esa producción reducida se utilizaba para comprar armas en Estados Unidos. El efecto era particularmente notable en el caso de la carne, que por siglos había sido un alimento básico en el norte de México.

Se han sacrificado miles de cabezas y se han dejado los esqueletos a pudrirse, por el valor de exportación del cuero. Se han vendido decenas de miles al otro lado de la frontera o se han sacrificado en las empacadoras de Juárez para realizar los cueros y la carne, enlatada o en pie, en moneda oro. Casi hay una hambruna en cuanto a la carne en esta localidad, pero apenas hace unos días vi dos trenes de gordos borregos pasar por estas poblaciones camino al norte, hacia la frontera sin duda, para ser vendidos en moneda estadounidense.[85]

El resultado de todo esto era que el apoyo popular con que contaba Villa iba disminuyendo y sus tropas se desmoralizaban. Se añadía que el ejército estaba cambiando de carácter: soldados y oficiales eran muy diferentes, a mediados de 1915, de la División del Norte que había tomado por asalto Torreón a principios de 1914. En aquel momento, muchas de sus unidades estaban compuestas por paisanos de la misma región, frecuentemente del mismo pueblo, muchos de ellos emparentados. Los oficiales eran en su mayoría dirigentes elegidos por sus propios hombres y, por tanto, tenían con ellos vínculos fuertes. Un número significativo de los altos oficiales villistas eran de hecho dirigentes campesinos, como Toribio Ortega, Calixto Contreras, Severiano Ceniceros y Porfirio Talamantes. Para mediados de 1915, la composición de la División del Norte se había vuelto mucho más heterogénea. Muchos de los soldados eran prisioneros de guerra, tomados en batallas tanto contra el ejército federal como contra los carrancistas. Otros eran reclutas del centro de México que se habían unido al ejército villista en el curso de su avance hacia el sur. También se le había sumado mucha gente que había quedado desempleada como resultado de la guerra: mineros de las minas cerradas, vaqueros de los ranchos cuyo ganado se había vendido a Estados Unidos, hombres que simplemente querían escapar a la monótona vida de las ciudades provincianas o de sus pueblos de origen. Muchos de los oficiales ya no eran los dirigentes elegidos de 1914, sino hombres que habían ido ascendiendo desde los rangos inferiores y que Villa había promovido. Algunos de los dirigentes campesinos más destacados, como Ortega y Talamantes, habían muerto y habían sido sustituidos por jefes nombrados por Villa, algunos de los cuales tenían más de soldados profesionales que de líderes populares.

Conforme se oscurecían las perspectivas de triunfo y Villa tenía menos posibilidades de pagar en moneda fuerte, la antes disciplinada División del Norte, con su excepcional espíritu de lucha, empezó a desintegrarse. Muchos soldados simplemente desertaban y se iban a sus casas. Unidades completas, como la de Pánfilo Natera, que había tomado el partido de Villa en la Convención, se pasaban a las filas de los carrancistas. Los que se quedaban ya no estaban tan dispuestos a arriesgar la vida en el combate, y les interesaba más saquear y matar. "Se hizo imposible hablar con los oficiales", informaba un observador desde Torreón,

sin la conciencia de perpetua amenaza y en la medida en que los militares dominaban todo, incluidas las autoridades civiles, ese estado de cosas y esas condiciones de vida se volvieron casi intolerables [...] Había un grupo formado por varios cientos de hombres que constituían la guardia de corps de Villa, comúnmente conocidos como los "Dorados" [...] Al parecer la regla era que podían matar con impunidad y sin que nadie les hiciera preguntas de ningún tipo, y de hecho la ley no escrita parecía ser que cualquier oficial de coronel para arriba podía matar, en particular a los ciudadanos pacíficos, sin ningún miedo a sufrir consecuencias [...]

No pasaba una noche en Torreón sin que hubiera balaceras en las calles que a veces, para quien escuchaba, parecían asumir las proporciones de una pequeña batalla y uno de los principales centros de discordia era una casa de juego administrada por un protegido del caudillo norteño [...]

Los tiros al aire estaban a la orden del día o más bien de la noche, y si puede imaginar los bailes, ritmados a tiros de pistola porque el oficial que ofrecía la fiesta prefería disparar por encima de la cabeza del músico para ordenarle que parara o continuara, y si puede hacerse idea de una situación en que se disparan armas de fuego de esa y otras formas a cualquier hora de la noche y en la que cualquier hombre lleva alguna pequeña pistola sobre su persona, podrá entender la facilidad mortífera con que se producen graves enfrentamientos, casi sin que pase una noche que no cobre su cuota de muerte y en la que no se produzcan varios asesinatos en la ciudad de Torreón.[86]

La situación empeoraba día con día, y Villa se desesperaba por obtener dinero con que pagar a sus hombres y comprar bastimentos en Estados Unidos. Le quedaban muy limitadas "reservas" sin tocar: los mexicanos ricos cuya propiedad no había afectado hasta entonces porque no participaban en política; los hacendados, administradores de haciendas y campesinos que acaparaban alimentos en vez de venderlos por la moneda villista, cada vez más devaluada; cierto número de propiedades de mexicanos que habían evitado la confiscación porque las habían transferido nominalmente a extranjeros, y, sobre todo, las enormes propiedades de los extranjeros, principalmente estadounidenses, que Villa había respetado durante los primeros años de la revolución.

Para intimidar a los mexicanos acaudalados, Villa utilizó los mismos métodos que había empleado en sus días de bandido. En agosto de 1915, confiscó una de las mayores fábricas de la región lagunera, la Jabonera de Torreón, que pertenecía a una compañía encabezada por el empresario estadounidense Juan F. Brittingham, socio de Enrique Creel y de Juan Terrazas, un hijo de Luis.[87]

Finalmente, conforme la situación se agravaba, Villa exigió impuestos adicionales a los terratenientes y dueños de minas estadounidenses. Intentó forzar a estos últimos a otorgarle un préstamo de trescientos mil dólares y al mismo tiempo amenazó con intervenir sus propiedades si no reemprendían el trabajo.[88] Estas medidas son signo de cuán desesperado se hallaba. Era muy arriesgado para él enemistarse con los poderosos intereses estadounidenses precisamente en el momento en que esperaba que el gobierno de Wilson lo rescatara e impusiera en México una solución que mantuviera el statu quo militar. Los dueños de las minas estaban muy conscientes del problema en que Villa se encontraba. Persuadieron al gobierno de Estados Unidos de enviar al único hombre que generalmente apoyaba a Villa y por quien éste tenía gran respeto, el general Hugh Scott, para convencerlo de cancelar el préstamo forzoso y el decreto que afectaba a las minas que no estaban funcionando, así como la confiscación de la Compañía Jabonera de La Laguna. Scott logró su propósito: el préstamo fue rescindido y, pocas semanas después de su confiscación, la Compañía Jabonera fue devuelta a un representante de Brittingham.[89]

La reacción del gobierno estadounidense ante esa situación estuvo íntimamente vinculada a las discusiones que se desarrollaban en Washington sobre cómo "resolver" el problema mexicano, una vez descartado el plan de Iturbide. El Departamento de Estado, los empresarios y la Casa Blanca se planteaban dos opciones diferentes.

La primera, defendida sobre todo por el secretario de Estado Lansing, era que el gobierno reconociera a uno de los ministros de Madero como sucesor legal del presidente asesinado e intentara atraer a su bando a todas las facciones revolucionarias. Tanto Villa como Ángeles habían dicho que apoyarían ese plan y, aunque Lansing dudaba que Carranza lo aceptara, pensaba que podía obtener la ayuda de muchos generales carrancistas y eliminar a aquél retirándole el abasto de armas. "Creo que puedo decir", escribió Lansing,

> que Carranza probablemente tiene municiones suficientes para dos meses y no más. Si se le bloquean las armas y el parque, no podrá continuar mucho tiempo. Además, creo que en cuanto se reconozca a un gobierno en México encontrará usted que hay gente en ese país, no sólo estadounidenses sino mexicanos, que proporcionarán los fondos para financiarlo y pagarán a los soldados en oro en vez de papel moneda, y vería usted inmediatas deserciones de todas las facciones [...] de manera que el reconocimiento tendría un tremendo efecto fortalecedor para aquéllos a quienes decidamos dárselo.[90]

El plan de Lansing se basaba en el supuesto de que se había alcanzado en México un empate militar y de que ninguna facción era lo bastante fuerte para dominar el país. Además, el nacionalismo y el empecinamiento de Carranza le habían ganado la oposición de Lansing. Para mediados de agosto, Wilson había cambiado de opinión y ya no favorecía este plan. Cada vez se acercaba más a la conclusión de que Estados Unidos no tenía otra opción que reconocer a Carranza, cuya posición militar mejoraba continuamente. Además, los cabilderos de Carranza en Estados Unidos habían dejado claro que éste protegería las propiedades de los extranjeros por todos los medios. Al mismo tiempo, los radicales y dirigentes obreros estadounidenses apoyaban plenamente a Carranza. La American Federation of Labor defendía el reconocimiento, al igual que uno de los periodistas políticos más influyentes y radicales, Lincoln Steffens.

En agosto de 1915, Villa no tenía idea de que Wilson estuviera contemplando semejante cambio de actitud, aunque sí temía que si su poderío militar disminuía aún más, Estados Unidos reconocería a Carranza sin imponer un tipo de arreglo que le dejara el control de su región. Tomó entonces un camino desesperado: un plan que consistía en concentrar a la gran mayoría de sus tropas en el estado de Chihuahua y destruir todas las comunicaciones ferroviarias con el resto del país, lo que demoraría mucho el avance de Obregón. Entre tanto, él pasaría de Chihuahua al vecino estado de Sonora.

Este proyecto presentaba una serie de ventajas. La mayor parte del estado de Sonora estaba ocupada por el aliado de Villa, Maytorena, con sus tropas predominantemente yaquis, famosas por su capacidad para la lucha. Ninguna línea de ferrocarril vinculaba a Sonora con el resto de México, de modo que las tropas de Carranza tendrían grandes dificultades para llegar allí. A diferencia de los estados de Chihuahua y Durango, devastados por crueles combates y con sus recursos casi agotados, Sonora estaba prácticamente ilesa: allí había habido escasos combates, ya que el ejército de Huerta sólo ocupó el puerto de Guaymas. Villa no tendría dificultades para alimentar a su ejército y hallaría recursos que vender a Estados Unidos a cambio de armas. Sobre todo, una vez que controlara Sonora y Chihuahua, contaría con los dos estados en que había mayores inversiones estadounidenses, a lo largo de la frontera. Pensaba que Wilson, aún si deseaba reconocer a Carranza, dudaría en proceder contra él. El plan era quedarse poco tiempo en Sonora y luego seguir hacia el sur. En una carta a Zapata, Villa decía que esperaba tomar los estados de Sinaloa, Nayarit, Michoacán y Jalisco; finalmente se reunirían y atacarían conjuntamente la capital.[91] Esperaba que este plan revitalizara su movimiento y pusiera fin a la desmoralización que cundía en él. Muchos de sus soldados, tras desertar, saqueaban a la población civil, la cual veía a Villa cada vez con mayor claridad como el responsable de sus padecimientos. No sólo se estaba desintegrando su ejército; aún más descorazonador para él era que muchos de sus colaboradores más cercanos empezaban a volverse en su contra.

La defección que probablemente le importó menos a Villa fue la del poeta peruano y aspirante a ideólogo Santos Chocano. En él simplemente se cumplía la estereotipada idea que el divisionario tenía de los intelectuales. Tras plantearle una nueva exigencia de dinero que le colmó el plato[92] –Villa le había estado dando fondos constantemente sin obtener nada a cambio–, el poeta huyó a Estados Unidos. Desde ahí, empezó a escribir cartas "privadas" a los oficiales villistas y finalmente publicó, en *El Paso Herald*, una carta abierta que constituía una devastadora crítica del caudillo y de todos los esfuerzos de Estados Unidos por establecer un gobierno provisional con su ayuda y la de sus fuerzas. "El presidente interino que pudiese sobrevenir", le escribía a Manuel Bonilla, que era uno de los candidatos que estaban considerando los estadounidenses, por haber sido miembro del gabinete de Madero,

> "reconocido" y, si fuere usted, "apoyado" por Washington, desempeñará su papel sintiéndose permanentemente "en capilla" [...] El enemigo más formidable de ese Gobierno "artificial", no sería Carranza: sería Villa, Villa no sabe obedecer, sino mandar. Las circunstancias han desnudado a mis ojos totalmente su espíritu rudimentario: cultivado, parecería un genio; renuente a la cultura, solo parece un loco. Sus facultades son exuberantes, pero desorbitadas. Los psiquiatras estudiando la maravillosa inteligencia de este hombre sin cultura, pensarían: "Puede ser un Grande hombre"; pero penetrando la tendencia de una voluntad excesiva que procede siempre, siempre, siempre con violencia, esto es, por "impresiones" y no por "reflexiones", pensarían definitivamente, como pienso yo ahora: "Es un epiléptico".
>
> Un gobierno apoyado sobre este hombre, sería una inocencia dormida sobre un peligro.
>
> A nadie escucha, a nadie atiende, y –lo que es más grave– a nadie cree.

A continuación, Santos Chocano describía al hombre al que pocos meses atrás había llamado "guerrillero divino" como un salvaje animal de presa.

Una locura de fusilamientos, una borrachera de atropellos, una desesperación de fiera en medio del incendio de un bosque... Villa, en la actualidad, no necesita ministros, sino simples verdugos –¡y vaya si los tiene a su disposición! los famosos "puntales", como él dice. Entre una indicación de Díaz Lombardo y una contraria de Fierro, no vacila: procede fulminantemente de acuerdo con el último. Con decirle a usted que ya ahora me explico lo de Eulalio Gutiérrez, Lucio Blanco, José Isabel Robles y Aguirre Benavides...

Santos Chocano se esforzaba por mostrar tanto a Bonilla como a la opinión pública estadounidense que Villa era peor que Carranza.

Ahora bien; la base política contra Carranza ha sido y es sólo ésta: "¡Abajo el dictador!" Muy bueno; pero... ¿Se trata de una farsa? ¿Se trata de cambiar solamente la dictadura de Carranza por la dictadura de Villa? ¡Horror! Yo estoy sospechando que los que hemos sido sinceros amigos de Villa tenemos, en cualquier momento, más garantías con el propio Carranza que con Villa tal como es. Confesarlo es doloroso, pero honrado.

Todo esto desembocaba en la conclusión, principalmente destinada a la opinión pública estadounidense, de que cualquier esfuerzo por crear un gobierno mexicano con el apoyo de Villa estaba destinado al fracaso.

¿Es posible, por ventura, la eliminación de Villa, para hacer un gobierno serio, respetable y respetado, sólido? ¡No! Porque entonces ¿quién afronta la lucha armada contra Obregón? Villa es el único que quiere pelear; sus fuerzas no han sido vencidas por las de Obregón, sino por el "cansancio", para no decir de una vez que por el "pánico".

¿Acaso Ángeles? Nuestro amigo Ángeles, tan culto, tan fino, tan hábil, está muy lejos de ser y de poderse hacer un "caudillo militar"... Y para seguir la lucha armada, hay necesidad más que de un "organizador" de tropas, de un caudillo, que les levante el ánimo, que los entusiasme, que los arrastre a la pelea: nadie quiere pelear. En el momento que Villa desaparezca (si se descuenta a los "puntales" que son *peores* que él) los rifles tendrán que disparar solos... Todos, militares y civiles, sienten la urgencia de la paz: el único que me ha hablado de seguir peleando es Villa.

Quiere decir que para que el gobierno "artificial" que saliese de las conferencias proyectadas, llegase a sostenerse, sería necesario –he aquí el contrasentido– que Villa se fuese y que Villa se quedare: es un peligro para la situación civil y es una necesidad para la resistencia militar. El problema no tiene solución, como usted fácilmente apreciará.[93]

Aunque las críticas de Santos Chocano habrían sido probablemente compartidas por muchos de los villistas de clase media y alta, difícilmente se puede considerar al poeta como un observador desinteresado. Sólo unas semanas después de publicar esta carta, Santos Chocano ofreció sus servicios a Carranza e inmediatamente le pidió dinero.[94] Lo que sugería la carta del peruano era que Villa, tras sus derrotas, se había vuelto más desalmado, violento e incapaz de escuchar consejos que nunca antes.

Confirma esta impresión uno de los hombres más cercanos a Villa, uno de los pocos por los que sentía genuino respeto: Raúl Madero, hermano del difunto presidente y general en el ejército villista. En septiembre, advirtió al gobernador de Sonora Maytorena que, desde su derrota en Celaya, Villa estaba extremadamente nervioso y violento, y peleaba constantemente con sus generales y oficiales, y le advertía que si veía a Villa en Sonora era muy posible que se produjera un conflicto entre ambos.[95]

A principios de septiembre de 1915, Madero le escribió a Villa para pedirle que renunciara para "salvar a nuestro partido que día con día se derrumba". Llamaba la atención de Villa sobre la desmoralización de sus hombres. "Ya no tienen ganas de pelear, ya no quieren luchar más, ya consideran que era tiempo de que esta lucha tuviera fin y el deseo de la gran mayoría es el de regresarse a sus hogares." Vinculaba esa desmoralización con el hecho de que "el pueblo todo está cansado de la lucha porque ya no puede vivir". "El único camino que le puedo yo recomendar", decía,

> será el de que haciendo usted declaración pública de que doliéndose de las necesidades del pueblo y de lo interminable de la lucha, para dar una prueba de patriotismo y de abnegación a todos los jefes principales que toman parte en esta guerra de facciones, digo, haciendo declaración pública, que por todas estas razones usted está dispuesto a eliminarse y que autorizado por la mayoría de sus jefes también está dispuesto a hacer el sacrificio propio en bien de los muchos. Este consejo, créamelo, está inspirado en los mejores deseos para usted; podrá parecer como el de un falso amigo, pero más bien falso es el amigo que todo lo aprueba y que lo ciega con sus adulaciones y mentiras.[96]

Tras escribir esta carta desde su estado natal de Coahuila, Raúl Madero cruzó la frontera a Estados Unidos y tres semanas más tarde volvió a escribirle a Villa urgentemente para pedirle que renunciara. Le decía que ésa era en realidad la única manera de salvar al partido convencionista. Si Villa renunciaba,

> podría nuestra facción hacer una declaración pública en el sentido de que: La guerra no ha traído ningún beneficio al país: que aun siendo cierto que el señor Carranza ha adquirido cierto predominio militar en la República, no estamos más cerca de una organización bien fundada que le garantice la paz. Por consiguiente, y siendo el señor Carranza únicamente una fac-

ción sin algún apoyo legal para que se la reconozca, no podemos nosotros rendirnos a su facción para que gobierne a su antojo la República.

Finalmente apelaba a la preocupación de Villa por sus soldados:

Una última consideración quiero hacerle y es la de la situación en que se encontrarán los abnegados soldados que han depositado su confianza en usted y en los demás jefes y que, con verdadera abnegación y confianza amplísima, han y siguen corriendo los mayores peligros. Usted sabe bien que la mayor parte de los miembros de la División del Norte son del Estado de Chihuahua. ¿Se imagina al entrar el elemento carrancista la situación que se presentará? Los Colorados que tan duramente han sido perseguidos por nosotros van a aclamar al enemigo triunfador como el salvador y se van a aliar para saciar su venganza; la persecución y la calumnia se entronizarán y veremos la miseria caer sobre las familias de nuestros soldados.[97]

Madero no decía por qué creía que el ejército, ya desmoralizado, podría, una vez que Villa se fuera, impedir que los carrancistas controlaran Chihuahua y las demás regiones del norte que aún dominaba. Lo que Madero daba a entender sin decirlo era que en tal caso Estados Unidos forzaría a Carranza, con la amenaza de negarle el reconocimiento, a aceptar el statu quo militar.

Madero decía que abandonaba para siempre su ejército. Su hermano, Emilio Madero, que también era general de Villa, hizo lo mismo.[98]

Para septiembre de 1915, muchos de los intelectuales y villistas de clase alta habían cruzado la frontera. La mayoría lo hizo con la aprobación de Villa, quien esperaba que lograran influir sobre el gobierno de Wilson para que no reconociera a Carranza, sino que apoyara a un gobierno encabezado por un miembro del gabinete de Madero. Al ver que no lograban esto, decidieron permanecer en Estados Unidos. Ninguno de ellos se unió a Carranza ni hizo declaraciones contra Villa. Unos pocos le siguieron siendo leales y trataron de apoyar su causa desde el exterior. Manuel Bonilla, que había hecho el proyecto de la ley agraria villista, declaró en ese mes que se proponía retirarse de la política.[99] Los hermanos Federico y Roque González Garza siguieron apoyando al caudillo hasta que los soldados villistas mataron a diecisiete ingenieros de minas estadounidenses, en enero de 1916.[100] Miguel Díaz Lombardo, el líder civil del gobierno de Villa, también permaneció en Estados Unidos, pero siguió fiel hasta su muerte e hizo cuanto pudo para promover la causa de Villa en ese país.

También Ángeles dejó a Villa en septiembre de 1915. Con su plena autorización había ido a Estados Unidos en junio y julio con el fin de persuadir a los estadounidenses de que ejercieran toda la presión posible sobre Carranza para que aceptara un candidato pactado a la presidencia y suspendiera las hostilidades. Tras hablar con el secretario del Interior Lane y con Canova, pronto se dio cuenta de que sus esfuerzos eran vanos. En su conversación con Canova, Ángeles "dijo que si era necesario que Villa saliera de México hasta que se restablecieran condiciones normales, procuraría conseguirlo, y habló como si pensara que lo lograría".[101] Tras su fracasada misión, Ángeles volvió a la parte del país que Villa controlaba y, a principios de septiembre, Sommerfeld y los agentes estadounidenses en México tuvieron noticias de que había caído del favor de Villa y su vida estaba amenazada. "Temo fundadamente por su seguridad", notificó George Carothers al Departamento de Estado, y el representante de Villa en Estados Unidos, Felix Sommerfeld le escribió al general Scott: "Es absolutamente necesario que el general Ángeles salga del territorio de Villa para salvar su vida [...] La mayoría de los generales de Villa son excesivamente hostiles a Ángeles y uno de estos días lo van a matar. El propio Villa, aunque trata a Ángeles con respeto, ya no le tiene simpatía debido a las intrigas y chismes".[102]

Ninguno de estos informes da razones del cambio de actitud de Villa, pero es muy posible que Ángeles le hubiera insinuado lo que le había dicho a Canova: que por el bien de México, debía dejar el país, por lo menos temporalmente. Además, es probable que Ángeles se opusiera a la campaña de Sonora, ya que pensaba que Villa había perdido la guerra y que la marcha a Sonora sólo podía dañar a su aliado Maytorena. A principios de septiembre, Ángeles le dijo al representante estadounidense Carothers que veía muy escasas esperanzas para la facción villista y estaba muy desalentado. Dijo que "Villa se da cuenta de que ha perdido y debe subordinarse a alguien. Ángeles estaba muy preocupado por la posibilidad de una intervención estadounidense y me expresó que prefería el reconocimiento de Carranza como último recurso si podía impedir la intervención, aunque cree firmemente que Carranza nunca podrá pacificar ni gobernar el país".[103]

El 13 de septiembre, Ángeles recibió un llamado urgente de Villa, que estaba en Torreón, para que se reportara ante él inmediatamente. El funcionario aduanal Cobb, temiendo por su vida, le escribió al secretario de Estado: "Si considera usted prudente sugerirle que no acuda, sería necesario telegrafiar a Carothers".[104] No está claro si Ángeles asistió a la cita o no, pero sólo cuatro días más tarde uno de sus representantes expresó claramente que el general estaba a punto de abandonar a Villa. La única razón por la que aún no lo había hecho, le dijo el compañero de Ángeles a un funcionario estadounidense, era

la preocupación por dos docenas de oficiales adjuntos por los que se siente responsable y que serían despedidos sin un centavo al retirarse Ángeles.
En segundo lugar, no ha recibido lo que se le debe de salario y que le prometió Hipólito Villa.[105]

Una semana después, el 24 de septiembre, Ángeles le comunicó a un corresponsal estadounidense que había decidido establecerse en Estados Unidos.[106]

Ángeles nunca hizo ninguna declaración pública contra su antiguo jefe y hasta el fin de sus días continuó insistiendo en que estaba orgulloso de haber servido bajo sus órdenes. Es significativo que Villa nunca considerara que Ángeles lo había abandonado sino que, por el contrario, tres años más tarde casi le pidió disculpas por haberlo alejado.[107]

Una vez instalado en Estados Unidos, la preocupación principal de Ángeles fue ganarse la vida. A diferencia de otros villistas, que cruzaron el río Bravo llevando grandes sumas de dinero con las que habían logrado hacerse en el curso de la revolución, él había sido escrupulosamente honesto, y dejaba México tal como había entrado, es decir pobre. Los pocos fondos que poseía, parte de los cuales le había prestado Maytorena, los utilizó para comprar un ranchito en Texas, junto a la frontera mexicana. Luchó por sobrevivir con su producción agrícola y criando caballos. Sería el único intelectual villista destacado que volvería al lado de su jefe en 1918, decisión que pagaría con su vida.

La relación de Villa con Maytorena era de naturaleza mucho más tormentosa. El gobernador sonorense no había expresado ningún entusiasmo por la planeada marcha sobre su estado natal. Le preocupaba que Villa destruyera el tipo de sociedad que él deseaba conservar. Uno de sus objetivos claves había sido preservar la propiedad de los grandes terratenientes. Temía que Villa confiscara las haciendas, fusilara a los dueños y llevara a cabo una reforma agraria. De hecho, meses antes Villa había enviado un emisario para pedirle a Maytorena que realizara dicha reforma, a lo que el gobernador se negó.[108] La marcha sobre Sonora no sólo era una amenaza para la propiedad, sino para la vida de los miembros de la clase alta, incluido, tal vez, el propio Maytorena. Una carta de Roque González Garza contribuyó a aumentar sus temores. Aunque González Garza apoyaba el plan de invadir Sonora, le advertía que las tropas de la División del Norte estaban completamente desmoralizadas y podían convertirse en un peligro público. Decía: "lo que para mí constituye una pesadilla, es la manera de comportarse de nuestras tropas en el estado de Sonora".[109]

Con toda probabilidad Maytorena le expresó sus temores e incluso su desaprobación a Villa. Las relaciones entre los dos se agriaron rápidamente, tanto así que, en septiembre de 1915, cuando las tropas de Villa se acercaban a Sonora, Maytorena huyó en vez de enfrentársele. Aunque no dio ninguna explicación pública de su partida, más tarde dijo que uno de los principales motivos fue que Villa quería imponer préstamos forzosos a los comerciantes ricos de Sonora, pero él se negaba, y que Villa consideraba que sus vínculos con la clase alta de Sonora eran un descrédito para la revolución.[110]

La profundidad del temor y el resentimiento de Maytorena contra Villa se manifestó en las instrucciones secretas que les dio a sus dos subordinados más leales, los generales yaquis Francisco Urbalejo y José María Acosta, de que sólo apoyaran al caudillo dentro de Sonora. Si les pedía que avanzaran hacia el sur, debían decirle que sus tropas no querían alejarse mucho de sus familias. Si Villa insistía, escribió Maytorena, "ustedes le dirán que van a hacer un esfuerzo por convencer a la tropa y en vez de hacerlo así las dispersan ustedes recomendándoles que guarden sus armas y su parque en espera de la actitud que luego he de tomar".[111] Aunque desconocía esas órdenes secretas, tanto desconfiaba Villa del gobernador sonorense que hizo ejecutar a Aureliano González, que había sido gobernador de Chihuahua como sustituto de Abraham González, porque pensaba que era un agente suyo.[112]

Maytorena de ninguna manera fue el único villista de la costa occidental que decidió abandonar a su jefe. Rafael Buelna, el joven estudiante que había logrado controlar el territorio de Nayarit, también huyó a Estados Unidos. Era uno de los generales más capaces y talentosos de la revolución mexicana. En el verano de 1915, cuando Villa iba de derrota en derrota, Buelna todavía alcanzó algunos triunfos a pesar de la superioridad numérica de los carrancistas y de que Villa se negó a enviarle el parque que le había prometido. Para convencerlo de que se lo diera, Buelna primero envió a su hermano y luego acudió él mismo a su cuartel general. Consiguió las municiones que quería, pero se decepcionó mucho ante lo que allí vio.

> Estamos perdidos moral y materialmente. Moralmente, porque el villismo se ha convertido en un grupo de ambiciosos a cuyo frente está el mismo Villa, en quien descubro sólo los deseos de llegar a la presidencia de la República; y materialmente, porque es difícil que la División del Norte se reponga de las derrotas de Celaya y de León. Sin embargo, tenemos que pelear [...] Es un compromiso, hermanito, y voy a cumplir con él hasta donde alcancen mis fuerzas...[113]

A fines del verano de 1915, Buelna decidió que había cumplido ampliamente su compromiso y abandonó la lucha para buscar refugio en Estados Unidos. Tenía claro que los carrancistas estaban ganando la guerra, que estaba realizando una campaña aislada en Nayarit y que no obtendría refuerzos ni más armas y municiones del derrotado Villa. Huir a Estados Unidos era empresa riesgosa. A diferencia de Maytorena, Buelna no controlaba territorios fronterizos. Dado que no quería cambiar de bando, como hicieron muchos otros, ni jurar lealtad a los carrancistas, no tenía más alternativa que pasar a través de territorio villista, y si Villa se enteraba de sus intenciones, podía hacerlo fusilar. Fue un largo y difícil viaje, en el que primero le juró lealtad a Villa personalmente y luego escapó, con un pelotón de fusilamiento pisándole los talones.[114] Era un hombre honrado, y llevaba muy poco dinero cuando llegó a Estados Unidos. Primero quiso comprar un rancho, pero no tenía fondos suficientes, por lo que adquirió un pequeño restaurante en El Paso. No le fue bien. Los fornidos exrevolucionarios a los que Buelna dio empleo para ayudarles, y que no habían vacilado a la hora de tomar por asalto las posiciones del ejército federal o de los carrancistas, no resultaban meseros muy comedidos.[115] Además Buelna no era capaz de negar una comida a los revolucionarios exiliados y sin dinero. Con grandes dificultades, logró mantenerse a flote hasta que volvió a México en 1923 para participar en una revuelta contra Obregón. La enemistad entre ambos sólo terminó cuando, ese mismo año, las tropas del gobierno mataron a Buelna en una batalla.[116]

Las deserciones de Buelna y Maytorena fueron un golpe terrible para Villa, pero ninguno de ellos había estado nunca muy cerca de él ni peleado como subordinado suyo en la División del Norte: fueron por eso menos dolorosas que las de los miembros de su entorno inmediato, que habían combatido a su lado desde los primeros días de la revolución. Cuando Rosalío Hernández, que había participado en las batallas de Paredón, Torreón y Zacatecas, se pasó a los carrancistas, Villa ordenó a sus tropas que lo fusilaran con todos sus hombres si lo capturaban. "'Chalío'", le dijo Villa a Buelna, "era uno de mis mejores muchachos; pero me ha traicionado y ora le voy a probar a lo que saben las traiciones."[117]

La deserción que más profundamente afectó a Villa fue la del viejo compañero de sus tiempos de bandido, Tomás Urbina. Habían cabalgado juntos desde mucho antes de la revolución, y una vez que Urbina cayó herido, Villa lo atendió hasta que se recuperó. A diferencia del resto de sus antiguos secuaces, Urbina era un jefe militar por mérito propio: había levantado su propia tropa y la mayoría de sus hombres le eran leales a él en primera instancia. Durante toda la revolución siguió siendo lo que siempre había sido: un bandido cuyo principal objetivo en la vida era acumular tanta riqueza como pudiera. Su hacienda de Las Nieves parecía un señorío feudal. Allí, gracias al robo, la confiscación, la extorsión y los rescates obtenidos mediante secuestro, Urbina había acumulado una enorme cantidad de riquezas: gran número de caballos y mulas, y trescientas mil ovejas; además, muchas joyas y cincuenta y cuatro barras de oro que tenía escondidas en los pozos cercanos.[118] En todas las regiones que ocupaba, organizaba expediciones de saqueo y ejecutaba a todos los enemigos reales y potenciales. Durante largo tiempo, las quejas contra Urbina que le dirigían a Villa los civiles y los oficiales de la División del Norte cayeron en oídos sordos. Villa continuaba teniendo una fe ilimitada en su antiguo compinche. Pero su confianza empezó a flaquear conforme se multiplicaba el número de acusaciones y cuando le pareció que a Urbina ya no le entusiasmaba tanto luchar contra los carrancistas. La ruptura final vino cuando Villa decidió ejecutar al jefe de Estado Mayor de Urbina, Borboa, implicado en varios asesinatos.[119] Urbina no sólo se negó a entregar a Borboa, sino que concentró a todas sus tropas en Las Nieves y, como dijo uno de los antiguos oficiales villistas, replicó en "términos insolentes" a las exigencias de Villa. Éste decidió darle un castigo que fuera ejemplar para el resto del ejército y le permitiera, a la vez, reabastecer sus propias arcas. Con el mayor sigilo, se abrió paso de noche hasta la hacienda con todo un contingente y la atacó. Aunque sorprendidos en el sueño, los hombres de Urbina se defendieron y, cuando Villa por fin logró entrar en la hacienda, halló a Urbina herido y apuntándole. El general fue desarmado y los dos se retiraron a una habitación para hablar larga y privadamente. Por un momento se pudo creer que Urbina había logrado convencer a su jefe y antiguo compañero de armas de que le perdonara la vida, ya que éste ordenó a Fierro que lo condujera a su cuartel general. Según una versión, Villa le había prometido a Fierro el "privilegio" de ejecutar a Urbina, y fue esa promesa lo que le impidió perdonarlo. En algún punto del camino, en efecto, Fierro mató a Urbina. Fue una de las ejecuciones ordenadas por Villa que hallaron casi universal aprobación. En un breve comunicado, publicado en *Vida Nueva* el 14 de septiembre de 1915, Villa explicaba que había tenido que hacer matar a Urbina porque "mandaba fusilar a cuantas personas incurrían en su desagrado", se había negado a dar cuenta de sus actos a la Jefatura de Operaciones de la División del Norte y "ya no ocultaba su propósito de emanciparse de mi autoridad". Una y otra vez había tratado de convencerlo de cambiar de procedimientos y, finalmente, no había visto otro remedio que atacarlo en su propia hacienda, donde Urbina y sus hombres lo habían recibido a balazos. El crimen más grave del que acusaba a Urbina era el de haber matado a varios extranjeros. "Me he visto en la dura pero imperiosa necesidad de ordenar fuera pasado por las armas."[120]

Una vez posesionado de Las Nieves, Villa trató de encontrar el tesoro de Urbina, pero sólo logró localizar tres barras de oro. Como no tenía tiempo para buscar a fondo, dejó en la hacienda a uno de sus oficiales, Ramírez, con instrucciones de pagar con parte del tesoro a uno de los comandantes de Urbina cuyas tropas se hallaban estacionadas allí cerca y cuya lealtad Villa quería asegurarse. También le dijo a Ramírez que si encontraba el oro podía quedarse con una parte, a manera de recompensa. El oficial, en efecto, halló cincuenta de las barras de oro escondidas, pero temió que si se las remitía a Villa, éste lo haría matar para quedarse con su parte, de manera que desertó y les dio su información a los carrancistas. Éstos se apoderaron del oro, y Ramírez esperó en vano su recompensa.[121]

Conforme aumentaba el número de deserciones y sus tropas se desmoralizaban, Villa ponía todas sus esperanzas en la campaña de Sonora. Conocemos cuál era su estado de ánimo en vísperas de salir para ese estado por una entrevista con un reportero de El Paso, que resultaría la última que jamás otorgó a un periódico estadounidense. "Estoy completamente agotado. Mis fuerzas físicas se hallan al límite. Los pasados meses han sido los más extenuantes de mi vida", declaró. Estaba seguro de que su causa era la correcta.

Nunca he dudado de la justicia de nuestra causa, durante los veintidós años que llevo de pelear por la que considero la causa de la libertad, de la libertad humana y la justicia. Cuando era joven, tomé conocimiento de las grandes injusticias que se cometían contra la gran masa de mis compatriotas. Yo también fui víctima de esa opresión. En mi ignorancia, vi quince millones de personas que vivían en la opresión, que sufrían, bajo los crueles talones de unos pocos que se hacían ricos y vivían lujosamente. Lo vi y lo sentí muy profundamente, incluso cuando estaba en prisión. Juré solemnemente que, si escapaba, pelearía contra ese sistema y lo castigaría severamente, tan severamente como pudiera.

Por primera vez, Villa declaró que no creía poder ganar. "Se puede ver que no soy el que llevará la lucha a una conclusión feliz." Estaba dispuesto a aceptar la responsabilidad por esa derrota. "Puede ser que la causa sea mi falta de educación y experiencia. Puede ser que haya cometido errores en mis decisiones. Sin duda, he cometido errores. Puede ser que mis percepciones sobre las cuestiones más delicadas de la vida no sean las que deberían ser. No pongo excusas."

Su idea de quién tenía la culpa del estallido de la guerra civil se había modificado. El principal responsable ya no era Carranza. Aunque Villa no tenía nada bueno que decir sobre él, sí habló en términos positivos de sus partidarios.

No conozco a los honrosos soldados que fueron inducidos y apoyaron a Carranza [...] pero no tengo palabras para expresar el asco que siento por los hombres (y sabemos quiénes son) que sin arriesgar sus vidas en la línea de fuego, quedándose a buena distancia del peligro, nos han atacado más mortíferamente que todos los armados, con el maldito dinero. Esos hombres, refugiados fuera de nuestro país, sostenidos por intereses económicos aliados a países extranjeros, no han dado su sangre, sino su oro, con el fin de debilitar nuestras fuerzas y cegarle el paso a nuestra causa.

Tal vez esas palabras se debieron a que la entrevista se realizó un día antes de que Estados Unidos decidiera oficialmente reconocer a Carranza, y podían haberle llegado rumores a Villa. Éste advertía a los estadounidenses que reconocer a Carranza "no traería el orden a México. Traerá revolución tras revolución, y la revolución en su peor forma. Comparada con ella, la guerra de los últimos cuatro años será como un juego de niños". El triunfo de Carranza "significará el triunfo del movimiento reaccionario y el completo fracaso del movimiento progresista en México". Le sorprendía que Carranza pudiera ser reconocido dado que "no ha tomado en cuenta los intereses estadounidenses y ha sido insolente con las autoridades de ese país". Una cosa dejaba absolutamente en claro: nunca dejaría de combatir y nunca saldría de México. "México es mi país. Estoy en Juárez, pero no iré más al norte. No huiré de aquí. Viviré y pelearé."[122]

Su decisión de seguir luchando sin importar lo que hiciera Estados Unidos quedó demostrada en los días siguientes, cuando puso en marcha su campaña de Sonora.

EL ÚLTIMO GRITO DE GUERRA DE LA DIVISIÓN DEL NORTE

El ejército villista que salió hacia Sonora era una pálida sombra de la División del Norte que tomó por asalto Torreón y Zacatecas y que, en su mejor momento, había estado constituida por más de cincuenta mil hombres. Restaban de ellos unos doce mil, muchos desmoralizados por las sucesivas derrotas y la creciente escasez de alimentos, armas y municiones. Algunos aún se movían galvanizados por la voluntad de seguir luchando que mostraba Villa; otros continuaban porque temían que ejerciera represalias contra ellos o sus familias si desertaban. No sólo el número de soldados era mucho menor, sino que quedaban muy pocos de los generales que habían peleado junto a Villa: Ángeles había decidido permanecer en Estados Unidos, Urbina había sido fusilado, Rosalío Hernández se había pasado a los carrancistas y Toribio Ortega había muerto de tifus.

Paradójicamente, este ejército desmoralizado iba a enfrentar obstáculos naturales mucho mayores que en toda su historia. El principal medio de transporte de Villa siempre había sido el ferrocarril; sus trenes militares y sus soldaderas, sus vagones especiales para los oficiales y los reporteros, y su hospital eran el símbolo mismo de la División del Norte. Esta vez, los villistas tendrían que cabalgar o caminar hacia su objetivo, ya que no había línea de ferrocarril entre Chihuahua y Sonora. El camino, a través de las montañas de la Sierra Madre, sería largo y arduo; había pocos lugares con agua y no pasarían por grandes haciendas donde el ejército pudiera reabastecerse de alimentos y ropa; por primera vez, los soldados no iban acompañados por las soldaderas, ya que, en vista de las dificultades del terreno, Villa obligó a las mujeres a quedarse en Casas Grandes, Chihuahua.[123] Arrastrar las piezas de artillería por ese territorio desierto y especialmente a través del cañón del Púlpito, barrido por el viento y cubierto de hielo, sería una empresa agotadora. Sin duda hay que atribuir a la capacidad de Villa como organizador y a la lealtad que aún inspiraba a algunos de sus soldados que la expedición llegara a Sonora relativamente indemne.

Por el camino, Villa perdió a uno de sus lugartenientes más fieles, cosa que lo afligió profundamente, pero causó regocijo entre muchos de sus hombres: Fierro murió ahogado en un pantano, arrastrado por su caballo que se hundió en el cieno.

Villa suponía que al llegar a Sonora, sus mayores dificultades habrían quedado atrás. Cuando salió de Chihuahua, la mayor parte del territorio sonorense se hallaba en poder de un ejército aliado, el de Maytorena, y sólo había tres mil carrancistas acorralados en la ciudad fronteriza de Agua Prieta. El plan de Villa consistía en someter a esa guarnición y luego marchar hacia el sur, disfrutando la abundancia de esa región intocada por la guerra, para que se le fueran uniendo primero los soldados de Maytorena y los grupos desperdigados de villistas del estado de Sinaloa y luego los de Michoacán y Jalisco. Dado que Sonora tenía una larga frontera con Estados Unidos, sería fácil reabastecerse, pagando por los productos importados con ganado de las haciendas confiscadas y con contribuciones forzosas de las compañías mineras estadounidenses.

Pero cuando Villa y sus tropas finalmente llegaron a Sonora, se encontraron con que la situación había empeorado radicalmente. Poco antes, dos ejércitos carrancistas habían entrado, uno desde el sur a través de Sinaloa, otro por mar, desembarcando en el mayor puerto del estado, Guaymas. Las tropas de Maytorena, desmoralizadas a su vez por la huida del gobernador, no habían presentado resistencia, y los carrancistas habían ocupado sin dificultades la capital, Hermosillo.

Así, Villa se hallaba ante dos obstáculos que no había previsto, pero ya no tenía alternativa: no podía retirarse a Chihuahua sin arriesgarse a un total hundimiento de su ejército. Además, la retirada era anatema para él. Decidió continuar con su plan original de someter primero Agua Prieta y luego, reforzado por las armas que allí conquistaría, proceder hacia el sur para encarar a Diéguez, que encabezaba una de las fuerzas carrancistas y a quien ya había derrotado en una ocasión.

No contaba con el reconocimiento del gobierno de Wilson a Carranza y sus implicaciones. No sólo los estadounidenses decretaron un embargo de armas contra Villa, sino que llevaron mucho más lejos su ayuda a Carranza: con gesto sin precedentes, Wilson permitió a sus tropas pasar por Estados Unidos, desde Coahuila, para reforzar a la guarnición de Agua Prieta. Los soldados que llegaron a través de Arizona eran veteranos experimentados de la batalla de Celaya, que habían derrotado una vez a Villa y estaban convencidos de que podían repetir la hazaña. Pronto les siguió Obregón, que tomó el mando en el teatro de operaciones sonorense.

Según John W. Roberts, un corresponsal estadounidense que mantuvo buenas relaciones con Villa, éste no supo de los refuerzos que habían llegado a Agua Prieta. "El pobre Pancho, confiado en que sólo una guarnición de mil doscientos defendía la ciudad, ordenó una carga inmediata, advirtiendo a sus soldados que no dispararan hacia el lado estadounidense. Tres horas más tarde, el suyo era un ejército sangrante, arrollado, agotado, inerme."

Una vez más, los carrancistas habían cavado hondas trincheras, protegidas por alambradas y nidos de ametralladoras cada pocos metros. Villa pensó que con uno de sus famosos asaltos nocturnos burlaría la puntería de las ametralladoras y sus tropas podrían romper el cerco. Lo que no previó fue que, mientras sus tropas avanzaban hacia Agua Prieta en la oscuridad de la noche, el 1 de noviembre de 1915, súbitos reflectores iluminarían el campo de batalla y encontraría un fuego cerrado de la artillería, las ametralladoras y los rifles. Todavía se discute si esos reflectores se hallaban del lado mexicano o del lado estadounidense de la frontera. Villa tuvo la certeza de que la luz venía del otro lado, y vio en ello una nueva prueba de la perfidia de Wilson.

El corresponsal John Roberts describe a los villistas que, tirados en el campo de batalla, suplicaban un poco de agua:

Las soldaderas se amontonaban con sus cubetas en la barda internacional. Villa fue con ellas. Allí lo alcancé. En sus ojos había una mirada estupefacta y desorientada. Yo estaba del lado estadounidense. Me vio y vino hacia mí rápidamente:

–¡Dios santo, Roberts! ¿Qué pasó? Tenía información segura de que sólo había 1 200 carrancistas aquí, pero tienen 6 000. ¿Por qué? ¿Cómo? ¡Dígame!

Le expliqué la situación con las menos palabras posibles.

Villa no dijo nada. Dejó caer la mandíbula con gesto de debilidad y bajó la cabeza, en completa desesperación. Yo había esperado una explosión volcánica. En ese momento, el general Funston, que había sido enviado a Douglas, cabalgó hasta la barda con varios oficiales. Le dije a Villa quién era; él sólo se quedó mirando. Funston desmontó y se acercó.

–¿Es él el general Villa? –me preguntó. Yo asentí y presenté a los dos jefes. Cada uno estaba en su país y se dieron la mano por encima de la alambrada.

Roberts no presenció la conversación de Funston con Villa, pero éste le contó:

–Le dije al general Funston que le advirtiera a su jefe que no toleraré el paso de más tropas carrancistas por Estados Unidos. Quiero que usted lo publique. Dígale al mundo que he advertido al señor Wilson que si una cosa así sucede de nuevo, yo, Francisco Villa, no me sentiré responsable de las vidas de los estadounidenses que se hallan en mi territorio.

–¿Qué? –exclamé– ¿Los matará usted?

–Peor aún –me respondió, y se alejó. Nunca lo volví a ver.[124]

El derrotado Villa se retiró de Agua Prieta hacia la ciudad fronteriza de Naco, donde aún había tropas leales a Maytorena. Su actitud hacia Estados Unidos había cambiado por completo. El primer resultado de ello fue que abandonó la práctica de proteger las propiedades estadounidenses. Envió a sus soldados al gran centro minero de Cananea, cuyas minas pertenecían a la Cananea Mining Company, y amenazó con destruir las instalaciones si la empresa no le entregaba veinticinco mil dólares y gran cantidad de bastimentos.[125]

La desesperación, la amargura y la rabia de Villa se expresaron claramente en su encuentro con los doctores R. H. Thigpen y Miller, que cruzaron la frontera desde Arizona para atender a los villistas heridos. "Siempre he garantizado las personas y la propiedad de ustedes los americanos", les dijo. "Con mis propios ojos, he cuidado fortunas en metales preciosos para los americanos; con mis propias manos he enterrado sus tesoros fuera del alcance de los enemigos. Sus familias han gozado de mi protección." Y les describió lo que, en su opinión, era el resultado de la traición de Wilson en Agua Prieta. "Durante cuatro días, ni un bocado nos llevamos a la boca mis hombres y yo. Nos estamos muriendo de hambre; aquí estamos, sacrificando nuestras vidas. En vez de agua bebemos lo que desaguan sus fundiciones de Douglas. Mientras ustedes, cuyas familias y dineros he protegido, se mecen en el regazo del lujo [...] su gobierno está haciendo una jugada riesgosa al echar a pique la paz, la prosperidad y la libertad de México."

Villa reveló a los médicos que daría orden de atacar Douglas, Arizona. Se dirigió a uno de sus generales y le dijo: "Mi general, traiga de regreso la artillería, llévela allí y vacíela sobre esos — de Douglas. [...] Los negros están por tomar nuestro bando. No quiero que en la historia quede nuestro lado como el ofensor, pero los cobardes — no nos han dejado otra alternativa". (Los guiones probablemente representan insultos que los médicos no quisieron registrar.) "A partir de este momento", les dijo Villa, "dedicaré mi vida a matar a cada gringo en que pueda poner las manos y a destruir todas sus propiedades."

Como primera medida, mandó fusilar a los dos médicos, aunque en el último momento recapacitó: no atacó Douglas, y les mandó avisar a los médicos –que estaban arrodillados rezando y preparándose a morir, mientras el pelotón de fusilamiento cargaba sus rifles– que se les perdonaba la vida.[126]

El papel que desempeñó Estados Unidos en la batalla de Agua Prieta hizo que Villa formulara una nueva estrategia y una nueva ideología, que se expresaron en un manifiesto fechado el 5 de noviembre de 1915, en Naco. Se publicó en *Vida Nueva* y fue la más larga, más detallada y más amarga de todas sus proclamas. Tenía por finalidad refutar el cargo que le hacían los carrancistas, de que su facción estaba compuesta por reaccionarios; presentaba nuevas acusaciones contra Carranza y anunciaba un cambio de política respecto de Estados Unidos. La imputación de "reaccionarismo" se basaba en que había incorporado a muchos oficiales federales a la División del Norte. Villa no negaba que algunos de ellos se le habían unido, pero declaraba que su número era escaso y que la mayoría eran patriotas genuinos. Era Carranza, decía, quien utilizaba los servicios de diputados, senadores, altos funcionarios y periodistas que habían apoyado a Porfirio Díaz. No sólo se asociaba con reaccionarios, sino que practicaba una política reaccionaria. "Ha empezado a devolver las propiedades de los esclavistas y de los negreros, y ha venido restituyendo en el poder a los capataces y a los caciques." "Está protegido por el oro de los Creel y de los Terrazas [y] ha empezado a asociarse a los miembros más corrompidos del cientificismo." Carranza había traicionado a todas las personas y todas las causas con que se había vinculado; incluso planeó levantarse contra Madero, acusaba Villa, porque éste había descubierto que Carranza se había robado cincuenta mil pesos. Había traicionado a Bernardo Reyes (Villa no explicaba esta acusación) y a la revolución constitucionalista al intentar convertirse en dictador de México, y por último, cometía la mayor traición de todas con la "venta de la patria" a Estados Unidos.

El manifiesto planteaba la cuestión de por qué Carranza –que "nunca se ha preocupado por dar garantías a los americanos, que los ha extorsionado cuantas veces le ha sido posible, que ha perjudicado en lo general a todos los extranjeros quitándoles los productos del suelo en las regiones orientales y meridionales de la República, y que siempre ha sido visto con repugnancia en los Estados Unidos"– había obtenido súbitamente no sólo el reconocimiento, sino el apoyo activo de ese país. Según Villa, la ayuda de Estados Unidos a Carranza había tomado la forma de un préstamo de quinientos millones de dólares y el permiso para que los carrancistas atravesaran territorio estadounidense. El manifiesto respondía tajantemente su propia pregunta: "El precio de esos 'favores' es sencillamente la venta de la madre Patria por el traidor Venustiano Carranza".

Más adelante, el manifiesto sostenía que Carranza había aceptado ocho condiciones impuestas por Estados Unidos: 1. La amnistía a todos los presos políticos; 2. Una concesión por noventa y nueve años sobre Bahía de la Magdalena, Tehuantepec y una región innominada en la zona petrolera; 3. Un acuerdo de que las secretarías de Gobernación, Relaciones Exteriores y Hacienda serían ocupadas por candidatos que contaran con la aprobación del gobierno de Washington; 4. Todo el papel moneda emitido por la revolución sería unificado tras consulta con un asesor nombrado por la Casa Blanca; 5. Todas las justas reclamaciones de extranjeros por los daños causados por la revolución serían pagadas y todas las propiedades confiscadas serían devueltas; 6. Los Ferrocarriles Nacionales quedarían bajo el control de una junta directiva en Nueva York, hasta que se pagaran las deudas a esa junta; 7. Estados Unidos, a través de los banqueros de Wall Street, otorgaría un préstamo de quinientos millones de dólares al gobierno mexicano, garantizado por una intervención sobre todos los ingresos de la hacienda mexicana, y un representante de ese gobierno supervisaría la forma en que México cumplía con esa disposición, y 8. El general Pablo González sería nombrado presidente provisional y convocaría elecciones en un plazo de seis meses.

Algunos pasajes del manifiesto presagiaban con claridad la política que seguiría Villa en los meses siguientes. "¿Y podrán adivinar [sic] los extranjeros y especialmente los yanquis", preguntaba Villa, "la ilusión de que en lo futuro se consagrarán a explotar en 'paz y en gracia de Dios' las riquezas del suelo mexicano?" Y continuaba:

¿Podrán ser tan candorosos que abriguen la creencia de que el Gobierno de Carranza les pueda impartir garantías efectivas [...]? Por de pronto yo declaro enfática y sinceramente que me queda mucho que agradecer a míster Wilson, porque me releva de la obligación de dar garantías a los extranjeros y especialmente a los que alguna vez han sido ciudadanos libres y hoy son vasallos de un evangelista profesor de filosofía, que atropella la independencia de un pueblo amigo y que viola la soberanía de los estados de Arizona y Texas permitiendo que su suelo sea cruzado por tropas "constitucionalistas". Esto no implica ningún sentimiento de animosidad ni de odio contra el pueblo, el verdadero pueblo de los Estados Unidos del Norte, a quien respeto y admiro por sus tradiciones gloriosas, por sus ejemplos de orden y economía y por su amor al progreso.

Villa planteaba la posibilidad de un conflicto armado con Estados Unidos, a la vez que negaba que tuviera intención de provocarlo:

Después de una declaración tan categórica, creo por demás protestar que por ningún motivo deseo conflictos entre mi patria y los Estados Unidos, por lo tanto, después de todo lo manifestado, declino toda responsabilidad en los sucesos del futuro, puesto que el pueblo americano sabe perfectamente que siempre he hecho esfuerzos sobrehumanos para prestar garantías a sus nacionales avecindados en nuestro territorio. Que la historia defina responsabilidades.[127]

¿Qué tanta sustancia tenía la creencia de Villa en que existía un pacto entre Carranza y Estados Unidos? ¿Había sido tal pacto propuesto siquiera por Wilson? ¿Había sido pergeñado por miembros de su gobierno? ¿Era una pura invención de Villa o de sus colaboradores? ¿Existía un plan de los inversionistas estadounidenses, que deseaban que las acciones de Villa provocaran una intervención de Estados Unidos en México? ¿Era un invento del servicio secreto alemán, que esperaba distraer la atención de Estados Unidos del teatro de la guerra europea forzándolo a intervenir en México?

No hay pruebas de que Carranza firmara jamás semejante pacto. De todas las acusaciones de Villa contra él, sólo el punto quinto del manifiesto contenía cierta dosis de verdad. Carranza en efecto había aceptado examinar las reclamaciones por daños de los estadounidenses y estaba devolviendo las propiedades confiscadas. Esto, sin duda, era una victoria importante para las fuerzas conservadoras. No era, sin embargo, resultado de la presión de Estados Unidos, sino de las propias convicciones conservadoras de Carranza, a las que se aferró desde el primer día de su participación en la revolución. Su voluntad de negociar las reclamaciones estadounidenses difícilmente justificaba la acusación de que había convertido a México en un protectorado de Estados Unidos. El pacto habría sido enteramente incompatible con su férrea postura nacionalista. Tampoco hay pruebas de que Woodrow Wilson propusiera o contemplara tal acuerdo con ninguna facción mexicana en ningún momento de la revolución.

Aunque Wilson nunca explicó por qué había reconocido a Carranza, tres factores parecen haber sido fundamentales. El primero era que se daba cuenta de que Carranza iba ganando y dominaba ya casi todo el país. El segundo era su deseo de paz y estabilidad en su "patio trasero", para estar libre de intervenir en Europa si lo decidía. Su deseo de "pacificar" a México se intensificó al descubrir los planes alemanes para provocar una guerra entre los dos países. Esta idea está sucintamente expresada en el diario del secretario de Estado Lansing:

> Contemplando la situación general, he llegado a la siguiente conclusión: los alemanes desean mantener el desorden en México hasta que Estados Unidos se vea forzado a intervenir; por tanto no debemos intervenir.
>
> Alemania no desea que una facción cualquiera domine en México; por tanto debemos reconocer a una facción como dominante en México.
>
> Cuando reconozcamos a una facción como gobierno, Alemania sin duda buscará causar una pelea entre ese gobierno y nosotros; por tanto, debemos evitar esa pelea, sin importar las críticas y quejas del Congreso y de la prensa.
>
> En resumen: nuestras posibles relaciones con Alemania deben ser nuestra primera consideración; y todos nuestros tratos con México deben regularse de acuerdo con ellas.[128]

Finalmente, Carranza había dado a entender a los funcionarios de Wilson que estaba dispuesto a llevar a cabo algunas reformas y, al mismo tiempo, a proteger las propiedades estadounidenses en México. En cambio, el creciente radicalismo de Villa respecto de esas propiedades lo hacía cada vez menos aceptable para ellos.

Aun si no hay pruebas de un pacto secreto entre Wilson y Carranza, Villa tenía ciertas razones concretas para suponer su existencia. La mayoría de las cláusulas que Villa describía, especialmente las más restrictivas de la soberanía mexicana, de hecho le habían sido sugeridas dos veces a él, primero por Silliman y luego por Canova a través de Keedy.[129] Así pues, Villa tenía razones para pensar que si Estados Unidos había reconocido a Carranza, a pesar de sus frecuentes pronunciamientos antiestadounidenses, esto sólo podía significar que había aceptado lo que él rehusara. Esa convicción se vio reforzada por una carta de Roque González Garza, que era su emisario en la conferencia internacional patrocinada por Wilson para decidir a quién debían reconocer Estados Unidos y otros estados latinoamericanos.

"Ha sido para mí un golpe muy rudo", escribía González Garza, el 29 de octubre,

> convencerme de que usted fue siempre miserablemente engañado; es muy posible que de buena fe, pero, con todo, usted fue siempre engañado. Yo mismo fui también engañado. Al llegar a Torreón [...], se me dijo terminantemente que nuestra situación, desde el punto de vista político-internacional, era inmejorablemente buena; que estábamos a un paso del reconocimiento de los Estados Unidos [...] Pasaron algunos días y [...] usted recibió las seguridades más rotundas de que todo, político-internacionalmente caminaba a su favor; que era cuestión de sólo un pequeño esfuerzo para que el gobierno americano nos tomara en consideración y el plan primitivo de los conferencistas se llevaría a la práctica con resultados ampliamente satisfactorios para nosotros.

González Garza no mencionaba el nombre de la persona que le había dado esas seguridades a Villa. El hecho de que dejara abierta la posibilidad de que el emisario actuaba de buena fe indica que probablemente se refería a George Carothers, el agente especial de Estados Unidos en el campamento de Villa, con el que éste mantuvo buenas relaciones.

Amargamente, González Garza describía a continuación cómo habían sido tratados los delegados villistas por sus anfitriones estadounidenses, en la conferencia de paz de Washington:

> La situación era verdaderamente agobiadora. Todo resultó mentira; estábamos perfectamente mal; ni siquiera éramos escuchados [...] Llegó el 9 de octubre y los conferencistas decidieron reconocer a Carranza [...] Esta determinación, lanzada así exabrupto a los cuatro vientos, fue para nosotros un enorme desaire ya que éramos delegados a las conferencias de paz. No se nos dijo una palabra siquiera acerca de nada, y se hicieron a un lado las declaraciones hechas con mucha anterioridad por Wilson en ocasiones solemnes. Se pasó por sobre todos los antecedentes históricos, se violó hasta el sentido común que indicaba que ése no era el procedimiento que debía seguirse desde el momento en que nosotros estábamos, como aún lo estamos, dispuestos a hacer la paz, pero de manera decorosa. La resolución se llevó a cabo, y nosotros recibimos el golpe de masa.

Continuaba con enojo:

> Yo he visto grandes injusticias, yo sé de atentados a la razón y el derecho, pero nunca supuse que Carranza nos ganara en el terreno político-internacional después de haber hecho la pantomima de aparecer como el más

nacionalista de todos los mexicanos y de haber retado dos o tres veces a los Estados Unidos. Yo no sé a punto fijo qué habrá de por medio, pero sí puedo asegurar que algo muy negro se ha tramado, porque de otra manera no se explica el cambio de frente que han dado los Estados Unidos en contra de nuestra facción y a favor de la de Carranza.

En otra parte de la carta, decía, "Dios sabe cuántos pactos secretos" ha firmado Carranza con Estados Unidos.[130]

En su larga proclama, Villa decía que Wilson había traicionado un pacto de honor que tenía de facto con él. Enumeraba lo que había hecho por los estadounidenses y declaraba que no había deseado su reconocimiento, pero que al menos había esperado neutralidad. Que Wilson hubiera traicionado su confianza era la ofensa que más resentía.

A pesar de la derrota que había sufrido en Agua Prieta, Villa no estaba todavía dispuesto a abandonar su campaña sonorense. Cuando se enteró de que dos mil hombres del ejército de Maytorena, en su mayoría indios yaquis, iban a unírsele, decidió atacar Hermosillo, defendida por las tropas de Diéguez. Para proteger su retaguardia de un ataque sorpresivo de la guarnición carrancista de Agua Prieta, Villa dejó a seis mil hombres al mando del general José Rodríguez. En el asalto a Hermosillo empleó de nuevo la estrategia que tan desastrosa había sido para él en Celaya, León y Agua Prieta: el ataque frontal de su caballería contra un enemigo fortificado con trincheras, nidos de ametralladora y alambradas, y de nuevo fue derrotado. Sus soldados empezaron a desesperar, y más aún cuando gran parte de las tropas de Maytorena se pasaron a los carrancistas, poco después de la debacle de Hermosillo. Los carrancistas habían logrado capturar un tren militar que conducía a la mayoría de las mujeres y los hijos de los yaquis, y éstos resolvieron pactar. Tenían vínculos de lealtad con Maytorena, pero no realmente con Villa.

En ese punto, Villa decidió sustituir la estrategia militar por la política. Apeló al patriotismo y el nacionalismo de los generales de Carranza. El 22 de noviembre de 1915, envió una carta a los dos comandantes que defendían la ciudad, Manuel Diéguez y Ángel Flores. En ella mencionaba las ocho cláusulas del pacto secreto que, en su opinión, Carranza había firmado con Estados Unidos y denunciaba: "Estamos ahora en manos de los norteamericanos; hemos aceptado el protectorado yanqui". Añadía que Carranza había convertido al movimiento convencionista (Villa y sus aliados) en el único partido que defendía la integridad y la independencia de México y, por esta razón y a pesar de todas las derrotas, su triunfo era inevitable. Que Estados Unidos permitiera a las tropas de Carranza atravesar su territorio significaba que "cuando los Estados Unidos lo necesiten o lo quieran podrán pisar Territorio Nacional. ¿Va usted a permitirlo?", les preguntaba a ambos. No les hacía ninguna oferta específica; sólo les pedía su opinión sobre estas acusaciones. Muy probablemente esperaba llegar a algún tipo de negociación, pero aunque Ángel Flores sí le envió una respuesta (cuyos términos no conocemos), Diéguez ni siquiera llegó a eso.[131]

La esperanza de que los generales y soldados de Carranza reaccionarían a sus acusaciones sobre el pacto secreto entre su jefe y Estados Unidos, de la misma manera que muchos mexicanos, incluso los que eran hostiles a Huerta, habían reaccionado contra la ocupación estadounidense de Veracruz ofreciendo pelear por México, resultó infundada. Villa no había dado ninguna prueba de sus imputaciones, y ni los generales ni los soldados creían que el Primer Jefe fuera capaz de firmar semejante acuerdo.

Así, a la cabeza de un ejército derrotado y desmoralizado, Villa emprendió el regreso a Chihuahua. Los cambios que Raúl Madero ya había notado en su carácter se manifestaban ahora de una manera extremadamente violenta y sanguinaria. No había cosa que suscitara en él reacciones más fuertes, más violentas y brutales que la sensación de haber sido traicionado. Rara vez reconoció alguna responsabilidad suya en los reveses que sufría. El culpable era siempre alguien que lo había traicionado. Cuando algunos de los hombres que habían estado con él prácticamente desde el principio empezaron a volverse en su contra, los persiguió con sangrienta determinación. Al capturar a Mateo Almanza, que había combatido con él en la División del Norte y luego se había pasado a Gutiérrez, Villa lo hizo colgar, porque en su opinión el pelotón de fusilamiento era demasiado bueno para él.

La sensación de que lo habían traicionado llegó a su punto culminante en Sonora, y juró ejecutar a Maytorena si lograba ponerle las manos encima. Pero esta vez su enojo alcanzaba también a las clases bajas de la sociedad. Conforme el cansancio de la guerra se apoderaba de una parte cada vez mayor de la población civil y muchos de los soldados rasos desertaban, Villa empezó a sentir que también la gente del común le recompensaba su generosidad traicionándolo. Siempre había sido violento y vengativo, pero su violencia nunca había estado dirigida contra los pobres ni contra los estadounidenses. Ambos grupos serían blanco de brutales represalias, como les ocurrió a los habitantes de un remoto pueblo de las montañas de Sonora, San Pedro de las Cuevas.

En los altibajos de la guerra civil, el gobierno perdió el control y muchos pueblos fueron saqueados tanto por los ejércitos revolucionarios que avanzaban o se retiraban como por pistoleros, desertores y bandidos. Con frecuencia faltos de apoyo del ejército o la policía, muchos pueblos organizaron sus propias milicias para repeler a los merodeadores. Así, cuando los habitantes de San Pedro vieron hombres armados que cabalgaban hacia su poblado, pensaron que se trataba de una nueva incursión de los bandidos que repetidamente los habían asaltado; se atrincheraron con sus rifles en las colinas circundantes y los recibieron a balazos. Mataron a muchos de los recién llegados antes de descubrir, con horror, que sus víctimas no eran bandidos, sino soldados de la División del Norte. Trataron de ofrecer disculpas y expresaron su gran pesar al comandante de los villistas, Macario Bracamontes, sonorense él mismo. Éste se mostró comprensivo y desistió de tomar represalias, pero las cosas cambiaron radicalmente cuando Villa se enteró del ataque. Finalmente, había dado con algunos de los traidores que le habían vuelto la espalda. Cuando Bracamontes supo que se acercaba, recomendó a los vecinos que huyeran a las colinas,[132] pero no lo escucharon. Cuando Villa entró en el pueblo, ordenó que reunieran a los varones adultos y, tras mantenerlos en prisión una noche, los mandó fusilar a todos. El cura del lugar se le hincó para suplicarle clemencia y, en efecto, perdonó algunas vidas, pero le dijo al religioso que no volviera a acercársele; el cura desoyó la advertencia y se le aproximó de nuevo en demanda de piedad, ante lo cual Villa sacó la pistola y lo mató allí mismo. Sesenta y nueve habitantes del pueblo fueron fusilados, aunque siete de ellos lograron sobrevivir porque se fingieron muertos.

Era la primera vez que Villa desencadenaba su cólera sobre los pobres. Al día siguiente de la masacre se mostró profundamente arrepentido y empezó a llorar. Pero la matanza de San Pedro de las Cuevas no sería la última ocasión en que Villa se ensañaría cruelmente con la población civil.

En muchos sentidos, el regreso de Villa a Chihuahua puede compararse con el retorno de Napoleón a París, tras la infortunada campaña de Rusia, en 1812: al fracaso en Sonora siguió una desastrosa retirada aunque, en proporción, Villa perdió menos hombres. También él regresaba a un país harto de la guerra y hondamente dividido, sobre el cual avanzaban sus enemigos, más fuertes que nunca.

Tras atravesar las inhóspitas montañas de la Sierra Madre, donde sus hombres sufrieron los embates del viento helado y hubieron de alimentarse de las pocas milpas que hallaban al borde del camino, Villa llegó finalmente al pueblo chihuahuense de Madera. Allí se enteró de que los carrancistas habían cruzado la frontera del estado y avanzaban sobre su capital.

Una vez en la ciudad de Chihuahua, en la madrugada del 17 de diciembre, Villa pudo darse cuenta de cómo había cambiado su situación. Con anterioridad, siempre que regresaba a esa plaza cientos, si no miles, de personas le daban la bienvenida con entusiasmo delirante en la estación de ferrocarril. Esta vez no había más de diez personas al llegar su tren, todos ellos altos funcionarios de su gobierno y oficiales de su ejército. El tibio recibimiento y el hecho de que sólo regresaban dos mil de los diez mil hombres que lo habían acompañado a Sonora no lo conmovieron. Tenía planes para una nueva campaña y lo alentaba la esperanza de que, tarde o temprano, el pueblo mexicano se daría cuenta de que Carranza lo había vendido a los estadounidenses y una parte del propio ejército carrancista se pasaría a su bando. Pocas horas después de llegar a la ciudad, convocó a su casa a todos sus principales jefes militares. Allí expuso con detalle su plan para continuar la lucha armada contra Carranza.[133] Estaba convencido de que aún podía contar con quince mil hombres y pensaba desplegarlos para defender el estado de Chihuahua.

Como Napoleón después de Waterloo, Villa no era consciente de la magnitud de su derrota. Sólo percibió su dimensión cuando sus generales, que nunca se hubieran atrevido en otros tiempos a contradecirlo y lo hubieran seguido sin dudar hasta el fin del mundo, empezaron a hablar contra él, uno tras otro. Algunos dijeron que sus soldados simplemente no estaban dispuestos a pelear y que era una ilusión la idea de que aún se disponía de quince mil hombres. Otros fueron aún más claros, y dijeron que no veían motivo para seguir luchando y para exponer a sus hombres a más muertes y mutilaciones. Conforme tomaban la palabra, Villa se iba encolerizando más y más. Lleno de amargura, les dijo:

Este combate lo he librado por mi pueblo. Pensé que ustedes, mis oficiales, eran leales a mí, leales a la causa, leales al pueblo. Pensé que eran hombres valientes y que morirían por su patria. Ya no lo creo así. Sé que he estado rodeado de traidores y ladrones. Los que una vez me apoyaron me han abandonado. Sólo se colgaban de mí para robarme y ahora ven que no tengo nada que puedan robar y por eso me dejan. Ustedes mismos planean abandonarme, traicionarme y pasarse al enemigo. Los he llamado aquí para decirles que estoy enterado de sus planes. Sé lo que pretenden hacer. He terminado con ustedes. No voy a encabezar una banda de traidores. Ahora váyanse adonde quieran y hagan lo que les plazca, pero recuerden que aunque todos los demás me traicionen, yo no voy a traicionarme. Llegará el tiempo en que me necesiten como jefe otra vez. Cuando llegue esa hora, no los abandonaré. Iré con ustedes y con otros, adonde puedan llegar. Ahora los dejo libres de cualquier lealtad hacia mí y me lavo las manos de lo que hagan: de aquí en adelante lo harán bajo su propia responsabilidad. Tomaré mi lugar en las filas. Ya no soy general, soy un simple soldado raso.[134]

Tal vez Villa esperaba que con este discurso incendiario sus generales reaccionaran de la misma manera que cuando, un año atrás, amenazó con renunciar antes de la batalla de Zacatecas, y todos le rogaron que no lo hiciera. Pero no ocurrió tal cosa. Dándose cuenta de que su situación era muy grave, Villa interrumpió la reunión para hablar en privado con su más cercano confidente, su antiguo subordinado y gobernador militar de Chihuahua, Fidel Ávila. Éste le repitió lo que los generales le habían dicho en público: la moral del ejército estaba por los suelos, la mayoría de los mandos no quería combatir, él mismo deseaba salir de México y exiliarse en Estados Unidos. En ese momento, Villa comprendió que no tenía más alternativa que cumplir los deseos de sus generales. Permitió que los soldados que quisieran se fueran a sus casas y prometió hacer los arreglos necesarios para que Chihuahua y Ciudad Juárez, las dos grandes ciudades que aún controlaba, se rindieran pacíficamente.

Unos minutos después de terminada la reunión, Villa se asomó al balcón del palacio municipal de Chihuahua para dirigirse por última vez a los habitantes de la ciudad. Poco antes se habían pegado proclamas en las calles, para convocar a la gente en el zócalo. Había cientos, tal vez miles, de personas. Las calles hervían de rumores. Algunos pensaban que Villa iba a permitir a sus soldados entregarse al pillaje y tomar lo que quisieran de las tiendas.[135] Otros creían que tenía un tesoro escondido e iba a repartirlo entre la población.[136] Otros simplemente deseaban que la carnicería terminara y esperaban que Villa dijera que iba a rendir pacíficamente la plaza. Esto fue de hecho lo que dijo, pero lo hizo de tal manera que dejó en claro que la lucha armada en Chihuahua de ninguna manera había acabado. No reconoció su derrota, aunque concedió haber cometido algunos errores que no especificó. Pero la idea principal de su discurso era que Carranza había traicionado a México ante los estadounidenses y sus tropas no eran más que la vanguardia de una invasión de Estados Unidos. Por esa razón, dijo Villa, no estaba dispuesto a gastar ni un cartucho combatiendo contra mexicanos, sino que reservaría todas sus fuerzas para pelear contra los estadounidenses cuando éstos intentaran apoderarse del país. Se iría a las montañas, pero volvería cuando el pueblo lo necesitara.

Sin embargo, su voluntad de seguir luchando era inquebrantable. Aunque oficialmente la División del Norte quedaba disuelta, había persuadido a veintisiete de sus generales para que se reunieran con él pocos días más tarde en la hacienda de Bustillos.

Fidel Ávila, su viejo compañero y compadre, no tomó muy en serio que Villa deseaba seguir luchando. Creyó que finalmente había comprendido y que, tras rendir su ejército, estaría dispuesto a exiliarse en Estados Unidos.

Le envió un telegrama a Woodrow Wilson que decía: "Habiendo hecho cuanto estaba en nuestro poder y puesto nuestro mejor esfuerzo para de manera correcta conseguir que don Francisco Villa entregara el mando supremo del ejército convencionista, hemos logrado por fin convencer al dicho general Villa de que deje el país en el entendimiento de que su excelencia le otorgará garantías plenas".[137] Al día siguiente, el gobierno de Wilson declaró que "le daría refugio a él [Villa] y le otorgaría todas las garantías y la inmunidad de un asilado político, si por su parte, en su nombre y en el de otros dirigentes que puedan permanecer al otro lado de la frontera, otorga plenas garantías a los estadounidenses que se encuentran en territorio controlado por él y siempre que los estadounidenses reportados como detenidos en Chihuahua sean inmediatamente liberados".[138]

Los rumores de que Villa iba a cruzar la frontera se filtraron al país vecino y algunos empresarios estadounidenses vieron esto como una oportunidad dorada de hacer dinero. Sus propuestas reflejan el profundo desprecio en que tenían a los revolucionarios mexicanos. Poco después de que Wilson reconoció al gobierno de Carranza, *El Paso Herald* informaba que "Cortney Riley Cooper, representante del Wild West Show de Buffalo Bill, estaba en El Paso intentando hablar con el general Villa. El señor Cooper le trae al general una oferta para trabajar en el espectáculo".[139]

No queda claro si Villa comisionó a Ávila para que pidiera asilo o si éste lo hizo por su cuenta, suponiendo que expresaba el deseo del caudillo. De cualquier modo, es evidente que Villa no tenía ninguna intención de dejar el país. El día antes de que Ávila enviara su mensaje a Wilson, mandó un recado de índole muy diferente a los comandantes de las tropas carrancistas que avanzaban sobre la capital. Les proponía una alianza de todos los mexicanos contra Estados Unidos. Tras reiterar sus cargos contra Carranza, decía que a causa de este nuevo curso de los acontecimientos, sus tropas dejaban de combatir a los carrancistas para "no derramar más la sangre mexicana". Proponía una alianza "que nos uniría a todos contra el yanque [sic], que por antagonismos de razas y por ambiciones comerciales y económicas, es el enemigo natural de nuestra raza y en general de todos los países latinos". En caso de que se firmara esa alianza, decía, entregaría el mando de sus tropas.[140] La carta nunca llegó a los comandantes carrancistas, dado que Silvestre Terrazas, comisionado para entregarla, fue disuadido de cruzar a territorio enemigo por los oficiales que defendían la línea del frente y que le dijeron que los carrancistas disparaban contra cualquiera que tratara de entrar en su terreno. Cabe dudar que, de haber sido entregado el mensaje, algo hubiera cambiado para los oficiales carrancistas. Y la posible réplica no habría movido a Villa de su firme determinación de no salir de México, no rendirse a Carranza y luchar hasta el fin. Se daba cuenta de que no había posibilidades de conservar el control de las grandes ciudades del estado y de que presentar resistencia en ellas sólo le enemistaría con sus habitantes. Entendía que no podía forzar a la mayoría de sus soldados y oficiales a seguir peleando contra su voluntad, y estaba de acuerdo en que quienes quisieran dejaran las armas. Pero se negaba a permitir que se rindieran aquellos que habían estado más cerca de él.

Los últimos días que la ciudad de Chihuahua permaneció bajo control villista no fueron en absoluto tranquilos. La sensación de haber sido traicionado llevó a Villa a ordenar matanzas y ejecuciones. Mató personalmente a uno de sus generales, Delgado, tras interceptarlo cuando trataba de huir a Estados Unidos con un saco de dinero en su coche. Temiendo con razón por su vida, Enrique Pérez Rul se escondió, mientras patrullas de soldados villistas recorrían la ciudad con intención de ejecutarlo.[141] El propio Silvestre Terrazas se salvó por muy poco de ser fusilado. Villa lo había enviado con otra carta para los comandantes carrancistas en que trataba de llegar a un acuerdo para la rendición de Chihuahua y Ciudad Juárez. Antes de que Terrazas alcanzara el último puesto villista, el caudillo decidió que él también era un traidor y un ladrón, y ordenó al comandante de ese último puesto, Cruz Domínguez, que lo ejecutara en cuanto llegara. Domínguez no cumplió la orden, sino que envió a Terrazas de regreso a la ciudad de Chihuahua. No se sabe con certeza si actuó por decisión propia o si algunos amigos del secretario, y sobre todo el gobernador Fidel Ávila, intervinieron para salvarlo. Una vez más, Villa envió a Terrazas en misión, esta vez a El Paso, donde debía negociar la rendición de las dos ciudades con el cónsul carrancista en esa ciudad. Terrazas temía que Villa pudiera de nuevo decidir matarlo. Pero por fortuna para él, Villa acudió a despedirlo en persona a la estación. Silvestre Terrazas le aseguró que él era el único civil que siempre le había sido fiel.

Me despido de usted con la satisfacción de poderle decir que le he sido leal hasta lo último, cosa que no pueden decirle tantos que cacarearon su adhesión a usted y le prometieron fidelidad hasta la muerte. Ya sabe usted que he sido y soy su amigo...
– Y yo también...
Estrecho abrazo nos despidió de esta vida, siguiendo cada uno su camino.[142]

Terrazas nunca se volvió contra Villa. Algún tiempo después de salir de México, publicó un periódico en español, *La Patria*. Aunque no se le podía llamar propiamente villista, era clara su postura anticarrancista y, en conjunto, tendía a pintar a Villa más favorablemente que la mayoría de las publicaciones estadounidenses.

En su conversación con Silvestre Terrazas, Villa le dio vagos indicios de los planes que tenía. Cuando Terrazas le sugirió que saliera de México, tal vez para ir a Europa a estudiar la nuevas técnicas militares que se estaban utilizando en la primera guerra, Villa respondió que en vez de eso se retiraría con algunos hombres leales a las montañas, donde fácilmente evitaría a las tropas enemigas. "No señor, yo no saldré de mi patria", anunció. "Aquí me quedaré, luchando todavía, pues de ningún modo entraré en tratos con Carranza." También insinuó que creía posible recuperar el apoyo de la gente. Por una parte, pronto surgiría un conflicto entre Carranza y algunos de sus generales, sobre todo Obregón, y eso modificaría la situación nacional. Apuntó que esperaba otros acontecimientos aún más importantes. "Seguro estoy de que antes de seis meses", le dijo a Terrazas, "se podrá ver que el reconocimiento de Estados Unidos a la facción carrancista no ha sido desinteresado, según las proposiciones que Washington me hizo para reconocerme y que no acepté..."[143]

Villa no le reveló a Terrazas el significado de su plazo de seis meses. Éste sólo se comprendería tres meses después, cuando Villa atacó la población de Columbus, Nuevo México.[144]

Fue más explícito en su conversación con los veintisiete generales que acudieron a conferenciar con él sobre el futuro del villismo, en la hacienda de Bustillos. Tal vez le impresionó el valor simbólico de ese escenario. A la hacienda de Bustillos se había retirado Madero en 1911, tras su terrible derrota de Casas Grandes. En vez de desmoralizarlo, esa derrota había hecho que se le unieran todos los revolucionarios del estado de Chihuahua, incluidos sus líderes principales Pascual Orozco y Pancho Villa. Desde esa misma hacienda, marchó finalmente Madero para alcanzar su gran victoria de Ciudad Juárez y para convertirse en presidente de México. Villa tal vez se preguntaba si la reunión con sus generales conduciría a un vuelco similar de su fortuna.

En la reunión, les dijo que no estaba dispuesto a abandonar la lucha y habló de nuevo de un próximo conflicto con Estados Unidos. Uno de los participantes (cuya declaración no fue confirmada por ninguna otra) informó más tarde a los agentes estadounidenses que Villa había sugerido un ataque inmediato contra El Paso.[145] Pero cualesquiera esperanzas que albergara Villa sobre aquella reunión pronto se disiparon. Veintitrés de los generales dejaron muy claro que no tenían deseos de continuar la guerra civil y que aceptarían la oferta de amnistía de Carranza o bien buscarían refugio al norte de la frontera.

Aún más desalentadoras para Villa debieron ser las negociaciones que se estaban llevando a cabo al mismo tiempo en Ciudad Juárez, entre varios de sus generales que no habían acudido a Bustillos y los funcionarios carrancistas. Allí se firmó un acuerdo para la rendición del grueso de la División del Norte.

Obregón aceptó amnistiar a todos los soldados, oficiales y partidarios de

Villa con la excepción de cinco: el propio Villa y su hermano Hipólito, así como los tres más altos funcionarios civiles: Díaz Lombardo, De la Garza Cárdenas y Francisco Escudero. Todos los soldados recibirían un pago por licenciamiento al que Obregón añadió diez dólares en oro, y tendrían la opción de incorporarse al ejército de Carranza o irse a sus casas. Cuarenta generales, cinco mil cuarenta y seis oficiales y once mil ciento veintiocho soldados entregaron así las armas.[146] Al mismo tiempo, con unos pocos centenares de hombres, la mayoría miembros de su escolta personal, los Dorados, Villa se perdía en las montañas. Ni los carrancistas ni el gobierno de Estados Unidos esperaban que desempeñara ya papel alguno en el futuro del país.

La decisión de permanecer en México y seguir luchando distingue claramente a Villa de la mayoría de los caudillos tradicionales de la historia de América Latina. Perón, Batista y Somoza, una vez derrotadas sus tropas, se llevaron millones de la hacienda del estado y abandonaron sus respectivos países para disfrutar de una buena vida en el exilio. Villa tuvo la misma oportunidad. De hecho, él y sus hermanos al parecer trasladaron medio millón de dólares a Estados Unidos. *El Paso Herald* informaba en noviembre de 1915: "Villa y su hermano Hipólito tienen $ 500 000.00 guardados para un momento de apuro, declaran los funcionarios aduanales de Estados Unidos. El dinero estaba amontonado en pilas de billetes, con una cajita llena de monedas de oro. No se tomó nada del dinero, ya que era propiedad personal".[147] No era más que una parte del dinero que Villa pudo haber acumulado, si tal hubiera sido la principal finalidad de su vida. Controlaba el tesoro de la División del Norte, y millones de dólares habían pasado por sus manos. Incluso con lo que tenía podía haber llevado una vida próspera en el exterior. Estados Unidos estaba dispuesto a darle asilo, y también Cuba, y probablemente otros países de América Latina. Era la forma tradicional de reaccionar para un caudillo latinoamericano. En cambio, Villa eligió quedarse y combatir durante cinco largos y muy duros años de guerrilla, profundamente convencido de que era el único que podía evitar que México se convirtiera en un protectorado de Estados Unidos. En vez de usar su dinero para darse la gran vida, al parecer utilizó la mayor parte de él para pagar a sus hombres y para comprar armas en Estados Unidos o en el mercado negro mexicano.

EL ECLIPSE DEL VILLISMO: UN ANÁLISIS

A fines del año de 1914, la gran mayoría de los observadores nacionales y extranjeros estaban seguros de que la victoria final de Villa sólo era cuestión de tiempo. Un año más tarde, se había convertido en un fugitivo, oculto en algún lugar de las montañas de Chihuahua con unos cientos de hombres. Las razones de este desastre fueron materia de mucha controversia durante la revolución y lo siguen siendo aún hoy.

Para los carrancistas victoriosos, la respuesta era simple y clara: en términos militares, Villa carecía de la astucia estratégica de Obregón y, en términos políticos, representaba una coalición básicamente constituida por reaccionarios, como Ángeles, y bandidos, como el propio Villa, todos ellos secretamente financiados por Wall Street. Además, los carrancistas sostenían que el partido convencionista perdió el apoyo que tenía porque no podía ofrecer nada parecido a las leyes radicales que había empezado a promulgar Carranza a principios de 1915.

Las explicaciones que ofrecen los villistas y exvillistas son menos uniformes. El propio Villa no era dado a los análisis profusos. De hecho, desdeñaba a los intelectuales que se entregaban a ellos. Sólo tres veces se refirió a las causas de su derrota. Después de la primera batalla de Celaya, dijo que su retirada se había debido básicamente a la falta de municiones. Nunca explicó por qué, si tenía ese problema, le presentó batalla a Obregón. En una entrevista a *El Paso Times*, se refirió a los errores que había cometido, pero nunca especificó cuáles eran.[148] En su manifiesto de Naco, en noviembre de 1915, se ocupó por primera y única vez, aunque de forma sumaria, de las razones de los reveses sufridos. El momento decisivo, dijo, fue cuando Eulalio Gutiérrez y sus partidarios se sublevaron contra él. Nunca explicó cómo y por qué Gutiérrez, que contaba cuando mucho con unos diez mil hombres, pudo ejercer tal influencia sobre los destinos de la revolución mexicana. Además, culpaba a los estadounidenses y a aquellos de sus generales que habían desertado después de la derrota. En cuanto al papel de Estados Unidos, sólo se refirió al apoyo que había dado a los carrancistas en la campaña de Sonora y no mencionó que el gobierno de Wilson les había entregado el puerto de Veracruz. No había autocrítica en el texto de Villa y no mencionaba las equivocaciones estratégicas y tácticas que había cometido en sus batallas contra Obregón.

Enrique Pérez Rul, que fue secretario de Villa hasta el fin de la campaña sonorense y luego desertó, publicó un libro bajo el pseudónimo de "Juvenal", titulado *¿Quién es Francisco Villa?*,[149] en que critica vigorosamente tanto a Villa como a Carranza. Él también considera que la deserción de Gutiérrez marcó el giro en la suerte de Villa, pero es mucho más explícito sobre la forma en que ese suceso dañó a la División del Norte. En su opinión, distrajo a Villa del ataque inmediato contra Obregón y le dio a éste el respiro necesario para organizar y movilizar su ejército.

Ángeles, que escribió varios artículos en el exilio, nunca examinó públicamente las causas de la derrota de la Convención, probablemente porque no quería provocar una ruptura completa con Villa, a quien se uniría de nuevo en 1918. Su colaborador más cercano y representante en la Convención Revolucionaria, Federico Cervantes, dio en los años posteriores una evaluación detallada de esas causas, que muy posiblemente reflejaba los puntos de vista de Ángeles.[150] Según él, el mayor error de Villa consistió en no seguir los consejos de su brillante subordinado. No hizo caso cuando Ángeles le aconsejó tomar Veracruz inmediatamente después de capturar la ciudad de México, y por ello no llegó a derrotar a los carrancistas cuando aún estaban debilitados y desmoralizados por la toma de postura de la mayoría de la Convención contra ellos. Tampoco atendió la opinión de Ángeles de no atacar a Obregón en Celaya, sino obligarlo a marchar más al norte hasta que sus líneas de comunicación y abastecimiento con Veracruz se volvieran tan extensas y precarias que fuera fácil cortarlas. Y tampoco escuchó las objeciones de Ángeles a la idea de enfrentar a los carrancistas en León. Entonces, de nuevo, Ángeles aconsejaba retirarse al norte y reorganizarse.

En las pocas ocasiones en que el propio Ángeles se ocupó del problema de la derrota convencionista, lo hizo en términos más políticos que militares. En un artículo que publicó en Estados Unidos, trató de desentrañar "los errores de la revolución de 1913". Sobre todo, Ángeles culpaba a los "enemigos" de la revolución que impidieron su desarrollo pacífico derribando y asesinando al único hombre que podía haber conducido a México por el camino de las reformas democráticas, Francisco Madero. Otro motivo era la tragedia de que el jefe de la revolución fuera "un hijo legítimo de la dictadura porfiriana, ambicioso de poder despótico".[151] Obviamente se refería a Carranza. La tercera razón que Ángeles citaba era "la incultura natural de la clase baja del pueblo", cuya consecuencia fue "la confiscación de la propiedad" que destruyó la riqueza de México y mermó el prestigio y la legitimidad de la causa revolucionaria.[152] Sin nombrarlo, Ángeles se refería sin duda a Villa. En conversaciones privadas criticaba su "monomanía de fusilar".[153]

También Federico González Garza veía la conducta que siguió Villa con las propiedades confiscadas como una clave de su derrota, pero de manera diferente de Ángeles. Si éste pensaba que las confiscaciones y expropiaciones eran *per se* dañinas para la causa revolucionaria, González Garza creía que estaban perfectamente justificadas pero no habían ido suficientemente lejos. "Desde un punto de vista práctico", le escribió a su hermano Roque en septiembre de 1915,

> hay que convenir en que si hubiésemos sabido nosotros desde que fue arrojado Huerta llevar a cabo una confiscación ordenada y sujeta a un método vigoroso y hubiésemos ya llevado a cabo una repartición de tierras bajo un plan inteligente y sin violencias, ya hubiésemos creado para ahora nuevos intereses que servirían de un modo principal a afianzar el nuevo régimen. No de otro modo procedió la asamblea constituyente en el primer periodo de la revolución francesa, desposeyendo a la nobleza de sus tierras y repartiéndolas en seguida, ni consistió en otra cosa la fuerza de resistencia que después presentó el régimen republicano, cuando a pesar de los horrores que hubo durante la convención, ni el directorio ni el consulado que después le sucedieron se atrevieron a deshacer lo hecho por la primera asamblea, es decir, no se atrevieron a decretar la restitución de los bienes confiscados. Napoleón mismo, convertido poco después en monarca, comprendió que para afianzar su poder no tenía que tocar lo hecho por los republicanos, sino al contrario, ratificar, confirmar e incorporar en leyes e instituciones lo decretado y hecho durante el periodo violento de la revolución. Para hacer obra firme no debemos olvidar estas lecciones de la historia.[154]

124

Hoy en día casi todos los historiadores coinciden en que una de las principales causas de la derrota militar de Villa fue su falta de habilidad estratégica y táctica, en comparación con la de Obregón. Pero las explicaciones sobre el origen de esa falta son muy diversas. Algunos ven la cuestión en términos puramente personales: la arrogancia y/o falta de instrucción de Villa sería el motivo principal por el que no pudo entender, a pesar de los repetidos fiascos, que sus cargas frontales de caballería contra un enemigo fortificado en trincheras no tenían posibilidades de éxito. Otros atribuyen la derrota tanto de Villa como de Zapata básicamente al localismo campesino:[155] su visión limitada a lo regional habría sido lo que impidió a Villa atacar a Carranza en Veracruz y en cambio lo llevó a reforzar la ciudad de Torreón, que era uno de los puntos claves para controlar el norte. Por la misma razón, Zapata vaciló en realizar cualquier tipo de actividad militar de gran alcance fuera de su estado natal de Morelos.

Mucho más controvertida es la cuestión de si la derrota se puede atribuir puramente a factores militares o también a factores políticos. Los efectos de la derrota militar dependen en gran medida de otros factores, sobre todo políticos y sociales. En el siglo XIX, durante las guerras civiles entre liberales y conservadores, de 1857 a 1860, los conservadores fueron los mejores generales, ganaron la mayoría de las batallas, pero al final perdieron. Los liberales tenían un apoyo popular mucho mayor y más recursos a su disposición.

En 1911, Madero sufrió una terrible derrota en Casas Grandes, pero eso no tuvo graves consecuencias para la revolución, que pocas semanas después derrocó a Porfirio Díaz. En cambio el movimiento villista, excepto en Chihuahua y las áreas adyacentes, nunca se recuperó de sus derrotas militares.

Algunos las han atribuido a la pérdida del apoyo popular por las atrocidades y matanzas que cometió. Pero no hay pruebas de que las tropas de Villa fueran más violentas con la población civil que las carrancistas. En realidad, hasta la campaña de Sonora, la violencia de Villa no parece haber estado dirigida contra las clases bajas de la sociedad. Según todas las versiones, incluso después de sus derrotas de Celaya y León, Villa seguía siendo mucho más popular entre las clases bajas que Carranza o cualquiera de sus generales. Esa popularidad no se tradujo, sin embargo, en el tipo de levantamiento guerrillero masivo que en 1911 generó la de Madero en todo México. No hay una explicación única de este fenómeno.

Un factor importante fue que, a diferencia de los zapatistas y de los carrancistas, Villa no había creado ninguna organización política. En el territorio de Zapata, el poder seguía en gran medida en manos de los ayuntamientos de los pueblos, mientras que los carrancistas trabajaron con los sindicatos y, en algunas partes de México como Yucatán, enviaron agitadores políticos a las grandes haciendas. Nada semejante ocurrió en las regiones controladas por la División del Norte, donde los militares detentaban el poder absoluto.

La mayor debilidad de Villa fue, sin duda, la que señaló Federico González Garza: no llevar a cabo una reforma agraria masiva. Esa falta estaba en parte vinculada a la alianza, y luego creciente dependencia, de Villa con Estados Unidos.

Los efectos de esa alianza fueron paradójicos. Por una parte, su posibilidad de comprar armas en Estados Unidos le permitió hacer en el curso de unos pocos meses lo que otros movimientos en el mundo sólo lograron tras años de lucha: transformar a un ejército guerrillero en un ejército regular. Por otra parte, la misma alianza le hizo cada vez más difícil realizar una gran reforma agraria, porque Villa necesitaba los ingresos de las haciendas confiscadas para financiar la compra de armas y porque los estadounidenses respaldaban su papel moneda. El gobierno y las compañías estadounidenses no decidieron conscientemente aceptar la moneda villista. Más bien, dado que dicho gobierno parecía respaldar a Villa, las compañías estadounidenses se convencieron de que sería el vencedor en la guerra civil y por tanto empezaron a comprar grandes cantidades de su moneda para pagar futuros impuestos y para cambiarla más tarde, a mayor precio. Repentinamente, Villa tenía en las manos la lámpara de Aladino: todo lo que tenía que hacer era imprimir billetes: los estadounidenses –y, como resultado, también los mexicanos– los aceptarían. ¿Para qué repartir la tierra, causar disensiones en su movimiento y debilitar a su ejército si podía alcanzar un grado mucho mayor de popularidad simplemente distribuyendo los billetes que imprimía? Mientras este expediente funcionó, fue un modo muy eficaz de obtener apoyo. Cuando, después de la derrota, su moneda se depreció hasta casi no valer nada, ese apoyo se debilitó y la desilusión cundió sin freno. Si hubiera pagado tanto a sus soldados como a sus partidarios civiles con tierra y no con billetes, la calidad del apoyo habría sido muy distinta y la gente del campo en los antiguos territorios villistas tal vez hubiera peleado para conservar la tierra con la misma energía que lo hicieron los seguidores de Zapata en Morelos.

La transformación de su ejército de una guerrilla heterogénea en una fuerza regular de combate fue la clave tanto de su éxito como de su fracaso. Sin un ejército profesional, como llegó lentamente a ser la División del Norte, no hubiera derrotado a las fuerzas regulares de Huerta. Pero a un ejército profesional hay que pagarle, y cuando Villa no tuvo dinero para hacerlo, muchos de sus soldados desertaron o cambiaron de bando. Finalmente, cuando Estados Unidos le cerró las puertas, desaparecieron sus posibilidades de sostener ese ejército regular.

·III·

De dirigente nacional a guerrillero

Venustiano Carranza en el poder

Con la rendición casi completa de lo que había sido la poderosa División del Norte, Carranza tenía razones para estar optimista. Había derrotado al único ejército que, durante un tiempo, parecía capaz de impedirle alcanzar el poder nacional. Aunque a regañadientes, el presidente estadounidense se había visto forzado a reconocerlo. Esto significaba que su facción sería la única con posibilidades de obtener armas y bastimentos de Estados Unidos. Los bancos y el gobierno estadounidenses contemplaban la posibilidad de otorgarle un préstamo considerable y las compañías mineras estadounidenses planeaban reiniciar sus operaciones en México. Como resultado del auge de guerra en Estados Unidos las materias primas mexicanas, especialmente el petróleo y el henequén, habían subido notoriamente de precio, y Carranza esperaba que ello aumentaría sus ingresos. Tenía motivos para pensar que le sería posible realizar los puntos principales de su agenda. El primero había sido lograr la independencia de México. A este respecto, las condiciones parecían mejores que en cualquier otro momento desde el estallido de la revolución. No quedaban tropas extranjeras en el territorio tras la evacuación estadounidense de Veracruz. Las potencias europeas involucradas en la primera guerra mundial no podían, ni aun si hubieran querido, intervenir militarmente en México. También Estados Unidos se estaba involucrando cada vez más en los acontecimientos europeos y, por tanto, tenía menos posibilidades de ejercer presiones militares sobre el país. Por añadidura, en vista de la victoria de Carranza, la estrategia que Wilson había seguido hasta entonces –procurar enfrentar a una facción contra otra– ya no era viable.

A la vez, la restauración de la paz se presentaba como claramente posible, aunque el país estaba lejos de haber sido pacificado: Zapata aún controlaba Morelos, y diversos jefes locales convencionistas, como los hermanos Cedillo en San Luis Potosí y Calixto Contreras en Durango, seguían combatiendo. Algunos conservadores, como Peláez en la zona petrolera y Esteban Cantú, un antiguo oficial federal, se negaban a reconocer la autoridad del Primer Jefe. En el sureste, varias facciones localistas o encabezadas por hacendados trataban de conservar su independencia militar. Sin embargo, probablemente Carranza suponía que, con el apoyo tanto de su ejército victorioso como de Estados Unidos, podría someter a esas fuerzas.

Su tercera prioridad era la recuperación económica, que esperaba alcanzar con ayuda de sustanciosos préstamos de los bancos estadounidenses. Pero sus esperanzas recibieron un golpe decisivo, si no fatal, cuando, el 8 de marzo de 1916, Pancho Villa atacó, con quinientos hombres, la población de Columbus, Nuevo México. Ese ataque tensaría las relaciones de Carranza con Estados Unidos casi hasta la ruptura, le impediría obtener dinero y armas estadounidenses, y echaría abajo sus perspectivas de conseguir una rápida recuperación, pacificar el país y reducir el poder y el tamaño de su propio ejército. Asimismo prolongaría la vida de las fuerzas populares que luchaban contra él, sobre todo la del Ejército Libertador del Sur, y produciría un asombroso resurgimiento de Villa, que ya nadie esperaba luego de la rendición de su División del Norte. La recuperación al menos parcial de Villa, a partir de lo que parecía una derrota total, se debió en gran parte a la política seguida por los carrancistas en Chihuahua.

CHIHUAHUA BAJO LOS CARRANCISTAS

Cuando sus tropas entraron en Chihuahua y miles de antiguos villistas entregaron las armas y se rindieron, Carranza hubo de encarar el problema de cómo administrar y pacificar el estado que había sido semillero de la revolución mexicana, cuyas fuerzas habían derrocado a Díaz, habían desempeñado un papel decisivo en la derrota de Huerta y casi le habían arrancado el poder a él mismo. Descartó dos de las opciones que se le presentaban. Una consistía en llevar a cabo la reforma agraria, por la que tantos chihuahuenses habían luchado desde 1910 y que Villa les había prometido. La otra era realizar en el estado el tipo de elecciones libres que Madero había permitido en 1911 y que les hubiera dado a los chihuahuenses la posibilidad de elegir a su propio líder. Pero no habría reforma agraria y pasarían años antes de que se celebraran elecciones en Chihuahua; cuando finalmente se hicieron, hubo denuncias de fraude y corrupción.

Las dos opciones que Carranza sí contempló consistían en tratar a Chihuahua como un territorio ocupado, gobernado por políticos procedentes del exterior y apoyados por un ejército también compuesto por tropas venidas de fuera, o permitir a los carrancistas chihuahuenses administrar el estado.

La política carrancista osciló constantemente, desde 1915 hasta 1920, entre estas dos opciones; el destino del villismo y de los movimientos revolucionarios en el estado dependió en gran parte de la alternativa que los carrancistas finalmente eligieron.

Un problema que presentaba la segunda posibilidad –entregar el poder a los carrancistas locales– era que, hasta el colapso del villismo, había habido muy pocos partidarios de Carranza en Chihuahua. La inmensa mayoría de la población había apoyado a Villa. Aunque muchos antiguos villistas estaban más que dispuestos a colaborar con Carranza, él no confiaba en ellos y no quería darles cargos políticos ni militares importantes, aunque aceptó a los antiguos soldados y oficiales villistas en las filas de su ejército. Desconfiaba también de los principales grupos sociales y políticos que se habían opuesto a Villa –la vieja oligarquía, sobre todo el clan Terrazas y quienes lo apoyaban–, porque habían apoyado a Huerta y porque le llegaron rumores de que Creel estaba intentando provocar una intervención militar de Estados Unidos en México.[1] Con todo, después de un tiempo, Carranza intentó hacer las paces con la oligarquía devolviéndole sus propiedades, aunque sin permitirle recuperar el control político del estado. Tampoco podía confiar en los orozquistas, el grupo más numeroso entre los que se habían opuesto a Villa. La mayoría había apoyado a Huerta, algunos se habían unido a Zapata y otros se habían exiliado en Estados Unidos. Finalmente, Carranza haría la paz con muchos de ellos, pero se resistía a otorgarles puestos políticos importantes. En el momento de la ruptura entre Villa y Carranza, sólo unos pocos revolucionarios chihuahuenses habían tomado partido por el Primer Jefe. Por ejemplo, Manuel Chao, el antiguo maestro en quien había puesto todas sus esperanzas, a quien impuso como gobernador del estado en 1914 y a quien salvó de ser ejecutado por Villa, había resultado inesperadamente leal al caudillo y había repudiado a Carranza.

Los únicos revolucionarios destacados que tomaron el bando de Carranza en el momento de la ruptura fueron los Herrera y sus seguidores de la región de Parral, al sur del estado. Su número era relativamente pequeño, su apoyo sólo local. Había muerto Maclovio Herrera, su líder más prestigioso –que participó en la revolución maderista y tenía reputación de ser uno de los comandantes villistas más valerosos–, y lo sustituía su hermano Luis, mucho menos conocido. Tal vez por lo limitado del apoyo local con que contaba, tal vez porque era, como lo describieron los generales estadounidenses que tuvieron contacto con él, un analfabeto,[2] Carranza nunca se decidió a confiarle el estado. Ignacio Enríquez, el hombre que finalmente eligió para administrarlo, estaba en cambio, por sus orígenes sociales, sus antecedentes y su ideología, más cercano al corazón del Primer Jefe. Pertenecía a una especie extremadamente infrecuente en Chihuahua, aunque no en otros estados del norte: el revolucionario de clase alta.

Durante la gubernatura de Miguel Ahumada, de 1892 a 1903, el padre de Enríquez había ocupado uno de los puestos políticos más importantes: jefe político del distrito de Iturbide, que comprendía la ciudad más grande del estado, Ciudad Juárez. Su periodo de gobierno terminó cuando Terrazas volvió a ser gobernador, en 1903. No está claro si eso indicaba algún antagonismo fuerte entre ambos, pero bien pudo ser el caso, dado que Enríquez padre fue alcalde de Ciudad Juárez en 1912, bajo el gobierno revolucionario de Abraham González, y renunció a su cargo tan pronto como Huerta perpetró su golpe de estado.

Ignacio Enríquez hijo no participó en la revolución maderista. Pocos meses antes de que se iniciara, volvió a Chihuahua tras graduarse en agronomía en la Universidad de Illinois. A pesar de su juventud, se convirtió en administrador de la hacienda del Rubio, que pertenecía a los Zuloaga, una de las familias más ricas del estado. Su participación política comenzó en 1912 cuando se unió a las milicias estatales que combatían contra Orozco, al mismo tiempo que su padre volvía a ocupar un cargo político importante. Poco después del golpe huertista, decidió tomar las armas contra el dictador. A diferencia de otros revolucionarios de Chihuahua, él y los hombres que se le sumaron decidieron no combatir en su estado natal, sino que se fueron a Sonora donde, el 28 de marzo de 1913, Enríquez ingresó como oficial en el Ejército del Noroeste, bajo el mando de Obregón. No está claro qué provocó esta decisión. ¿Le parecían demasiado radicales los revolucionarios de Chihuahua? ¿O le atraía Sonora porque allí ya existía un ejército regular, mientras que en su estado sólo había grupos guerrilleros aislados? En cualquier caso, pronto estableció íntimos vínculos con Carranza y Obregón, quienes lo promovieron rápidamente y a quienes permaneció leal hasta la muerte del segundo. Sirvió en la guardia personal de Carranza cuando éste estableció su cuartel general en Chihuahua, y el Primer Jefe estaba obviamente tan encantado con el joven revolucionario que le confió una serie de misiones importantes. Durante un tiempo, fue cónsul mexicano en Nueva York, donde sus responsabilidades superaban con mucho las tareas consulares habituales: era uno de los compradores de armas de Carranza en Estados Unidos.[3] Luego encabezó uno de los Batallones Rojos de los obreros que los carrancistas habían logrado movilizar contra la Convención Revolucionaria. En ese mando ciertamente aprendió mucho sobre cómo tratar con las clases bajas, pero no se convirtió en un radical. Su agenda –asumió como primer gobernador carrancista de Chihuahua en enero de 1916– era muy conservadora. Su acto primero y más significativo en el cargo consistió en devolver a sus antiguos propietarios más de cien propiedades urbanas y haciendas, confiscadas por Villa. Si no devolvió todas las propiedades de la oligarquía fue probablemente porque Carranza decidió hacerse cargo personalmente de este proceso y no permitir que ningún gobernador procediera por su cuenta.[4]

Otra muestra del conservadurismo de Enríquez fue que, mientras otros gobernadores carrancistas crearon comisiones agrarias para recibir solicitudes de tierras de los campesinos –aunque muy pocas tierras se distribuyeron de hecho–, Enríquez ni siquiera hizo un gesto en esa dirección ni creó ninguna comisión agraria en Chihuahua. Por tanto dejó claro, desde 1916, que no tenía intención de poner en práctica lo que Carranza había prometido en su decreto agrario de enero de 1915.

Tuvo una postura igualmente conservadora en sus tratos con los trabajadores industriales y no mostró simpatía alguna por los sindicalistas que poco antes había llevado al combate. Intentó poner coto a las actividades de los organizadores obreros de la misma Casa del Obrero Mundial cuyos miembros habían formado los Batallones Rojos. Escribió orgullosamente a Carranza que, como comandante de ese batallón, había aprendido a controlar a los obreros y lo haría, ya fuera razonando con ellos o por la fuerza.[5]

Sin embargo, Enríquez comprendía que esas medidas conservadoras no podían por sí solas ganarle los partidarios que necesitaba para gobernar el estado. Se quejaba ante Carranza de que no podía encontrar suficiente gente dispuesta a asumir cargos políticos en el estado ni a administrar las propiedades confiscadas.[6] Atribuía esto menos a una falta de apoyo popular que al miedo a las represalias villistas. Esa situación pudo inducirlo a tomar la única medida que, a pesar de su conservadurismo social y su resistencia a ejecutar reforma alguna, le aseguraría un alto grado de apoyo popular en el estado y haría de él un formidable oponente para Villa: armar a muchos habitantes de los pueblos. Enríquez fue uno de los fundadores de una institución que sería importante en muchas partes de México y decisiva en Chihuahua: las "defensas sociales".[7]

Como Carranza, Enríquez confiaba en que la recuperación económica sería el medio principal para conseguir la pacificación. Esperaba que devolviendo sus tierras a los hacendados y evitando que se sintieran amenazados por la creación de una comisión agraria, los convencería de reemprender la producción. E impidiendo que los organizadores obreros radicales influyeran en los trabajadores, esperaba inducir a los propietarios estadounidenses de minas a hacer otro tanto. Tanto Carranza como Enríquez obviamente pensaban que si el nuevo gobierno podía traer recuperación económica y paz, los chihuahuenses, cansados de cinco años de guerra, abandonarían la lucha, aunque no se llevara a efecto ninguno de los cambios sociales y las reformas por las que habían peleado. Sea cual fuere la validez de tales supuestos, nunca pudieron ponerse a prueba, porque los carrancistas no lograron restaurar la economía ni restablecer la paz: la recuperación económica resultó más compleja y lenta de lo que creían y, fatalmente, subestimaron el potencial que aún poseía Pancho Villa.

Los miles de veteranos villistas que entregaron sus armas y volvieron a sus casas descubrieron que, aparte de la amnistía, el nuevo gobierno carrancista tenía muy poco que darles. No recibirían la tierra que muchos esperaban como recompensa por sus servicios en la División del Norte. Hallar trabajo en las grandes haciendas era más difícil que nunca antes, porque la ganadería, espina dorsal del campo chihuahuense, se había agotado en los años de revolución. La mayoría de las minas estaban aún cerradas, lo mismo que muchas plantas industriales. En el sector público, es decir, la burocracia estatal y los ferrocarriles, los antiguos villistas fueron despedidos y sustituidos por carrancistas, a menudo procedentes de otras partes del país. La única forma de "empleo" que el nuevo gobierno les ofrecía consistía en enrolarse en el ejército carrancista. Pronto descubrieron que ésta era una opción muy poco atractiva: la paga era baja e irregular, y cuando Villa volvió a entrar en campaña, los riesgos se volvieron enormes. Tendrían que pelear contra su antiguo caudillo, cuyas dotes militares todavía respetaban, sabiendo que, si eran capturados, serían inmediatamente ejecutados como desertores y sus familias podían sufrir represalias. Estados Unidos proporcionó una válvula de escape para algunos antiguos villistas y para el gobierno carrancista. La economía estadounidense estaba en pleno auge como resultado de la guerra mundial, y miles de mexicanos hallaron empleo al norte de la frontera. Esa opción se volvió más problemática cuando aquel país entró en guerra, en abril de 1917, porque los trabajadores mexicanos podían ser reclutados. En ese momento, muchos prefirieron regresar a México, a pesar de las dificultades económicas que reinaban al sur de la frontera.

El desempleo, que había estado ausente durante el gobierno villista, no era sino uno de los problemas que tenían que enfrentar los chihuahuenses. Incluso para aquellos que tenían trabajo o que poseían negocios o tierras, el carrancismo trajo nuevas dificultades. Esperaban que el nuevo gobierno sustituiría el papel moneda de Villa, carente ya de valor, por una moneda estable. Pero no sucedió así: también Carranza había impreso millones en billetes, y su moneda perdía valor constantemente y era rechazada por el grueso de la población.

Las políticas carrancistas en Chihuahua fueron uno de los factores del asombroso resurgimiento del villismo. El otro factor fue el ataque de Villa contra Columbus, y la intervención estadounidense en Chihuahua que provocó.

UNA NUEVA DIRECCIÓN PARA EL VILLISMO

A fines de 1915, tras la desastrosa campaña sonorense, existía al parecer un difundido consenso entre los observadores estadounidenses, la dirección carrancista y la mayoría de los generales de Villa de que el exjefe de la División del Norte estaba acabado en términos militares.[8] Algunos funcionarios estadounidenses pensaban que buscaría asilo en Estados Unidos. El gobernador Enríquez no lo creía así, pero consideraba tan insignificantes a las fuerzas que aún merodeaban bajo el mando de Villa que sólo le pidió a Carranza dos mil hombres para contenerlas.[9] Era una considerable subestimación del potencial destructivo que Villa representaba. En sólo unos pocos meses, más de diez mil estadounidenses y varios miles de soldados carrancistas recorrerían Chihuahua, incapaces de capturar a Villa y de impedir su espectacular resurgimiento por el que, a fines de 1916, controlaría de nuevo una porción sustancial del estado.

La disolución de la División del Norte en modo alguno significó que Villa estuviera dispuesto a abandonar la lucha y aceptar su derrota. Pero se dio cuenta de que mantener un ejército regular y librar combates regulares se le había vuelto imposible. Sus hombres estaban desmoralizados y no tenía ni el dinero ni los medios con que adquirir armas y parque estadounidenses. Como dejó entender en su última conversación con Silvestre Terrazas, iba a pasar a la lucha guerrillera. Para ese fin, Villa sólo necesitaba inicialmente un pequeño número de hombres. Como sus acciones futuras mostrarían, confiaba en que si llegaba a necesitar a sus antiguos soldados podría reclutarlos de nuevo, ya fuera voluntaria o involuntariamente, aunque hubieran aceptado la amnistía de Carranza. Pensaba también que la mayoría de sus generales se le uniría en la guerra de guerrillas que planeaba librar contra los carrancistas y contra los estadounidenses, esperanza que vio frustrada en la reunión de Bustillos, después de la cual Villa se retiró a las montañas del oeste del estado.

El día en que llegó a esa zona debe haber sido uno de los más tristes de su vida. Sólo le quedaban unos cientos de hombres, principalmente miembros de su guardia de élite, los Dorados, de un ejército que había contado entre treinta y cincuenta mil soldados. Idos eran todos los arreos de un ejército regular –los trenes militares, los sanitarios, la artillería– que tan intensa fascinación le causaban. Prácticamente todos sus generales lo habían abandonado. Tras años de guerra que habían acabado en derrota, su popularidad entre la población civil chihuahuense tocaba el nadir. La posibilidad de obtener armas en Estados Unidos era más remota que nunca, no sólo por el embargo contra él, sino, sobre todo, porque no contaba con los recursos que antes había usado para pagarlas: el ganado de las haciendas expropiadas y el algodón de la región lagunera.

A pesar de todo, Villa no abandonó la lucha, entre otras razones porque tampoco carecía enteramente de recursos: tenía escondidos grandes depósitos de armas y municiones en diversos puntos recónditos de Chihuahua.

Aunque sólo tenía unos pocos hombres, sabía que éstos, principalmente los Dorados, le eran fanáticamente leales. Otro tanto ocurría con los jefes militares que sustituían a los generales de la División del Norte: en su mayoría eran jóvenes, principalmente Dorados que habían escalado desde los rangos inferiores. Tal vez con una excepción, ninguno de ellos era un líder popular en el momento de estallar la revolución. Los hermanos Martín y Pablo López se habían sumado a las filas de Villa como soldados rasos y habían ascendido velozmente, gracias a su lealtad y su valor. Al parecer también era ése el caso de Baudelio Uribe, mientras que Nicolás Fernández, exadministrador de hacienda, había sido compañero de Villa antes de la revolución. Una de las pocas excepciones a la regla era Candelario Cervantes, que había conducido a más de cien hombres de su pueblo natal, Namiquipa, en febrero de 1913, sublevados contra la dictadura de Huerta. La lealtad que estos hombres le tenían a Villa y su audacia a veces legendaria (como fue especialmente el caso de Martín López) competían con la despiadada crueldad y la brutalidad que ejercían contra sus enemigos y, en ocasiones, contra la población civil. En 1916, uno de los propios comandantes de Villa protestó por las depredaciones que estaba cometiendo Martín López contra los civiles.[10] Baudelio Uribe era conocido por cortarles las orejas a los prisioneros carrancistas, y Cervantes forzó a los habitantes de su propio pueblo, enrolados en el ejército de Villa contra su voluntad, a participar en el ataque a Columbus.

La cuestión de cuáles eran los objetivos de Villa en ese momento de su vida y qué motivaciones lo guiaban constituye uno de los puntos más polémicos de la historiografía mexicana, en parte porque, aunque vivió siete años más, nunca reconoció sus acciones de ese periodo ni dio ninguna explicación de ellas. Para muchos historiadores mexicanos y observadores contemporáneos lo mismo mexicanos que estadounidenses, se había vuelto completamente irracional y sólo lo movía su odio ciego contra los estadounidenses que, según él, lo habían traicionado y causado su derrota. Para otros, simplemente había vuelto a ser lo que siempre fue: un bandido al que sólo lo movía el deseo de adquirir botín y oro, capaz de cualquier cosa por dinero; cuando alguien le pagó para cruzar la frontera y atacar a los estadounidenses, lo hizo sin la menor preocupación por las consecuencias que podía tener para México. Para algunos historiadores, ese "alguien" fue el servicio secreto alemán, mientras que para ciertos observadores contemporáneos fueron los empresarios esta-dounidenses que deseaban provocar una intervención de Estados Unidos en México.[11] Según una tercera hipótesis, la del historiador chihuahuense Fran-cisco Almada, Villa era una especie de bestia feroz. Había tratado de obtener asilo político en Estados Unidos pero había renunciado a ello al enterarse de que sería procesado por el asesinato de Benton,[12] el hacendado británico al que él o uno de sus hombres había dado muerte en 1914. En ese momento no te-nía más alternativa que permanecer en México y pelear, por lo que tomaba venganza contra Estados Unidos. La cuarta hipótesis, del historiador Alberto Calzadíaz Barrera, es que el propósito principal de Villa al atacar Columbus era castigar al comerciante estadounidense Sam Ravel, a quien le había pro-porcionado una gran cantidad de dinero para comprar armas y se negaba a entregárselas.[13]

En realidad, los motivos de Villa para las acciones que emprendió en 1916 parecen haber sido mucho más complejos de lo que estas teorías sugieren. Hay dos documentos contemporáneos que, tomados en conjunto, dan una idea de sus objetivos y razones.

El primero es una carta que le escribió a Zapata el 8 de enero, sólo unos días después de abandonar la hacienda de Bustillos. En ella, tras describir sus planes para la campaña en Sonora, culpaba esencialmente al gobierno de Wilson de su fracaso. Por haber permitido a varios miles de soldados carran-cistas cruzar su territorio para reforzar a los de Agua Prieta, Wilson era direc-tamente responsable de la derrota. Villa había tenido que retirarse de Sonora porque la ciudad más importante que controlaba en Chihuahua, Ciudad Juá-rez, estaba amenazada por tropas carrancistas a las que los estadounidenses habían permitido acercarse por su lado de la frontera. La explicación de todo esto era el pacto secreto que el gobierno estadounidense habría firmado con Carranza.[14] No tenía más opción que quedarse en México para seguir comba-tiendo, y buscar venganza contra Estados Unidos.

Villa concluía la carta revelando sus planes para el futuro y pidiéndole a Zapata que los apoyara:

> Por lo anterior verá usted que la venta de la patria es un hecho, y en tales circunstancias y por razones expuestas anteriormente, decidimos no que-mar un cartucho más con los mexicanos nuestros hermanos y prepararnos y organizarnos debidamente para atacar a los americanos en sus propias madrigueras y hacerles saber que México es tierra de libres y tumba de tro-nos, coronas y traidores.
>
> Con objeto de poner al pueblo al tanto de la situación y para organizar y reclutar el mayor número posible de gente con el fin indicado, he dividi-do mi ejército en guerrillas y cada jefe recorrerá las distintas regiones del país, que estime convenientes, mientras se cumple el término de seis me-ses, que es el señalado para reunirnos todos en el estado de Chihuahua, con las fuerzas que se haya logrado reclutar en el país y hacer el movimien-to que habrá de acarrear la unión de todos los mexicanos. [...]

Como el movimiento que nosotros tenemos que hacer a los Estados Unidos sólo se puede llevar a cabo por el norte, en vista de no tener barcos, le suplico me diga si está de acuerdo en venirse para acá con todas sus tropas y en qué fecha, para tener el gusto de ir personalmente a encontrarlo y juntos emprender la obra de reconstrucción y engrandecimiento de México, desafiando y castigando a nuestro eterno enemigo, al que siempre ha de estar fomentando los odios y provocando dificultades y rencillas entre nuestra raza.[15]

Esta carta es desconcertante en varios sentidos. Tomada por sí sola, tendería a confirmar la hipótesis de que Villa se había vuelto irracional y sólo lo guiaba el odio contra los estadounidenses y el deseo de vengarse, a cualquier costo para México. En ninguna parte de la carta le explica a Zapata lo que espera obtener de su ataque a Estados Unidos, país muy superior a México en recursos y poderío militar. ¿Esperaba seriamente que Zapata, siempre renuente a enviar a sus tropas fuera de Morelos y que no lo había hecho ni siquiera para interrumpir las comunicaciones de Obregón antes de la batalla de Celaya, repentinamente condujera a su ejército a cientos o miles de kilómetros de su estado natal, a través de territorio controlado por Carranza, para atacar a Estados Unidos? También resulta desconcertante el esquema de fechas que maneja Villa. Atacó Columbus a las pocas semanas de escribir la carta, pero en ella le menciona a Zapata que esperará por lo menos seis meses, con el fin de tener tiempo de movilizar y reunir hombres suficientes.

Los verdaderos fines y objetivos de Villa en ese momento se vuelven más claros en una entrevista que unos meses después concedió uno de sus lugartenientes más importantes, Pablo López, a un corresponsal irlandés, tras ser capturado por los carrancistas y poco antes de ser ejecutado.

Mi jefe, don Pancho Villa, siempre nos estaba diciendo que ya que los gringos lo habían traicionado no sólo quería la revancha, sino tratar de despertar a nuestro país para que viera el peligro que le acechaba.

Don Pancho estaba seguro de que los gringos eran demasiado cobardes para enfrentarse a nosotros, o para tratar de conquistar nuestro país por la fuerza de las armas. Decía que lo que harían sería enfrentar a una facción contra otra, hasta que todos estuviéramos muertos y nuestro país agotado cayera como un fruta madura en sus manos codiciosas. Don Pancho también nos dijo que Carranza estaba vendiendo nuestros estados del norte a los gringos para conseguir dinero con que mantenerse en el poder. Dijo que quería forzar a los gringos a intervenir antes de que estuvieran listos y mientras nosotros todavía estábamos a tiempo de convertirnos en una nación unida.[16]

Aquí las palabras clave son: "Él [Villa] dijo que quería forzar a los gringos a intervenir antes de que estuvieran listos y mientras nosotros todavía estábamos a tiempo de convertirnos en una nación unida". Lo que Villa quería y finalmente consiguió fue una intervención estadounidense limitada, similar a la de Veracruz. No hay prácticamente duda de que, cuando Villa formuló este proyecto, tenía presente la experiencia del desembarco de Veracruz. En esa ocasión, miles de mexicanos se habían presentado como voluntarios al ejército de Huerta para combatir contra el invasor extranjero, a pesar de la impopularidad del general golpista y de que había sufrido varias derrotas. Carranza se había visto forzado a hacer una fuerte declaración antiestadounidense, que había sido motivo de que Estados Unidos le bloqueara la compra de armas. El único peligro evidente que conllevaba el ataque contra Estados Unidos era que ese país decidiera ocupar todo México. Villa le expresó a López la convicción de que no lo haría. Su optimismo estaba bien fundado. No había habido ningún intento de ocupar el resto del territorio tras el ataque contra Veracruz: Wilson no tenía entonces los medios para ello, y Villa estaba seguro, como se entiende por lo que le dijo a López, de que esa situación no había cambiado. Probablemente sabía que el ejército regular estadounidense no tenía más que cincuenta mil hombres y que, dada la evolución de la guerra europea, el gobierno jamás comprometería en México a una parte importante de esas tropas. Ambos datos eran de dominio público en aquel momento, y Villa aún tenía muchos agentes y representantes en Estados Unidos. Conociendo Chihuahua como la conocía, probablemente estaba seguro de que le sería fácil eludir una persecución estadounidense.

Uno de los puntos más acaloradamente debatidos en cuanto al ataque a Columbus es qué papel desempeñaron las fuerzas exteriores, si tuvieron alguno. A este respecto, hay dos hipótesis principales que se pueden clasificar bajo el nombre único de "teorías de la conspiración".

La primera de ellas, ampliamente aceptada en el momento del ataque, fue que a Villa le habían pagado los empresarios estadounidenses, interesados en provocar una intervención en México. Al parecer hasta John Reed aceptaba esa hipótesis.[17] Sin duda muchos estadounidenses con intereses en México se felicitaron cuando Villa atacó Columbus, porque esperaban que Wilson se viera forzado a intervenir y ocupar gran parte del país. Sin embargo, no hay pruebas de la existencia de esa conspiración, y sólo un autor ha intentado reconstruirla. Bill McGaw cree que el corresponsal de Associated Press, George Seese, que llegó a Columbus pocos días antes del ataque, fue quien entregó el dinero de los empresarios estadounidenses que lo habían organizado.[18] Pero McGaw no da ninguna prueba tangible y las autoridades estadounidenses jamás albergaron la menor sospecha sobre Seese.

Las teorías conspiratorias del segundo tipo atribuyen la responsabilidad a Alemania. Aquí la situación es más compleja, porque en efecto sí existió una conspiración alemana para provocar que Villa atacara a Estados Unidos. En mayo de 1915, Felix Sommerfeld, que durante largo tiempo había sido comprador de armas y municiones para Villa y a la vez representante suyo en Estados Unidos, decidió ofrecer sus servicios al Servicio Secreto Alemán poco después de que el caudillo mexicano lo forzó a abandonar sus lucrativas actividades.

Conforme avanzaba la primera guerra, a los gobernantes alemanes les preocupaba cada vez más el impacto que podía tener en ella Estados Unidos, que se mantuvo neutral hasta 1917. A partir de 1914, las fábricas de armas estadounidenses empezaron a vender sus productos a los franceses, británicos y rusos. En teoría, también Alemania y sus aliados podían comprar armas en Estados Unidos, pero la flota británica les bloqueaba el acceso al continente americano. Además, los alemanes temían que el gobierno de Wilson entrara finalmente en guerra del lado de los Aliados. Para evitar al mismo tiempo las ventas de armas a Europa y la participación estadounidense en la guerra mundial, una de las medidas que contemplaron fue provocar una intervención a gran escala de Estados Unidos en México. Con ese propósito, a principios de 1915 los agentes alemanes le ofrecieron a Victoriano Huerta –que se hallaba en el exilio– diez millones de dólares para que diera un golpe de estado en México y luego atacara a Estados Unidos.[19] Pronto se dieron cuenta de que Huerta no contaba en México con suficiente apoyo para llevar a cabo ese plan. Por lo demás, los agentes estadounidenses lo estuvieron vigilando desde el momento en que puso pie en tierras americanas y las autoridades lo arrestaron antes de que lograra cruzar la frontera hacia México. Precisamente en el momento en que la conspiración de Huerta parecía tener menos posibilidades de éxito, Felix Sommerfeld sugirió a los representantes alemanes que podría manipular a Villa para que atacara al país vecino. Sommerfeld le dijo al representante alemán en Estados Unidos, Bernhard Dernburg: "Todos los contratos de los productores de armas contienen una cláusula que los anula si Estados Unidos entra en un conflicto armado". Aseguró que no sería difícil provocar ese conflicto con México. Pensaba que había diferencias dentro del gobierno estadounidense sobre si era deseable una intervención militar en México. Aunque el gobierno de Wilson quería evitarla a cualquier precio, porque le impediría hacer sentir su poder en Europa y en el Lejano Oriente, Sommerfeld pensaba, como informó Dernburg, que

las autoridades militares de Estados Unidos, por otra parte, están a favor de la intervención, lo mismo que los gobiernos de Texas y Arizona, que colindan directamente con México. Aproximadamente hace dos meses, un incidente en la frontera de Arizona estuvo a punto de provocar la intervención. El jefe del Estado Mayor estadounidense fue enviado por el presidente Wilson a la frontera, por consejo del secretario de Guerra, Garrison, para negociar con Villa. Esas negociaciones se llevaron a cabo con la mediación de Felix Sommerfeld y en ese momento, como repetidamente me dijo [a Bernhard Dernburg], hubiera sido fácil para él provocar una intervención [...] Parece que esa oportunidad se presentará de nuevo en el futuro inmediato y Felix Sommerfeld me ha hablado de ella.

Dernburg consideraba este asunto de tal importancia que ni siquiera lo informó al embajador alemán en Estados Unidos, sino que se dirigió directamente a uno de los comandantes de la marina alemana, el almirante Henning von Holtzendorff, quien no se sintió capaz de tomar él solo una decisión de ese calibre y consultó al ministro de Asuntos Extranjeros de Alemania, Jagow. Este último aprobó con entusiasmo la propuesta de Sommerfeld.

En mi opinión la respuesta es absolutamente sí. Aunque no se puedan detener los embarques de municiones, y no estoy seguro de que se pueda, sería altamente deseable que Estados Unidos participara en una guerra que lo distrajera de Europa, donde claramente simpatiza cada vez más con Inglaterra. No están interviniendo, sin embargo, en la situación china, y por tanto una intervención producida por los acontecimientos en México sería la única posible distracción para el gobierno estadounidense. Además, dado que en este momento no podemos hacer nada respecto de la situación mexicana, una intervención estadounidense allí también sería lo mejor posible para nuestros intereses en ese país.[20]

Los alemanes expresaron gran entusiasmo después del ataque de Villa, y al parecer sus agentes le proporcionaron armas.[21] Es muy posible que Sommerfeld o los estadounidenses Keedy y Linss, que al parecer tenían vínculos con Alemania y que fueron a ver a Villa en algún momento de 1915, le hayan prometido ayuda alemana si atacaba a Estados Unidos.[22] No hay prueba alguna, sin embargo, de que los alemanes tuvieran realmente injerencia en el ataque de Villa. Sus documentos no contienen indicios de ello. A principios de 1917, tras el fracaso del telegrama Zimmerman y en los debates internos que se sucedían en Alemania, al ministerio de Asuntos Exteriores y a la Marina ciertamente les habría interesado decir que ellos habían persuadido a Villa de atacar a Estados Unidos, pero nunca lo hicieron.[23] Eso no significa que las posibles promesas de ayuda de Alemania no contribuyeron a decidir a Villa, aunque es muy dudoso que fueran un factor principal para él.

Las consideraciones puramente internas probablemente desempeñaron un papel más importante en la decisión de Villa. En el peor de los casos, una intervención estadounidense limitada provocaría el mismo tipo de reacciones que había suscitado la invasión de Veracruz: muchos mexicanos seguirían a Villa como campeón del sentimiento antiestadounidense, y Carranza de nuevo se vería forzado a tomar postura contra Estados Unidos, lo que conduciría a un nuevo embargo de armas contra él. Si no lo hacía, quedaría expuesto como agente de ese país. Así, para Villa, el pacto secreto entre Carranza y Wilson, de cuya existencia estaba absolutamente convencido, se rompería o quedaría expuesto a la opinión pública mexicana. De cualquier manera sería invalidado, y la independencia de México, salvaguardada. Villa probablemente suponía también que si el peligro de una guerra mexicano-estadounidense aumentaba, los generales nacionalistas de Carranza podían forzarlo a llegar a un acuerdo con sus opositores internos, para crear un frente unido contra el invasor extranjero.

Así pues, el verdadero mensaje de Villa a Zapata era que en caso de unidad nacional con los carrancistas contra Estados Unidos, Zapata debía dejar de combatir a sus enemigos internos (debía apoyar la declaración que incluía la carta de Villa en el sentido de que no debía seguirse derramando sangre mexicana) e incorporarse de alguna manera a la campaña antiestadounidense. Cabe dudar que Villa creyera seriamente que Zapata se trasladaría al norte. Tal vez juzgaba posible que pusiera fin a las hostilidades contra los carrancistas y enviara un contingente simbólico para luchar, junto con los norteños, contra los estadounidenses. También cabe dudar de que Villa realmente pensara esperar seis meses antes de atacar. El plan que le sometió a Zapata probablemente era un proyecto a largo plazo, pero a la vez estaba haciendo todo lo posible por apresurar el conflicto con Estados Unidos.[24]

Aunque Villa confiara principalmente en que la salvación de su movimiento estaba en provocar una intervención estadounidense en México, no desechó totalmente otras estrategias. No quería ser nada más un jefe local que luchaba en Chihuahua; se proponía seguir siendo un dirigente regional, cuya influencia se extendiera a gran parte del norte. Con ese fin, envió a uno de sus generales, José Rodríguez, a Sinaloa, para librar allí una guerra de guerrillas, mientras Severiano Ceniceros, antiguo lugarteniente de Calixto Contreras que, en la era porfiriana, había peleado junto a este último durante años por las tierras de los indios de San Pedro Ocuila, fue enviado a Durango para evitar que los carrancistas consolidaran su control sobre el estado.

Rodríguez nunca llegó a Sinaloa. Primero fue recibido y luego traicionado por Maximiano Márquez, antiguo compañero de Villa que trabajaba como administrador en la enorme hacienda de Babicora, propiedad de William Randolph Hearst. Fue ejecutado y su cuerpo exhibido por todo Chihuahua para recordar a los antiguos villistas el precio que pagarían si seguían luchando contra el gobierno carrancista.[25]

Ceniceros sí logró llegar a Durango, pero en vez de combatir contra los carrancistas, se les unió y se convirtió en uno de los dirigentes de la contraguerrilla en el estado. Sin embargo, Durango siguió siendo un reducto del villismo. En contraste con su antiguo subordinado, Calixto Contreras continuó peleando contra Carranza en su estado natal.

Un segundo elemento importante de la estrategia de Villa era repetir lo que los maderistas habían hecho en 1910-1911 y lo que él mismo había logrado en 1913: hacer que el estado resultara ingobernable para el enemigo. En las dos ocasiones anteriores, esto había sido relativamente fácil. Los revolucionarios disfrutaban de considerables simpatías en el campo chihuahuense. La gente tenía la genuina esperanza de obtener una victoria nacional y de que volviera la paz. Además, los revolucionarios habían acrecentado ese apoyo redistribuyendo parte de las enormes riquezas acumuladas en las grandes propiedades de la oligarquía de Chihuahua. Las simpatías que mostraban a los revolucionarios tanto los particulares como algunas autoridades estadounidenses habían contribuido al sentimiento popular de que se hallaban en el lado vencedor. Esta vez las cosas eran distintas. Villa era un hombre derrotado, cuya reputación de invencibilidad se había esfumado y que no parecía tener perspectivas de triunfar al final. Los carrancistas no sólo habían ganado la guerra, sino que contaban con el respaldo de la gran potencia del norte.

Quedaba muy poco por repartir en el campo, ya que el ganado había sido exportado a cambio de armas y municiones. Las tierras de las haciendas que aún rendían eran cultivadas principalmente por arrendatarios y aparceros pobres, con los que Villa no quería enemistarse. Las escasas excepciones, las pocas haciendas en que aún había riquezas, eran las que pertenecían a los estadounidenses, que Villa había respetado hasta entonces con la esperanza de evitar que Estados Unidos reconociera a Carranza. Ahora se proponía no sólo utilizar sus propiedades para su ejército, sino repartir parte de ellas y así obtener apoyo popular.

Cuando sus tropas ocuparon el rancho de Babícora, ordenó que mataran buen número de cabezas de ganado y que se repartiera la carne a los peones de la hacienda.[26] Pero las propiedades de los hacendados extranjeros no bastaban para compensar la desaparición de las inmensas riquezas de la oligarquía. En muchos casos, los villistas tenían que quitarles sus alimentos a los campesinos para sobrevivir. En ocasiones se los darían voluntariamente, ya que Villa solía pagar en oro o en plata, pero a veces sus soldados simplemente los tomaban, y así se creaban nuevos enemigos.

Conforme perdía el apoyo popular, Villa empezó a recurrir más y más al terror. En enero de 1916, cuando sus tropas derrotaron a un gran contingente de carrancistas, tomó más de cien prisioneros que fueron cuidadosamente examinados y divididos en dos grupos. Los que siempre habían sido carrancistas podían incorporarse a las filas de Villa, pero más de setenta prisioneros que habían sido villistas y se habían pasado al enemigo fueron sumariamente ejecutados.[27] Era una clara advertencia para cualquier exvillista que quisiera enrolarse con Carranza o trabajar en su gobierno.

Otra estrategia de Villa que resultó muy impopular consistía en impedir que los empresarios estadounidenses regresaran a México para reabrir sus minas y sus negocios. Pensaba que al obstaculizar la recuperación económica debilitaría aún más al gobierno carrancista. Pero los motivos económicos ya no eran determinantes en su forma de tratar a los estadounidenses. Aparte de cobrar venganza, quería demostrarles claramente que, mientras se le opusieran, no podrían poner de nuevo en funcionamiento sus negocios en el norte de México. La idea estaba insinuada con bastante claridad en su manifiesto de Naco. Tal vez esperaba también que los ataques contra los empresarios estadounidenses en México ayudarían a provocar la intervención que estaba buscando.

LA MASACRE DE SANTA ISABEL

Todas esas consideraciones son el telón de fondo de los trágicos sucesos que tuvieron lugar el 10 de enero de 1916, en el pueblo de Santa Isabel, Chihuahua. Ese día, un destacamento comandado por el general villista Pablo López detuvo un tren de pasajeros que iba de la ciudad de Chihuahua a la población minera de Cusihuiráchic. A bordo, junto con muchos pasajeros mexicanos, se hallaban quince ingenieros de minas y el administrador de la Cusihuiráchic

Mining Company, unos y otro estadounidenses, que volvían a la población del mismo nombre para reiniciar el trabajo en las minas. Habían sido evacuados en el momento culminante de la guerra civil, pero regresaban porque las autoridades carrancistas los habían persuadido de que controlaban plenamente la situación y de que no había peligro. El administrador Watson, escéptico ante las seguridades que le daban los funcionarios, había pedido una escolta para el tren, pero el gobierno se sentía tan seguro de su control y de que Villa había quedado reducido a la impotencia, que se la negaron, lo cual tuvo desastrosas consecuencias para los estadounidenses.

Cuando el tren se detuvo repentinamente, se extrañaron pero no se alarmaron. Tres de ellos, incluido Watson, bajaron a las vías para ver qué ocurría. El resto permaneció en el compartimento jugando a las cartas. Thomas B. Holmes formaba parte del grupo que descendió del tren.

Avanzamos para ver cuál era el problema, pero no vimos a nadie trabajando en torno al tren descarrilado o intentando devolverlo a la vía. Estábamos unos tres metros más allá del final del vagón cuando la balacera empezó. Al mirar al otro lado del vagón, vi una fila cerrada de mexicanos, entre doce o quince, parados en lo alto de la ribera del lado opuesto. No podía saber cuántos más había ya que el tren me tapaba la vista. En ese momento vi saltar al señor Watson de los escalones al final del tren. Cayó al borde de una especie de corte en la orilla del río, y se alejó corriendo inmediatamente, en línea perpendicular al tren y en dirección al río. McHatton y yo estábamos exactamente atrás del señor Watson cuando empezó a correr. McHatton cayó, pero no sé si lo mataron en ese momento o más tarde. Yo corrí diagonalmente, en dirección a la cola del tren y hacia el río. Tropecé y caí a unos treinta metros del final del tren y me quedé acostado, perfectamente quieto, entre unos arbustos, de modo que pude mirar hacia atrás y vi a los mexicanos disparar en la dirección en que el señor Watson iba corriendo la última vez que lo vi. Al ver que no me disparaban, me arrastré hasta unos arbustos más tupidos, a unos tres o cuatro metros. Me abrí paso a través de ellos hasta la ribera y, a lo largo de ésta, hasta unos cien metros del tren. Allí permanecí cerca de media hora.

Gracias a que se escondió en los arbustos, Holmes fue el único estadounidense que logró sobrevivir.[28]

Una vez muertos los estadounidenses que habían bajado del tren, López entró en el compartimento donde se hallaban los demás. "Un hombre alto, armado con una pistola y un rifle abrió la puerta y me dio un golpe en la cara", relató más tarde César Sala, un italiano que viajaba con los estadounidenses y a quien los atacantes le perdonaron la vida en atención a su nacionalidad. "Fui el primero al que atacaron. Luego me enteré de que el hombre que me había golpeado era Pablo López. Levanté el brazo para protegerme y dijo: 'Bájate, gringo', y usó otro nombre. Le dije: 'Yo no soy gringo'. Me contestó que me sentara y maldijo al presidente de Estados Unidos y al señor Carranza, y dijo que iban por los americanos y empezó a quitarles toda la ropa."[29] Los atacantes empezaron a burlarse de los estadounidenses, que no se defendían. "Los oí maldecir al señor Wilson", contó un testigo mexicano de la masacre,[30]

y les decían a los americanos que llamaran al señor Wilson para que viniera a protegerlos y al señor Carranza para que garantizara su seguridad, que los americanos eran los causantes de los problemas de México. Vi al señor Pierce, el señor Robinson, el señor Wallace, el señor Anderson, el señor Romero y el señor Newman bajar del vagón, desnudos excepto por su ropa interior. Estaba sentado en el lado derecho y vi cómo mataban a los americanos. Los iban ejecutando conforme iban bajando.

Algunos de los atacantes quisieron robarles sus pertenencias a los pasajeros mexicanos. "En el mismo momento, el coronel Pablo López entró al vagón y les dijo a aquellos soldados que dejaran eso, que no había que hacerles nada a los que no eran americanos, como habían quedado de acuerdo; que a los demás pasajeros no había que causarles perjuicio."[31] López arengó a los pasajeros mexicanos diciéndoles que no tuvieran miedo de él, ya que sus acciones sólo estaban dirigidas contra los estadounidenses.[32]

Resulta irónico que, antes de emprender el viaje, algunos de los estadounidenses que regresaban tuvieran miedo de Carranza, convencidos de que Villa no les causaría ningún mal. Un día antes de partir, W. D. Pierce, uno de los ingenieros, le escribió a su hermano: "Sin embargo, Carranza es más de temer que Villa. Éste por lo menos tenía valor y hacía cumplir sus órdenes, que es más de lo que puedo decir de Carranza. Carranza le tiene más miedo a Villa que a nada y si puede causarnos problemas a los estadounidenses y, al mismo tiempo, hacer parecer que el culpable fue Villa, ten por seguro que lo hará."[33]

¿Había ordenado Villa la masacre o fue un resultado indirecto de sus órdenes? Después de que Wilson permitió a tropas mexicanas atravesar por su territorio, Villa había empezado a confiscar cuantas propiedades estadounidenses podía, con la notoria excepción de la Alvarado Mining Company, de Chihuahua, uno de cuyos empleados era hijo del general Hugh Scott. Sin embargo, había respetado la vida de la mayoría de los estadounidenses, a excepción del contador P. Keane, del rancho de Hearst en Babícora.[34]

Una comisión del ejército estadounidense enviada para investigar las acciones de los villistas llegó a la siguiente conclusión:

En el momento de la masacre Villa se encontraba lejos de la escena en que los hechos se desarrollaron; dada su ubicación y las circunstancias que rodearon la llegada accidental del tren que transportaba a los diecisiete infortunados estadounidenses, Villa no pudo tener previamente información de primera mano como para darle a López órdenes directas de matarlos [...] Hay razones para pensar sin embargo que Villa le había dado a López instrucciones de limpiar [de estadounidenses] el país [...] Esas instrucciones pudieron llegarle a López en cualquier momento, pero puede afirmarse con toda seguridad que Villa no se hallaba en las cercanías de Santa Isabel cuando se produjo la masacre, y que además cuando sus correos le llevaron informes del incidente, él se inclinó a negar su autenticidad.[35]

En la única entrevista que concedió a un reportero tras ser capturado por los carrancistas, Pablo López, el hombre que ordenó la masacre, se refirió de manera ambigua a las instrucciones que había recibido de su jefe.

López rehusó al principio hablar con el corresponsal de *El Paso Herald*, ya que se negaba a hablar con estadounidenses. Después de que el corresponsal explicó que era de origen irlandés, López cambió de opinión. "Ah", dijo, "entonces no es usted un gringo. Bueno, eso cambia un poco las cosas; ustedes tienen revoluciones en su tierra. ¿No es así? Sí, mis amigos me mantienen informado de lo que ocurre afuera. Si no fuera por ellos, moriría de hambre [...] Sí, tratándose de usted, puedo hablar un poco [...] No quiero decir mucho sobre Santa Isabel. Usted sabe que eso fue diferente de pelear con hombres armados en Columbus, pero tal vez se puede imaginar que cuando uno es el esclavo devoto de un gran líder, uno obedece órdenes.

Aun así, las cosas no habrían sucedido como sucedieron si otros jefes no hubieran estado poseídos por un espíritu diabólico. Tal vez nos hubiéramos conformado con sólo la ropa y el dinero de los americanos.

Pero empezaron a correr, señor, y entonces nuestros soldados comenzaron a disparar. El olor nos calienta la sangre. La excitación y... Bueno, señor, todo había terminado antes de que me diera cuenta. Sí, lo lamenté cuando tuve tiempo de enfriarme y reflexionar."[36]

Como consecuencia de la masacre, se alzó en Estados Unidos un clamor generalizado a favor de la intervención, pero el gobierno de Wilson conservó la serenidad y declaró que se trataba de un asunto interno que México debía resolver. Sólo unas semanas más tarde, esa actitud se modificaría radicalmente.

EL ATAQUE DE PANCHO VILLA A COLUMBUS

El 18 de enero, Villa reunió en Los Tanques a doscientos hombres, la mayoría integrantes de su guardia de élite, los Dorados, y les dijo que había llegado el momento de lanzarse contra los estadounidenses. "Saldremos mañana para atacar las poblaciones de la frontera de Estados Unidos en los alrededores de Ojinaga. Grandes destacamentos de tropas se nos unirán en el camino. No retendré a ninguno de ustedes después de esa aventura, y les aseguro que no se arrepentirán de participar en esta última expedición conmigo."[37]

No se sabe exactamente por qué Villa eligió las pequeñas poblaciones estadounidenses situadas frente a Ojinaga como primeros blancos de su incursión. Esas poblaciones eran de las más pobres de todo Estados Unidos, y no se podía esperar hallar en ellas mucho botín ni pertrechos. Tal vez pensó que esa parte de la frontera tenía guarniciones muy pequeñas, y por ello podría apuntarse algunos éxitos, más aún dado que algunos de sus partidarios más fervientes venían de la región de Ojinaga, especialmente de Cuchillo Parado, donde la muerte de Ortega no había menoscabado el gran apoyo de que gozaba Villa.

La proyectada marcha hacia Ojinaga resultó un desastre ya que el pequeño destacamento sufrió constantes deserciones. Como anotaba uno de los oficiales:

Enero 25: Durante la noche del 24 al 25 de enero nuestras fuerzas se vieron muy disminuidas por las deserciones. El coronel Julián Pérez desertó con una parte de su destacamento. El coronel Cárdenas, amigo personal de Pérez, fue tras él con cinco hombres. Suspendimos temporalmente nuestra marcha con la esperanza de recuperar a algunos de los desertores.

Enero 26, 27, 28: Nuestras tropas aún esperan la detención de los desertores. Durante la noche del 27 al 28 desertaron varios más; las deserciones continúan incluso a la luz del día. El coronel Cárdenas no ha regresado. Los desertores en este campamento suman unos treinta.[38]

El 30 de enero, Villa concluyó que si continuaba con su plan de atacar a los estadounidenses su ejército podría desintegrarse. Decidió regresar a San Jerónimo, de donde había partido, y recompensar a sus soldados para detener la creciente desmoralización. Un día más tarde, el 31 de enero, los villistas detuvieron un tren que venía de Ciudad Juárez. Los pasajeros fueron obligados a descender, aunque ninguno sufrió daño alguno, y Villa permitió a sus soldados saquear cuanto encontraran. Este "éxito" frenó al parecer la racha de deserciones.[39]

El fracaso de la expedición inicial contra Estados Unidos no convenció a Villa de la inutilidad del ataque. Sin embargo, se dio cuenta de que, proclamando abiertamente su intención de entrar en el país vecino, no obtendría voluntarios sino que, por el contrario, provocaría que desertaran varios de sus partidarios más devotos. Para el segundo intento, utilizó una táctica muy diferente. Por primera vez decidió romper con la tradición que había sido esencial en la estrategia de la División del Norte: la de sólo aceptar voluntarios en su ejército, salvo casos excepcionales. Adoptó la modalidad del reclutamiento forzoso.

El 20 de febrero, envió a uno de los más importantes entre los líderes que le habían permanecido fieles, el coronel Candelario Cervantes, a su pueblo de origen, Namiquipa, a reclutar un gran contingente de hombres. No se trataba aún, sin embargo, de la leva forzosa tal como se practicaba en tiempos de Porfirio Díaz: no afectaba a todos los hombres físicamente capacitados, sino sólo a los antiguos soldados de la División del Norte. En las instrucciones que le dio a Cervantes, Villa decretó "la inmediata movilización de todos los soldados residentes en los distritos de Namiquipa y Cruces que han prestado servicio previo en el ejército convencionista y su asignación al destacamento al mando del coronel Candelario Cervantes. Aquellos que no se incorporen a dicho destacamento serán fusilados. En el caso de aquellos que se escondan y no sean encontrados, sus familias pagarán la pena".[40] Probablemente esperaba que la coerción sólo influyera de manera secundaria para movilizar a los hombres de Namiquipa en favor de su causa. Aquél había sido uno de los centros del movimiento villista; Cervantes era un hombre de la región y había hecho muchos favores que se proponía cobrarse; no dudaba en ejercer brutales represalias contra cualquiera de sus antiguos soldados que vacilara mínimamente en unírsele.

Lauro Trevizo Delgado era un antiguo soldado villista que había sufrido una herida en la pierna y había regresado a su pueblo natal de Namiquipa. Fue reclutado junto con otros treinta hombres y enviado al campamento de Villa, para tomar parte en la operación militar. Al llegar, le suplicó a su antiguo jefe que le permitiera volver a casa porque la herida le impedía cabalgar; pero Villa no le creyó y lo mandó fusilar. Trevizo Delgado tuvo suerte: cuando lo llevaban al paredón, se encontró con uno de los lugartenientes de Villa, Nicolás Fernández, que lo conocía bien y accedió a interceder por él. Finalmente Villa le perdonó la vida, con la condición de que los acompañara en la expedición.[41]

Temeroso pues de cómo reaccionarían sus hombres si se enteraban de que planeaba un ataque contra Estados Unidos, Villa no les informó su verdadero propósito y les dijo que, si desertaban, "les dejo las familias colgadas de los álamos del río".[42] Cuando fueron capturados por los estadounidenses, pocas semanas después, casi todos los hombres de Namiquipa que participaron en el ataque a Columbus insistieron en que habían sido reclutados a la fuerza y en que Villa no les había dejado más alternativa que seguirlo.

La expedición que se puso en marcha el 24 de febrero para atacar Columbus era completamente distinta de lo que había sido la División del Norte en su mejor momento, cuando miles de hombres y voluntarios acudían en masa a cada estación de tren para incorporársele. También estaba muy lejos de los entusiastas contingentes guerrilleros que el caudillo había comandado en los primeros días de la revolución. Por primera vez, había reclutas forzados de los que se podía temer que desertaran en cualquier momento. Ninguno de los generales que habían tomado partido por Villa cuando rompió con Carranza a mediados de 1914 continuaba con él. Sus comandantes ya no eran dirigentes regionales, como habían sido Contreras, Ortega o Buelna. Los hermanos Martín y Pablo López, o Candelario Cervantes de Namiquipa, contaban en el mejor de los casos con partidarios locales, y habían ascendido en las filas villistas, de manera que consideraban que le debían todo a Villa y confiaban en él de manera absoluta.

Sin embargo, en un aspecto la fuerza de Villa seguía siendo un reflejo, así fuera pálido, de la antigua División del Norte: por su heterogeneidad geográfica. De los seis contingentes en que se dividía, tres procedían de Chihuahua y los otros tres, de fuera del estado: uno de Durango, otro de Sonora –con numerosos indios yaquis– y un tercero, encabezado por Nicolás Fernández, estaba integrado por hombres de todo el país, cuyos jefes habían desertado y que, fervorosamente leales, habían preferido quedarse en vez de irse con ellos.[43]

Durante casi dos semanas, la expedición avanzó hacia la frontera estadounidense atravesando regiones recónditas, a menudo de noche, para que los carrancistas no la detectaran ni alcanzara a los estadounidenses ningún indicio de su llegada.

Los pocos individuos, todos civiles, que se encontraron en el camino fueron hechos prisioneros. Si eran mexicanos se les dejaba libres unos días después y se les devolvían sus bienes, incluidos los caballos. Los escasos estadounidenses con que se tropezaron fueron tratados con desacostumbrada brutalidad. Aunque Villa había saqueado las propiedades de los estadounidenses y los había expulsado del país, nunca había atentado indiscriminadamente contra sus vidas. Esta vez las cosas iban a ser distintas. Tres vaqueros estadounidenses que se acercaron al contingente confiando en que nada les sucedería porque uno de ellos conocía a Villa fueron capturados y sumariamente ejecutados.[44] Villa sólo perdonó a una mujer, Maude Wright, a la que forzó a quedarse con sus tropas hasta el ataque a Columbus y sólo la dejó partir cuando se retiró de vuelta a México.

El 8 de marzo de 1916, la expedición de Villa llegó a un punto situado cuatro millas al norte de Columbus. No está claro por qué fue elegida como blanco esa pequeña población, hecha principalmente de cabañas de madera, con unos pocos cientos de habitantes y una guarnición de alrededor de seiscientos hombres. A pesar de los entusiastas elogios de los promotores de la población –el 1 de septiembre de 1911, un encabezado del periódico local decía: "No se requiere ningún auge repentino en este valle: sólo el crecimiento continuado y sólido que tenemos nos conviene: todo va bien; la agricultura de riego está atrayendo a la mejor gente de nuestro país"–, el pueblo no tenía el esplendor suficiente para atraer una incursión guerrera. En realidad, un miembro de la guarnición, el teniente Lucas, la describía como un lugar donde sólo había "lodo, chozas y víboras de cascabel".[45] Se ha dicho a menudo que una de las principales razones de Villa para elegir a Columbus fue que allí vivía Sam Ravel, a quien le había dado dinero para comprar armas y se había negado a devolverlo y a entregar la mercancía.[46] Éste pudo ser uno de los motivos, pero no parece que vengarse de Ravel fuera la principal preocupación de Villa. Su primera elección había sido una población muy distinta, cerca de Ojinaga. Los funcionarios de inteligencia estadounidenses que trataron de reconstruir sus motivos y su itinerario, no mencionan a Sam Ravel.[47]

Desde el punto de vista del mando villista, Columbus y su guarnición parecían lo bastante pequeños para tomarlos sin mucho sacrificio de tropas. Si el asalto tenía éxito, podía resultar muy beneficioso en términos tanto militares como económicos. Las armas de la guarnición, sus ametralladoras, rifles Springfield y caballos, serían ciertamente muy útiles. Las tiendas del lugar almacenaban abundantes mercancías y los bancos contenían cantidades relativamente grandes de dinero, porque Columbus era un centro de distribución al que acudían a abastecerse los rancheros y ganaderos de Estados Unidos y de la cercana frontera.

Villa había enviado espías a la población para reconocer el terreno, pero sus agentes al parecer no fueron eficaces, porque Candelario Cervantes le dijo que la guarnición sólo tenía cincuenta hombres, en vez de seiscientos, y que fácilmente se podía tomar en dos horas.[48] Antes de la decisión final de atacar, el propio Villa subió en misión de reconocimiento a una colina desde la que se dominaba el poblado. Regresó lleno de dudas. "Dijo, en efecto", como informó más tarde uno de los miembros de la expedición, "que no tenía sentido sacrificar el número de vidas que se iban a perder, sólo para tomar una ciudad sin importancia como Columbus. Que la guarnición era muy grande y que teníamos más posibilidades peleando con los carrancistas."[49]

Esta vez sus comandantes, en general ciegamente obedientes, se resistieron. Cervantes insistió en que la expedición no podía fracasar, porque la guarnición era muy pequeña.[50] Probablemente él y algunos otros opinaron que desistir por segunda vez del ataque podía desmoralizar a los leales que aún quedaban. Finalmente, Villa accedió y los soldados recibieron órdenes de atacar Columbus durante la noche del 8 al 9 de marzo.

Antes de mandar a sus hombres contra Estados Unidos, Villa pensó que tenía que darles alguna explicación. En su manifiesto de Naco, en sus cartas a los generales carrancistas y en su discurso de despedida al pueblo de Chihuahua, en diciembre de 1915, había acusado repetidamente a Carranza de estar vendiendo el país, y había mencionado en detalle todas la cláusulas del supuesto acuerdo secreto entre él y Estados Unidos. Pero había obtenido escasa respuesta y poco interés. Seguramente se dio cuenta de que si les decía a sus cuatrocientos soldados, casi todos analfabetos, que el motivo de la acción era que Carranza le había dado al gobierno de Estados Unidos derecho a nombrar a tres miembros del gabinete y estaba poniendo bajo su control el ferrocarril de Tehuantepec, no lograría conmoverlos gran cosa. Los habitantes de Chihuahua nunca se habían preocupado demasiado por quiénes formaban el gabinete y muchos ni siquiera conocían la existencia del ferrocarril de Tehuantepec. Villa entendía muy bien la mentalidad de sus soldados. Incluso al hablar con el oficial que le era más próximo, Pablo López, "simplificó" los términos del supuesto pacto secreto diciendo que Carranza había vendido los estados norteños de México, y le expresó la esperanza de que, al producirse un conflicto con Estados Unidos, todos los mexicanos se unirían y Carranza se vería forzado a poner fin a la guerra civil.

Pero no planteó tales ideas en el incendiario discurso que dirigió a sus soldados para incitarlos al ataque: el único motivo que mencionó fue la venganza. Estados Unidos, dijo, era responsable de su derrota de Agua Prieta, por haber permitido a los carrancistas pasar por su territorio para reforzar la guarnición de la ciudad. Esta acusación despertó una fuerte reacción de sus hombres, muchos de los cuales habían participado en aquella batalla. Acusó también a Estados Unidos de haberle enviado armas y municiones defectuosas. Finalmente, mencionó un horrendo incidente que había tenido lugar sólo dos días antes, en El Paso. A veinte mexicanos que se hallaban encarcelados por diversos motivos los habían bañado con petróleo para despiojarlos.[51] Al parecer se trataba de una práctica común, pero esta vez alguien había prendido fuego al petróleo. Nunca pudo probarse si fue un accidente o un acto intencional, pero los veinte mexicanos ardieron vivos. Villa y sus hombres tenían razones para sospechar que se había tratado de un acto deliberado porque en las semanas anteriores gran número de mexicanos habían sido linchados en la parte inferior del valle del río Bravo.[52]

No todos los que se han ocupado del ataque a Columbus confirman que Villa arengó a sus hombres en esos términos. En realidad, hay indicios de que lo que ocurrió fue muy distinto: de que Villa nunca les dijo a sus soldados que estaban cruzando la frontera, y muchos siguieron creyendo hasta el fin que atacaban una población mexicana, defendida por tropas carrancistas.

El contingente se dividió en dos destacamentos. Uno debía dirigirse al sur de la población y atacar el Camp Furlong, donde se hallaba la guarnición. El otro debía avanzar hacia el centro de Columbus, asaltar el banco y, según dijeron después atacantes prisioneros, ejecutar a Ravel y quemar sus propiedades. Mientras Villa permanecía con una pequeña reserva en el lado mexicano de la frontera,[53] el resto de sus fuerzas la cruzaron a poco más de tres kilómetros de Columbus y empezaron el ataque a las 4:45 de la mañana del 9 de marzo.

Lograron sorprender a la guarnición, cuyos comandantes habían desatendido los repetidos avisos de que Villa se estaba acercando a la frontera y podía atacar. Sólo dos días antes, el general Gavira, uno de los comandantes carrancistas en Chihuahua, se lo había advertido al general que estaba al mando de las tropas estadounidenses a lo largo de la frontera, John J. Pershing. Ni éste ni el comandante de la guarnición de Columbus, el coronel Slocum, a quien se le transmitió el mensaje de Gavira, tomaron en serio la advertencia. Ya había habido rumores de un próximo ataque de Villa a Estados Unidos y nunca se habían materializado. Slocum desoyó también parecida advertencia de un comandante estadounidense de la región fronteriza de Nuevo México, y sólo se alarmó un poco más cuando Antonio, un vaquero mexicano empleado en un rancho estadounidense, le dijo que había visto a un grupo grande de mexicanos armados cerca de la frontera y que habían capturado a uno de sus cuatro hombres, el vaquero estadounidense Corbett. Slocum se hallaba en una situación difícil. Estrictas instrucciones de Washington le impedían enviar a sus hombres al otro lado de la frontera para explorar. Decidió pagarle a Antonio veinte dólares para que cruzara de nuevo a México e intentara descubrir la identidad o por lo menos la ubicación del grupo armado. Pero Antonio nunca encontró al grupo, o tal vez nunca trató de encontrarlo, aunque sí informó que había hallado huellas de dos columnas de hombres que avanzaban en dirección opuesta a Columbus. Estas noticias no tranquilizaron del todo a Slocum. Mandó dos destacamentos a vigilar los puntos de paso más transitados de la frontera, pero no puso en alerta al resto de la guarnición. Así pues, la mayoría de los oficiales fue a pasar la noche con sus familias en sus casas, situadas en la zona norte de la población.[54]

La pasividad de Slocum también se debió en parte a la naturaleza contradictoria de los informes que le llegaban de México. Había el rumor de que Villa tenía intención de ir a Columbus, pero no para atacarla, sino para dirigirse a Washington a explicarle al presidente Wilson que no tenía nada que ver con la masacre de Santa Isabel, o incluso para buscar asilo en Estados Unidos. Esos informes tal vez adquirieron mayor verosimilitud debido a la presencia en Columbus del corresponsal de Associated Press, George Seese. Un mexicano relacionado con Villa le había dicho a éste, unas semanas antes, que el caudillo se proponía ir a explicarle a Wilson su inocencia en la muerte de los ingenieros de minas. Este supuesto emisario de Villa le pidió a Seese que actuara como intermediario en las negociaciones con el gobierno estadounidense pero, antes de que pudiera iniciarlas, recibió órdenes en contrario del director de Associated Press.[55] El reportero había venido a Columbus en parte a ver si Villa acudía con su propósito original y en parte porque también había oído rumores de que habría un ataque villista. Los informes de Seese contribuyeron a confundir a Slocum sobre las verdaderas intenciones de Villa.

Cuando los villistas atacaron en la madrugada, disparando indiscriminadamente sobre las barracas, la mayoría de los soldados se hallaban dormidos y fueron tomados completamente por sorpresa. En el campamento sólo estaban dos oficiales, lo que contribuyó al caos. Sin embargo, pronto lograron organizar a los soldados para tomar la ofensiva, gracias a que los villistas cometieron una serie de equivocaciones. Debido a que se había subestimado el tamaño de la guarnición, sólo la mitad de los villistas atacaron Camp Furlong. Además, confundieron los establos con los dormitorios, y dirigieron el fuego contra ellos, con lo que mataron a los caballos en lugar de los soldados. Entre tanto, el comandante de la compañía de ametralladoras de la guarnición, teniente Ralph Lucas, dispuso a sus hombres para disparar contra los atacantes. Ante la superior capacidad de fuego de los estadounidenses, los villistas empezaron a retirarse hacia el centro de la población. Allí, el pánico se había apoderado de los vecinos cuando la segunda columna de villistas irrumpió al galope gritando: "¡Viva Villa! ¡Viva México!", y disparando a diestra y siniestra sobre las casas y sobre cualquiera que se asomara. Los agresores entraron a saco en el Commercial Hotel de Sam Ravel y ejecutaron a cuatro de los huéspedes, algunos de los cuales trataban de resistir pistola en mano.

Los hombres de Villa buscaron vanamente a Sam Ravel, ausente porque había ido al dentista en El Paso. Capturaron a su hermano menor Arthur y dos de ellos lo forzaron a llevarlos a la tienda de la familia. Por fortuna para Arthur, los soldados estadounidenses mataron a los dos hombres a la salida del hotel.

Cuando la compañía de Lucas llegó al centro de Columbus, halló que un segundo destacamento de tropas estadounidenses, comandadas por el otro oficial que había permanecido en el campamento, el teniente Castleman, ya había iniciado el contraataque, aunque estorbado por la oscuridad aún reinante, en la que los villistas y los civiles que trataban de escapar corrían confundidos por las calles. En ese momento, los atacantes cometieron un grave error: incendiaron el Commercial Hotel, con lo que el resplandor iluminó las calles y permitió a los soldados distinguirlos de los civiles y abrir fuego contra ellos.

A las 7:30 de la mañana, tres horas después de iniciado el ataque, el clarín villista llamó a retreta. Los atacantes no fueron presa del pánico: llevándose consigo a la mayoría de sus heridos, iniciaron en orden la retirada hacia México.

Las tropas estadounidenses no vacilaron en cruzar la frontera y seguir a los villistas ocho kilómetros al interior de México, pero al encontrar una férrea resistencia de la retaguardia de Villa, regresaron a Columbus. En términos militares y económicos, el ataque había sido cualquier cosa menos un éxito. Murieron diecisiete estadounidenses, la mayoría civiles, contra más de cien villistas. Éstos no consiguieron hacerse con los productos que había en las tiendas, ni con el dinero del banco, ni con las armas de la guarnición. Pero en términos estratégicos, el ataque cumpliría ampliamente las expectativas de Villa y les daría a él y a su movimiento un nuevo plazo para reponerse.

LA NUEVA INVASIÓN DE MÉXICO: LA EXPEDICIÓN PUNITIVA

Las esperanzas de Villa en que el ataque a Columbus provocaría una intervención estadounidense capaz de causar una reacción nacionalista en México –la cual a su vez debilitaría decisivamente la popularidad de Carranza y sus vínculos con Estados Unidos, y permitiría el resurgimiento del villismo– pero que, al mismo tiempo, no implicaría la completa ocupación del país, resultaron más que justificadas. El ataque a Columbus fue y sigue siendo el único caso de una fuerza militar extranjera que haya atacado territorio continental de Estados Unidos desde la guerra británico-estadounidense de 1812. Ya había habido un fuerte clamor a favor de la intervención después de la masacre de Santa Isabel, en la prensa de Hearst y por parte de senadores como Albert B. Fall, de Nuevo México. El periódico de Hearst, *Los Angeles Examiner*, dijo: "Somos demasiado orgullosos para combatir [...] Vaya, incluso una diminuta, desdeñable, despreciable nación como México asesina a nuestros ciudadanos, arrastra nuestra bandera en el polvo y escupe y desafía a esta nación nuestra con truculenta insolencia".[56] El gobierno de Wilson había resistido insistiendo en que el Departamento de Estado había advertido a los ingenieros que no regresaran a Chihuahua en vista de la inseguridad allí reinante y que ellos habían ignorado la advertencia. El Departamento de Estado por su parte expresó su confianza en que Carranza acabaría con Villa y sus hombres.

Pero esta vez el clamor se volvió incontenible. Wilson contendería por la reelección en pocos meses y temía, además, que si no tomaba la iniciativa, el Congreso podría forzarlo a lanzar una intervención a gran escala, que desencadenaría la guerra con México. Esto era lo último que deseaba. La posibilidad de que Estados Unidos entrara en guerra contra Alemania crecía en el horizonte. Como le dijo Wilson a su secretario Tumulty:

Algún día el pueblo de Estados Unidos sabrá por qué vacilo en intervenir en México. No puedo decírselo ahora porque estamos en paz con una gran potencia cuya venenosa propaganda es responsable de las terribles condiciones que reinan en México [...] Empieza a parecer que la guerra con Alemania es inevitable. Si viene, y ruego a Dios que no sea así, no quiero que las energías y las fuerzas de Estados Unidos tengan que dividirse, porque necesitaremos hasta la última onza de reserva para derrotar a Alemania.[57]

Pero ésta no era la única razón por la que Wilson se oponía a una intervención a gran escala en México. Seguía teniendo simpatías por la revolución mexicana.

No es difícil para un presidente declarar la guerra, especialmente contra una nación débil e indefensa como México [...] La gente olvida lo que está detrás de los combates que se desarrollan en México. Se trata de la lucha secular del pueblo por aquello que le pertenece y, mientras vemos los incidentes que están en primer plano, no debemos olvidar la trágica realidad que se halla en el fondo y que se divisa por encima del triste panorama. El caballero que me critica habla como si Estados Unidos tuviera miedo de pelear contra México. Pobre México con sus hombres, mujeres y niños lastimosos, que luchan por tener un lugar en su propia patria.[58]

Esto no significa que Wilson no tuviera deseos de guiar el curso de la revolución. Lo había intentado desde el momento en que tomó posesión de su cargo, como demostró la invasión de Veracruz, y no había vacilado en recurrir a la fuerza armada cuando le pareció un buen medio para lograrlo. Hubiera hecho lo mismo esta vez, pero el tipo de intervención que él se planteaba sería de naturaleza limitada, sólo requeriría una cantidad modesta de soldados y no implicaría una ocupación de todo el país.

El 10 de marzo, al día siguiente del ataque a Columbus, Wilson declaró: "Una fuerza suficiente será enviada de inmediato en persecución de Villa, con el solo objeto de capturarlo y poner fin a sus desafueros. Esto puede hacerse y se hará como ayuda amistosa para las autoridades constituidas en México y con escrupuloso respeto a la soberanía de esa república".[59] Dio orden de que una fuerza expedicionaria de unos cinco mil hombres ingresara a territorio mexicano en persecución de Villa[60] bajo el mando de John J. Pershing. El superior inmediato de éste y a quien debía reportarse era Frederick J. Funston, que había estado a cargo de la ocupación de Veracruz. Ambos tenían una característica en común: poseían una larga experiencia en lo que hoy día llamaríamos contrainsurgencia. Habían participado en la exitosa campaña estadounidense contra las guerrillas filipinas. Funston había capturado al líder de la resistencia, Aguinaldo, y Pershing había sido tan eficaz en su combate contra los "moros" (guerrillas musulmanas filipinas), que Theodore Roosevelt lo había ascendido a general pasando por alto a ochocientos sesenta y dos oficiales que tenían precedencia.

La mayoría de los mandos militares estadounidenses pusieron grandes esperanzas en la intervención, por razones que poco tenían que ver con los destinos de Villa o de México. En un país tan tradicionalmente antimilitarista como Estados Unidos, ellos habían sido durante largo tiempo el pariente pobre. A diferencia de todos los países europeos, allí no había servicio militar obligatorio. El Congreso se resistía a destinar fondos importantes al ejército y la campaña que se había emprendido para adiestrar voluntarios en caso de que Estados Unidos se viera involucrado en una guerra no había tenido muy buen comienzo. Los mandos esperaban pues que la campaña mexicana les facilitara la obtención de fondos, más voluntarios y más simpatías populares, y al mismo tiempo les permitiera probar tanto sus tácticas como sus armas.

Sin embargo, les incomodaba el limitado objetivo que Wilson les había fijado en su primer pronunciamiento público: capturar a Villa. Más tarde, el jefe de Estado Mayor Hugh Scott recordaba en sus memorias que Newton Baker, el recién nombrado secretario de Guerra de Wilson, le dijo: "Quiero que envíe una expedición a México a apresar a Villa". Y añade Scott:

Esto me pareció extraño y le pregunté:

–Señor secretario, ¿quiere usted que Estados Unidos le haga la guerra a un hombre? Suponga que se sube a un tren y se va a Guatemala, Yucatán o América del Sur. ¿Va usted a ir tras él?

–Bueno, no, no voy a ir –me dijo.

–Entonces no es eso lo que usted quiere. Usted quiere que capturemos o acabemos con su banda –sugerí.

–Sí –me dijo–, eso es lo que realmente quiero.[61]

En las instrucciones finales de la Expedición Punitiva, como se le llamó, el objetivo principal no era la captura de Villa, sino que "la tarea de estas tropas se considerará terminada cuando se sepa que la banda o las bandas de Villa han quedado disueltas".[62] También se subrayaba que la expedición debía respetar la soberanía del gobierno de Carranza y, a menos que fuera atacada por tropas mexicanas, nunca proceder contra éstas.

Esto les creaba a los militares un problema que nunca discutieron ni con Wilson ni con los miembros de su gabinete. Según ellos –a menos que por un azar poco probable tropezaran con los contingentes de Villa–, para acabar con sus bandas, que contaban con amplio apoyo en el campo chihuahuense, tendrían que hacer una guerra de contrainsurgencia. Ello significaría, como en Filipinas, quemar aldeas, tomar represalias contra los civiles y ejecutar a los prisioneros.[63] Sólo había dos formas de aplicar tales tácticas: colaborando con las autoridades carrancistas si éstas estaban dispuestas a hacer el "trabajo sucio", o ignorarlas y asumir la responsabilidad plena de la guerra. Pronto les quedó claro que el gobierno mexicano nunca aceptaría la primera opción, así que empezaron a prepararse para la segunda, que se volvería necesaria porque era la única manera de acabar con las bandas villistas y también porque estaban convencidos de que, tarde o temprano, Carranza se opondría a su penetración en México. El 23 de marzo de 1916, el Estado Mayor trazó un plan "para la ocupación y pacificación del norte de México". El plan exigía que doscientos cincuenta mil soldados estadounidenses ocuparan los estados de Tamaulipas, Nuevo León, Coahuila, Chihuahua y Sonora. Además, la Marina debía bloquear todos los puertos del sur y el centro del país. Los planificadores no decían explícitamente cómo pensaban tratar a las guerrillas mexicanas que opusieran resistencia a la ocupación, pero con toda probabilidad contemplaban aplicar una táctica recomendada tres años después en otro plan:

El periodo de operaciones activas será corto, en comparación con el periodo de operaciones guerrilleras. El pronto licenciamiento de las tropas temporales es altamente deseable. Es testimonio de todos los que conocen bien el carácter mexicano que se puede emplear a cualquier número de mexicanos para combatir contra cualquiera y a favor de cualquiera que les pague y los alimente regularmente. El soldado mexicano será más barato y más eficaz contra el bandidismo que el estadounidense y será más fácil cargarle el costo al gobierno mexicano.

Además se puede crear un ejército que no sea antiestadounidense y que, durante muchos años futuros, pueda ejercer sobre el gobierno mexicano una influencia favorable a Estados Unidos.[64]

Estos planes nunca se llevaron a la práctica, ya que se basaban en el supuesto de que estallaría la guerra entre Estados Unidos y el gobierno de Carranza. En los meses siguientes los dos países estuvieron al borde de la ruptura en varios momentos, pero lograron sortearla porque ninguno de los dos gobiernos la quería. Aunque ambos parecían rígidos en sus declaraciones, mostraron en la práctica un grado sorprendente de flexibilidad.

Al enterarse del ataque de Villa, Carranza pensó que podía evitar la posible intervención enviando tras él a un gran contingente de tropas, al mando de Luis Gutiérrez, y proponiendo al mismo tiempo a los estadounidenses un acuerdo para perseguir recíprocamente a los bandidos a cada lado de la frontera, en caso de futuros ataques. Un día más tarde, cuando le llegaron noticias sobre los planes estadounidenses de intervenir, envió a Wilson la severa advertencia de que si una expedición militar ingresaba en territorio mexicano sin el consentimiento de su gobierno, ello podría provocar la guerra. Esta nota preocupó a Wilson y hay indicios de que tal vez hubiera desistido de enviar a Pershing a México si las tropas mexicanas hubieran presentado resistencia en la frontera.[65]

Pero no lo hicieron, y el 16 de marzo entró en el país la primera de las dos columnas que integraban la Expedición Punitiva de Pershing. Estaba compuesta por cinco mil oficiales y soldados de caballería, infantería y artillería, así como un escuadrón aéreo de ocho aeroplanos. Para fines de marzo, se había adentrado profundamente en Chihuahua y llegado a unos quinientos cincuenta kilómetros de la frontera. A pesar de su vigorosa toma de postura contra la entrada de tropas estadounidenses en México, durante el mes de marzo Carranza no ofreció resistencia y colaboró secretamente con ellas. Oficialmente, las autoridades mexicanas no permitían que las tropas de Pershing fueran abastecidas por ferrocarril, de manera que cuanto mayor era su distancia de la frontera, más se dificultaban sus operaciones. Pero en realidad, a través de un subterfugio, Carranza les permitió servirse de los ferrocarriles: los bastimentos no estaban destinados oficialmente a la expedición sino a individuos particulares dentro de ella.[66] En una proclama dirigida al pueblo de

Chihuahua, el gobernador carrancista Enríquez defendió en esencia las acciones de Wilson y llamó indirectamente a colaborar con los estadounidenses. Decía que Wilson, lejos de desear la intervención, siempre se había resistido a ella. La actual Expedición Punitiva había penetrado en el país como resultado de un acuerdo entre ambos gobiernos para la persecución de bandidos (declaración completamente divergente de la actitud de Carranza).

Según lo establecido en ese acuerdo –decía Enríquez– que da iguales derechos a nuestras fuerzas, y dada la presencia de gavillas vandálicas en la frontera del estado, las tropas americanas han pasado la línea divisoria en persecución de éstas, respetando en todo a nuestras autoridades, a nuestras fuerzas y aun movilizándose de acuerdo con nuestros jefes militares. Su actitud es respetuosa y no han ocupado pueblo alguno guarnecido por nuestras tropas. [...] ¿Cuál es la solución de este estado de cosas? Si Doroteo Arango, alias Francisco Villa, monstruo infernal y aplicado discípulo de Victoriano Huerta, instrumento de los enemigos de nuestro pueblo, ha provocado esa situación, debemos tratar con todas nuestras fuerzas de exterminar a ese bandido, y entonces habrá tiempo suficiente para informar a los americanos que el motivo de su presencia en nuestro suelo ya no existe y de exigirles que se retiren de nuestro país.[67]

Carranza y Enríquez no sólo querían evitar una guerra que habría sido suicida para México, sino que esperaban que la bien equipada columna de Pershing lograra su objetivo de capturar a Villa o por lo menos de acabar con sus fuerzas. A fines de marzo de 1916, esas esperanzas parecían cobrar realidad. Los villistas habían sufrido un gran descalabro y la mayoría se había dispersado; según ciertos informes, el propio Villa estaba muerto o gravemente herido, y se hablaba de que los estadounidenses no se retirarían a su país. En realidad, sin que Carranza lo supiera, eso era lo que el jefe de Estado Mayor, Hugh Scott, estaba sugiriéndole a Wilson. Sin embargo, para principios de abril, Carranza pudo darse cuenta de que la situación se desarrollaba en sentido contrario a sus expectativas.

· Tal vez la razón principal de que Pershing no tuviera éxito en sus primeros intentos fue la reacción del pueblo de Chihuahua. En un amargo telegrama dirigido a sus superiores, Pershing se refería a la

actitud del pueblo mexicano. Sin duda gente ayudó Villa evadir tropas estadounidenses cercanías Namiquipa. Nuestros mejores guías e intérpretes conocen pueblo mexicano durante larga residencia aquí completamente engañados y columnas demoradas por falsedades de mexicanos. Cuando Séptimo Caballería dejó Bachíniva 29 marzo para Guerrero peones mexicanos salieron de noche de ranchos vecinos para notificar Villa. Después combate Guerrero habitantes sin excepción ayudaron Villa escapar abiertamente dando información aparentemente auténtica basada por completo falsedades.[68]

Sólo unos meses más tarde, en el otoño de 1916, Villa gozaría de un espectacular resurgimiento que nadie preveía ni remotamente en marzo, y que fue aún más inesperado porque Villa y sus fuerzas habían sufrido graves reveses en los primeros meses de ese año.

LA RETIRADA DE PANCHO VILLA

Cuando Villa se retiraba hacia las montañas de Chihuahua, con los menos de cuatrocientos hombres que habían sobrevivido al ataque a Columbus, tuvo que afrontar las mayores dificultades de su historia desde que eligió el destino de revolucionario. Más de cinco mil estadounidenses habían entrado en México con el fin de capturarlo; estaban equipados con una tecnología moderna a la que no tenían acceso ni él ni sus enemigos mexicanos. Un escuadrón de aviones volaba sobre las laderas de las montañas y sobre los desiertos, tratando de localizarlo. Además, miles de soldados carrancistas habían penetrado en Chihuahua para eliminarlo lo más rápido posible y prepararse para una posible guerra con Estados Unidos.

La moral de los atacantes de Columbus tocó sus cotas más bajas durante esa retirada, entorpecida por los muchos heridos que tenían que llevar consigo. Habían sufrido enormes pérdidas y no habían obtenido nada a cambio. El propio Villa estaba profundamente decepcionado. En la primera parada después del ataque, Villa, Cervantes y Nicolás Fernández se reunieron junto al lecho de Cruz Chávez, uno de los oficiales heridos y que pronto moriría. "Villa se dirigió primero a Cervantes y, señalando a Chávez con gesto abyecto, dijo: 'Mira lo que conseguimos, Cervantes; cedí para complacerlos a todos ustedes'. Cervantes se volvió a Fernández y lo culpó por haber insistido en que el ataque a Columbus sería un éxito. Se supo que el coronel Martín López opinaba que el ataque había sido un esfuerzo inútil por unos pocos dólares."[69]

Sin embargo, a pesar de la decepción y desmoralización de muchos de sus hombres, Villa los mantuvo unidos y no hubo deserciones a gran escala gracias a su carisma, y a la lealtad y el terror que inspiraba. No cedió a la desesperación; hizo por el contrario cuanto estaba en su mano para capitalizar la oleada de nacionalismo que esperaba como reacción a la invasión estadounidense. Les propuso a los generales carrancistas un alto al fuego mientras las tropas estadounidenses se hallaran en territorio mexicano,[70] y al pasar por los pueblos arengaba a los habitantes y los convocaba a luchar contra los invasores y apoyarlo. En el zócalo de Galeana, varios miles de personas se reunieron el 14 de marzo para escucharlo. Desde una ventana sobre la plaza, Villa se dirigió a la multitud; no dio ninguna explicación del ataque a Columbus; dijo solamente que había estallado la guerra entre Estados Unidos y México, y que la gente debía estar lista para defender a su país.

Hermanos, los he convocado para informarles que al tratar de entrar en Estados Unidos de inmediato me salieron los "gringos" al paso, y me vi forzado a pelear contra gran número de ellos. Les repito, no desperdiciaré

157

uno solo cartucho más en nuestros hermanos mexicanos, sino que guardaré mis municiones para los "güeros"; prepárense para la lucha que vendrá. Quiero pedirles que me ayuden a cuidar de los heridos que traigo conmigo, y que sufren por el bien de nuestra amada patria.

La reacción de los habitantes de Galeana al llamado fue abrumadora. "Los habitantes de Galeana respondieron a las palabras de Villa ofreciendo a los heridos toda la asistencia que podían y cuando nuestra columna dejó la población", informaba un villista, "a las nueve de la mañana de ese día, habían juntado un vagón exprés lleno de ropa y comida e incluso habían recolectado dinero para dárnoslo."[71] La respuesta fue menos cálida cuando Villa pidió voluntarios para pelear contra los estadounidenses. Sólo cinco hombres se incorporaron y al parecer lo hicieron obligados.[72]

En el pueblo de El Valle, Villa fue mucho más explícito en cuanto a lo que realmente deseaba.

He querido que todos ustedes estén presentes para informarles que los estadounidenses están por venir a México a combatirnos. Ya se ha declarado la guerra y quiero ver cuántos de ustedes se van a unir a mí, cuántos de ustedes están dispuestos a tomar las armas. Tengo conmigo soldados de todos los pueblos excepto del de ustedes y es esencial que su pueblo quede libre de críticas. No teman nada, les prometo no disparar un solo cartucho contra mexicanos y si algún día lo hago podrán decir que soy un bárbaro.[73]

Los hombres de El Valle tampoco mostraron entusiasmo, y cuarenta de ellos tuvieron que ser reclutados a la fuerza.[74]

Los llamados de Villa al parecer obtuvieron mejor respuesta entre los soldados de Carranza. El 16 de marzo, sus hombres se encontraron repentinamente a sólo tres kilómetros de un gran contingente de carrancistas, pero éstos simplemente pasaron de largo y no dispararon un solo tiro contra ellos.[75] En el pueblo de Matachic hubo un breve motín de la guarnición carrancista, que exigía ser enviada a luchar contra los estadounidenses y no contra los villistas.[76] En algunos momentos las tropas de Carranza incluso prestaron ayuda a los que huían de la fuerza expedicionaria. Se dio el caso de un villista que, perseguido de cerca por los estadounidenses, cayó en manos de un destacamento carrancista. "¿Eres villista?", le preguntó el comandante. "En estos momentos todos deberíamos ser villistas", respondió el soldado. El comandante no contestó pero le dio un caballo y le permitió continuar su huida.[77]

Una tregua con Villa era la última cosa que querían Carranza y sus más altos generales. Matarlo o capturarlo y acabar con su ejército se habían convertido en sus prioridades más urgentes. Ésa era, pensaban, la forma más rápida de librarse de los estadounidenses. El 17 de marzo, un contingente carrancista atacó a Villa. Éste consideró que ya no había motivo para mantener su promesa de no verter sangre mexicana: atacar a los carrancistas era en ese momento su única posibilidad de conseguir armas y municiones y, como pronto descubrió, la mejor manera de obtener reclutas. El 27 de marzo, sus tropas cayeron sobre Ciudad Guerrero y los pueblos de Miñana y San Isidro, antigua zona orozquista. Los villistas sorprendieron y derrotaron fácilmente a las guarniciones de las dos primeras poblaciones, pero fueron rechazados en San Isidro, donde el general carrancista Cavazos tenía su cuartel general. Sin embargo, éste fracasó en su intento por recuperar Ciudad Guerrero, donde los villistas obtuvieron un triunfo importante, se apoderaron de gran número de armas y persuadieron a ochenta prisioneros de incorporarse a sus filas.

Fue, no obstante, una victoria pírrica, porque durante el combate Villa resultó herido en la rodilla. Tenía mucho dolor, no podía cabalgar y sólo era posible trasladarlo con gran lentitud y dificultad. Decidió que no tenía más alternativa que ocultarse. La única forma de escapar a sus perseguidores había sido moverse constantemente aprovechando su conocimiento de cada rincón y agujero de Chihuahua. Pero ya no tenía movilidad y, si permanecía en un solo lugar con sus tropas, su posición pronto sería descubierta ya fuera por los estadounidenses o por los carrancistas, y sus fuerzas numéricamente inferiores serían batidas.

Dividió a sus hombres en varios destacamentos que debían dispersarse por diferentes partes de Chihuahua y Durango. El propio Villa, con una escolta comandada por Nicolás Fernández, salió con destino a un lugar que tuvo cuidado de no revelar a nadie. Fue un trayecto lento. Lo transportaron alternativamente en carruaje o litera, en medio de espantosos dolores. No había ningún médico en el destacamento ni medicinas para aliviar el dolor. Por momentos lloraba o caía en el delirio. La expedición avanzó hasta llegar al rancho del padre de José Rodríguez, un general villista recientemente ejecutado por los carrancistas, quien ofreció ayudarles cuanto pudiera. Para asegurarse su lealtad, no le informaron que su hijo había muerto tres meses antes, sino que estaba bien y cumpliendo una misión confidencial.[78]

Villa se recuperó por un tiempo en el rancho, pero no tenía intención de quedarse: tarde o temprano los carrancistas irían a buscarlo adonde tenían propiedades sus simpatizantes o las familias de éstos. Además una escolta tan grande tenía que llamar la atención. Le dijo a Fernández que partiera a Durango, mucho más lejos de la frontera, y se ocultara allí hasta recibir noticias suyas. Sólo dos hombres, primos hermanos suyos, se quedaron con Villa. Con grandes apuros, lo subieron a un burro y lo trasladaron a una gruta conocida como Cueva de Coscomate, donde permaneció escondido, y durante dos meses le proporcionaron agua y alimentos. La entrada de la cueva estaba disimulada con ramas y hojas, y desde allí pudo un día ver pasar a las columnas de Pershing. Se recuperó lentamente, aunque no lo atendió ningún médico y, según la mayoría de los datos, sólo recibió como "tratamiento" un rudimentario vendaje que le puso Beltrán, el único de sus comandantes que tenía ciertos conocimientos de medicina.

Durante los casi dos meses que estuvo en la cueva, perdió todo contacto con sus hombres, lo que probablemente contribuyó a mejorar su moral. Ciertamente no habría sanado más rápido de haber sabido que una parte importante del pequeño grupo que le seguía siendo fiel había sido arrasada. Sólo dos destacamentos que se habían retirado a Durango, el del general sonorense Beltrán y el de Nicolás Fernández, seguían relativamente intactos. Los que decidieron permanecer en Chihuahua –no está claro si por órdenes de Villa o desobedeciéndolas– pronto se vieron diezmados por conflictos internos, deserciones y ataques de carrancistas y estadounidenses. Así ocurrió especialmente con las unidades villistas que se aventuraron cerca o dentro de las regiones donde los estadounidenses habían concentrado considerables fuerzas de ocupación.

El golpe más grave fue el que sufrió el destacamento de Candelario Cervantes, que al principio contaba con más de doscientos hombres. Se peleó con algunos de sus comandantes, que lo abandonaron junto con sus tropas. Se negó a pagar a los soldados, y entonces muchos de los desertores carrancistas que se le habían incorporado después de la batalla de Ciudad Guerrero lo abandonaron también. Pronto no le quedaron más que treinta hombres, casi todos de su propio pueblo de Namiquipa o del vecino Cruces. Muchos de ellos también lo dejaron cuando regresó a su pueblo sólo para descubrir que gran parte de la población se había vuelto contra él y no respondía a sus ardorosos llamados a levantarse contra los estadounidenses.[79]

Como su fuerza prácticamente se había desintegrado, Cervantes echó mano a un recurso desesperado: decidió meterse en la boca del lobo. Aunque los estadounidenses tenían una de sus bases más fuertes en Namiquipa, Cervantes resolvió concentrar allí sus operaciones. Era su pueblo y los hombres que aún lo acompañaban venían de allí. En 1911 se habían levantado contra Porfirio Díaz, y él los había comandado en 1913 contra Huerta y los había movilizado en 1916 para marchar sobre Columbus. Se empeñó en convencerlos nuevamente de ir a luchar contra los invasores estadounidenses. Al mismo tiempo, confiaba en que los carrancistas no le impedirían lograr su propósito. En una proclama dirigida a "los Jefes Civiles del Ejército de Carranza", Cervantes sostenía: "Esperamos que si no se unen ustedes a nosotros como una gran familia, ya que por fuerza podemos triunfar, por lo menos nos dejarán libres de pelear contra los miserables invasores norteamericanos, única causa de nuestros desacuerdos y de la desgracia nacional".[80] Los carrancistas en efecto lo dejaron en paz, pero su propia gente le causaría la mayor decepción de su vida al negarse a seguirlo. En términos económicos, la ocupación extranjera había resultado muy beneficiosa para el pueblo de Namiquipa. Los estadounidenses pagaban en moneda fuerte por los productos y alimentos que compraban, y no con los billetes sin valor que tanto villistas como carrancistas utilizaban, si es que pagaban. Además armaron a una parte de la población y la organizaron en una fuerza de defensa local capaz de resistir a cualquier forastero. Pershing de hecho anticipaba la recomendación que se haría tres años después, en el plan de guerra de Estados Unidos para México, consistente en organizar una fuerza mexicana leal. Las tropas de Namiquipa resultaron tan fieles que les entregaron a los estadounidenses un gran depósito de armas que Villa había dejado escondido cerca del pueblo y les informaron sobre la identidad de cada uno de los vecinos que habían participado en el ataque a Columbus. No todos los habitantes compartían el entusiasmo de José María Espinosa,[81] hijo de un antiguo dirigente del alzamiento contra Madero y uno de los principales partidarios de los estadounidenses en el pueblo, pero muy pocos estaban dispuestos a luchar contra ellos. Muchos que habían seguido a Cervantes en su regreso desertaron y, como le escribió uno de ellos cuando su comandante lo llamó a reincorporarse,

si es cuestión de combatir a los gringos, estoy dispuesto cuando usted me llame y cuando me necesite. Pero sólo si veo que podemos dar un golpe fuerte. De otro modo, no está en nuestro interés, porque como usted sabe, primero y ante todo, los pueblos no nos ayudarán y nadie dirá tengo la voluntad de ofrecer mis servicios como mexicano, nadie. Por el contrario, están siempre tratando de ayudar a los malditos gringos y por eso uno ve que no vale la pena tratar de hacerle ese bien al pueblo porque uno ve que ni siquiera quieren encubrirnos, menos aún ayudarnos.[82]

Más que por conflictos internos, otro destacamento villista quedó muy diezmado al enfrentarse directamente con los estadounidenses, como el de Cervantes. Lo comandaba Julio Acosta, que en los años del gobierno villista de Chihuahua había estado a cargo del distrito de Guerrero. Había aceptado la amnistía de los carrancistas en enero de 1916 y no había participado en el ataque a Columbus. No tenía nada que temer ni de los carrancistas ni de los estadounidenses, que le prometieron dejarlo tranquilo si no procedía contra ellos. Sin embargo, decidió reunirse con su antiguo jefe. En la batalla de Ciudad Guerrero, participó con el resto de las tropas de Villa. Como Cervantes, llamó al pueblo a luchar contra el invasor. Una proclama dirigida "A la Soberana República Mexicana" y firmada conjuntamente por Acosta, Cruz Domínguez, otro general villista, y un coronel Antonio Ángel, decía:

Tenemos el honor de informarles que circunstancias fatales aquejan a nuestra querida y amada patria debido a la intervención y entrada de estadounidenses en nuestro país. El gobierno de Carranza ha comprobado que es un traidor al acceder a permitir a esa nación en armas poner el pie en nuestro amado suelo [...] Recordemos, queridos hijos de México, a nuestros ancestros y a los venerables patriotas de Dolores, don Miguel Hidalgo y Costillos [sic], Allcade [sic] y Aldama, que entre otros héroes perecieron únicamente para darnos patria y libertad, y hoy debemos seguir sus ejemplos para no vivir bajo la tiranía de otra nación.[83]

Acosta y sus hombres también esperaban que los carrancistas no estorbaran su lucha contra los estadounidenses, y así ocurrió cuando la guarnición del poblado de Ojos Azules se les rindió sin disparar un tiro. Pero antes de que procedieran a atacar a los estadounidenses, éstos los sorprendieron y les infligieron una espantosa derrota. Murieron cuarenta y un miembros del destacamento y muchos quedaron heridos. Fue la mayor victoria que lograría la Expedición Punitiva durante su estancia en México. Sin embargo, Acosta logró escapar; derrotado por los estadounidenses, se concentró a partir de entonces en el combate contra los carrancistas.

Aún más dolorosa para Villa que la pérdida y dispersión de sus soldados sería la muerte de gran número de sus oficiales, ya que éstos eran mucho más difíciles de remplazar. Cruz Chávez, uno de los comandantes del ataque a Columbus, había muerto según ya dijimos como resultado de sus heridas. Ramón Tarango, otro de los que participaron en el ataque, pereció en la batalla de Ciudad Guerrero. Los generales Cruz Domínguez y Julián Granados cayeron prisioneros y fueron ejecutados por los carrancistas.[84]

Los tres hombres cuya pérdida fue más dura para Villa eran Manuel Baca, Candelario Cervantes y Pablo López.

Cabe dudar que mucha gente aparte de Villa llorara la muerte de Manuel Baca, compañero de sus tiempos de bandido que se había convertido en uno de sus más temidos verdugos. Después de que Villa cayó herido, Baca intentó acampar cerca de su pueblo natal de Santo Tomás. El odio que allí se le tenía era tal que sus propios paisanos lo mataron.[85]

También Candelario Cervantes tuvo una muerte solitaria. Tras ser abandonado por la mayoría de sus hombres, intentó atacar a un contingente estadounidense. Cayó en combate y un soldado enemigo ató su cuerpo al caballo (uno de los observadores mexicanos cree que aún se encontraba vivo)[86] y lo arrastró hasta el cuartel estadounidense para que lo identificaran. Pero tenía el rostro tan desfigurado que era imposible reconocerlo; uno de sus parientes logró saber que se trataba de él gracias a una pequeña cicatriz que tenía en el dedo.[87] Sólo una docena de personas acudieron al funeral.[88]

Pablo López murió de muy diferente manera, y pudo sentir hasta el final que el pueblo estaba con él. Herido en Columbus, había buscado refugio en un solitario rancho de las colinas de Chihuahua. Alguien lo delató a los carrancistas, pero los vio acercarse y pudo huir a los montes. No pudiendo encontrarlo, recorrieron la región gritando: "General Pablo López, estás herido. No te martirices. Es inútil. ¡Te tenemos cercado! [...] Entrégate". Después de soportar tres días sin comida y sin agua, completamente extenuado, López les respondió: "¡Si son mexicanos me entrego! ¡Si son americanos, moriré peleando!"[89]

Los carrancistas lo condujeron a la ciudad de Chihuahua donde decidieron ejecutarlo públicamente, tal como habían exhibido el cadáver de José Rodríguez unos meses antes. Querían intimidar a los partidarios que le quedaban a Villa y mostrarle al pueblo que realmente estaban ganando la guerra contra él. También querían probar a los estadounidenses que su intención de combatir a los villistas era seria y que habían logrado una victoria importante con la captura del hombre al que ellos más odiaban después del caudillo. López no sólo había participado en el ataque a Columbus, sino que era responsable de la masacre de Santa Isabel.

El general estaba decidido a morir con dignidad, convencido hasta el fin de que sus acciones y las de Villa eran por el bien de México. Pocos días antes de morir, le dijo al reportero irlandés:

Yo soy sólo un pobre peón ignorante, señor. Mi única educación la obtuve arreando los bueyes y siguiendo el arado. Pero cuando el buen Francisco Madero se levantó en armas contra nuestros despóticos amos, con gusto respondí a su llamado.

Todos conocíamos a Pancho Villa: ¿y quién no? Sus hazañas se cuentan junto al fuego en las noches. Era objeto de adoración para todos los que vivían aplastados bajo la bota del opresor.

Cuando llegó su llamado, yo fui el primero en unirme a él y he sido su fiel seguidor y su rendido esclavo desde entonces [...] Voy a ir a Santa Rosa [el lugar donde se fusilaba a la gente en Chihuahua] cuando pueda caminar. Mucho preferiría morir por mi patria en batalla, pero si han decidido matarme, moriré como Pancho Villa querría que lo hiciera: con la frente en alto y los ojos descubiertos, y la historia no podrá decir que Pablo López flaqueó a las puertas de la eternidad.[90]

Mantuvo su convicción hasta el fin. El día antes de su fusilamiento, escribió una carta de despedida a sus padres. "Dedico la presente con el fin de despedirme de mis hermanitos y de ustedes. Vivan orgullosos pues su hijo no muere por traidor, muere porque mis hermanos de patria así lo condenan lo que a los enemigos de mi patria se les concede, el que a mi presencia se borre de mi patria. Les encargo a mi inolvidable esposa y a mi hijo, a mis hermanos, que los espero en mi eterno descanso. Adiós padres míos."[91]

Al día siguiente, Pablo López murió tal como había prometido. Sonreía en su camino al paredón; una vez allí, se fumó un cigarro, platicó con sus guardias y, cuando le dijeron que pidiera su último deseo, exigió que echaran del lugar a cualquier estadounidense que hubiera venido a presenciar su muerte. Se negó a que le vendaran los ojos y él mismo dio al pelotón la orden de fuego.[92] En sus últimos momentos, muchos de los chihuahuenses que contemplaban el fusilamiento le expresaron abiertamente su admiración y su simpatía e insultaron a los carrancistas llamándolos perros.[93] Estas manifestaciones eran expresión de la creciente reacción nacionalista que se producía en Chihuahua y que preocupaba cada vez más a los militares y dirigentes políticos de Estados Unidos.

LA DECISIÓN DE QUEDARSE O NO QUEDARSE

Para principios de abril de 1916, varios miembros del gabinete de Wilson estaban pidiendo que la Expedición Punitiva se retirara. El secretario de Guerra Baker le dijo al coronel House, confidente de Woodrow Wilson, que "estaba en favor de abandonar la cacería de Villa y traer las tropas de vuelta. Pensaba que se había cumplido el propósito, que los villistas ya habían sido dispersados y que era tonto perseguir a un solo bandido por todo México".[94] El jefe de Estado Mayor Hugh Scott fue aún más explícito al respecto. "No sé", escribía dos días más tarde a un amigo, "cuánto tiempo va a continuar esta cosa. Me parece que Pershing ha logrado aproximadamente todo aquello para lo que fue enviado [...] No parece digno que todo Estados Unidos esté dando caza a un solo hombre en un país extranjero. Si la cosa se invirtiera, nosotros no permitiríamos que ningún ejército extranjero anduviera buscando pleito en nuestro país, a trescientas millas de la frontera, fueran quienes fueran."[95]

Las razones de esta actitud son claras. Una grave crisis acababa de estallar entre Alemania y Estados Unidos a causa del hundimiento de barcos neutrales por submarinos alemanes. Existía una clara posibilidad de que Estados Unidos entrara en la guerra y ni Baker ni Scott querían tener a sus tropas comprometidas en México. Ahora que Villa estaba escondido y sus hombres se habían dispersado por todo Chihuahua y Durango, se daban cuenta de que si las tropas permanecían en México, tendrían que continuar allí por mucho tiempo y ampliar considerablemente el alcance de sus operaciones. En un memorándum enviado a su comandante en jefe, Pershing dejaba esto muy claro:

Es muy probable que el verdadero objeto de nuestra misión en México sólo se pueda lograr tras una ardua campaña de considerable duración [...] Villa conoce Chihuahua pulgada a pulgada, y el pueblo mexicano por amistad o por temor siempre lo ha tenido al tanto del menor movimiento. Lleva poca comida, vive sobre el país, revienta los caballos y los cambia por monturas frescas donde las encuentra. De este modo, lleva la ventaja desde las primeras veinticuatro horas posteriores al ataque a Columbus [...]

Así pues, el éxito depende de a) nuestra continua ocupación de tantas localidades distintas como sea posible en el territorio que debemos cubrir, b) el establecimiento de estrechas relaciones con un número suficiente de habitantes confiables de cada localidad para asegurar su ayuda en la obtención de información confiable [...], d) el mantenimiento de amplias y regulares líneas de abastecimiento, especialmente en las grandes extensiones de territorio improductivo y montañoso, y un número suficiente de hombres y animales para ocupar localidades y mantener nuevas columnas en constante funcionamiento [...] La ejecución del plan general ya ha empezado y se llevará a cabo tan rápido como sea posible.[96]

Tal política tenía que provocar conflictos con Carranza y una guerra a gran escala en el momento en que el gobierno de Estados Unidos menos podía permitírsela. Baker y Scott también pensaban que el precio político que Wilson tendría que pagar por retirarse sería muy pequeño. Tras la victoria de Ciudad Guerrero, Estados Unidos podía decir que había logrado su propósito principal de acabar con las bandas villistas. Aun si la expedición permanecía en México, parecía muy improbable que lograra apresar a Villa. Además, Carranza había aceptado firmar un acuerdo con Estados Unidos por el que, en caso de un futuro ataque, las tropas estadounidenses tendrían derecho a cruzar la frontera.

Incluso si las propuestas de Baker y Scott hubieran sido aceptadas por Wilson y si la Expedición Punitiva se hubiera retirado, cabe dudar que Villa hubiera podido recuperarse de las pérdidas sufridas. Carranza podía sostener que su actitud firme había evitado la guerra y había forzado a los estadounidenses a retirarse. Al mismo tiempo, habría disfrutado de todos los beneficios del reconocimiento de Estados Unidos como gobernante legal de México. El gobierno de Wilson decidió en cambio permanecer en el país y con ello puso en marcha una serie de acontecimientos que a las pocas semanas suscitarían un resurgimiento notable y completamente inesperado de Villa.

Los motivos por los que se oponían al retiro de las tropas aquellos miembros del gobierno de Wilson cuya opinión prevaleció finalmente eran diversos. Al secretario de Agricultura David Houston le preocupaban principalmente las repercusiones políticas que esa decisión podía tener: "Su argumento era que si las tropas se retiraban, Villa regresaría y atacaría de nuevo, y de nuevo tendríamos que entrar, con lo que daríamos la impresión de una política débil y vacilante".[97] El secretario del Interior, Lane, que en una primera conversación con el coronel House había defendido el repliegue, modificó su posición pocas horas después y el propio House, que el 6 de abril aún estaba indeciso, al día siguiente se opuso firmemente a suspender la intervención militar. Llegó a esta conclusión tras haber "preguntado acerca de México a muchos de nuestros amigos con los que podía hablar con cierto grado de libertad, y el consenso es casi absolutamente contra el retiro de las tropas".[98] Puesto que House y Lane eran los dos miembros del gobierno más íntimamente conectados con quienes tenían intereses en México, es probable que los "amigos" a que se refiere House fueran precisamente los voceros de esos intereses y que éstos también influyeran sobre Lane.

Los motivos de Wilson para mantener a sus soldados en México eran más complejos. Una y otra vez insistió en su desdén por los empresarios estadounidenses que estaban a favor de la intervención y en su oposición a la demanda de que Estados Unidos se anexara parte de México o intentara gobernar el país por la fuerza. Sin embargo, las propuestas que su gobierno finalmente le sometió al de Carranza a fines de 1916, como precondiciones para retirarse de México, hubieran de hecho "cubanizado" al país, imponiéndole algo muy semejante a la Enmienda Platt, acuerdo que permitía a las tropas estadounidenses entrar en Cuba unilateralmente cuando el gobierno de Estados Unidos lo considerara justificado. En muchos sentidos, el país se hubiera convertido en un protectorado. A fines de 1916, los representantes de Wilson comisionados para negociar con el gobierno de Carranza la retirada de la Expedición Punitiva querían que México aceptara una cláusula que decía:

El gobierno de México acepta solemnemente proporcionar protección plena y suficiente a las vidas y propiedades de los ciudadanos de Estados Unidos, u otros extranjeros, y esta protección será bastante para permitir a dichos ciudadanos de Estados Unidos [crear y administrar] las industrias en que puedan estar interesados. *Estados Unidos se reserva el derecho de reingresar a México y de proporcionar esa protección con sus fuerzas militares, en el caso de que el gobierno de México no lo haga.*[99]

Esa cláusula hubiera abolido la soberanía mexicana. Aunque algunos de sus delegados a la conferencia mexicano-estadounidense aceptaron sus términos, Carranza los rechazó de manera inequívoca. Incluso antes de que el gobierno de Wilson planteara tales demandas, su actitud se iba haciendo cada vez más hostil conforme se daba cuenta de que la presencia de las tropas estadounidenses no sería breve. Su primera medida práctica consistió en suspender su colaboración no oficial con ellas y rescindirles el permiso de utilizar el Ferrocarril del Noroeste para abastecer a sus tropas.[100] La segunda fue sustituir, como su representante en el equipo negociador, a Obregón –a quien consideraba demasiado dispuesto a ceder ante los estadounidenses– por Luis Cabrera, la figura política más cercana a él y de línea mucho más dura. Pronto tuvo que dar pasos más radicales, debido a la oleada de nacionalismo que se produjo principalmente en Chihuahua pero también en el resto del país.

El 12 de abril, una patrulla estadounidense penetró en la ciudad de Parral, lejos de la frontera. Algunos habitantes, encabezados por una mujer llamada Elisa Griensen, les tiraron piedras y empezaron también a dispararles. Lo que preocupó a Carranza fue que, al atacar a los estadounidenses, la gente de Parral no sólo gritaba "¡Viva México!", sino también "¡Viva Villa!" Era el momento de adoptar medidas más enérgicas. La hostilidad contra los estadounidenses, informaba Pershing a sus superiores, crecía a pasos agigantados.[101] El secretario de Hacienda Luis Cabrera informó al representante de Estados Unidos en México que "todos los altos funcionarios del gobierno *de facto* insistían en la inmediata retirada de las tropas estadounidenses [...]. Los generales Carranza y Obregón están decididos a lograr la retirada inmediata".[102] En vista del inminente riesgo de una guerra con México, el gobierno de Wilson se decidió por un repliegue parcial. Las tropas estadounidenses debían retirarse de la mayor parte de Chihuahua y concentrarse al norte del estado, cerca de los asentamientos mormones de Colonia Dublán. Su finalidad principal no era apresar a Villa, sino "mantenerse aquí indefinidamente como incentivo para que los carrancistas lo maten o capturen".[103]

A partir de ese momento, la Expedición Punitiva dejó de representar un peligro serio para Villa, aunque aún causaría bajas a aquellas unidades villistas que se aventuraban cerca de la zona ocupada. Su continuada presencia en México siguió generando tensiones con el gobierno de Carranza y mantuvo viva la amenaza de una guerra. Un choque entre tropas estadounidenses y mexicanas en la población chihuahuense de Carrizal, en junio de 1916, estuvo a punto de provocarla. Se evitó una guerra gracias a que tanto el gobierno de Estados Unidos como el de Carranza actuaron con extrema cautela y flexibilidad.

La situación era notoriamente favorable a Villa. Los estadounidenses no podían atacarlo mientras no se acercara a la zona ocupada, pero su permanencia generaba una hostilidad de la que era el principal beneficiario. Carranza estaba quedando cada vez más desacreditado a los ojos de la opinión pública tanto chihuahuense como mexicana, por su incapacidad para expulsar a las tropas extranjeras, y perdía al mismo tiempo la principal ventaja que le había otorgado el reconocimiento estadounidense: la posibilidad de adquirir dinero, armas y otros productos en Estados Unidos. Conforme las relaciones con Carranza se hacían cada vez más hostiles, Estados Unidos impuso primero un bloqueo de todos los envíos de armas a México, que luego se amplió al oro, el crédito e incluso los alimentos.[104] Con algunas interrupciones, esas restricciones se mantuvieron hasta la caída de Carranza en 1920. Le significaron uno de los principales obstáculos para llevar a cabo una campaña militar exitosa contra Villa y contra otras fuerzas, radicales y conservadoras, que aún combatían contra su gobierno en muchas partes de México.

LA "INVASIÓN" DE CHIHUAHUA POR LOS CARRANCISTAS

La invasión de Pershing provocó otra "invasión" del estado de Chihuahua que iba a exacerbar el resentimiento de sus habitantes y a redundar en beneficio de Villa. Estas segundas fuerzas invasoras fueron las tropas carrancistas procedentes de otras regiones que el Primer Jefe concentró allí para combatir a Villa y para resistir contra los estadounidenses en caso de que estallara una guerra entre los dos países. Muchos chihuahuenses que siempre habían estado muy orgullosos y celosos de su autonomía consideraban que esas tropas constituían una fuerza de ocupación, tanto como las estadounidenses. Su comandante, uno de los generales carrancistas más influyentes, Jacinto D. Treviño, era un forastero que nunca había tenido vínculo alguno con el estado, pero pronto asumió su pleno control. El 12 de mayo, Carranza, probablemente por instigación de Treviño, destituyó al gobernador Enríquez, que se convirtió en alto funcionario de la Secretaría de Guerra, y lo sustituyó con el hermano de Treviño, Francisco.[105] Pocas semanas después, Jacinto Treviño intentó arrestar a Luis Herrera, comandante de la única fuerza chihuahuense de importancia que apoyaba a Carranza en el estado. Alegando que las fuerzas de Herrera estaban desorganizadas, que mandaba arbitrariamente en su distrito nativo de Parral y que no enviaba fondos al gobierno del estado, el general Treviño le sugirió al secretario de Guerra Obregón que Herrera fuera llamado a la ciudad de México y colocado allí bajo arresto indefinido. Entre tanto, Treviño asumiría el mando de sus tropas.[106] Tanto Obregón como Carranza rehusaron. No estaban dispuestos a sacrificar a uno de sus pocos partidarios con influencia en el estado, pero tácitamente le dieron a Treviño carta blanca para tratar a Chihuahua como un territorio ocupado. Él no perdió tiempo en dar a conocer todo el peso de su dominio, y con ello se enajenó a gran parte de la población. El sucesor de su hermano, Francisco Murguía, que no se comportó mejor, describía así el gobierno de su predecesor:

Lejos de exterminar el bandidaje resto de la reacción [tales eran los términos que empleaban los carrancistas para designar a Villa y sus seguidores]

167

vino a fomentar[lo] con sus atropellos a los bienes de los que, siendo pacíficos luchadores por la vida, se convirtieron en enemigos armados por la sencilla razón de que sus vidas y sus intereses recibieron más protección de los bandoleros que de aquéllos a quienes su carácter militar los tiene obligados a velar por la tranquilidad del orden [...] el desgobierno existente en este estado desde que tenía cargo de él el hermano del general Treviño de nombre Francisco. El comercio bajo todas sus manifestaciones estuvo siempre bajo el control de Francisco Treviño, su hermano Federico, [...] y otros.[107]

El duro juicio de Murguía fue más que confirmado por los informes de inteligencia estadounidenses. "Las nuevas tropas están haciendo lo que se les antoja en Ciudad Juárez", informaba un observador. "Entran en los restaurantes y después de comer cuanto pueden, se van sin pagar. Los pobres en las calles están furiosos ante su conducta, y dicen que los soldados pueden llenarse sin pagar y en cambio ellos se mueren de hambre. Esos soldados no son más que una plaga."[108] "La situación en Ciudad Juárez es espantosa", concluía otro informe. "En vez de preservar el orden, los soldados tienen a la gente aterrorizada. Cada mañana se encuentra gente asesinada la noche anterior, los asesinos no salen a la luz y no se da protección alguna a los ciudadanos. Cada noche roban las casas y asaltan a la gente en las calles."[109]

El coronel González Díaz, comandante militar carrancista de El Valle, era probablemente uno de los hombres a que se refería Murguía. En un breve pero muy explícito informe, un observador estadounidense describía su forma de gobernar el distrito y veintiún casos de extorsión y asesinato perpetrados por él.

Cesario Valverde. Detenido en Galeana por el mayor Elisondo [sic] alrededor del 5 de noviembre y acusado de haber atacado a un viajero en el camino El Valle-Galeana y haberle robado, esto en diciembre de 1915.

En realidad, es el tío de una muchacha con la que Elisondo quiere casarse y se opone al matrimonio.

El coronel [González] Díaz amenazó con ejecutar a Valverde y lo maltrató cruelmente, colgándolo de los pulgares y golpeándolo. Por intervención del padre Muñoz, la sentencia de muerte de Valverde fue conmutada por una multa de mil pesos.

Ramón Rodríguez, 15 de noviembre de 1916. Tío de Lupe Muñoz, una jovencita de El Valle. Esta muchacha le gustaba al coronel [González] Díaz: Ramón Rodríguez se oponía y fue encarcelado por [González] Díaz, multado y maltratado físicamente; luego fue enviado a la frontera estadounidense bajo el cargo de ser un villista y atacante de Columbus.

Margarita Acosta. Prostituta pública, empleada del gobierno de Carranza. Expresó renuencia cuando el coronel [González] Díaz la mandó llamar. [González] Díaz la encarceló y ordenó su ejecución sin juicio por ser una espía villista. Se sabía que poseía la cantidad de quinientos pesos en el momento de su detención. Ejecutada a las 4:00 a.m., el 22 de noviembre de 1916, sin juicio.

Tanto la hermana como la sirvienta de Margarita Acosta fueron detenidas por González Díaz y ejecutadas sin juicio bajo los mismos cargos. El coronel forzaba a todos los que transitaban por El Valle a portar un pase expedido por él. "Los que salían de la ciudad sin un pase eran detenidos, fuertemente multados y encarcelados [...] Todas las personas que conducían ganado a través de El Valle pagaban cinco pesos por cabeza al coronel [González] Díaz o eran detenidos y todo su ganado confiscado." Ni siquiera aquellos que sí pagaban estaban seguros de su inmunidad. El informe cita el caso de Loren Taylor, "buscado por el coronel [González] Díaz bajo el cargo de matar ganado perteneciente al gobierno de Carranza. El propio coronel [González] Díaz le había vendido a Taylor ese ganado".[110]

Los informes estadounidenses confirman la acusación de Murguía de que Treviño no sólo permitía robar a sus comandantes, sino que lo hacía él mismo y de una forma que el pueblo de Chihuahua resentía particularmente. En momentos de escasez creciente que amenazaba con convertirse en una hambruna generalizada, Treviño exportaba alimentos de la capital del estado. "Anteayer", informaban los observadores estadounidenses, "Treviño empezó a robar las tiendas de Chihuahua y a mandar su botín a Ciudad Juárez. Ayer llegaron a Ciudad Juárez treinta y dos vagones de mercancía, entre ellos cinco vagones de harina, y en vez de ser almacenados en la aduana, fueron llevados a la bodega de los hermanos Cuéllar. Treviño es un gran ladrón y dicen que simplemente está saqueando Chihuahua. Él y Cuéllar tienen algún tipo de arreglo."[111]

Comparados con esta situación, los años de gobierno villista eran una edad de oro a los ojos de muchos chihuahuenses. Para un número cada vez mayor, Villa no sólo era el defensor de la soberanía nacional contra los estadounidenses, sino de la soberanía del estado contra las tropas carrancistas, procedentes del exterior.

La expedición punitiva

·15·
El resurgimiento de Pancho Villa
en 1916-1917

En abril y mayo de 1916, cuando Villa estaba escondido recuperándose de su herida, los carrancistas y los estadounidenses pensaban que estaba acabado en términos tanto políticos como militares. Algunos creyeron que había muerto; otros, que su herida era tan grave que no podría sanar si no acudía a un hospital, cosa que no podía hacer porque lo habrían capturado los carrancistas. Pero todos los observadores opinaban que, aunque él se restableciera, su ejército se encontraba más allá de toda posibilidad de curación. Tres de su lugartenientes más importantes habían muerto y más de la mitad de los hombres que lo habían acompañado a Columbus había caído en combate o se había dispersado. Nuevos contingentes de estadounidenses se habrían sumado a los cinco mil que entraron inicialmente, de modo que una enorme y dispar acumulación de tropas del exterior –diez mil estadounidenses y diez mil carrancistas–, mayor que ninguna otra en la historia del estado, ocupaba Chihuahua. Parecía inconcebible ante tales obstáculos que Villa pudiera volver a constituir una fuerza digna de consideración. Incluso cuando pudo reemprender sus actividades, los generales carrancistas creían, como dijo Jacinto Treviño, que los comandaba en Chihuahua, que "en lo tocante a Villa, ya no era un factor que debiera ser considerado un problema mexicano".[1]

El reducido número de tropas que inicialmente se unió a Villa cuando retomó el mando, a principios de junio de 1916, y su apariencia física bien podían confirmar tales expectativas. "Vi a Villa sentado en un sillón, completamente cambiado desde la última vez que lo vi en mi casa de San Jerónimo", informaba un agente de inteligencia estadounidense a quien los hombres de Pershing habían logrado infiltrar en el cuartel general del caudillo.

Lo primero que llamó mi atención fue su larga barba negra sin recortar, y junto a él había dos muletas; no llevaba más que un zapato, el derecho, y el pie izquierdo, muy hinchado, estaba cubierto con un delgado calcetín de lana [...] La pierna está considerablemente hinchada desde la rodilla hasta los dedos de los pies, de modo que no puede llevar calzado. Se mueve sólo a corta distancia de la casa, con ayuda de las muletas. La herida le duele considerablemente cuando va a caballo, y sólo monta cuando es necesario.[2]

A pesar de la lesión y los reveses sufridos, Villa no se desalentó. Como todos los revolucionarios que han triunfado, poseía una energía sin límites y una fe en sí mismo también ilimitada. Probablemente no había en México un líder revolucionario que hubiera sufrido tantos descalabros y hubiera logrado recuperarse de una u otra manera. Estaba convencido de hacerlo de nuevo, utilizando la táctica que aplicaron los maderistas en 1910-1911 y luego él mismo en Chihuahua. Muchos años después, Mao Tsé-Tung la resumiría en la máxima según la cual un ejército revolucionario guerrillero debe tomar primero el control del campo y después rodear las ciudades.

Para fines de 1916, Villa había logrado ocupar y controlar una parte sustancial del campo chihuahuense, reunir un ejército de entre seis y diez mil hombres y, si bien por breve tiempo, incluso tomar la capital del estado.

Sin embargo muchas de las tácticas con que obtuvo estos éxitos resultaron eficaces a corto plazo, pero dañinas para su causa en el largo plazo y, finalmente, provocaron que grandes sectores de la población se volvieran contra él.

Paradójicamente, la mayor ventaja con que Villa contaba al reemprender su campaña, en 1916, fue la posibilidad de agenciarse municiones más fácilmente que los carrancistas. Al gobierno le afectaba seriamente el embargo de los estadounidenses y no podían remediarlo comprando armas a Europa, en plena guerra mundial. Las fábricas de municiones que Carranza puso en marcha rápidamente aún no podían compensar esa situación. Villa, en cambio, había escondido depósitos de armas antes de la derrota de la División del Norte. Aunque el de Namiquipa había sido delatado a los estadounidenses, otros todavía estaban a su disposición. Además, en el curso de sus victorias sobre los carrancistas, a fines de 1916, les arrebató grandes cantidades de armas y municiones.

Entre las tácticas que empleó, la menos problemática fue sin duda su intento de agitación política, que no había hecho nunca antes. En todos los pueblos por los que pasaba, Villa le pedía al presidente municipal que reuniera a la gente en la plaza y se dirigía a ella, para denunciar que los estadounidenses pretendían anexarse el estado de Chihuahua. Más polémico para muchos mexicanos fue que, aunque constantemente llamaba a la unidad de todos los nacionales contra los invasores, nunca atacó a éstos sino que se dedicó a combatir a los carrancistas.

Su táctica tipo Robin Hood de repartir mercancías y bienes resultó mucho más discutible que en 1913. Antes, lo que repartía eran las posesiones de Terrazas y otros miembros de la oligarquía. En 1916, dado que ya no quedaba gran cosa de esas riquezas, echó mano de las propiedades de los estadounidenses y de la clase media chihuahuense. Tal vez los vaqueros de las haciendas de los estadounidenses no tenían objeción si mataba reses y las repartía a sus familias, pero no les gustaba tanto que se llevara parte del ganado para alimentar a su ejército. Los trabajadores de las minas propiedad de estadounidenses resintieron aún más que Villa forzara a los dueños a irse y cerrarlas. Lo que mayor descontento suscitó, especialmente en la clase media, fue que permitiera a sus soldados saquear las tiendas de las poblaciones que tomaba, en contraste con la estricta disciplina que había mantenido en 1913 y 1914.

Pero para muchos chihuahuenses lo más grave era que el terror villista ya no afectaba solamente a la oligarquía, los extranjeros y los enemigos de Villa, sino también a buena parte de la población civil pacífica. En muchos casos, Villa forzó a enrolarse a quienes no querían hacerlo, amenazando de muerte no sólo a ellos sino a sus familias. Algunos hombres desertaban a la primera oportunidad; otros permanecían con él mientras triunfaba pero lo dejaban a la primera derrota, y luego tenían tanto miedo de las represalias que se pasaban al enemigo. Conforme más y más gente se volvía contra Villa, más crueles eran sus represalias, no sólo contra los desertores, sino contra las mujeres. Esto, a su vez, lo enemistaba con sectores aún mayores de la población.

Al agotarse los recursos de las grandes haciendas, Villa recurría, para alimentar a su tropa, a lo que producían los rancheros y los arrendatarios de las haciendas. Mientras la cosecha fue buena y hubo un excedente para vender –como ocurrió en 1916– y mientras tuvo oro y plata para pagar, Villa pudo abastecer a sus hombres sin enemistarse con la gente del campo. Pero cuando la cosecha era mala o no podía pagar en metales preciosos, el enojo contra él crecía.

Sin embargo, sólo a mediados de 1917 empezó a darse cuenta del poderoso impacto negativo que tenían sus tácticas. Todavía a fines de 1916, tanto Pershing como los jefes carrancistas observaban que la mayoría de la población de Chihuahua estaba a favor de Villa.

Los triunfos militares y políticos que obtuvo a fines de 1916 tomaron a todos por sorpresa. Fue su campaña más exitosa entre su derrota de diciembre de 1915 y su rendición, en 1920. Puso bajo su control gran parte del estado y, una vez más, aunque por breve lapso, creó los rudimentos de un ejército regular. En ninguna otra de sus campañas –con la posible excepción de los primeros meses de 1913, después de cruzar la frontera con ocho hombres–, hizo un esfuerzo personal tan grande por ganarse "los corazones y las mentes" de la gente, por usar una frase que se emplea en Estados Unidos para la moderna guerra psicológica. En los discursos que pronunciaba en los poblados, explicaba por qué luchaba contra los estadounidenses y los carrancistas con base en temas puramente nacionalistas y no tocaba los asuntos sociales. El núcleo de cada discurso era siempre una referencia al pacto secreto entre Estados Unidos y Carranza que había denunciado en su manifiesto de Naco, en noviembre de 1915, y con nuevo matiz: Carranza había aceptado vender Sonora y Chihuahua al vecino país.

Durante una reunión en el pueblo de Río Florido, Villa trató de justificarse por atacar a los carrancistas, y no a los estadounidenses, diciendo que mientras Carranza estuviera en el poder no podría presentarse una resistencia eficaz contra estos últimos. "Carranza debe caer como traidor a nuestro país y estoy aquí para convocarlos a todos ustedes a que se me unan para derrocar a este usurpador de los derechos y la libertad de México; entonces estaremos libres para enfrentar a los Estados Unidos de Norteamérica y demostrarles que el pueblo mexicano no se dejará comprar y vender como esclavo."[3] Un agente secreto de la inteligencia estadounidense, que estuvo con sus tropas en la fase inicial de su campaña del verano y el otoño de 1916, describe los resultados de esta campaña política. "Aunque el discurso duró unos diez minutos, Villa repitió la anterior declaración varias veces con palabras distintas. No tiene dotes para hablar en público y a menudo le faltan las palabras. Gracias a ese esfuerzo, con todo, entre cincuenta y cien reclutas de Río Florido se sumaron a su bandera."[4]

Villa compensaba el hecho de no hablar de cuestiones sociales procurando repartir mercancías y tierras. Cuando ocupó la hacienda de San Isidro, que había pertenecido a Terrazas, "ordenó que fuera confiscada para uso de sus fuerzas y luego la repartió entre los peones arrendatarios, con la única condición de que proporcionaran alimento a los destacamentos suyos que pudieran pasar por allí en sus desplazamientos".[5] Tras ocupar la población de Jiménez, "decidió que todas las tiendas fueran saqueadas y que todo el botín les fuera distribuido a los peones y sus familias". En el camino de Jiménez a la siguiente población, El Valle, "las carretas con el botín siguieron a la columna central con Villa. Los artículos que contenían son distribuidos gratuitamente a los peones".[6] Tras ocupar El Valle, "las tiendas de los ricos fueron saqueadas aquí como en otros lugares y se repartió el botín a los peones. Las carretas traídas de Jiménez fueron descargadas y su contenido también repartido".[7]

Además, Villa intentó ganarse la adhesión de los chihuahuenses empleando otros medios. Tras ocupar una hacienda propiedad de estadounidenses, "anunció que, como el rancho pertenecía a los 'gringos', todos los edificios serían incendiados. Lo disuadió sin embargo Gregorio Beltrán [uno de sus oficiales] diciendo que los arrendatarios eran mexicanos y que quemar las casas sería dañar a su propia gente. Todos los productos, como el trigo, el maíz, etcétera, fueron confiscados y la porción que no emplearon sus tropas fue repartida entre los arrendatarios".[8]

En esta etapa, Villa se comportó con sus prisioneros de un modo más "humano" que los carrancistas, aunque cabe dudar si los beneficiarios de esa "humanidad" o los testigos civiles de ella la apreciaban plenamente. Los carrancistas fusilaban o colgaban a todos los villistas que tomaban prisioneros. En cambio, en uno de sus primeros enfrentamientos y tras matar a todos los oficiales y a los heridos, Villa dejó libres a algunos prisioneros, pero antes uno de los generales villistas, Baudelio Uribe, les cortó parte de la oreja y les advirtió que, si volvían a tomar las armas contra Villa y caían en sus manos, serían fácilmente reconocidos y fusilados de inmediato.[9] Uribe se volvió famoso en todo Chihuahua como el "Mocha Orejas".

A pesar de la creciente simpatía popular por Villa, los generales de Carranza en el norte rehusaron tomarlo en serio hasta los dramáticos acontecimientos del 15 de septiembre de 1916.[10] Francisco Murguía, el comandante de las fuerzas carrancistas en los estados de Coahuila y Durango, les dijo a los observadores estadounidenses que "la facción villista, como factor político o militar, es cosa del pasado y políticamente el propio Villa está al final de su carrera. Como factor militar, carece de organización y no tiene seguidores a partir de los cuales crearla".[11]

Pero algunos de los observadores extranjeros en México no coincidían con esa visión de las cosas. "Si, por ejemplo, comparamos las relaciones actuales entre las clases pudientes y las autoridades", informaba Patrick O'Hea, vicecónsul británico en la región lagunera, muy opuesto a Villa, con las que existieron en tiempos de Villa, y si tomamos en cuenta la absoluta inseguridad no sólo de la propiedad, sino también de la vida que existía entonces, podemos apreciar la mejoría que se ha logrado. Pero por otra parte, el régimen de Villa, cruel e intolerable como era, por lo menos poseía un elemento de fuerza, que a estas gentes les falta. Ese partido [los villistas] podía contar con el apoyo de las masas, pero éste [los carrancistas] no puede, ya que cualquiera que sea la indiferencia de los habitantes indígenas de otras partes de la república ante este régimen, aquí en el norte la gente le es unánimemente hostil, y cabe preguntarse si no es solamente el hambre y la necesidad y la carencia absoluta de abastos que reinan en los distritos rurales lo que impide que las bandas revolucionarias se reagrupen y posiblemente derroquen al presente gobierno.[12]

O'Hea consideraba que las actividades de los militares carrancistas eran una de las causas principales del descontento popular.

Se les ha dado a los soldados de estas fuerzas licencia casi ilimitada para disponer a voluntad de las pertenencias del pobre, en materia de animales y granos, y los abusos cometidos a este respecto han provocado sentimientos insuperables de amargura y odio. Desde luego hay algunos a los que no les molesta que los pobres, por fin, aprendan algo también de lo que significan los despojos de la revolución y, si esos actos tuvieran por objeto la completa desilusión de las clases inferiores y que se asquearan de todas las formas de la revolución, algo se habría obtenido. Pero tal no es el caso.[13]

Le preocupaba profundamente el mensaje nacionalista que Villa estaba transmitiendo. "Al ejército que ahora lo sigue, Villa lo ha convocado como un *mullah* enloquecido, predicando la guerra santa, una cruzada contra el extranjero y particularmente contra el 'gringo'. Todos los discursos suyos que han llegado a nuestros oídos son delirios sobre el mismo tema principal en los labios de este hombre que lleva una bala estadounidense en su rodilla: una declamación fanática contra los invasores."[14]

A pesar de la creciente popularidad de Villa tanto en Durango como en Chihuahua, el escepticismo de Murguía y Treviño acerca de sus capacidades militares en el verano y a principios del otoño de 1916 es comprensible. No había logrado aún ninguna victoria importante. Había sido derrotado por los carrancistas en Villa Hidalgo, Durango, donde perdió una gran parte de su equipo[15] y sólo había obtenido dos victorias menores. La primera, en la hacienda de Salaices, se debió a una traición. Ignacio Ramos, un oficial carrancista que encabezaba un destacamento de seiscientos hombres, le había escrito al lugarteniente de Villa, Nicolás Fernández, para pedirle que unieran fuerzas contra los estadounidenses. Por instrucciones de Villa, Fernández replicó que estaba dispuesto a negociar con Ramos, quien lo esperaría en la hacienda de Corrales. Pero Villa no tenía intención de cumplir su palabra ni de negociar: sus fuerzas se acercaron subrepticiamente a la hacienda e intentaron tomarla;

los carrancistas estaban preparados para una traición y se produjo un sangriento combate en el que Ramos fue derrotado, aunque logró escapar con unos trescientos hombres.[16] No está claro por qué Villa cometió esta traición. Tal vez se debió a un suceso reciente: un oficial villista, Hilario Ramírez, había aceptado una oferta semejante para unirse a los carrancistas en la lucha contra los estadounidenses, pero había sido apresado y fusilado. Tal vez Villa temió que le esperara el mismo destino, o creyó que Ramos le había escrito a Fernández, y no directamente a él, para convencerlo de defeccionar, o bien simplemente consideró que en el trato con los carrancistas todo se valía.

El giro radical, a partir del cual –aunque por breve tiempo– pudo augurarse un resurgimiento del villismo a escala nacional, se produjo la noche del 15 de septiembre de 1916, cuando las fuerzas de Villa atacaron, y ocuparon parcialmente, la capital del estado.[17]

LA NUEVA OFENSIVA DE PANCHO VILLA

A principios de septiembre de 1916, acompañado por sólo cinco hombres, Villa reconoció los alrededores de la ciudad de Chihuahua. Durante una hora, contempló con nostalgia el agitado tránsito de las calles, y le comentó a su secretario Jaurrieta:

"Qué bonito se ve el rancho, ¿verdad? Pero ha de estar con seguridad que hierve de changos (carrancistas). [...] Yo quiero mucho a Chihuahua; nací en Durango, pero es tanto el cariño que siento por Chihuahua, que a muchos que me preguntan de dónde soy, les contesto orgulloso: ¡de Chihuahua!" Calló un momento para proseguir, esta vez con una mueca de rabia: "Y si se me antoja, me les meto al grito, el 16".[18]

Pero la decisión de atacar Chihuahua no se debió a un capricho momentáneo sino a un cálculo más racional. Villa no tenía intención de ocupar permanentemente la capital, porque sabía que no tenía aún fuerzas suficientes. Su principal propósito fue liberar a varios presos políticos que se hallaban en la penitenciaría del estado. Algunos eran seguidores suyos, pero el grueso eran orozquistas a los que había perseguido con inagotable energía y crueldad, en 1913 y 1914. El más famoso era José Inés Salazar, contra quien Villa había combatido en 1912, en Parral, durante el levantamiento de Orozco, y en 1913, en una de sus batallas más famosas, la de Tierra Blanca, cuando Salazar era aliado de Huerta. Con ayuda de esos presos, a los que salvaría de la pena de muerte, esperaba obtener el apoyo de sus antiguos enemigos. Pocos días antes del ataque, se había reunido con todos sus comandantes y les había dicho que el objetivo principal era tomar la penitenciaría para "salvar de la muerte a sus enemigos, Caraveo[19] y Salazar, los que, según él, muerto el orozquismo, no representaban otro papel que el de hermanos chihuahuenses".[20]

Los ataques sorpresa eran la especialidad de Villa, y además se daba cuenta de que un ataque a la capital del estado, especialmente en la mayor fiesta nacional, podía acrecentar enormemente su prestigio y reputación. Pero también se trataba de una empresa riesgosísima, ya que contaba a lo más con dos mil hombres, y en cambio en la capital se concentraban nueve mil carrancistas. El tamaño de esa guarnición, su evidente superioridad y su desdén por Villa fueron causa de que Treviño no tomara ni las precauciones más elementales. Dos veces fue advertido de que Villa se acercaba a la ciudad y planeaba atacarla, y sin embargo no puso en alerta a la guarnición.[21] Concentró algunas piezas de artillería en una colina que dominaba la ciudad, pero permitió que la mayor parte de sus soldados se fueran a celebrar la Independencia, junto con los miles de civiles que llenaban las calles. Las columnas de Villa no tuvieron dificultades para penetrar subrepticiamente en la plaza. Los escasos soldados carrancistas que no estaban de fiesta tomaron a los villistas por visitantes que venían a festejar.

Villa había planeado cuidadosamente el ataque. Mientras el destacamento principal tomaba por asalto la penitenciaría, otras columnas debían atacar el cuartel de los carrancistas y ocupar el palacio de gobierno. A medianoche, con su tradicional grito de guerra, "¡Viva Villa!", sus hombres se apoderaron de la ciudad y Treviño tuvo que escapar a la colina de Santa Rosa, donde estaba su artillería.

Villa liberó a los prisioneros políticos. Sus hombres sorprendieron a los guardias, los mataron a todos y, sin una sola baja, en pocos minutos llevaron a Salazar ante la presencia de Villa, quien lo abrazó diciéndole: "Sólo he venido porque supe que los iban a fusilar".[22] Pero Caraveo, a quien también esperaba liberar y reclutar, no estaba en la prisión. Enseguida, Villa se retiró con los presos, la mayor parte de sus tropas y algo de botín, sobre todo uniformes, sin sufrir pérdidas de consideración. Sin embargo, dos columnas de villistas no pudieron unirse a la retirada. Eran los hombres que habían ocupado el palacio de gobierno y los edificios circundantes; como se hallaban lejos del cuartel general de Villa, no pudo enviarles ningún mensajero para avisarles que había tocado retreta. Se había acordado que, en cuanto el fuego cediera en el distrito en que se encontraba la penitenciaría, esas columnas se retirarían. Pero el fuego no cedió, porque los carrancistas siguieron disparando enloquecidamente en todas direcciones, incluso después de que Villa hubo partido. Sólo en la mañana, cuando Treviño ordenó a su artillería que disparara sobre el palacio de gobierno, se dieron cuenta sus ocupantes de que tenían que irse. Lograron abrirse paso a través de las líneas carrancistas, pero perdieron casi tres cuartas partes de sus efectivos. En un informe al secretario de Guerra Obregón, Treviño trató de pintar la batalla como una "brillante" defensa contra Villa.[23]

La población de la ciudad vio la batalla a una luz muy diferente. Mientras diez mil soldados estadounidenses ocupaban parte del estado y nueve mil carrancistas se concentraban en la capital, Villa había logrado penetrar en ella, liberar a los presos, ocupar temporalmente el palacio de gobierno y salir de nuevo con el grueso de sus fuerzas. Su prestigio se elevó por los cielos y se olvidaron las derrotas de 1915: era de nuevo Villa el Invencible. "Se calcula que Villa cuenta con más de mil quinientos soldados", informaron los observadores estadounidenses, "y se le están incorporando en manada hombres de toda la región montañosa; se hace cada día más fuerte y la mayoría de la gente en Chihuahua es provillista."[24]

Del 15 de septiembre hasta diciembre de 1916, Villa pareció repetir algunos de los grandes éxitos que había logrado en 1913-1914, y volvió a ser el dios inexorable y todopoderoso que iba de victoria en victoria. Entre tanto, convocó de nuevo un apoyo popular masivo; estableció un firme control no sólo sobre las áreas rurales, sino sobre varias ciudades de Chihuahua, y transformó temporalmente a sus tropas de una fuerza guerrillera en un ejército regular que, en noviembre de 1916, capturaría de nuevo la capital, esta vez no con un ataque sorpresa sino sitiándola en toda forma durante varios días.

Así, la retirada de Chihuahua no fue tal, sino el inicio de una gran ofensiva. Su primer objetivo fue San Andrés, una población con la que Villa siempre había tenido una relación especial y de donde procedían muchos de sus partidarios más cercanos, los Dorados.

Un destacamento relativamente grande de carrancistas, originarios en su mayoría del estado natal de Carranza, Coahuila, y comandado por el coronel Carlos Zuazua, le había preparado una trampa. Mientras ocupaba, con unos sesenta hombres, la estación de ferrocarril, "un destacamento de unos trescientos carrancistas bajo el mando del coronel Maultos [miembro del regimiento de Zuazua] había sido enviado con toda intención, con órdenes de permanecer escondido en las cercanías inmediatas del pueblo; el plan de Zuazua era hacer de señuelo para que Villa atacara la estación y Maultos se lanzara contra su retaguardia durante el combate". Pero, en el último momento, Maultos se acobardó o, como dijo más delicadamente un observador, "no atacó como se esperaba porque sobrestimó la fuerza villista". Con sólo sesenta hombres contra más de cuatrocientos villistas, Zuazua continuó resistiendo por seis horas hasta que, muertos treinta y uno de sus efectivos, decidió rendirse. Villa no tuvo piedad, y Zuazua fue fusilado con todos sus soldados.[25]

Villa logró atraer a San Andrés a otro destacamento de las tropas del coronel, compuesto por veinticinco hombres. Se había apoderado del código de Zuazua y le telegrafió en su nombre al teniente que mandaba el destacamento que viniera inmediatamente a rescatarlo. El teniente replicó que había oído decir a un soldado que había logrado escapar que Zuazua había sido derrotado. Villa, siempre haciéndose pasar por el coronel, replicó que el hombre era un desertor y debía ser ejecutado de inmediato. El teniente obedeció ciegamente: fusiló al soldado que le había advertido y marchó a San Andrés, donde fue prontamente capturado sin un solo tiro y ejecutado junto con todo su destacamento.

Los restos de las tropas de Zuazua, las que se hallaban bajo el mando del coronel Maultos y no habían atacado a tiempo, huyeron entonces hasta Coahuila. Fue un viaje terrible.

Cruzaron el desértico Bolsón de Mapimí. Perdieron en el camino trescientos caballos, y cuarenta hombres, mujeres y niños murieron de hambre [...] y al llegar cerca de Cuatro Ciénegas mataron ganado y saquearon los campos hasta el punto de que la gente temía que se murieran, por devorar con tal ansiedad tras tantos días sin alimento. Se han desbandado y dispersado entre Cuatro Ciénegas y Allende. Su coronel está en Múzquiz y dice que nunca volverá a Chihuahua, que ya tuvo bastante de combatir con municiones recargadas y nada de comer ni de vestir.[26]

Tras la batalla de San Andrés, Villa empezó a tratar a los prisioneros de un modo aún más salvaje que al principio de su campaña. Antes del ataque a la ciudad de Chihuahua, a menudo había perdonado la vida a sus prisioneros; pero en esta ofensiva, las ejecuciones fueron la regla. Esta nueva actitud sin duda estaba vinculada al decreto de ley marcial emitido por Carranza y al tratamiento dado a los villistas que habían sido capturados en la capital. "Acaban de pasar por la oficina con diecisiete prisioneros [villistas] que llevaban a la colina de Santa Rosa", informaba un observador estadounidense desde Chihuahua,

cada uno de los cuales cargaba un pico y una pala para cavar su propia tumba [...] Los villistas heridos fueron ejecutados. El muchacho que tenían en el hospital y otro que capturaron fueron eliminados ayer en el propio hospital. [...] No sólo los soldados villistas sino también los simpatizantes fueron ejecutados, y los "lecheros" que venían de los ranchos vecinos han sido detenidos por no haber informado a las autoridades de las actividades de los villistas.[27]

La batalla de San Andrés también marcó el inicio de una serie de victorias que le permitieron a Villa dominar una parte aún mayor del campo chihuahuense. Su siguiente objetivo fue la población minera de Cusihuiráchic. Le advirtió su llegada al comandante de la guarnición carrancista, el coronel Elizondo, y éste decidió retirarse pero, mientras sus tropas salían de la población, vieron que se acercaban hombres armados y abrieron fuego de inmediato sobre ellos. Tras un sangriento combate descubrieron que se trataba también de carrancistas, bajo el mando del general Ramos, enviado a reforzar su guarnición. Aunque los dos destacamentos comprendieron finalmente su error y se unieron para enfrentar a Villa, fueron totalmente derrotados. Ramos y Elizondo lograron huir a la capital (Elizondo era presa de tal pánico que tiró su pistola, de la cual se apoderaron los villistas),[28] pero la mayor parte de sus hombres murieron o fueron capturados y luego ejecutados. Villa sólo le perdonó la vida a la banda militar, que de ahí en adelante tocó para su ejército y para los habitantes de las poblaciones que tomaba.

Villa marchó entonces sobre el pueblo de San Isidro, donde celebró su santo con grandes carreras de caballos y peleas de gallos, mientras la banda tocaba en las calles. Pocos días después, cerca del poblado de Santa Isabel, derrotó a una considerable columna de carrancistas que Treviño había enviado contra él bajo el mando del general Cavazos.

La primera víctima del renacimiento de su leyenda fue el propio Villa. Tras el triunfo sobre Cavazos, adquirió tal confianza que permitió que sus tropas descansaran en Santa Isabel sin poner vigías ni tomar las precauciones normales al ocupar una población. El resultado fue que, a la mañana siguiente, los villistas desperdigados por el pueblo fueron sorprendidos por un gran contingente de carrancistas encabezados por el general Osuna. Arrancados del lecho, la mayoría huyó del pueblo pero, por fortuna para Villa, Osuna no aprovechó su ventaja inicial, que no era pequeña, ya que no sólo había sorprendido a los villistas sino que se había apoderado de casi todos sus caballos, por lo que se vieron obligados a escapar a pie. "Osuna tuvo, por breve tiempo, la situación en sus manos", según el secretario de Villa,[29] quien pasa a relatar que los carrancistas se desmoralizaron al encontrar cuatrocientos cadáveres de los hombres de Cavazos abandonados a lo largo del camino a Santa Isabel. Al abrir fuego contra ellos un pequeño grupo de villistas, temieron una emboscada y, precisamente cuando podían haber causado la desbandada del enemigo, se retiraron. Los villistas recuperaron la mayoría de sus caballos y, al día siguiente, cargaron contra las tropas de Osuna, fortificadas en los cerros alrededor del poblado. La resistencia de los carrancistas fue breve. Pronto su comandante coronó su decisión del día anterior huyendo de regreso a la capital; montado en un buen caballo, logró escapar, pero sus soldados, que cabalgaban desnutridos caballos de segunda, fueron masacrados.

El talento militar de Villa, su incesante actividad ofensiva, fueron sin duda factores esenciales de los triunfos que alcanzó. Sin embargo, éstos se debieron en similar medida al temor que inspiraba, a la falta de municiones y la incompetencia, e incluso a veces la cobardía, de los generales de Carranza. En San Andrés, Maultos no atacó a Villa por la retaguardia, con lo que sacrificó a Zuazua y su destacamento. En Cusihuiráchic, Ramos y Elizondo se enfrentaron entre sí. En Santa Isabel, no sólo Osuna no aprovechó su ventaja, sino tampoco su gran superioridad numérica, como señalaría el secretario de Guerra, Obregón.[30] Cavazos y Osuna atacaron a Villa por separado, y ambos fueron derrotados.

Tras esta serie de victorias, Villa recurrió a la palabra escrita. Le envió a Treviño una carta irónica y lanzó un manifiesto al pueblo de México. En la carta le decía a Treviño: "Sabe usted que como su subordinado siempre le tengo que rendir parte" y le informaba que debía eliminar a trescientos soldados de sus listas.

Mándenos más, al cabo tienen ustedes fábrica. ¡Traidor! Lástima de colegio que tuvo usted. Estando los gringos pisando el suelo que nos ha criado, ¿por qué razón no sale a batirlos? ¡Ah! Será porque su gobierno constitucionalista lo autoriza como constitucionalista para tener al invasor en México. Ustedes no pueden tener gobierno porque no tienen pueblo, traidores, y sólo les esperan las maldiciones que les tiene la historia. Ya no le quiero decir más porque le conozco lo déspota que es y hablar con usted sería hacerlo con un burro que nunca hubiera estudiado.[31]

El manifiesto al pueblo mexicano, que era su primer pronunciamiento público escrito desde el ataque a Columbus, estaba redactado en un lenguaje muy distinto, y también era muy diferente su contenido. Constituía a la vez una especie de declaración de guerra contra Estados Unidos y un programa nacionalista para México. No contenía ninguna referencia al ataque a Columbus, en el que, hasta el día que murió, Villa nunca reconocería públicamente haber participado. El manifiesto atacaba tanto a los estadounidenses por ocupar México como a los carrancistas por no presentar resistencia, y llamaba a todos los mexicanos a hacer causa común contra el invasor extranjero.

> También nuestra querida patria ha llegado a uno de esos solemnes momentos en que para oponernos a la injustificada invasión de nuestros eternos enemigos los bárbaros del norte, debíamos estar unidos imitando el ejemplo de aquella pléyade de valientes que ofrendaron su vida serenos y sonrientes, en holocausto de la bendita patria que nos vio nacer [...] Desgraciadamente no puede existir unificación entre nosotros porque, si bien es cierto que nuestra querida patria ha tenido hijos patriotas y abnegados, también carrancistas, los que fatalmente rigen hoy el destino del país, que, empobrecido, inerme y maniatado cuando no haya fortaleza para defender sus ya debilitadas fronteras, entregarlo al invasor.

El manifiesto contenía un programa antiextranjero radical. Toda propiedad de forasteros debía ser confiscada inmediatamente. En el futuro, sólo los extranjeros que hubieran estado naturalizados como mexicanos por veinticinco años podrían adquirir bienes raíces. En cuanto a las demás propiedades, sólo se les permitiría comprarlas en el interior de la república y no cerca de las fronteras. Los estadounidenses y los chinos serían excluidos de esta posibilidad y no se les permitiría tener propiedades de ningún tipo en México.

> Para estimular al industrial mexicano y acrecentar el desarrollo de la industria en general del país, se suspenderán toda clase de operaciones mercantiles con los Estados Unidos esperando con esta disposición despertar mayor laboriosidad en el obrero mexicano, así como el ingenio para procurar el mejor perfeccionamiento en los productos nacionales. Quedando por tanto cortadas las comunicaciones telégrafo-ferroviarias a dieciocho leguas de las fronteras con los Estados Unidos del Norte.

La medida que más fuertemente afectaba a los mexicanos era la implantación de un servicio militar universal y la declaración de "que todo mexicano que se rehúse a tomar participación en la contienda en esta época de verdadera prueba, en que la autonomía nacional peligra, será declarado traidor y sus bienes decomisados sin lugar a devolución". El plan llamaba a la elección de un presidente, que no podría ser ningún jefe militar, y un congreso compuesto por "personas de notoria cultura y humilde cuna que sepan comprender las necesidades de la sociedad, sobre todo, esa numerosa familia que sufre penurias y miserias".[32]

El plan es importante no sólo por lo que contiene sino por lo que no contiene. A diferencia de todos sus pronunciamientos públicos anteriores, Villa no menciona la reforma agraria ni ninguna otra reforma social, excepto por una vaga referencia a que la mayoría en el Congreso sería gente de origen humilde, para que pudiera comprender las necesidades de los pobres.

Esta omisión se relaciona tanto con el momento en que se emite el manifiesto como con el público principal a que está dirigido. Se publicó en un momento en que Villa, habiendo logrado significativas victorias en la región montañosa de Chihuahua, preparaba seriamente una ofensiva, primero contra la capital del estado y después contra Torreón, que le daría el control de una gran parte del norte y de nuevo lo convertiría en dirigente nacional. El público potencialmente más receptivo para su mensaje era el sector más nacionalista del movimiento de Carranza: el ejército. La idea de que "para llenar las exigencias de la guerra serán decomisados todos los intereses de extranjeros pasando a favor de la nación" era una clara incitación a los jefes militares carrancistas a apoderarse de la única fuente de riqueza que había sido poco afectada por las convulsiones revolucionarias. Al mismo tiempo, al excluir a los militares como candidatos a la presidencia, se excluía a sí mismo y decía a los jefes carrancistas que aceptaba la elección de un civil neutral.

Las esperanzas de Villa no eran totalmente infundadas. No sólo estaba ganando en términos militares, sino que multitud de desertores carrancistas se incorporaban a sus filas y el régimen carrancista en Chihuahua parecía desintegrarse. Como describió un observador estadounidense al Departamento de Estado:

> La situación en Chihuahua es realmente desesperada para los carrancistas. La ciudad está aislada, ya que están interrumpidas las líneas de ferrocarril y los puentes hacia el sur han sido quemados; los trenes que van al norte se hallan constantemente amenazados y las líneas de telégrafo son cortadas casi a diario. Treviño tiene hombres suficientes para controlar la situación si quisieran pelear, pero están desmoralizados, mal equipados, no se les paga prácticamente nada y desertan a la primera oportunidad. Por esta razón, Treviño no los envía lejos de la ciudad de Chihuahua.[33]

En un intento desesperado de evitar el ataque de los villistas contra Chihuahua y su paso hacia el centro y el sur del país, el alto mando carrancista movilizó cuantas tropas pudo del vecino estado de Durango y las envió contra Villa a las montañas occidentales. Estaban encabezadas por Fortunato Maycotte, que había desempeñado un importante papel en la batalla de Celaya, y por los hermanos Arrieta, que habían peleado durante años contra las guerrillas villistas de Durango. El secretario de Guerra Obregón esperaba que estos jefes no se dejarían intimidar y estarían a la altura de Villa. Instruyó a Maycotte que atacara y no le permitiera a Villa pasar a la ofensiva, ya que las tropas federales no tendrían suficientes municiones para oponerle resistencia.[34] "Usted sabe que a Arango [en los días en que combatía contra él, Obregón siempre se refirió a Villa por su nombre original, para llamar la atención sobre su pasado de bandolero] hay que tratarlo fuerte, pues muchas veces lo hemos visto dar la espalda y creo que hasta esta vez suceda lo mismo".[35] Maycotte y los Arrieta tomaron sus instrucciones tan literalmente que sufrieron en La Enramada una derrota devastadora.

Mientras las tropas de los carrancistas avanzaban lentamente sobre los villistas estacionados en La Enramada, fueron repentinamente atacados por un pequeño contingente de villistas encabezado por el "Mocha Orejas", Baudelio Uribe. Transcurridos unos pocos minutos, el contingente de Uribe, numéricamente muy inferior, huyó hacia las líneas villistas y los carrancistas, creyendo que se retiraban, los siguieron en loca persecución, sin disciplina ni organización. Se encontraron con el fuego cerrado de las líneas defensivas, tuvieron muchas bajas y hubieron de abandonar el campo de batalla.

Nadie ha descrito mejor la táctica de Villa que su archirrival Obregón. En un telegrama al sucesor de Treviño, Murguía, Obregón le advierte:

Táctica que ha seguido Villa en esta última campaña y que le ha dado magníficos resultados es la siguiente: prepara su gente en el terreno que él elige para presentar de antemano el combate y destaca parte de sus fuerzas a que emprendan el combate con los nuestros simulando en seguida una retirada en dispersión y hasta el lugar donde Villa se encuentra con el resto de sus tropas, consiguiendo la desorganización de los nuestros que persiguen a la primera columna; emprendiendo en seguida un ataque sobre las fuerzas desorganizadas que creyéndolo derrotado completamente persiguen a los villistas, sin ningún orden. Esto le ha dado magníficos resultados contra las fuerzas del general Treviño y últimamente contra las de Arrieta y Maycotte.[36]

Siempre diplomático, tuvo cuidado de no ser muy duro en su crítica de Maycotte y los Arrieta. Murguía no tenía tales escrúpulos y, en una tajante carta dirigida a Carranza, achacaba toda la responsabilidad de la derrota a dichos comandantes.

He llegado a esta conclusión única: que el desastre o fracaso completo de Arrieta y Maycotte se debió a la falta absoluta de tacto militar y de organización para entrar en combate, y a la carencia completa de disposiciones para contrarrestar a su tiempo la derrota de sus fuerzas; máximo cuando no combatieron diez minutos; dando media vuelta y sin detenerse hicieron el recorrido de Santa Rosalía a Bermejillo, dejando en poder del enemigo más de ochocientas armas con parque y numerosos prisioneros. De Bermejillo se retiraron sin previa orden y sin dar aviso.

Murguía acusaba a los Arrieta de permitir que cayera en manos del enemigo, en Santa Rosalía, un tren lleno de caballos y municiones. En su opinión, la responsabilidad del desastre correspondía también al comandante de la guarnición de esta población, Mariano López Ortiz, al que llamaba "el general de chocolate".[37]

Después de la derrota de Maycotte, Treviño envió a su esposa y cuarenta y siete mil pesos a El Paso. Se atrincheró en la capital y renunció a llevar a cabo cualquier acción ofensiva contra Villa. Para él, la campaña villista del verano y el otoño había sido un incesante desastre. Según un observador mexicano que llevó registro de las batallas entre carrancistas y villistas en septiembre de 1916, "el registro muestra que los villistas triunfaron en veintidós encuentros distintos, en todos los cuales capturaron armas y municiones de los carrancistas".[38]

Cuando Villa se preparaba para marchar sobre la capital de Chihuahua, su situación recordaba en muchos sentidos la de tres años antes, en vísperas de sus triunfales ataques sobre Torreón, Chihuahua y Ciudad Juárez en el otoño de 1913. Como entonces, él controlaba el campo chihuahuense mientras que las tropas federales se hallaban confinadas en las grandes ciudades. Como entonces, los gobernadores militares venidos de fuera y sus tropas habían concitado el odio del pueblo de Chihuahua. Como entonces, el gobierno de Estados Unidos era hostil al gobierno federal y le tenía bloqueada la venta de armas, pero ese bloqueo era ahora más eficaz que en 1913, ya que las potencias europeas involucradas en la guerra mundial no podían ser proveedores alternativos para el gobierno mexicano. Como en 1913, estallaban en todo el país revueltas contra el gobierno, de modo que éste no podía concentrar todas sus fuerzas contra la revolución en Chihuahua. Como en 1913, el ejército federal era presa de la corrupción, la desmoralización y las deserciones. Según su sucesor, Murguía, Treviño había inflado la nómina de la misma forma que sus predecesores porfirianos: el número real de tropas era mucho menor que la cantidad que declaraba y él mismo se embolsaba la paga de esos soldados fantasmas. Aunque el ejército carrancista, a diferencia de los federales, nunca empleó la leva y estaba constituido sobre todo por voluntarios, éstos eran distintos de los revolucionarios que habían tomado las armas en 1913-1914, cuando la ideología era un factor principal: en 1916, muchos reclutas carrancistas se habían visto forzados a alistarse por temor a morir de hambre. En su mayoría estaban mal alimentados, mal pagados y poco dispuestos a combatir, y sus comandantes temían que desertaran a la primera oportunidad.

A pesar de estas similitudes, había diferencias significativas que hacían más precaria la situación de Villa. Si antes pudo contar con la benevolente neutralidad de Estados Unidos (que en algunos momentos toleró los embarques de armas para él y, a principios de 1914, le había levantado el bloqueo y podía comprar cuanto quería al otro lado de la frontera), esta vez, como resultado de su ataque a Columbus, se había ganado la hostilidad de las autoridades estadounidenses tanto federales como locales, de modo que contrabandearle armas era una tarea extremadamente difícil y riesgosa. La vigilancia en la frontera era mayor y la expedición de Pershing, aun inmovilizada, pendía sobre su cabeza como una especie de espada de Damocles que podía golpearlo en cualquier momento.

En 1913, el campo chihuahuense que Villa controlaba era inmensamente rico. Esto le permitía repartir artículos y obtener así el apoyo popular, así como equipar a su ejército. Para 1916 la riqueza había desaparecido en su mayor parte, de modo que contaba con menos recursos.

Pero, sobre todo, estaba cambiando la actitud que tenían hacia Villa partes importantes de la población del estado. En muchos lugares, era todavía inmensamente popular. Cuando entraba en un pueblo o ciudad, la gente acudía en masa a recibirlo y a escuchar los discursos en que denunciaba la invasión estadounidense y al gobierno carrancista que la toleraba. Sin duda muchos estaban de acuerdo con la idea, una y otra vez repetida, de que fácilmente se habría convertido en millonario si hubiera querido, en vez de encabezar una sangrienta guerra de guerrillas. Muchos recordaban el año de 1914, primero del gobierno villista en Chihuahua, como una especie de edad de oro en la que no había combates en el estado, lo gobernaba su propia gente, Villa repartía constantemente mercancías y su moneda era aceptada al norte de la frontera. En 1916, muchos esperaban que Villa consolidara su control sobre Chihuahua y los salvara de la corrupción, los negocios sucios y los despojos de los militares carrancistas.

Pronto descubrieron, para su horror, que Villa era un hombre muy distinto del que habían conocido en 1913. Las primeras en descubrirlo fueron las clases medias. En 1913-1914 había dirigido su odio contra la oligarquía, y en cambio había cortejado a las clases medias. No había tocado sus propiedades ni les había exigido préstamos forzosos u otras contribuciones involuntarias. Otro tanto, con las notorias excepciones de los chinos y los españoles, podían decir los extranjeros. En cambio en 1916, como ya no había una oligarquía interna a la que expropiar, Villa exigía enormes contribuciones a los extranjeros y a la clase media. Tras capturar Parral, "cincuenta y dos de los comerciantes más destacados fueron colocados en fila ante el propio Villa [...] Les dirigió una apasionada arenga, en la que maltrataba a las clases pudientes en general, y a los extranjeros en particular, y sobre todo 'los cónsules', con una sola excepción a favor de los alemanes, de quienes dijo, para citar sus propias palabras, que 'tienen los huevos bien colgados'".[39] Exigió a los comerciantes una considerable contribución pecuniaria. En un aspecto tuvieron suerte porque, a diferencia de lo sucedido en otras ciudades, en Parral no hubo saqueo. "No hubo borracheras ni desorden en las calles de Parral durante la presencia de Villa, ya que sigue teniéndole la mayor aversión a la bebida y en la medida de lo posible les impide a sus soldados consumirla."[40] Algunos de los comerciantes y otros ciudadanos acomodados tal vez habrían preferido el saqueo en lugar de las medidas que Villa tomó contra sus hijos. Los puso presos y les advirtió que tendrían que vivir como vivían los pobres: sólo se les proporcionaba machaca y maíz, y sus familias no tenían contacto con ellos. Lo que más preocupaba a los presos y sus parientes no era la comida que estaban forzados a consumir, sino la incertidumbre sobre su destino. Sus temores se disiparon finalmente ya que, antes de salir de Parral, Villa liberó a todos los presos.

Estas medidas no estaban solamente destinadas a intimidar a los ricos y forzarlos a entregar las contribuciones que Villa exigía; probablemente eran asimismo un signo de su cólera contra grandes sectores de las clases medias (especialmente los comerciantes) que se habían vuelto claramente contra él. Tal vez pensaba también que esas medidas aumentarían su popularidad entre los pobres, muchos de los cuales consideraban a los comerciantes responsables de la creciente inflación que asolaba Chihuahua. Y quizá creía que las matanzas de chinos que había perpetrado complacerían la xenofobia de algunos habitantes del estado.

Aunque el número de voluntarios dispuestos a combatir en su ejército había aumentado mucho, Villa pensaba que necesitaba aún más, por lo que modificó su política hacia las clases inferiores e instituyó el reclutamiento forzoso, lo que desató una tremenda ola de resentimiento contra él.

Tras su entrada en la población de San Isidro, un testigo visual informaba:

Villa se dirigió de inmediato a la plaza principal, llevando consigo una banda musical de Cusi. La banda tocaba y muchos gritaban "¡Villa, Viva Villa! ¡Viva Villa!", etcétera. A continuación Villa lanzó un discurso, diciendo que los estadounidenses entraban por todas partes a México y que Carranza les había vendido la mayor parte de la república, y llamaba a sus queridos paisanos a que le ayudaran a sacarlos del país, etcétera. Unos trescientos se alistaron enseguida. El número era tan pequeño que [Villa] se ofendió. Cenó y salió a las 3:30 p.m. hacia la estación de San Isidro [...]

Durante los días que permaneció en San Isidro, Julio Acosta [lugarteniente de Villa] dio órdenes de que todos los hombres que pudieran caminar se presentaran ante él y marcharan con él y con Villa a luchar contra los estadounidenses, que todos debían venir a ayudar, y mandaba a buscar y traer por la fuerza a los que no se presentaban. Tres hombres fueron fusilados porque se negaron a partir y muchos fueron maltratados, torturados, golpeados, colgados, etcétera. Uno de los muchachos Rico recibió una golpiza y otros fueron quemados con hierros candentes.

Todo esto fue una gran sorpresa para los peones, ya que pensaban que tendrían carta blanca de nuevo.[41]

El resentimiento popular contra la leva forzosa empeoró con las amenazas de Villa contra las familias de los desertores. No hay indicios de que Villa ejerciera tales represalias en esa etapa, pero la amenaza era suficiente para generar considerable hostilidad. Las cosas empeoraron cuando Villa informó a los reclutas forzados que no irían a pelear contra los estadounidenses, sino contra los carrancistas. Se produjeron "grandes protestas y descontento entre los hombres. Ocho fueron fusilados en la estación y los demás partieron",[42] algunos desertaron, aunque la mayoría se quedó y combatió. Entre muchos de sus soldados, Villa aún despertaba simpatía y admiración. Las victorias obtenidas acrecentaron esa admiración; muchos pensaban que recuperaría el control de Chihuahua y tal vez el de todo el país. Algunos, sobre todo los carrancistas desertores, se sentían atraídos por el sueldo de un peso de plata diario que Villa pagaba a sus soldados, mucho más de lo que pagaba Carranza.[43] Ante todo, la marcha de Villa sobre Chihuahua ofrecía para mucha gente del campo la oportunidad de vengarse de Treviño y sus soldados por los abusos y extorsiones que habían sufrido. Como dijo un observador, existe descontento en todo el occidente de Chihuahua, entre los soldados por la devaluada moneda de Carranza y entre el populacho porque los soldados han confiscado sus medios de subsistencia, por ejemplo matando sus vacas lecheras, de las que dependían familias enteras, para dar carne a sus soldados. Vi una solicitud que había sido presentada por ciento setenta y cinco rancheros en la vecindad de Cusi que pedían al gobernador que detuviera las depredaciones de los militares y expresaban una velada amenaza si no se les daba protección. Los carrancistas con sus abusos han perdido la amistad del populacho.[44]

En algunos casos, el descontento se agravó porque Treviño no pudo proteger a los ciudadanos aunque éstos ofrecieron pelear ellos mismos en defensa del gobierno.

Se sabe que [Villa] está forzando a los nativos a seguirlo, pero los hombres así enrolados probablemente no permanecerían con él si tuvieran otra alternativa. Recientemente, cuando reemprendió sus actividades, la gente de las poblaciones a lo largo del ferrocarril noroccidental, incluyendo Madera, Guerrero y otros poblados, mandaron decir a través de sus dirigentes al gobierno *de facto* que con gusto tomarían las armas y colaborarían con el gobierno contra él si recibían apoyo, pero no tuvieron respuesta a su oferta.[45]

Las medidas que tomó Villa para transformar su astrosa tropa guerrillera en un ejército regular colaboraron a acrecentar su autoridad y la impresión de que estaba ganando. La historia parecía repetirse. Después de ocupar Parral, mandó hacer uniformes para todos sus soldados,[46] que tenían un aspecto mucho más parecido al de un ejército que sus desarrapados enemigos carrancistas. Cuando controlara toda la región, podría montar a sus hombres en vagones de tren, como en los días gloriosos de la División del Norte.

Villa se había convertido de nuevo en el principal problema del alto mando carrancista y la presencia de la expedición de Pershing en el norte del estado no mejoraba la situación. Carranza había logrado que los estadounidenses se retiraran a sus bases y no se aventuraran fuera de ellas. En Atlantic City, comisionados mexicanos y estadounidenses negociaban para lograr que la Expedición Punitiva se retirara definitivamente. Pero si Villa lograba controlar todo el norte del país, era posible que Wilson enviara a Pershing de nuevo contra él. En ese caso, éste tendría que entrar más en el territorio mexicano, y Carranza se hallaría ante una disyuntiva imposible. Había advertido con claridad a los estadounidenses que no les permitiría marchar de nuevo hacia el sur. Si no mantenía su palabra y permitía que Pershing penetrara hacia el sur, no sólo Villa podría apropiarse la bandera de defensor de la soberanía nacional, sino que era posible que sus propios generales nacionalistas lo derrocaran. Si resistía, había muchas posibilidades que estallara una guerra en plena forma contra el país vecino, cosa que Carranza quería evitar a toda costa.

No resulta sorprendente que el alto mando carrancista tratara desesperadamente de entender las causas de las continuas victorias de Villa. Para ese fin, Treviño no era de ninguna utilidad. No sólo quitaba importancia a sus derrotas o de plano las ocultaba, sino que ofrecía una sola explicación constantemente repetida: la falta de municiones. Aunque se trataba de un problema muy real, ni los subordinados de Treviño ni el alto mando carrancista, ni Francisco Murguía, comandante de las fuerzas de Durango, querían considerarla como la razón principal de los catastróficos reveses que estaban sufriendo sus tropas. Luis Herrera, el único general chihuahuense importante que estaba con Carranza, culpaba directamente a Treviño, quien, según él, no entendía la naturaleza de la guerra de guerrillas: "Estoy sufriendo consecuencias de los grandes generales que porque han tenido sus triunfos en campañas campales creen que esto mismo [obtendrían] en asaltos y guerrillas, como sucede con el héroe de El Ébano [Treviño], que ya dejó al bandolero llegar hasta donde está". Abiertamente acusaba a Treviño de no preocuparse "por la salud de la República sino por su engrandecimiento".[47]

Obregón compartía la opinión de Herrera, pero lo que finalmente lo llevó a relevar a Treviño del mando y reprenderlo en términos excepcionalmente duros fue un signo de que el general era presa del pánico. Temiendo el inminente ataque de Villa contra la capital, Treviño telegrafió a Obregón que enviara tropas desde Sonora y a través de Estados Unidos para salvarla.[48] Era lo último que quería hacer el alto mando carrancista: habría significado pedir ayuda a Estados Unidos en un momento en que las relaciones estaban al borde de la ruptura, y confesar que sin ayuda estadounidense no podían vencer a Villa; si los estadounidenses hubieran dado el permiso, ello habría llevado agua al molino de Villa cuya propaganda insistía en que existía un pacto secreto entre Carranza y Estados Unidos.

La propuesta de Treviño fue para Obregón la gota que derramaba el vaso. Con apoyo de Carranza, decidió quitarle el mando de las operaciones en Chihuahua y hacerlo de una manera particularmente humillante: ordenó a Francisco Murguía, su comandante en Durango, que llevara de inmediato a Chihuahua una columna de apoyo de más de seis mil hombres. Treviño debía ponerse a las órdenes de Murguía, quien tenía nominalmente un rango inferior; además, Obregón le envió un mensaje muy duro.

Primer Jefe mostróme mensaje dirigido por usted en que atribuye a falta de municiones los fracasos sufridos. Me voy a permitir hacer algunas aclaraciones a este respecto para que no decline en la falta de cartuchos las responsabilidades que pesan siempre sobre un jefe militar del prestigio de usted. El hecho de que a esta Secretaría nunca se haya informado de los fracasos sufridos tratándose siempre de ocultarlos ha sido uno de los motivos porque no se tomaron oportunamente las medidas del caso. Los éxitos de Villa en ese estado han consistido en las sorpresas que ha logrado dar a nuestros jefes, siendo las últimas la entrada a esa capital posesionándose de la cárcel y posesionándose también de los palacios. La falta de cartuchos no puede tener ninguna influencia que favorezca al enemigo para sorprender a nuestras fuerzas; todo lo contrario; cuando se tienen pocos cartuchos la vigilancia debe ser mayor.

Obregón añadía que las derrotas sufridas por Ramos y Osuna no se debían a la falta de parque. Fue la división de sus fuerzas en dos columnas lo que le dio a Villa la oportunidad de vencerlos. Obregón pedía que Treviño tomara la ofensiva.

Si los pertrechos con que cuenta para la defensa de esta plaza son reducidos, es preferible que reúna todos sus elementos y al iniciar Villa el ataque sobre esta plaza tome desde luego la ofensiva y resuelva el combate antes de que el agotamiento de municiones lo resuelva en favor del enemigo. No es mi ánimo censurar las operaciones militares desarrolladas por usted. Quizás yo en su lugar hubiera cometido iguales o mayores errores, pero sí quiero desvanecer la idea que usted tiene de que la falta de pertrechos ha originado esta situación. Lo saludo afectuosamente y espero que Villa encuentre su tumba al acercarse a esa plaza.[49]

En su respuesta, Treviño intentó echarles la culpa a sus subordinados, al propio Obregón y a los estadounidenses. No había informado al alto mando carrancista de las derrotas de sus tropas, decía, porque sus subordinados le habían ocultado la información. Pocos días antes había llamado cobardes a muchos de ellos porque tenían miedo de enfrentarse a Villa. El propio Obregón tenía tanta responsabilidad como él en la derrota de Maycotte y los Arrieta. Finalmente, el factor más importante de los éxitos de Villa era la presencia de los estadounidenses en México.

Creo que esa Secretaría [de Guerra] no se ha dado cuenta de que el bandolero para reclutar gente explota con bastante éxito el hecho de que las tropas americanas se encuentren dentro de nuestro territorio, hecho que no deja de causar el sentimiento de descontento que se nota principalmente en la gente de la sierra, donde el bandolero conserva cierto ascendiente; así se explica que derrotado el 16 de septiembre completamente en esta plaza, aparezca en pocos días con nuevos y más numerosos elementos en el noroeste.[50]

Treviño pedía que se le relevara del mando, mediante una licencia para ocuparse de asuntos privados.

Obregón se negó a permitirle escapar de lo que bien podía convertirse en un mayúsculo desastre. "Por acuerdo del C. Primer Jefe, permítome manifestarle que deberá usted continuar al frente de sus fuerzas, a las órdenes del general Murguía, hasta en tanto sean destruidos los principales núcleos villistas en ese estado, y que una vez verificado esto se le concederá licencia que desea."[51]

Murguía fue aún más duro que Obregón al juzgar a su predecesor. Veía la corrupción y la vanidad de Treviño como las causas principales de sus derrotas. Con sus abusos, Treviño y su hermano no sólo se habían enajenado a la población del estado, sino que habían inflado la nómina y pasado por alto las más elementales precauciones. "Pues mientras el espíritu comercial se despierta en nuestros generales", decía Murguía, y los lleva "a dedicarse a asuntos particulares y en tanto que en otros se desarrolla la pasión por escribir sus glorias guerreras, lanzando miles de folletos a la publicidad para describir sus personalidades, el descuido más doloroso y el abandono más reprochable se cierne sobre las actividades militares."[52]

La dura crítica de Murguía coincidía con las observaciones de un periodista estadounidense de Chihuahua que, en octubre de 1916, sostenía "que Treviño se está debilitando desde hace semanas, que sus regimientos son menores que lo que dice la nómina, que sus hombres desertan y se van con Villa, que no es posible confiar en sus fuerzas fuera de los puntos protegidos, que le falta parque, que sus fuerzas han sido vapuleadas por Villa en San Andrés, Santa Isabel y Cusi, que la población es villista, que él espera el colapso de Carranza en Chihuahua".[53]

El tajante desmentido de Obregón y su relevo del mando de las tropas chihuahuenses no constituían aún el punto más bajo de la carrera militar de Treviño: éste llegó el 27 de noviembre, cuando escapó de la capital con los restos de las tropas bajo su mando, y permitió a Pancho Villa entrar triunfalmente en la ciudad.

LA OCUPACIÓN DE CHIHUAHUA POR PANCHO VILLA

En cuanto escuchó que una gran columna carrancista, encabezada por Murguía, marchaba hacia Chihuahua para apoyar a Treviño, Villa decidió adelantársele a ocupar la ciudad. Era una decisión riesgosa, porque en el pasado, cuando no contaba con la sorpresa absoluta –como había ocurrido en Ciudad Juárez y en la primera toma de Torreón, en octubre de 1913–, sólo con ayuda de una artillería bien desarrollada había podido poner sitio a las grandes ciudades y tomarlas. Esta vez ni podía contar con el elemento sorpresa, ni tenía artillería, mientras que Treviño estaba situando cañones en el cerro de Santa Rosa, que domina la ciudad. Además, si el sitio duraba demasiado, la columna de Murguía podía llegar y los villistas encontrarse entre dos fuegos. Sin embargo, Villa nunca tuvo aversión al riesgo y, si con frecuencia había pagado un alto precio por su osadía, esta vez tendría éxito. Tras enviar tropas a destrozar las vías de ferrocarril entre Jiménez y Chihuahua para demorar el avance de Murguía, Villa subió a sus hombres en vagones de tren, como en el mejor momento de la División del Norte, y se dirigió a todo vapor hacia la capital. El 23 de noviembre puso sitio a la ciudad.

Cuatro días duraron los combates, sangrientos e indecisos. Las cargas de caballería eran segadas por la artillería y el fuego de las ametralladoras del cerro de Santa Rosa. Al segundo día, Treviño en persona encabezó la contraofensiva, que logró una inicial desbandada de la infantería villista. Con una carga desesperada, que capitaneó el propio Villa, sus Dorados lograron rechazar a los carrancistas. Pero Treviño estaba convencido de que Villa había sido decisivamente derrotado, e inició los preparativos para celebrar la victoria. La noche del 26 de noviembre, cuatro días después de iniciado el sitio, "Treviño invitó a los habituales a su mesa y conformamos una alegre compañía", informó un testigo. "Durante el banquete todos fuimos invitados a una cena el martes siguiente, es decir el día 28, para festejar el triunfo." Hubo un tiroteo que duró varios minutos, pero Treviño, imperturbable, "nos explicó que probablemente los villistas acorralados en la avenida Zarco trataban de abrirse paso, y que no había motivo para ponernos nerviosos". No todos los comandantes de Treviño compartían su optimismo. El general González Cuéllar le dijo a un anónimo informante de la inteligencia estadounidense "que él personalmente no pensaba que el peligro hubiera pasado; por el contrario, esperaba el ataque final y más desesperado esa misma noche. Le inquietaban la escasez de municiones y la falta de una organización estricta, y terminó la plática diciendo: 'Esta noche será decisiva en uno u otro sentido'".[54]

González Cuéllar tenía razón. Los villistas resolvieron lanzar un ataque decisivo contra el cerro de Santa Rosa. Alrededor de la una de la mañana,

se presentó al general Villa un muchacho de veintitrés años de edad, de constitución raquítica, apenas si acusaba unos cincuenta kilos de peso [...] Llegó con un brazo en cabestrillo, y la mitad del cuerpo, el tórax, envuelto con vendajes [...]

¡¡Era Martín López!! Bajó del caballo sin poder disimular el dolor de sus heridas que se reflejaba con contracciones pasajeras de la boca, y de buenas a primeras le lanzó al general Villa esta petición desconcertante: "Vengo a pedirle, mi general, trescientos hombres para asaltar esta noche el cerro de Santa Rosa".

Las palabras del joven y bravo general de la División del Norte fueron causa de que todos los oyentes enmudeciéramos de asombro. ¡No era posible aquello! Nunca se había registrado el caso de que un herido abandonara el lecho del dolor, con tres perforaciones en el cuerpo y solicitara jugarse la existencia en la misma batalla, como aconteció con Martín al solicitar el mando para capturar el fortín de Santa Rosa.

Villa se negó al principio: López era el más valioso de sus comandantes. Pero ante la insistencia del joven, cedió finalmente. A las pocas horas, López le dio parte de que el cerro de Santa Rosa había sido tomado.[55] "Ya tomamos Chihuahua", informó Villa a su Estado Mayor.[56] Un observador cercano a Treviño había llegado a la misma conclusión.

A las 3:00 en punto, como es costumbre en Villa iniciar un combate mañanero, se inició el más violento tiroteo en una línea que llegaba hasta la cumbre del cerro de Santa Rosa. Poco después, los cañones del fortín empezaron a tronar y entonces tuve claro que el temido ataque general estaba en su apogeo. A las 5:00 a.m. el fuego se detuvo de pronto y el silencio ya no se vio perturbado hasta que amaneció, es decir aproximadamente hasta las 7:00, cuando los gritos enloquecidos de "¡Viva Villa!" indicaron sin lugar a dudas que la ciudad había caído. Esta suposición pronto se vio confirmada: los soldados del gobierno corrían presa de pánico hacia la estación central de ferrocarril, con los jinetes de Villa pisándoles los talones. Entre las 6:00 y las 7:00 a.m. cuatro trenes salieron de la estación llevando a la infantería hacia el norte. Más tarde se supo que un heroico combate había tenido lugar en el cerro de Santa Rosa, defendido por el coronel de artillería Silva Sánchez. El teniente coronel Padilla, el capitán Cuauhtémoc Aguilar y otros fueron muertos a balazos, sin piedad, y finalmente, cuando todo estuvo perdido, Silva Sánchez se voló los sesos: prefirió la muerte a caer en manos del cruel enemigo.[37]

Pocas horas más tarde, Treviño abandonó la lucha por Chihuahua, "reunió a su Estado Mayor y una parte de la caballería, montó a caballo y partió hacia el poblado de Aldama; llegaron al anochecer a la hacienda de Dolores, donde pasaron la noche".[58] En su prisa por escapar, había olvidado advertir a todas sus tropas que estaba abandonando la ciudad, y algunos de sus hombres, entre ellos los que custodiaban la penitenciaría, siguieron haciendo frente a los villistas. Resistieron durante varias horas, hasta que Villa les mandó un ultimátum en que les ofrecía respetarles la vida si se rendían y amenazaba con matarlos a todos si no lo hacían.[59] El comandante de la guarnición carrancista aceptó el ultimátum y, poco después de la rendición, el propio Villa acudió para hablarles a los prisioneros, "con lágrimas en los ojos arengó a los defensores de la Penitenciaría, invitándolos a ir a batir a los gringos".[60] Tanto el comandante carrancista como sus hombres quedaron incorporados al ejército de Villa; los oficiales fueron reducidos a simples soldados, pero se les perdonó la vida.[61] Unos días después, cuarenta y ocho de ellos y su comandante se pasaron una vez más a las filas carrancistas.[62]

La súbita evacuación de Treviño generó intensa controversia, parte de la cual se haría pública en el verano de 1917. El general justificó sus acciones diciendo que se le habían acabado las municiones y que, si hubiera continuado peleando, sus tropas habrían sido inútilmente sacrificadas. Su objetivo, declaró, era evacuar tantos soldados como fuera posible, para unirse a la columna de Murguía que se acercaba, y volver a tomar la ciudad. A la vez, culpó a Murguía de avanzar tan lentamente que no llegó a tiempo de rescatar a las tropas que permanecieron en la ciudad. En su opinión no había excusa para la demora: apenas un año antes, en diciembre de 1915, Treviño, a la cabeza de siete mil hombres y combatiendo a lo largo de todo el camino, sólo había necesitado once días para llegar a Chihuahua, mientras que Murguía había empleado veinticinco días para cubrir la misma distancia.[63]

Obregón fue tan crítico esta vez como lo había sido semanas antes, cuando Treviño presentó una explicación similar de sus primeras derrotas. Obregón pensaba que la causa principal de la caída de la ciudad era que Treviño no había tomado la ofensiva.[64] Manifestó su asombro porque "estando atacada una plaza puedan salir de la misma infanterías con trenes sin que el enemigo lo impida".[65] En otras palabras, daba a entender que las tropas de Treviño habían salido de la ciudad por su propia voluntad, y no forzadas por los villistas. El ataque de Obregón no sólo reflejaba su decepción ante los errores militares y la derrota de Treviño, sino una pugna entre los comandantes carrancistas. Dos facciones, encabezadas respectivamente por Obregón y por Pablo González, competían por el poder en México, y Treviño era uno de los más leales partidarios del segundo.

Si bien las críticas de Obregón contra Treviño (nunca publicadas) fueron duras, no eran nada en comparación con las de Murguía: lo acusaba de corrupción (había inflado la nómina), incompetencia (no había puesto suficiente infantería en el cerro de Santa Rosa para proteger a la artillería, y por eso Villa había podido tomarlo), escaso cuidado de sus hombres (no había advertido a muchos de sus comandantes que estaba evacuando la ciudad); mentira (no era cierto que le faltaban municiones), y finalmente cobardía (había sido el primero en salir de la ciudad).[66]

PERSHING Y VILLA

Con la captura de la ciudad de Chihuahua, Villa se había anotado su mayor victoria desde la derrota de la División del Norte un año antes. Fue su momento culminante después de 1915. Sin embargo, a pesar de este enorme éxito, se hallaba en una posición precaria. Desde el sur avanzaba la poderosa columna de Murguía, mientras que en el norte las fuerzas de Pershing, aunque inmovilizadas en sus bases, podían golpear en cualquier momento.

Villa se proponía mantener a Pershing donde estaba. Por esa razón, aunque constantemente insistía en sus discursos en la necesidad de sacar a los estadounidenses del país, no atacó a la Expedición Punitiva. Entre el 9 de junio de 1916 y la salida de Pershing, en febrero de 1917, se produjeron muy pocos choques entre villistas y estadounidenses. A fines de 1916, Villa intentó neutralizarlos por otros medios. Thayer y Brennan, dos estadounidenses que habían tenido amplios tratos de negocios con Villa y uno de los cuales había sido agente suyo para la compra de municiones en 1914-1915, informaron que se les había dado la oportunidad de una entrevista exclusiva con él y habían sido llevados a su presencia por su cuñado, Regino Corral. Villa les hizo una declaración

en el sentido de que no era responsable de la masacre de Santa Isabel, que no se enteró de ella hasta cuatro días más tarde. Que con la excepción de la muerte de algunos de sus antiguos generales, nada le había causado mayor dolor. Que en cuanto al incidente de Columbus, no afirmaría ni negaría haber estado allí, pero dijo que, cuando llegara el momento adecuado,

193

probaría con el testimonio de tres ciudadanos estadounidenses dónde se hallaba aquel día.

En cuanto a sus sentimientos hacia los estadounidenses, dijo que les daría la bienvenida al país en cuanto pudiera mantener abiertas las comunicaciones, que no les guardaba rencor y que se daba cuenta de que debían ser protegidos en México, para permitirles trabajar sus propiedades en beneficio de los pobres. Que se le habían atribuido toda suerte de barbaridades, pero que eran los carrancistas quienes las ponían en circulación y que cuando se conociera la verdad se probaría que los cargos eran falsos. Que había dado órdenes a todos sus hombres de no molestar a los estadounidenses, o cualesquiera otros extranjeros excepto los chinos, a quienes consideraba una peste para el país y que serían expulsados de él, porque venían sin nada y mandaban fuera de México todo lo que ganaban, y no eran buenos ciudadanos.[67]

Villa tuvo otros gestos amistosos para los estadounidenses. En entrevista con un agente estadounidense, un coronel villista y "uno de los más destacados oficiales de Villa" dijeron que

el general Villa se alegraría de reunirse y conferenciar con algún funcionario del gobierno de Estados Unidos y está ansioso por saber cuál será la política futura respecto de él y de su pueblo; Villa decía que Carranza y sus partidarios habían sido más desastrosos en su política hacia las masas que Díaz o Huerta, y su única ambición era ver a su pueblo liberado de la esclavitud y de la terrible situación que le habían impuesto los tiranos de su país, y esperaba pelear sin tomar en cuenta las consecuencias hasta que esto se hubiera logrado y ganarse de nuevo la buena voluntad de sus vecinos del norte, ya que se daba cuenta de que sin su ayuda para abrir las industrias su pueblo tendría que sufrir durante mucho tiempo; que en realidad no tenía rencor contra la gente del norte, sino contra la política de reconocer a Carranza y aquellos que la inauguraron.

Aunque culpaba a Wilson, Villa habría dicho que "cree que el general Scott es un gran hombre y un buen hombre, y que si les hubieran dejado esta cuestión a él y a los jefes militares de Estados Unidos, hace tiempo que estaría arreglada". Los oficiales villistas le dijeron al agente estadounidense que "mucho les complacería tener el privilegio de llevarle al general Villa cualquier información que el gobierno estadounidense o sus funcionarios, fueran militares o civiles, desearan enviarle".[68] Los agentes carrancistas que monitoreaban estas conversaciones estaban seguros de que Villa les había ofrecido todas las garantías posibles a los ciudadanos estadounidense si Estados Unidos no procedía contra él y le permitía continuar su lucha contra Carranza.[69] De hecho, Treviño estaba tan convencido de que Villa tenía un entendimiento secreto con Estados Unidos que creía que eran municiones estadounidenses las que le habían permitido obtener la victoria en Chihuahua.[70]

El hecho de que Villa decidiera no atacar ni a Estados Unidos ni a sus tropas ciertamente contribuyó a impedir que Pershing emprendiera cualquier tipo de hostilidades contra él, pero la razón principal eran las restricciones impuestas a la Expedición Punitiva por Woodrow Wilson, decidido a evitar una guerra mexicano-estadounidense. Pershing y sus subordinados resentían profundamente esas restricciones, y repetidamente pidieron al presidente más libertad de acción. En abril, Pershing había propuesto "la ocupación constante de tantas localidades distintas como nos sea posible, en el territorio que debe ser cubierto".[71] En junio, tras el incidente de Carrizal, Pershing había aconsejado al gobierno que se le permitiera ocupar todo Chihuahua.[72] En octubre, tras los primeros triunfos de Villa, el general Funston, superior inmediato de Pershing, probablemente por recomendación de este último, "incitó vigorosamente" a que las fuerzas estadounidenses ocuparan Ciudad Juárez y la capital.[73] Tras la toma de esta última por los villistas, Pershing fue aún más explícito. "En vista de la osadía de Villa", escribió a su superior,

> y la ineficacia comparativa de las fuerzas carrancistas, el poder de Villa aumentará casi con certeza [...] Este comando debe propinarle de inmediato un golpe rápido a ese farsante. En este momento, debería tomarse en consideración nuestro propio prestigio en México. En vista de las operaciones de Villa en las últimas dos semanas, no parece deseable mantener la inactividad de este comando, y no existen ya dudas al respecto. Como se dijo en comunicaciones anteriores, la acción agresiva probablemente no hallaría resistencia de los carrancistas y recibiría su aprobación.[74]

La creciente frustración de Pershing se debía a la fuerza cada vez mayor de Villa y a consideraciones de prestigio, a la vez de Estados Unidos, tal como él lo percibía, y suyo propio. Así lo decía abiertamente en una carta a su superior. "No creo que el público en general comprenda por qué esta expedición no ha capturado a Villa y a su banda. No aprecian el hecho de que estamos ocupando una posición táctica y de que nuevos movimientos nos involucrarían en una guerra con un gobierno *de facto*. Creo de justicia para usted y para todo este comando, que el Departamento de Guerra lo aclare así."[75] Aunque Pershing tenía cuidado de no criticar a Wilson —ésa fue una de las razones por las que el presidente lo nombró comandante supremo de las fuerzas estadounidenses que combatirían en Europa pocos meses después—, uno de sus oficiales que le era relativamente cercano, el joven teniente George S. Patton, no tuvo tales escrúpulos. "Creo que la guerra es ahora lo mejor por dos razones", le escribió a un amigo:

> Primero, es inevitable, por lo tanto, cuanto antes mejor. Segundo, sin duda haría que nuestro ejército mejorara, porque creo que ni la mitad de la milicia se enrolaría e incluso esa cantidad sería demasiado reducida [...] No se requerirían muchos de nosotros para derrotar a los mexicanos en batalla, pero se necesitarían muchos para cubrir las líneas de comunicación, de modo que los que combaten puedan también comer.
> No tienes idea de la absoluta degradación de los habitantes [...] Hay

que ser tonto para pensar que personas semisalvajes y completamente ignorantes formarán jamás una república. Eso es un chiste. Un déspota es todo lo que conocen o desean. De modo que cuando perdieron a Díaz instalaron a unos bandoleros, que fueron peores tiranos de lo que él [Porfirio Díaz] jamás soñó ser [...][76]

Respecto a Wilson escribió: "No tiene el alma de un piojo, ni el cerebro de un gusano, ni la espina dorsal de una medusa".[77]

A pesar de las restricciones que se le habían impuesto, Pershing no permaneció en modo alguno inactivo durante su estancia en México. Consideraba la región del norte de Chihuahua donde se concentraban sus tropas como una especie de laboratorio, donde podía ensayar las medidas que implementaría si llegaba a darse la ocupación de todo el estado o de todo el norte de México como él proponía. Con esa idea, creó en forma embrionaria el tipo de guardia civil nativa que proponían los planes de guerra estadounidenses y que las fuerzas de ocupación de ese país pondrían en práctica en Nicaragua y la República Dominicana. "Nativos neutrales Namiquipa por sugerencia mía organizaron hace días pequeño destacamento protección habitantes pacíficos", informó Pershing al Adjutant General en Washington.

Ese destacamento trabajando conjunción con nuestras tropas, proporciona guías e información. Localización depósito armas villistas señalado por prisionero de Columbus, Nuevo México, armas encontradas por guardia local traída ayer. Depósito consistía cuatrocientas armas pequeñas, diversas fabricaciones y diez ametralladoras Colt. Organización guardias locales y su confianza en nosotros ilustra actitud pacíficamente inclinada gente tomaría en caso de ocupación. Con protección asegurada hasta supresión bandolerismo ciudadanos pacíficamente inclinados nos asistirían materialmente. Pago por abastos distribuiría dinero muy necesario a nativos empobrecidos. Escasa duda mayoría dan cuenta imposibilidad gobierno estable bajo actual personal *de facto* o cualquier otra facción contendiente. Muchos muy insistentes que permanezcamos aquí indefinidamente y temerosos consecuencias a manos tanto de bandidos como de fuerzas Carranza tras nuestra partida.[78]

El pueblo de Namiquipa pagaría un alto precio por haber aceptado la "sugerencia" de Pershing. Sufrirían sangrientas represalias a manos de Villa y las enemistades que su colaboración engendró perdurarían largo tiempo. Diecisiete años después de estos sucesos, en 1933, cuando José María Espinosa, uno de los jefes de la guardia local que colaboró destacadamente con Pershing, regresó a Namiquipa, fue emboscado y muerto por hombres que no habían olvidado ni perdonado su actuación de 1916.[79]

Hasta cierto punto, Pershing logró ganar lo que los futuros estrategas estadounidenses llamarían "las mentes y los corazones" en las regiones que ocupó. Pagaba sus subsistencias con moneda fuerte, cosa que no habían hecho ni los villistas ni los carrancistas; impuso a sus tropas una estricta disciplina y con frecuencia protegió a los habitantes de los despojos de los carrancistas. Su idea de que hubiera podido repetir esas condiciones en el resto de Chihuahua o, para el caso, el resto de México era más que problemática. Una de las principales razones de que la situación siguiera tranquila en la región que ocupaba era que ni los carrancistas, ni los villistas a partir de junio de 1916 (a pesar de la retórica antiestadounidense de Villa), intentaron ninguna acción guerrillera seria contra él. De no haber sido así, la inevitable escalada de guerrilla a contrainsurgencia y represalias habría creado el mismo tipo de resentimiento popular que los estadounidenses habían despertado en Filipinas y enfrentarían más tarde en Nicaragua y en Vietnam. Además, al ocupar sólo una pequeña parcela de territorio mexicano la expedición no suscitaba el enojo ni la reacción nacionalista que la verdadera ocupación de un territorio mayor sin duda habría provocado.

JUICIO Y EJECUCIÓN O ENCARCELAMIENTO DE LOS ATACANTES DE COLUMBUS CAPTURADOS

Durante este periodo de inactividad forzosa, Pershing logró dos éxitos contra los villistas. El primero, el descubrimiento del depósito de armas, fue un golpe grave para Villa. El segundo fue más problemático y produjo un serio conflicto entre las autoridades judiciales de Estados Unidos. Las tropas estadounidenses, con ayuda de informantes locales, lograron apresar a los habitantes de Namiquipa que habían participado en el ataque a Columbus: paradójicamente, justo a aquellos miembros de la fuerza expedicionaria de Villa que habían sido forzados a participar contra su voluntad. Primero fueron detenidos en la prisión militar de Columbus, luego transferidos a la cárcel del condado de Grant en Silver City, y sometidos a juicio el 21 de febrero de 1917 en Deming, condado de Luna, Nuevo México. Eran el segundo grupo de atacantes de Columbus juzgados en Estados Unidos. Mientras esperaban juicio, tuvieron tiempo de reflexionar sobre el destino de sus seis compañeros que, meses atrás, habían sido sentenciados a muerte y, con una sola excepción, colgados.

Aquel primer juicio había sido cualquier cosa menos imparcial y en muchos sentidos tuvo todo el aspecto de un linchamiento legal. La opinión pública en el condado de Luna, del que Columbus formaba parte, era tan contraria a Villa y a sus hombres que el Departamento de Justicia estaba convencido de que los detenidos no podían tener un trato justo allí. La víspera del juicio, Stone, el jefe de la oficina del Buró de Investigación en El Paso, acudió a ver al presidente del tribunal Edward L. Medler, y le dijo que "el Departamento de Justicia lo enviaba a protestar ante el juez de la corte contra el proceso de los siete villistas a la mañana siguiente". Stone contó con el apoyo del fiscal de Albuquerque, Burkhart, quien llamó al juez y le dijo "que el fiscal general le había dado instrucciones de ir a Deming y protestar por el proceso de estos villistas alegando que no recibirían un juicio justo". El juez protestó y dijo que tal declaración constituía un desacato, ante lo cual el fiscal sostuvo, más explícitamente, "que lo que quería decir era que el sentimiento público era tal en el condado de Luna que aquellos siete hombres no podían tener un juicio justo". También el Departamento de Guerra protestó contra el juicio diciendo "que involucraría a Estados Unidos en complicaciones internacionales con México".[80] El juez, amigo y admirador del intervencionista senador republicano por Nuevo México, Albert B. Fall, le dijo a un agente del Buró de Investigación que "ese tribunal no mantendría ninguna cautelosa espera"[81] y llevó adelante el juicio.

Los villistas fueron acusados de asesinar a Charles Miller, uno de los civiles muertos en el ataque. Los jurados no tomaron en cuenta la declaración de los acusados de que habían sido reclutados a la fuerza, que eran soldados que obedecían órdenes y que ni siquiera sabían que habían entrado en territorio de Estados Unidos; tampoco importó que no hubiera ninguna prueba de que aquellos hombres en particular hubieran matado a Miller. El jurado concluyó que los acusados "habían efectuado un ataque, a mano armada y con lujo de fuerza, contra un señor Charles D. Miller, que allí y entonces se encontraba, criminal, voluntaria, intencional y deliberadamente, con premeditación y por designio deliberado y premeditado, para allí y entonces, con intención criminal, llevar a cabo la muerte del mencionado Charles D. Miller".[82] Tal vez influyó en el resultado del proceso la actitud del defensor nombrado por la corte que, en una carta a un periódico de Deming, decía que quienes criticaban el juicio eran unos "cobardes y [él, el defensor] pensaba que los acusados merecían ser colgados como lo fueron".[83] A petición de Woodrow Wilson, MacDonald, el gobernador del estado, suspendió la ejecución por tres semanas y envió a la prisión a un detective de la Agencia de Detectives Ben Williams para que reuniera información adicional. El investigador fue introducido en una de las celdas de los atacantes de Columbus y, con el fin de ganarse su confianza, les dijo que había sido espía de Villa. Las conversaciones con algunos de ellos le confirmaron lo que habían dicho en el juicio: que habían sido enrolados a la fuerza, que no sabían que se hallaban en Estados Unidos y que no querían combatir contra los estadounidenses.[84] El informe le causó poco efecto al gobernador MacDonald. Sin embargo, conmutó la pena de muerte de uno de los villistas, José Rodríguez, por cadena perpetua. Era un antiguo soldado carrancista que había caído prisionero de Villa y se había visto forzado a incorporarse a su ejército. Los otros cinco hombres fueron ahorcados.[85]

El aterrador destino de sus compañeros, así como las terribles condiciones en que vivían en la cárcel de Silver City –guardianes sádicos que les daban tan poco de comer que dos de ellos murieron de inanición–[86] probablemente convencieron a los hombres capturados por Pershing en Namiquipa de declararse culpables de asesinato en segundo grado. No sabemos si recibieron asesoría legal para ello. Fueron sentenciados a ochenta años de prisión y purgaron cinco años de trabajos forzados en la penitenciaría de Nuevo México. Finalmente, en 1921, los indultó el gobernador Larrazolo, quien declaró que debían ser considerados como soldados y no como asesinos, y que Villa

mantenía un ejército con oficiales regulares como los de todos los ejércitos, e imponía en él un grado de disciplina militar que requiere y obliga a los soldados rasos a obedecer las órdenes de los oficiales; los antes mencionados acusados pertenecían a ese ejército y, en obediencia a las órdenes que les dieron sus oficiales superiores, marcharon a un punto de destino desconocido para ellos y con un propósito que también ignoraban, excepto de manera general, ya que entendían que iban a "combatir al enemigo". Estos hombres dicen que aunque no sabían adónde iban, la impresión general que prevalecía entre ellos era que iban a atacar la guarnición de Carranza en el poblado fronterizo de Palomas, situado en el estado de Chihuahua, México. Es un hecho que cuando, en cumplimiento de órdenes superiores, atacaron el poblado de Columbus ninguno de ellos sabía que se encontraba en territorio estadounidense y atacando una población estadounidense; este alegato añade aún mayor mérito a su defensa, y empleo las palabras "mayor mérito" a conciencia porque aunque hubieran sabido que estaban atacando una población estadounidense, no serían culpables de asesinato, porque como dije antes no son agentes responsables: actuaban bajo órdenes superiores que debían obedecer bajo pena de muerte.[87]

El sentimiento de la población de Nuevo México todavía era tan hostil a los atacantes de Columbus que aquél no fue el fin de sus sufrimientos. Cuando Larrazolo se ausentó brevemente del estado, su sustituto, el gobernador Pankey, revocó el indulto.[88] Larrazolo volvió a aplicarlo pero se presentó una nueva acusación contra los atacantes restantes por el asesinato de otra de las víctimas que murieron en Columbus, y fueron de nuevo detenidos. La Suprema Corte apoyó la detención, y de nuevo se les sometió a juicio. Sin embargo, la opinión pública había cambiado, y el jurado los declaró inocentes tras sólo quince minutos de deliberación. Así, después de cinco años de cárcel, pudieron finalmente regresar a México, donde les dieron la bienvenida tanto los representantes del gobierno federal como el propio Villa, que entre tanto había pactado la paz con el gobierno[89] de manera que todos los soldados que se hallaban con él cuando se rindió fueran tratados como miembros del ejército regular mexicano y pagados en concordancia. Villa tomó providencias para que los presos que regresaban de Estados Unidos fueran incluidos en ese acuerdo y recibieran paga suficiente para reiniciar sus vidas.[90]

¿ENVENENAR A PANCHO VILLA?

La detención y el juicio de los atacantes de Columbus difícilmente podían compensar la frustración que Pershing, sus subordinados y otras autoridades estadounidenses sentían al no lograr capturar a Villa. Así, no resulta sorprendente que dos altos funcionarios del gobierno de Estados Unidos –el agente Stone, del Buró de Investigación, y el capitán Reed, uno de los jefes del departamento de inteligencia de Pershing– decidieran librarse de Villa por un medio "no convencional", a saber, envenenarlo.[91] El plan incluía, aparte de Stone y Reed, a varios japoneses que vivían en México y tenían buenas relaciones con el caudillo. Gemichi Tatematsu había sido sirviente personal de Pancho Villa y de su hermano Hipólito, y al parecer había mantenido contacto permanente con la familia de este último. Otros eran conocidos de la esposa de Villa, Luz Corral. En contraste con los chinos, a quienes odiaba, al parecer Villa admiraba a los japoneses.[92] Presentándose como mensajeros de Hipólito o de Luz Corral o simplemente como antiguos amigos deseosos de incorporarse a su ejército, se ganaron la confianza de Villa. Resultaron excelentes espías y pésimos envenenadores. Sus informes sobre las operaciones de Villa y la composición de su ejército eran muy notables, pero fracasaron en el intento de ponerle veneno en el café. El proyecto nació en una conversación que tuvieron con Stone. "El agente habló con el informante Jah [Hawakawa] sobre el asunto de capturar a Villa vivo y entregarlo en la frontera a los agentes; también se habló de si sería posible entregarlo muerto, en caso de que fuera necesario. El agente no le dio instrucciones relativas a esto sino que sólo planteó la posibilidad, con vistas a averiguar qué podían hacer para capturar a Villa si el departamento autorizaba tal acción a través de su oficina."[93] Stone puso a los japoneses en contacto con el departamento de inteligencia de la expedición de Pershing. El 23 de septiembre, dos de ellos, Dyo y Fusita, informaron que habían puesto veneno en el café de Villa.

Habían sido enviados por el capitán Reed de nuestra expedición estadounidense en México al campamento del general Villa con la receta del veneno e instrucciones de administrárselo al general Villa y matarlo. Dyo y Fusita declaran que la receta le fue proporcionada al capitán Reed por un cirujano del ejército estadounidense de Pershing para ese fin y que la medicina era conocida como un veneno del tercer día: es decir, que la muerte se produciría tres días después de tomarlo. Además Dyo y Fusita declaran que, en cumplimiento de las instrucciones del capitán Reed, fueron al campamento del general Villa llevando consigo el veneno, y que Dyo sí puso la dosis de veneno en una taza de café que le fue presentada al general; pero que Villa, quien sospechaba desde hacía mucho tiempo que podía ser envenenado en la comida, vertió la mitad de la taza de café que contenía el veneno en otra taza y se la tendió a un mexicano sentado a su derecha y esperó a que se lo tomara antes de tomarse el suyo. Dyo y Fusita tras ver la forma en que tomaba el veneno, se alejaron inmediatamente de Villa y de sus fuerzas e informaron a la expedición estadounidense, sin saber en el momento de su partida cuál había sido el efecto del veneno.[94]

No está claro por qué falló el intento. ¿No era bueno el veneno? El envenenador Dyo de hecho lo había probado antes de partir en misión. "Empleó dos tabletas (de veinte que contenía el frasco) en un perro, aparentemente con buenos resultados. Las circunstancias no le permitieron realizar una prueba más cuidadosa."[95] ¿Fue tan baja la dosis que Villa se salvó al darle la mitad del café envenenado a uno de sus ayudantes, o bien el informe de los japoneses era falso? Nunca podremos contestar estas preguntas.

Los japoneses consiguieron en cambio envenenar la atmósfera en Washington y entre los funcionarios estadounidenses vinculados a la Expedición Punitiva. Cuando el informe del agente Stone sobre la misión envenenadora le llegó al fiscal general Thomas Watt Gregory, éste envió un mensaje al secretario de Guerra: "Incluyo una copia de un muy sorprendente informe de uno de nuestros agentes secretos, procedente de El Paso. El relato parece por lo menos delirante, pero como menciona al capitán Reed de la fuerza expedicionaria en México pensé que tal vez usted querría seguirle la pista de algún modo".[96]

Si el plan llegaba a hacerse de conocimiento público podía poner en graves problemas morales y políticos al gobierno de Wilson, que debía contender por la reelección pocos meses más tarde. Ni el presidente, ni su gabinete, ni importantes sectores de la opinión estadounidense aceptarían el asesinato como instrumento político legítimo. Para Pershing, esta revelación implicaba un grave riesgo. El 22 de septiembre había solicitado su promoción a comandante general y debían concedérsela tres días más tarde. Si el plan se hacía público, quedaría desacreditado. El punto de vista de los historiadores Charles Harris y Louis Sadler, según los cuales todas las partes implicadas procuraron tapar el asunto, resulta muy convincente. El secretario de Guerra instruyó al Comando Sur, del que formaban parte las fuerzas de Pershing, que llevara a cabo una investigación "con la menor publicidad posible". Al parecer el propio Pershing reprendió severamente a sus funcionarios de inteligencia por escribir demasiados informes sobre los agentes japoneses. Todo el asunto fue silenciado.[97] Dos de las agencias encargadas de investigar colaboraron en el silenciamiento: el agente Stone repentinamente modificó los términos de su informe original, que implicaba a la Expedición Punitiva en el complot.

El mayor Ralph H. van Deman, que encabezaba la sección de Inteligencia Militar del Colegio de Guerra del Ejército, mostró tan escasa imparcialidad que incluso antes de ver las pruebas escribió: "Estoy muy seguro de que alguien está mintiendo [...] la historia del veneno es simplemente absurda".[98] En consecuencia, el asunto nunca llegó al público y, en febrero de 1917, el secretario de Guerra Baker exculpó al ejército y a Pershing de cualquier falta. "He mandado investigar el tema muy a fondo y soy de la opinión de que ningún oficial de la expedición en México tenía conocimiento o vínculo alguno con ningún plan del tipo que reportan los japoneses. Es enteramente posible que estos tuvieran algún plan propio, pero no creo que ninguno de nuestros oficiales lo supiera."[99]

Los conspiradores japoneses no sólo ofrecieron sus servicios a los estadounidenses, sino también a los carrancistas. En marzo de 1916, contactaron a Andrés García, cónsul mexicano en El Paso y uno de los jefes del servicio secreto mexicano en Estados Unidos, para ofrecerle envenenar a Villa. García transmitió la oferta a Carranza, quien no quiso tener nada que ver con ella.[100] No está claro a qué se debió su negativa. ¿No tomó en serio el ofrecimiento o tenía escrúpulos morales? Suponer esto último plantearía muchas dudas, ya que pocos años después, mediante una operación que presentaba problemas morales mucho mayores –porque en el proceso tenían que matar a varios de sus propios hombres–, los carrancistas asesinaron a Zapata.

Esta extravagante conspiración fue la última medida activa que la Expedición Punitiva tomó contra Pancho Villa. A partir de entonces, el motivo principal de su presencia no sería él, sino Carranza. Woodrow Wilson esperaba utilizarla como una pieza en la negociación para obtener concesiones del gobierno mexicano. Tal vez nunca fueron las contradicciones de la política mexicana de Wilson tan aparentes como en el otoño de 1916, cuando sus enviados se encontraron con los de Carranza, en Atlantic City, para negociar la retirada de la Expedición Punitiva. Por una parte, Wilson insistió en su desdén por los empresarios estadounidenses intervencionistas y en su oposición a sus exigencias de que Estados Unidos se anexara parte de México o gobernara el país por la fuerza. Por otra, las condiciones que sus enviados planteaban a México para evacuar las tropas hubieran convertido al país en un protectorado de Estados Unidos. Aunque algunos de los representantes mexicanos estaban tan intimidados que se plegaron a las demandas de los estadounidenses, Carranza las rechazó. De hecho, puso al descubierto el *bluff* de los estadounidenses, y el gobierno de Wilson decidió retirarse de México de todas maneras.[101] La guerra con Alemania era cada vez más inminente y Wilson no quería tener a sus tropas entrampadas al sur de la frontera.

LAS CONSECUENCIAS DE LA EXPEDICIÓN PUNITIVA

El ataque de Pancho Villa a Columbus y la resultante Expedición Punitiva han despertado mucha atención y polémica entre los historiadores. Lo que más llama la atención es que nadie excepto Villa ha atacado nunca el territorio continental de Estados Unidos desde que los británicos lo hicieron en la guerra de 1812. La identidad de los estadounidenses que participaron en la Expedición también añade espectacularidad: Pershing encabezaría más tarde la fuerza expedicionaria estadounidense en Europa, durante la primera guerra mundial, y Patton desempeñaría un importante papel en la segunda. Las controversias se han centrado ante todo en los motivos de Villa, entre los cuales algunos autores citan la venganza como factor principal, mientras que otros piensan que fue pagado e instigado por los alemanes o por las grandes corporaciones estadounidenses. Si bien prácticamente todos los observadores contemporáneos e historiadores han condenado a Villa por ese ataque, que pudo haber provocado una guerra entre los dos países o por lo menos una larga ocupación de partes de México por Estados Unidos, hay polémica, entre los historiadores estadounidenses principalmente, sobre las consecuencias de la Expedición Punitiva. Algunos consideran que fue un fracaso, ya que no logró apresar a Villa. Otros piensan que logró su principal objetivo: impedir que Villa volviera a atacar jamás a Estados Unidos. Además, subrayan que la Expedición Punitiva le dio al ejército estadounidense la oportunidad de ejercitarse con armas y tácticas en útil preparación para la primera guerra mundial, y ayudó a fortalecer la campaña que se llevó a cabo en Estados Unidos para convencer a la población de la necesidad de contar con un ejército más fuerte y un presupuesto militar mayor.

La idea dominante entre los historiadores estadounidenses es que el ataque a Columbus y la Expedición Punitiva pudieron haber provocado una guerra mexicano-estadounidense y modificado de manera importante la historia de los dos países, pero dado que dicha guerra no tuvo lugar, ni uno ni otra tuvieron un impacto significativo en la historia.

Ésta es una visión de la que difiero tajantemente. La Expedición Punitiva tuvo un profundo efecto tanto en la historia mundial como en el desarrollo interno de la revolución mexicana. El hecho de que no lograra sus fines contribuyó grandemente a que el gobierno alemán tomara dos decisiones que afectarían de manera decisiva el resultado de la primera guerra mundial. Desde 1915, cuando Estados Unidos empezó a proporcionar armas, municiones y otros insumos a Gran Bretaña, Francia y Rusia, surgió entre los miembros del gobierno alemán un debate sobre si debía emplear sus submarinos contra los barcos estadounidenses, posibilidad a la que se referían como "la guerra ilimitada de las naves U". Una parte importante de los militares alemanes pensaba que esa medida destruiría la capacidad de combate de Inglaterra y la pondría de rodillas, pero a las fuerzas civiles dentro del gobierno les preocupaba que eso provocara la entrada de Estados Unidos en la guerra, lo que cambiaría completamente la relación de fuerzas. El fracaso de la Expedición Punitiva en México ayudó mucho a los militares alemanes que defendían "la guerra ilimitada de las naves U", a convencer a sus adversarios, incluido el Káiser, de que una declaración de guerra de Estados Unidos no tendría un impacto militar importante sobre la primera guerra mundial, ya que el ejército de ese país no era digno de ser tomado en cuenta.

En marzo de 1916, la oficina de prensa de las fuerzas armadas alemanas escribía que "la incompetencia militar de Estados Unidos ha quedado claramente revelada por la campaña contra Villa [...] Estados Unidos no sólo no tiene ejército, sino que no tiene artillería ni medios de transporte, ni aviones y carece de todos los demás instrumentos de la guerra moderna".[102] A consecuencia de la crisis mexicano-estadounidense, los alemanes también tendieron a sobrestimar la voluntad de Carranza de entrar en guerra con Estados Unidos y la disposición de Wilson a responder ante cualquier ataque de México con una nueva intervención militar. Como resultado, el partido de "la guerra de las naves U" dentro del gabinete alemán ganó cada vez más ascendiente.

La Expedición Punitiva tuvo un efecto aún más directo en una decisión alemana que también contribuyó a llevar a Estados Unidos a la guerra. Se trata del famoso Telegrama Zimmerman, en que el ministro de asuntos exteriores alemán, del mismo nombre, le proponía a Carranza una alianza y le ofrecía Texas, Arizona y Nuevo México si atacaba a Estados Unidos una vez que hubiera estallado la guerra entre ese país y Alemania. El telegrama fue interceptado por la inteligencia británica y publicado en Estados Unidos, y fue un factor importante en el vuelco antialemán de la opinión aislacionista estadounidense. La oferta de Zimmerman llegó como respuesta directa a una petición de ayuda que Carranza había enviado a los alemanes cuando los estadounidenses se negaron a salir de México y surgió la posibilidad de una guerra entre los dos países vecinos. Esa posibilidad fue uno de los elementos que decidieron a Zimmerman a redactar su malhadada propuesta de alianza.

El conflicto que suscitó la presencia de la Expedición Punitiva en México tuvo también profundas consecuencias en el desarrollo interno de la revolución mexicana. Carranza esperaba que el reconocimiento de su gobierno por Estados Unidos le daría dos ventajas, gracias a las cuales podría finalmente destruir a las fuerzas populares que aún le oponían resistencia en muchas partes de México y poner en práctica su programa de devolver las haciendas a sus antiguos dueños. Esas ventajas potenciales eran el acceso exclusivo a las armas de Estados Unidos y la posibilidad de obtener créditos y préstamos de los bancos estadounidenses. Las tensiones entre México y Estados Unidos que produjo la Expedición Punitiva llevaron a Wilson a bloquear la exportación de armas y municiones a México y su gobierno desalentó los préstamos a Carranza por parte de los bancos. En consecuencia, el gobierno mexicano quedó tan debilitado que sus principales enemigos, Zapata en Morelos y Villa en Chihuahua, lo mismo que otros menores como los hermanos Cedillo en San Luis Potosí, lograron sobrevivir hasta que Carranza fue derrocado por Obregón, en los años veinte, y éste pactó con todas las fuerzas rebeldes asegurándoles muchas de sus demandas sociales y políticas.

A Villa, el ataque a Columbus le procuró tanto grandes ventajas como grandes desventajas. Por una parte, su revitalización en 1916 sin duda se debió a que pudo asumir el papel del dirigente nacional que resiste a una invasión. Cuando la expedición entró en México, Villa estaba a la cabeza de unos cuatrocientos hombres muy desmoralizados. Cuando la expedición salió, Villa controlaba gran parte del norte y tenía varios miles de hombres bajo su mando. Además, durante un breve tiempo, gracias al bloqueo de armas que Wilson había impuesto a Carranza, contó con mejores armas y municiones que su rival: en gran parte, las que había ocultado antes de la derrota final de la División del Norte.

Por otro lado, el ataque a Columbus condujo a una ruptura irrevocable con el gobierno de Wilson, que nunca más, ni siquiera en los momentos de mayor descontento contra Carranza, consideró a Villa una alternativa viable. Hasta algunos funcionarios estadounidenses que le habían tenido simpatía cambiaron de actitud. "Es un hombre distinto del que conocimos", le escribió George Carothers al jefe de Estado Mayor, Hugh Scott. "Toda la brutalidad de su naturaleza ha salido a la superficie, y hay que matarlo como a un perro."[103]

El ataque también suscitó una ruptura total con la izquierda estadounidense, que de todos modos nunca había tenido un entusiasmo unánime por Villa. El Comité Ejecutivo Nacional del Partido Socialista Estadounidense describió a Villa como agente de Wall Street, y a sus hombres como "mercenarios mexicanos". La verdadera responsabilidad por el ataque a Columbus residía en "los mismos intereses capitalistas que tan impunemente han contratado pistoleros para matar, para romper las huelgas en el pasado".[104] El secretario del Partido Socialista, Walter Lanfersiek, declaró que tenía "información confiable de que los asaltos mexicanos contra territorio estadounidense estaban inspirados y pagados por intereses estadounidenses".[105] Otro dirigente socialista, Freyna, en su *New Review*, exigía: "Lo menos que debe hacerse es una investigación sobre el ataque, y castigar a las fuerzas del lado estadounidense de la frontera, implicadas en el ataque según los indicios".[106] Incluso el fiel admirador de Villa John Reed expresó la idea de que alguien había persuadido o contratado a Villa para que atacara Columbus.[107]

Los empresarios estadounidenses conservadores que residían en México, tras coquetear brevemente con Villa, le habían retirado su apoyo al darse cuenta de que no quería convertirse en otro Porfirio Díaz. Vieron, pues, su ataque a Columbus como un regalo de los dioses, e intentaron incesantemente utilizarlo para forzar una intervención estadounidense en México. "Hombres como C. M. Newman, que tiene intereses en minas y ranchos en el norte de México", escribía desde Chihuahua el gerente del Ferrocarril del Noroeste de México a su jefe en Toronto,

> Donald B. Gilles, presidente de las compañías mineras San Toy y Cusi Mexicana, J. R. Enlow, gerente de la American Smelting and Refining Company, H. F. Stevenson, vicepresidente y gerente general de la Palomas Land and Cattle Company; E. C. Houhton, vicepresidente y gerente general de la Corralitos Land and Cattle Company y muchos otros, con los que he hablado desde el *affair* Columbus y desde el anuncio de que este gobierno enviaría tropas a perseguir a Villa, son de la firme creencia que, para los intereses en el norte de México y la clarificación de la situación, el *affair* Columbus era la única cosa que podía producir una situación estable.[108]

Este entusiasmo de los conservadores por el ataque a Columbus no significa que dichos intereses lo apoyaran jamás de modo directo ni existe el menor indicio de que voluntariamente llegaran a enviarle nunca armas, dinero ni pertrechos, aunque trataron de utilizarlo de diversas maneras.[109]

·16·
Los años más oscuros:
la sangrienta lucha guerrillera
en Chihuahua, 1917-1920

Nuestro México, febrero veintitrés,
dejó Carranza pasar americanos,
diez mil soldados, seiscientos aeroplanos,
buscando a Villa, queriéndolo matar.

Pobrecitos de los americanos,
pues a sollozos comienzan a llorar,
con dos horas que tenían de combate
a su país se querían regresar.

Los de a caballo no se podían sentar
y los de a pie no podían caminar,
y Pancho Villa les pasa en su aeroplano
y desde arriba les dice: "Goodbye!"

¿Pues que creían estos rinches tan cobardes,
que combatir era un baile de carquís?
Con la cara cubierta de vergüenza
se regresaron otra vez a su país.[1]

MÉXICO 1917-1920

La evacuación incondicional de la Expedición Punitiva fue uno de los mayores triunfos de Carranza. Dos veces se había negado a firmar los acuerdos con Estados Unidos que sus propios representantes defendían. El primero, llamado Protocolo Scott-Obregón, hubiera legitimado al menos temporalmente la presencia de la expedición en México. El segundo, a cambio de la retirada de los estadounidenses, hubiera permitido a Estados Unidos regresar a México cuando lo considerara adecuado. Carranza había salvaguardado por dos veces la soberanía del país, pero la partida de las fuerza extranjeras no fortaleció a su régimen. Molesto por su nacionalismo, el gobierno de Wilson impuso un bloqueo de armas contra México y estrictas limitaciones al comercio entre los dos países. Dichas medidas debilitaron a Carranza tanto en lo militar como en lo económico. Además, como el gobierno de Estados Unidos había dejado de apoyarlo, los empresarios e intereses estadounidenses empezaron a defender y financiar a sus oponentes conservadores: las compañías petroleras estadounidenses expresaron su apoyo a Manuel Peláez más abiertamente que nunca, y los conservadores de otras partes del país se sintieron alentados a sublevarse.

A Carranza se le presentaban dos caminos para contrarrestar la creciente hostilidad de Estados Unidos: buscar la reconciliación con las facciones populares en México o recurrir al expediente tradicional de los gobiernos mexicanos, utilizar la carta de Europa contra Estados Unidos. Aunque no está claro cómo hubieran respondido, Carranza no quiso tender puentes hacia sus antiguos enemigos ni forjar ningún tipo de consenso para la defensa de la soberanía, y eligió la segunda vía, esgrimir la carta alemana.

Unas dos semanas antes de que Villa atacara Columbus, en el tercer aniversario del derrocamiento de Madero el 22 de febrero de 1916, dos dirigentes de la facción convencionista publicaron una carta abierta a Carranza en la que defendían la reconciliación y el regreso a la democracia de Madero, y le advertían las consecuencias internas e internacionales que tendría una negativa suya. Roque González Garza, antiguo presidente de la Convención, y su hermano Federico, destacado intelectual villista, decían: "Somos unos vencidos en el terreno de las armas; pero desgraciadamente, para los intereses de la Revolución no está demostrado aún que lo hayamos sido en el terreno de las ideas".[2]

Aunque todavía no se habían producido ni el ataque de Villa a Columbus ni la Expedición Punitiva que fue su consecuencia, Federico y Roque González Garza temían que los Estados Unidos intervinieran pronto si no se recuperaba la estabilidad. Ésta era imposible, sostenían, mientras los militares dominaran el país y crearan un clima general de inseguridad. Sólo un verdadero pacto, basado en el restablecimiento del tipo de libertad que había existido durante la presidencia de Madero y en la puesta en práctica de las reformas que Carranza había prometido, permitiría a México poner fin a los conflictos internos que lo desgarraban y evitar el peligro de una intervención extranjera. Carranza nunca respondió a este memorándum, ni aceptó los servicios de numerosos exiliados que estaban dispuestos a combatir junto a él por la independencia de México. Les dijo que, en caso de guerra, podría admitirlos en sus filas, pero entre tanto no les permitiría volver ni les otorgaría la amnistía.

La reconciliación habría implicado mucho más que una amnistía. Carranza hubiera tenido que aceptar que controlaran sus propias regiones y las reformas que habían llevado a cabo, como haría Álvaro Obregón cinco años después. Pero Carranza hizo la guerra inflexiblemente a los zapatistas y a otras facciones populares que defendían una reforma agraria radical. Apenas si llevó a cabo en algunos casos sus propias promesas de reforma. En una amarga carta dirigida a su superior, el general Salvador Alvarado, Francisco Múgica, uno de los generales más radicales del Primer Jefe, expresaba su decepción ante la falta de compromiso de Carranza con la reforma agraria.[3] Esa evaluación corresponde a la que se hacía desde el otro extremo del espectro político. Dos años más tarde, A. E. Worsick, uno de los representantes de Cowdray, escribía:

Se puede observar una tendencia al conservadurismo ahora que el gobierno está bien establecido y no depende tanto del elemento militar radical. Sin duda Carranza está haciendo todo lo posible por librarse de los extremistas, y el signo más esperanzador es que está empezando a incorporar en los puestos de gobierno a algunos miembros del viejo régimen. Pesqueira me dijo que ésta es claramente su política y que, cuando se disipen los odios engendrados por la revolución, se proponen emplear a tantos de los mejores miembros del antiguo gobierno como puedan, tras consolidar su posición y aplacar a los que ellos llaman los "reaccionarios" [...]

Probablemente sabe usted que han devuelto las propiedades de don José Limantour, también las de Ignacio de la Torre, y que está prometida para julio una ley de amnistía que traerá de regreso a cientos de "emigrés", y esperamos que con eso la ciudad recupere un poco más su antigua apariencia.[4]

Carranza demostró ser igualmente conservador en lo que concernía a los derechos obreros. Aunque había hecho grandes promesas a los sindicatos cuando llamó a los obreros a incorporarse a los Batallones Rojos para luchar contra Villa y Zapata, actuó en 1916 con la mayor severidad para romper una huelga general en demanda de mayores salarios que compensaran el rápido incremento de los precios: no sólo la declaró ilegal, sino que detuvo a los líderes y amenazó con ejecutarlos.

Se celebraron elecciones durante el mandato de Carranza, pero la mayoría de los observadores las consideraron una farsa. No se permitió a los miembros de las facciones opositoras ser candidatos, la participación fue extremadamente limitada y menudearon las acusaciones de fraude.

Carranza empleó la represión para mantenerse en el poder. Los miembros de los grupos anticarrancistas que caían prisioneros generalmente eran fusilados. Carranza no vaciló tampoco en hacer asesinar a Zapata ni en fusilar a Ángeles tras un proceso fingido.[5] Los habitantes de los pueblos rebeldes con frecuencia eran deportados. Sin embargo, en conjunto, la represión fue más suave que la ejercida por las juntas militares en América Latina o los revolucionarios de otras partes del mundo. Carranza no fue un Pinochet, ni un Stalin ni un Pol Pot; no creó escuadrones de la muerte, ni gulags, ni llevó a cabo grandes matanzas de población civil. Quienes aceptaron la amnistía no tuvieron que arrepentirse públicamente de sus opiniones (a menos que aspiraran a tener cargos en el gobierno), ni fueron forzados a expresar "su gozoso entusiasmo" en los mítines de apoyo al nuevo régimen.

Sin embargo, en general, tras la pacificación del país, la represión carrancista alimentó el fuego del descontento. En vez de convertirse en el principal instrumento de esa pacificación y de la consolidación del régimen, como esperaban los dirigentes carrancistas, su ejército se convirtió en el principal obstáculo para esos fines, debido a las políticas seguidas por dichos dirigentes y a la naturaleza de su régimen.

Dado que los carrancistas no estaban dispuestos a compartir el poder con la miríada de movimientos revolucionarios que habían apoyado a las facciones rivales en la guerra civil, ni a poner en práctica las reformas por las que muchos de estos movimientos habían combatido y que ellos mismos habían proclamado oficialmente, la resistencia siguió latente en muchas partes de México. Como resultado, el ejército tuvo que seguir creciendo, lo mismo que el presupuesto necesario para mantenerlo. Cada vez se dedicaban menos recursos a la recuperación económica.

Otra consecuencia de la negativa de los carrancistas a compartir el poder con los líderes locales que no se les habían aliado en 1914-1915 fue que en muchos lugares asumió el control gente venida de fuera, con fuerzas también procedentes de otros lugares. Para la población local, esto equivalía a una ocupación extranjera. Ésa fue una de las razones de la feroz resistencia que opusieron los campesinos zapatistas a la ocupación carrancista de Morelos. También explica por qué en regiones del sureste, especialmente en los estados de Chiapas y Oaxaca, campesinos y terratenientes olvidaron a veces sus diferencias y se unieron contra el enemigo común y exterior.[6]

También en Chihuahua, la ocupación del estado por forasteros fue uno de los factores que contribuyeron al espectacular resurgimiento del villismo.[7] En ciertas regiones de México durante el periodo maderista y en otras en el momento de auge de la revolución, se había alcanzado un grado nunca antes experimentado de autonomía respecto del gobierno central y de cualquier poder externo. Cuando los forasteros intentaron tomar el control de nuevo, tenían que provocar conflictos y descontento, y si a la ocupación se asociaban la rapiña y la corrupción, la mezcla resultaba explosiva. Los informes de los diplomáticos extranjeros y de los funcionarios carrancistas, militares y civiles, a sus superiores proporcionan una imagen de los múltiples abusos cometidos, que con frecuencia llevaron al estallido de movimientos revolucionarios allí donde no habían existido. La forma más simple y brutal de despojo consistía en apropiarse las cosechas que los campesinos habían recogido, así como sus animales domésticos, bajo el pretexto de que sus dueños habían apoyado a los rebeldes. Resultado de esto fue que muchos de esos campesinos se convirtieron en verdaderos rebeldes. También los hacendados se veían forzados a entregar parte de su cosecha al ejército. Si bien algunos de esos bienes expropiados se utilizaban para alimentar a los soldados, otros eran vendidos a cambio de moneda fuerte en Estados Unidos mientras el hambre se cernía sobre México.

También en otras formas los militares carrancistas aumentaron los sufrimientos de la población civil. Los generales ejercían un monopolio virtual sobre las comunicaciones ferrocarrileras en sus áreas respectivas. Si un terrateniente quería enviar alimentos a una zona donde la cosecha había sido mala, el comandante general le cobraba precios monopólicos por el uso del ferrocarril, y esos precios tenían que repercutir en lo que el productor de alimentos cobraba al consumidor. Los militares solían obtener pingües ganancias en la importación de alimentos. En 1918, la mantequilla que se vendía a 8.50 dólares en El Paso se revendía a 17.50 al otro lado de la frontera, en Ciudad Juárez. La harina que se compraba a 13 dólares en San Antonio se vendía a 27 dólares en México.[8]

Estas actividades de los militares eran particularmente onerosas debido a que tenían un poder casi absoluto en sus respectivas regiones. En la mayoría de los casos, era inútil apelar al gobierno federal, porque Carranza simplemente no tenía control sobre sus generales. Aunque él no era corrupto, tolerar la rapiña y la corrupción de los demás era el precio que debía pagar para asegurarse su lealtad. Esa rapiña y esa corrupción sólo se debían en parte a la codicia y el deseo de enriquecimiento de los generales carrancistas: a su vez, necesitaban esos fondos para asegurarse la lealtad de sus tropas, así como de los civiles y los clientes que reclutaban.

Los comandantes militares que se habían convertido en gran medida en caciques regionales requerían mayores fuerzas no sólo para mantener su poder en relación con los caciques rivales, sino también porque sus enemigos, después de la derrota de la División del Norte, habían adoptado la guerrilla como forma principal de resistencia. La lucha contraguerrillera condujo a un ciclo creciente de represión y contrarrepresión, y también exacerbó la oposición al gobierno. Todos estos factores jugarían un papel decisivo durante los cinco años de la sangrienta guerra civil que se desarrolló en gran parte del país.

La política seguida por Carranza no sólo le enajenó a sus antiguos enemigos y a las víctimas neutrales de sus generales, sino incluso a hombres que lo habían apoyado sin flaquear. Su decreto agrario de 1915 había encendido entre la gente del campo la esperanza de que finalmente se cumplirían las promesas de la revolución. El decreto movilizó a grandes sectores del campesinado ya que requería que las comunidades se reunieran y, a menudo, que se eligieran representantes allí donde no existían, para formular las solicitudes de tierras. Se enviaron al gobierno cientos de solicitudes de este tipo, de las que Carranza sólo atendió unas pocas. Muchos campesinos que habían empezado a confiar en él se decepcionaron al no hallar respuesta. Para evitar una mayor erosión de sus bases de apoyo, Carranza estaba dispuesto a hacer ciertas concesiones a los radicales, aunque en su mayoría fueron más nominales que reales. En cuanto a los obreros, después de que un tribunal militar rechazó por dos veces la sentencia de muerte que había pedido para los líderes recalcitrantes, Carranza finalmente los puso en libertad.[9]

Lo que no estaba dispuesto a conceder en la práctica, Carranza estaba dispuesto a concederlo en la teoría. Esto se reflejó en la nueva Constitución, que fue promulgada en Querétaro en 1917. Sus disposiciones radicales habían sido adoptadas en gran parte contra la voluntad de Carranza. Primero sometió al Congreso Constituyente un borrador que contenía muy pocas de las demandas radicales de los revolucionarios, e incluso de las que él mismo había proclamado a principios de 1915 en su ley agraria del 15 de enero y en sus pronunciamientos sobre los derechos obreros. Los radicales del Congreso se opusieron y convencieron a la mayoría de adoptar una constitución que fue considerada, en aquel momento, una de las más radicales del mundo. Propugnaba una amplia reforma agraria a expensas de los latifundios; daba amplios derechos a los obreros –jornada de ocho horas, derecho de huelga, protección contra los esquiroles–, y limitaba tajantemente los derechos y prerrogativas de los inversionistas extranjeros. Las riquezas del subsuelo debían ser consideradas esencialmente como propiedad de la nación y los bienes de los extranjeros podían ser expropiados para el bien común. Los extranjeros no podrían adquirir propiedades a lo largo de una ancha franja de tierra cerca de las fronteras y las costas. Carranza aplicaría la Constitución de manera altamente selectiva: conservadora respecto de la reforma agraria y mucho más radical respecto de la propiedad de los extranjeros.

LA DEVOLUCIÓN DE LAS HACIENDAS CONFISCADAS

Carranza compartía con la élite porfiriana la convicción de que la reforma agraria constituiría un desastre para la economía y reduciría de forma grave tanto la producción como la productividad. Su conservadurismo se expresó en la forma como manejó los cientos de haciendas y propiedades urbanas que habían confiscado sus propios generales y el gobierno villista, algunas de las cuales se las habían apropiado esos generales mientras otras eran administradas por dependencias estatales. Carranza consideraba que la mejor forma de reiniciar rápidamente la producción en el campo era devolver las haciendas a sus antiguos dueños, salida que comportaba riesgos, pero también le rendiría grandes beneficios políticos.

Los riesgos eran obvios. ¿Cómo podía Carranza forzar a sus generales a devolver lo que se habían apropiado y consideraban suyo como resultado de la revolución? ¿Permitirían los campesinos que los antiguos dueños de las haciendas volvieran al frente de ellas, o suscitaría semejante medida una nueva insurrección masiva en el campo? Por otra parte, esa decisión podía ganarle finalmente a Carranza el apoyo de los hacendados, que había luchado en vano por obtener. Confiaba en que ellos revitalizaran la producción de alimentos y sus impuestos abastecieran su deficitario presupuesto. Con ese propósito, evitó que sus gobernadores y sus generales hicieran tratos por su lado con los hacendados, y especificó que todas las devoluciones de propiedades confiscadas pasaran por su administración central. Decretó que dichas propiedades se devolvieran a una Administración de Bienes Intervenidos nacional, que él controlaba, para tener la decisión final y que los ingresos derivados fueran a parar a su gobierno, y no a los gobernadores y caudillos militares regionales.[10]

Si un hacendado quería recuperar su propiedad, tenía que presentar una solicitud al gobierno federal en la ciudad de México. Entonces Carranza consultaría a las autoridades locales sobre por qué la propiedad había sido confiscada, qué papel político había desempeñado su dueño y si dichas autoridades aprobaban la devolución. Si decidía que la hacienda fuera devuelta, su dueño tendría que firmar un papel diciendo que no consideraba al gobierno responsable de cualesquiera daños que la propiedad hubiera sufrido. Carranza revisó cuidadosamente todas las solicitudes. Fue intransigente cuando se trataba de hacendados que habían apoyado a otras facciones revolucionarias. Decretó la confiscación de todos los bienes de Maytorena y de los Madero. Fue igualmente inflexible en cuanto a aquellos que, contraviniendo las leyes liberales, eran propiedad de la iglesia católica. Tuvo cuidado de no enemistarse con los generales que querían conservar algunas de las haciendas que habían ocupado, y cuando la devolución de alguna de ellas podía despertar el descontento popular,[11] como en el caso de la familia Terrazas en Chihuahua.

La devolución masiva se llevó a cabo con un mínimo de resistencia o violencia, excepto en las regiones en que los campesinos aún no se sometían a los carrancistas, como Morelos. La reacción de los peones y campesinos ante el regreso de los hacendados varió de un lugar a otro. Muchos preferían la tradicional relación paternalista que habían mantenido con los hacendados, antes que la imprevisibilidad y la voracidad de los generales carrancistas que, a diferencia de aquéllos, no pensaban en el largo plazo, no se preocupaban por preservar la integridad de las propiedades y estaban más que dispuestos a saquearlo todo. Otros resistieron, ya fuera permaneciendo en las tierras o, si eran aparceros o arrendatarios, negándose a entregar parte de su cosecha al recién retornado propietario. Las huelgas, desconocidas en la era porfiriana, proliferaron en muchas haciendas.

En la mayoría de los casos, los generales de Carranza se alegraron de devolver las haciendas. Muchos las habían saqueado cuanto pudieron y no tenían intenciones de invertir esfuerzos o capital en ellas. En cambio, una vez que los hacendados regresaban y ponían de nuevo en marcha la producción, los generales solían forzarlos a compartir con ellos los beneficios. A veces lo hicieron mediante una presión directa pero, más frecuentemente, lo lograban por medios económicos: como los generales controlaban los ferrocarriles, si el hacendado quería utilizarlos para vender su producto, estaba forzado a pagar tarifas altas, además de lo que los generales cobraban por su "protección".

En conjunto, la recuperación económica de las haciendas fue lenta y los hacendados nunca recobraron el poder y la autoridad que habían ejercido en los tiempos de Díaz. Muchas haciendas estaban arruinadas o por lo menos gravemente debilitadas económicamente, tras haber sido ocupadas por el estado y los militares. Muchos hacendados no poseían capital para invertir o, si lo tenían, dudaban en hacerlo en vista de la inseguridad que reinaba en el campo. Esa renuencia se vio acrecentada por los altos impuestos que les fijó Carranza. Gran número de haciendas fueron ofrecidas en venta a los extranjeros, y en algunos casos los dueños trataban de llegar a acuerdos con los arrendatarios y peones para venderles la tierra a precios favorables.

La infraestructura que había sostenido el poder político de los hacendados había desaparecido, y en cambio había aumentado la conciencia que tenían los campesinos de su propio poder. Ello no significa que los hacendados hubieran perdido toda su influencia. En algunas partes del país, especialmente en el occidente, hicieron alianzas con los militares carrancistas y lograron subyugar de nuevo a los campesinos recalcitrantes.[12] En la región central, donde algunos dirigentes carrancistas tenían mayores vínculos con sectores del campesinado, esas alianzas fueron más difíciles de forjar y los militares a veces apoyaron a los campesinos contra los terratenientes.[13]

En general, las medidas de Carranza lo indispusieron con las clases bajas sin ganar la lealtad de los hacendados.

Las únicas disposiciones de la Constitución que Carranza puso en práctica vigorosamente fueron las que se referían a la propiedad extranjera. Buscó aplicar las leyes que le daban a México la soberanía sobre sus materias primas. No llegó a confiscar los bienes de los extranjeros, pero exigió que se sometieran a la legislación mexicana e intentó aumentarles los impuestos. El gobierno de Wilson protestó tanto por la Constitución como por dichos impuestos. Debido a las crecientes tensiones entre ambos países, Washington mantuvo el bloqueo de armas, procuró que los bancos no concedieran créditos y puso obstáculos al comercio.

El resultado de su guerra fría con los estadounidenses y de su guerra caliente con las facciones radicales fue un empate militar que duró tres años, en el que Carranza no tuvo fuerza suficiente para vencer a sus enemigos y éstos estaban demasiado débiles y desunidos para derrocarlo. Los combates, sumados a la sequía, perjudicaron la agricultura a tal punto que una hambruna generalizada se produjo en 1917 y 1918. Como decía un observador extranjero en noviembre de 1917:

en cuanto a [...] las clases más pobres, no hay duda de que en el próximo invierno encararán las peores condiciones que jamás existieron en la memoria de la actual generación.

Los salarios aún se basan más o menos en la escala del año prerrevolucionario de 1913, mientras que el costo de los artículos de primera necesidad se ha triplicado en promedio durante esos cuatro años.[14]

Debilitados por la desnutrición, cientos de miles de mexicanos fueron víctimas de las epidemias de influenza española y tifus que causaron la muerte de miles de ellos.

LA FASE MÁS OSCURA: LA GUERRA CIVIL EN CHIHUAHUA, 1917-1920

Los años 1917 a 1920 fueron la etapa más cruel que vivió Chihuahua durante la revolución y uno de los periodos más oscuros de toda su historia. Soldados y civiles fueron presa de una violencia creciente. Muchos cayeron víctimas de los soldados federales venidos del exterior, quienes con frecuencia consideraban legítimo saquear, violar o asesinar a voluntad. Muchos otros fueron víctimas de las represalias cada vez más brutales de Villa. Ese salvajismo en ascenso no fue en modo alguno exclusivo de Chihuahua. Se podía encontrar también en otras partes de México así como, en escala mucho mayor, en Europa, donde la primera guerra mundial seguía su lento desarrollo. En muchos sentidos, esa violencia cada vez mayor era el fruto "natural" de los muchos años de guerra, con el consecuente endurecimiento y embrutecimiento de todos los participantes y una indiferencia cada vez más honda por la vida humana. En Chihuahua la crueldad de la guerra civil se vio agravada por las características personales de los dirigentes que en gran medida determinaron su curso: Francisco Murguía, que comandó el ejército federal en el estado durante casi dos años, y Pancho Villa.

Francisco Murguía era un fotógrafo de Zacatecas, y había sido uno de los primeros dirigentes maderistas en Coahuila, donde residía, que se levantaron contra Porfirio Díaz. Fue sin ninguna duda el más talentoso entre los militares que los carrancistas enviaron a Chihuahua a combatir contra Villa. A diferencia de Treviño, que rara vez se aventuró fuera de la capital, Murguía tomó repetidamente la ofensiva. Era el único de los comandantes federales que se le enfrentaron entre 1916 y 1920 a quien Villa respetaba y en ocasiones temía. También era cruel y corrupto, y sentía un odio particular contra el pueblo de Chihuahua. "Chihuahua siempre fue foco de rebelión y traición", le escribió a Carranza.[15] Si bien Treviño solía ejecutar de manera subrepticia a todos los villistas que apresaba, Murguía los colgaba públicamente y dejaba sus cuerpos oscilando al viento. Esto le ganó el apodo de Pancho "Mecates".[16] Era inflexible cuando los campesinos chihuahuenses venían a verlo para protestar por los abusos y atrocidades que cometían sus tropas. "Hace poco, un hombre llamado Gutiérrez y reputado entre los pequeños rancheros del Valle de Guerrero fue a Chihuahua como delegado de los rancheros", informaba un observador,

> con objeto de ver al general Murguía y pedirle algún alivio para el sector; tuvo una entrevista con el general y le explicó la situación: que las cosechas eran escasas y la gente enfrentaba verdaderas privaciones, que padecerían si no se obligaba a las tropas a cesar en sus confiscaciones, etcétera. Este Gutiérrez le dijo a nuestro informante que el general golpeó la mesa con el puño, lo maldijo por cuanto le pasó por la cabeza y le dijo que no podía ni quería hacer nada por la gente del campo de Chihuahua, que todos eran canallas, bandidos y villistas.[17]

Además, Murguía no tenía escrúpulos en especular con los alimentos en tiempos de hambruna.

Por desgracia para el pueblo de Chihuahua, la brutalidad de Murguía tenía su correspondencia en la creciente brutalidad de Villa. No sería exagerado hablar de una declinación moral de Villa en esos años. Nunca había sido lo que se podría llamar un hombre suave, pero en el mejor momento de la División del Norte sus represalias sólo seguían el modelo que fue típico de todas las facciones durante la revolución. En muchos sentidos, Villa incluso resultó más humano y respetuoso de la vida que el ejército federal u otras facciones revolucionarias. Fue Carranza el que expidió un decreto según el cual todos los prisioneros debían ser fusilados, y cuando Villa daba parte al Primer Jefe, siempre decía que había ejecutado a sus prisioneros en cumplimiento de dicho decreto. Aunque tomaba represalias contra miembros de la oligarquía, mantenía una mayor disciplina entre sus tropas que prácticamente cualquier otro jefe revolucionario y, por tanto, evitaba el pillaje y el saqueo en las ciudades que ocupaba. A pesar de las órdenes de Carranza, con frecuencia respetaba las vidas de los soldados rasos federales que capturaba y nunca forzó a nadie (excepto a los federales prisioneros) a enrolarse en la División del Norte contra su voluntad. Emerson, agente secreto estadounidense que observó cuidadosamente la conducta de Villa, afirmó que nunca perjudicaba a los pobres. Esa actitud empezó a cambiar en 1915. La primera manifestación dramática de ese cambio fue la masacre de los hombres de San Pedro de las Cuevas, en Sonora.[18] En 1916 practicó la leva forzosa y permitió el saqueo a sus soldados. En 1917, su violencia alcanzó a los parientes de sus enemigos, incluidas las mujeres.

Aunque este comportamiento se debía en parte a la intensificación de rasgos crueles de la propia personalidad de Villa, ha sido a la vez característico de los dirigentes revolucionarios en muchas otras partes del mundo, en quienes se observa un proceso semejante de decadencia moral. Para algunos, está vinculado a los atractivos de la buena vida. Hombres que en los malos tiempos habían estado dispuestos a jugarse la vida por una causa revolucionaria a menudo descubrían los encantos de la riqueza. Pablo González, que antes de la revolución fue miembro del Partido Liberal y llegó a enfrentarse a la policía porfiriana en su lucha por mejorar la situación de los trabajadores industriales, tras ser nombrado jefe de las fuerzas federales que combatían a los zapatistas en Morelos, se dedicó a saquear las riquezas del estado para aumentar su fortuna personal y también practicó el despojo en la ciudad de México.[19]

En otros países, un elemento más frecuente de la decadencia moral fue resultado del poder absoluto que llegaron a adquirir líderes como Stalin o Mao. Rodeados de aduladores, pronto identificaron su destino personal con el de la revolución y no tuvieron escrúpulos en llevar las represalias a una escala gigantesca, contra sus oponentes así como contra aquellos individuos que consideraban opositores *potenciales* y sus familias. Pero independientemente de si ejercen el poder absoluto o no, la decadencia moral de muchos revolucionarios a menudo se inicia en el momento en que sectores sustanciales de la población se decepcionan de la revolución y se retiran o se vuelven contra ella. En ese momento, para los dirigentes, los antiguos miembros de las "masas revolucionarias", "los esforzados trabajadores y campesinos", se convierten en "contrarrevolucionarios", "lacayos del capitalismo", "siervos del imperialismo" o simplemente "traidores" a la revolución. En 1921, cuando los marinos de la base naval de Kronstadt cerca de Petrogrado, que en 1917 habían colaborado al triunfo de la revolución bolchevique, protestaron porque el partido bolchevique monopolizaba el poder y exigieron que éste regresara a los consejos elegidos, es decir, a los soviets, fueron arrasados por el fuego de la Guardia Roja enviada allí con el beneplácito del Comité Central bolchevique. Los marinos de Kronstadt fueron considerados peones de la reacción. Otro tanto sucedió en China cuando, en el periodo de las Cien Flores y durante la revolución cultural, Mao se volvió contra los intelectuales que habían apoyado la revolución comunista en los oscuros días de la ocupación japonesa y la lucha contra Chiang Kai-shek.

El dinero, la riqueza y las comodidades de la buena vida no fueron causa del declive moral de Villa. Durante muchos años tuvo la posibilidad de acumular dinero suficiente para hacerse millonario y vivir confortablemente en el exilio cuando se le antojara, pero no aprovechó esa oportunidad. Por otra parte, aunque nunca gozó del poder absoluto, le gustaba rodearse de aduladores, lo cual con frecuencia enturbiaba su juicio y debilitaba las barreras morales de su contención. Como el Comité Central bolchevique en 1921, Stalin, Mao o el dirigente este-alemán Erich Honecker en 1989, Villa sentía que él personificaba la revolución: cuando una parte del pueblo se puso contra él, simplemente los consideró traidores a la causa. Pero su mentalidad no era semejante a la de los dirigentes comunistas: no pensaba que, al volverse contra él, el pueblo había traicionado grandes principios abstractos como "la dictadura del proletariado" o "la causa del socialismo" sino, de una manera más tradicional, que habían roto una especie de pacto de honor al que ambas partes estaban obligadas. Como ya vimos, cuando uno de los veteranos de la División del Norte, Lauro Trevizo Delgado, se negó a unírsele en Namiquipa, Villa lo mandó fusilar; como explicación, le dijo: "Mira Trevizo, cuando ustedes necesitaron de mí, yo los ayudé todo lo que pude, y ahora que yo los necesito no quieren ayudarme".[20] Aunque la venganza de Villa podía ser extremadamente cruel cuando era presa de uno de sus incontrolables ataques de furia, era incapaz de la dureza y la inhumanidad a sangre fría que practicaron otros dirigentes revolucionarios.

En conjunto, durante los años sangrientos de la guerra civil en Chihuahua, de 1915 a 1920, las atrocidades que Villa cometió fueron de una escala menor que las de sus rivales carrancistas. Mientras éstos ejecutaban a todos los villistas que caían en sus manos, Villa liberó en ocasiones a sus prisioneros. A veces, tomó sangrientas represalias contra la población civil, pero fue la excepción más que la regla. Fueron los carrancistas quienes saquearon sistemáticamente los pueblos de Chihuahua perdiendo con ello a sus propios aliados dentro del estado.

LA ÚLTIMA CAMPAÑA VICTORIOSA DE PANCHO VILLA

Desde el momento en que se recuperó de sus heridas, en junio de 1916, y en que descubrió que Pershing estaba inmovilizado en el norte de Chihuahua y no lo perseguiría activamente, el principal objetivo de Villa fue adueñarse de gran parte del territorio del estado y reconstituir una fuerza de combate regular. Para fines de 1916, había logrado esa meta: las tropas de Treviño estaban copadas en unas pocas ciudades y la mayor parte del campo estaba en manos de Villa, como lo había estado en 1913, en vísperas de la captura de la capital. La toma de Chihuahua fue la culminación de aquella estrategia. Pero, a diferencia de lo ocurrido en 1913, ahora no tenía suficientes fuerzas para conservarla. La toma de la ciudad tuvo por objeto procurarse pertrechos y abastecimiento para equipar a su ejército y para conservar la lealtad de la gente del campo a la que distribuiyó parte del botín. Al mismo tiempo, fue un golpe propagandístico de primera magnitud, destinado a demostrarle al pueblo no sólo de Chihuahua y del norte, sino de todo el país, que Villa era todavía una fuerza que debía ser tomada en cuenta. Tal vez su deseo de impresionar a la opinión pública o el hecho de que era más magnánimo en la victoria que en la derrota hizo que Villa se comportara de manera menos represiva y más controlada en esa ciudad que en muchos de los pueblos que había ocupado antes. Al parecer no hubo reclutamiento forzoso y por lo menos algunos de los prisioneros salvaron la vida. Aunque los que había capturado en el cerro de Santa Rosa "fueron fusilados sin piedad" e hizo ejecutar a "los heridos hallados en el hospital de campaña de la avenida Zarco", los "del gran hospital militar fueron indultados e incluso visitados y confortados más tarde por el propio Villa".[21]

Villa prometió a los representantes de los comerciantes de la ciudad que daría plena protección a todos los extranjeros, "con excepción de los chinos y los chinos blancos, es decir los estadounidenses, ya que éstos son los únicos responsables de todas las desgracias de este país".[22] Los pocos estadounidenses que se hallaban en la ciudad lograron ocultarse, pero todos los chinos que los villistas encontraron fueron despiadadamente masacrados.

Para consuelo de Villa, las clases bajas recibieron a las tropas "con gritos de alegría y vítores, circunstancia que junto con el posterior comportamiento rapaz de la población civil ha demostrado plenamente la simpatía que guarda la mayoría de los habitantes por Villa".[23]

Para fortalecer esa simpatía popular, Villa permitió inicialmente el saqueo a gran escala.

Una de las primeras tiendas saqueadas fue la fábrica de zapatos y huaraches del gobierno, situada en la vecindad del Chihuahua Foreign Club que esta vez fue respetado. Una vez rotas las puertas, la multitud que aguardaba se precipitó en el interior. Los soldados tomaban sobre todo cartucheras y fundas de rifle y la masa, compuesta en su mayoría por mujeres, se apoderaba de cuanto estaba a la vista. No dejaron nada, y la última mujer en salir del local llevaba la caja vacía y el banquito del bolero. La multitud se dispersó rápidamente por otras partes de la ciudad. Además de los chinos, la turba dirigía sus salvajes instintos contra los negocios de los sirios o los árabes, como les llaman en este país y que son particularmente odiados por los nativos.[24]

Más tarde, Villa decidió poner coto al saqueo popular. Al caer la noche las tropas ocupaban los puntos estratégicos de la ciudad y fueron ellas quienes entonces se dedicaron a vaciar sistemáticamente las tiendas y cargar el botín en vagones que eran enviados al campo. Villa impuso también una contribución a todos los comerciantes. Cuando el cónsul alemán trató de moverlo a compasión, Villa le dijo que "no tengo intenciones de respetar los deseos de los cónsules, ya que deberían hallarse más bien en el frente europeo; pero tendría mucho gusto en tomar en consideración las órdenes directas del propio káiser". Villa mantuvo a sus tropas bajo estricto control;

se evitó en la medida de lo posible que se emborracharan, y se cerraron las cantinas [...] Se colocaron en lugares públicos y se distribuyeron varias circulares en que se daban garantías a la ciudad y sus habitantes, y el proceder de Villa es un tanto diferente que en otras ocasiones. Es visible una cierta tendencia a lograr la confianza y la buena voluntad de la población, y no se produjo ninguno de sus terribles estallidos. ¿Se ha suavizado el tigre, o se está agazapando para dar un salto inesperado?[25]

Mientras sus tropas cargaban cuanto podían en los trenes que iban saliendo rápidamente hacia el campo, se le presentó a Villa el problema inmediato de enfrentar a la columna de apoyo de Murguía, que superaba a sus hombres por dos a uno y se acercaba velozmente a la ciudad. ¿Debía retirase sin presentar batalla, en vista de la gran desventaja en que se encontraba? ¿O debía llevar a todas sus tropas en una carga desesperada contra los carrancistas? Esto último es probablemente lo que habría hecho en 1913 o en 1915, pero las derrotas lo habían vuelto más cauto. Sin embargo, no quería simplemente retirarse, no sólo por su orgullo y su imagen, sino también para darse tiempo de sacar de la ciudad todos los bastimentos que necesitaba. Se decidió, pues, por una solución intermedia. Envió tres mil hombres en una maniobra de dilación contra Murguía; pero, sabiendo que tenían muy escasas posibilidades de victoria, encargó esa tarea a Salazar. Una extraña relación había surgido entre ambos. Se habían enfrentado en batalla en 1912, en Parral, y un año más tarde, en la batalla de Tierra Blanca. Salazar tenía algo de camaleón, y había cambiado con frecuencia de bando. Antes de la revolución fue magonista y participó con Práxedis Guerrero en un fallido ataque contra Palomas, Chihuahua. Uno de los dirigentes magonistas escribió después: "José Inés Salazar se asustó y nos abandonó en medio del desierto, desconocido para nosotros".[26] En 1910, se incorporó a la revolución maderista, pero se volvió contra Madero dos años más tarde, en la rebelión de Orozco. Sus lealtades continuaron zigzagueando en los años siguientes. En 1913 se unió primero a Vázquez Gómez, que llamaba a la rebelión contra Huerta, y luego a Huerta, contra los revolucionarios, para después huir a Estados Unidos. A continuación ofreció sus servicios a Carranza y, tras ser rechazado, cruzó a Chihuahua para intentar una rebelión anticarrancista junto con otros antiguos orozquistas. Fue derrotado, sentenciado a muerte y encarcelado en la penitenciaría de Chihuahua. Villa esperaba que atrajera a su causa a los antiguos orozquistas no tanto porque creyera en la innata lealtad de Salazar, sino porque éste no tenía más salidas. Al confiarle el mando de la columna que debía enfrentarse a Murguía, por una parte mostraba su confianza en él, pero por otra lo forzaba a cargar con una derrota casi segura. Los tres mil hombres que llevaba tendrían que vérselas con los ocho o diez mil soldados de Murguía, reforzado por las tropas que Treviño había evacuado de la capital.

Los dos ejércitos se enfrentaron en Horcasitas, cerca de la ciudad. Cuando Salazar vio el enorme contingente que Murguía había dispuesto contra él, supo que no podía triunfar. Sin embargo, tenía instrucciones estrictas de Villa de pelear a cualquier costo, de modo que mandó a sus hombres cargar contra el enemigo, y la única orden que les dio a sus oficiales fue que fueran "a tomar café a Bachimba".[27]

La barranca de Bachimba estaba situada detrás de Horcasitas, de modo que, para llegar a la población, los villistas tenían que acabar con las columnas de Murguía. Fueron rechazados una y otra vez, pero lograron retirarse en buen orden, con pérdidas moderadas. De hecho, Treviño acusaría más tarde a Murguía de haber echado a perder una posible victoria. "Debo decirle a usted con toda franqueza que me quedé asombrado del parte referente al combate de Horcasitas [...] pues dice usted que el enemigo tuvo varios cientos de muertos, heridos y prisioneros, cosa verdaderamente exagerada, pues recuerde usted que no hubo tal cosa y por el contrario nuestro triunfo fue insignificante para nuestras armas, dada nuestra superioridad numérica en aquella jornada y los pocos resultados prácticos obtenidos".[28]

Tras la derrota de sus tropas en Horcasitas, Villa se vio forzado a evacuar Chihuahua. Mientras contemplaba desde lejos cómo las tropas de Murguía ocupaban la ciudad, su secretario observó que tenía una mueca de rabia y lo oyó murmurar: "¡Pelado desgraciado, te cambio Chihuahua por Torreón!"[29] La "rabia" que sentía Villa contra los carrancistas se expresaría en una de las mayores victorias que aún logró, la toma de Torreón, y en uno de los episodios más negros de su vida.

Mientras se retiraban ordenadamente del campo de batalla de Horcasitas, los villistas no tuvieron dificultad en capturar la ciudad de Camargo y derrotar a su guarnición. Al entrar Villa en la población acompañado por el general Uribe, que la había tomado,

[...] fue interrumpido por los gritos y el llanto de una señora de rostro desfigurado por el dolor, que en precipitada carrera se dirigía al encuentro del general Villa. Llegó a unos dos pasos del jefe rebelde, se hincó, abrió los brazos en señal de cruz, diciendo:

–¡Señor, por el amor de Dios, no mate usted a mi marido! ¡Se lo ruego por su madre!

Villa preguntó:

–¿Quién es su marido, señora?

–El pagador, un simple empleado de gobierno, él no es combatiente, y ese señor que está a su lado –apuntando a Baudelio– lo ha mandado con una escolta a un lugar desconocido.

El jefe preguntó a Uribe por el paradero del encargado de los haberes, contestando el general subalterno con aplomo, sin inmutarse en lo más mínimo, como quien responde a la pregunta más sencilla:

–Mi general, ya está en la olla.

Aquella infeliz mujer al oír la realidad sufrió una metamorfosis asombrosa. Se puso de pie, la expresión de su rostro y sus palabras no eran ya de súplica, ni de perdón, eran de venganza [...] prorrumpió en una serie de improperios.

–¡Bandido, hijo de...! ¡Asesino! ¿Por qué no me mata a mí también?

Sonó un disparo de pistola calibre 44, y la miserable viuda del pagador rodó por tierra con el cráneo destrozado, asesinada por la fatalidad.[30]

El asesinato de la mujer no bastó a calmar la furia de Villa. Algunos de sus partidarios locales, temerosos de que las soldaderas carrancistas que quedaban los denunciaran cuando las tropas enemigas volvieran a Camargo, le pidieron que las hiciera matar. Villa en efecto ordenó la ejecución de noventa mujeres que había tomado prisioneras. Hasta su leal secretario expresa su horror ante la escena subsecuente:

> Aquel cuadro fue dantesco. Dudo que pluma alguna pueda describir fielmente las escenas de dolor y de espanto que se registraron esa mañana del 12 de diciembre de 1916. ¡Llanto!, ¡sangre!, ¡desolación!, noventa mujeres sacrificadas, hacinadas unas sobre otras, con los cráneos hechos pedazos y pechos perforados por las balas villistas.
>
> Cuando hubo terminado aquella matanza, el curioso que contemplara aquel desastre de la vida humana, pudo haber visto a un chiquillo, como de dos años de edad sentado, sonriente, junto al cadáver de su madre, mojando en la sangre de la autora de sus días los inocentes deditos.[31]

En términos morales, esta ejecución exhibió la decadencia decisiva del villismo y contribuyó a menoscabar, si no a destruir, el apoyo popular que tenía en Chihuahua. En términos militares, la ocupación de Camargo proporcionó a Villa aprovisionamiento suficiente, junto con el parque y las armas que había escondido antes de su derrota de 1915 y con el botín que había obtenido en Chihuahua, para lograr su mayor victoria desde el fin de la División del Norte: la toma de Torreón. En 1914, la victoria de Villa sobre esa plaza había sido el momento en que la guerra contra Huerta cambió de curso y le había dado a la División del Norte acceso al centro del país. A la jefatura carrancista le preocupaba profundamente que la nueva toma de Torreón le permitiera a Villa unir fuerzas con los rebeldes que pululaban en todo el México central o aplastar las débiles guarniciones de otras partes del norte y convertirse de nuevo en amo y señor de esa vasta región. Torreón sólo estaba defendida por unos dos mil hombres, bajo el mando del general Severiano Talamantes, y el secretario de Guerra, Álvaro Obregón, le pidió urgentemente a Murguía que enviara tres mil soldados de caballería a reforzarla.[32] Murguía se negó; su principal objetivo, declaró, era destruir las bases de Villa en las montañas occidentales. "Casi todo el distrito Guerrero se halla levantado en armas en favor del bandolero Villa", le escribió a Obregón, y añadió que enviaba tres mil hombres a esa región "a extinguir el bandolerismo".[33] Explicaba que la razón por la que mandaba una fuerza tan grande a Ciudad Guerrero era que "así se podrá organizar elementos dispuestos a cooperar con nosotros y se quite a Villa esta base a la que sin duda recurrirá al ser rechazado de Torreón".[34]

Lo único que hizo Murguía fue enviar una fuerza de caballería, no a reforzar a los defensores de Torreón, sino a interceptar a Villa cuando, tras fracasar en la toma de la ciudad, intentara regresar a Chihuahua. Por lo demás, Murguía no ofrecía más auxilio que el de sus consejos: le aseguró a Talamantes que Villa estaba tan debilitado tras las batallas que había librado contra él que no tenía suficiente parque para tomar Torreón, de modo que su defensor debía concentrarse en rechazar las "famosas cargas" que Villa "siempre da en la madrugada".[35]

Los argumentos de Murguía no convencieron a Obregón, quien insistió en que enviara refuerzos a Torreón lo más pronto posible. Y de nuevo, Murguía rehusó. No está claro qué le indujo a actuar así. ¿Esperaba derrotar él sólo a Villa tras su regreso de Torreón y así ganarse la gloria, el prestigio y el poder que tal victoria entrañaría? ¿Quería realmente que Talamantes fuera derrotado? Se sabe que Murguía había disputado con los generales carrancistas y que los odiaba por lo menos tanto como a Villa, de modo que tal actitud no sería sorprendente. Dado que pertenecía a una facción opuesta a la de Obregón, tal vez quería incluso desacreditarlo y forzarlo a renunciar como secretario de Guerra.

Obregón trató entonces desesperadamente de enviar tropas de otras partes de México en socorro de Torreón. El hecho de que no lo lograra refleja la crítica situación por la que atravesaba el gobierno de Carranza a fines de 1916 y principios de 1917. Prácticamente en todo el país, le dijo a Carranza, las tropas combatían contra los rebeldes y no se podían trasladar al norte. El comandante de las fuerzas carrancistas en Tamaulipas acababa de informar al Primer Jefe que los rebeldes habían tomado un importante cruce ferroviario, y quería concentrar a todos sus soldados en Veracruz, San Luis Potosí y Nuevo León, para luchar contra los que se hallaban en las montañas tamaulipecas. En Guadalajara, Diéguez temía que el antiguo partidario de Villa, Buelna, desembarcara en Tepic y atacara a sus tropas. La guarnición carrancista de Campeche acababa de sublevarse y el general Salvador Alvarado quería la autorización de Obregón para enviar tropas contra ella. El general Gavira de Durango "me pide [...] urgentemente fuerzas de caballería para poder hacer frente a la situación y combatir a los rebeldes [...]. General Estrada de Zacatecas me pide que le envíe Primer Regimiento de su División que se encuentra Jalisco por no tener fuerzas suficientes para guarnecer y activar campaña en el estado". Amargamente, Obregón informaba a Carranza que "si el general Murguía con todas sus caballerías, sin esperar la reparación de la vía, hubiera emprendido la persecución sobre Villa dejando Chihuahua asegurada con sus infanterías [...] Villa no estaría en condiciones de atacar Torreón".[36]

Los temores de Obregón resultaron más que justificados. El 22 de diciembre de 1916, las tropas de Villa tomaron por asalto y ocuparon la ciudad de Torreón, que fue evacuada por Talamantes, y se apoderaron de los trenes y la artillería que allí había.[37] Tal fue la desesperación que la derrota le causó, que Talamantes se quitó la vida. Pero Murguía no tuvo piedad por su colega vencido. En una carta a Carranza, el epitafio que le dedica consiste en llamarlo "falto de espíritu y energía, [culpable de] ineptitud y debilidad".[38] Con esa violenta crítica contra el difunto, Murguía intentaba evadir su responsabilidad en ése, uno de los mayores triunfos que Villa se anotó en el periodo posterior a 1915. La toma de Torreón no sólo acrecentó su prestigio: demostró que era el único, entre los innumerables jefes rebeldes que aún combatían contra los carrancistas, capaz de lograr una victoria militar importante. En Torreón capturó gran cantidad de pertrechos y abastos, y logró arrancarles a los comerciantes nativos y a las compañías extranjeras considerables sumas de dinero. Además su ejército aumentó significativamente de tamaño. Algunos de los nuevos reclutas eran miembros de grupos revolucionarios que habían continuado luchando contra los carrancistas en la región lagunera. Otros eran voluntarios de Torreón, impresionados por la estrella de nuevo en alza de Villa. Pero otros eran hombres incorporados a la fuerza. "El otro día", informaba un observador, "cuando una gran multitud de pelados esperaban frente al Hotel Francia para ver y admirar a Villa, salió con una pistola en la mano y ordenó que todos fueran arrestados, y de la muchedumbre escogió a los hombres más capaces y los obligó a enlistarse en su ejército."[39]

"Por fortuna, aparte de los actos de venganza, no se cometieron muchos asesinatos", informa otro observador. "El abandono claramente cobarde de la defensa de la ciudad por los comandantes del gobierno, que dejaron a sus soldados peleando en las trincheras sin más instrucciones ni otro impulso que el pánico, por lo menos tuvo como efecto que la toma de Torreón fuera relativamente poco sangrienta, y los invasores entraron con un espíritu menos sanguinario que si las cosas hubieran sido de otro modo."[40]

Villa dio muestras de cierta "contención" al entrar en el consulado francés a la cabeza de trescientos hombres y enfrentar al cónsul, Bernadini, un rico hacendado que abrigaba un odio casi patológico contra el caudillo. En su informe al ministerio francés de Relaciones Exteriores, lo comparaba con una "hiena" y al describir su llegada a sus oficinas, hablaba de "el chacal, junto con trescientos de sus verdugos". Villa lo acusó de haberse quedado con trescientos cincuenta mil pesos en plata que el general federal Maycotte le había confiado, de tener guardado en el consulado el coche de Carranza y de haber dado refugio allí a varios enemigos suyos. Fue el hijo del cónsul quien respondió, exigiéndole a Villa que "probara sus acusaciones, y que si resultaban ciertas me matara en el acto; y si no, quiero convertirme de hombre honesto en bandido y pedirle que ponga algunos hombres bajo mis órdenes para vengar a mi padre y matar a los criminales que tan injustamente lo han acusado".

Villa quedó tan impresionado por el joven que le dijo: "'Es usted un hombre valiente. ¿Tiene una pistola?' 'Sí.' 'Tírela, y daré órdenes de que sea usted respetado'".[41]

Esa contención no se aplicó sin embargo a los chinos, que fueron cazados y asesinados. Villa nunca explicó su odio por ellos. Probablemente compartía la xenofobia de muchos norteños hacia los inmigrantes de esa nacionalidad, debida al racismo, al resentimiento contra una cultura ajena y al hecho de que, como comerciantes, muchos chinos trataban muy directamente con los mexicanos, quienes los culpaban de la carestía.

Villa tampoco hubiera respetado a los estadounidenses, pero ellos habían sido evacuados de la ciudad en un tren especial, organizado por el vicecónsul británico Patrick O'Hea, antes de la entrada de los villistas. El temor y el odio que Villa despertaba entre los ingleses, los estadounidenses y las clases altas de Torreón se refleja claramente en la forma en que el vicecónsul lo caracteriza una vez más en su informe al Foreign Office. "Su carrera es la de un perro rabioso, un mullah enloquecido, un malayo que corre amok."[42] Es interesante el hecho de que en su propio informe al Foreign Office en Londres, Thurstan, el superior inmediato de O'Hea, no concordaba con esa descripción de Villa. "Con respecto a los comentarios del señor O'Hea sobre la conducta de los villistas, tal vez cae en un exceso poco natural de acritud. No considero que los villistas sean *per se* en absoluto peores que los demás partidos en contienda y está por probar que sus rivales, actuando bajo sentimientos similares de rabia y decepción, tendrían más amables contemplaciones."[43]

Uno de los comandantes federales que murieron en la batalla de Torreón fue Luis Herrera que, junto con su hermano Maclovio, había sido el único de los revolucionarios importantes de Chihuahua que tomó el partido de Carranza cuando se produjo la escisión de los convencionistas, en el otoño de 1914. Eso le había ganado a toda la familia el odio inextinguible de Villa, que persistió incluso después de la muerte de Herrera. "El cadáver del general Herrera", informó un observador desde Torreón, "fue colgado por dos días en la estación con un billete de un peso en una mano y un retrato de Whiskers en la otra [*Whiskers*, "Bigotes", era el pseudónimo por el que los estadounidenses se referían a Carranza]."[44]

Muchos pensaban que Villa se había convertido ahora en una fuerza irresistible y que pronto dominaría todo el norte y tal vez todo México. "Por lo que vi y lo que mi experiencia militar me permite juzgar, puedo decir que no hay un ejército de Carranza que pueda detener la marcha victoriosa de Napoleón", señalaba el mismo observador.[45]

Por desgracia para Villa, él tenía esa misma opinión, y no sin razón. Después de todo, apenas un año antes era el líder derrotado y desprestigiado de sólo unos pocos cientos de hombres; el grueso de su ejército se había rendido y la mayoría de sus generales y partidarios intelectuales lo habían abandonado. Su acceso a las armas y municiones estadounidenses había quedado abruptamente cortado y, tras su ataque a Columbus, diez mil nuevos enemigos habían cruzado la frontera para perseguirlo. Y sin embargo ahí estaba: había tomado las dos mayores ciudades del norte, había organizado un ejército que casi milagrosamente le había procurado armas y parque, en parte escondidas previamente por él, pero en su mayoría arrebatadas a sus enemigos. Esta vez, Villa estaba convencido de que lograría derrotar a Murguía, cuyas tropas avanzaban lentamente desde el norte hacia Torreón. A diferencia de lo ocurrido en la batalla de Horcasitas, donde Villa sabía que no tenía posibilidades de ganar debido a la disparidad de fuerzas, esta vez existía una verdadera equivalencia en cuanto a tropas y armamento. El ejército de Villa había crecido sustancialmente en Torreón, mientras que Murguía, envalentonado por su triunfo en Horcasitas, había dividido sus fuerzas y enviado a tres mil hombres, bajo su lugarteniente Eduardo Hernández, a ocupar el distrito de Guerrero, al que consideraba la base del villismo. Por añadidura, Villa podía ahora emplear toda la artillería que había capturado en Torreón. Para su desgracia, fue presa una vez más del exceso de confianza y la falta de preparación que habían sido causa de sus derrotas en Celaya y León. Como dice su secretario, "el ánimo del general, que después de una gran victoria se embriagaba con el triunfo, a tal grado que sufría una notable transformación, pues de un ser combativo, se convertía en uno completamente inofensivo. Su gran astucia guerrera se nulificaba con una victoria de la magnitud de la de Torreón".[46]

La víspera de la batalla decisiva con Murguía, mientras ambos bandos se preparaban para enfrentarse en Estación Reforma, cerca de la población de Jiménez, Uribe sugirió que podía marchar subrepticiamente con mil hombres a la retaguardia de los carrancistas, de manera que al iniciarse la batalla podría atacarlo desde atrás. A Villa le gustó el plan pero consideró que no era necesario: "¿Para qué desvelar a la gente y cansar los caballos si Murguía avanza moralmente derrotado?"[47] Villa pensaba que una gran carga de caballería sería suficiente para obtener el triunfo. No sólo se negó a que Uribe rodeara al enemigo, sino también a dejar tropas de reserva, e incluso envió a Nicolás Fernández con dos mil hombres en otra expedición.

La batalla de Estación Reforma fue un desastre completo para Villa. Su carga de caballería fue rechazada; los hombres de Murguía, lejos de estar desmoralizados, eran en su mayoría veteranos de la campaña de 1915 y, cuando contraatacaron, Villa echó de menos las reservas que no tenía.[48] Con los restos de su ejército, se retiró a Parral, donde tenía almacenada en vagones la mayor parte del botín que había sacado de Torreón. Se hallaba demasiado debilitado para conservar la población y dicho botín. Llamó a la gente de Parral para que tomaran cuanto quisieran. Miles de hombres de la ciudad y sus alrededores acudieron a la estación de ferrocarril; deben haberse sentido como los soldados de Cortés cuando, antes de evacuar Tenochtitlan, éste les permitió tomar cuanto quisieran del tesoro que Moctezuma le había ofrecido. A las pocas horas, habían vaciado enteramente los trenes y Villa se había ganado nuevos partidarios en la población; tal vez ésta fue una de las razones por las que su popularidad, que se estaba disipando en otras partes de Chihuahua, se conservó tan fuerte en Parral.

Aún quedaría más debilitado cuando Eduardo Hernández, que había ocupado parte del distrito de Guerrero, aunque no logró acabar con los destacamentos villistas que allí se encontraban, sí recuperó la mayor parte de los bastimentos que se habían llevado de la ciudad de Chihuahua. A pesar de estos desastres, Villa no abandonó la esperanza de recobrar el control sobre el norte del país. Dividió casi todo su ejército en pequeños destacamentos y permitió que muchos de los reclutas regresaran a sus casas. Con un pequeño contingente, salió hacia Durango y Zacatecas para tratar de reunir a los diversos grupos rebeldes que combatían allí, muchos de los cuales aún le eran leales, y crear un nuevo ejército capaz de volver a enfrentarse a Murguía.

Como un fénix que renace de sus cenizas, a principios de marzo de 1917 había reunido de nuevo un ejército de varios miles de hombres y esperaba a Murguía cerca de la población de Rosario, en Chihuahua. El general carrancista se puso feliz al enterarse de que Villa había reaparecido y se disponía a enfrentársele con todo su ejército en el campo de batalla. Estaba seguro de que ahora tenía la oportunidad de acabar con él de una vez por todas. Esta vez, los papeles que uno y otro habían asumido en la batalla de Estación Reforma se invirtieron. Fue Murguía quien se confió demasiado y Villa quien se preparó cuidadosamente para la batalla. Él había elegido el terreno y se aseguró de contar con tropas de reserva. Luego de esconder a gran cantidad de sus hombres tras unos cerros, ordenó a su caballería que cargara contra las filas carrancistas, cuya infantería respondió con fuego cerrado. Murguía calculó que Villa se proponía repetir las inútiles cargas que había empleado en Horcasitas y en Estación Reforma, y al ver que la caballería villista se retiraba en orden, pensó que la victoria era suya, bajó la guardia y permitió a sus hombres descansar. No se dio cuenta de que los villistas habían rodeado subrepticiamente su posición. Fue tal la sorpresa de sus tropas al verse atacadas por todos lados que no pudieron ofrecer resistencia. Murguía perdió más de dos mil hombres y a duras penas logró escapar cuando un oficial villista que no lo reconoció lo golpeó varias veces en la espalda con su sable. Tan humillado se sintió por este incidente que juró silenciar a los pocos oficiales que lo presenciaron. De los dos mil hombres que perdió, seiscientos cayeron prisioneros de los villistas y Villa los mandó fusilar. "Al principio de la campaña", explica su secretario, "para humanizar la lucha lo más posible, se tomaba la medida de dar libertad a los prisioneros de guerra, los que se internaban en la plaza más cercana e ingresaban de nueva cuenta al ejército carrancista. Hubo hombres (perfectamente comprobado) que fueron hechos prisioneros en tres y cuatro acciones."[49]

Las ejecuciones tomaron una forma especialmente siniestra. Los Dorados alineaban a los hombres en filas de cinco y, para ahorrar municiones, los mataban con un solo tiro en la cabeza. Hasta el secretario de Villa señala que "el desfile de aquellas partidas de cinco en cinco fue algo horrible".[50]

LA NUEVA DECLINACIÓN DE PANCHO VILLA

Tras la asombrosa victoria de Villa y cuando pensaba que había llegado el momento de darle a Murguía el golpe de gracia, el desastre llegó por donde menos lo esperaba.

Había almacenado la mayor parte de sus reservas de armas y municiones en un escondite secreto, en Chevarría, durante los duros meses de 1915 en que su División del Norte se estaba disolviendo. El depósito contenía varios millones de cartuchos y gran número de rifles con los que Villa se proponía armar a sus tropas para el próximo ataque a Chihuahua. Había guardado con mucho cuidado el secreto de su localización; sólo permitía que unos pocos de sus hombres de confianza lo acompañaran cuando sacaba parte de los pertrechos de Chevarría. Uno de ellos era Rafael Mendoza, mayor en la guardia personal de Villa, los Dorados. Mendoza había sido herido en el pie durante la campaña y su jefe le permitió regresar con su familia, que vivía cerca de la hacienda de Bustillos, para recuperarse. Allí, el herido se emborrachó, y fue descubierto por los carrancistas y llevado a la presencia de Murguía, quien ordenó su inmediata ejecución. Ya frente al pelotón de fusilamiento, Mendoza se desmoronó y ofreció, a cambio de su vida, revelar dónde se hallaba el depósito de Chevarría. El general accedió con entusiasmo y a los pocos días se hallaba en posesión del arsenal. Cuando Villa se enteró, quedó tan devastado por la noticia que estalló en lágrimas. Echó mano entonces de un recurso desesperado. Aunque le escaseaba el parque, mantuvo su plan de ataque contra la ciudad de Chihuahua, con la esperanza de que los carrancistas, desmoralizados por su derrota en Rosario, no opusieran una resistencia eficaz y él pudiera reabastecerse en la capital.[51] Al anochecer del 1 de abril, las tropas de Villa llegaron por el sur a las afueras de la ciudad. Villa hizo encender grandes fogatas, para hacerle creer a Murguía que el principal ataque vendría desde ese lado y que concentrara allí sus tropas. En la oscuridad de la noche, el grueso de la caballería rodeó la ciudad hasta el norte, y al amanecer se inició el asalto. Pero Murguía no cayó en la trampa, y sus soldados se habían recuperado ya de la derrota sufrida en Rosario. Transcurridas algunas horas de combate, a los villistas se les acabó el parque y fueron derrotados de manera aplastante. Murguía hizo más de doscientos prisioneros, todos los cuales fueron colgados y sus cuerpos quedaron expuestos en una de las principales arterias de la ciudad, la avenida Colón.[52] "Entre los ahorcados notables se contó al general Miguel Saavedra", quien como concesión especial, "escogió la rama de donde habían de colgarlo".[53]

Presa de infinita cólera, Villa clamaba venganza a toda costa contra quienes habían traicionado su depósito de armas. No logró localizar a Mendoza, quien entre tanto se había pasado a los carrancistas, pero sí sabía que algunos de los habitantes de Namiquipa habían entregado otro de sus escondites a Pershing, y allí acudió a vengarse. Se había mantenido durante mucho tiempo lejos de esa región, demasiado cercana al cuartel de las tropas estadounidenses. Pero el 5 de febrero éstos evacuaron Chihuahua y Villa pensó que no tendría problemas para ocupar la zona. Quería ejecutar a los miembros de la "defensa social", es decir la guardia local creada en Namiquipa bajo los auspicios de Pershing, pero cuando los integrantes se enteraron de que los villistas se acercaban, huyeron a las montañas. Villa entonces reunió a sus mujeres y dejó que sus soldados las violaran.

Incluso a algunos de los comandantes de Villa este acto de salvajismo les resultó repugnante. Nicolás Fernández tomó bajo su protección a algunas de las mujeres y ordenó a sus soldados matar a cualquiera que tratara de atacarlas.[54] Muchos de los habitantes de la población habían sido de los más fervientes seguidores de Villa, pero como resultado de aquel despliegue de barbarie "el sentimiento del pueblo se encontraba herido para siempre".[55]

En el vecino pueblo de Bachíniva uno de los comandantes villistas, el general Jerónimo Padilla, permitió a sus soldados entregarse al pillaje.[56]

Pronto se dio cuenta Villa de las consecuencias de sus feroces represalias, cuyas noticias se extendieron como reguero de pólvora por los pueblos del estado. Había fijado su cuartel general en la hacienda de Babícora y acantonado a su alrededor lo que quedaba de su ejército, unos dos mil hombres. Mediante sus agentes, Murguía se enteró de su ubicación y envió tropas para atacarlo por sorpresa. Una y otra vez habían intentado sorprenderlo los carrancistas y nunca lo habían logrado, porque algún habitante de los pueblos le advertía siempre de las fuerzas enemigas que se aproximaban. Esta vez, nadie le avisó; y el ataque carrancista cayó sobre él como venido del cielo. Cientos de villistas murieron, entre ellos uno de sus generales más leales, Francisco Beltrán. El propio Villa estuvo a punto de ser capturado cuando, a la cabeza de cuatrocientos hombres, se abrió paso desesperadamente fuera del cerco enemigo. Sus fuerzas quedaron muy reducidas e incluso algunos de sus subordinados más fieles le volvieron la espalda: el coronel Pérez, miembro de los Dorados, lo invitó a su cuartel, situó a sus tropas en el techo y les ordenó que lo mataran en cuanto apareciera. Pero la innata cautela de Villa y la desconfianza adquirida en sus años de forajido lo salvaron. Cuando vio a los hombres apostados en el techo, envió a tres de sus ayudantes a reconocer el terreno; éstos fueron balaceados y Villa se retiró de inmediato. Durante varios días se negó a tener contacto con sus tropas.[57]

Villa sufrió otro grave golpe al fracasar su intento de contrabandear armas desde Estados Unidos. Había enviado a su secretario José María Jaurrieta, con varios miles de dólares, para comprarlas y enviarlas a Presidio, Texas, frente a la población mexicana de Ojinaga. El 17 de abril, tras una larga marcha hacia Ojinaga, situada en la parte oriental del estado, Villa tomó la población en espera del cargamento. Pero prácticamente no llegó nada. Jaurrieta no había logrado persuadir a ninguno de los tratantes que antes le habían vendido armas a Villa. La frontera estaba fuertemente guardada por los soldados estadounidenses, y los comerciantes temían las consecuencias de vender armas a un hombre considerado enemigo declarado de Estados Unidos.[58]

Villa se encontraba ante una de las más profundas crisis de su vida. La desaparición de todas las fuentes de aprovisionamiento de armas y municiones presentaba un problema similar al que se le planteó a fines de 1915, tras la disolución de la División del Norte. Ya no tenía la posibilidad de mantener un ejército regular y de controlar de forma permanente un amplio territorio que fuera su base de operaciones. La crisis militar y logística del villismo se veía complementada por otras dos crisis: el drástico deterioro de las relaciones de Villa con el pueblo del campo chihuahuense y, también, una crisis ideológica. El apoyo popular al villismo había empezado a menguar por efecto de su táctica de leva forzosa y represalias salvajes en Camargo y sobre todo en Namiquipa. Además, dado que no podía controlar un territorio y con ello prestar protección, muchos habitantes del campo trataban de llegar a un acuerdo con el gobierno. Por su parte, la crisis ideológica era resultado directo de la salida de la expedición de Pershing, en febrero de 1917. Desde fines de 1915 hasta la toma de Torreón a fines de 1916, los llamados de Villa al pueblo mexicano y su justificación para continuar la lucha contra los carrancistas era que éstos habían vendido el país a Estados Unidos y que, tras la entrada de la Expedición Punitiva, habían rehusado hacerle frente. Pero esto ya no se sostenía: no sólo los estadounidenses habían evacuado el territorio nacional, sino que las relaciones entre el gobierno de Wilson y el de Carranza estaban en su peor momento. Estados Unidos había entrado en la primera guerra mundial y los carrancistas expresaban abiertamente su simpatía por Alemania.

Villa no pudo remontar esta nueva crisis. Nunca recuperó la popularidad de que había gozado antes de 1915, ni el apoyo popular más limitado que había logrado en 1916. Tampoco recobró su ejército la fuerza que había vuelto a tener por breve tiempo en los últimos meses. Aún así y contra toda expectativa, consiguió sobrevivir junto con varios cientos de sus hombres. Para hacerlo, se vio obligado a aplicar una estrategia relativamente nueva. Trató de superar el desastre militar y logístico dividiendo su ejército, una parte del año, en pequeñas unidades que llevaban a cabo docenas de ataques de pega y corre contra las guarniciones carrancistas y las pequeñas poblaciones, para abastecerse de alimentos, armas y parque. Se reunían de nuevo bajo el mando de Villa en el tiempo de la cosecha, cuando había comida suficiente para una fuerza de gran tamaño.

Esta táctica permitió que su ejército, ahora reducido a unos mil hombres, subsistiera, pero no tenía perspectivas de victoria y debilitó a su movimiento en varios sentidos. Sólo tenía el control directo de sus hombres durante una parte del año. Tal vez, a pesar de las atrocidades que había cometido, Villa aún ejercía cierta contención sobre sus soldados para que no maltrataran a los civiles, contención que ahora desaparecía durante largas temporadas. Probablemente también se debilitó el control general de Villa sobre sus hombres, aunque resulta notable que cada año volvieran a reunirse y a aceptar su autoridad sin cuestionarla. Esto se puede atribuir a su carisma y a que seguía teniendo el control de los fondos, gracias a las cuantiosas contribuciones que obtenía de las empresas extranjeras.

La crisis ideológica se refleja en el hecho de que, tras la partida de la expedición de Pershing, Villa no intentó explicar por qué seguía peleando contra Carranza, ni los objetivos que perseguía. Una de las causas reside en la notable diferencia que se puede percibir en el movimiento villista antes y después de 1915: en su fase guerrillera final, con una excepción, no participaron intelectuales. A este respecto, el villismo fue muy distinto de su contrapartida sureña, el ejército encabezado por Emiliano Zapata, muchos de cuyos consejeros intelectuales permanecieron con él hasta el fin. Aunque unos pocos intelectuales villistas como Miguel Díaz Lombardo y Ramón Puente continuaban apoyándolo desde el exilio, ninguno de ellos –excepto Ángeles durante los breves meses en que se reunió con él en 1918– participó en sus campañas guerrilleras. Esto no significa que no hubiera hombres letrados en el movimiento. Villa tenía dos secretarios: Miguel Trillo, que cumpliría esa función hasta la muerte de Villa y sería asesinado junto con él en Parral, en 1923, y José María Jaurrieta, tal vez lo más próximo a un intelectual en el sentido de que escribió más tarde las únicas memorias que existen sobre la última etapa guerrillera de Villa, pero que nunca intentó formular una plataforma ideológica ni aconsejó a Villa sobre cuestiones ideológicas o prácticas, como habían hecho sus anteriores secretarios. El tercer hombre letrado, Alfonso Gómez Morentín, era el vínculo entre el caudillo y sus partidarios en Estados Unidos. A diferencia de otros representantes de Villa en Estados Unidos, al parecer no era más que un mensajero. En un sentido fue considerablemente eficaz: nunca fue capturado ni aprehendido, gracias entre otras cosas a que el gobierno estadounidense toleraba sus actividades, no porque las apoyara, sino porque podía interceptar todas las cartas que llevaba y traía, y así mantener una estrecha vigilancia sobre los villistas residentes en ese país.[59]

La confusión ideológica de Villa se refleja en la primera declaración pública que hizo tras su derrota en Chihuahua, en 1917, y como respuesta a uno de los pocos hechos de ese periodo que se pueden calificar de "positivos" desde su punto de vista: un intercambio epistolar entre Treviño y Murguía había colaborado a desacreditarlos a ambos ante la opinión pública. Tras la derrota de Murguía en Rosario, Treviño, que entre tanto había ingresado a la arena política, en la ciudad de México, como representante del estado en el Congreso, humillado por los ataques de Murguía, consideró que había llegado el momento de cobrar venganza. Después de conocer las desdeñosas observaciones que su sucesor había hecho sobre él, Treviño le escribió sarcásticamente: "Usted [...] creyó erróneamente que sus aptitudes eran casi sobrenaturales y se dejó arrastrar por la adulación de unos cuantos tontos que lo rodean a usted y que según tengo conocimiento han llegado públicamente hasta tener la avilantez de compararlo a usted con Napoleón el Grande, cosa que ha causado la hilaridad de todos aquellos a quienes ha llegado a su conocimiento tal afirmación". Añadía:

> Usted ha juzgado a un hombre que no conoce [el propio Treviño] y que no ha manchado nunca su nombre con el asesinato ni con el atropello a la propiedad, habiéndose podido conservar pobre, pero siempre digno, cosa de la que desgraciadamente no pueden ufanarse muchos de sus compañeros de armas, de quienes toda la República sabe que poseen grandes intereses, adquiridos éstos durante el periodo revolucionario. La Nación entera ha estado al tanto de los últimos fracasos sufridos por usted y por nuestras fuerzas en diversos puntos del estado de Chihuahua y no cree ya en esos partes rimbombantes de los grandes triunfos.

Treviño insistía en que Murguía había obtenido más hombres, más dinero y más parque que nunca y sin embargo no había logrado una victoria decisiva. Concluía su carta diciendo: "Se habrá usted convencido [...] de la gran verdad que dice el general González, que el vencedor de hoy podrá ser el vencido de mañana. El éxito depende de innumerables circunstancias, interviniendo frecuentemente el azar o lo que llaman la estrella del que manda. Esa estrella, compañero Murguía, que brillara en Ébano [la mayor victoria de Treviño] y dos veces en Icamole no se ha eclipsado en Chihuahua".[60]

La respuesta de Murguía fue aún más mordaz y sarcástica que la carta de Treviño. Repetía todos los ataques contra éste que había escrito a Carranza y Obregón. Enumeraba la larga lista de derrotas que Villa le había infligido y que su predecesor había tratado de describir como victorias. "Quizás", decía burlonamente, "no le resulta directamente responsabilidad, por no haberse encontrado en acción alguna fuera de la plaza de Chihuahua", y lo acusaba de cobardía por la súbita evacuación de la capital del estado en noviembre de 1916. Como Treviño lo había tildado de corrupto, Murguía respondía en consonancia y daba detalles sobre cómo había inflado la nómina: oficialmente, había recibido fondos para pagar a 21 300 hombres, pero cuando Murguía llegó a Chihuahua, Treviño le dijo que sólo tenía 5 870, y ese número se había reducido finalmente a 2 100.[61]

Murguía decidió publicar esta correspondencia en la prensa de Chihuahua, con lo que contribuyó al desprestigio tanto de Treviño como de él mismo.

Treviño se alteró tanto ante la sorpresiva publicación de las cartas, que recurrió a un desesperado despliegue de relaciones públicas para convencer de su honradez a la opinión. Sugirió que Murguía y él enumeraran, bajo juramento y ante notario, todas las riquezas y propiedades que habían adquirido en el curso de la revolución, y las transfirieran al estado.[62] Murguía accedió, para regocijo de la prensa chihuahuense, pero ninguno de los dos volvió a mencionar la propuesta ni intentó cumplirla.

Pancho Villa consideró que había llegado el momento de intervenir en ese debate. Como no tenía acceso a la prensa mexicana controlada por el gobierno, envió una carta a un periódico estadounidense, que de inmediato la publicó. Los diarios de Chihuahua quedaron entonces bajo fuerte presión para reproducirla. Era una carta abierta a Murguía, llena de bravatas y desafíos. Su propósito principal era convencer al pueblo de Chihuahua, y a México en su conjunto, de que aún era una presencia militar digna de consideración. Enumeraba todas las derrotas de Murguía y las grandes pérdidas que había sufrido.

¿Se da cuenta de que el desastre que usted sufrió en Rosario, Durango, el 4 de marzo del corriente año, no tiene precedente en la historia del estado, por las sangrientas y pesadas pérdidas de hombres? ¿No se acuerda que a las diez de la mañana de ese día huyó usted precipitadamente, abandonando del modo más vergonzoso a sus fuerzas, que hasta las tres de la tarde siguieron peleando, cada uno en defensa de sí mismo, distinguiéndose en especial un batallón de hombres que llevaban uniformes azules y bandas rojas y que pelearon en retirada todo el camino de La Rueda, Durango, a Peinados, Chihuahua, donde fueron totalmente aniquilados, habiendo capturado mis hombres al último grupo de sesenta soldados de infantería, que fueron inmediatamente ejecutados? Quiero declarar que si yo o alguno de mis oficiales hubiera llegado a tiempo, la ejecución de esos valientes que protegieron su huida se hubiera evitado.

A continuación Villa procedía, "por su honor y su gloria", a analizar las pérdidas que habían sufrido él y Murguía respectivamente en cada una de las batallas que habían librado, y llegaba a la conclusión de que "según las anteriores estadísticas, que pueden ser muy desagradables para usted pero son sin embargo ciertas, usted ha perdido 4 449 hombres del 1 de diciembre de 1916 al 23 de abril de 1917".

Enseguida, retaba a Murguía a duelo, ya fuera entre los dos hombres o entre sus ejércitos.

Quiero decirle que en el campo del honor usted no es nadie y para probárselo, lo invito solemnemente a un duelo en que se pueda demostrar el valor de los dos. Cualquiera de nosotros dos personalmente o nuestras fuerzas respectivas pueden encontrarse en el día, la hora y el sitio que usted designe. Usted, señor Murguía, ha dicho que es el hombre que me capturará y con el fin de que cumpla su promesa podemos encontrarnos cara a cara y allí puede usted intentar darle cumplimiento a su sueño dorado.[63]

La carta era más propia de un señor feudal medieval que reta a otro a singular combate que de un dirigente revolucionario. No había ninguna mención de aquello por lo que ambos combatían o contra lo que luchaban, ningún intento de explicar al pueblo de Chihuahua por qué Villa seguía peleando tras la retirada de las fuerzas estadounidenses. Tampoco se mencionaba ninguna cuestión social como motivo de su campaña.

EL PUNTO MÁS BAJO DE LA CARRERA REVOLUCIONARIA DE PANCHO VILLA

A pesar del tono desafiante de su carta a Murguía, Villa sabía que se hallaba en una situación desesperada. En los diversos momentos de su vida en que se encontró en ese tipo de encrucijada, en lugar de abandonar, solía buscar alguna solución poco convencional. En noviembre de 1913, tras sufrir un grave revés en su ataque a la ciudad de Chihuahua, hizo lo que nadie esperaba: con una osada maniobra escondió sus tropas en un tren de carbón que logró entrar en Ciudad Juárez y capturarla. Nunca le satisfizo quedarse a la defensiva, sino que tomó siempre la ofensiva. En 1915, tras los desastres de Celaya, León y Aguascalientes, hizo de nuevo lo que menos se esperaba al marchar a Sonora. Si los estadounidenses no hubieran intervenido, esa maniobra, aunque tal vez no le habría dado la victoria, sí le habría proporcionado un respiro. Eso fue lo que logró de hecho con su reacción, también imprevista, de desmembrar y disolver la División del Norte: su ataque a Columbus le había permitido arrancar una victoria temporal de las fauces de la derrota. De nuevo, en 1917, trataba de dar con el "milagroso" recurso que revirtiera la marea de su infortunio; pero esta vez los elementos de espejismo y fantasía tuvieron más peso que cualesquiera posibilidades realistas de éxito. Lo que se proponía, en julio y agosto de 1917, era dirigirse a la ciudad de México, con una pequeña fuerza de cien hombres, para capturar a Carranza, conducirlo al territorio controlado por Emiliano Zapata y allí someterlo a proceso. Villa se había enterado de que Carranza iba todos los días a cabalgar en el parque de Chapultepec, acompañado sólo por un mozo, y planeaba emboscarlo en ese lugar. A manera de avanzada, envió a dos de los villistas más instruidos, José María Jaurrieta y Alfonso Gómez Morentín, a la capital, para que prepararan el terreno a la expedición, mientras él salía con una pequeña fuerza armada, disfrazada de destacamento carrancista, desde el norte hasta la ciudad de México. No sabía del enorme cuerpo de seguridad que protegía a Carranza en esta ciudad y subestimó por completo las dificultades que ese viaje a través del país supondría. Mao Tsé-Tung dijo alguna vez que una guerrilla, para operar, tiene que poder sumergirse en la población como un pez en el agua. En Chihuahua, que conocía bien y donde aún gozaba de las simpatías de muchos, Villa había podido moverse con facilidad, pero fuera de ese territorio era, justamente, como un pez fuera del agua: no conocía el terreno ni a la gente, y aún si la hubiera conocido, no quería identificarse. Pronto descubrió que gran parte de México se había convertido en una especie de cuartel. En muchos pueblos, la gente se había armado y formado "defensas sociales" con el fin de impedir la entrada a los intrusos. Cuando llegaba a una población, sus dirigentes no dudaban de que, tal como decía, estaba al mando de una unidad federal: eso era precisamente lo que despertaba su temor, ya que la mayoría había sufrido pillajes y atropellos de las tropas federales. Cuando la columna de Villa llegó a Huejuquilla, El Alto, halló los techos y los alrededores del poblado llenos de hombres que le apuntaban con sus rifles. Sólo permitirían que entraran al pueblo sus tropas, supuestamente federales, si dejaban antes sus armas.

Para evitar que revelaran la presencia de la expedición, sus miembros mataban a todos los guías que iban reclutando por el camino. En una ocasión, tras un largo y arduo trecho, encontraron y capturaron a un destacamento de veintisiete hombres armados que perseguían a unos bandidos, y Villa los hizo ejecutar a todos. Esto despertó la alarma en todos los pueblos circunvecinos y grandes grupos armados salieron a capturar a los asesinos. La expedición se retiró a Aguascalientes; se extravió, y el hambre y las deserciones hicieron presa de ella. Finalmente, Villa decidió abandonar su proyecto. El camino de regreso fue aún más traumático. Villa había dividido lo que quedaba de la expedición en dos pequeñas fuerzas, una de las cuales mandaba personalmente y la otra encabezada por el coronel Bonifacio Torres. En el camino, por razones que no se conocen con claridad, estalló un motín entre las tropas de este último, y lo mataron. Eso condujo a una nueva oleada de violencia, represalias y deserciones que debilitaron aún más a Villa. Los amotinados eran parientes de los hermanos Murga, que lo habían seguido lealmente desde el principio de la revolución. Dos de los hermanos, Ramón y Aurelio, habían participado en la expedición a la ciudad de México y regresado al norte con ella. Al enterarse de la muerte de Torres, Villa decidió matarlos, aunque nada tenían que ver con el motín. Aurelio fue ejecutado, pero Ramón logró escapar y llegar al campamento de su hermano Juan, que comandaba otro destacamento villista. Juan decidió rendirse de inmediato a Murguía y unirse a sus fuerzas.[64]

Desde el punto de vista logístico, el plan de Villa no era realista. Resultaba simplemente imposible que un grupo armado llegara subrepticiamente hasta la capital. Aún si hubieran logrado llevar a Carranza hasta Morelos, era dudoso que pudiera Villa regresar al norte, una vez revelada su identidad, a través de miles de kilómetros de territorio controlado por enemigos. Sin embargo, en términos políticos el plan no era tan absurdo. Lo que Villa evidentemente pensaba era que la muerte de Carranza suscitaría una lucha por la sucesión entre sus generales y que alguna facción se inclinaría a aliarse con él o por lo menos a concederle la amnistía. En cierto modo, eso fue lo que sucedió tras la muerte de Carranza en 1920.

Al parecer, el fracaso de su expedición despertó en Villa un tipo de desesperación que nunca había conocido. Por primera vez desde que se incorporó a la revolución de noviembre de 1910, se planteó seriamente abandonar las armas. En agosto de 1917, le envió a Murguía una carta, distinta en todos los sentidos de la que había publicado dos meses atrás. "Le dirijo la presente [...] con la frente altiva y la cabeza erguida [como] tiene que mantenerse siempre aquel quien, como yo, reclama justicia para su pueblo." Villa decía que los éxitos de Murguía se habían debido sobre todo a su "buena suerte, pues desgraciadamente todos mis trabajos y todos mis sufrimientos ustedes los supieron aprovechar [...] sin saber concienzudamente quién soy yo, sólo piensan constantemente en matarme". Y le pedía:

Consulten ustedes sinceramente la voz de su conciencia y pregúntenle qué contiene la importación en abundancia, a nuestra patria, de dinero americano, pregúntenle si esos caudales que están dando a Carranza será porque los gringos nos quieren.

Yo continuaré sufriendo y quizá mañana me matarán cumpliéndose los deseos de ustedes, pero moriré con la conciencia del deber cumplido, satisfecho de que jamás habrá quien me titule traidor.

Fíjese usted, amigo mío, en que su patria, que es la mía, nunca será rica, ni grande, ni libre, mientras no cortemos toda clase de comunicaciones y transacciones con los yanquis, que son los verdaderos enemigos de nuestro país, aunque ustedes, cegados por los odios personales, no lo comprendan así.

A continuación, advertía: "ustedes y sus ejércitos son insuficientes para capturarme, porque estoy creado en los desiertos y acostumbrado a enfrentarme con las alternativas de la vida. Si en algún combate llegan ustedes a matarme, cuando las pasiones personales se hayan calmado o desaparecido y juzguen ustedes con un criterio sano y recto, se habrán convencido de que han privado a la República de uno de sus principales elementos para la defensa e integridad de su territorio". Insistía en que podía haber salido del país en cualquier momento y llevado una buena vida en donde hubiera querido.

¿Porqué no he salido yo de mi patria, caballero? Porque la amo y amo a mi raza y mis esperanzas son las de probarlo con hechos. [...]

Si yo fuese traidor, maldeciría la hora en que nací, pero en mi conciencia está que no lo soy.

Ni usted ni ningún carrancista se encuentra en posibilidades de juzgar los sentimientos que abriga mi corazón, porque los ignoran y su afán es sólo el matarme, sin reflexionar ni volver sus ojos al futuro, pensando en que podría yo servirle a mi patria, si no como general, aunque fuese como soldado.

234

Vuelvo a repetirle, que ustedes están gastando los tesoros yanquis, y aún no consultan con honradez la voz de su conciencia, como mexicanos dignos.

No digo a usted más, porque estoy convencido de que sólo se preocupan por su medro personal sin acordarse de su patria, triste y afligida.[65]

Esta carta al parecer derivaba de una oferta que Villa le hizo a Murguía de dejar las armas y retirarse a una vida pacífica. No está claro qué condiciones había pedido. En cualquier caso, según el destacado historiador chihuahuense, Francisco Almada, Murguía se negó "pretextando que estaba declarado fuera de la ley".[66] Tampoco está claro si la negativa vino sólo de Murguía o si Carranza la corroboró. Esta decisión concuerda ciertamente con la política general que siguió Carranza de rechazar cualquier reconciliación con miembros de las facciones revolucionarias que se le habían opuesto, y también con las intenciones de Murguía de utilizar la guerra civil en Chihuahua para su enriquecimiento personal. Así pues, los carrancistas no le dejaron a Villa otra salida que seguir luchando. Incluso si hubiera querido salir del país, cosa que nunca hizo, no hubiera tenido a dónde ir. Tras la masacre de Santa Isabel y el ataque a Columbus, los estadounidenses jamás le habrían dado asilo, sino que lo hubieran llevado a juicio. De haber ido a algún otro país, tanto Estados Unidos como Inglaterra (por el asesinato de Benton) habrían pedido su extradición. Sin duda, pensó que no tenía más alternativa que pelear, con la esperanza de que en algún momento Carranza renunciara o fuera depuesto, y sus sucesores hicieran por fin la paz con él.

Al emprender las que serían sus últimas campañas, descubrió que su apoyo popular se había reducido hasta llegar al punto más bajo desde el día en que se unió a la revolución, aunque aún podía contar con la lealtad de muchos de sus antiguos soldados. La actitud de éstos es comparable a la de los viejos soldados de Napoleón al enterarse de su captura, tan expresivamente descrita en el famoso poema de Heinrich Heine, "Los dos granaderos":

¿Qué importa la mujer? ¿Qué importa el hijo?
Mucho mayor cuidado me sacude.
Vayan ellos y mendiguen muertos de hambre.
¡Mi Emperador, mi Emperador han capturado!

Y hermano, ésta mi única súplica
concédeme ahora que muero:
Lleva mi cuerpo a Francia, y allí,
en tierra francesa, plántame.
La cruz de honor con su banda escarlata
coloca sobre mi corazón...[67]

El equivalente mexicano del poema de Heine puede ser la famosa descripción atribuida a Rafael F. Muñoz, aunque probablemente apócrifa, de cómo Villa reclutó a uno de sus viejos soldados. Cuando le pide que lo siga de nuevo, el soldado rehúsa con tristeza, diciendo que tiene que cuidar de su mujer y su hija. Villa le dice:

"Tienes razón, Tiburcio Maya... ¿Cómo podías abandonarlas? Pero me haces falta, necesito todos los hombres que puedan juntarse, y habrás de seguirme hoy mismo. Y para que sepas que ellas no van a pasar hambres, ni van a sufrir por tu ausencia, ¡mira!" Rápidamente, como un azote, desenfundó la pistola y de dos disparos dejó tendidas inmóviles y sangrientas a la mujer y a la hija. "Ahora ya no tienes a nadie, no necesitas rancho ni bueyes. Agarra tu carabina y vámonos".[68]

Por obvias razones –su ejército era mucho más pequeño que el de Napoleón–, la relación de Villa con sus soldados siempre fue mucho más personal. Había sido padrino de sus hijos, les daba dinero en momentos de necesidad, comía con ellos en sus campamentos, los encabezaba personalmente en la batalla y había creado una compleja red de relaciones que para muchos de ellos eran más importantes que cualquier otro tipo de vínculo. Además, constantemente llegaban nuevos reclutas a las fuerzas villistas debido al comportamiento del ejército carrancista que, en parte por la codicia de los generales de Carranza y su política de enviar al antiguo territorio villista hombres de otras partes del país, sin relación con el pueblo de Chihuahua y Durango, operaba casi como fuerza de ocupación. A esto hay que añadir que muchos soldados del gobierno no recibían salario o recibían muy poco, quizás a causa de la avaricia de sus superiores que a veces se quedaban con los fondos y alimentos destinados a los soldados, y al simple hecho de que el tesoro carrancista no tenía fondos para abastecer al enorme ejército que había formado, de manera que los soldados a menudo tenían que vivir de los territorios que ocupaban. Lo que esto significaba fue descrito eficaz, aunque un tanto melodramáticamente, por Patrick O'Hea:

Estas hordas de langostas, estos soldados y sus mujeres, demacrados, salvajes, hambrientos, que apestan a suciedad y enfermedad, consumen y acaban todo. Se quejan de que no les pagan, de que desde hace semanas no han recibido un centavo. Si sus oficiales se han embolsado su soldada o no, no lo sé, el resultado es el mismo.

"¡Villista!" es la acusación que acompaña el golpe o el tiro para el desdichado que querría salvar de sus garras el sostenimiento de su familia; yo mismo lo he visto, un pueblo que queda como una ciudad de los muertos, las mujeres escondidas y temblando, la comida desaparecida y el hombre demasiado exhausto para intentar siquiera salvar su manta y su lecho de los invasores.[69]

Esta descripción resulta más que corroborada en las innumerables quejas e informes que llegaban al cuartel general de los carrancistas. El 12 de agosto de 1917, el general carrancista Favela informaba que muchos pueblos de Chihuahua se preparaban para atacar a las tropas de otro general de Carranza, Sosa, "pues los rancheros piden que se pague todo lo que se les ha quitado contra su voluntad y por la fuerza, pues esta tropa no ha sabido respetar nada".[70]

Los habitantes de Santa Isabel protestaron ante Murguía porque los soldados de Chávez, uno de sus subordinados, estaban "empleando como combustible las puertas, ventanas, techos" y se robaban el ganado para venderlo al otro lado de la frontera.[71] El sobrino de Carranza le escribió a éste describiendo cómo cuatro colonias agrícolas cercanas a Ojinaga estaban siendo despojadas de su maíz por los soldados carrancistas, que también confiscaban su ganado y sus caballos y los vendían en Estados Unidos.[72] En este caso particular, Murguía amonestó a su subordinado,[73] pero en general no se preocupaba por contener a sus tropas.

Algunas víctimas de estos despojos se unían a Villa. Él podía ofrecerles venganza, pero no protección de sus propiedades, ya que no controlaba de manera permanente ninguna región del norte, y no parecía tener perspectivas de lograr de nuevo una victoria decisiva. Éstas no eran las únicas razones por las que quienes odiaban a los carrancistas no siempre se le unían: a muchos les repugnaban las atrocidades que sus propios hombres cometían –la historia de la violación de las mujeres de Namiquipa se había difundido–; muchos se sentían traicionados porque Villa los había reclutado para luchar contra los estadounidenses pero, en cambio, los había forzado a pelear contra los carrancistas. Cuando los estadounidenses salieron del país, Murguía apeló a la frustración de esos soldados y les ofreció una amnistía. El 7 de febrero, publicó una proclama al pueblo de Chihuahua que decía:

> Las fuerzas estadounidenses que formaban la Expedición Punitiva se han retirado por completo de nuestro territorio nacional y han cruzado la frontera estadounidense el 5 de febrero. Este hecho ha puesto fin al único pretexto que el bandido [Villa] ha utilizado para alistar en su ejército a gran número de ciudadanos trabajadores que [...] creían que era su deber reforzar a las hordas vandálicas de Villa. La hidra reaccionaria se encuentra ahora en los estertores de la muerte bajo el mando del criminal Francisco Villa y la única causa que defiende es la de un desastroso vandalismo [...] Daré garantías a cualquier ciudadano que, decepcionado por la actitud antipatriótica [de Villa], abandone al bandido y deponga las armas.[74]

LAS DEFENSAS SOCIALES

Muchos de los soldados de Villa respondieron a la oferta de Murguía. Villa nunca había intentado explicarles por qué seguían luchando tras la retirada de los estadounidenses. En el momento de auge del villismo, entre 1913 y 1915, la gente del campo chihuahuense lo consideraba el campeón del reparto agrario, y de hecho los primeros pasos hacia la reforma agraria se habían tomado durante su gobierno, aunque, a diferencia de lo ocurrido en Morelos y por razones que ya hemos explicado, no se llevó a cabo un reparto a gran escala. A partir de 1916, Villa perdió al parecer todo interés, tanto de palabra como de obra, en la reforma agraria. Muchos habitantes del campo, en Chihuahua y Durango, se volvieron contra él cuando Carranza les ofreció una salida adecuada: el gobierno no sólo les permitió sino que los alentó a formar milicias locales, para las cuales proporcionaba armas y municiones. Se les exigía que combatieran a los villistas, pero a cambio podían defender sus hogares contra ellos, contra los bandoleros que asolaban el campo y contra los propios soldados de Carranza. Estas organizaciones, llamadas "defensas sociales", no sólo existieron en Chihuahua, sino en muchas partes de México, aunque su composición variaba enormemente. En un extremo del espectro social se hallaba una de las primeras, fundada durante la época de Huerta en la ciudad de Durango. Estaba integrada exclusivamente por las familias más ricas y luchó desesperadamente para evitar la toma de la ciudad por las fuerzas revolucionarias de Calixto Contreras y Tomás Urbina, en 1913. En el otro extremo, se hallaba la defensa social de San José de Gracia, en el estado de Michoacán. Incluía prácticamente a todos los hombres adultos del pueblo que eran capaces de llevar armas, y resistió a todas las fuerzas armadas exteriores que intentaron entrar en la comunidad.[75] Sin embargo, estos cuerpos no aparecieron en todo el país: casi no se desarrollaron allí donde el gobierno tenía un control firme, como en Yucatán, o donde la mayoría de la población apoyaba a los revolucionarios, como en el Morelos zapatista.

Poco tiempo después de asumir como gobernador de Chihuahua, a principios de 1916, Enríquez había intentado con escaso éxito crear defensas sociales; su permanencia en el cargo fue demasiado breve y la popularidad de Villa era aún demasiado grande. La única organización de ese tipo que se logró crear fue la de Namiquipa y los pueblos vecinos, bajo los auspicios de Pershing. Treviño no trató de integrar otras defensas sociales y no lo podría haber hecho, ya que Villa controlaba todo el campo de Chihuahua a fines de 1916. Pero desde mediados de 1917, cuando los villistas perdieron ese control y también las simpatías de gran parte de los habitantes, las defensas sociales empezaron a proliferar. Su composición social y su dirigencia eran variadas. En la hacienda de Babícora, propiedad de Hearst, la defensa social estuvo encabezada por Maximiano Márquez, un capataz, y bajo la clara influencia del hacendado. En algunos pueblos, todos los habitantes participaron en la formación de la defensa social, pero ésta a menudo reflejaba las divisiones internas que existían desde antes incluso de que estallara la revolución y que habían quedado soterradas en la época de Villa. En la mayoría de los casos, los más ricos tomaban el control de la defensa social. Muchos integrantes eran antiguos villistas que pensaban, como un antiguo soldado de la División del Norte, que "ya no era una cosa justa, ni mucho menos legal lo que se perseguía. Eran cosas personales de Carranza y Villa y [...], siendo Carranza el gobierno, entonces lo mejor era unirse a Carranza o irse a trabajar a la vida privada".[76] "Lo que procurábamos nosotros era pues terminar con que entraran gentes [...]; ya todos hacían lo que querían aquí: robaban, saqueaban a nombre de Villa, a nombre del gobierno, a nombre de quien fuera [...] pero no estábamos seguros de que no eran ni de Villa, ni del gobierno, ya eran gavillas de bandoleros que andaban. Entonces como le digo, viendo eso, nos organizamos."[77]

Aunque las defensas sociales a menudo combatieron contra Villa, sus relaciones con el ejército y el gobierno federal eran todo menos armoniosas. En casos extremos se enfrentaron con los destacamentos federales que intentaban saquear sus pueblos. Cuando el ejército federal pedía que se unieran a sus expediciones contra Villa, lejos del pueblo natal, ellos se negaban.

La historia de la defensa social de un pueblo de Chihuahua, Los Llanos de San Juan Bautista, muestra sus objetivos y los problemas que se le presentaban. "Estando ya cansado de pasar por un sinnúmero de percances ocasionados por los horrores de la guerra, pues ya no éramos dueños de conservar nuestros alimentos, intereses y seguridades en nuestras personas, y no encontrando otros medios para hacernos respetar, nos hemos propuesto a formar una *defensa social armada...*" Los habitantes pidieron la aprobación del gobierno y armas, y luego se reunieron y eligieron a un jefe de la defensa. En la asamblea, declararon que su principal propósito era defender su pueblo e ir en ayuda de las defensas sociales de las comunidades vecinas. La primera acción de la defensa no estuvo dirigida contra Villa sino contra un coronel que mandaba la guarnición carrancista de un pueblo cercano: había confiscado repetidamente ganado del pueblo para alimentar a sus tropas, sin que nadie le opusiera resistencia. La nueva defensa social decidió que era hora de que las cosas cambiaran. Cuando los hombres del coronel llegaron, se encontraron con treinta hombres armados con rifles; les dijeron que si el coronel no pagaba lo que se llevaba no le darían más ganado. Éste fue el primer episodio de una larga historia de conflicto entre la defensa social del poblado y el ejército federal. En octubre de 1917, ochenta y dos hombres de la defensa social fueron en ayuda del pueblo vecino de San Francisco de Borja, atacado por guerrilleros villistas. Se les unieron las tropas federales del general Rueda Quijano. A las pocas horas se hallaban al borde del enfrentamiento con los carrancistas, porque Rueda Quijano trató de quitarles su bandera e incorporarlos a su ejército. Sólo desistió cuando la defensa amenazó con disparar contra sus tropas. Se produjo un nuevo conflicto cuando intentó que la defensa se sumara a una campaña contra Villa, lejos del pueblo, y de nuevo tuvieron que amenazarlo para que los dejara volver a sus casas. Las relaciones empeoraron aún más durante la siguiente campaña en que los habitantes de nuevo "colaboraron" con Rueda Quijano. Se enfurecieron porque el general federal permitió que sus tropas saquearan el pueblo de Santa Cruz de Mayo y más cuando los caballos de su caballería atropellaron las milpas que habían plantado los de Mesa de Chilicote. "Todos estos actos nos causaban repugnancia puesto que íbamos a dar garantías y no a causar perjuicios, pero no lo podíamos evitar porque los mismos jefes militares consentían en ellos; seguimos la marcha hasta llegar a Santa María de Cuevas, donde siguieron haciendo sus barbaridades; allí se amotinó la gente nuestra, diciendo que ya no quería presenciar más hechurajos de los que antes habían visto y [...] nos regresamos a nuestros pueblos."[78]

La decepción de muchas defensas sociales ante el ejército federal no las indujo a unirse a Villa. Por el contrario, siguieron combatiendo a las guerrillas villistas que muchos consideraban el principal impedimento para la paz.

Carranza pronto se dio cuenta del potencial que representaban para su régimen las defensas sociales. Si su gobierno podía movilizar suficiente apoyo en el campo chihuahuense, aunque Villa no fuera capturado ni muerto, dejaría de contar con una fuerza de combate efectiva. Pero, para mediados de 1918, Carranza entendió que a pesar de la creciente oposición popular a Villa, mucha gente no estaría dispuesta a defender al gobierno mientras éste les diera a los militares el control irrestricto de Chihuahua. Desde que Enríquez abandonó la gubernatura a mediados de 1916 y fue remplazado por el hermano de Treviño, el gobierno civil había estado en manos de los comandantes. El gobernador siguiente, Arnulfo González, militar subordinado de Murguía, obedecía ciegamente las órdenes de éste. Carranza pensaba que si establecía un gobierno civil que no estuviera directamente controlado por los militares, la movilización popular contra Villa aumentaría. Con ese fin, envió a Enríquez a Chihuahua a reasumir la gubernatura provisional. A diferencia de Murguía y de González, ambos procedentes de Coahuila y considerados como jefes de una fuerza de ocupación exterior, Enríquez era chihuahuense y, durante su gobierno provisional a principios de 1916, había empezado a establecer vínculos con la gente de la sierra. Al asumir de nuevo el gobierno, se dio cuenta de que para ejercer cualquier medida de poder real tendría que tener fuerzas armadas propias. Intentó tomar el control de las defensas sociales, la mayoría de cuyos miembros lo apoyaron, ya que no querían quedar bajo las órdenes del ejército federal de Murguía. Pero éste no estaba dispuesto a ceder ante un hombre como Enríquez, a quien consideraba un político advenedizo. En un destemplado telegrama a Carranza, expresó su enojo por los intentos de Enríquez por hacerse del control de las defensas sociales.[79] Carranza se encontró entonces en un dilema. Quería que Enríquez movilizara a la población chihuahuense en su favor, debilitando el poder de los militares y aumentando el de la autoridad civil. Pero Murguía era uno de sus generales más leales y eficaces. Finalmente, se decidió por una salida intermedia que no satisfizo a nadie. Por una parte, dejó claro que las defensas sociales permanecerían bajo el control de Murguía, por la otra permitió que Enríquez creara una policía rural de seiscientos hombres que estarían bajo su mando. El gobernador se sintió decepcionado; telegrafió a Carranza diciendo que si se le daba el mando de fuerzas militares suficientes, y sobre todo de las defensas sociales, podía lograr la "absoluta pacificación con elementos de este estado y sin costo para ese gobierno. Ruégole no me niegue su apoyo y me dé única oportunidad tendré en mi vida de hacer algo grande desarrollando mis facultades. Sin embargo, usted me ha enseñado a luchar y arreglo mi estado o muero en mi puesto".[80] En noviembre de 1918 estuvo, en efecto, a punto de morir, no a manos de Villa, sino de Murguía, que le ordenó a su lugarteniente Hernández atacar a Enríquez y a sus tropas, y acabar con él. Sólo lo salvó un desesperado llamado de auxilio a Carranza, quien decidió llamar tanto a Murguía como a Enríquez a la ciudad de

México.[81] Le retiró el mando de Chihuahua a Murguía y, para conservar su lealtad, lo envió como comandante en jefe a Tamaulipas. Unos meses después, Enríquez partió de nuevo a Chihuahua, no como gobernador sino como comandante de todas las fuerzas paramilitares del estado, incluidas las defensas sociales. Entonces el número de éstas empezó a crecer espectacularmente.

Para los villistas, las defensas sociales eran una pesadilla. En años anteriores, excepto por la rebelión de Orozco, Villa era recibido con los brazos abiertos por la población de todas las comunidades de Chihuahua, y sólo tenía que combatir contra las guarniciones de los federales, a quienes los habitantes detestaban. Ahora tenía que agazaparse en las comunidades más apartadas, y sus principales oponentes no eran los federales sino los propios habitantes. Probablemente a esta situación se refería Villa cuando años más tarde, después de dejar las armas, respondió a la pregunta de Raúl Madero: "General, ¿cuál fue la situación más difícil de todas las que enfrentó?", diciendo: "Cuando el pueblo se volvió contra mí".[82] Tal vez el peor golpe para él fue cuando los pueblos que siempre habían sido el centro de su movimiento y donde habían sido reclutados algunos de sus hombres más fieles, como San Andrés, formaron su propia defensa social y se enfrentaron a tiros con los villistas que intentaban entrar en el pueblo.

La cólera que esas acciones provocaban en Villa así como su frustración, pero también la incertidumbre en que se hallaba, se expresan claramente en la larga proclama que dirigió a las defensas sociales a fines de 1918. A la vez las adulaba y las amenazaba, y por primera vez desde el fin de la ocupación estadounidense, intentó dar una explicación de cuál era el objetivo de su lucha.

Mientras los estadounidenses ocupaban parte del territorio, Villa apeló al nacionalismo mexicano contra Estados Unidos. Esta vez, apelaba al nacionalismo chihuahuense contra los forasteros. Acusaba a Carranza y a sus comandantes de robarse y sacar del estado gran parte de sus riquezas. Sabía que tocaba una cuerda sensible al acusarlos de traer soldados "de otros lugares [...] cogido[s] de leva y de las cárceles a arrebatarnos oficialmente nuestro bienestar a la vez que nuestras riquezas". Insistía en que hasta entonces siempre les había perdonado la vida y había puesto en libertad a los miembros de las defensas sociales que caían prisioneros. Pero si seguían luchando contra él, advertía, se vería forzado a tomar medidas más severas y a exterminar las milicias locales. Llamaba a las defensas sociales a unírsele en la lucha contra Carranza, a quien tildaba de ser el más corrupto tirano de la historia de México, para salvaguardar la soberanía del estado.[83]

La proclama no mencionaba en absoluto el tema de la tierra, ni acusaba a Carranza por no haber realizado la reforma agraria. ¿Creía Villa tal vez que si planteaba el tema crearía divisiones entre sus potenciales partidarios, o simplemente había perdido interés en el asunto? Esto último no parece que fuera el caso, ya que en pláticas individuales con los miembros de las defensas sociales que capturaba sí mencionó el tema. En una ocasión, tomó prisioneros a varios miembros de la defensa social de la hacienda de Rubio. En vez de fusilarlos como hubiera hecho de tratarse de federales, prácticamente les rogó que dejaran las armas: "Yo sé que ustedes son sociales y está bien, pero no salgan acá, defiendan sus casas, muy bien [...] pero acá no porque [...] ¿qué mal les hago yo a ustedes...? Por lo que yo ando en la revolución y todo es precisamente que el pueblo de México sea dueño de México, que los grandes latifundios sean repartidos entre los pobres".[84]

En general, las defensas sociales prestaron oídos sordos a los llamados de Villa; siguieron proliferando y combatiendo contra él. En su proclama, Villa decía que Murguía y Enríquez eran de la misma calaña, pero los campesinos chihuahuenses no lo veían así. Cuando Carranza quitó a Murguía del mando y puso a Enríquez a la cabeza de las defensas sociales, muchos pensaron que por primera vez los comandaba uno de ellos y ya no eran instrumento del control externo.

Para fines de 1917, Villa llegó a lo que parece el punto más bajo de su carrera. Al emprender su última gran campaña, en 1916, su situación era difícil, pero aún contaba con bastantes recursos. Su principal fuente de apoyo financiero eran en ese tiempo las propiedades de los estadounidenses; tenía acceso a las armas y municiones que había escondido, las que le permitieron derrotar repetidas veces a los carrancistas y abastecerse a sus expensas, no sólo en las veintidós batallas que ganó, sino con la ocupación de Chihuahua y de Torreón. Además, muchos habitantes de los pueblos estaban todavía dispuestos a luchar por él y a proporcionarle alimento.

Para fines de 1917, ya no contaba con ninguno de esos recursos: las propiedades de la oligarquía estaban agotadas, la mayoría de los estadounidenses habían salido del país y, tras la masacre de Santa Isabel, pocos se aventuraban a regresar; no tenía armas suficientes para atacar a los carrancistas y capturar más pertrechos; la frontera estaba mejor patrullada que nunca gracias al mayor número de soldados con que contaba el gobierno de Estados Unidos tras la creación del servicio militar obligatorio.

Villa no quería recurrir a una estrategia de supervivencia a costa de los pueblos y alimentar a sus hombres con las cosechas. Ello lo habría transformado en un bandolero y habría exacerbado la oposición popular contra él. En esa situación desesperada, dio una vez más pruebas de su creatividad y su pragmatismo. A pesar de su hostilidad hacia los estadounidenses, abandonó su estrategia de expulsarlos del país y les permitió regresar y reemprender labores, siempre que le pagaran impuestos. En vista del enorme aumento en el precio de los minerales como resultado de la primera guerra mundial, muchas compañías estadounidenses reiniciaron su funcionamiento; en efecto, le pagaban impuestos a Villa, y nunca hubo una repetición de la matanza de Santa Isabel.

Uno de los ejecutivos del Ferrocarril del Noroeste de México informaba a su jefe

que él sabe que prácticamente todas las compañías que operan en el distrito de Parral le están pagando [a Villa] por protección y que no hay otra forma de que puedan funcionar. Me dijo de una empresa que ha estado pagando dos mil dólares al mes; pasado un tiempo decidieron que era mucho y en uno de sus pagos sólo mandaron mil. Pocos días después [bienes por] unos veinte mil de su propiedad fueron destruidos. De inmediato mandaron los otros mil, y desde entonces no han tenido problemas.[85]

Con el dinero así obtenido, Villa podía pagar a sus hombres en plata y hacer otro tanto cuando adquiría alimentos en los pueblos. Eso le permitió mantenerse a flote, aunque es posible que modificara el carácter de su ejército. Algunos de los hombres que lo seguían eran sus antiguos soldados, aún fascinados por su carisma. Otros habían sido víctimas del despojo de los carrancistas, y en algunos casos se habían opuesto a las defensas sociales. En varios pueblos las defensas no representaban a toda la comunidad sino a ciertas facciones que no vacilaban en perseguir a sus opositores o, a veces, en saquear otros pueblos. José María Salcido, de San Buenaventura, se quejaba ante Enríquez de que el jefe de la defensa social de Cruces, Anastasio Tena, había apresado a su hijo y había sustraído bienes de su propiedad porque Salcido se había visto forzado a unirse por un tiempo a las fuerzas de Villa, aunque desertó en cuanto pudo.[86] Otros –desempleados, desertores de las fuerzas carrancistas– se unían a Villa porque, a diferencia del gobierno, no pagaba en papel moneda, sino en plata.

LOS HACENDADOS REGRESAN A CHIHUAHUA

Sin fanfarrias ni ruido, sin encontrar una fuerte oposición, casi subrepticiamente, cada vez más hacendados chihuahuenses regresaban a asumir el control de sus propiedades. El primer grupo retomó la posesión de sus haciendas a principios de 1916, bajo la gubernatura provisional de Enríquez. Incluía a algunos miembros de la familia Terrazas, como la señora Creel de Luján.[87] Esa primera etapa del retorno de sus propiedades a la oligarquía tradicional terminó a mediados del año, cuando Enríquez abandonó su cargo y partió a la ciudad de México. Pero su marcha no fue la principal razón de que el proceso se interrumpiera: más importante fue el hecho de que Carranza había decidido que era tiempo de que el gobierno federal, y no los gobernadores, tomaran la decisión final sobre el destino de las propiedades confiscadas.[88] En la mayor parte de México, esa decisión demoró pero no puso fin a la devolución de las haciendas. En Chihuahua, contribuyó a interrumpir la posibilidad de una guerra con Estados Unidos en 1916 y principios de 1917. El creciente número de soldados carrancistas acuartelados en el estado requería los ingresos de las propiedades confiscadas, y las autoridades temían que una devolución masiva favorecería políticamente a Villa. Por ello, en enero de 1917, Carranza no sólo se negó a devolver sus propiedades al clan Terrazas sino que decretó oficialmente que estaban "intervenidas". El propio Terrazas favoreció esta salida, al recurrir a fines de 1916 a los tribunales de Texas para impedir la venta del ganado de sus haciendas a ese lado de la frontera. En el proceso, Terrazas sostuvo que el ganado le había sido robado, ya que el gobierno de México nunca había confiscado oficialmente sus propiedades.[89] Así, no le dejó elección a Carranza. Si quería vender el ganado de Terrazas tenía que decretar la intervención de todos los bienes de la familia, a la que se añadieron los de Villa y algunos de sus principales comandantes, incluso de aquellos que, como Fidel Ávila, habían hecho la paz con los carrancistas.[90]

A fines de 1918, la política de Carranza respecto de la oligarquía chihuahuense se modificó. Decidió hacer las paces con ella y permitirle recobrar el control sobre el grueso de sus bienes. Ese cambio formó parte de un giro general del gobierno hacia la derecha en relación con la reforma agraria.

Otro factor que contribuyó a la decisión de Carranza fue que sus generales habían saqueado de tal forma las propiedades confiscadas[91] que para 1918 éstas no daban rendimiento alguno al estado. En el informe que le dirigió el gobernador Andrés Ortiz se decía que aunque las haciendas confiscadas constituían una tercera parte de los bienes inmuebles del estado, no proporcionaban beneficios de ninguna clase.[92] Carranza resolvió pues devolver el grueso de sus propiedades primero a los hacendados íntimamente vinculados a los Terrazas, luego a lo miembros más jóvenes de la familia y finalmente al propio Luis Terrazas.

En mayo de 1916, Guillermo Muñoz, rico hacendado de Chihuahua relacionado con los Terrazas, había pedido la devolución de las propiedades que Pancho Villa le había expropiado, insistiendo en que "mi humilde personalidad es bien conocida en todo el estado de Chihuahua y las personas más honorables del mismo estado pueden deponer acerca de mis antecedentes y de mi ninguna injerencia en asuntos de política".[93] Pero en 1916, el gobernador Treviño se opuso terminantemente, diciendo que esas propiedades "no deben ser devueltas por considerársele como un enemigo de la causa constitucionalista, en virtud de que ayudó al orozquismo y huertismo y muy unido con ellos".[94] En 1919, a pesar de las objeciones del gobernador, Carranza decidió a favor de Muñoz.[95] Ese mismo mes, se le permitió a Juan Terrazas retomar el control de sus posesiones.[96]

Estas medidas fueron el preludio de una decisión más importante que por primera vez suscitó fuertes objeciones de los propios funcionarios carrancistas en Chihuahua: la devolución de sus bienes al hacendado más rico y poderoso del estado, Luis Terrazas.

Desde la victoria de Carranza sobre Villa, Terrazas había dado señales de que deseaba hacer las paces con los constitucionalistas y estaba dispuesto a apoyarlos si le devolvían sus propiedades. En agosto de 1918, obviamente consideró que había llegado el momento de hacerle una oferta explícita a Carranza. Escribió una larga carta al gobierno mexicano en la que solicitaba la devolución de lo que se le había expropiado e intentaba refutar todos los cargos que, en el largo curso de la revolución mexicana, los revolucionarios de las más diversas tendencias habían levantado contra él.[97] Sus grandes propiedades, insistía, no habían sido obtenidas despojando de sus tierras a la gente del campo y a los pobres, sino comprando haciendas de terratenientes ricos en una época en que su valor era mínimo debido a los frecuentes ataques de los apaches y a la falta de comunicaciones y ferrocarriles. Su fortuna, escribía, era resultado del aumento en el valor de estas propiedades a partir de que los apaches fueron derrotados, se construyeron ferrocarriles y las condiciones económicas generales empezaron a mejorar. Terrazas describía ampliamente su colaboración con Benito Juárez en la lucha contra los conservadores y los franceses, y señalaba que se había opuesto a los intentos de Porfirio Díaz de tomar el poder en 1872 y 1876. Pero sólo glosaba brevemente los periodos de la era porfiriana en que había sido gobernador del estado. Insistía en que después del estallido de la revolución en 1910, nunca tomó parte activa en el combate contra ella y en que se había retirado completamente de la política en ese periodo. Sostenía que era esencialmente una víctima de Pancho Villa, quien le había expropiado sus bienes y había encarcelado durante dos años a su hijo Luis, el cual había muerto en Estados Unidos, como resultado de los sufrimientos soportados durante su encarcelamiento. Los productos de sus tierras, afirmaba, habían contribuido a la victoria militar de la División del Norte y más tarde de las fuerzas carrancistas.

De todo lo que he dicho se puede concluir claramente que siempre he cumplido mi deber como ciudadano y como funcionario público al defender la constitución general del país, así como su autonomía y su gobierno legítimo; en los últimos años de mi vida, no he tenido nada que ver con la política y por esa razón no existe absolutamente ninguna justificación para impedirme durante tanto tiempo tomar el control de mis propiedades legítimamente adquiridas y por esa razón pido y exijo que la confiscación de mis propiedades en el estado de Chihuahua llegue a su fin y que todas ellas me sean devueltas.

Carranza sometió la carta de Luis Terrazas a la consideración del gobernador del estado, Andrés Ortiz. En su respuesta, Ortiz refutaba cada uno de los argumentos de Terrazas.[98] Cuestionaba la afirmación de Terrazas de que su imperio había sido adquirido solamente por compras de los terratenientes ricos y no a costa de nadie. "En la mayoría de los casos", decía, las haciendas de Terrazas "las compraron en todo o en parte a la compañía deslindadora, es decir, cuando dicha compañía practicó lo que se llamó deslinde general del estado, les traspasó grandes extensiones de terrenos inmediatos a esas haciendas, terrenos que en muchos casos eran de particulares que por negligencia o por ignorancia no tenían sus títulos en regla, y de otros, que poseyéndolos, no se los respetaron." Ortiz insistía en que durante la época porfiriana

la actuación política del señor Terrazas padre, y la de sus familiares, en el lapso de tiempo que pudiéramos llamar prerrevolucionario, tuvo como orientación general el predominio absoluto en el gobierno del estado para la protección y acrecentamiento de sus intereses, para lograr lo cual jamás se vaciló en llegar a los procedimientos harto conocidos de la época porfirista, pero no fue eso sólo, las leyes hacendarias del estado fueron verdaderas leyes proteccionistas de los intereses Terrazas.

Decía Ortiz que esas propiedades eran sistemáticamente subvaluadas para que les correspondiera una tasa de impuestos extremadamente baja.

Negaba también la afirmación de que desde el inicio de la revolución Terrazas no había intervenido en política. Insistía en que la familia había actuado como un solo cuerpo y que el viejo Luis Terrazas permanecía en segundo plano dejando que sus hijos se encargaran de las actividades políticas. Así, después del estallido de la revolución, el hijo de Luis, Alberto, organizó un cuerpo de mil hombres para combatirla, mientras su hermano Juan levantaba fuerzas de similar tamaño en otras partes del estado.

Después de la rebelión de Orozco en 1912, su movimiento obtuvo un préstamo voluntario de un millón doscientos mil pesos; "una gran parte de los bonos fueron tomados por los señores Terrazas ($ 500 000.00) y por los bancos locales controlados por ellos". Huerta había disfrutado, tras su victoria, del pleno apoyo de la familia. Alberto había organizado un nuevo cuerpo de voluntarios que hasta 1914 combatió por el gobierno huertista. En 1914 el Banco Minero, controlado por los Terrazas, expidió bonos especiales para financiar a dicho gobierno.

"El señor Luis Terrazas padre, durante el periodo de tiempo comprendido entre 1910 y 1913, obró por conducto de sus hijos, guardando así un aparente alejamiento de los asuntos públicos."

Ortiz cuestionaba el enorme tamaño de las propiedades, diciendo que Terrazas controlaba aproximadamente una décima parte de las tierras del estado, entre ellas las tierras agrícolas más ricas y valiosas. Subrayaba que su devolución tendría un impacto tremendo en el estado. Tal vez porque conocía las opiniones de su jefe, el gobernador no descartaba la posible devolución de los bienes, sino que insistía en que en tal caso el estado debía obtener alguna garantía, como el derecho a comprarlas en cualquier momento a su valor catastral.

Las objeciones del gobernador no tuvieron efecto alguno sobre Carranza. En marzo de 1919, hizo una importante oferta al clan Terrazas. Ese mes, decretó la devolución de sus bienes a muchos de los hijos y parientes de Terrazas y la devolución de todas las propiedades no agrícolas al patriarca,[99] pero las haciendas quedaron al principio excluidas de este arreglo, tal vez porque antes Carranza quería tener algún signo tangible de su apoyo; incluso es posible que esperara que Terrazas persuadiera a su abogado estadounidense, el senador Fall, de moderar su exigencia de intervención militar estadounidense en México. Si eso esperaba, se equivocaba, porque Fall continuó con su campaña intervencionista. Sin embargo, Carranza, tal vez en la que sería la última medida social importante que tomó antes de ser depuesto, llevó a cabo lo que había iniciado un año antes. En mayo de 1920, después de sostener una larga entrevista con Carlos Cuilty, otro abogado de Terrazas, decretó la devolución incondicional de todas las propiedades.[100] Había dado un giro completo y estaba decidido a cancelar todo conflicto con la oligarquía tradicional de México.

Esta decisión se mantuvo en secreto y no se implementó antes del derrocamiento de Carranza, por lo que no hubo ninguna reacción pública. Cuando Enríquez intentó, tiempo después, ponerla en práctica, se produjo tal escándalo que el gobierno federal lo obligó a desistir.[101]

Antes de 1920, la devolución de propiedades a muchos hacendados no suscitó fuertes reacciones ni entre los generales carrancistas ni en los pueblos de Chihuahua. Es fácil comprender la actitud de los militares, ya que habían saqueado las haciendas y posiblemente tenían la esperanza de obtener de ellas nuevos beneficios cuando los hacendados regresaran y las hicieran prosperar de nuevo. Además, algunos de ellos habían sido sobornados, como decía uno de los hacendados chihuahuenses en una carta a Carranza: "hay personas que ofrecen arreglar la devolución de bienes mediante cierta retribución".[102]

Pero la ausencia de protestas de los peones y los habitantes de los pueblos es de entrada difícil de entender. La confiscación de las propiedades de la oligarquía por Villa fue una medida popular, de la que se habían beneficiado muchos habitantes del estado. Al fin de la revolución, esperaban beneficiarse aún más. Villa había vendido carne de las haciendas a precios bajos y utilizado parte del producto en mantener viudas y huérfanos, así como desempleados. Aunque las condiciones de arrendamiento habían sido al principio idénticas a las de los tiempos de Terrazas, mejoraron notablemente cuando Villa permitió que los aparceros y arrendatarios trabajaran la tierra sin darle al gobierno parte de sus ingresos.[103] Sobre todo, las tierras confiscadas eran el faro de la esperanza de que, cuando la revolución rindiera sus frutos, serían repartidas entre la gente del campo. Todo esto cambió cuando los carrancistas asumieron su control. En algunas haciendas, el saqueo de generales como Murguía llegó tan lejos que les quitaron la semilla a los agricultores, de modo que no pudieron sembrar la cosecha del año siguiente.[104] La situación de los arrendatarios se deterioró drásticamente. "En el rancho de Santiago, cerca de Pearson", reportaba un informante de la inteligencia estadounidense,

que fue propiedad de don Luis Terrazas, los mismos arrendatarios han sido obligados por la Administración de Confiscaciones a bardar sus pequeñas parcelas a sus expensas, y el gobierno del estado está pidiendo como alquiler la tercera parte de la cosecha,[105] a pesar que ni siquiera la cosecha entera representa lo suficiente para sobrevivir. Se trata de tierras que debían ser divididas y entregadas al pueblo. La gente tiene prohibido vender nada de su maíz o sus frijoles hasta haber pagado el tercio del gobierno, e incluso entonces sólo puede vender al cuartel general [...] Nuestro informante dice que nunca ha visto una pobreza tan extrema entre la clase de los pequeños agricultores que hasta ahora siempre habían tenido suficientes básicos para comer y suficiente ropa para abrigarse en invierno. Dice que por primera vez en su vida ha visto a los peones chihuahuenses calzar huaraches. Antes llevaban zapatos hechos en México o calzado barato importado de Estados Unidos. Mencionó a una familia que vive en un rancho pequeño cerca de Pearson, a la que conoce desde hace años, y a cuyo jefe de familia ha empleado repetidas veces; esta vez quería que el hombre le sirviera de cocinero en el viaje y cuando fue a la casa descubrió que por toda ropa de cama, para la madre, el padre y siete hijos, no tenían más que una mala cobija. El café y el azúcar, que los peones solían considerar de primera necesidad, ahora son más bien un lujo, porque valen su peso en oro.

Muchos peones pensaban que el paternalismo tradicional de los hacendados era preferible a la rapacidad de los generales carrancistas. Otros, especialmente los habitantes de los pueblos, tal vez consideraban que sería más fácil forzar a los hacendados a repartir la tierra que presionar a los militares. Tales esperanzas se desvanecieron en parte ante el hecho de que no se repartieron tierras antes de 1920, aunque existió intermitentemente una comisión agraria (Enríquez la disolvió al asumir la gubernatura, en 1918).[106]

Fue fácil intimidar a la gente del campo que posiblemente quiso protestar: se impuso la ley marcial en Chihuahua y cualquier crítico de la política del gobierno era prontamente tildado de villista. Resulta más difícil comprender por qué Villa no protestó ante las medidas que destruían lo que muchos consideraban su más caro proyecto: la expulsión de la oligarquía de Chihuahua y el reparto de sus tierras. Eso era lo que quería lograr en diciembre de 1913, cuando emitió su famoso decreto confiscatorio.[107] De hecho, uno de los principales motivos de su enfrentamiento con Carranza en 1914 había sido que éste deseaba devolver las propiedades confiscadas a sus antiguos dueños. ¿Se debió la actitud de Villa a la esperanza de que, con el regreso de los hacendados, podría hacer con ellos lo que había hecho con las compañías estadounidenses, forzarlos a pagar protección? ¿O era reflejo de su decadencia moral y su creciente aislamiento respecto de la gente del campo? Es posible, pero hay que señalar que a partir de 1920, después de que Villa hizo las paces con el gobierno y declaró que no participaría en política, el único momento en que se permitió romper esa regla fue cuando protestó vehementemente contra un nuevo plan del gobernador Enríquez que, de manera limitada, habría mantenido el imperio de Terrazas bajo un nuevo propietario.[108] Que Villa no protestara públicamente contra el regreso de los hacendados también puede relacionarse con el hecho de que no hizo manifiestos ni proclamas de ninguna clase a partir de junio de 1917, con excepción de la carta que dirigió a las defensas sociales en 1918. Esto puede reflejar una decadencia moral, una falta de fe en la eficacia de las actividades y los manifiestos políticos, o la decisión de dejar esas actividades en manos de los villistas exiliados en Estados Unidos, como su leal seguidor, quien había encabezado su gobierno civil en el norte, el abogado Miguel Díaz Lombardo. La ausencia de proclamas también pudo deberse a la paradójica situación de que, mientras el apoyo popular que tenía en México decrecía, surgía un nuevo apoyo o por lo menos un interés en su movimiento fuera del país, sobre todo en Estados Unidos. Ese interés tenía orígenes heterogéneos: tratantes y contrabandistas de armas y dudosos empresarios de todo tipo se interesaron por Villa cuando descubrieron que de nuevo tenía dinero para pagar por lo que compraba; los exiliados villistas y convencionistas se habían comportado con discreción mientras la expedición de Pershing estaba en México y existía la posibilidad de una guerra entre los dos países, pero después procuraron establecer nuevos vínculos con Villa; por otra parte, a los servicios de inteligencia alemanes y, en menor grado, a los británicos les interesaba utilizarlo para sus propios fines. En mayor medida y con mayores recursos, las compañías petroleras estadounidenses perseguían al parecer los mismos objetivos. Aunque muchas de las maquinaciones e intrigas de estos grupos nunca pasaron de proyectos, algunos sí tuvieron influencia sobre Villa y su movimiento.

·17·
Pancho Villa y el mundo exterior

En el momento en que sus tropas se retiraban de Columbus, Villa parecía un paria aislado y expulsado del mundo exterior. Las mismas fuerzas heterogéneas que lo habían apoyado en Estados Unidos en 1913-1914 se volvían contra él. El gobierno preparaba la Expedición Punitiva, los empresarios se retiraban de México y los conservadores acusaban al presidente de haber apoyado vanamente a un bandido como Villa, mientras los radicales lo consideraban un provocador pagado por los empresarios estadounidenses. Con la misma vehemencia con que antes lo alababan, los medios de ese país lo pintaban como un salvaje. Sus posibilidades de obtener armas y abastos procedentes de Estados Unidos parecían haber desaparecido por completo. Los pocos partidarios que aún le quedaban allí estaban tan intimidados que no se atrevían a defenderlo. Y sin embargo, un año después de que la Expedición Punitiva salió de México la relación de Villa con el mundo exterior cambiaría de nuevo, importantes fuerzas dentro y fuera de Estados Unidos intentarían una vez más jugar la carta de Villa y sus partidarios harían oír sus voces una vez más.

LOS CONTRABANDISTAS Y LOS ESTAFADORES

A partir de 1916, contrabandear armas y municiones para Villa se volvió una empresa mucho más arriesgada y difícil de lo que había sido en 1913 y principios de 1914, durante el bloqueo de Wilson contra México. En 1913, el contrabando había sido un fenómeno masivo y una especie de deporte popular. La frontera no estaba tan estrechamente vigilada y las autoridades estadounidenses a menudo se resistían a cumplir el bloqueo. Villa contaba con considerable simpatía al norte de la frontera entre gente que iba desde los funcionarios del gobierno hasta sectores de la izquierda estadounidense y de los mexicano-estadounidenses. Incluso antes de que tomara Ciudad Juárez a fines de 1913, la mayor parte del lado mexicano de la frontera estaba controlada por los revolucionarios, de manera que los contrabandistas eran cálidamente recibidos, una vez que lograban penetrar en el país.

Pero a partir de 1916, y especialmente tras el ataque a Columbus, quienes trataban de abastecer a Villa encontraban obstáculos que prácticamente no existían tres años antes. Había más tropas y agentes federales patrullando la frontera; los funcionarios eran uniformemente hostiles a Villa, aunque seguía teniendo muchos simpatizantes entre los mexicano-estadounidenses. Si logra-

249

ban eludir la vigilancia y pasar a México, los riesgos eran mayores, porque los carrancistas controlaban casi toda la frontera. Con excepción de unos pocos meses, de noviembre de 1916 a marzo de 1917, los villistas no tuvieron control permanente de ninguna región. Los contrabandistas tenían que cruzar las líneas carrancistas y hacer complicados arreglos para encontrarse con los villistas en puntos previamente acordados, que a veces eran revelados a las autoridades. Eran pocos los hombres dispuestos a arriesgarse de esa forma y el elenco que formaban daría material sin duda para docenas de películas.

El más importante de los contrabandistas, en el que Villa más confiaba y que por su origen estaba más cerca de él, era George Holmes. Nacido en Uvalde, Texas, procedía también de una familia pobre y también se convirtió muy pronto en cuatrero.[1] No hay pruebas de que se conocieran antes del estallido de la revolución, ya que Holmes limitaba sus tropelías al sur de Texas. "George habría sido un gran ganadero si hubiera sido un hombre honrado", comentaba con simpatía, después de su muerte, un jefe de policía que lo persiguió mientras vivió.

> Hay mucho dinero en la ganadería, si las cosas van bien, si uno trabaja duro y no le importan los años que se acumulen mientras uno construye. Pero George era impaciente. Le daba por equivocarse al leer las marcas del ganado. Muchas veces, tratándose de terneros, a las vacas de George les daba por violar las leyes de la naturaleza. Cuando la naturaleza se pone tan generosa, la ley interviene. George sabía cómo darle la vuelta, sin embargo; y mientras lo logró nadie tuvo nada contra él... es decir, no todo el mundo.[2]

Los militares y agentes federales que tuvieron que ocuparse de Holmes de 1916 a 1919 fueron menos comprensivos. "George Holmes", informaba Grinstead, capitán de infantería en El Paso, a su superior,

> era un ferviente villista y obtuvo considerables sumas de dinero como agente vendedor de los bienes robados por Villa [...] Reunía a su alrededor personas de todos tipos y clases, altas y bajas, pero todos con un interés común: el de beneficiarse con la venta de las propiedades ajenas. Sus socios en ese tipo de empresa van desde los altos funcionarios de las instituciones bancarias de esta ciudad hasta los más bajos criminales y pillos. Cuando Villa tuvo que abandonar la frontera en 1915, la venta de sus mercancías robadas se volvió más difícil y los que habían medrado fácilmente con ese negocio se vieron forzados a dejarlo en manos de una gerencia más capaz y sólo unos pocos, como Holmes, lograron eludir los cordones del gobierno *de facto* en la frontera y pasar lo que él confiscaba.

Pero incluso este capitán no consigue disimular cierta admiración por el talento con que Holmes intentó utilizar a la Expedición Punitiva para que Villa obtuviera recursos en Estados Unidos.

250

Como ilustración de su osadía relataré que, en junio de 1916, concibió la idea de que el ejército estadounidense le ayudara en la tarea de sacar ganado de México desde una región tan remota que, sin esa ayuda, resultaba imposible. Con ese fin obtuvo del representante de uno de los principales bancos de aquí una carta de recomendación para el comandante de la Expedición Punitiva en México, y también una del comandante de la fuerza estatal de *rangers* que daba fe de su confiabilidad e integridad. El plan no era otra cosa que una expedición de robo de ganado y por fortuna las autoridades militares no se dejaron engañar.[3]

Holmes empleaba como base de sus actividades de contrabando varios ranchos que había adquirido cerca de la frontera, donde recibía el ganado robado y desde donde exportaba las armas y municiones que lograba reunir. Durante tres años, de 1916 a 1919, los funcionarios federales lo vigilaron de cerca, pero no lograron obtener pruebas suficientes para procesarlo.[4]

En los intermedios entre sus batidas al rancho de Holmes y sus intentos por procesarlo, los agentes federales no rehuían utilizar sus servicios. En 1918, cuando Villa secuestró a Frank Knotts, un ejecutivo minero estadounidense que trabajaba en México, y amenazó con matarlo si no le entregaban un rescate de quince mil dólares, el jefe de oficina del Buró de Investigación en El Paso, Gus Jones, fue a ver a Holmes y le pidió que marchara al campamento de Villa en México y tratara de persuadirlo de liberar a Knotts sin rescate o bien, si esto no era posible, se lo pagara. "Estoy [...] convencido de que el único estadounidense vivo que puede de alguna forma ejercer influencia sobre Francisco Villa para rescatar a este hombre", escribió Gus Jones a su jefe, "es George Holmes. Debo decir también que, en mi opinión, el señor Holmes ha aceptado una misión muy peligrosa y merece algún tipo de recomendación, ya que ha emprendido este viaje sin ninguna promesa de paga, sólo porque está en juego la vida de un estadounidense."[5]

Holmes llegó a tiempo de salvarle la vida a Knotts, quien durante su cautiverio había hecho cierta amistad con Villa. Éste le contó la historia de su vida e incluso lo abrazó cuando se separaron, diciéndole: "Hablo muy poco con mis hombres, con usted he sido un auténtico perico".[6]

El éxito de Holmes y las relaciones relativamente amistosas que gracias a él estableció con el Buró de Investigación tal vez lo volvieron imprudente, ya que pocos meses después los agentes federales pudieron por fin reunir las pruebas necesarias para condenarlo. Con ayuda de dos soldados que había sobornado, Holmes entró en un depósito militar y robó una ametralladora y varias armas más, para pasárselas de contrabando a Villa. Fue capturado, juzgado y sentenciado a cinco años en una penitenciaría.[7] El gobierno federal se mostró implacable y no se contentó con eso: Holmes fue procesado de nuevo bajo el cargo de perjurio y condenado a tres años más de cárcel. Pero nunca ingresó en prisión, porque Villa demostró que era un amigo en extremo leal. Cuando Holmes apeló su sentencia, el juez aceptó liberarlo con una fianza de quince mil dólares, suma enorme que el reo no poseía. Entonces Villa le envió el dinero,

Holmes fue puesto en libertad y escapó a México. Fue asesinado ocho años más tarde en Chihuahua, pero su muerte no tuvo connotaciones políticas. "El motivo fue la venganza", informó a las autoridades un ranchero estadounidense que era su vecino; "el cuerpo no fue despojado ni siquiera de su pistola."

La Cumbre San Manuel está en lo alto de la sierra, en una región escasamente colonizada, poblada mayoritariamente por indios. Habiendo vivido allí unos dos años, puedo afirmar que la gente es generalmente amable y en modo alguno hostil a los estadounidenses u otros forasteros. Se dice que la causa directa de la muerte de Holmes es que trató de comprar a una niña de doce años a su madre y, como ésta se negó a venderla, sacó a la familia de la casa en que vivían, diciendo que le pertenecía. Dos tíos de la niña, Gonzalo y Raya Lugo, están en la cárcel en Guadalupe Calvo, junto con un cómplice. Entiendo que se han obtenido confesiones y es prácticamente seguro que los tres serán fusilados; al parecer son los culpables. Las autoridades fueron inusitadamente rápidas en la captura de los asesinos, a pesar de la mala reputación de Holmes.[8]

Una de las razones por las que Holmes pudo evitar hasta 1919 el proceso federal era la capacidad de su abogado, Frank Miller. Desafortunadamente para éste, su eficacia como abogado no corría pareja con su habilidad como contrabandista. Cuando decidió que representar a Holmes en el tribunal no era suficientemente redituable y trató de dedicarse él mismo al contrabando, fue capturado junto con Holmes, en el asalto al depósito militar, y también sentenciado a cinco años de prisión.[9]

Otro de los representantes de Villa en Estados Unidos, Luis Cedaño, que no sólo se encargaba de pasar armas a México, sino también de cobrar protección a las compañías estadounidenses, tuvo un destino un tanto diferente. Las autoridades estadounidenses lo arrestaron con intención de deportarlo. Cedaño obtuvo libertad bajo fianza y huyó al otro lado de la frontera, con la esperanza de reunirse con Villa. "Fue capturado por una pequeña partida de exploración cerca de Santa Rosalía de Cuevas y llevado a la guarnición de Satevó, donde fue identificado por algunos soldados carrancistas, juzgado y condenado a la horca, lo que se cumplió al día siguiente de su captura."[10]

Aunque para la ley estadounidense Holmes y Cedaño eran unos pillos, se les puede considerar bribones honestos en el sentido de que se debían genuinamente a Pancho Villa y a su causa. Entre los hombres que intentaron pasar armas de contrabando o establecer otro tipo de relaciones con Villa había un grupo de hombres muy distintos, sólo devotos de su bolsillo. Eran simples estafadores: procuraban obtener dinero de todas las partes contendientes en México, tanto de los mexicanos como de los estadounidenses, presentando de manera engañosa su propio carácter, sus objetivos y su poder. El rey de los estafadores era J. F. Keedy. Abogado de Hagerstown, Nueva Jersey, en 1914 se dispuso a hacer fortuna a costa de Villa, a cuyo cuartel general se dirigió acompañado por su socio, Edward Linss. No le había sido difícil establecer el contacto porque el yerno de Linss, Silva, era coronel y miembro del Estado Mayor villista. "Keedy persuadió a Villa de que era amigo personal de un sobrino del presidente (el secretario McAdoo) y de que tenía derecho de picaporte en la Casa Blanca; más aún, venía a hablar con el general Villa porque representaba a un grupo de hombres que eran 'los perros guardianes del gobierno estadounidense'."[11] "Keedy", según informó Silva a los agentes del Departamento de Justicia, "presionaba constantemente a Villa para que le pagara sus servicios o le prestara dinero cada vez que venía a verlo."[12] A cambio, prometió ejercer toda su considerable influencia para que Estados Unidos reconociera a Villa. Finalmente el revolucionario mexicano cedió, aunque no confiaba en Keedy lo suficiente para darle el dinero a él, de modo que se lo entregó a Linss, que era el que estaba emparentado con uno de sus oficiales. Linss debía supervisar cuidadosamente las actividades de Keedy y pagarle sólo cuando obtuviera resultados. Aunque no hay pruebas de que Keedy hablara nunca con Woodrow Wilson, ni menos de que tuviera alguna influencia sobre él, sí contaba con algunos contactos en Washington. Había sido procurador estadounidense en la zona del Canal de Panamá y en Puerto Rico, y buen amigo de Leon Canova, el corrupto jefe de la sección mexicana del Departamento de Estado. Lo que Keedy trajo de Washington no fue el reconocimiento sino una invitación para que Villa participara en uno de los muchos planes de Canova para lograr una restauración conservadora en México, plan que Villa rechazó.[13]

Pero Keedy no desistió. Con el fin de obtener información confidencial sobre la frontera, se hizo pasar por agente del Buró de Investigación, un delito grave, y los agentes del Departamento de Justicia empezaron a investigarlo en 1915-1916. Si no fue procesado, fue en parte gracias a sus estrechas conexiones con Leon Canova. Un año más tarde participó de nuevo en un plan para obtener dinero de los villistas, esta vez mediante el contrabando de armas. No era ningún amante de los riesgos como Holmes, pero tenía conocidos que éste nunca tuvo, y trató de cubrirse con la pantalla de una razón legítima para establecer contacto con Villa. Trazó un fantástico plan, de nuevo sancionado por su amigo Canova. Según un informe del Departamento de Justicia:

El señor Keedy le ha propuesto al señor Canova, y éste al secretario, que Villa saldría del país, daría órdenes a todos sus hombres de no molestar a ningún estadounidense ni dar problemas en la frontera, mostraría pruebas de que no se hallaba en Columbus en el momento del ataque y vendría a este país, probablemente a Maryland, cerca de Hagerstown, donde llevaría una vida tranquila y ordenada.

El señor Canova me dice que un agente del Departamento de Justicia informó a un alto funcionario del Departamento de Estado que el secretario piensa que ésta podría ser una buena idea desde el punto de vista de mejorar la situación en México, con la condición, según entiendo, de que Villa presente pruebas de que no estaba en Columbus.[14]

Pero los agentes del Departamento de Justicia no quedaron en absoluto convencidos del proyecto de Keedy y llegaron a la conclusión de que éste era "probablemente un hombre peligroso de tratar".[15] La suspicacia creció cuando Keedy estableció contacto con la inteligencia alemana en Chihuahua. El agente aduanal Cobb incluso lo llamó traidor.[16] Sin embargo, los temores de los estadounidenses eran infundados. Keedy no era un agente alemán: tenía la intención de estafar a los alemanes de la misma forma que había intentado estafar a Villa. En 1917, les prometió utilizar su influencia para liberar a los ciudadanos alemanes internados en Estados Unidos como resultado del estallido de la primera guerra mundial. "Keedy ha transmitido a los alemanes la idea de que habla con verdadera autoridad",[17] señalaba Cobb en involuntario tributo a la capacidad de Keedy para la impostura, capacidad tan grande que en 1920 estuvo a punto de dar uno de los mayores golpes de su vida. Había logrado convencer al por lo demás muy capaz jefe de la inteligencia alemana en México, Kurt Jhanke, de que era primo de Lansing y, por tanto, tenía gran influencia sobre el gobierno estadounidense. Al mismo tiempo, sostenía, representaba al Partido Republicano y estaba en situación de proponer un gran pacto a los alemanes si éstos podían convencer a Carranza de derogar la Constitución de 1917 e implantar una política más favorable a Estados Unidos. Los republicanos y el gobierno ayudarían a la ahora derrotada Alemania a eludir las reparaciones de guerra que exigían Gran Bretaña y Francia. Los funcionarios alemanes tuvieron grandes dificultades para comprobar que Keedy era un impostor y evitar que el gobierno alemán se adhiriera a su proyecto.[18]

Si Keedy era el pez grande, otros peces pequeños también trataron de sacar dinero mediante planes relacionados con Villa. El más destacado fue John J. Hawes, hombre de negocios que al parecer estableció relaciones con Villa en los buenos tiempos de la División del Norte. Como Keedy, Hawes se procuró un destacado socio que, aunque corrupto, tenía contactos con el gobierno de Estados Unidos y con Villa: se trataba de George C. Carothers, antiguo enviado del Departamento de Estado que éste había conservado como agente especial incluso después de llamarlo a Estados Unidos y de retirarle a Villa cualquier tipo de reconocimiento. Carothers abandonó su cargo oficial para tratar de hacer fortuna en sociedad con Hawes.[19] Contrató también los servicios de Antonio Castellanos, que había sido uno de los abogados defensores de Villa en 1912. Castellanos le escribió a Villa para recomendarle a Hawes y plantearle un imaginativo plan según el cual Villa obtendría el apoyo tanto de Pablo González como de Murguía y, con dinero proporcionado por capitalistas estadounidenses, derrocaría a Carranza y establecería un nuevo gobierno.[20]

No hay pruebas de que Murguía y González hubieran aceptado semejante idea ni de que el gran número de senadores que Castellanos mencionaba estuviera involucrado de ninguna manera; pero los altos funcionarios y empresarios estadounidenses tenían genuino interés en utilizar a Villa para sus propios fines. Algunos de los funcionarios estaban obsesionados con el temor de que Carranza pudiera aceptar la oferta que los alemanes le hicieron en el famoso telegrama Zimmerman, de aliarse contra Estados Unidos. Si llegaba e¹ caso, se planteaban la posibilidad de darle cierto apoyo a Villa. Los grandes empresarios, y en particular las compañías petroleras británicas y estadounidenses, se proponían utilizar a Villa para derrocar al gobierno de Carranza y poner fin a su intento nacionalista de restringir su poder.[21] Hawes no estaba involucrado en estos planes. A él le interesaba simplemente emplear sus relaciones con Villa para que las compañías estadounidenses le pagaran protección. "Hawes de Nueva York", informaba un agente del Buró de Investigación, "es el agente financiero de esas grandes corporaciones que están contribuyendo a la causa villista" y "recibe las colectas, deduce su comisión y remite el resto a algún agente de Villa. Hawes está más interesado en sus comisiones que en la causa villista y, para mantener próspero el negocio, hace creer a los villistas que está procurándose las simpatías de altos funcionarios y financieros estadounidenses, y por otra parte induce a ciertas corporaciones interesadas en México a creer que a través de él se puede obtener protección de Villa para sus inversiones."[22]

Otro estafador vagamente asociado a Hawes era Frank Thomas, "propietario de una 'asociación de servicios fúnebres', es decir una asociación en que gran número de personas pobres hacen pagos semanales o mensuales a cambio de los cuales se les garantiza un entierro de tal o cual costo, según sea su contrato [...] Es conocido principalmente como un usurero que cobra el diez por ciento mensual y tiene justo la reputación que un hombre dedicado a ese tipo de negocios puede tener en una población de cuarenta mil habitantes".[23] Thomas sí poseía cierta influencia política. Había sido jefe de correos en Topeka, Kansas, y por un tiempo había sido tesorero estatal del Comité Demócrata. "Se dice aunque no está comprobado que fue removido de su puesto como jefe de correos debido a que despidió sumariamente a todo el personal de la oficina."[24] Thomas consideraba que su posición política no era lo bastante fuerte para influir en los villistas y, por esa razón, pidió a sus amigos que lo presentaran a los agentes villistas en Estados Unidos como "el senador Frank Thomas". Existía realmente un senador Frank Thomas que venía de Colorado y no tenía nada que ver con él.[25]

Thomas era cualquier cosa menos un idealista convencido de la causa villista. "Como se dijo en caso Villa victorioso tendría dominio pastos suficientes cien mil cabezas ganado" telegrafió un agente del Buró de Investigación a sus superiores.[26] Pero Thomas no confiaba solamente en las ganancias futuras, de modo que trató de sacar lo más posible de los agentes villistas, a cambio de mover sus influencias como "senador estadounidense" a favor de Villa.

Un grave problema para todos estos agentes, posibles agentes y estafadores era que, en 1916 y gran parte de 1917, resultaba extremadamente difícil establecer cualquier tipo de contacto con Villa. No tenía un representante acreditado en Estados Unidos ni podía tenerlo mientras las tropas estadounidenses estuvieran en México tratando de darle caza. Se movía constantemente y no tenía un gobierno establecido ni controlaba firmemente ningún territorio. Sólo a fines de 1917 y a partir de 1918 Villa reconocía como sus representantes a algunos emigrados y mantuvo contacto regular con ellos a través del sistema de correo encabezado por Alfonso Gómez Morentín. Como ya se mencionó, el Buró de Investigación permitía que funcionara ese sistema, ya que podía descifrar y copiar todos los mensajes que transmitía.[27] Pero en 1916 y a principios de 1917, los que trataban de comunicarse con Villa lo hacían a través de su hermano Hipólito, empresa difícil porque Hipólito sólo tenía contactos esporádicos con su hermano y estaba bajo la continua vigilancia del gobierno estadounidense.

LOS SERVICIOS DE INTELIGENCIA

Aunque el dinero era el tema principal de los contactos que contrabandistas y estafadores trataban de establecer con Villa (a excepción de George Holmes, que tenía una fuerte relación personal con él), había otras fuerzas tanto en Europa como en Estados Unidos cuyo interés se basaba en consideraciones muy distintas. La inteligencia alemana quería utilizarlo para provocar una guerra declarada entre México y Estados Unidos, mientras que su contraparte británica procuraba involucrarlo en un plan para derrocar a Carranza, considerado demasiado progermano y demasiado opuesto a los intereses británicos, sobre todo a sus compañías petroleras. Con el mismo fin, empresarios estadounidenses como los petroleros también querían utilizar a Villa.

Aunque no está claro hasta qué punto, si acaso, el complot alemán para provocar la guerra entre Villa y Estados Unidos en 1915 tuvo responsabilidad en el ataque a Columbus, no hay duda de que los alemanes se alegraron del hecho y de la entrada de la Expedición Punitiva en México. Hicieron lo que pudieron por fortalecer a Villa y alentarlo a realizar nuevos ataques contra los estadounidenses. La opinión del gobierno alemán sobre el ataque a Columbus y la subsecuente expedición se expresa en un despacho del embajador alemán en México, Johann Heinrich Graf von Bernstorff, a su canciller el 4 de abril de 1916: "Mientras la cuestión mexicana permanezca en este estadio, estamos creo bastante a salvo de un ataque agresivo del gobierno estadounidense".[28]

Cada momento crítico de las tensiones entre México y Estados Unidos, cada posibilidad de que la situación condujera a la guerra, creaba inquietud entre los diplomáticos de las Potencias Centrales. "Desafortunadamente", escribía el embajador austriaco en Washington a su ministro de relaciones exteriores, "se está desvaneciendo la esperanza de que Estados Unidos se vea forzado a intervenir militarmente en México y de que el gobierno, por tanto, se vea obligado a abandonar sus pretensiones hacia las Potencias Centrales."[29]

La intervención estadounidense en México habría facilitado el lanzamiento de una ilimitada campaña de guerra submarina, que era muy deseada por el ejército y el alto mando naval de Alemania, para rendir a Gran Bretaña y Francia por hambre. "Si intención reabrir guerra submarina en las viejas formas", cablegrafiaba el embajador Bernstorff a su superior el 24 de junio de 1916, "por favor demorar inicio hasta Estados Unidos realmente amarrado en México. Otro modo esperar que el presidente inmediatamente negocie con México y utilice guerra con Alemania para ganar elecciones con ayuda gente de Roosevelt."[30]

El gobierno alemán no se limitó a aplaudir secretamente la intervención,

Villa llorando ante la tumba de Madero, 8 de diciembre de 1914

Entrada triunfal a México de los generales Villa y Zapata, 6 de diciembre de 1914

Felipe Ángeles

José María Maytorena

Roque González Garza sentado en la silla
presidencial, 1915

Woodrow Wilson

Pancho Villa, ca. 1916

Fusilamiento

Pancho Villa

Consejo de guerra de Felipe Ángeles, Néstor Arce y Antonio Trillo, en la ciudad de Chihuahua, 24 de noviembre de 1919

Villa y Austreberta Rentería

Capilla y casco de la hacienda de Canutillo

"Muerte del general Francisco Villa y el coronel Miguel Trillo, Parral, 20 de julio de 1923, 8 a.m."

"Tumba del general Francisco Villa, Parral, Chihuahua"

Joaquín Amaro pronunciando un discurso en una plaza de toros, ca. 1930

sino que hizo cuanto pudo por incrementarla y prolongarla. Se esforzó por intensificar el ánimo antimexicano en Estados Unidos y al mismo tiempo, con ayuda de las fábricas controladas por alemanes, proporcionó a Villa armas y otros pertrechos. Ya el 23 de marzo de 1916, el jefe de la sección mexicana del ministerio alemán de Asuntos Exteriores escribió:

En mi opinión no tiene objeto enviar dinero a México. En la medida en que allí todo puede conseguirse con dinero, los estadounidenses siempre podrán pujar más alto que nosotros, ya que simplemente tienen más fondos y porque, además, tienen infinitamente más canales a su disposición, por haber trabajado de esta manera durante mucho tiempo en México. Sería cosa muy diferente si subrepticiamente podemos hacerles llegar armas y municiones a Villa y su banda. Sin embargo esto es complicado, porque las comunicaciones desde Veracruz con el norte de México son actualmente muy malas.[31]

Con todo, no fue demasiado difícil para el servicio secreto alemán hacer llegar armas estadounidenses a México. Cuando estalló la primera guerra mundial, en 1914, y Estados Unidos todavía era neutral, aunque estaba dando grandes préstamos a las potencias aliadas y vendiéndoles armas, los agentes alemanes procuraron impedir que éstas llegaran a su destino comprando algunas de las mayores fábricas de armamento, como la de Bridgeport, Connecticut. Tal vez pensaban enviar esas armas a Alemania, pero el bloqueo naval británico se lo impedía, por lo que no sabían qué hacer con ellas. Les encontraron destino después del ataque de Villa contra Columbus. No hay razón para dudar del informe de los agentes secretos británicos según el cual había contrabando de armas para los villistas desde Bridgeport, en ataúdes y barcos tanque. El consulado alemán de San Francisco tenía al parecer un papel central en el envío de esos cargamentos.[32]

Cuando empezó a quedar claro que, a pesar de la intervención estadounidense en México, no habría guerra entre los dos países, las autoridades alemanas buscaron nuevas formas de provocarla utilizando a Villa. Lo que no se había logrado con la violación de la frontera tal vez podría lograrse con un ataque contra los campos petrolíferos mexicanos. Según Juan Vargas, uno de los altos oficiales villistas, tras la ocupación de Torreón en diciembre de 1916, el cónsul alemán en esa ciudad le hizo a Villa una propuesta al respecto. Conocía al revolucionario norteño de tiempo atrás y asistió a un banquete en su honor. Tras pronunciar grandes himnos de alabanza sobre sus hazañas y talentos bélicos, el cónsul le propuso atacar los campos petrolíferos argumentando que no había guarniciones importantes entre Torreón y Tampico. Prometió que si tomaba esta última ciudad, los barcos alemanes lo estarían esperando allí con armas y dinero. Al parecer incluso se declaró dispuesto a acompañar a Villa, para actuar como rehén si el operativo fallaba.[33]

Según el relato de Vargas, Villa quedó impresionado e incluso hizo algunos preparativos para marchar sobre Tampico. Pero a última hora cambió de idea y partió en dirección a Chihuahua. Vargas suponía que tuvo miedo de suscitar un conflicto internacional que podía resultar costoso para México. Tal vez; pero también debió darse cuenta de que atacar Tampico sería suicida para su movimiento y no le comportaría ningún beneficio sustancial. Los villistas tendrían que enfrentar a las guarniciones carrancistas en el camino y había una gran flota estadounidense concentrada en torno al puerto. No hay duda de que si Villa hubiera invadido la región petrolera los estadounidenses habrían intervenido. Villa debió preguntarse también cómo llegarían hasta él los barcos alemanes. La disposición del cónsul para acompañarlo, de ser cierta, era testimonio o bien de su estupidez –por creer en las promesas del alto mando alemán– o de su voluntad de morir por la patria, porque no cabía dudar que, si los alemanes no entregaban las armas y municiones, Villa lo haría fusilar.

Cuando las autoridades alemanas se convencieron de que Villa no podía o no quería provocar una guerra mexicano-estadounidense a gran escala, empezaron a interesarse por Carranza, cuyas relaciones con Estados Unidos se habían deteriorado mucho como resultado de la presencia de la Expedición Punitiva y de la nueva Constitución nacionalista. La expresión más espectacular de ese cambio por parte de los alemanes fue el ya mencionado telegrama Zimmerman, en que proponían una alianza contra Estados Unidos a cambio de la cual México recuperaría Texas, Arizona y Nuevo México. Aunque el telegrama fue descifrado por la inteligencia británica y provocó un enorme escándalo en la prensa estadounidense, y aunque Carranza contestó que no iniciaría una guerra con Estados Unidos, los alemanes no se dieron por vencidos. Carranza, por su parte, aunque se mantuvo oficialmente neutral, hizo cuanto pudo para ayudar a los alemanes, con la esperanza de contar con ayuda alemana en caso de un ataque estadounidense, que aún creía posible, o de que Alemania sirviera de contrapeso a Estados Unidos en la posguerra, si ganaba. Permitió a sus servicios de inteligencia trabajar en México e importantes periódicos carrancistas sostenían opiniones progermánicas.[34]

Así, el gobierno alemán y sus representantes en México cobraron cada vez mayor entusiasmo por Carranza, aunque no rompieron completamente sus vínculos con Villa. Zimmerman, ministro alemán de Asuntos Exteriores, concibió un plan tan grandioso como fantástico. Los revolucionarios Villa y Zapata, junto con fuerzas de los *científicos* al mando de Félix Díaz, se aliarían con Carranza para realizar un ataque conjunto contra Estados Unidos. La conducción de este ejército estaría en manos de Obregón. Al mismo tiempo, habría levantamientos de apoyo en el sur de Estados Unidos. En una comparecencia ante el Reichstag, Zimmerman dijo: "Villa parece a punto de unirse a Carranza. La hostilidad entre ambos parece disminuir ante el enemigo común estadounidense. En México ha ocurrido lo que hemos estado esperando. La actitud de México hacia Alemania es enteramente favorable, y si Estados Unidos se vuelve realmente contra nosotros, creo que se puede asumir que los mexicanos no perderán la oportunidad de causar conflictos en la frontera y lanzar un ataque".[35]

Esas esperanzas alemanas de unidad de todas las partes contra Estados Unidos resultaron ilusorias, como pronto descubrirían los agentes alemanes que, en efecto, trataron de reconciliar a Carranza y Villa. Según un informe dirigido al

cónsul estadounidense en Nogales por un germano-estadouniden‹
Biermann que tenía estrechos contactos con las operaciones alema
xico, los agentes de este país habían intentado que los dos jefes revo
llegaran a un acuerdo, pero Carranza se había negado. Varios días c
rothers informaba que un hombre de negocios alemán había tratad
te de organizar una reunión de Villa y Murguía en Chihuahua.[36]

Con la esperanza de tener éxito en esos intentos las autoridades alemanas seguían entregándole armas a Villa en marzo de 1917. "El vicecónsul en Mazatlán informa que Villa, con apoyo de los alemanes, espera recibir tres embarques de municiones que llevarán a tierra veleros entre Mazatlán y Manzanillo", informaba el agregado militar alemán en México.[37] Cuando vieron que no era posible ningún acuerdo y que debían elegir entre Villa y Carranza, al parecer los alemanes dejaron caer a Villa por completo. A partir de abril-mayo de 1917, ningún informe alemán ni estadounidense hace referencia a la ayuda de Alemania a Villa.

También el servicio de inteligencia británico se interesaba por Villa. El gobierno inglés, y en especial los militares, se proponían derrocar al gobierno de Carranza por su actitud progermana y su nacionalismo, que temían afectara los grandes intereses petroleros que tenían en México. Apoyaron a las fuerzas conservadoras de Félix Díaz y de Manuel Peláez, y les proporcionaron armas.[38] Pronto se dieron cuenta de que esas fuerzas no podrían vencer a Carranza por sí solas. Si acaso esto era posible, sólo lo sería con ayuda de Villa. Pero prestar apoyo a Villa presentaba grandes riesgos. No sólo afectaría negativamente las relaciones entre británicos y estadounidenses, aliados desde que estos últimos entraron en la guerra mundial, sino que crearía un escándalo para la opinión pública británica, extremadamente hostil a Villa desde el asesinato de Benton. Tres agentes británicos presentaron distintos planes para obtener la ayuda de Villa contra Carranza. Cada uno estaba diseñado para eludir de diversa manera los obstáculos mencionados. El diplomático británico de más alto rango en México, Cunard Cummins, sugirió un plan para derrocar a Carranza que "salvará nuestras propiedades, vidas y prestigio y no costará una gota de sangre nuestra".[39] Sólo se derramaría sangre mexicana. Estados Unidos y los Aliados debían prestar su apoyo a una coalición de villistas encabezados por Felipe Ángeles y Roque González Garza, de conservadores encabezados por Eduardo Iturbide, y de zapatistas bajo el mando de Francisco Vázquez Gómez. Aunque, de esta manera, se aseguraría la colaboración de Villa, él permanecería prácticamente invisible. Ángeles, que era una figura mucho menos controvertida, sería el jefe nominal, y tal vez incluso real, del elemento villista. A cambio del apoyo de los Aliados, los nuevos gobernantes deberían hacer explícita su voluntad de otorgar privilegios especiales a los extranjeros. Cummins estaba convencido de que lo harían.

Los mexicanos exiliados y los que se oponen a los carrancistas están de tal manera reducidos a la desesperanza que aceptarán cualesquiera términos que se les impongan. Se deben poner las siguientes condiciones:

Extranjeros en la comisión que maneje todos los fondos del gobierno –para dar confianza y proteger a los bancos que concedan créditos.

Los extranjeros deben gozar de los mismos derechos que gozan los mexicanos en el extranjero.

Las reclamaciones de los extranjeros serán revisadas y reconocidas cuando sean justas.

Todas las personas y corporaciones extranjeras deberán tener el derecho de apelar a los representantes diplomáticos de sus respectivos gobiernos, sin importar que hayan renunciado a tales derechos.[40]

John B. Body, el representante de la enorme British Mexican Eagle Oil Corporation, tenía un plan un tanto distinto. Sólo los conservadores que representaban a Peláez y Félix Díaz debían tomar funciones de dirección en la coalición que derrocaría a Carranza; Villa sólo debía participar marginalmente. Al principio, Body no quería permitirle participar en el nuevo movimiento, pero luego llegó a la conclusión de que Villa, quien según él "buscaba y escuchaba los buenos consejos", acabaría por apoyarlo plenamente. En ese caso no habría problema en proporcionarle armas –evitando cuidadosamente que pudiera reunir un ejército mayor– ni en sobornarlo tras la victoria convirtiéndolo en jefe regional de los rurales. Desde luego, Villa tendría que pedir primero disculpas por el asesinato de Benton y "pasar por la formalidad de saludar a la bandera británica".[41]

La idea de que Villa se subordinaría a Díaz y Peláez, y se humillaría saludando a la bandera británica era ridícula. Tal vez por esa razón, otro hombre de negocios, de nombre Bouchier, cercano a las autoridades británicas, sugirió lo que en términos ingleses se podía considerar un plan más "conveniente". Proponía "inyectarle nueva sangre al partido reaccionario para que pudiera desplazar a Carranza y su gente". Con ese fin, recomendaba obtener ayuda de los revolucionarios, aunque con cautela. Villa, escribió, "debe ser utilizado para un propósito específico y, si abusa de su posición, sería sumamente fácil que desapareciera accidentalmente". Zapata, explicaba Bouchier, "es un hombre malo y sus tropas carecen de principios: perseguirán sus propios fines, hasta que sean subsecuentemente metidas en cintura, o prácticamente barridas mediante métodos de concentración, que es casi la única manera de contenerlos, debido a la naturaleza extraordinariamente accidentada de su territorio".[42] La idea de emplear los servicios de Villa y de los zapatistas, y luego asesinar al uno y exterminar a los otros en campos de concentración, le pareció atractiva a la embajada británica en Washington, que encontró el plan "interesante" y consideró que debía ser examinado más cuidadosamente.[43]

A diferencia de los planes de los alemanes, los de la inteligencia británica nunca pasaron de especulaciones y no hay indicios de que sus agentes llegaran a contactar a Villa.

En contraste con los agentes de inteligencia británicos, los representantes de los empresarios estadounidenses que querían derrocar a Carranza, y en especial las compañías petroleras, sí hicieron intentos concretos por obtener los servicios de Villa.

Cuando la Expedición Punitiva entró en México, las compañías petroleras y otros negocios y empresas estadounidenses concibieron la esperanza de que fuera el principio de una ocupación total del país. Al ver que eso no sucedía, el político estadounidense más íntimamente identificado con los intereses petroleros, el senador Albert Bacon Fall, trató de utilizar la campaña presidencial de 1916 para convertir la intervención de México en tema central de la elección. Procuró presionar a Wilson para que interviniera y a su opositor republicano para que se comprometiera firmemente a hacerlo si era elegido. Fall contestó con vehemencia a Wilson, quien había tildado de egoístas a los empresarios que defendían la intervención en México. "¡Vaya, señor presidente!", dijo ante el Senado, "los egoístas capitalistas estadounidenses y los mecánicos estadounidenses que sólo miran por sí mismos, y los egoístas trabajadores estadounidenses que perforan túneles y tienden vías de ferrocarril han hecho la civilización en México [...], ellos pagan los impuestos. Ellos sostienen a los gobiernos. Ellos abren los tiros de las minas. Ellos construyen las fábricas. Ellos hacen las comunicaciones ferroviarias. Ellos levantan las líneas eléctricas."[44] Los intereses de esos empresarios y las repetidas declaraciones de Fall en el sentido de que los mexicanos nunca podrían restablecer por sí mismos la paz eran las bases ideológicas de sus constantes llamados a intervenir y ocupar masivamente el país.

Para fines de 1916, tras la reelección de Wilson, había quedado muy claro tanto para Fall como para las compañías petroleras que, por lo menos a corto plazo, no se produciría tal intervención. No sólo Wilson se oponía, sino que, incluso si la hubiera defendido, la creciente probabilidad de la guerra con Alemania volvía imperativo salir de México. En esa posición, Wilson estaba respaldado por intereses empresariales por lo menos tan poderosos como los intervencionistas, si no más. Firmas como la banca de Morgan estaban íntimamente involucradas con Gran Bretaña y Francia, y sufrirían pérdidas cuantiosas si los Aliados eran derrotados.

Esto no significa que las compañías petroleras o Fall abandonaran sus planes de derrocar a Carranza, sino que tuvieron que buscar otros medios. Armaron y abastecieron a los enemigos mexicanos de Carranza con la esperanza de que pudieran derrotarlo aprovechando que Wilson le había bloqueado la venta de armas y le impedía obtener préstamos en Estados Unidos como resultado de las tensiones que suscitó la Expedición Punitiva. Al principio, los petroleros se limitaron a armar y abastecer a los rebeldes conservadores del sur del país, Félix Díaz y Peláez, y a conspirar con Iturbide y los representantes de la iglesia católica.[45] Como los británicos, pronto se dieron cuenta de que esas fuerzas conservadoras no podrían vencer a Carranza por sí solas. A fines de 1916 ya pensaban que Pancho Villa era el único hombre en México que tenía la fuerza, el carisma y la energía para lanzar una verdadera campaña contra el gobierno mexicano. En enero de 1917, los militares estadounidenses informaban "que Villa mandó decir a Hipólito desde Torreón la semana pasada [...] que tienen ofertas de ayuda financiera de la Standard Oil Company".[46]

Ese interés se vio más que confirmado en una notable carta que le envió a Villa uno de los socios cercanos del senador Fall, Charles Hunt, comerciante en ganado con muchos intereses en México, en la que le ofrecía organizar una reunión entre él y el senador.

> Si se reúne conmigo en el lugar de la frontera que usted fije, prometo traer a la reunión a uno de los más eminentes estadistas de Estados Unidos, que tiene una poderosa influencia en todo lo relacionado con México sobre nuestros dos partidos políticos. Me refiero al senador Albert B. Fall, que aprecia al pueblo mexicano, y ningún estadounidense vivo conoce las condiciones reinantes en México mejor que él. El senador Fall, como usted bien sabe, se opone con todo su ser a Carranza y a sus métodos, y lo considera un tirano que está arrastrando a la nación y al pueblo mexicanos a la más profunda desdicha y ruina, y deshonrándolo ante el resto del mundo.[47]

Estando todavía la Expedición Punitiva de Pershing en México con el fin ostensible de perseguir a Villa y llevarlo ante la justicia estadounidense, Hunt le escribía al revolucionario mexicano:

> Ahora bien, general Villa, he discutido esta cuestión a fondo con el senador Fall y la mayoría de los principales mineros de Chihuahua, y la prensa de este país está generalmente de parte de usted en la formación de un gobierno estable especialmente en el norte de México, y creo firmemente que si usted fija una fecha y un lugar para reunirse con el senador Fall en Chihuahua, él y algunos de sus amigos lo visitarán donde y cuando usted diga, y creo que usted puede organizar el plan de manera que beneficie a sus intereses; la única condición que le requerirán será que proteja las vidas y propiedades de los estadounidenses dentro del país que usted domine. Con una combinación como ésta para ayudarle, pronto tendrá grandes ingresos de las minas de Chihuahua y de muchas otras fuentes.[48]

En esta carta, Hunt se refería con vaguedad a lo que Villa debía hacer a cambio de la ayuda que Fall y sus socios le prometían, excepto por la protección a las propiedades estadounidenses y a formar "un gobierno estable especialmente en el norte de México". Siete años más tarde, en una entrevista, Hunt aclaró lo que esa frase quería decir en su opinión y la del senador Fall: Villa debía dividir a México y crear una república norteña separada, que abarcaría Baja California, Sonora, Chihuahua, Coahuila, Nuevo León, Tamaulipas y la parte norte de Veracruz,[49] es decir casi toda la zona petrolera de México. Unos días después de enviar su carta, Hunt le escribió a Fall en términos que revelan que había hablado con él del asunto antes de decidir planteárselo a Villa. "Poco después de su partida redacté una carta a la parte mexicana diciéndole que le escribía por iniciativa propia y le exponía lo que usted y yo habíamos hablado. Me tomó algo de tiempo descubrir la forma de transmitir la carta, pero finalmente encontré dos vías diferentes a través de las cuales consigné el escrito."[50]

Por desgracia para Hunt y para Fall, Darío Silva, a quien Hunt le dio la carta por considerarlo un leal seguidor de Villa –era uno de los ocho hombres que entraron originalmente a México con Villa en marzo de 1913–, no tuvo reparos en traicionar a su antiguo jefe. Vendió una copia de la carta por cincuenta pesos a Andrés García, cónsul carrancista en El Paso y jefe del servicio secreto mexicano en esa población, y le dio otra copia a George Carothers, enemigo de Fall.[51]

Cuando Fall se enteró de que tanto Carothers como el Departamento de Estado tenían copias de la carta, intentó disociarse apresuradamente de su amigo. En una larga carta aparentemente dirigida a Hunt pero en realidad destinada al secretario de Estado Lansing, Fall decía que, aunque habló con Hunt acerca de Villa cuando lo visitó en un hospital, nunca lo autorizó a escribirle. Es interesante que esa desautorización sólo se produjera cuando Fall ya sabía que el Departamento de Estado estaba en posesión de la carta. Al mismo tiempo, Fall daba a entender que estaba dispuesto a hablar con Villa y, bajo ciertas circunstancias, incluso a apoyarlo. "Le dije a usted que en caso de que Villa acudiera a la frontera o enviara representantes suyos, no tendría vacilaciones en hablar con ellos abiertamente y discutir los asuntos mexicanos, pero que no hablaría con ningún representante de ninguna facción ni una palabra acerca de México si no había el compromiso preliminar de respetar las vidas y propiedades de los estadounidenses, respetar los tratados, etcétera."

A continuación Fall expresaba cierto renuente respeto por Villa. "Aunque durante años he sabido que es un asesino y un forajido, creo que intentó cumplir las promesas que hizo a Estados Unidos." Y dejaba claro que no excluía la posibilidad de darle su apoyo.

Si el señor Villa pudiera convencerme de que se encuentra en una posición tal que, si este gobierno no interfiere, podría restaurar el orden y mantener la paz y el orden en México, y por tanto que se halla en posición de y quiere darme seguridades satisfactorias de que desea cumplir y cumplirá todas las obligaciones internacionales así como la obligación nacional de proteger a los ciudadanos y las inversiones extranjeros en México, no dudaría de exponer públicamente, en el Senado y fuera de él, ante el pueblo de Estados Unidos, esas seguridades y, franca e imparcialmente, aconsejarles, en la medida de mis conocimientos de los asuntos mexicanos, etcétera, como he hecho hasta ahora.[52]

Era una declaración de que Fall y sus socios, entre los que sin duda se hallaban las compañías petroleras, estaban dispuestos a jugar la carta de Villa. Esa actitud se modificó un tanto cuando una copia de la carta de Hunt se filtró al *New York Times*, y los periódicos estadounidenses empezaron a publicar acerbas críticas contra Fall.

Para mediados de 1917, las compañías petroleras también se habían dado cuenta de que Villa había perdido la capacidad de controlar el norte de México. Sin embargo, no habían abandonado todas las esperanzas puestas en él. Aún podía ser un poderoso instrumento para derrocar a Carranza, no tanto como dirigente, sino como parte de una coalición más amplia de fuerzas anticarrancistas.

Los petroleros consideraron, tras la publicación de la carta de Hunt, que la utilidad de Fall como su intermediario ante Villa había quedado en entredicho. Por tanto, optaron por un hombre con mucha experiencia en México y aún más adepto a las intrigas: Sherburne G. Hopkins, quien reapareció en el escenario mexicano tras haberse esfumado por un tiempo. Hopkins comprendió que la única forma de que Villa recuperara su buena imagen en Estados Unidos era negar su participación en el ataque a Columbus. En 1917, redactó el borrador de una declaración para la prensa, supuestamente firmada por Villa. "En respuesta a las muchas preguntas que he recibido deseo que lo siguiente sea conocido del público estadounidense", le hacía decir a Villa.

Primero: No tuve nada en absoluto que ver con el llamado *raid* a Columbus, ni directa ni indirectamente, hecho del que existen amplias pruebas, en la medida en que me hallaba a muchas millas de la frontera en ese momento.

Segundo: Como sabe cualquier estadounidense de Chihuahua, no tuve responsabilidad por los asesinatos de Santa Isabel. De haber tenido la oportunidad, habría castigado adecuada e inmediatamente a quienes cometieron esa atrocidad, ya que muchas de las víctimas eran buenos amigos míos.

Tercero: Que hablen los estadounidenses que han tenido negocios en los estados del norte y digan quién les ofreció siempre protección y les permitió ir y venir libremente: Carranza o Villa.

A continuación, Villa acusaría a Carranza de ser agente de los alemanes, "controlado por el mayor de todos los criminales, el Káiser". Hopkins concluía el manifiesto con estas palabras:

No ambiciono altos cargos. No aceptaré ninguno. Pero me propongo ver que el poder ejecutivo de esta nación sea puesto en manos de algún hombre bueno, fuerte y justo, un verdadero estadista que, rodeado por un gabinete compuesto por hombres de carácter, sea capaz de guiar nuestros destinos con mano segura y firme. Entonces me retiraré, pero no antes.[53]

La última parte de la "declaración de Villa" escrita, hasta donde se puede comprobar, por Hopkins reflejaba en efecto los objetivos de las compañías petroleras. Estaban buscando entre los mexicanos exiliados en Estados Unidos a un hombre capaz de unir a los opositores de Carranza, tanto conservadores como revolucionarios, y que fuera mucho más favorable que éste a sus intereses.

No hay pruebas de que Villa respondiera positivamente en ningún momento a estos designios. Sí sabemos que recibió la carta de Fall y la rechazó de plano.[54]

EL MUNDO DE LOS EXILIADOS

Desde fines del siglo XIX, la mayoría de las revoluciones contra los gobiernos mexicanos fueron preparadas al norte de la frontera. Allí se imprimían los periódicos y panfletos de la oposición, se planeaban las revueltas, se compraban las armas y se alistaban para cruzar la frontera desde las pequeñas bandas hasta los grupos revolucionarios de consideración.

Los primeros que emprendieron ese tipo de actividades en el siglo XX fueron los hermanos Flores Magón y su Partido Liberal. A ellos siguió Francisco Madero. Y de nuevo, desde Estados Unidos cruzó Villa a México para iniciar la odisea revolucionaria que lo condujo hasta la capital.

El centro más importante de tales actividades y preparativos era El Paso, Texas, y en las habitaciones y vestíbulos de su Sheldon Hotel incontables revolucionarios se reunieron, complotaron y se alistaron para combatir entre sí o contra el gobierno federal.

Mientras se hallaban en Estados Unidos, había dos grandes obstáculos para los revolucionarios mexicanos. El primero eran los agentes del gobierno mexicano que intentaban infiltrarse en sus filas y a menudo lo lograban. En tiempos de Porfirio Díaz, el gobierno contrató los servicios de una agencia estadounidense de detectives privados, la Agencia Furlong, que se encargó de gran parte del espionaje y del trabajo encubierto. En la época de Madero, cumplió esa misma función Felix Sommerfeld, el periodista mexicano-estadounidense-alemán que más tarde se unió a Villa y luego lo traicionó en favor de la inteligencia alemana. A partir de 1915, los carrancistas organizaron su propio servicio secreto, encabezado por el cónsul en El Paso, Andrés García. Los carrancistas tenían mucho que ofrecer a sus colaboradores aparte de incentivos monetarios: la amnistía y la devolución de las propiedades expropiadas a menudo resultaron ofertas convincentes. El segundo obstáculo eran las autoridades estadounidenses, que trataban de impedir toda infracción a las leyes de la neutralidad. Aunque en Estados Unidos no era ilegal hacer propaganda contra el gobierno mexicano, sí lo era organizar revueltas e incursiones al país. Si se podía probar que habían emprendido tales actividades ante un tribunal, los revolucionarios podían ser juzgados y encarcelados. Vender armas al otro lado de la frontera no era ilegal salvo cuando el gobierno estadounidense había declarado un bloqueo, como era el caso en 1916.

La aplicación de las leyes de neutralidad dependía en gran medida de la actitud que tuvieran hacia los revolucionarios mexicanos las autoridades estadounidenses locales. Si bien los hermanos Flores Magón, cuyas ideas anarcosindicalistas eran anatema para los funcionarios estadounidenses, fueron implacablemente perseguidos, Madero recibió un trato más suave y durante varios meses pudo preparar su revolución sin interferencias. Incluso cuando las autoridades estadounidenses querían intervenir, la simple longitud de la frontera les hacía sumamente difícil controlarla. A partir de 1916, el gobierno estadounidense se esforzó como nunca en la historia por vigilar la frontera y a los exiliados mexicanos. Les facilitaron la tarea las grandes concentraciones de tropas que se iniciaron con la entrada de la Expedición Punitiva en México pero que no terminaron cuando las tropas volvieron a Estados Unidos, así como la creación de un bien dotado departamento de inteligencia militar que, junto con el fortalecido Buró de Investigación, ejercieron una supervisión sin precedentes sobre todos los exiliados mexicanos: sus organizaciones fueron infiltradas, su correo fue violado y sus movimientos vigilados.[35] Las actividades de estos agentes no pusieron fin a los complots revolucionarios y no evitaron que los conspiradores se escabulleran por la frontera, pero sí impidieron el tipo de contrabando masivo de armas y municiones que se había producido en 1913-1914.

La mayoría de los exiliados que pasaban a Estados Unidos no tenía intención de participar en la política revolucionaria mexicana. Muchos se contentaban con hallar empleo, que era mucho más abundante debido al auge económico inducido por la guerra. Los que no hacían política ni complotaban (las dos actividades no eran siempre idénticas ni complementarias) solían ser políticos o militares destacados, enemigos unos de otros. Aunque divididos en gran número de grupúsculos, los exiliados cabían en dos categorías principales: los partidarios de la derrotada facción convencionista, que incluía zapatistas, villistas y antiguos villistas que repudiaban a Villa pero aún se consideraban revolucionarios, y los viejos partidarios de Díaz y Huerta, que se oponían fundamentalmente a la revolución mexicana.

El grupo de conservadores incluía amplio espectro de fuerzas políticas que iba de "científicos" porfiristas a exfuncionarios del gobierno de Huerta, seguidores de Félix Díaz y miembros del Partido Católico cuyo vocero era Eduardo Iturbide. Cada uno de estos grupos estaba dividido por rivalidades personales, pero en conjunto presentaban ciertas características comunes. Todos procuraban obtener ayuda militar, política y financiera de los gobiernos británico y estadounidense, e insistían en su oposición a Alemania y a la política progermana del gobierno de Carranza. Todos se oponían a la nueva Constitución de 1917, y la mayoría, con excepción del Partido Católico, quería volver a la Constitución de 1857, que no incluía los planteamientos nacionalistas de la nueva. La mayoría tenía fuertes vínculos con los empresarios estadounidenses, en particular con las compañías petroleras. Algunos representaban a los revolucionarios armados conservadores que operaban principalmente en el sur de México. Muchos de estos grupos tenían puestas sus esperanzas en una intervención militar de Estados Unidos, pero se daban cuenta de que ésta no podría producirse mientras durara la primera guerra mundial y las tropas estadounidenses estuvieran ocupadas en Europa.

Aquellos conservadores –y sus asociados estadounidenses– que no querían esperar al fin de la guerra para derrocar a Carranza se hallaban en un difícil dilema. Sus propias fuerzas armadas eran demasiado débiles para derrocar al gobierno y su única posibilidad era una alianza con quienes habían sido sus mayores enemigos, tanto en 1910 como en 1914: los zapatistas, los villistas y los otros grupos pequeños de revolucionarios rurales de todo México. De 1916 en adelante, los conservadores mexicanos exiliados idearon todo tipo de planes para que los revolucionarios sirvieran a sus propios fines.

Algunos revolucionarios exiliados, aunque ciertamente no todos, pensaban de manera parecida. No tenían poder suficiente para deponer al Primer Jefe, pero se proponían emplear los recursos financieros de los conservadores para lograrlo. En consecuencia, surgió una serie de alianzas informales e inestables de fuerzas sociales heterogéneas, cuyos resultados prácticos serían muy limitados.

Los conservadores, y en particular los grupos armados de Félix Díaz y Peláez, lograron establecer ciertos tratos y alianzas temporales con los zapatistas, a pesar de las diferencias ideológicas que los separaban de ellos. Aunque el propio Zapata, que tenía una perspectiva nacional, se resistía a entrar en tales pactos, muchos de sus jefes subalternos no vacilaban en alinearse con los conservadores mientras éstos reconocieran su control sobre Morelos y sus alrededores, y aceptaran la reforma agraria que habían llevado a cabo en esa zona. Lo que ocurriera en el resto del país les interesaba mucho menos.[36] Además, dado que en ocasiones las unidades militares conservadoras operaban en zonas adyacentes a las suyas, su colaboración contra las fuerzas de Carranza podía tener importancia estratégica. Los zapatistas no parecían preocuparse mucho por los vínculos que mantenían los conservadores con los intereses extranjeros, ni porque algunos jefes del movimiento de Félix Díaz, y sobre todo él mismo, hubieran estado implicados en el asesinato de Madero. Después de todo, los zapatistas habían luchado sin pausa contra el presidente mexicano.

Los conservadores tuvieron dificultades mucho mayores para establecer ligas con Villa o con los convencionistas exiliados. La alianza con ellos presentaba menos ventajas militares, ya que muy pocos rebeldes conservadores operaban en el norte, y los villistas y convencionistas tenían más suspicacias sobre sus relaciones con las compañías petroleras. Los revolucionarios norteños, casi todos exmaderistas, se resistían a asociarse con quienes habían participado en el derrocamiento y el asesinato de Madero.

Entre los dirigentes conservadores, quien más defendía la idea de llegar a algún tipo de acuerdo con Villa y con los exvillistas exiliados era Manuel Calero, político que había desempeñado un papel importante durante los últimos años de la dictadura de Díaz, la presidencia de Madero y la era de Huerta. Pensaba que poseía ciertas "credenciales revolucionarias" que podían atraer a los villistas exiliados: había apoyado a Reyes en tiempos de Díaz, había sido embajador en Estados Unidos y secretario de Relaciones Exteriores durante la presidencia de Madero, y había roto con Huerta antes de que fuera finalmente depuesto. Por desgracia para él, los revolucionarios pensaban que también se había vuelto contra Madero en los días cruciales que antecedieron a la Decena Trágica y que había apoyado a Huerta durante largo tiempo. "Calero", escribía Hurtado Espinosa, uno de los revolucionarios exiliados, "es uno de ésos, con la agravante de haber traicionado a quien lo elevó y de haber contribuido según se supo para que lo asesinaran." No sólo acusaba a

Calero de "trabajar contra Madero y la revolución" sino de intentar convertirse en presidente de México con ayuda de Huerta.[37] Era un camaleón político, que se había volteado contra cada uno de los líderes a quienes había apoyado: Reyes, Madero y Huerta. Para muchos revolucionarios, sólo había una causa a la que había permanecido fiel durante toda su carrera política: la de las compañías petroleras, de las que era representante desde mucho antes de que empezara la revolución. "¿Por qué las dificultades entre México y las compañías petroleras americanas principalmente? Por los consejeros abogados consultores de las compañías americanas de los que Calero es de los principales de ellos. [...] Y como los de su clase todo lo posponen a su egoísmo, a su ambición desenfrenada, a su propia conveniencia, sin importarles nadie ni nada; pero sí, al hablar [...] todo por la patria y para la patria, hasta el sacrificio de la propia vida."[58] A pesar de la honda hostilidad que muchos revolucionarios sentían hacia él, Calero creía que tenía una carta que jugar: la gratitud de Felipe Ángeles.[39] A través de él, que desconfiaba profundamente de Calero pero no quería ser ingrato con su antiguo abogado, intentó influir en Villa y en los exiliados. No era cosa fácil, porque los exvillistas se hallaban muy divididos, y sus diferencias no eran nítidas ni homogéneas. Existía un cisma entre los que tenían y los que no tenían: los que se habían forrado los bolsillos durante la revolución y los que seguían siendo pobres; otra brecha separaba a quienes querían mantener lazos con Villa de los que habían roto definitivamente con él. Estaban los que aceptarían un acuerdo, bajo ciertos términos con los carrancistas, y los que rechazaban cualquier tipo de pacto con ellos. Finalmente, la actitud que estaban dispuestos a asumir frente a los estadounidenses era otro punto de controversia y división.

La primera de esas diferencias, la que separaba a los adinerados de los pobres, se reflejó en un extraño juicio que tuvo lugar en un tribunal de Los Ángeles en 1919.

La figura principal del proceso fue el corrupto representante de negocios de Villa, Lázaro de la Garza, que había hecho una enorme fortuna traicionando a su representado y vendiendo a los franceses las municiones destinadas a él. "El señor De la Garza es conocido como uno de los financieros más listos que hayan producido los disturbios mexicanos", describía un periódico de Los Ángeles. "El señor De la Garza ha estado viviendo en la espléndida casa que tiene en el número 590 de la avenida Vermont, pero recientemente la ha alquilado para mudarse a una mansión aún mayor." El periódico daba cuenta de una argucia por la que De la Garza había obtenido enormes ganancias.

Estaba a la cabeza del banco de Torreón y allí permaneció hasta que el *boom* villista se vino abajo y el valor del papel moneda cayó de dieciséis centavos oro sobre el dólar a aproximadamente nada. Se dice que los previsores que tomaron prestado en dinero villista y lo vendieron por oro estadounidense, incluso con descuentos ruinosos, realizaron grandes sumas, y pagaron sus deudas al tesoro de Villa en la misma moneda, pero cuando ya no tenía prácticamente ningún valor.[60]

De la Garza estaba decidido a aferrarse al último centavo de ese dinero cualquiera fuera el costo. Rechazó hasta la más pequeña solicitud de préstamo de los convencionistas exiliados y empobrecidos, como Federico González Garza.[61] Rehusó sin más una petición de Hipólito Villa, de que le devolviera a Francisco parte de las ganancias obtenidas en la venta de armas que hizo a Francia, ya que era la División del Norte la que había puesto el dinero inicial para el negocio. "Mandé a Gonzalitos [...] a tratar con don Lázaro", le escribió Hipólito a su hermano, "del asunto de los cien mil dólares que le dimos para el contrato de las municiones, pero se negó a entregárnoslos de la manera más descarada, a pesar de la transacción. No te digo la falta de consideración con que trató a mi enviado, ni lo mal que se expresó de ti y de mí." Amargamente, añadía: "Nos llaman bandidos [...] pero ellos son los que tienen los cien mil".[62] Hipólito Villa nada podía hacer para obligar a De la Garza a cumplir, ya que éste vivía en Estados Unidos.

Pero había otro antiguo socio de De la Garza que sí podía apelar a los tribunales estadounidenses y tratar de hacerlo devolver el dinero que, según decía, había invertido para el negocio de las municiones. Era Salvador Madero, hermano del difunto presidente, que también había sido representante de Villa en Estados Unidos. En 1916, demandó a De la Garza por setenta y cinco mil dólares que, sostenía, era la suma que había prestado al gobierno villista y personalmente a De la Garza para comprar las armas destinadas a Villa que fueron vendidas a los franceses. Madero fracasó en sus intentos y la demanda no despertó gran interés; la prensa la presentó simplemente como un conflicto entre hombres de negocios. En cambio, tres años más tarde, cuando Salvador Madero volvió a presentar su demanda, ésta causó sensación y llegó a los titulares de la prensa de Los Ángeles. La razón fue que en esa ocasión no intentó hablar en su nombre, sino en el de Pancho Villa. La idea de que Villa, que había atacado Columbus y a quien las tropas estadounidenses trataban de dar caza en México, ahora tratara de hacer cumplir una demanda por una compra de armas ante un tribunal de Estados Unidos produjo gran impacto. No está claro si Salvador Madero actuaba realmente en nombre de Villa o si simplemente pensó que hacerlo le sería útil en el proceso. En este último caso, estaba profundamente equivocado. De la Garza, arguyendo que Villa era enemigo de Estados Unidos, consiguió fácilmente que la corte sobreseyera la causa.[63] A pesar de esta victoria, y de la fortuna que había amasado, de ningún modo las dificultades habían terminado para él: sus mal habidas ganancias lo siguieron a la tumba, ya que una vez que regresó a México, Hipólito Villa, los Madero y otros lo persiguieron incansablemente con procesos que llevaron a su temporal encarcelamiento, y lo señalaron en la prensa mexicana como uno de los mayores canallas que había producido la revolución.[64]

Un tema mucho más importante que el dinero causaba también divisiones entre los antiguos villistas ahora exiliados, y era la cuestión de si debían continuar apoyando a Villa después de su ataque contra Estados Unidos. Entre los que habían estado cerca del caudillo, sus mayores opositores fueron los hermanos Federico y Roque González Garza, particularmente este último, que había sido representante personal de Villa ante la Convención de Aguascalientes. "El resurgimiento de Villa", le escribió a un amigo, "no es ya posible. Su acción en Columbus [...] constituye, en esta época, el obstáculo más grande que en la gloriosa carrera de ese hombre pudo haberse interpuesto para evitar el triunfo de los infelices de México, a quienes él representó y aún representa." Roque González Garza fue la única figura política importante de México que no condenó el ataque en términos morales; por el contrario, en la misma carta le decía a su amigo que éste "muy bien podía estar justificado a la luz de la historia y la moral política".[65] Roque González Garza nunca explicó por qué pensaba así, pero un año antes, cuando trató de explicarle a Villa el reconocimiento de Wilson a Carranza, había dado a entender que éste posiblemente había pagado con algún tipo de pacto secreto con Estados Unidos. Su hermano Federico fue, según el historiador chihuahuense Francisco Almada, el autor del manifiesto de Naco, en que Villa describía ese pacto secreto, y por tanto los hermanos González Garza probablemente compartían la convicción de que Carranza había vendido al país.[66] Sin embargo, aunque no condenara moralmente el ataque a Columbus, Roque González Garza sí decía que los antiguos intelectuales partidarios de Villa no podrían apoyarlo sobre bases morales.

> Villa podrá contar mañana o pasado con un nuevo grande ejército; pero desgraciadamente no podrá ya contar, de ninguna manera, con el apoyo moral del sinnúmero de hombres honrados y de buena fe que lo seguimos cuando se luchaba por principios y no por hombres. Villa ya pasó a la Historia y por más que haga, le será materialmente imposible volverse a colocar en la altura a que llegó. Si yo pudiera, puede usted estar seguro que haría todo lo posible por convencer a mi antiguo compañero de que lo mejor que debiera hacer sería que se retirase a la vida privada y al extranjero después de lanzar un razonado manifiesto a la Nación. El retiro de Villa en esa forma traería, no lo dude usted, grandes ventajas para su partido en particular y para la República en general [...] Sobre todo, amigo mío, se quitaría de un solo golpe el pretexto que Washington alega para insistir que el invasor continúe hollando el territorio de la Repúbilca.[67]

A pesar de su ruptura con Villa, los hermanos González Garza no estaban dispuestos a abandonar totalmente la política ni a llegar a un acuerdo incondicional con Carranza. Junto con otros exiliados, empezaron en 1916 a organizar a los antiguos villistas y exmaderistas en una formación política llamada primero Partido Legalista y, luego, Alianza Liberal. Para los González Garza, la organización sería un grupo de presión que, a través de la propaganda y tal vez por otros medios, procuraría modificar la política de Carranza.

En el otro extremo del espectro político, entre los exiliados villistas se hallaba un dirigente cuya lealtad era casi incondicional. Se trataba de Miguel Díaz Lombardo, uno de los tres líderes del gobierno que Villa había creado para el norte de México en 1915.

Es difícil explicar la lealtad que le tenía a Villa este abogado, hijo de una de las familias más antiguas y conservadoras de México. Era sobrino de Miguel Miramón, famoso general conservador que fue ardiente partidario del emperador Maximiliano y que fue fusilado junto a él precisamente el mismo día en que nació Miguel Díaz Lombardo, quien por esa razón, llevaba el nombre de pila de su tío. Sin embargo, su ideología resultó muy diferente de la de su conservador pariente. Su distinguida carrera como profesor de leyes en la Universidad Nacional en la época de Díaz no le impidió expresar ideas liberales y una fuerte oposición a la dictadura. Fue un ferviente partidario de Madero, quien primero lo nombró secretario de Educación y luego lo envió como embajador a París, donde, tras el golpe de Huerta se unió a los exiliados maderistas contra el usurpador y trabajó para obstaculizar un sustancial préstamo que iba a hacerle el gobierno francés. Díaz Lombardo tomó partido por Villa, y no por Carranza, principalmente debido a la lealtad de aquél hacia Madero.[68]

Díaz Lombardo nunca compartió las dudas de Roque González Garza sobre las posibilidades que tenía Villa de recuperar la supremacía en México o respecto a sus calificaciones morales para ello. "Quería hacerle saber", le escribió a Villa el 4 de febrero de 1917, un día antes de que el último miembro de la Expedición Punitiva saliera de México, en una carta transmitida a través de Alfonso Gómez Morentín,

> que los mejores entre quienes estábamos íntimamente vinculados con usted, y los convencionistas, nos hemos mantenido fieles al espíritu revolucionario de 1910, y nuestras convicciones no han cambiado a pesar de la tristeza y las dificultades del exilio; y le puedo asegurar que confiamos en que usted con su infatigable energía, su verdadero interés por el pueblo de México y su adhesión a las ideas democráticas contribuirá a establecer la paz en nuestra patria y derechos iguales para todos los mexicanos, y mejorará las condiciones de la clase media y la clase trabajadora, de las que depende la futura prosperidad de la nación.

En la misma carta, Díaz Lombardo proponía una serie concreta de reformas. Una de ellas era la celebración de elecciones. "Creo, señor general, que si usted establece un gobierno civil en los estados que domina, después de que el enemigo haya sido completamente derrotado, y llega a un acuerdo con el resto de los jefes sublevados, principalmente con el general Zapata, para establecer un gobierno emanado de una elección, será posible obtener un triunfo claro de la causa popular." Aparte de las elecciones, el punto más importante del programa de Díaz Lombardo era la reforma agraria. "El problema agrario, sin duda, debe resolverse de manera clara, si no queremos tener en quince o veinte años otra guerra civil, con causas idénticas a las de la actual, lo cual no sucederá si las autoridades tienen el poder de repartir la tierra cuando sea necesario y si la gente del campo tiene una forma legal de obtener tierras de cultivo." Díaz Lombardo concluía expresando su convicción no sólo de que Villa ganaría, sino de que establecería un régimen más humano y menos sangriento. "Tengo la certeza, señor general, de que usted coronará las brillantes victorias que ha obtenido contra aquéllos a quienes podemos llamar enemigos de México, con una labor de regeneración que detendrá el derramamiento de sangre y, cuando esto haya tenido lugar, el pueblo sin duda bendecirá su nombre y le quedará eternamente agradecido."[69]

Villa recompensó la lealtad de Díaz Lombardo nombrándolo su principal representante en Estados Unidos. Estaba encargado de movilizar a la opinión pública, obtener recursos financieros, establecer relaciones con las facciones del exilio y distinguir entre los simples estafadores y los estadounidenses que proponían tratos legítimos. Su devoción por Villa era total y no hay pruebas de que jamás intentara utilizar su relación con él en provecho propio. En la medida en que podía confiar en alguien, Villa confiaba en él, y nunca trató de sustituirlo por ningún otro intermediario. Sin embargo, por un tiempo, en 1916 y 1917, apareció en Estados Unidos un hombre que podía rivalizar con él, porque por obvias razones estaba más cerca de Villa: el hermano menor de éste, Hipólito. Tenía un íntimo conocimiento de todos los hombres de negocios que habían tenido tratos con su hermano y, en 1914 y 1915, había sido su principal representante en la frontera. Aunque leal, Hipólito no compartía la inteligencia de su hermano ni su compromiso con los desposeídos. Esa falta de compromiso ideológico y su amor al dinero y a la buena vida eran bien conocidos a ambos lados de la frontera.

Tras la derrota de la División del Norte y una vez que decidió atacar a Estados Unidos, Villa envió a América Latina tanto a Hipólito como a aquellos miembros de su familia que habían estado viviendo en Texas. Los diarios estadounidenses informaron que se proponían ir a Argentina y comprar allí una estancia,[70] pero finalmente decidieron quedarse más cerca de México y de Estados Unidos, y se establecieron en La Habana. No está claro por qué Villa mandó a Hipólito al exilio junto con el resto de la familia. ¿Se proponía que él protegiera a los demás parientes o, más bien, proteger a su hermano, al que quería mucho? Si Hipólito esperaba disfrutar en La Habana de los lujos que había tenido en Ciudad Juárez y El Paso, pronto descubriría que se hallaba en un error. Sólo cuatro semanas después de su llegada, las autoridades cubanas lo detuvieron en espera de extraditarlo a Estados Unidos, donde había sido acusado de intentar volar las vías de ferrocarril por las que habían viajado las tropas de Carranza, en territorio estadounidense, hasta la ciudad fronteriza de Agua Prieta. Para Hipólito, la prisión fue una experiencia devastadora, y culpaba de ella a su hermano. "No tienes idea de los sufrimientos que tengo que soportar en esta región de gringos miserables [...] hasta aquí en Cuba", le escribió a Villa en julio de 1916,

porque tú y yo nos equivocamos cuando me enviaste aquí con la familia. Veinte días después de mi llegada, el ministro estadounidense presentó una orden de su gobierno para extraditarme y, hasta que llegaron las pruebas, tuve que pasar dos meses en la cárcel de esta ciudad. Me acusaban de haber volado unos trenes en el estado de Texas y lo declaraban alteración del orden, como recordarás. Nunca tuve tal intención. Considero inútil enumerarte todas mis dificultades porque sabes que te debo todos estos infortunios, ya que cuando te dejé lo hice obedeciendo tus órdenes, como siempre he hecho. Te lo digo francamente porque de verdad lo siento. No hubiera dejado mi país si no hubiera sido por obedecer tus órdenes, y qué vida he llevado.

Sabes que no me hubieran importado las penalidades de la campaña contigo, y no tendría todas las preocupaciones que ahora tengo, lejos de mi país, pensando lo que cualquier otro pensaría, porque sabes que el orgullo de un hombre nunca lo abandona. Pregúntate a ti mismo si tengo razón. ¿Por qué no lo has hecho? Simplemente porque tienes dignidad y orgullo y yo quiero tener los mismos derechos.

Le suplicaba a su hermano que lo rescatara de Cuba, pero también era típico de Hipólito pergeñar un plan que, en todos los sentidos, habría ido contra la ideología y el compromiso social de Pancho Villa. Se le habían acercado representantes de los hacendados de Yucatán molestos por la política seguida por el general carrancista Alvarado, que los obligaba a repartirse con el gobierno los beneficios de las lucrativas exportaciones de henequén a Estados Unidos y movilizaba contra ellos a sus propios peones. Le habían ofrecido a Hipólito cinco millones de dólares para que desembarcaran en Yucatán tropas villistas y "protegieran todas sus propiedades, que Carranza está explotando".[71] No hay indicios de que Pancho Villa prestara la menor atención al proyecto yucateco de Hipólito, pero sí rescató a su hermano de la cárcel de La Habana, para lo cual envió allí a George Holmes, quien lo sacó clandestinamente de Cuba y lo llevó a su rancho en Estados Unidos. Fue descubierto por agentes estadounidenses que, aunque no lo arrestaron, lo forzaron a vivir en San Antonio, en condiciones muy restringidas y bajo vigilancia constante. No podían detenerlo porque no había participado en el ataque a Columbus ni tenían pruebas convincentes de que había intentado sabotear los ferrocarriles estadounidenses. Las restricciones que le impusieron eran rigurosas y humillantes: cuando le permitieron trasladarse por unos días a El Paso para recoger unas joyas que había dejado en la caja de seguridad de un banco, le prohibieron usar un coche mientras estuviera en la ciudad, y tuvo que arreglar todos sus asuntos a pie o en tranvía.[72]

Hipólito tenía intención de asumir el control del Partido Legalista, que habían fundado los exiliados villistas, y enviar una expedición armada a México, pero se lo impidieron la vigilancia de las autoridades, su propia falta de capacidad intelectual y su total incompetencia. Estuvo detenido un tiempo por haber violado las leyes de inmigración (había entrado en Estados Unidos por Florida, con un nombre supuesto), y le contó sus planes a un compañero de celda que inmediatamente informó a los agentes estadounidenses.[73]

La única pequeña ayuda que Hipólito prestó a su hermano en esa etapa fue a través de una entrevista periodística en que negaba absolutamente la participación de Villa tanto en la matanza de Santa Isabel como en el ataque a Columbus.

Mi información es que mi hermano no se encontraba cerca de Columbus, no tuvo nada que ver con instigar o dirigir el ataque ni con nada directamente relacionado con él. Mi hermano ha sido acusado de muchas cosas, pero nadie lo ha tildado aún de ser ni un tonto ni un cobarde. Se dice que ordenó la incursión por ira contra los estadounidenses. Si ése hubiera sido el motivo, ¿por qué no cayó en la tentación en Ciudad Juárez, que estaba desprotegida y donde tenía veintidós mil hombres, cuando le propusieron cruzar la frontera? Se ha dicho que influencias de fuera de México lo indujeron a atacar Columbus. Ese cargo es falso, porque más de una vez supe que rechazaba ofertas que lo hubieran enriquecido enormemente si hubiera estado dispuesto a comprometer la soberanía de México.[74]

Pronto comprendió Villa que muy poco podía hacer su hermano por él en Estados Unidos y que tal vez corría allí mayores riesgos que si volvía a México. De modo que, a pesar de la vigilancia de las autoridades, Hipólito regresó a su país natal y encabezó un grupo guerrillero para combatir junto a su hermano en Chihuahua.[75] No hay indicios de que demostrara ninguna capacidad especial como jefe militar, aunque logró sobrevivir en la ardua y difícil guerra de guerrillas.

Cuando se fue, Díaz Lombardo, su único rival potencial, se convirtió en el vocero indiscutido de Villa en Estados Unidos. Sin embargo, no está claro qué tanta autoridad real le confería esto. No estuvo involucrado en las negociaciones más importantes que hubo entre Villa y las compañías estadounidenses en ese tiempo, es decir, el pago de protección, ni participó al parecer en el contrabando de armas. Tal vez colaboró en los intentos por reunir fondos, pero su función principal a los ojos de Villa era mejorar su imagen en Estados Unidos, establecer relaciones con otras facciones revolucionarias y librarlo de los estafadores. En 1916, las autoridades estadounidenses lo habían encarcelado brevemente, pero a partir de 1917 gozó de relativa libertad, probablemente gracias a la creciente tensión entre Estados Unidos y Carranza –por la que al menos algunos políticos estadounidenses pensaron en utilizar de nuevo a Villa contra el Primer Jefe–, y también a que las agencias de inteligencia estadounidenses podían interceptar la mayoría de las cartas que recibía o escribía y, por tanto, ejercer cierto grado de control sobre las actividades villistas en Estados Unidos.

Díaz Lombardo siguió siendo enemigo inflexible de cualquier pacto con los conservadores que se oponían a Carranza, al igual que los González Garza y otros antiguos convencionistas aunque, a diferencia de Díaz Lombardo, éstos tampoco querían tener relaciones con Villa. Las actividades de todos ellos no tendrían en conjunto mucha relevancia. Ninguno de ellos tenía verdaderas bases ni genuina influencia en México, y ninguno de ellos regresaría durante la revolución para modificar su derrotero. En ello se distinguían del único revolucionario exiliado que sí tenía partidarios en México, que sí regresaría y que perdería la vida en el intento por cambiar los destinos de su país: el general Felipe Ángeles.

La tentativa de crear
un villismo con rostro humano:
el regreso de Felipe Ángeles

Señores, con atención,
les diré lo que ha pasado,
fusilaron en Chihuahua
a un general afamado.

–El reloj marca sus horas,
se acerca mi ejecución;
preparen muy bien sus armas,
apúntenme al corazón.

Yo no soy de los cobardes
que le temen a la muerte,
la muerte no mata a nadie,
la matadora es la suerte.

Aquí está mi corazón
para que lo hagan pedazos,
porque me sobra valor
pa resistir los balazos.[1]

LA EVOLUCIÓN IDEOLÓGICA DE FELIPE ÁNGELES

En los últimos días de 1915, mientras la División del Norte se disolvía y Villa se retiraba a las recónditas montañas de Chihuahua, Felipe Ángeles atendía un pequeño rancho al otro lado de la frontera, tratando de que le diera para mantener a su esposa y sus cuatro hijos. En el curso de la revolución había dado pruebas de los mismos escrúpulos y la misma honestidad en asuntos financieros que lo distinguieron durante la época de Díaz, cuando había rehusado tomar parte en las enormes ganancias que su situación como experto en artillería le podía haber proporcionado. Había salido de la revolución tan pobre como había entrado, y las escasas ganancias que obtenía de la cría de caballos y la producción de leche en su rancho no le alcanzaban para sobrevivir. Además, le preocupaba que como su rancho estaba situado directamente junto a la frontera, los hombres de Carranza intentaran secuestrarlo o involucrarlo en algún complot para denunciarlo a las autoridades por violar las leyes estadounidenses de neutralidad. En una ocasión, se presentaron dos hombres como representantes de Zapata para ofrecerle el mando militar de la campaña en el sur, y quedó convencido de que eran espías carrancistas que trataban de complicarlo, junto con Maytorena, a quien también fueron a ver, en un problema.[2] De nuevo se despertaron sus sospechas cuando fue a visitarlo George Carothers, antiguo agente especial estadounidense ante Villa, quien en su opinión tal vez defendía sus propios intereses, que consideraba amenazados por Carranza, y podía auspiciar un movimiento anticarrancista "sin que le importe que ese movimiento sea de los liberales o de los conservadores".[3] También era posible que Carothers tuviera instrucciones del gobierno estadounidense para vigilar que no se violaran las leyes de neutralidad. Le advirtió a Maytorena que tuviera cuidado al hablar con él.[4] Asimismo, le preocupaba, incluso antes del ataque de Villa a Columbus, "la indignación que hay aquí contra todos los villistas y el propósito que tienen de correrlos de la ciudad. Ayer aprehendieron a Díaz Lombardo por vago, con objeto de vejarlo", y el peligro potencial para él y su familia. "¿Qué haré ahora? ¿Sigo ahí trabajando hasta que vayan a plagiarme? ¿Abandono todo, tratando de vender, para que el comprador me dé tan poco que ni el terreno pueda pagar? Estoy construyendo una casita. ¿Suspendo la construcción para que el contratista me exija daños y perjuicios?"[5]

Finalmente, decidió irse de El Paso y buscar trabajo en el norte. Durante un tiempo pensó en trabajar como minero, pero pronto decidió que no tenía la fuerza física necesaria. Finalmente, se fue a Nueva York, donde al parecer se dedicó a algún tipo de trabajo manual. Esto no le importaba, ya que le daba la posibilidad de establecer contacto con las clases bajas. "Me hacía entender muy bien de la gente decente, pero ni entendía ni me hacía entender con el pueblo. En fin, que tengo mucho amor por el pueblo, pero que no tengo muchos puntos de contacto con él." Pocos meses después, Ángeles pensaba que había superado ese defecto. "Tengo mis amigos entre los indios de aquí, entre los humildes, entre los negritos", escribía desde Nueva York.[6]

Durante el primer mes de exilio, aunque repetidamente expresó la esperanza de que Carranza cayera, no pensaba que pudiera ser útil su intervención personal en los sucesos que se desarrollaban en México. Esa actitud cambió radicalmente cuando Villa atacó a Columbus, Pershing entró en México y la posibilidad de una guerra mexicano-estadounidense surgió en el horizonte. En ese momento, como muchos exiliados mexicanos, incluido Maytorena, escribió a Carranza ofreciéndole sus servicios en caso de guerra con Estados Unidos.[7] Ángeles no podía soportar la idea de unirse a Carranza pero su sentido del honor militar y su patriotismo no le permitían quedarse al margen en caso de guerra. "Me parece", le escribió a Maytorena pocos días después del ataque de Villa,

> que el ataque reciente de Columbus va a traer como consecuencia inevitable la intervención armada de Estados Unidos.
> [...] Me parece que lo único que nos quedará por hacer, si la intervención contra México tiene lugar, será reunirnos todos los amigos, internarnos a México y defendernos de todos: de los americanos, de los carrancistas, de los villistas, de los felixistas...
> Tendremos especial cuidado de no asociarnos, es decir de no admitir en nuestro grupo a la plebe, porque una dolorosa experiencia nos ha enseñado que aunque debemos pelear o trabajar por el adelanto de la clase baja, no debemos admitirla en nuestras filas, porque seremos cómplices o culpables de sus desmanes.[8]

Ángeles abandonó esta idea cuando quedó claro que la guerra no iba a estallar en el futuro inmediato. Después de que Pershing se retiró de México, la mayoría de los exiliados la consideraban como una posibilidad más bien remota, pero él veía la situación de otra manera. Le obsesionaba la convicción de que, cuando terminara la primera guerra mundial, Estados Unidos, por primera vez en posesión de un inmenso ejército, intervendría en México. En abril de 1917, unos dos meses después de la partida de la Expedición Punitiva y de que estalló la guerra entre Estados Unidos y Alemania, le escribía a Maytorena:

> La guerra entre Estados Unidos y Alemania abre una nueva era de relaciones mexico-americanas.
>
> Hasta ahora esas relaciones habían sido influenciadas por la debilidad del ejército americano y la bondad y buenas intenciones del Presidente Wilson. Y en tal estado de cosas la voluntad del Presidente había predominado. Con motivo de la guerra americo-alemana dentro de muy poco el ejército americano será fuerte y la voluntad del Presidente ya no será predominante, y las semillas sembradas por Carranza con su grosería y megalomanía características, van a fructificar; y, tal vez, el Presidente Wilson sea flexible y ceda al huracán de interés que en breve soplará contra nuestro país.[9]

Desde entonces, no dejó de perseguirlo el temor de una intervención estadounidense en México y todas sus acciones subsecuentes, que finalmente lo conducirían a la muerte, tuvieron por objeto evitarla.

Una extraña conversación entre un misterioso Míster X y Frank Polk, asesor del Departamento de Estado en gran medida responsable de las actividades encubiertas y de inteligencia y que, además, supervisaba los asuntos mexicanos, pudo tener relación con los crecientes temores de Ángeles. El 19 de junio de 1916, mientras aumentaban las tensiones entre Estados Unidos y el gobierno de Carranza (dos días más tarde tendrían por resultado un choque armado en la población mexicana de Carrizal, el cual llevó a los dos países al borde de la guerra), un Míster X, que intentaba en vano ver al secretario de Estado, fue recibido por Frank Polk. "Dijo", anotaría Polk en su diario,

> que pensaba que el gobierno de Carranza estaba en las últimas y que detestaba la idea de que este gobierno interviniera o le hiciera la guerra a México porque era espantoso pensar en las consecuencias. Esperaba que algo pudiera hacerse para impedirlo, ya que Carranza no podía hacer nada. Pensaba que Ángeles era el único hombre que podría inspirar confianza, no sólo al pueblo de México, sino en los recomendables mexicanos ahora exiliados.
>
> Dijo que no quería ayuda del gobierno estadounidense; todo lo que querían saber era si este gobierno no se opondría por la fuerza a un movimiento de ese tipo. Nada se podría hacer si este gobierno tomaba esa actitud. Pensaba que, puesto que hemos reconocido a Carranza, podríamos ahora declarar que ya no lo reconocíamos, ya que no es un gobierno, y que Ángeles y sus amigos de inmediato tomarían el poder y reinstaurarían el orden.

Habló del asunto con mucha energía y tenía la esperanza de que examináramos favorablemente la propuesta.[10]

La respuesta de Polk fue negativa.

No discutí la cuestión con él, ni le expresé ninguna opinión más allá de decirle que no veía cómo sería posible para este gobierno permitir tácitamente una revolución contra el gobierno existente; que no podíamos asumir la responsabilidad de hundir a ese país en otra revolución. Dijo que le preocupaba particularmente que no hubiera una ruptura, ya que ésta significaría que todas las facciones probablemente tendrían que ponerse contra Estados Unidos. Le dije que me daba cuenta de eso, pero que ello no modificaría en absoluto nuestros planes. Entonces dijo que yo sabía dónde localizarlo y que, aunque no tenía autoridad para hablar por el general Ángeles, pensaba que éste se dejaría guiar por su opinión.[11]

Polk remachó su rechazo a la propuesta de Míster X enviando un mensaje oral, a través de un tal señor Patchin, "de que no se tomaría en consideración ninguna sugerencia acerca de México en este momento".

El diario de Polk no revela la identidad de Míster X, pero la única persona en Estados Unidos que tenía estrecho contacto con Ángeles y a la vez con los más altos niveles del Departamento de Estado era Manuel Calero. Su insistencia en que no tenía autoridad para hablar por Ángeles puede indicar que éste no sabía nada de la entrevista, pero Calero esperaba convencerlo de encabezar un nuevo movimiento revolucionario en México si Estados Unidos retiraba su reconocimiento a Carranza. Calero ciertamente conocía la enorme preocupación de Ángeles por una posible intervención y su disposición a hacer todo lo posible, incluso con riesgo de su vida, por evitarla. Probablemente Calero tenía en mente muy otros fines y esperaba recuperar su perdida influencia en México así como poner fin a la política nacionalista de Carranza.[12]

Tal vez Ángeles hubiera estado dispuesto a encabezar un movimiento anticarrancista con el apoyo tácito de Estados Unidos, pero nunca se habría unido a los estadounidenses en una guerra contra México. A este respecto, su actitud contrastaba tajantemente con la de Eduardo Iturbide, que fue a visitar a Frank Polk sólo tres días después que Míster X y estaba dispuesto a colaborar con una fuerza de ocupación estadounidense. "Cuando hayamos tomado la ciudad de México, si tenemos que hacerlo", anotó Polk en su diario, "él estaba seguro que todos los buenos mexicanos que ahora se hallan exiliados estarían felices de volver a México con la idea de establecer un gobierno."[13]

A pesar de sus temores, Ángeles era el más optimista de todos los exiliados, y ello se debía a su análisis de lo que había fallado en la revolución mexicana: aunque a primera vista era muy pesimista, ese análisis lo conducía a conclusiones esperanzadoras. En su opinión, la causa más importante de todos los sufrimientos y desastres que México había sufrido fue el asesinato de Madero. A diferencia de otros maderistas, Ángeles no concedía que Madero hubiera cometido errores. Si hubiera vivido, México se habría ahorrado todos los problemas y sufrimientos que la revolución había causado. "Madero", escribió, "tuvo dos excelsitudes, fue demócrata y fue bueno."[14]

La primera consecuencia trágica del magnicidio fue que asumiera el mando Carranza, un hombre "inteligente y malo" que, aunque protestó contra el asesinato y contra la violación de la Constitución de 1857, "era un partidario de la dictadura y un ambicioso de poder. Y vimos en 1913 el fenómeno antitético de una revolución democrática encabezada por un hombre de tendencias dictatoriales perfectamente definidas".[15]

Con amargura, Ángeles contrastaba las personalidades y actitudes de Madero y Carranza:

Madero peleó por la libertad y dio libertad.
    Carranza ha dicho que la libertad es un error y una candidez.
    Madero peleó por nuestras instituciones democráticas y Carranza piensa como Pineda, que la democracia es una utopía y una insensatez.
    Madero era un corazón de oro y Carranza es un corazón de acero.

Ángeles contrastaba la humanidad de Madero con el hecho de que "Carranza, como Porfirio Díaz, mata a sus enemigos invocando la salud pública".[16] Sin embargo, Ángeles era un hombre demasiado inteligente para atribuir sólo a Carranza todos los sucesos negativos que tuvieron lugar en México desde el estallido de la revolución constitucionalista. Una causa más fundamental de lo ocurrido, en su opinión, era "la incultura natural de la clase baja del pueblo".[17]

La tragedia de febrero de 1913 indignó al pueblo contra la reacción dictatorial, que consideró formada [...] por toda la *gente decente*, como impropiamente decimos en México. Así pues, tener el espíritu cultivado, vestir con propiedad, o tener riquezas materiales, eran, individualmente, características suficientes de todo enemigo de la Revolución y fue, de ese modo, en la vaga conciencia popular, la revolución de 1913, una guerra de clases.[18]

Ángeles no sólo criticaba a las clases bajas como tales, sino la política seguida por sus líderes. En una carta a Maytorena hablaba de "los zapatistas [y] sus insensatas ideas de extender su dominio a toda la nación, pues creo que su Plan de Ayala es malo hasta para ser aplicado en la zona donde impera el zapatismo. No haga saber a nadie esta tendencia mía".[19]

También criticaba a Villa, aunque con mucha cautela. Dice que Villa "no puede entender la democracia por insuficiente cultura", pero reitera su profunda admiración por él: "Pues sepan carrancistas y huertistas que no me humilla el haber servido a las órdenes de Villa, que al contrario, me enorgullece. Me enorgullece haber sentido por largos meses el afecto y estimación de un hombre como Villa".[20] Sin embargo, sin nombrarlo, criticaba uno de los pilares de la política de Villa, la confiscación de las grandes propiedades y los bienes de los ricos. "Los dirigentes naturales del pueblo [...], con el solo bagaje de la instrucción primaria, habían leído, sin entender, las doctrinas socialistas. Desposeer al enemigo de sus riquezas fue su primer impulso." Pero no culpaba a esos líderes populares por su actitud, sino directamente a Carranza por "haber apoyado con su autoridad de jefe de la revolución ese impulso: mezcla confusa de justa reivindicación y de instinto de rapiña".[21]

Si bien algunos exiliados optimistas creían que más tarde o más temprano Carranza sería depuesto por miembros más liberales y progresistas de su propia facción, como Obregón (lo que en efecto sucedió), Ángeles no compartía tales esperanzas. No juzgaba probable que Obregón se alzara contra el Primer Jefe y, si lo hacía, no lograría mantenerse en el poder.[22]

Al contemplar la sombría evaluación que hacía de la situación reinante en México, no se encuentran a primera vista motivos de optimismo: el país estaba gobernado por un dictador sangriento, Carranza, y no existía dentro de su propio movimiento ninguna oposición fuerte. Sus principales opositores, Villa y Zapata, no comprendían realmente la democracia y habían defendido programas que en muchos sentidos contenían las semillas del desastre. Tras el fin de la guerra con Alemania, Wilson podía muy bien verse inducido a intervenir. Con todo, Ángeles mantenía una visión en general optimista del futuro de México.

La razón principal era su creencia de que Zapata y sus dirigentes, al igual que Villa, eran en esencia hombres honestos y buenos cuyos errores se debían a la ignorancia y a la falta de mentores intelectuales que pudieran darles los consejos adecuados. Se refería a que "la admirable tenacidad del héroe suriano, Emiliano Zapata, ha formado la convicción de que hay en la nación un problema agrario de resolución urgente".[23] También expresaba profunda admiración por uno de los más destacados lugartenientes de Zapata, Genovevo de la O, contra quien había combatido en 1913.[24] Hablaba de Villa como "un hombre bueno en el fondo". Pensaba que si esos dirigentes de clase baja tenían la asesoría adecuada, podían desempeñar un papel muy positivo en la revolución. Ante todo, estaba convencido de que ellos entendían cuán errónea había sido la confiscación masiva de las propiedades de los ricos: "es opinión unánime que la confiscación de la propiedad y el despojo de toda clase de bienes no fue más que una violenta venganza que destruyó la riqueza y que mermó enormemente el prestigio de la causa revolucionaria".[25] Habiendo abandonado esa actitud equivocada, aquellos dirigentes podían representar un peligro mucho mayor para Carranza. No sólo ellos habían cambiado, sino también la clase alta de México. "Hoy la revolución de 1910 ha triunfado en casi todas las conciencias: la frase célebre 'después del señor general Díaz, la ley' [...] ahora es *desideratum* de la República entera." Ángeles pensaba que también los conservadores se veían forzados a adoptar estos principios y

hace tiempo he dicho: "La revolución democrática de 1910 ha triunfado en casi todas las conciencias", y era ésta una verdad inconfesada por nuestros enemigos políticos. Ahora dicen en su órgano más caracterizado, *La Revista Mexicana*, de San Antonio, Texas: "Nosotros profesamos también los principios fundamentales proclamados por la Revolución; pero queremos implantarlos por medio de los procedimientos indicados por la Suprema Ley de la Nación". Pues, ¿qué otra cosa querían los revolucionarios de 1910?[26]

Dado que la revolución había triunfado en las conciencias, Ángeles pensaba que los conservadores no constituían un peligro grave para ella: puesto que la aceptaban, y puesto que los dirigentes populares de México –Zapata y Villa– habían moderado su manera de ver las cosas al rechazar la confiscación total de las propiedades de los ricos, opinaba que era posible la unidad de todas estas fuerzas contra Carranza.

Su optimismo se veía reforzado por la creencia de que pronto triunfaría en todo el mundo el tipo de socialismo en que él había llegado a creer. Aunque había leído la obra de Marx y Engels y los respetaba mucho, no creía en el socialismo revolucionario, sino en una evolución gradual hacia una sociedad socialista. Le reconocía a Marx dos hazañas: haber mostrado que "la libre competencia es la que hace que la producción sea sin plan, sin organización, caótica y, por consiguiente, anticientífica e ineficiente"[27] y que "la propiedad privada de los instrumentos de producción y, más generalmente aún, el derecho a la propiedad privada ilimitada, es lo que justifica el calificativo de injusta a la sociedad actual".[28] Estaba convencido de que el socialismo avanzaba en todo el mundo.

Cuando los hombres de mi generación estábamos en las aulas, oíamos con religioso silencio [...] las prédicas de los economistas; escuchábamos las metafísicas demostraciones del derecho de propiedad, y nos reíamos del desequilibrio mental de Proudhon que en la pasión de la lucha gritaba: "*La propiedad es un robo*".

No imaginábamos que en el terreno científico el triunfo de los *locos* era ya un hecho consumado. Desde entonces la verdad inunda poco a poco de nueva luz al mundo.

Esos locos de antaño, muriéndose de hambre en el destierro, [...] conquistaban poco a poco al mundo.

Locos o criminales entonces, habitando las cárceles o desterrados de su patria, van ahora invadiendo los gobiernos y ya cuentan con casi la mitad de la representación popular en el Reichstag, y ya casi gobiernan en Francia, y ya imperan en algunas colonias inglesas, y ya tienen un presidente en Estados Unidos que señala como guía la nueva libertad.[29]

La idea de que los países europeos más importantes se estaban aproximando al socialismo dado que en sus gobiernos se hallaban incluidos miembros del partido socialdemócrata contradecía la opinión de los socialistas radicales como Rosa Luxemburgo, para quien dichos socialdemócratas habían traicionado los principios del socialismo.

A pesar de sus ataques contra la propiedad privada, Ángeles no creía justificadas las confiscaciones, y criticaba a los revolucionarios precisamente por llevarlas a cabo. Estaba convencido de que el socialismo sólo llegaría gradualmente y sólo en el momento en que el pueblo estuviera suficientemente educado y el país suficientemente desarrollado para que el socialismo fuera una alternativa realista. Entre tanto, debían respetarse en México los derechos de los ricos y la propiedad privada como cosa sagrada.

El único que en su opinión estaba poniendo en práctica los principios en que Ángeles creía y creando las bases para una sociedad socialista era Woodrow Wilson, cuya doctrina del *New Freedom* (Nueva Libertad) no tenía, en opinión de Ángeles, nada que ver con el liberalismo clásico, sino con un nuevo principio, idéntico a una tendencia socialista.[30] Puesto que consideraba socialista al gobierno estadounidense y se tomaba en serio el compromiso retórico de Wilson con la revolución mexicana, no vacilaba en desear la ayuda estadounidense para su movimiento. Pero esa ayuda no consistiría en una intervención militar. Pensaba que ésta constituía un peligro mortal para su patria y, a partir de mediados de 1917, lo animó un celo casi mesiánico por volver a México y unir a todas las facciones para evitar esa catástrofe.

No hay duda de que el optimismo de Ángeles se basaba también en su profunda convicción de que era el único en México capaz de lograr la unidad. No se equivocaba. Se hallaba en una posición excepcional respecto de las diversas facciones que combatían contra Carranza y respecto de Estados Unidos. Ninguno de los dirigentes en pugna –Zapata, Villa, Félix Díaz, Peláez, los Cedillo– podrían obtener la confianza y el apoyo de todos los demás, encabezar una coalición nacional o contar con el respaldo de los estadounidenses. Otro tanto podía decirse de los políticos que vivían en el exilio. Aunque los hermanos Francisco y Emilio Vázquez Gómez originalmente pretendieron la dirección de la revolución mexicana, tenían escasos partidarios en el campo mexicano y ninguna autoridad entre los revolucionarios, con excepción de Zapata, que estaba dispuesto a reconocer a Francisco como dirigente nacional. Para los rebeldes conservadores del sur, Ángeles habría sido un líder muy atractivo por varias razones. Era un antiguo oficial federal, proestadounidense, profundamente opuesto a la Constitución de 1917 y, a pesar de sus convicciones socialistas, respetuoso del principio de la propiedad privada. Para los villistas, era el antiguo jefe de artillería de la División del Norte, responsable de algunas de sus más gloriosas victorias, y nunca se había vuelto abiertamente contra Villa. Incluso los zapatistas, que hubieran tenido más razones para oponérsele, habían aceptado su mediación durante la Convención de Aguascalientes y sabían que él había convencido a los convencionistas de aceptar el Plan de Ayala. Tanto Woodrow Wilson como los militares estadounidenses lo tenían en alta estima, e importantes empresarios de Estados Unidos creían que podría revocar la Constitución de 1917. Finalmente, por lo menos en el norte, contaba al parecer con genuino apoyo popular más allá de las filas del ejército revolucionario.

Tal vez otro factor alimentaba, en el caso de Ángeles como en el de los revolucionarios más importantes, su optimismo y su fe en sí mismo: la convicción profunda de que tenía a la historia de su lado.

Los ambiciosos propósitos de Ángeles contrastaban en forma aguda con su absoluta falta de medios para cumplirlos: no tenía dinero, ni un cuerpo independiente de hombres leales esperándolo en México, ni una organización política que lo respaldara y patrocinara. Estos obstáculos no lo desalentaron y trató de procurarse una base política y de hallar apoyo en diversos sectores.

En Estados Unidos intentó crear una especie de prototipo de la unidad que esperaba establecer en México. En la recién formada Alianza Liberal, trató de reunir a los enemigos radicales y conservadores de Carranza. Para ello, echó mano de la ayuda de antiguos villistas, incluidos los hermanos González Garza, de carrancistas radicales disidentes, como el socialista Antonio Villarreal, que había roto con el Primer Jefe en 1917, y de los conservadores encabezados por Manuel Calero que, desde la victoria carrancista, había intentado en vano algún tipo de acercamiento con los revolucionarios exiliados. Los esfuerzos de Ángeles provocaron el resentimiento de algunos antiguos revolucionarios y no está claro hasta qué punto tuvo éxito en unir a las diferentes tendencias de la oposición a Carranza.

Una de las fuentes de apoyo más importantes en que confiaba era su amigo cercano y compañero de armas ideológicas en los años posteriores a la muerte de Madero, cuya alianza con Villa él había promovido en buena medida: el antiguo gobernador de Sonora, José María Maytorena, quien tenía dinero e influencia, y mantenía conexiones con su estado natal. Sin embargo, Maytorena dejó claro que sólo estaba dispuesto a apoyar a un movimiento revolucionario en México e involucrarse en él si se cumplían dos precondiciones: el "disimulo" y el dinero. "Disimulo" era una palabra en clave. Ambos utilizaban un código secreto porque temían que sus cartas cayeran en manos de las autoridades estadounidenses o de los carrancistas. Por ejemplo, se referían a la planeada revolución como "el negocio". Como escribió el propio Maytorena (o su hijo) en el margen de una de sus cartas, fracasaría "cualquier movimiento revolucionario si no se contaba cuando menos con el disimulo del gobierno americano y dinero para la compra de armas".[31] A lo que Maytorena obviamente se refería era al apoyo encubierto de Estados Unidos, que les permitiría preparar su revolución al norte de la frontera y comprar armas y municiones allí, e incluso les brindaría apoyo diplomático. En la larga correspondencia entre los dos, Ángeles insistió una y otra vez en que tales precondiciones eran innecesarias.

> Usted y yo sólo diferimos (tal vez ya no), en que usted requiere para obrar dos condiciones: disimulo... y dinero.
>
> Yo he sostenido desde el principio que esas dos cosas no pueden venir a priori, sino a posteriori. Y estoy seguro que si aún no me da usted la razón me la dará dentro de muy poco. [...]
>
> Sería muy bueno satisfacer los requisitos que usted pone, pero puesto que ésos no pueden venir, sino a posteriori, debe uno prescindir de ellos.

Para empezar lo que se necesita es energía personal y atinarle a lo que realmente necesita la patria. [...]

¿Que es una temeridad obrar así?

Sí, lo es.

Fue una temeridad el grito de independencia y es una temeridad emprender todo lo grande y todo lo desinteresado.

Si fracasa uno, por lo pronto todo el mundo dice: fue una estupidez. Si se tiene éxito se ponen de acuerdo todos los amigos que al principio no podían ponerse de acuerdo por nonadas, o más bien, porque era ilógico ponerse de acuerdo a priori.[32]

Ni esta carta ni las subsecuentes discusiones personales y epistolares pudieron convencer al exgobernador sonorense. En diciembre de 1917, Ángeles le hizo un último llamado, no sólo pidiéndole apoyo, sino para que regresara con él a México para unir a todas las facciones revolucionarias contra Carranza: "Roque [se refiere a González Garza quien originalmente había aceptado unírsele] ha desistido, pero tengo asegurado otro compañero. Si usted viene a verme luego se sentirá inclinado a unirse".[33]

Maytorena no estuvo de acuerdo. "Sin aquellos invocados recursos, sigo creyendo que nada debe intentarse y que todo lo que sin ellos se haga será ir al fracaso, por más oportunas que parezcan las circunstancias. [...] Si el negocio no puede presentarse a la yankee, en forma llamativa, sugestiva [...], la empresa no prosperará."[34]

La respuesta de Ángeles manifestaba cierta decepción ante la actitud de su amigo y la decisión de proceder con sus planes en cualesquiera circunstancias. "Al ponerle a usted mi telegrama", decía,

creí que definitivamente había usted abandonado su primer punto de vista. Creí que estaba usted plenamente convencido de que los requisitos que usted exigía eran imposibles de realizar y que así había usted convenido conmigo más o menos explícitamente. También yo había convenido más o menos explícitamente que las circunstancias que concurren en usted no le permitirían emprender el negocio en condiciones muy deficientes; pero que eso no implicaba que para empezarlo fuera necesario satisfacer condiciones imposibles, sino sólo que usted no colaboraría sino ya bien avanzado el negocio. [...]

Todos los negocios de la naturaleza de éste son al principio inciertos, pero éste, en mi opinión, tiene el máximo de incertidumbre. Ya sabe usted que yo no soy optimista ni veo nunca las cosas color de rosa y que me decido a hacer algo por deber y sin ilusiones:

Usted es hombre de muy buen sentido; comprende usted que dadas las circunstancias y sabiendo cómo es la gente no voy a emprender el negocio con los millones de Morgan o los millares del señor Hurtado, o con los centenares de Rafael Hernández o con las decenas de Llorente, o con los dólares del señor Bonilla. ¿Por qué? Porque conseguir cualquier cosa es difí-

284

cil. Usted dirá entonces que emprender un negocio cualquiera sin capital es ir al fracaso. Yo niego, porque sé de muchos que han prosperado a pesar de haber empezado así.[35]

Ángeles expresó la decepción que le causaba la actitud del exgobernador en una carta dirigida a otro amigo, Emiliano Sarabia, antiguo general y gobernador villista del estado de San Luis Potosí.

Nuestro amigo cree que para empezar a trabajar es necesario que se satisfagan requisitos que nunca han de llenarse; eso equivale a abandonar toda acción. Yo creo que sólo se necesitan tres cosas: 1° atinar con la verdadera necesidad nacional; 2° merecer la confianza en el interior y en el exterior, y 3° obrar con resolución y lograr escapar el bulto por algunos meses, para no dejarse colgar en un poste de telégrafo. Y el tiempo que es buen amigo de las cosas buenas hace solo la obra esperada.

Tal vez tenemos el más claro indicio de cómo veía su papel en México cuando escribe: "Nunca los Sanchos hicieron algo grande; en todas las obras de empuje se necesitan los locos como Madero o don Quijote".[36]

La persistente negativa de Maytorena llevó a Ángeles a buscar otros apoyos. A pesar de la amistad que los había unido por varios meses, interrumpió toda comunicación con el sonorense y en esa época, al parecer, cayó cada vez más bajo el influjo de quien muchos exiliados mexicanos consideraban uno de los políticos más inescrupulosos: Manuel Calero.

Calero era uno de los líderes de los conservadores exiliados y se esforzaba sistemáticamente por atraerse a los revolucionarios que consideraba más conservadores. Intentó convencer a Manuel Bonilla, antiguo ministro de Madero y encargado de trazar la reforma agraria de los villistas, para formar un frente común contra Carranza. A pesar de que Bonilla rechazó sus ofrecimientos, Calero insistió, argumentando que tenían mucho más en común de lo que Bonilla creía. Con igual vigor, trató en vano de obtener el apoyo de Maytorena, a quien había invitado a una reunión con Iturbide, el héroe de los conservadores y de los petroleros.[37] Tales fracasos no detuvieron a Calero, que a continuación se concentró cada vez más en Ángeles. Éste aceptó a regañadientes reunirse con él. "No pude desatender su llamado [...] por el servicio que le debo de haberme sacado de las garras de Huerta. Creí que el asunto era importantísimo, pero resultó, a mi juicio, una utopía. [...] Se conoce que está desesperado porque ve rota su brillante carrera."[38]

Calero tenía piel de elefante y los desaires no contaban para él: bombardeó a Ángeles con publicaciones en las que declaraba que algunos de los reclamos de la revolución eran realmente legítimos, y Ángeles empezó poco a poco a aceptar la idea de que Calero formaba parte de la vasta mayoría de mexicanos que estaban dispuestos a aceptar esas demandas básicas.[39]

Para Calero, ganarse la confianza de Ángeles era un triunfo. Por lo menos podría convencer a los petroleros, que lo habían empleado durante tanto tiempo y con quienes aún mantenía relaciones, de que seguía siendo un hombre importante, con contactos también importantes, que debían tomar en cuenta. Si la misión de Ángeles resultaba un éxito, probablemente él podría desempeñar de nuevo un papel principal en la política mexicana. Para lograrlo, no dudó en arriesgar la vida de Ángeles. Procuró involucrarlo en el turbio mundo de los cabilderos, los estafadores y los petroleros. Cabe dudar que Ángeles, que nunca mostró interés alguno por el dinero y que nunca se había relacionado con hombres de esa calaña, supiera realmente con quién estaba tratando. Los miraba a través del cristal color de rosa de la elevada retórica de Wilson.

El primer intento de Calero por obtener dinero para el proyecto de Ángeles al parecer tuvo que ver con Keedy, y fracasó. "Anoche, en Washington", informaba un agente del Buró de Investigación el 26 de marzo de 1918,

> tuve una larga conversación con el general Felipe Ángeles, con Alfredo S. Farías [conocido villista de El Paso] y con un abogado estadounidense llamado Kidy. No sé cómo escribe su nombre, pero se pronuncia Kidy [sic]. Éste fue *procurador* en Puerto Rico y en Panamá y también es gran amigo y simpatizante de Villa [...] Me dijeron que estaban en tratos con algunos banqueros y un conocido contratista de Washington para obtener fondos para un nuevo movimiento, que estaría encabezado por el general Ángeles pero del que Villa no está excluido, ya que Kidy me dijo que estaban procurándole un pasaporte para que pudiera entrevistar a Villa acompañado por Alfredo S. Farías, con el fin de obtener datos que prueben que aquél no estuvo en el ataque a Columbus. Este nuevo movimiento, según entiendo, no es sino una reorganización del partido villista con el general Ángeles como figura principal, debido a la bien ganada repulsión que sienten el pueblo y el gobierno estadounidenses hacia Villa a causa de los cobardes sucesos de Columbus. El general Ángeles me leyó su manifiesto en voz alta [...] De lo que se me dijo entiendo que el "cerebro" del movimiento es el señor Manuel Calero. Creo que han tenido dificultades con los banqueros estadounidenses, que se reservan en la cuestión monetaria hasta que Kidy y Farías regresen de su entrevista con Villa.[40]

FELIPE ÁNGELES Y LOS PETROLEROS

Según Ramón Puente, otro de los mexicanos exiliados que más tarde fue biógrafo de Villa, fue principalmente Calero quien le aconsejó a Ángeles regresar a México y crear una nueva fuerza política anticarrancista.[41] ¿Le presentó Calero una promesa de ayuda de las compañías petroleras? Es muy posible. Sí tenía contactos estrechos con ellas y con el senador Fall, que se había mostrado interesado en acercarse a Villa. Octavio Paz Solórzano, representante de Zapata en Estados Unidos, estaba convencido de que las compañías estaban realmente dispuestas a ayudar tanto a Villa como a Ángeles. Un agente del servicio secreto mexicano informó que Paz, que mantenía contacto con representantes de Villa y de Ángeles, confidencialmente me dijo que él había visto cartas de partidarios y representantes de Villa y Ángeles, las cuales contenían evidencias de que los petroleros y sus socios estaban surtiendo fondos y municiones de guerra a Villa y Ángeles y que estos mismos fueron quienes proveyeron de elementos al general Blanquet [antiguo ministro de la Guerra con Huerta que había regresado a México para encabezar una revolución conservadora]. También dijo que uno de los objetos de apoyar a Villa y a Ángeles, en el movimiento actual, era el de crear una situación amenazante, por todos los medios posibles, al gobierno actual, con la idea de obligarlo a dictar leyes favorables para los petroleros en México.[42]

Estas acusaciones resultan dudosas. En anteriores ocasiones Ángeles había manifestado una gran aversión a las intrigas de las compañías petroleras estadounidenses en México. A principios de 1917, Manuel Peláez, cuyas fuerzas estaban financiadas por esas compañías, envió a Estados Unidos un agente que contactó primero con Calero, quien lo puso en comunicación con altos funcionarios del gobierno. El enviado dijo que Peláez estaría dispuesto a poner sus tropas a las órdenes de Ángeles si los estadounidenses lo apoyaban, y que a cambio derogaría todas las leyes relativas al petróleo que no favorecían a las compañías extranjeras. Cuando Ángeles se enteró de esta propuesta, le dijo a Roque González Garza que estaba indignado "y enojado" con Calero por apoyar semejante proyecto, y que si no rompía con él era porque le debía gratitud por haberle salvado la vida en 1914.[43]

No hay pruebas de que Ángeles recibiera nunca dinero ni pertrechos de las compañías petroleras. Al parecer no tenía prácticamente un centavo cuando cruzó la frontera y una de las primeras cartas que le escribió a Maytorena tras haber ingresado en su país fue para requerir que su amigo le enviara un caballo.[44] Obviamente, no tenía dinero para comprarlo, y era demasiado orgulloso para aceptarlo como regalo de Villa.

Tampoco hay pruebas de que Ángeles prometiera nada a las compañías. No tenía que hacerlo para ganarse su simpatía. Estaba honradamente convencido de que la política nacionalista de Carranza respecto de los empresarios estadounidenses iba a provocar la ocupación de México por Estados Unidos, y pensaba que sólo mediante la colaboración con este país podría México hacer progresos significativos. Además, creía que la nueva Constitución de Carranza era antidemocrática y que México debía volver a la Constitución liberal de 1857.

Aunque Villa y Ángeles hubieran aceptado ayuda de los petroleros como lo hizo Carranza en 1913-1914, ni ellos dos ni este último podían ser caracterizados como agentes o instrumentos de los intereses petroleros.

EL RETORNO DE SHERBURNE HOPKINS AL ESCENARIO POLÍTICO Y LA LIBERACIÓN DE FELIX SOMMERFELD

El interés de las compañías petroleras en un resucitado movimiento villista se expresó en las actividades de uno de sus representantes más inteligentes, experimentados e inescrupulosos, Sherburne G. Hopkins, que intentó resurgir como actor central de los asuntos mexicanos, esta vez como vocero del cabildeo petrolero. Parte de su quehacer era abierto y consistía en relaciones públicas. En 1919, fue uno de los principales testigos en las audiencias senatoriales escenificadas por Fall para presionar a favor de una intervención estadounidense en México. Allí, Hopkins actuó como testigo contra su antiguo patrón, Carranza. Por otro lado, sus actividades encubiertas al parecer tenían por objeto provocar un levantamiento de Villa que, según los petroleros, suscitaría una intervención o la caída de Carranza y el surgimiento de un gobierno que revocara la Constitución radical y nacionalista de 1917. Con ese objetivo, en 1917 Hopkins hizo circular la falsificada declaración de Villa, en que éste supuestamente negaba toda participación y responsabilidad en el ataque a Columbus. Con ella, Hopkins pensaba convertir de nuevo a Villa en una figura que las autoridades estadounidenses pudieran apoyar. Pero el texto despertó escaso interés y mucho escepticismo entre dichas autoridades, lo que no le impidió a Hopkins dar nuevos pasos para apoyar a Villa y crear vínculos entre él y los empresarios estadounidenses. Tal fue al parecer el sentido de su enérgica campaña por lograr la liberación de Felix Sommerfeld, antiguo agente de Villa en Estados Unidos, a quien los estadounidenses habían internado como extranjero enemigo peligroso cuando entraron en la primera guerra mundial. Hopkins bombardeó con cartas al Departamento de Justicia y finalmente acudió él mismo para testificar en favor de Sommerfeld. David Lawrence, el conocido periodista, agente especial de Woodrow Wilson en México y más tarde fundador del *U. S. News and World Report*, declaró ante el Departamento de Justicia que la finalidad de las actividades de Hopkins era "conseguir la liberación de Sommerfeld para colaborar con el reciente levantamiento de Villa en México".[45] No era tarea fácil, dado que los funcionarios de la dependencia estaban convencidos, acertadamente, de que Sommerfeld era un agente alemán.[46]

Mientras Alemania y Estados Unidos estuvieron en guerra, todos los esfuerzos de Hopkins fueron inútiles. Pero después de la derrota alemana, el Departamento de Justicia se mostró más flexible. Se llamó a Hopkins y varios agentes tuvieron una larga entrevista con él. Dado que habían sorprendido a Sommerfeld en múltiples mentiras durante los largos interrogatorios a que lo sometieron –entre otras cosas, negó haber escrito una carta al agregado militar alemán Von Papen, a pesar de que el Departamento tenía copia de ella–, cabe dudar de que se dejaran impresionar por la parte más desmesurada del testimonio de Hopkins: "No creo que Sommerfeld haya tratado de engañarme jamás [...] Sommerfeld es un hombre cuya expresión facial indica de inmediato sus sentimientos [...] Deseo añadir que a Sommerfeld le es imposible ocultar lo que siente, como puede comprobar cualquiera que hable con él".[47] Más les impresionó cuando Creighton, un funcionario del Departamento, le preguntó a Hopkins:

–¿Se le ocurre alguna razón general por la que sería ventajoso para Estados Unidos darle a Sommerfeld la libertad bajo palabra en este momento?

–Decididamente. Sommerfeld tiene un conocimiento más íntimo de la situación y los hombres en México que cualquier otra persona en Estados Unidos. Creo que ese conocimiento tal vez resultará a la larga considerablemente benéfico.[48]

Es significativo que Miguel Díaz Lombardo, representante quasi-oficial de Villa en Estados Unidos, colaborara tan estrechamente con Hopkins que, según un funcionario del Departamento: "El señor Hopkins [...] ha enviado a Miguel Díaz Lombardo [...] a interceder en favor del señor Sommerfeld".[49]

Uno de los funcionarios de más alto rango, John Hanna, se mostraba cada vez más favorable a Sommerfeld: "En vista de la conexión de este hombre con los asuntos mexicanos y en especial con los intereses anticarrancistas", escribió, "sospecho que su conocimiento de las condiciones mexicanas es requerido para ayudar a estadounidenses y mexicanos en alguna intriga mexicana. Como Sommerfeld probablemente se inclina a favor de los estadounidenses, no es imposible que algunos intereses de negocios enteramente legítimos quieran contar con su colaboración".[50] Pocos días después, Hanna recomendó la liberación del preso, diciendo: "No creo que debamos temer que haga nada por Alemania. Le preocupa demasiado su propio interés para sentir simpatías por las causas perdidas [...] Sin duda continuará siendo un intrigante en los asuntos mexicanos, aunque no se atreverá a regresar a México mientras Carranza esté en el poder. La lógica de los acontecimientos hace probable que colabore con un grupo proestadounidense en México".[51] No fue muy difícil para los funcionarios federales comprender qué intereses representaba Hopkins y cuáles defendería Sommerfeld si lo ponían en libertad ya que, cuando le preguntaron al primero qué haría su protegido una vez liberado, dijo que se dedicaría al negocio del petróleo. (También mencionó un posible empleo en una compañía cinematográfica.)

El 25 de agosto de 1919, el Departamento de Justicia aceptó liberar a Sommerfeld a condición de que "se comprometiera a abstenerse de toda conexión con las intrigas políticas mexicanas".[52]

Tres meses más tarde, el Departamento de Guerra recibió un informe de "que un hombre de nombre Sommerfeld está recibiendo visitas de mexicanos y participando en diversas intrigas en el hotel Astor".[53] No está claro qué tan confiable es el dato, ya que según el informante, un tal Ralph Hayes, "este informe fue proporcionado por la mujer que vende puros en el Astor y aunque el señor Hayes no le da pleno crédito, parece que el asunto merece cierta consideración". Tampoco está claro si Sommerfeld desempeñó algún nuevo papel en los sucesos mexicanos. Su liberación probablemente se produjo demasiado tarde, ya que, tras el desastroso ataque de Villa a Ciudad Juárez,[54] las posibilidades de que los estadounidenses colaboraran con él en alguna forma disminuyeron radicalmente.

Aunque las incitaciones de Calero y el posible apoyo que los empresarios estadounidenses tal vez le prometieron ciertamente empujaron a Ángeles a volver a México, hubo un factor más importante que fue el que inclinó la balanza para él: la respuesta de Villa a una carta que Ángeles le había enviado en junio para preguntarle cómo reaccionaría si se le unía. Fue una réplica muy cálida, llena de expresiones de lealtad y disposición de escuchar consejos. "Soy su amigo que nunca le volverá la espalda", escribía Villa,

no importa en qué condición me encuentre; las palabras que encontrará en el curso de esta carta están dictadas por mi conciencia de hombre de honor, son los pensamientos de mi corazón.

Lo admiro como uno de los hombres honorables de mi patria y nunca he dejado de pensar que el país lo necesita. Por tanto lo recibiré con los brazos abiertos, con el afecto y el respeto con que siempre lo he tratado.

Refiriéndose obviamente a las tensiones que habían surgido entre ambos en 1915, decía: "Si alguna vez le dije que no podía quedarse en la revolución debido a los tiempos fatales que iban a venir, eran palabras sinceras dichas de buena fe porque para sufrir las calamidades que he tenido que soportar en los años pasados hubiera usted necesitado un corazón de hierro".

Villa, que sabía que el ideal de Ángeles como maderista era tener un gobierno civil, le aseguraba:

Nunca lo mancharé a usted –hombre de conciencia– queriendo imponer mi propia voluntad porque solemnemente lo invito a ayudarme a establecer un gobierno civil, emanado de la voluntad popular, que dé garantías a la nación, y nosotros como militares lo obedeceremos y caminaremos a la altura de nuestro deber para no mancharnos como hizo el ejército que traicionó al gobierno del pueblo, mancha de la que usted está libre; porque tengo la satisfacción de asegurarle que cuando vea claramente el destino de mi patria no pediré nada para mí y usted estará orgulloso de mis actos.

Finalmente le aseguraba su profunda admiración como militar: "Siempre consideraré y escucharé con prudencia su consejo, porque le repito que admiro su honor y su cultura y aunque puedo haber obtenido el control del ejército y tenga la fortuna de un guerrero que hasta ahora no ha encontrado a nadie que pueda derrotarme, no me avergonzaría servir como soldado bajo su mando".[55]

Junto con esta carta, desbordante de afecto y respeto, Villa envió una segunda misiva, escrita en términos muy diferentes y dirigida a Maytorena.

Para lavar la mancha que lleva a los ojos de la nación le hablaré más adelante al pueblo y le diré que lo acepte en el seno de nuestros amigos, porque sin vanidad creo que las palabras que puedo decir en diferentes partes del estado de Sonora serán las que lo lavarán de la mancha que lleva [...] Le mando esta sincera carta con el general Ángeles para que usted solo conozca su contenido y usted enteramente solo reciba esa vergüenza, porque no lo apoyé a usted en el estado de Sonora para que usted lo explotara, y repito que sólo yo, con mis súplicas, puedo reivindicarlo a los ojos del pueblo de ese estado como usted claramente comprenderá.

Para lavar a Maytorena de "la mancha" en que había incurrido, Villa le pedía que entregara diez mil dólares a Ángeles "para que pueda empezar a organizar al ejército que ha de encabezar". Villa daba a entender que Maytorena había robado grandes cantidades de dinero en su estado natal. "No quiero que me dé esa suma de su propio dinero, pero quiero que me dé lo que pertenece a Sonora." Luego acusaba a Maytorena de ser el principal responsable de la guerra civil entre él y Carranza.

Tenga en mente que sus sugerencias influyeron mucho en que nos rebeláramos contra Carranza. Nunca he dado esta información a la prensa porque, repito, quiero limpiarlo, quiero devolverlo al seno de nuestros amigos, y por esa razón le hablo con total claridad, porque soy un hombre que no puede disimular sus sentimientos y por esta razón entro en estos detalles y le abro la puerta. Cada día el pueblo mexicano me ama más y en esta ocasión usted firmará su sentencia de odio perpetuo de ellos o consentirá en lo que le digo y entrará en el seno de nuestros amigos que somos nosotros y el pueblo.[56]

Esta carta, que Ángeles nunca le entregó a Maytorena, mostraba que Villa no entendía bien el carácter de su antiguo comandante de artillería. Ángeles nunca habría aceptado presionar a su amigo para que le diera dinero. Tal vez los consejeros de Villa se daban cuenta de ello, y por eso les preocupaba el tenor de la carta, o tal vez temían que Maytorena hiciera una declaración pública contra Villa.[57]

Durante siete meses, hasta julio de 1918, Ángeles cortó toda comunicación con Maytorena. Al cabo de ese tiempo, escribió de nuevo a su amigo dándole a entender que había tomado finalmente una decisión.

Respecto al silencio, voy a decirle algo: no puedo decírselo claro; pero estoy seguro que usted comprenderá bien todo. Sabe, porque se lo he dicho, la resolución que he tomado desde hace mucho tiempo. Quise llevarla a cabo, primero de un modo, luego de otro y por fin de otro. Mientras llegaba un fracaso pasaba tiempo y así se han pasado no sé cuántos meses. ¿Por qué fracasé en las dos primeras ocasiones? Porque me faltó la ayuda que yo creí segura. Y desde entonces mi acción era inminente y era necesario estar mudo. Ahora estoy en el mismo caso; nada más que mi ánimo ha variado mucho y lo que no hacía yo antes, ahora me atrevo a hacer. Si le contara yo a usted las cosas, usted reprobaría mis intenciones, como cualquier buen amigo lo haría, pero yo estoy dispuesto a jugar una probabilidad contra 999.[38]

La carta era un tanto críptica, pero cualesquiera dudas que Maytorena pudiera tener quedaron aclaradas por una desesperada carta que la esposa de Ángeles le envió para pedirle que disuadiera a su esposo de regresar a México para unirse a Villa. "Acabo de recibir una carta de su señora", le escribió Maytorena a Ángeles,

que me aclara "las cosas" que usted no me cuenta. Ella, la pobre, se encuentra angustiada, y me pide que le quite yo a usted de la cabeza las ideas de su última resolución, y para conformarle le he contestado lo que verá usted en la adjunta copia. No debía de agregar una palabra más; pero no puedo dejar de decirle que no concibo que en un criterio ampliamente lógico como el suyo, de matemático, pueda caber la resolución de jugar una probabilidad contra 999, y lo mismo digo sobre la pretensión de querer volver a un hombre cuyo contacto no puede ser sino fatal [obviamente, Maytorena se refiere a Villa]. No concibo esto, repito, por más desesperado que suponga a usted y exaltado por la situación de nuestras cosas. Ya hemos esperado mucho, esperemos un poco más, confiados en que nuestra acción podrá ser siempre oportuna, porque no siempre habrá de ser todo odio y rencores entre nosotros.[39]

En su carta a la esposa de Ángeles, Maytorena trataba de sonar mucho más optimista. Le decía que pensaba que Ángeles había desistido de su intención original y que "creo que si en un rapto de impaciencia o alucinación, abrigó tal idea, la ha desechado ya por absurda, como corresponde a su buen juicio y cordura, y más cuando, como usted dice, tiene adquirida muy buena experiencia en aquel hombre que, en días de exaltación política y en fuerza de las circunstancias nada más, pudo arrastrar tras de sí a individuos que a poco recogimos como fruto de nuestro forzado error la decepción más amarga".[60]

Maytorena pudo pensar que su optimismo estaba justificado, ya que en las cartas que Ángeles le envió durante el mes siguiente no decía nada de sus intenciones, sino que se limitaba a analizar la situación política y a hablar de los artículos que pensaba escribir. Pero se dio cuenta de cuán equivocado estaba cuando, en diciembre de 1918, recibió una carta de despedida en que su amigo esbozaba un plan de acción política para Maytorena y otros exiliados mexicanos. Decía que regresaba a México "a hacer propaganda entre los revolucionarios en armas para que se afilien a la Alianza". Le pedía a su amigo y, a través de él, a otros miembros de la Alianza Liberal que hasta entonces habían limitado la participación y membresía a los antiguos revolucionarios, que admitieran conservadores en sus filas.

Espero que esta asociación hará obra patriótica y que salvará a México de la intervención. En la colaboración de usted cifro grandes esperanzas. Cuando ustedes pacten aquí con los antirrevolucionarios las bases de la unión de todos los mexicanos, yo no podré intervenir porque estaré en México. Confío en que desde luego hagan usted y todos los amigos una campaña activa para lograr que se elija un comité Ejecutivo General de la Alianza de personas reputadas, de significación, de talento pero no intransigentes, de esas que creen que sólo los pelados han de decidir de la suerte de México. Hay que hacer un claro y justo examen de conciencia, y confesar que cuál más, cuál menos todos hemos cometido errores y que, aunque no los hubiéramos cometido, todos los elementos de valía deben de tomar y tienen derecho a tomar participación en el arreglo de los destinos de la patria. [...]

¿Qué nos traerá el porvenir? Cualquier cosa que sea, hay que conservar hasta el último la esperanza de que algo bueno nos ha de traer y si en esa actitud nos sorprende la muerte, nuestro último pensamiento será que hemos obrado bien y que la recompensa vendrá aunque llegue un poco tarde. [...] P. D. Guárdeme el secreto de mi ida.[61]

La única persona a quien Ángeles se dirigió el mismo día que a Maytorena fue Manuel Calero, a quien escribió en un tono más cordial y personal: "Yo hubiera querido no estar tan solo, hubiera querido ir acompañado de unos veinte patriotas bien conocidos en la República, pero no los encontré; quizá muchos querían, pero no podían por su educación de gentes refinadas, delicadísimas". Reiteraba la justificación que le había dado a Maytorena: su deseo de impedir una inminente intervención estadounidense. "Será una vergüenza para los mexicanos que no agoten sus recursos en la solución de nuestro problema, para evitar la intervención de los Estados Unidos." Apelaba a Calero, como había hecho con Maytorena, para que reuniera a todos los exiliados políticos, tanto revolucionarios como conservadores, en una organización común: "Usted es uno de los mexicanos más brillantes, más conocidos, más reputados, de más recursos. Debe usted hacer todo lo que pueda. Haga usted un bravo llamamiento a todos los liberales, a todos los mexicanos de valía que la intransigencia de algunos revolucionarios haya excluido de la Alianza Liberal Mexicana, arriesgue usted su propio bienestar y aun el de su familia. Coopere usted valientemente a evitarme una humillación".

En contraste con su carta a Maytorena, en ésta revelaba algunas de las dudas y vacilaciones que lo habían perseguido y de los obstáculos que sabía que enfrentaría.

Sabe usted bien que conozco todo a lo que me expongo. Estoy viejo ya y no podré resistir fácilmente la inclemencia de la vida a campo raso, sin alimentos, sin vestidos y sucia en extremo. Voy a andar entre gente que por ignorancia y salvajismo comete crímenes, sin darse cuenta de que lo son; y naturalmente su buen amigo, el piadoso señor... (omito el nombre por tratarse de un estimado amigo mío [nota de Federico Cervantes]) me llamará bandido. Siendo Villa uno de los factores más importantes en la lucha actual, tendré que esforzarme para convertirlo de elemento de anarquía en elemento de orden y eso seguramente será aprovechado por mis enemigos para desacreditarme ante el gobierno y pueblo americanos.

A pesar de todo, voy con fe, porque voy a cumplir un deber y porque confío en que mis buenos amigos me ayudarán a tener éxito o me vindicarán si fracaso.

Ángeles decía también que sólo una persona, su propio hijo Alberto, había querido acompañarlo. Pero no se lo permitió ya que él debía ser el principal sostén de la familia.[62]

El llamado de Ángeles a la unidad de revolucionarios y contrarrevolucionarios en la Alianza Liberal no fue bien recibido por algunos exiliados destacados. Uno de los más radicales, Federico González Garza, le escribió a su hermano Roque: "Ángeles seguía en su trece, es decir que sólo uniéndonos por completo con nuestros enemigos, sin distinciones ni limitaciones de ninguna clase es como podríamos establecer una paz orgánica en México".

Decía que los reaccionarios habían querido primero eliminar a Ángeles de la dirección de la Alianza Liberal,

pero luego que se conoció el texto de su renuncia en el cual insiste en que el pensamiento de la Alianza es que se fusionen revolucionarios y reaccionarios, la actitud de nuestros asimilados ha cambiado por completo sobre todo desde que se ha sabido por allí que en una carta privada del general Ángeles recomienda que le digan a Calero y Maytorena que le ayuden, y desde que se supo que al fin había lanzado su manifiesto aquel que nos enseñó y en algunos de cuyos puntos nunca estuvimos de acuerdo.

Así es que ahora por nada del mundo querían que se acepte su renuncia [antes de salir de Estados Unidos, Ángeles había presentado su renuncia como miembro de la dirección de la Alianza Liberal en Nueva York] pues de enemigo que lo consideraban ha pasado a ser su líder.

Federico González Garza pensaba que unir a los revolucionarios y los reaccionarios en una sola organización sería una tragedia, ya que los primeros sólo constituían un dos por ciento de los exiliados. "Hoy tengo temor fundado de que la reacción se gane al general Ángeles y lo lleve a su perdición pues parece que la Alianza acabará por ser un espléndido vehículo con el cual no contaban los enemigos para tratar de llegar otra vez a dominar y olvidarse de todo menos de los intereses de su clase."[63]

Ángeles escribió el manifiesto al que se refería Federico González Garza poco antes de su partida, y a principios de 1919, fue publicado en el periódico *La Patria*, que hacían exiliados mexicanos hostiles a Carranza. En él, pedía elecciones libres, primero locales, luego regionales y luego a nivel nacional, y la creación de un gobierno civil. Ninguno de los jefes revolucionarios podría convertirse en candidato a la presidencia (de esta forma Ángeles se excluía también a sí mismo). Aunque Federico González Garza no enumera las partes del manifiesto con las que no estaba de acuerdo, sin duda se refiere a la categórica demanda de derogar la nueva Constitución de 1917 y de volver a la Constitución liberal de 1857. Si bien los exiliados revolucionarios podían simpatizar con Ángeles en su crítica porque la Constitución de 1917 otorgaba demasiado poder al presidente, no hubieran querido derogar sus artículos nacionalistas o los que proclamaban que la reforma agraria era uno de los principales objetivos de la revolución. Ángeles decía que tales reformas no debían ser puestas en práctica por ningún caudillo sino por un parlamento libremente elegido. Era la vieja controversia que Ángeles y González Garza habían escenificado en 1915,[64] cuando el primero sostuvo que una de las principales diferencias entre convencionistas y carrancistas era que éstos querían llevar a cabo las reformas antes de las elecciones, y aquéllos querían hacerlo después. Federico González Garza se había opuesto vigorosamente a la postura de Ángeles, y ésa fue tal vez la base de sus críticas al manifiesto.[65]

Cabe dudar de que Ángeles llegara a enterarse nunca de la polémica que su carta y su manifiesto provocaron entre los exiliados. Una vez que ingresó a México, cesaron casi por completo sus comunicaciones con los amigos que dejaba al norte de la frontera. Mayorena sólo recibió carta suya poco después de su llegada al país, cuando le pidió que le enviara un caballo y un equipo de primeros auxilios.

EL REGRESO DE FELIPE ÁNGELES A MÉXICO Y LA ÚLTIMA GRAN CAMPAÑA DE PANCHO VILLA

El viaje de Ángeles a México se inició en Texas, en el rancho de George Holmes el 11 de diciembre de 1918. Allí lo esperaba José María Jaurrieta, secretario y mensajero de Villa, con órdenes de escoltarlo hasta el campamento de éste. La predicción de la carta de Ángeles a Calero de que las condiciones en México serían duras para él resultó enteramente cierta desde los primeros días del trayecto. Para no alertar a las tropas carrancistas, tenía que dormir a campo abierto, sin el calor de una fogata, en el helado clima decembrino de Chihuahua. Sólo cuando llegaron al pequeño pueblo de Cuchillo Parado pudo relajarse. Aquél era el viejo territorio de Toribio Ortega, del que habían salido el 17 de noviembre de 1910 los primeros hombres que tomaron las armas contra Porfirio Díaz. Ortega había muerto hacía mucho, pero el pueblo seguía siendo un centro de actividades revolucionarias profundamente devoto de Villa. El gobierno nunca había logrado crear allí una defensa social. Las simpatías villistas eran tan fuertes y declaradas que se organizó un baile público en honor de Ángeles. Poco después, logró llegar finalmente al campamento de Villa, localizado en la hacienda de Tosesihua. Los dos hombres se abrazaron, se llamaron el uno al otro "mi general" y rememoraron los días gloriosos de la División del Norte. Sólo más tarde, cuando quiso hablar de la inminente campaña militar, Villa recibió una desagradable sorpresa: Ángeles le dijo que no había venido a Chihuahua a combatir. "Vengo", le dijo, "en misión de amor y de paz. Vengo a buscar la manera de que cese esta lucha salvaje que consume al pueblo mexicano, unificando en un solo grupo a todos los bandos políticos que existen en la actualidad en el suelo de la república, sin distinción de credos."[66] Añadió que había venido a México en nombre de la Alianza Liberal fundada recientemente en Nueva York, y que su meta era obtener el apoyo tanto de Villa como de otros jefes revolucionarios para su programa. Villa quedó desconcertado, pero no fue presa de uno de sus ataques de cólera ni se volvió contra Ángeles. Le explicó pacientemente que la idea de unir a los diversos grupos revolucionarios era en realidad utópica. Cientos de kilómetros separaban a Chihuahua de las fuerzas anticarrancistas más cercanas, en el centro del país y en el sur; le explicó cómo él mismo había intentado marchar hacia el centro con un grupo de hombres y, finalmente, dado el control que tenían los carrancistas sobre el territorio intermedio, había tenido que regresar.[67]

Es de dudar que Ángeles mantuviera su postura de completa distancia en relación con el aspecto militar del movimiento villista. Poco después de su llegada, y por primera vez en dos años desde la pérdida de sus principales reservas de armas y municiones a manos de Murguía, a principios de 1917, Villa emprendió una campaña militar regular y de nuevo logró apoderarse de una población grande, la ciudad de Parral.

El inicio de esa gran campaña requería solucionar tres problemas logísticos: obtener dinero, conseguir armas y municiones, y reclutar más hombres. El dinero era lo más fácil para Villa: desde fines de 1917, había logrado reunir fondos cobrando "impuestos" a las compañías extranjeras, es decir vendiéndoles protección. En vísperas de la ofensiva, esos impuestos aumentaron considerablemente. "La campaña de Villa y Ángeles requirió préstamos forzosos de todos: tanto compañías mexicanas como estadounidenses", informaba el gerente chihuahuense del Ferrocarril del Noroeste de México al presidente de la empresa en Canadá, "así como la entrega forzosa de mercancías y abastos para su ejército. Casi todas las compañías mineras extranjeras del estado de Chihuahua se vieron obligadas a darles dinero en algún momento."[68] También fue más fácil conseguir armas que dos años antes, cuando tuvo que abandonar su ofensiva contra los carrancistas. Carranza había creado una serie de fábricas de municiones para disminuir su dependencia de Estados Unidos y poder abastecer a sus soldados. Éstos a su vez vendían armas y parque en el mercado negro de la ciudad de Chihuahua a los villistas. En contraste con los grandes días de la División del Norte, la dificultad mayor estaba en conseguir hombres. Para 1919, Villa había abandonado al parecer la táctica del reclutamiento forzoso que tan ampliamente había utilizado en 1916 y 1917. Ese cambio fue en parte voluntario y en parte involuntario: Villa se había dado cuenta de cuán impopular resultaba y cuánta hostilidad despertaba entre la gente común de Chihuahua. Cuando las tropas de Villa se acercaban a una población, la mayoría de los jóvenes, temiendo ser reclutados, la abandonaban y huían a las montañas o al desierto circundante, o se enfrentaban a ellas en las filas de las defensas sociales.[69] Así pues, el de Villa volvía a ser un ejército de voluntarios. El núcleo central eran sus Dorados y los hombres que le habían permanecido fieles a lo largo de los años. Los nuevos voluntarios conformaban al parecer un conjunto heterogéneo. Muchos eran habitantes de los pueblos cuyo principal motivo para unírsele eran las persecuciones y despojos que sufrían a manos de las tropas carrancistas. Otros eran prisioneros y desertores del ejército carrancista que pensaban que Villa proveía mejor para sus soldados que los comandantes federales. Un tercer grupo eran los vaqueros que habían perdido su ocupación al desaparecer las grandes cantidades de ganado y caballos de Chihuahua. "General, pues ya ve, nos siguen más que puros vaqueritos; así es que tendremos un gobierno de puros vaqueritos...", le decía Villa a Ángeles.[70] Las medidas logísticas de Villa y el prestigio que le dio a su movimiento la llegada de Ángeles le permitieron triplicar el número de sus hombres. "Hasta el 1 de enero, sus fuerzas combinadas sumaban probablemente cuatrocientos o quinientos hombres", le comunicaba el gerente del Ferrocarril del Noroeste a su jefe.

A principios del presente año Felipe Ángeles, antiguo oficial federal y un mexicano muy inteligente, cruzó la frontera cerca de El Paso y se juntó con Villa. Antes de eso el movimiento no era nada más que una cosa de bandidos, pero con el arribo de Ángeles se convirtió en un movimiento revolucionario, y por un tiempo pareció probable que fuera un factor de consideración en la situación general. Aparentemente, Ángeles discutió con Villa y trazó planes bien definidos que ambos procuraron cumplir. A los pocos meses habían reunido unos dos mil hombres bastante bien armados y equipados.[71]

Ángeles intentó imponerles su agenda él solo –no por casualidad se comparaba con don Quijote– a Villa y a su ejército. Esa agenda era política, humanitaria y militar. Su dimensión política era la menos discutible, pero también la menos significativa y la más fácil de llevar a cabo.

Con tremendo vigor, Ángeles se dispuso a politizar el movimiento villista y a convencer a la opinión pública estadounidense de que su actitud hacia Estados Unidos había cambiado radicalmente. Mientras las tropas estadounidenses ocuparon parte del territorio mexicano, el programa de Villa había sido de nacionalismo radical. Con la evacuación de los soldados de Pershing y las políticas cada vez más nacionalistas y antiestadounidenses de Carranza, las acusaciones de Villa de que el Primer Jefe era un agente de Estados Unidos habían perdido toda credibilidad. Necesitaba otro programa, pero obviamente era incapaz de formularlo. Ángeles esperaba llenar ese vacío.

Villa estaba más que dispuesto a complacer a su viejo camarada en términos políticos. Incluso antes de reunirse con él, había aceptado un programa similar al que Ángeles defendía en su manifiesto. Al ocupar la población de Río Florido, uno de sus lugartenientes, Trillo, leyó el manifiesto de la Alianza Liberal. Villa preguntó si alguien tenía objeciones, pero nadie las tuvo. Finalmente, interpeló directamente a uno de sus generales: "Qué te parece ese plan? ¿Qué dices de la Constitución de 1857?" El general expresó lo que seguramente era la opinión del ejército: "Yo no sé mucho de constituciones, pero desde el momento que Carranza abolió la del 57, quiere decir que es buena".[72] Sin embargo, no es muy probable que la defensa de dicha Constitución pudiera ser un móvil para Villa o para sus seguidores. Había terminado hacía tiempo la época en que un manifiesto político podía movilizar a todo el pueblo, como ocurrió con el Plan de San Luis que lanzó Madero en 1910, o con el Plan de Ayala que defendió Zapata en 1911. En el México revolucionario habían llovido los planes y los manifiestos.

Ángeles, en cambio, se tomó la actividad política con gran seriedad. En todas las poblaciones que ocupaban los villistas se dirigía a la población civil y describía su programa, que se centraba más en la paz y la reconciliación que en la reforma social. Llamaba a la restauración de la Constitución de 1857, exigía reformas democráticas y la abolición del poder de los caudillos. Ángeles pedía que los revolucionarios respetaran a los extranjeros que "nos traen la ciencia, que saben cómo se explotan las riquezas naturales y aportan los capitales indispensables para esa explotación". Condenaba las prácticas antirreligiosas. "Estar contra la religión, y no solamente contra los abusos del clero, es herir nuestros más nobles sentimientos y oponerse a todas las escuelas de moral."[73]

El problema que se le presentaba en su campaña política era que sólo acudía a escucharlo una parte de los habitantes de los pueblos ocupados, consistente sobre todo en mujeres y ancianos. Los jóvenes huían en su mayoría a las montañas, porque pertenecían a la defensa social o porque temían ser reclutados. En un caso, Ángeles decidió jugarse la vida para llevarles también a ellos su mensaje. Tras la ocupación del pueblo de San Juan Bautista, se podían ver a lo lejos las fogatas de los jóvenes que habían escapado a las montañas vecinas, y Ángeles decidió ir allí solo para hablarles. Y lo hizo sin el conocimiento de Villa. Durante varias horas, los hombres lo escucharon y luego le permitieron regresar indemne al poblado. Villa se horrorizó ante esta imprudencia, a la vez que quedó impresionado por el valor del general.[74]

Sin embargo, Ángeles comprendía que los programas y los discursos no eran suficientes para transformar la actitud de la población civil de Chihuahua hacia Villa. Tenía que terminar de raíz con el miedo que éste inspiraba, transformar la imagen sangrienta que sus propias acciones y la propaganda de los carrancistas habían creado. Lo que le pedía a Villa era un cambio fundamental de táctica: debía terminar con las ejecuciones de prisioneros y abstenerse de tomar represalias contra los civiles mexicanos y extranjeros. Villa justificaba las ejecuciones diciendo que los carrancistas nunca tomaban prisioneros, sino que mataban a todos los villistas que capturaban, y que ningún ejército guerrillero puede crear campos de prisioneros: no tiene más alternativa que liberarlos o ejecutarlos. De hecho, en las primeras etapas de su campaña, los liberaba tras cortarles una oreja, en advertencia de que, si volvían a unirse al ejército federal y eran capturados, serían fusilados sin más trámite. Pero Villa decía que esa medida no había dado resultado y que, una vez libres, los soldados se reincorporaban a sus unidades. Con todo, cedió en buena medida a los deseos de Ángeles. Tras la batalla de Moctezuma, una pequeña escaramuza que fue la primera después de la llegada de Ángeles, Villa liberó a todos los prisioneros federales.[75] Hizo lo mismo en Parral, aunque no con la totalidad de los cautivos.

El ataque a Parral, la primera y única gran ciudad que Villa logró ocupar enteramente en su ofensiva, fue muy sangriento. Tanto la guarnición federal, comandada por Medinaveitia, alto oficial de la División del Norte que se había pasado a los carrancistas, como la defensa social, que incluía a los hijos de los habitantes más ricos, presentaron una resistencia desesperada. La defensa social se retiró a una cima conocida como Cerro de la Cruz, y siguió combatiendo incluso después de que los miembros de la guarnición huyeron o se rindieron. Sólo depusieron las armas cuando el propio Villa o alguno de sus oficiales (el asunto aún está en discusión)[76] les aseguraron que sus vidas serían respetadas. Con tres significativas excepciones, Villa mantuvo su palabra. Ochenta y cinco de los ochenta y ocho miembros de la defensa social fueron liberados, pero no antes de pasar unos momentos muy angustiosos escuchando a Villa. Habían sido conducidos al auditorio principal de un colegio de niñas, donde Villa se dirigió a ellos: "Bueno señores: yo tengo entendido que una defensa social la organizan los pueblos que temen la entrada de un bandido que no lleva más miras que el despojo y el ultraje a las familias honradas; ustedes forman esa defensa social. Yo, el bandido que ataca la población, y el bandido que los toma prisioneros, así es que no les queda a ustedes ni para preguntar cuál será el castigo".[77] Transcurridos unos instantes, mientras los prisioneros esperaban lo peor, Villa dijo: "[Voy a] ponerlos en completa libertad, para que cuiden de sus familias que en estos momentos se apiñan en la puerta de esta casa lanzando gritos de dolor y espanto". El alivio de los prisioneros fue tan grande que algunos de ellos salieron del lugar gritando: "¡Viva Villa!"[78]

Sin embargo, en el caso de tres dirigentes de la defensa social, Villa se negó a cumplir la promesa de darles un salvoconducto, a pesar de las súplicas de Ángeles. Se trataba del jefe de la defensa social, José de la Luz Herrera, y dos de sus hijos. Herrera era el padre de dos destacados comandantes de Villa, Maclovio y Luis Herrera, que habían peleado junto a él en la División del Norte y habían sido los primeros en volverse en su contra y pasarse a Carranza. Villa justificó la ejecución del padre ante un subordinado diciendo que le había mentido y lo había traicionado. Cuando Maclovio se unió a Carranza, José de la Luz Herrera, que en ese momento se encontraba en territorio controlado por los villistas, le había pedido a Villa un tren especial para llegar adonde estaba su hijo y convencerlo de que cambiara de actitud. En lugar de eso, una vez que alcanzó a Maclovio, le envió a Villa un mensaje en que lo llamaba bandido y declaraba que él también se pasaba al enemigo. Villa le reprochaba asimismo haberse opuesto violentamente a la manifestación antiestadounidense que se produjo en Parral cuando las tropas de Pershing entraron por poco tiempo en la población.[79] Pero había más mar de fondo todavía. Si las acciones de Herrera hubieran sido el único motivo para ejecutarlos, Villa les habría perdonado la vida a los dos hijos, que no tenían responsabilidad alguna en ellas. En vez de eso, decidió que los tres debían morir. Se trataba de un pleito jurado que exigía el exterminio de toda la familia.[80] Villa acudió personalmente a presenciar la ejecución de los Herrera, que murieron con gran valor, manifestándole hasta el fin su odio y su desprecio.

Además de los miembros de la defensa social de Parral, Villa perdonó también a los prisioneros federales. Se los entregó a Ángeles, quien los arengó y los convenció de unirse a las fuerzas villistas.[81]

La táctica de perdonarles la vida a los prisioneros dio resultados. Cuando el ejército de Villa se acercaba a la vecina población de Valle de Allende, los miembros de la defensa social le dijeron que no le opondrían resistencia y él aceptó no hacerles daño, y lo cumplió, con la condición de que le entregaran todas sus armas.

La actitud más tolerante de Villa hacia la población civil de Chihuahua se expresó de nuevo cuando sus tropas entraron en San Isidro, el pueblo donde, en 1910, su enemigo y rival Pascual Orozco se había levantado contra Porfirio Díaz y donde aún disfrutaba de mucha simpatía. Cuando llegaron las noticias de que Villa y sus hombres iban en tren hacia allí, el pánico se apoderó de los habitantes. Los hombres huyeron a las montañas temiendo que los fusilaran o los reclutaran, y las mujeres y los niños se encerraron en sus casas aterradas, pensando que sufrirían violaciones como las que los villistas habían cometido en Namiquipa. La única persona que no perdió la cabeza fue la maestra, Julia Franco Domínguez. Reunió a todos los niños y, con una gran bandera mexicana, avanzó por las calles desiertas de San Isidro hacia la estación de ferrocarril. Conforme entraba el tren de los villistas, los niños se pusieron firmes y entonaron el himno nacional. Villa quedó tan conmovido que les dirigió un discurso diciéndoles que ellos constituían el futuro de México y que haría todo lo posible por protegerlos. Siguió su camino sin entrar siquiera en el pueblo.

También el trato de Villa hacia los estadounidenses se modificó. En abril de 1919, entró en el campo minero de Santa Eulalia montado en una mula llamada Presidente Wilson. Los gerentes estadounidenses del lugar temían por sus vidas, pero lo único que hizo Villa fue darles una conferencia "en la que expresaba su opinión sobre el presidente Wilson". El estadounidense que presenció la escena concluye diciendo: "Nadie puso objeciones a lo que decía; todos pensaban como él. Ningún estadounidense sufrió daño alguno".[82]

Más dificultades tuvo Ángeles para poner en práctica su agenda militar. Al intentar transformar la fuerza guerrillera villista en un ejército regular, entró en conflicto con Villa. Éste no se oponía a que Ángeles instaurara algunas prácticas de un ejército regular: el adiestramiento constante con el equipo militar y el ejercicio también constante. No sólo lo permitía, sino que cuando Ángeles estableció que uno de los ejercicios obligatorios era correr, Villa participó, a pesar de su pierna herida. Pero, en cambio, se mostró inflexible cuando Ángeles se opuso a la táctica consistente en dispersar periódicamente a la tropa y luego reunirla de nuevo bajo su mando directo. "Andar errante por las montañas me parece muy meritorio para un jefe de guerrillas, pero no para un general en jefe del Ejército Reconstructor Nacional."[83] Como alternativa, Ángeles sugirió que Villa ocupara la ciudad de Durango, estableciera una base firme y, a partir de allí, procediera a ocupar más y más territorio.

Pero sus argumentos no convencieron a Villa. Aunque probablemente Ángeles tenía mejor educación militar, Villa pensaba que él captaba con más claridad la situación económica de Chihuahua y los imperativos de la guerra de guerrillas. Explicó que simplemente no tenía abasto suficiente para llevar a cabo una ofensiva a largo plazo, y que sus hombres y caballos debían descansar periódicamente, cosa que sólo podían hacer si se dispersaban en el campo, donde era difícil que los carrancistas llegaran hasta ellos y donde tenían la posibilidad de conseguir provisiones. "Las campañas son muy duras, y como no tenemos muchos elementos, necesitamos dejar descansar a la gente y a la caballada. ¿Pa qué nos serviría la gente cansada?", le preguntó a Ángeles. "Y si la caballada se nos cansa, ¿dónde la reponemos? No es lo mismo ahora que hace cinco años, cuando matábamos caballos por cientos y en unas cuantas horas los reponíamos de las haciendas. Pero ahora, mi general, ya ve usted que no hay caballada en todo Chihuahua, y que dentro de poco vamos a tener que meternos a Coahuila o a Nuevo León para proveernos, porque lo que es ya Chihuahua no sirve para hacer revoluciones."[84]

A pesar de estas diferencias de opinión, Villa estuvo en realidad cerca de llevar a cabo una campaña militar regular después de la llegada de Ángeles. Le dijo a éste que cuando tomara la ofensiva, en 1919, estaría dispuesto a darle carta blanca en la organización de la campaña y del ejército.

A primera vista, el plan de Villa de volver a la guerra regular y lanzar una gran ofensiva contra los carrancistas en 1919 parece reflejar su habitual optimismo excesivo tras cada victoria. Según un observador enterado de la situación reinante en Chihuahua, las fuerzas federales que había en el estado sumaban diecisiete mil hombres, y Villa contaba cuando mucho con tres mil. Las tropas federales disponían de más municiones que los villistas, ya que Carranza había empezado a crear sus propias fábricas, pero, a pesar de su superioridad numérica, comenzaban a resentir las mismas debilidades que sus predecesores porfiristas en 1910-1911. Los comandantes carrancistas en Chihuahua, Manuel Diéguez y Jesús Agustín Castro, eran rivales irreconciliables y no podían acordar un plan conjunto para combatir contra Villa. Según la inteligente descripción de un observador, la debilidad del ejército carrancista en Chihuahua no se debía solamente a los desacuerdos entre sus comandantes, sino que residía también

en el espíritu ventajista y los instintos y tendencias completamente comercializados de sus comandantes, que no tienen deseo alguno de combatir ni de sufrir la dura vida de campaña: en la escasa capacidad combativa de sus hombres que, en muchos casos, son miserables indios del sur, en contraste con los vigorosos guerrilleros de Villa, y cuya paga tan rara vez les llega en cantidad suficiente que no tienen deseos de combatir, deben estar vagamente descontentos y ciertamente estarían dispuestos a aportar a los rebeldes muchos reclutas de las filas mismas del gobierno, para escapar a la miseria de su condición, si Villa pudiera ofrecerles algo mejor. La caballería del gobierno, en cuanto a las bestias, también está en lamentable forma y casi muerta de hambre, presumiblemente porque los oficiales se embolsan los fondos destinados al forraje porque este ejército ya no es una fuerza móvil, y ciertamente no está preparada para emprender la persecución de los rebeldes, los cuales, como su vida depende de ello, se cuidan de tener a sus caballos en la mejor condición posible.[85]

Una ventaja aún mayor para Villa era que muchas de las defensas sociales estaban negándose a combatir y entregando sus armas. Habían sido de enorme ayuda para las autoridades carrancistas, pero

debido a la cobarde deserción que cometieron las tropas del gobierno en el momento de mayor necesidad, dejando a varias "Defensas Sociales" a su suerte, sobre todo en Parral, donde la población en armas fue abandonada por dichas tropas para oponer una valerosa pero solitaria resistencia contra Villa, otras "Defensas Sociales" que estaban organizadas y existían como poderosas aliadas para la defensa de su propio interés y el del gobierno han entregado en su mayoría sus armas a los villistas. La ventaja así obtenida por éstos y perdida por el gobierno no se puede exagerar.[86]

Así pues, las fuerzas de Carranza se hallaron en una situación similar a la de sus predecesores porfiristas que, en 1910-1911, no pudieron contar con ninguna ayuda significativa de la población local.

Patrick O'Hea, que informaba sobre estos hechos, veía con pesimismo las perspectivas del gobierno a largo plazo.

Llegará el día sin embargo en que el gobierno tendrá por necesidad que retirar de Chihuahua una parte considerable de las tropas que ha acumulado aquí, para llevarlas a Tampico, Veracruz, Puebla, Michoacán y la propia capital, debido a nuevos problemas en éstos u otros puntos, y si para entonces el general Diéguez y Castro no han logrado, como temo que no lograrán, aplastar el movimiento de Villa y reorganizar el estado, habrá aún mayor peligro, o más bien la certeza, de que la amenaza villista crezca y se difunda, siendo para ella una gran victoria que tropas muy superiores no hayan logrado acabarla.[87]

Otro elemento que fortaleció al movimiento villista fue que muchos observadores[88] consideraban que el gobierno de Estados Unidos estaba tan disgustado con Carranza que podría apoyar un movimiento, no encabezado por Villa sino por Ángeles, pero en el que aquél tendría algún papel. Por lo menos, se suponía que en tal conflicto el gobierno estadounidense permanecería neutral.

Pero una fatídica decisión de Villa disiparía esa impresión, llevaría a sus fuerzas a una gran derrota, pondría fin a todo intento de crear un ejército regular, lo forzaría a volver a la vida errante del guerrillero y suscitaría su ruptura final con Ángeles. Se trató de la decisión unilateral de ocupar Ciudad Juárez.

Ángeles trató de disuadirlo arguyendo que los estadounidenses cruzarían la frontera para atacarlo, pero Villa respondió con desenvoltura que, si lo hacían, tenía parque suficiente para enfrentarlos: "Para los gringos también traigo".[89]

Habían surgido entre los dos hombres diferencias muy claras acerca de dos cuestiones. Una de ellas fue completamente inesperada para Ángeles, pero la otra no fue ninguna sorpresa. Como muchos antiguos maderistas, Ángeles estaba convencido de que Villa era un seguidor del presidente martirizado tan ferviente como él. Primero se sorprendió y luego se encolerizó cuando, en una conversación, Villa se mostró muy crítico del difunto presidente y lo llamó "imbécil" por haber firmado los acuerdos de Ciudad Juárez y por no haber fusilado a Félix Díaz tras su intentona de golpe en Veracruz. Ángeles estuvo en total desacuerdo con esas críticas al hombre que consideraba encarnación misma de la revolución mexicana. "La primera discusión la tuvimos en Tosesihua, porque llamó imbécil a Madero; yo le contesté y fuimos subiendo de tono hasta gritarnos. Los soldados de Villa esperaban que me mandara ahorcar, como lo hacía con todos los que lo contradicen, pero no fue así. Después, ya calmado, Villa me dijo: 'Usted es el primer hombre que me contradice y no ha muerto'."[90]

Pero la diferencia más grave entre ellos tenía que ver con la actitud que debían asumir respecto de Estados Unidos. Villa se ponía furioso cuando escuchaba los discursos de Ángeles en los pueblos que capturaban, en los que elogiaba a los estadounidenses. Una tarde, cuando hablaban sobre los cambios que debían producirse en México, Ángeles describió durante una hora su visión del nuevo país, insistiendo en la necesidad de reformar la familia, de regresar a la Constitución de 1857, pero también de establecer mejores relaciones con los estadounidenses. Villa le contestó: "Mi general, por lo que parece, usted se me ha agringado... [...] Todo está bueno, menos que agringue usted a mi pueblo..."[91]

LA DERROTA DE PANCHO VILLA EN CIUDAD JUÁREZ

No está claro qué indujo a Villa a atacar Ciudad Juárez. Tal vez quería poner a Ángeles a prueba. Como éste expresaba constantemente la necesidad de reconciliarse con los estadounidenses, implicando que Estados Unidos podría entonces cambiar de actitud, tal vez quería ver si realmente le eran menos hostiles que dos años antes, cuando Pershing entró en México para capturarlo.

Motivos de orden logístico pueden haber contribuido también a la decisión. Villa explicó a uno de sus subordinados que necesitaba urgentemente alimentar a sus tropas y que sólo podía obtener alimentos en las grandes ciudades. Dado que la de Chihuahua estaba demasiado bien defendida y Parral ya había sido capturada, Ciudad Juárez, por el limitado tamaño de su guarnición, era el mejor blanco posible. Quizás también se confió demasiado, como a menudo le ocurría cuando había obtenido una victoria. No sólo había tomado Parral y acabado con toda una serie de guarniciones federales, sino que sentía un gran desprecio por el nuevo comandante en jefe de las fuerzas carrancistas en Chihuahua, Jesús Agustín Castro. A diferencia de su predecesor Murguía, que incesantemente había tomado la ofensiva contra él, Castro se contentaba con hacerse fuerte en unas pocas ciudades. Así, Villa se sentía relativamente seguro de que si atacaba Ciudad Juárez, Castro no enviaría tropas desde la capital del estado contra su retaguardia.

El ataque se inició el 15 de junio de 1919. Al principio, todo pareció desarrollarse como Villa esperaba. No encabezó el asalto, porque se sentía enfermo, pero se lo confió a Martín López, el mejor de sus lugartenientes. Con la misma audacia e indomable valor con que había tomado el cerro de Santa Rosa, en el sitio de Chihuahua, López tomó Ciudad Juárez desde un ángulo que le permitía disparar sin que las balas cruzaran al otro lado de la frontera, hacia El Paso. Con pinzas adquiridas de contrabando, sus tropas cortaron las alambradas de púas que rodeaban la ciudad, y en pocas horas controlaban la plaza, mientras la guarnición carrancista retrocedía al cercano Fuerte Hidalgo. López, sin embargo, no era Pancho Villa. No tenía ni su inteligencia ni su capacidad para imponer una rígida disciplina a su tropa. Una vez tomada la ciudad, los villistas, desacostumbrados tras su larga etapa guerrillera a los lujos que ofrecía, se dispersaron por las calles con la idea de comprar o robar mercancías, o simplemente para disfrutar de un momento de respiro. Por mala suerte, ese respiro terminaría en desastre.

En Fuerte Hidalgo estalló una escaramuza entre dos unidades carrancistas que se acusaban mutuamente de cobardía por haber dejado su bandera en la ciudad. Picados por esa crítica, un grupo de soldados decidió desafiar a los villistas, regresar a su cuartel general y apoderarse de la bandera para demostrar su valor. En vez de vérselas con un enorme contingente de villistas como temían, hallaron que éstos se hallaban dispersos y, cuando empezaron a disparar sobre los soldados sueltos que se encontraban, el pánico se apoderó de ellos, y se retiraron en desorden de la ciudad que con tanta valentía habían tomado y por cuya captura habían pagado un alto precio de sangre. La retirada casi le cuesta la vida al propio Villa. Sin darse cuenta de lo que ocurría, se dirigía a Ciudad Juárez para comer en un restaurante cuando repentinamente se topó con una unidad carrancista que hasta el último minuto creyó compuesta de sus propios hombres. Vaciando sus pistolas contra el enemigo, Villa y los pocos hombres que estaban con él lograron huir y volver a sus propias líneas.

Pero Villa no se dio por vencido. Una vez más dio órdenes de atacar, y una vez más, tras sangriento combate, sus tropas lograron ocupar la ciudad y los carrancistas de nuevo se retiraron a Fuerte Hidalgo. Esta vez, Villa se preparó a tomar ese baluarte. Y fue entonces cuando se cumplieron las sombrías predicciones de Ángeles. El Adjutant General había dado permiso al comandante de las fuerzas estadounidenses en El Paso, general Erwin, de cruzar la frontera en caso de que algún estadounidense fuera herido o muerto en el combate. En la mañana del 15 de junio, el general Erwin informó que tras la investigación realizada por el inspector de distrito [...] y que muestra que disparos indudablemente provenientes de los villistas habían alcanzado El Paso; debido a que varias personas inocentes residentes en El Paso y dos soldados estadounidenses que cumplían con su deber el 14 y 15 de junio resultaron heridos, mediante la autoridad que se me acordaba en su telegrama [...] con esta fecha ordené a las tropas bajo mi mando cruzar la frontera y dispersar a los villistas, pero de ninguna manera emprender una invasión de México. Las tropas a mi mando están ahora cruzando la frontera para cumplir esta orden. En cuanto lo hayamos logrado y la seguridad de los habitantes de El Paso esté asegurada, las tropas serán retiradas a este lado de la frontera.[92]

Incapaces de enfrentar la mayor capacidad de fuego de los estadounidenses, los villistas tuvieron que retirarse de Ciudad Juárez.

Para Ángeles, el ataque de los estadounidenses contra Villa representaba el colapso no sólo de su estrategia sino de todos sus sueños. "Esto no tiene remedio", le dijo a Jaurrieta, el secretario de Villa, que lo había traído de Estados Unidos y que era uno de los pocos miembros del ejército villista que sabían leer y escribir. "El general Villa jamás será aceptado por el gobierno de la Casa Blanca. Siendo completamente nula mi actuación entre ustedes, se impone mi regreso al territorio americano. ¡PERO ESO NUNCA! Solamente pondrá la muerte un punto final honroso a esta mi última aventura revolucionaria; deseo morir, de todo corazón."[93]

La desesperación de Ángeles creció aún más cuando fracasó su último intento por reparar los daños con los estadounidenses. Envió a Gómez Morentín, que había actuado como emisario oficioso y secreto de Villa a Estados Unidos, a ver al general Erwin. Debía asegurarle que los villistas no eran antiestadounidenses y que habían hecho cuanto podían por no disparar contra el otro lado de la frontera, que en realidad eran los carrancistas los responsables de las muertes habidas en El Paso.[94] Erwin se negó a tratar con el mensajero y lo entregó a las autoridades de migración, quienes de inmediato lo deportaron.[95] Cualquier duda que Ángeles podía tener sobre la necesidad de dejar a Villa debió desvanecerse al oír las amenazas que éste profería contra los estadounidenses. Tal vez no le impresionó tanto el deseo reiterado por Villa de que Dios le diera ocasión de "hacerle cosquillas" a Wilson a su manera, como sus amenazas contra los estadounidenses de Chihuahua, que eran mucho más concretas. "Tras el combate en Juárez", informaba el representante del Ferrocarril del Noroeste de México a su jefe, "Villa se esforzó por capturar al único estadounidense que se hallaba en las cercanías de Villa Ahumada, y les dijo a sus hombres que tenían su permiso para matarlo y también a todos los estadounidenses que se encontraran en el futuro. También les dijo a los mexicanos que si cualquiera de ellos era culpable de trabajar para o hacer tratos con los estadounidenses en el futuro, un día volvería y lo mataría."[96]

Fue el temor a quedar asociado en la mente del pueblo a las acciones antiestadounidenses de Villa, o incluso a ser tenido como responsable de ellas, lo que finalmente llevó a Ángeles a abandonarlo. "Uno de los motivos de mis disgustos con Villa, y que originaron mi separación de él, es su odio contra los americanos."[97]

Villa nunca cumplió sus amenazas. No hay prueba alguna de ejecuciones de estadounidenses y, en una proclama de octubre de 1919, dirigida al pueblo del vecino país, Villa decía que durante el ataque a Ciudad Juárez había hecho todo lo posible por evitar que llegaran proyectiles al lado estadounidense, y que había querido evitar un conflicto internacional con Estados Unidos, "un conflicto que no tenía justificación ya que el acto [el ataque de las tropas estadounidenses contra las suyas] era expresión de la política de las autoridades militares estadounidenses, pero no del pueblo de Estados Unidos".[98] Para el revolucionario era claro, una vez desvanecida la furia inicial, que cualquier masacre de estadounidenses sólo tendría para él consecuencias desastrosas. Podía provocar una nueva ofensiva estadounidense mayor que la expedición de Pershing. Y aunque ésta no ocurriera, los empresarios estadounidenses podían irse de Chihuahua, que era como matar a la gallina de los huevos de oro: Villa dependía cada vez más, para su subsistencia, de los préstamos forzosos y las contribuciones que imponía.

La ofensiva villista de 1918-1919 tuvo algunos rasgos en común con la de 1916-1917, pero también hubo claras diferencias. En ambos momentos, la corrupción y las atrocidades cometidas por las tropas carrancistas suscitaron mucho apoyo para Villa. En ambos casos, la oposición más formidable que enfrentó en su lucha guerrillera, la de las defensas sociales, se redujo a un mínimo. En 1916-1917 sólo existía un pequeño número de tales defensas, y en 1918-1919, muchas depusieron las armas a cambio de que se les prometiera que estarían a salvo de saqueos, represalias y reclutamientos forzosos. Según todas las versiones, Villa cumplió esas promesas. En ambos casos, la campaña de Villa se financió con las contribuciones involuntarias de los estadounidenses. En 1916-1917, Villa había ocupado y saqueado las propiedades de los estadounidenses que hasta entonces había respetado. Su campaña de 1918-1919 se financió con los préstamos forzosos de los inversionistas y las compañías mineras estadounidenses. La actitud hacia Estados Unidos tuvo una gran influencia en el éxito de ambas campañas. En 1916-1917, el nacionalismo y la hostilidad hacia los estadounidenses, alimentados por la presencia de la Expedición Punitiva en México, fortalecieron a Villa. En 1918-1919, fue la impresión que tenían muchos chihuahuenses –suscitada y reforzada por los discursos de Ángeles– de que, habiendo ganado la primera guerra mundial, Estados Unidos se volvería contra Carranza y que posiblemente Ángeles sería su candidato para sustituirlo. Así, se creía la situación de Villa más fuerte de lo que en realidad era. Esa impresión desapareció cuando los estadounidenses cruzaron la frontera en Ciudad Juárez para atacar a los villistas, y a partir de ese momento la campaña empezó a desinflarse.

La diferencia más notoria entre las dos ofensivas es que el apoyo popular que obtuvo la segunda fue significativamente menor. En 1916-1917, tanto los dirigentes carrancistas como los observadores extranjeros creían que la inmensa mayoría de los chihuahuenses apoyaban a Villa. No lo pensaron así en 1918-1919. El creciente cansancio de la guerra y las atrocidades cometidas le enajenaron a Villa importantes sectores de la población civil.

CAPTURA, JUICIO Y EJECUCIÓN DE FELIPE ÁNGELES

Resulta notable que, a pesar de que Villa solía considerar a cualquiera que abandonaba sus filas un desertor, traidor y renegado y tratarlo en consecuencia, Ángeles y él se separaron como amigos. Aunque no está claro si Ángeles le dijo que se trataba de una ruptura definitiva –dejó el ejército en el momento en que las tropas estaban siendo dispersadas en pequeñas bandas, como periódicamente lo eran, para permitirles conseguir provisiones y descansar–, Villa sospechó que no regresaría, y le advirtió una y otra vez que si no se quedaba con él los carrancistas lo capturarían y lo colgarían. Pero ante la insistencia de su camarada, Villa le proporcionó una pequeña escolta. Los siete meses siguientes de la vida de Ángeles, que pasó vagando con unos pocos hombres por el campo mexicano, escondiéndose constantemente de la población y de las tropas carrancistas, siguen siendo un misterio. No sabemos por qué se negó tan rotundamente a regresar a Estados Unidos donde hubiera tenido una seguridad relativa y la posibilidad de reemprender la actividad política. ¿Temía ser detenido por romper las leyes de la neutralidad? No hay pruebas de que albergara ese tipo de temor, y los estadounidenses habrían tenido serias dificultades para probarle que conspiraba para organizar una revuelta en México desde allí. Es mucho más probable que su conducta se debiera al orgullo, a que rehusaba reconocer que su estrategia había sido un error. ¿Estaba buscando la muerte, como le dio a entender a Jaurrieta, o, como este último dijo ante el tribunal que lo juzgó, intentaba hacer contacto con los revolucionarios del sur para unírseles? Había un cierto número de jefes en el sur y el centro que hubieran querido emplear sus servicios y su prestigio. En Morelos, Gildardo Magaña había tomado las riendas de la revolución después de la muerte de Zapata a manos de los carrancistas. Magaña, un intelectual que carecía del prestigio de Zapata, muy bien hubiera podido pensar en utilizar a Ángeles para reunir los restos de las fuerzas zapatistas desmoralizadas. Es aún más probable que otros revolucionarios que habían estado íntimamente vinculados a Villa –Cedillo en San Luis Potosí o Tiburcio Fernández Ruiz que había combatido en la División del Norte y que encabezaba el movimiento anticarrancista "mapache" en el estado de Chiapas– lo hubieran recibido con los brazos abiertos. Pero no es fácil imaginar cómo habría viajado Ángeles hacia el sur, a través de cientos de kilómetros de territorio controlado por los carrancistas, sin ser reconocido o apresado. De hecho, la manera mejor de ir al sur de México desde el norte consistía en pasar a Estados Unidos, tomar desde allí un barco y desembarcar en la zona controlada por los rebeldes. Ángeles nunca lo intentó. Tal vez, como le dijo a Jaurrieta, esperaba morir y convertirse en mártir. Si así era, sus deseos pronto se vieron cumplidos.

En noviembre de 1919, Félix Salas, uno de los antiguos comandantes de Martín López, le proporcionó a Ángeles un escondite supuestamente seguro: una caverna en una remota región de Chihuahua. Una vez que Ángeles se estableció allí, Salas (cuya principal lealtad siempre había sido para Martín López, recién muerto en batalla) se rindió a los carrancistas y, por seis mil pesos, traicionó la ubicación de Ángeles.[99] Gabino Sandoval, antiguo villista y ahora jefe de la defensa social local, salió con cuarenta hombres a capturarlo. Finalmente llegaron al cerro de los Moros, donde acampaba Ángeles con otros cuatro hombres.

Primero agarramos a Néstor Arce y Antonio Trillo quienes estaban como avanzada de los demás y por la sorpresa con que les caímos no pudieron hacer uso de sus armas; al darse cuenta Ángeles y los otros de nuestra presencia huyeron haciendo fuego en retirada, habiendo corrido como un kilómetro que les dimos alcance, pues en vista de lo cerca que les llevábamos yo enfundé mis armas y saqué mi riata para lazar el caballo de Ángeles del que me había dado las señas el prisionero que hicimos en San Tomé. Ángeles, al ver que yo iba detrás de él muy cerca ya, se volvió con la pistola en la mano diciéndome que se daba por preso si no lo mataba. Como yo le dije que no metió su pistola a la funda y se entregó.[100]

Al capturar vivo a Ángeles, Sandoval le creó un difícil problema al gobierno de Carranza. No podían ejecutarlo sumariamente, como hicieron con los tres hombres de su escolta, fusilados de inmediato, porque ello habría desacreditado aún más a Carranza ante la opinión pública mexicana y extranjera. Su imagen ya había sufrido mucho con el asesinato de Zapata unos meses atrás. Se había tratado de un asunto especialmente feo. Uno de los comandantes locales de Carranza, Jesús Guajardo, le dijo a Zapata que él y sus tropas querían unírsele, y como prueba de su total ruptura con los carrancistas, capturó una población que estaba en manos del gobierno y masacró a todos sus defensores. Luego, Guajardo invitó a Zapata a reunirse con él en la hacienda de Chinameca. Cuando llegó, las tropas de Guajardo le presentaron armas, aparentemente a modo de bienvenida, pero a una señal de su jefe dispararon por la espalda sobre el desprevenido Zapata matándolo junto con su escolta.

Ángeles, decidió Carranza, debía ser ejecutado, pero de manera legal. Sería sometido a consejo de guerra público. El proceso no sólo sería la prueba de que el gobierno de Carranza no recurría al asesinato, sino que, esperaban los organizadores, también contribuiría a desacreditar al general ante la opinión pública chihuahuense. El gobierno pensaba contar con un público favorable para el proceso si lo realizaba en la capital del estado, donde se concentraba la mayor parte de la clase media, hostil a Villa. Para evitar que cristalizara en México o Estados Unidos algún tipo de simpatía por Ángeles, no se le sometería a un proceso regular, sino a un consejo de guerra que sólo debía durar dos días.

En más de un sentido, el proceso de Ángeles, único juicio público importante que se realizó durante la revolución mexicana, resultó contraproducente para Carranza. Era notable el grado de simpatía que despertaba entre la población de Chihuahua este antiguo general federal que ni siquiera era nativo del estado. Para muchos, era el símbolo de la primavera del villismo, con su mensaje de esperanza y su breve periodo de paz y prosperidad. También al parecer representaba para mucha gente una humanidad que ambos bandos habían abandonado en el curso de una guerra civil cada vez más sangrienta. En la mente de todos estaba presente el contraste entre el comportamiento de los villistas durante la última ocupación de Parral, cuando Ángeles estaba con ellos, y una anterior ocupación. Su humanidad y su relativa pobreza también contrastaban de modo agudo con la conducta de todos los generales carrancistas. En su simpatía y solidaridad con Ángeles, las clases baja y media de Chihuahua revivieron pasajeramente la unidad que habían logrado también por breve tiempo bajo el gobierno de Madero y de González y, por un plazo un poco más largo, en los primeros días del villismo.

Enormes multitudes, en su mayoría solidarias, acudieron a las estaciones de Parral y de la ciudad de Chihuahua para presenciar la llegada de Ángeles y dos prisioneros más: Néstor Arce y Antonio Trillo, antiguos miembros del ejército federal que, tras su captura por Villa, se habían pasado a su bando. Comités de damas (tanto la prensa estadounidense como la hispanoparlante de El Paso diferenciaban claramente el término "damas", *ladies*, aplicado a las mujeres de clase media y alta, de "mujeres", *women*, que empleaban para referirse a las de las clases inferiores) le llevaban alimentos, ropa e incluso dinero, y acudieron ante las autoridades carrancistas para interceder por él.

El consejo de guerra se inició en el mayor teatro de Chihuahua, el Teatro de los Héroes, el 26 de noviembre, y sus más de cuatro mil asientos se llenaron a rebosar, mientras miles de personas más esperaban afuera. El proceso estuvo presidido por uno de los generales de Carranza, significativamente no un norteño, sino un veracruzano, Gabriel Gavira.

Ángeles fue acusado de insubordinación y rebelión contra la Constitución y el gobierno mexicanos. Se le designó un defensor, Pascual del Avellano, pero éste (alegando motivos de salud) rehusó el encargo. Asumieron la defensa dos abogados asignados por el tribunal, Gómez Luna y López Hermosa, que emplearon argumentos de naturaleza básicamente legal. Cuestionaron la jurisdicción de la corte marcial, ya que Ángeles había dejado de ser miembro del ejército y, por tanto, debía someterse a los tribunales civiles. Insistieron en que no había combatido activamente contra el gobierno, sino actuado sólo como consejero de Villa, tratando de poner rienda a sus excesos. Señalaron que, al ser detenido, Ángeles se había entregado voluntariamente, con lo que no podía ser acusado de resistirse a la captura, lo que lo habría convertido en rebelde.

La verdadera defensa corrió a cargo del propio acusado que, a diferencia de sus abogados, no se limitó a esgrimir argumentos legales, sino que planteó su alegato en términos políticos, en lo que puede ser considerado una especie de testamento ideológico. "Desde el inicio del proceso", informó al Departamento de Estado el cónsul estadounidense en Chihuahua, la superioridad de Ángeles frente a los generales que lo juzgaban fue evidente. Su fuerte personalidad y brillante intelecto pronto le ganaron la simpatía y la admiración de la multitud, la cual inmediatamente perdió de vista el hecho de que había acompañado a Villa. A pesar del formidable despliegue militar en el Teatro de los Héroes, el público estalló en aplausos una vez durante su intervención, y sin duda habría continuado mostrando su aprobación de no ser por una advertencia del juez que presidía. En relación con esto, se rumora que, si el general Diéguez hizo traer al acusado a la ciudad para juzgarlo, lo hizo contra su mejor opinión, y que cuando se dio cuenta de la impresión favorable que estaba causando, la gran oportunidad que estaba brindándole el juicio público a un hombre con los talentos de Ángeles para impresionar a la multitud, se arrepintió de haber seguido el consejo de otros, entre quienes se hallaba, según se dice, el gobernador Ortiz.[101]

La defensa política de Ángeles tocó cuerdas muy sensibles para los chihuahuenses. En vez de denunciar a Carranza y a su gobierno, llamó a la paz y la reconciliación. Una y otra vez, insistió en que ése había sido el propósito de su regreso a México. Entre una gente fatigada tras años de guerra, caos y revolución, no es sorprendente que esa demanda generara una aprobación entusiasta.

Cuando sus acusadores trataron de desacreditarlo preguntando cómo un hombre con sus ideales supuestamente humanitarios podía unirse a un dirigente que cometía las "monstruosidades" de que Villa era capaz, Ángeles supo presentar sus argumentos de modo que también respondieran al sentimiento profundo de los chihuahuenses: "Villa es bueno en el fondo; a Villa lo han hecho malo las circunstancias".[102] Entre dichas circunstancias, mencionó la decisión del gobierno carrancista de no permitir el regreso a México de los intelectuales que habían apoyado a Villa y que podían inducirlo a una conducta más moderada. Muchos chihuahuenses estaban dispuestos a compartir la idea de que en Villa había un lado bueno. Habían conocido ese lado positivo cuando el revolucionario gobernaba Chihuahua y comandaba la División del Norte. Muchos de sus antiguos partidarios, que en un tiempo eran la mayoría de la población del estado, no querían rechazar su propio pasado creyendo que habían sido presas de un monstruo. La noción de que el lado bueno predominaba en el momento en que habían apoyado a Villa era una justificación de su propia conducta, sus propias acciones y sus propios sacrificios.

Uno de los dos momentos en que Ángeles mereció oleadas de aplausos, inmediatamente acallados por el presidente del tribunal, fue cuando hizo un llamado por el socialismo y la justicia social.

Cuando yo me fui a los Estados Unidos, comencé a estudiar el socialismo, vi que en el fondo es un movimiento de fraternidad y de amor entre los hombres de las distintas partes del universo. La fraternidad será un movimiento, como lo ha sido, que ha impulsado a la sociedad, por siglos y siglos,

310

hacia el bienestar de las masas; esas masas que se debaten en sus luchas, esas muchedumbres que son muchedumbres en todas partes. El pobre se ve siempre abajo y el rico poco o nada se preocupa por el necesitado: por eso protestan las masas, por esa falta de igualdad en las leyes es por lo que se lucha. Un comunista austriaco ha probado que si todos los hombres del mundo trabajaran solamente tres horas diarias, habría mucha más riqueza; pero resulta que unos son los que trabajan y otros los que comen bien. (Aplausos ruidosos.) Esos aplausos no son para mí, lo son para el socialismo, para las ideas de fraternidad y de amor que fueron las que en un principio animaron a los convencionistas de Aguascalientes, y a los mismos constitucionalistas.[103]

Pero el momento en que se escuchó la mayor ovación fue el único en que Ángeles levantó su voz para acusar a quienes lo habían traicionado. "Ésos que ahora me traicionan y que se levantan contra mí son los mismos asaltantes de Columbus, los violadores de muchachitas de trece a catorce años; los que han robado y asesinado; son los mismos que ahora me decían: 'Mi general, véngase confiado; lo trataremos con consideración, como nos ha tratado usted siempre; le daremos toda clase de garantías'."[104] El aplauso fue tan ensordecedor que el presidente del consejo amenazó con expulsar de la sala a todos los espectadores.[105]

Muchos de ellos estaban convencidos de que Ángeles era sincero al condenar las atrocidades cometidas tanto por villistas como por carrancistas, ya que podía demostrar que, lo mismo cuando combatió en las filas de la División del Norte que después de unirse a Villa en su última campaña, había hecho todo lo posible por salvar las vidas de los prisioneros. No es igualmente claro el efecto que tuvieron en su público las declaraciones fuertemente proestadounidenses de Ángeles. Pero por negativa que fuera la reacción de los nacionalistas mexicanos, se vio atemperada por la repetida seguridad de que la razón principal por la que Ángeles había vuelto a México era para crear la unidad que pudiera impedir una intervención estadounidense.

Aunque Ángeles triunfó en el debate político durante el proceso, otra lucha se desarrollaba bajo la superficie, y en ella prevalecieron los carrancistas: la pelea por el tiempo. Los carrancistas estaban firmemente decididos a terminar el proceso en dos días, para no permitir que la opinión pública de México o de Estados Unidos se consolidara en favor de Ángeles. Es significativo que Diéguez, el comandante militar de Chihuahua que oficialmente nada tenía que ver con el juicio, informara telegráficamente de cada interrupción, así fuera de una hora, al cuartel general en la ciudad de México. En uno de esos telegramas, marcado como "Muy urgente", escribió al oficial mayor del Departamento de Guerra en la capital, Francisco Urquizo, que "a la 1:45 minutos de la tarde se suspendió el Consejo de Guerra Extraordinario [...] continuando dicho consejo una hora más tarde para que en ese tiempo pudieran tomar alimentos los que en él figuran".[106] Al día siguiente, en un telegrama "urgente", de nuevo Diéguez advertía a Urquizo que, a las 5:00 a.m., el consejo se había suspendido por cuatro horas, "a fin de que descansaran los que en él están tomando parte".[107]

En condiciones normales, la noticia de que un juicio ha sido interrumpido por una hora para que los asistentes coman o duerman sería en todo caso un asunto de rutina, que apenas valdría la pena informar. En este caso, esas nuevas eran transmitidas a la ciudad de México en telegramas "muy urgentes" o "urgentes", y Urquizo desde la capital acusó recibo del de Diéguez y dio su aprobación a las cuatro horas (!!) que los jueces y el acusado se habían tomado para dormir. También Ángeles entendía la importancia del factor tiempo, y habló extensamente, no sólo de su programa político, sus ideas filosóficas, su apreciación de la situación internacional, sino de asuntos que se pueden considerar triviales. Insistió en la importancia del vestido para la población en general y describió ampliamente cómo se le había impedido ver a otro general, unos años atrás, porque no estaba adecuadamente vestido. Paradójicamente, la mayor demora no se debió a los esfuerzos de Ángeles, sino al caso de uno de los hombres que formaban parte de su escolta y que había sido capturado junto con él: un soldado raso, Antonio Trillo, hermano del secretario de Villa. Trillo declaró que era menor de edad, con sólo diecisiete años, y su abogado defensor pidió el retiro de todos los cargos. El fiscal trató de probar que Trillo tenía dieciocho años. Dado que no estaba dispuesto a esperar hasta que se obtuviera en el pueblo de Trillo un acta de nacimiento, se llamó a un grupo de médicos para que examinaran al acusado para determinar su edad. Las opiniones expertas de dichos médicos sobre la estructura ósea, los factores del crecimiento y demás demoraron el proceso, que sólo continuó a las cinco de la mañana del 25 de noviembre, y cinco horas más tarde el consejo de guerra se reunió de nuevo, en una sala atestada de miles de espectadores, para dictarle sentencia a Felipe Ángeles. Pocos dudaban cuál sería esa sentencia. No sólo Carranza quería su muerte, sino que los miembros del consejo habían sido cuidadosamente elegidos tanto por su hostilidad a Villa como por su disposición de llevar a cabo ejecuciones. Según un periódico, Gabriel Gavira, el presidente del consejo, que había sido en un tiempo comandante militar de Ciudad Juárez, había ordenado más ejecuciones que ningún otro de sus gobernantes militares, y tenía el hábito de realizarlas mientras una banda tocaba música marcial. El general Gonzalo Escobar había sido herido en el ataque villista contra la misma población; el general Fernando Peraldi, sobrino de Carranza, era tan corrupto que, por orden de su tío, había sido removido de su estado natal de Coahuila y enviado a Chihuahua; mientras que Pablo Quiroga, último miembro del consejo, había sido derrotado por Villa en la batalla de Villa Ahumada.[108]

Ángeles fue sentenciado a muerte por haberse rebelado contra el gobierno y la Constitución. Se desecharon las objeciones en el sentido de que el consejo no tenía jurisdicción en el caso porque el acusado no era miembro del ejército federal.

En términos legales, aún había salida para Ángeles. La Constitución mexicana le daba el derecho de apelar al Supremo Tribunal Militar. Así lo entendía

312

Diéguez, que telegrafió a Urquizo pidiéndole instrucciones. "Es casi seguro que defensores Ángeles pretendan, basados en la fracción 5A del estatuto 107 de la Constitución Federal, pedir este mismo consejo de guerra que suspenda ejecución de la sentencia que pronuncie. Ruégole hacer que Departamento de Justicia dé inmediatamente opinión sobre el particular." Urquizo, quien después sería conocido como escritor, inmediatamente respondió que, en opinión del Departamento de Justicia, sólo el consejo de guerra tenía jurisdicción en la materia, que no estaba sometida a revisión por el Supremo Tribunal Militar, y que, sin importar ninguna apelación, la sentencia debía cumplirse inmediatamente.[109]

Seguramente, Urquizo comprendía con toda claridad que esas instrucciones eran una inequívoca violación de la Constitución: al recibir en efecto el recurso de los abogados de Ángeles, no se atrevió a utilizar el argumento que había empleado al dirigirse a Diéguez, es decir que el Supremo Tribunal Militar no tenía jurisdicción. En cambio, telegrafió a los abogados que no podía actuar porque no había sido oficialmente notificado de la sentencia. Los telegramas dirigidos al Supremo Tribunal y a la Cámara de Diputados obtuvieron respuestas igualmente burocráticas. Ni uno ni otra podían hacer nada, ya que ambos se hallaban en receso.

Aunque los partidarios de Ángeles sólo tenían dos días para movilizar a la opinión pública, un número sin precedentes de chihuahuenses y de extranjeros acudieron a Diéguez y a Carranza para que suspendieran la ejecución. El primero intentó al principio despistarlos diciendo a un grupo de mujeres que fueron a verlo que no podía imaginar que un hombre tan culto y educado como Ángeles fuera ejecutado.[110] Y a pesar de las posibles represalias del gobierno, más de mil chihuahuenses enviaron una petición a Carranza para solicitarle clemencia.[111]

En Estados Unidos, Hopkins trató de intervenir ante las autoridades de ese país, mientras que Arce, Trillo y Ángeles le mandaron un telegrama a Carranza en el que protestaban su inocencia y pedían la suspensión de la sentencia. "En estos momentos que son once y media de la mañana se juzga quienes suscribimos por consejo de guerra extraordinario. Impútasenos rebelión militar, delito no cometido, suplicamos usted como es justicia, si somos condenados último suplicio ordene suspensión. Con afecto nos suscribimos."[112]

A pesar de este telegrama, Ángeles no esperaba piedad del presidente y se preparaba en silencio para la muerte. "Adorada Clarita", escribió a su esposa,

estoy acostado descansando dulcemente. Oigo murmurar la voz piadosa de algunos amigos que me acompañan en mis últimas horas [...]. Pienso con afecto intensísimo en ti, en Chabela, en Alberto, en Julio y en Felipe. Siempre he hecho lo mismo en todo el tiempo desde que me separé de ustedes. Hago votos fervientes para que conserves tu salud y por la felicidad de Chabela. Tengo la más firme esperanza de que mis tres hijos serán amantísimos para ti y para su patria... Diles que los últimos instantes de mi vida los dedicaré al recuerdo de ustedes, y que les envío un ardentísimo beso para todos ustedes.[113]

Cuando se presentó un cura para oírlo en confesión, Ángeles rechazó sus oficios y le dijo que, aunque era cristiano, no creía en la confesión. Se extendió en reflexiones filosóficas acerca de la religión y finalmente señaló: "Mejor que un confesor, debería estar aquí un psicólogo que estudiara, en provecho de la humanidad, los últimos momentos de un hombre que teniendo amor a la vida no teme perderla".[114]

Él mismo eligió el lugar donde debía ser ejecutado. Tras abrazar a su abogado Gómez Luna y llamar al restablecimiento de la paz en México, encaró tranquilamente al pelotón de fusilamiento.

"El veredicto del tribunal, que sentenció a muerte a Ángeles", informó el cónsul estadounidense en Chihuahua, "fue extremadamente impopular en este distrito, tanto así que probablemente no es exageración decir que del noventa al noventa y cinco por ciento de la gente condenó la acción y estaba firmemente convencida de que los procedimientos del consejo eran una farsa, ya que los jueces militares recibían sus instrucciones de la ciudad de México a través del general Diéguez."[115] Más de cinco mil chihuahuenses formaron la gigantesca procesión fúnebre que acompañó el cuerpo de Ángeles a su tumba.

La respuesta de Villa a la ejecución fue pronta y sangrienta. Dos días después de la muerte de Ángeles, sus tropas cayeron sobre la guarnición carrancista de Santa Rosalía y mataron hasta el último de los defensores.

·IV·

Reconciliación,
paz y muerte

·19·
De guerrillero a hacendado

Con el fracaso del ataque a Ciudad Juárez y la partida de Ángeles, se inició una etapa de agudo declive en la fortuna militar de Villa. "Actualmente, Villa no tiene más de trescientos cincuenta hombres, que se encuentran desmoralizados, mal vestidos, casi sin municiones", informaba el gerente del Ferrocarril del Noroeste de México, en julio de 1919, pocas semanas después del vano intento de tomar Ciudad Juárez.[1] Estos datos pueden ser un tanto exagerados, pero José María Jaurrieta también habla de la creciente desmoralización de sus hombres. Las deserciones se multiplicaban. Uno de los lugartenientes de Villa, Epifanio Holguín, dejó el combate para dedicarse a extorsionar al Ferrocarril del Noroeste de México, amenazando con destruir sus puentes y rieles si no le pagaban protección.[2]

La baja moral reinante se manifestó claramente cuando Villa atacó la ciudad de Durango para abastecerse. Con objeto de no ser atacado desde la retaguardia mientras sitiaba la ciudad, dio instrucciones a sus comandantes en la región, Ricardo Michel y José Galaviz, de que destruyeran todas las vías de ferrocarril entre Durango y Torreón, donde estaba estacionado un gran contingente de tropas federales. Pero no le obedecieron y, cuando se preparaba para el asalto, llegaron a todo vapor varios trenes cargados de soldados federales.[3]

Los villistas tuvieron que retirarse en desorden, y Villa sufrió allí la que debió considerar su mayor pérdida en todos los años de guerrilla: la muerte del hombre que había sido prácticamente su alter ego, Martín López. Al enterarse de la noticia, se puso a llorar sin tratar de ocultar su desconsuelo: "¿Cómo, qué dices? ¿Murió Martín? ¿Mi chamaco valiente y leal? ¿Cómo es posible que yo pierda a Martín? ¡Si era mi jefe consentido, en quien yo había cifrado todas mis esperanzas guerreras! Yo lo recogí cuando tenía apenas once años..."[4] No sólo perdió a López, sino a casi todos los hombres que él comandaba y que desertaron. Sería uno de los lugartenientes de López, Félix Salas, quien entregaría a Felipe Ángeles.

El fracaso de la última ofensiva de Villa y la desmoralización creciente de sus tropas hicieron que la gente del campo de Chihuahua se distanciara aún más de él y de su movimiento. Para asegurarse de que los civiles no lo traicionaran, Villa tomó medidas que jamás habría contemplado siquiera en sus buenos tiempos: en cada pueblo por el que pasaba, tomaba como rehenes a

317

varios ancianos, y sólo los liberaba al llegar al pueblo siguiente, donde los sustituía por otros nuevos.[5]

El gobierno consideró que se estaba, por fin, en posibilidad de acabar con Villa. Envió a uno de sus generales más experimentados, Joaquín Amaro, con miles de hombres de refuerzo, en una nueva ofensiva. Por fortuna para Villa, la campaña se vio interrumpida porque grandes sectores de las defensas sociales y de las tropas federales de Chihuahua, en vez de luchar contra él, se levantaron contra Venustiano Carranza.

El periodo presidencial de Carranza debía expirar en 1920. Dado que bajo su gobierno se había redactado y adoptado la Constitución de 1917, la cual especificaba que el presidente no podía ser reelecto, Carranza no tenía derecho y no se atrevía a ser candidato para un segundo periodo. No quería tampoco abandonar el poder, por lo que convenció a sus partidarios de que nominaran a Ignacio Bonillas, un oscuro político que había sido embajador ante Estados Unidos, como su sucesor. Para todo el mundo estaba claro que Bonillas no obtendría ningún voto por su cuenta y que dependería por completo de Carranza. El candidato opositor, en cambio, gozaba de enorme favor popular: era Álvaro Obregón, que había contenido su gran ambición hasta el fin del mandato de Carranza y de ningún modo estaba dispuesto a permitir que lo dejaran a un lado. En determinado momento, dio la impresión de que Carranza iba a arrestar a Obregón para hacer unas elecciones fraudulentas. La legislatura de Sonora, estado natal de Obregón, se sublevó en abril de 1920 y, en el Plan de Agua Prieta, declaró a Carranza depuesto, nombró al gobernador sonorense, Adolfo de la Huerta, como presidente provisional y le encargó celebrar nuevas elecciones en el término de tres meses. La revuelta obtuvo el apoyo de la gran mayoría de los jefes militares de México. Carranza intentó escapar a Veracruz para establecer allí su gobierno, pero durante la huida fue asesinado en el pueblo de Tlaxcalantongo.

Cuando estalló el conflicto armado entre Carranza y Obregón, el representante villista en Estados Unidos, Díaz Lombardo, y probablemente también el propio Villa, se hicieron ciertas ilusiones de que un largo enfrentamiento debilitara a ambas partes radicalmente, aliviara así la presión para los villistas e incluso les permitiera tomar de nuevo la ofensiva. "Es mi opinión que debemos permitir que obregonistas y carrancistas luchen y se debiliten", le escribió Díaz Lombardo a Ramón Puente, otro representante villista, "y luego aprovechar la primera oportunidad para acabar con ellos."[6]

Esa ilusión hizo que Díaz Lombardo le aconsejara a Villa rechazar cualquier oferta de los representantes de los rebeldes sonorenses, el general Alvarado y Ramón Denegri. Díaz Lombardo escribió que éstos "vinieron a verme para que yo le pidiera su colaboración al general Villa [...] Yo le escribí al general para comunicarle de la petición, pero le advertí lo poco aconsejable que era esa alianza, incluso para su prestigio político, ya que uno de los principales puntos que nosotros atacamos es la Constitución de 1917, que los obregonistas y su Plan de Agua Prieta defienden".[7] Sin embargo, Díaz Lombardo no se precipitó a rechazar la oferta. Esperaba que si tentaba a los sonorenses con la promesa de una colaboración de Villa "para forzarlos a confesar que el general Villa no es un bandido, sino por el contrario un factor valioso, con esa admisión nuestra causa ganaría mucho moralmente, tanto aquí como allá".[8]

Cualquiera esperanza de los villistas sobre una larga y sangrienta guerra civil entre sus enemigos pronto resultó vana. Con muy poco derramamiento de sangre, los rebeldes sonorenses controlaron el país.

Tras la muerte de Carranza, que había sido su más implacable enemigo, sus fuerzas menoscabadas por continuas deserciones y asaltado por crecientes dificultades para obtener dinero y armas, Villa se dispuso a pactar con el nuevo gobierno mexicano. Éste, sin embargo, parecía extremadamente reacio a ofrecer ningún arreglo que pudiera serle aceptable. Por el contrario, aumentó el precio puesto a cien mil pesos a su cabeza e instruyó, para que tomara la ofensiva contra él, al general Amaro,[9] conocido tanto por su oposición a Villa como por su falta de escrúpulos.

Sin embargo, Villa hizo sucesivamente dos ofertas de negociación. Primero se acercó a uno de los más poderosos generales del nuevo gobierno, el sonorense Plutarco Elías Calles, con el que había chocado unos años atrás por apoyar a Maytorena contra él. Le propuso reunirse para discutir los términos de un pacto y, aunque Calles se negó a asistir personalmente al encuentro alegando motivos de salud, envió un emisario. Al parecer Villa sugirió como condiciones para su rendición que sus soldados recibieran una hacienda para trabajar la tierra por su cuenta, y que él fuera nombrado comandante de los rurales de todo el estado de Chihuahua o por lo menos de su región sur, que era la más cercana a su corazón. Las tropas que emplearía para mantener la ley y el orden en la región serían sus propios hombres. Calles rechazó estas condiciones y planteó en cambio que Villa, con un pequeño grupo de hombres, se estableciera en algún lugar de Sonora, lejos de sus lares. Villa no aceptó, porque hubiera tenido que trasladarse a un medio completamente extraño, donde no tenía partidarios y donde estaría a merced de sus viejos enemigos.[10] Sin embargo, no abandonó las esperanzas de llegar a algún tipo de acuerdo. Se acercó a continuación a su antiguo enemigo, Ignacio Enríquez, que se había convertido en toda una importante fuerza política en Chihuahua por haber movilizado a las defensas sociales del estado a favor de Obregón. Acordaron una reunión que terminó aún más desastrosamente que las negociaciones con Calles: Enríquez no sólo rechazó las condiciones de Villa, sino que al final del encuentro trató de aprovechar su proximidad para atacarlo, acabar con sus hombres y, de ser posible, matarlo. Pero Villa desconfiaba de él; previsoramente, había levantado un falso campamento, iluminado por fogatas, y había situado a sus hombres alrededor. Cuando los hombres de las defensas sociales de Enríquez cargaron contra el campamento vacío, el fuego de los rifles villistas arrasó con ellos.[11]

En tono amargo, le escribió Villa a Díaz Lombardo que no veía diferencia alguna entre el nuevo gobierno y el de Carranza, y que se proponía seguir luchando.

Veo todo el asunto sólo como la idea de asesinar a un amo para situar a otro en su lugar mediante un sucio cuartelazo que debe avergonzar a todos los mexicanos honestos. En una palabra, es un caso de "quítate del camino para que yo pase" porque los caballeros tienen suficientes bayonetas para atropellar la ley y la justicia.

Yo y todas las personas que me acompañan, que nunca hemos hecho causa común con los cuartelazos, ya que siempre mantuvimos la dignidad de mexicanos honorables, pedimos su valiosa opinión y la de todos nuestros buenos amigos que usted conoce sobre qué camino debemos seguir sin manchar el honor de nuestra querida patria.[12]

Pocas semanas después, Villa cambió de nuevo de actitud hacia el nuevo gobierno y su presidente provisional, Adolfo de la Huerta, y le hizo nuevas ofertas de paz. Había comprendido que los nuevos gobernantes estaban profundamente divididos respecto a qué política seguir con él. Su más poderoso enemigo era su vieja Némesis, el futuro presidente Álvaro Obregón, que no quería ningún pacto con él, en lo que coincidía totalmente con los jefes militares del gobierno de Chihuahua, Amaro y Enríquez. El más destacado defensor de la idea de pactar con Villa era el presidente provisional, Adolfo de la Huerta, quien esperaba no sólo obtener prestigio por pacificar el norte del país mediante un acuerdo con Villa, sino tal vez conseguir también el apoyo del gobierno estadounidense, que hasta entonces se había negado a reconocerlo oficialmente. Además, a diferencia de Obregón y Calles, De la Huerta nunca había chocado directamente con Villa. Por el contrario, De la Huerta le había ayudado en vísperas de su regreso a México, en 1913, por lo que nunca incurrió en su odio personal. Dado que De la Huerta tenía ambiciones políticas propias, muy bien pudo suponer que si llegaban a un acuerdo, Villa le retribuiría en algún momento dándole apoyo político y tal vez incluso militar.

No se sabe exactamente por qué, en vez de enviar un representante oficial, De la Huerta mandó a negociar con Villa al periodista Elías Torres, viejo compañero de escuela de su secretario de Relaciones Exteriores Cutberto Hidalgo. Torres dijo que conocía en El Paso a personas que gozaban de la confianza de Villa y que podían ponerlo en contacto con él. En calidad, al parecer, de emisario semioficial del presidente, Torres estableció comunicación con Francisco Taboada, uno de los compadres de Villa. Tras superar muchas dificultades –el comandante Amaro fue informado de su misión y manifestó un completo desacuerdo–, luego de un largo y agotador viaje, Torres se reunió finalmente con Villa el 2 de julio de 1920, en la hacienda de Encinillas, propiedad de Terrazas, que el revolucionario tenía ocupada. Desde allí, Villa le escribió una carta oficial a De la Huerta, en la que fijaba con todo detalle sus condiciones para pactar la paz con el gobierno. La primera era que se le otorgara una hacienda que

no la destina el general Villa para su uso propio, sino para fraccionarla entre las tropas, es decir, entre los jefes, oficiales y soldados de los que militan bajo sus órdenes y para los huérfanos y viudas de los que hayan fallecido en el estado de Chihuahua durante la revolución. Hace constar el general Villa que la propiedad en que él ha pensado, hace treinta años que no le paga contribuciones al estado; en consecuencia, costará bien poco adquirirla.[13]

Para sí, Villa pedía el mando de una fuerza de policía rural de quinientos hombres, cuya tarea sería poner fin al bandolerismo en el estado de Chihuahua. La tercera condición era que se celebraran elecciones libres para gobernador. Villa declaraba que sería leal a cualquier gobierno nacional que surgiera de las próximas elecciones; en otras palabras, prometía su lealtad a Obregón. También declaraba que "perdona a todos sus enemigos y se obliga a no castigar por su propia mano a ninguno de los que le han sido desleales". Como precondición, Villa exigía que firmaran el pacto no sólo De la Huerta, sino sus tres generales más importantes: Obregón, Calles y Hill.

Las propuestas revelan claramente cuál era la ideología de Villa en ese momento. Le interesaba todavía el problema agrario, pero sólo en la medida en que afectaba a sus hombres o a sus viudas y huérfanos. A diferencia de los zapatistas que, al hacer la paz con el gobierno, exigieron respeto a la reforma agraria en todo el estado de Morelos, Villa no planteaba demandas sociales ni mencionaba el reparto de las tierras de las grandes haciendas, que tanto había defendido unos años atrás. ¿Había perdido interés en la cuestión agraria? ¿Se había decepcionado de la gente del campo chihuahuense que se había vuelto contra él, o se sentía demasiado débil para exigir tales reformas?

La segunda preocupación de Villa era garantizar su propia seguridad, conservando una gran fuerza armada, y seguir ejerciendo una influencia decisiva en el estado de Chihuahua, con lo cual carecía de significado la parte de su propuesta en que prometía no interferir ni participar en la política chihuahuense.

De la Huerta estaba muy dispuesto a otorgarles tierras a los villistas y a darles soldada durante un año, aunque puso un número límite de doscientos cincuenta hombres. Se negó en cambio a darle a Villa mando militar de ninguna clase; pero reconoció su necesidad de protección y, para satisfacerla, le ofreció la hacienda de Canutillo, que había ocupado en un tiempo su viejo compinche Urbina, y conservar allí a cincuenta hombres de su escolta, con permiso para portar armas y pagados por el gobierno. Insistió, por otra parte, en que Villa debía retirarse completamente a la vida privada.

Calles y Hill accedieron a firmar cualquier pacto a que De la Huerta llegara con Villa; no así el general más importante, Álvaro Obregón. Esto creó una situación delicada en las negociaciones, que sufrieron un golpe aún más grave por el deseo de publicidad de Torres, quien unilateralmente reveló a la prensa las condiciones de Villa[14] dando la impresión de que De la Huerta había aceptado otorgarle un mando militar en Chihuahua. Una ola de indignación se apoderó de algunos generales. En una entrevista con un diario estadounidense, Amaro amenazó con levantarse contra el gobierno si éste cumplía las condiciones de Villa. De la Huerta se vio forzado a poner fin a las negociaciones, al menos temporalmente. El secretario de Guerra declaró que las condiciones del revolucionario no se cumplirían y que Torres no era un emisario oficial del gobierno.[15] A los pocos días, bajo la influencia de Obregón, De la Huerta modificó su actitud aún más drásticamente.

Villa había aceptado reunirse de nuevo con Torres en el pueblo de Saucillo, para recibir la respuesta del presidente. Los dos habían acordado también que, mientras duraran las negociaciones, las tropas gubernamentales se abstendrían de atacar a Villa y éste no realizaría ninguna acción militar. El 17 de julio, Amaro recibió de la ciudad de México instrucciones de suspender las hostilidades contra Villa. El mismo día, De la Huerta recibió un mordaz telegrama de Obregón.

Mucho estimaré a usted que, si para ello no hay inconveniente, se sirva decirme si efectivamente el gobierno que usted preside ha entrado en negociaciones con el bandolero Villa, participándole con toda sinceridad que dichas negociaciones significarían el fracaso moral más grande para la actual administración, porque ellas tendrían como base, para que pudieran ser aceptadas por Villa, la impunidad a todos los hechos anteriores por él cometidos; y tanto en el país vecino como en este estado ha causado malísima impresión desde que se tiene conocimiento que el gobierno pretende entrar en tratados con Francisco Villa. Punto. Yo me permito como jefe de un partido político que ha enarbolado la bandera de la moral y de la justicia, protestar de la manera más respetuosa contra todo pacto que se celebre con Villa, por considerarlo en pugna con los principios que dicho partido ha enarbolado desde que se inició la lucha.

Obregón subrayaba que el Ejército Mexicano nunca aceptaría de nuevo a Villa en sus filas, y advertía que podrían producirse en Chihuahua sucesos impredecibles debido "a la dolorosa impresión que entre los jefes leales al gobierno está causando este mismo asunto".[16]

Al día siguiente, Obregón envió a De la Huerta un segundo telegrama, todavía más elocuente. Decía que el pacto podría precipitar un peligroso conflicto con Estados Unidos. Si los estadounidenses demandaban la extradición de Villa por su ataque a Columbus, el gobierno se vería ante un dilema insoluble: "si procedía contra Villa violaba su palabra empeñada al pactar con éste, y si se negaba a proceder contra él se le acusaría, muy justamente, de complicidad". Obregón levantaba el espectro de un posible alzamiento de muchos generales contra el gobierno. Citaba la entrevista de Amaro en que éste decía que "dejaría de ser soldado antes que seguir sirviendo al gobierno". Y agregaba: "Entiendo que la mayor parte de los jefes que se han distinguido por su lealtad a los principios y a nuestra causa sienten lo mismo que Amaro". Había escuchado que De la Huerta le había enviado a Villa una carta en la que trazaba los posibles términos de un acuerdo de paz, y advertía que estaba convencido de que "Villa habrá hecho una gran adquisición al lograr tener en su poder una carta tuya y no dilataremos mucho en verla publicada y comentada en toda la prensa del país vecino, dándose así una importancia que no debe concedérsele".[17]

De la Huerta cedió. Ordenó a uno de sus generales, Gonzalo Escobar, que le pidiera a Torres la carta que le había escrito a Villa, pero que aún no había sido entregada, y, al mismo tiempo, le ordenó a Amaro "proseguir persecución hasta exterminio Villa".[18]

Torres demostró entonces que era un negociador honesto. Temiendo que Villa, confiado en que no sería atacado mientras duraran las negociaciones, fuera muerto a traición por las tropas federales, le mandó un aviso para que se retirara de Saucillo, como en efecto hizo.[19]

Villa se dio cuenta, pues, de que el gobierno estaba dividido en cuanto a qué hacer con él. Pensó que la única manera de presionar era dejarles claro a los dirigentes sonorenses que si continuaban la guerra pagarían un precio mayor del que imaginaban. Una vez más, demostró su capacidad para abrirse paso en una situación que a primera vista no ofrecía salidas. Decidió trasladar sus operaciones al estado de Coahuila. A diferencia de su vecina Chihuahua, a partir de 1916 Coahuila no había sufrido los horrores de la guerra civil y había logrado una recuperación económica impresionante. Así pues, Villa podría lograr allí lo que en Chihuahua era cada vez más difícil: reabastecerse tomando cuanto quisiera de las prósperas haciendas coahuilenses. Amenazaría con la devastación económica a una de las regiones más ricas de México. Al salir de Chihuahua, también quedaría fuera de la jurisdicción de los generales federales que le eran más hostiles. Entre tanto, Estados Unidos consideraría que el nuevo gobierno mexicano era incapaz de restablecer el orden y controlar todo el país, y que, por tanto, no merecía el reconocimiento diplomático.

En términos logísticos, la marcha de Chihuahua a Coahuila puso a prueba las capacidades de Villa como líder y organizador. Los dos estados se hallaban separados por el Bolsón de Mapimí, un desierto que se extiende a lo largo de más de mil kilómetros, prácticamente sin agua. Los soldados de Villa recordarían ese traslado como su más horrenda experiencia. Algunos murieron, otros enloquecieron de sed, muchos de sus caballos quedaron por el camino. Una vez en Coahuila, sin embargo, sintieron que habían llegado al jardín del Edén: las haciendas estaban llenas de caballos, ganado y alimentos. Pudieron abastecerse antes de caer sobre la ciudad de Sabinas, que ocuparon sin mayores dificultades y desde donde Villa telegrafió a De la Huerta que estaba listo para reemprender las negociaciones. Esta vez pedía un representante militar oficial, el único general de Chihuahua en quien tenía confianza: Eugenio Martínez.[20] En opinión del cónsul británico en Coahuila, la ocupación de Sabinas fue la cosa más inteligente que Villa pudo haber hecho.

Su llegada [de los villistas] en gran número a un punto desde el que dominan completamente una de las más importantes arterias de comunicación con la frontera estadounidense, y desde donde, si quisieran, podrían cometer despojos de gran envergadura en todo el distrito y particularmente en los campos carboníferos, que se hallan completamente a su merced, debió constituir un problema delicado y difícil para el gobierno, que comprende tal vez que, aunque con sus acciones Villa estaba virtualmente confesando su derrota, podía en su agonía infligir inconmensurables daños materiales y afectar vitalmente el prestigio del gobierno mismo, en un distrito muy importante y floreciente que por fin ha empezado a olvidar las pérdidas causadas allí tiempo atrás por la revolución.

En otras palabras, Villa, con un golpe de astucia, se colocó en posición de dictar virtualmente sus términos al gobierno, circunstancia que sin duda inclinó al presidente a aceptar una tregua y a hacer la paz de una manera que provocará mucha pena y repugnancia al elemento estrictamente militar del régimen gobernante.[21]

El cónsul Patrick O'Hea describe con claridad el dilema en que se encontraba De la Huerta. Por una parte, si estallaba una nueva guerra civil en el estado de Coahuila, junto a la frontera de Estados Unidos, no sólo tendría grandes pérdidas económicas, sino que el nuevo gobierno republicano e intervencionista de Washington podría convencerse de que la única forma de restablecer el orden en México era enviar tropas contra Villa. Por otra parte, si pactaba con él, tendría que enfrentarse a Obregón y a la amenaza de un levantamiento militar. Por fortuna para De la Huerta, logró convencer de la necesidad de pactar a dos de los generales sonorenses más importantes: Plutarco Elías Calles y Benjamín Hill. Los términos que ofreció fueron los mismos ya contenidos en la carta de Torres, aunque un tanto ampliados. A cambio de que Villa se retirara a la vida privada, el gobierno le entregaba para su uso personal la hacienda de Canutillo y una escolta de cincuenta hombres de su elección, pagados por el gobierno. Se darían tierras y paga no a doscientos cincuenta, sino a casi ochocientos hombres del ejército de Villa. Las tropas villistas debían proceder a la hacienda angloestadounidense de Tlahualilo (no está claro por qué se eligió ese lugar y el cónsul británico estaba indignado por la decisión), donde todos, salvo la escolta, debían entregar las armas, recibir la primera paga por medio año y los títulos de propiedad de sus tierras.

Cuando se enteró de la firma de este acuerdo, Obregón se puso furioso. En un telegrama a los generales Hill y Serrano, dejó muy clara su oposición a cualquier tipo de pacto con Villa, diciendo que era contrario "a la moral y a la justicia". Ofrecía asumir él mismo el mando de una nueva campaña contra Villa. Enumeraba todos los crímenes que creía que Villa había cometido, aparte de su ataque a Columbus, como "la suerte que corrió la familia Herrera [...] los millares de soldados y oficiales mutilados de las orejas unos y castrados otros [...]" y amenazadoramente puntualizaba: "soy de opinión que no hay ninguna autoridad por alta que sea su investidura, que tenga el derecho de celebrar con Villa un convenio que cancele su pasado y que incapacite a los tribunales de la actualidad y del futuro para exigirle responsabilidades".[22] Aunque Obregón se negó a suscribir el acuerdo como él había pedido, Villa aceptó finalmente firmarlo. Entonces fue Obregón quien se halló en un dilema: si repudiaba públicamente el tratado, como había amenazado, no sólo Villa podía tomar de nuevo las armas, sino que él se encontraría en la desagradable postura de ser el único que se negaba a hacer la paz. Además, un desacuerdo público entre De la Huerta y él podía precipitar una crisis de gobierno, desestabilizar al nuevo régimen, impedir el reconocimiento de Estados Unidos e incluso provocar una intervención. Así pues, a pesar de sus reservas, Obregón le dijo a De la Huerta que aprobaría "la resolución que el gobierno actual dé a este asunto".[23] Aunque rehusó firmar el pacto o escribirle personalmente a Villa, le hizo saber extraoficialmente, a través de Raúl Madero, que no se opondría al tratado.[24] A pesar de que no lo ratificaba públicamente, Villa empleó un lenguaje sorprendentemente obsequioso para escribirle al hombre que lo había derrotado en batalla y a quien consideraba su mayor enemigo. "Sin haberme nunca dirigido a usted", le escribió el 29 de julio de 1920,

> porque un corazón como el mío siempre habla con franqueza, hoy lo hago para decirle que hasta hace muy pocos días todavía existía en mi corazón el ser su enemigo personal, pero como también hace pocos días tuve conocimiento de que Raúl Madero traía algún negocio de usted para conmigo, he cambiado completamente de opinión queriéndome convertir en amigo de usted y aún cuando no sé si usted se avergüence de serlo mío, mi deber como buen patriota es conciliarme con todos para retirarme a la vida privada sin estorbarles en lo absoluto en nada, pues el insignificante prestigio de que yo gozo en la República quiero entregarlo a ustedes, porque el hombre que ama a su Patria y a su Raza debe probarlo con hechos. [...] Si usted se avergüenza de ser mi amigo porque yo no valgo nada, espero que sea tan bondadoso para decirme "no quiero ser su amigo". Un hermano de su raza que le habla con el corazón.[25]

A Obregón le llevó dos meses responder.

> Me había abstenido de contestar sus dos cartas anteriores, porque dudaba de la sinceridad con que usted proponía deponer las armas para dedicarse en lo absoluto a una vida de trabajo, y hasta creí que el gobierno obraba con ingenuidad en este caso; pero ahora que los hechos demuestran su firme resolución de retirarse por completo de toda actuación militar y política desoyendo las voces insidiosas de muchos hombres que han querido, a la sombra de usted, obtener ventajas personales, he querido escribirle estos renglones para expresarle con toda claridad que puede usted estar seguro de que al verificarse el cambio de gobierno, el día primero de diciembre próximo, usted continuará gozando de todas las garantías que el actual gobierno provisional le ha otorgado, y hacerle presente mi felicitación por el deseo francamente manifestado por usted de sacrificar todo lo que sea necesario en beneficio de la tranquilidad nacional.[26]

El gobierno de Estados Unidos expresó su satisfacción ante los acuerdos, ya que México parecía finalmente pacificado, y se abstuvo de exigir que el gobierno mexicano castigara a Villa por el ataque a Columbus. La única objeción significativa al tratado de paz entre Villa y el gobierno vino de Gran Bretaña, cuyo ministro de la Guerra, Winston Churchill, protestó enérgicamente. En una comunicación secreta al Foreign Office, escribió:

> Observo en el telegrama de México, fechado el 29 del último mes, que se ha planteado la cuestión de que el gobierno británico exija que se proceda contra el general Villa por el asesinato del señor Benton en 1914. Espero que no se deje caer en el olvido ese brutal asesinato de un súbdito británico. Me interesé por el caso en su momento y nunca lo he olvidado a lo largo de la guerra. Estaba seguro de que llegaría la oportunidad de llevar a ese asesino ante la justicia. Uno de los verdaderos signos de una gran nación es el cuidado y la paciencia con que persigue las demandas relacionadas con la vida y la seguridad de sus súbditos. Confío sinceramente en que se hará todo lo posible.[27]

Uno de los errores de Churchill consistió en sobrestimar el poder del imperio británico, y los funcionarios del Foreign Office que se ocuparon de su carta estaban conscientes de ello. "Si a Villa se le concede el indulto, Gran Bretaña nada puede hacer", comentó uno de ellos. "El gobierno mexicano le tiene más miedo a Villa que a Gran Bretaña." "Sí", comentó otro, "pero estaría dispuesto a añadir que el gobierno de Su Majestad deplorará el indulto del asesino (a menos que se enarbole nuestro íntimo trato con la banda de asesinos de Moscú para impedirnos adoptar esa actitud)."[28]

El encargado británico en México, Cummins, se halló entonces en la desagradable situación de dejar a salvo, de algún modo, el prestigio del imperio. Por una parte, trató de calmar la cólera de Churchill y de otros funcionarios diciendo que en realidad Villa no había asesinado a Benton a sangre fría: se había producido un violento altercado y, cuando Benton trató de sacar su pañuelo, Fierro pensó que estaba sacando la pistola y lo mató. Villa, en conversaciones con Cummins, había lamentado el suceso e incluso le había dado algo de dinero a la viuda de Benton.[29]

Cummins le propuso a De la Huerta ir a ver a Villa para que éste se disculpara por el asesinato de Benton. "El presidente me suplicó con cierta agitación que no fuera a ver a Villa. Éste era muy desconfiado. Se imaginaría que el gobierno sólo quería apoderarse de él a traición para hacerlo pagar por sus crímenes. El presidente confiaba en que yo no daría algún paso que pudiera alterar todo y lanzar a ese hombre a hacer presa de nuevo en gente inocente."[30] Cummins no tuvo más alternativa que desistir. La única concesión que los británicos pudieron obtener del gobierno mexicano fue que se le pagara una indemnización a la viuda de Benton.[31]

La travesía de Sabinas a Tlahualilo tuvo más de desfile triunfal que de retiro de un comandante derrotado. En la mayoría de los pueblos, la gente acudía a ver a Villa —el lado oscuro de su carácter no se había manifestado en Coahuila como en Chihuahua—, y el revolucionario pasó a visitar a su viejo amigo Raúl Madero, con quien sus relaciones eran al parecer excelentes, aunque Madero lo había dejado en 1915 y había pedido su renuncia. Villa se negó a contestar a los muchos periodistas que acudieron a Tlahualilo para pedirle que explicara por qué había hecho la paz con el gobierno. En cambio, habló largamente con un viejo conocido (aunque para nada amistoso), el cónsul británico en Torreón, Patrick O'Hea. "El hombre ha envejecido ligeramente desde la última vez que lo vi, a principios de 1914", describió O'Hea, "pero sigue estando absolutamente en forma, más robusto y pesado que viejo."

Villa le dijo al cónsul que "el patriotismo y el temor de provocar probables dificultades con Estados Unidos [...] lo habían inducido por fin a entrar en tratos con un gobierno que nunca lo habría podido derrotar por la fuerza de las armas". De manera abierta, "dejó entender claramente que no tenía mayor fe en la personalidad de los hombres que constituían el actual gobierno que en aquéllos contra los que había estado luchando por muchos años, y que estaba decididamente convencido de que este país no sería mejor servido por ellos". Pero insistió en que no se alzaría en armas de nuevo. "Por otra parte, repetía que el peligro de una intervención estadounidense era tal que ahora veía que su deber patriótico no era derrocar ningún gobierno mexicano por malo que fuera." Tras describir la profesión de amor al prójimo que había hecho Villa, O'Hea comentaba: "Es cierto que su declaración de extremo humanitarismo se veía un tanto debilitada por su involuntaria confesión de haber causado la muerte, según su cálculo, a unas cincuenta mil personas, pero esto se explicaba por el hecho de que la pérdida de tantas vidas humanas había sido necesaria para el eterno bienestar de su patria". O'Hea era aún más sarcástico al informar: "la fantasía dio algunos vuelos particularmente delirantes, declaró que gobernaba y controlaba a sus oficiales y sus hombres mediante la teoría y la práctica del amor y el perdón, de modo que, aunque a menudo lo servían de manera deficiente, él siempre había encontrado que la suprema virtud en este mundo era la capacidad de perdonar, y mediante su ejercicio controlaba a sus valientes tropas".

Dicho todo esto, O'Hea no podía disimular su admiración por la inteligencia y la astucia de Villa.

[Su] marcha sobre el estado de Coahuila a través de las zonas áridas del estado de Chihuahua, al que no podía volver sano y salvo, frente a una fuerza armada que podía oponerse a su paso, representaba un último recurso desesperado, adoptado cuando todas las demás vías de escape le estaban vedadas, y al mismo tiempo un movimiento que, al final de su carrera de forajido, probaba una vez más la extrema astucia e innata inteligencia del hombre, al jugar con tan admirable habilidad y éxito la única carta que le quedaba.

Sin embargo, dudaba mucho que Villa se abstuviera de nuevas acciones armadas contra el gobierno. "Es opinión universal en todo el norte que cualesquiera ventajas haya obtenido el gobierno al aceptar la rendición, las supera la consideración de que la rendición de Villa es igual o potencialmente más peligrosa que su persistencia en el combate."[32]

En realidad, O'Hea se equivocaba. Durante sus últimos años, Villa no participó en ninguno de los muchos levantamientos que tuvo que enfrentar el nuevo gobierno de Obregón. Sigue abierta la cuestión de si hubiera intervenido en la mayor sublevación contra él, la que tuvo lugar en 1923.[33]

MÉXICO BAJO ÁLVARO OBREGÓN

El de Álvaro Obregón fue el último gobierno mexicano del siglo XX que asumió el poder mediante un golpe de estado y el primero desde el estallido de la revolución que pudo consolidar su poder y controlar casi todo el país. La disparidad de las opiniones de los observadores extranjeros sobre el nuevo gobierno tal vez ilustran de modo ejemplar las contradicciones de esta revolución. Para algunos empresarios y políticos estadounidenses obsesionados por la revolución bolchevique en Rusia, los revolucionarios mexicanos no eran más que bolcheviques disimulados, cuya meta final era fundar un régimen no muy diferente del de Lenin y sus seguidores. Para otros, como el escritor español Blasco Ibáñez, los revolucionarios mexicanos no eran en absoluto revolucionarios, sino una banda de ladrones que sustituían a la otra banda de ladrones que había gobernado el país hasta 1910.[34]

Esas opiniones encontradas sobre la revolución mexicana reflejaban la contradicción entre el programa radical encarnado en la Constitución de 1917 y una práctica mucho más conservadora. Tales contradicciones son inherentes a todas las revoluciones. Una diferencia importante entre la revolución mexicana y la bolchevique y el clásico golpe de estado latinoamericano fue el destino de la élite tradicional. En Rusia, la élite política, social y económica tradicional fue completamente eliminada en términos económicos y políticos y, físicamente, su mayor parte había sido asesinada o se había exiliado. En un golpe latinoamericano típico, suele sobrevivir toda la élite, con excepción de la dirigencia política saliente. Lo ocurrido en México no se asemejaba a ninguno de estos dos modelos. A diferencia de Rusia, en México la mayor parte de la élite económica prerrevolucionaria sobrevivió, aunque sufrió en el proceso una gran transformación. Entre la élite extranjera, los inversionistas y empresarios europeos quedaron muy debilitados, mientras que sus contrapartes estadounidenses lograron una supremacía que nunca antes habían disfrutado. Dentro del grupo de inversionistas y empresarios estadounidenses también tuvieron lugar grandes cambios: las empresas pequeñas y de mediano nivel no lograron sobrevivir a la tormenta revolucionaria y, en su mayoría, vendieron sus bienes a grandes compañías estadounidenses, que dominarían la escena económica de México en mayor grado que nunca.

La élite industrial y urbana mexicana no sufrió mucho en la revolución, pero la clase de los hacendados se debilitó gravemente. Aunque parecían haber recuperado el control en la mayoría de las haciendas del país, algunos habían perdido sus propiedades a manos de los campesinos sublevados –especialmen-

te en Morelos– y otros tuvieron que compartir con la nueva élite re'
no sólo el poder, sino también los ingresos. Perdieron gran parte
político tradicional que pasó a la nueva élite política y militar y a l.
militantes, que se organizaron en muchas partes de México en los año.

En contraste con la situación típica tras un golpe militar en los países la.
noamericanos, en México no sólo la élite política desapareció en los años del
torbellino revolucionario, sino también toda la estructura de poder y el viejo
ejército. Los jueces, la policía, los jefes políticos y el ejército del periodo de
Díaz dejaron de existir para siempre. Fueron remplazados por autoridades locales, que a menudo se negaban a someterse al control central, y por un enorme ejército, que solía ser leal ante todo a los caudillos regionales.

Esta nueva y compleja realidad produjo un constante movimiento de las
posiciones, y el gobierno de Obregón siguió una especie de política zigza-
gueante. Por una parte, temía una intervención militar y deseaba con ansia
el reconocimiento y el apoyo de Estados Unidos. Por otra, por razones políticas e ideológicas, no podía permitirse satisfacer la principal demanda de los
estadounidenses, que era la abolición de la Constitución. Tampoco podía evitar, en vista de su desesperada situación económica y de la ausencia de nuevas
inversiones, aumentar los impuestos a las propiedades estadounidenses, lo
que desde luego suscitó aullidos de protesta por parte de Washington.

La actitud de Obregón respecto del ejército era igualmente contradictoria.
Por un lado, ese ejército lo había llevado al poder; él era el mayor jefe militar
que la revolución había producido. Por otro, muchos generales revolucionarios
le envidiaban su poder y reputación, y no tenía los medios para mantener las
gigantescas fuerzas armadas que había heredado de la revolución. Pero, cuando empezó a desmovilizar a los soldados, éstos y sus comandantes se dispusie-
ron a sublevarse. Debido a la cambiante lealtad de gran parte de sus miembros,
el ejército revolucionario era para Obregón una base demasiado débil sobre la
cual mantener su poder y crear un nuevo estado mexicano, fuerte y centralizado. Obregón consideraba que la única forma de consolidar ese estado era armar contingentes de campesinos y de obreros, cuya lealtad se había asegurado
y que podían servir de contrapeso a las tendencias rebeldes del ejército. Esta
necesidad, a su vez, lo forzó a adoptar un nuevo conjunto de políticas contradictorias. Tanto por convicción como por práctica personal, Obregón y el
grupo que lo sostenía eran capitalistas confesos. Obregón se había hecho millonario durante la revolución monopolizando el mercado del garbanzo en
Sonora. No creía en el socialismo ni en la reforma agraria. Al parecer, compartía la opinión de Madero y de Carranza de que una reforma agraria radical podía destruir la economía mexicana y provocar el regreso a la agricultura
de subsistencia. Pero para obtener el apoyo de los campesinos, no tenía más
opción que iniciar un programa limitado de reparto de tierras. A la vez, para
que los obreros lo apoyaran contra los levantamientos militares, otorgó un
poder creciente a los sindicatos, aunque asegurándose el control sobre ellos.

En vista de esta compleja situación, los constantes cambios de política del
gobierno no son difíciles de comprender. Un día Obregón hacía declaracio-

nes nacionalistas contra Estados Unidos y poco después otorgaba concesiones sustanciosas a las compañías estadounidenses. En una región, podía armar a los campesinos para responder a un golpe militar y darles tierras para conservar su apoyo, y en otra parte mandar al ejército a expulsar a los campesinos que habían ocupado tierras de las haciendas. Aunque el gobierno apoyaba las huelgas de los obreros dirigidos por sindicatos leales, en otros casos utilizaba la misma energía para reprimirlas. Similares contradicciones caracterizaron el comportamiento de los gobernadores y de los funcionarios locales. Así ocurrió ciertamente con el hombre que gobernó Chihuahua mientras Villa residía en Canutillo: su antiguo enemigo, Ignacio Enríquez.

Incluso antes de que Obregón asumiera el poder nacional en 1920, ya se manifestaba en Enríquez la naturaleza contradictoria de su relación con las clases bajas de la sociedad. En cuanto se convirtió en gobernador carrancista de Chihuahua, en 1916, empezó a devolver las haciendas confiscadas a sus antiguos dueños y ni remotamente consideró crear una comisión agraria.[35] Pero, paradójicamente, siempre logró establecer íntimas relaciones con las clases bajas, primero cuando comandó uno de los Batallones Rojos y luego cuando organizó las defensas sociales. Esas contradicciones se prolongaron durante su gubernatura, a partir de 1920. Durante sus dos primeros años de gobierno, hasta 1922, no sólo rehusó aprobar ninguna ley agraria, sino que participó en un complejo plan[36] para vender las enormes posesiones de Terrazas a un operador financiero estadounidense, McQuatters. En sus dos últimos años, dio un giro radical y puso en práctica la primera ley agraria de la historia del estado con un amplio reparto de tierras. Este cambio de actitud hacia el campesinado tanto de Enríquez como de Obregón no fue casual, sino resultado directo de la revolución y de los cambios de mentalidad que ésta había producido en el campo mexicano. En todo el país estaban surgiendo uniones militantes de campesinos que demandaban la aplicación de las reformas prometidas en la Constitución de 1917. En Chihuahua, en 1922 y 1923 la gente del campo organizó congresos para coordinar sus demandas, y ejerció una gran influencia sobre la política del gobernador Enríquez.

PANCHO VILLA EN CANUTILLO

No hay indicios de que en los dos primeros años, tras pactar la paz con el gobierno y establecerse en Canutillo, Villa mostrara interés alguno por participar en la política nacional, regional o local, o de que intentara establecer contactos políticos con antiguos amigos y asociados. Todo indica que su interés principal consistía en mantener buenos términos con el gobierno, hacer progresar su hacienda de Canutillo, "poner cierto orden" en su complicada vida familiar y cuidarse de ser asesinado.

La transición de la guerra a la paz, tras diez años de torbellino revolucionario, resultó empresa difícil, si no imposible, para numerosos generales revolucionarios. Pocos querían o podían regresar a la vida civil, aunque hubieran acumulado grandes sumas de dinero. La mayoría conservaba sus funciones militares como parte de la coalición gobernante de Obregón; otros se levantaron en armas contra él, como fue el caso de Manuel Diéguez, Enrique Estrada, Francisco Murguía y Manuel Chao, para nombrar sólo a los más destacados, y, con la excepción de Estrada, terminaron sus días frente a un pelotón de fusilamiento. Villa fue uno de los pocos que demostraron tanta capacidad para una carrera civil como para la carrera militar. No se quedó quieto para dejar que otros hicieran el trabajo y disfrutar la vida, como solían hacer algunos de los antiguos hacendados. Ni estaban sus días ocupados en conspiraciones para lograr un retorno político o militar, aunque para 1922 alimentaba al parecer ciertas ambiciones. Aplicó el talento organizador, que le había permitido transformar la División del Norte de un conjunto de desastradas bandas guerrilleras en un fuerza regular y administrar eficazmente el estado de Chihuahua, a reconstruir y desarrollar su hacienda, lo que no resultó tarea sencilla.

En vísperas de la revolución, Canutillo era ciertamente una rica propiedad "situada en la cabecera del río Conchos, en el estado de Durango, abarcaba ricos valles a ambos lados del río y pastos que se extendían a muchas millas de las instalaciones centrales de la hacienda o rancho".[37] Comprendía 64 mil hectáreas, de las cuales 1 725 eran de tierras muy bien irrigadas. Antes de la revolución, pastaban en ellas 24 mil ovejas, 4 mil chivos, 3 mil cabezas de ganado y 4 mil caballos.[38] Durante el gobierno villista en el norte, la hacienda estuvo ocupada por Urbina, que la manejó con puño de hierro y la administró como un feudo medieval. Tanto se había enamorado de la hacienda que traicionó a Villa para conservarla. En los años revolucionarios, la mayor parte de los animales había desaparecido: fueron requisicionados, robados o vendidos en Estados Unidos. Muchas de las tierras quedaron abandonadas y casi todos los edificios fueron destruidos. "La casa grande tenía la forma de una plaza de pueblo, con unos quinientos pies de lado", escribió un ingeniero de minas estadounidense, Ralph Parker, a quien Villa invitó a Canutillo para que hiciera el peritaje de algunas propiedades mineras. Visitó la hacienda en noviembre de 1920, apenas unos meses después de que Villa se hiciera cargo. El caserío "estaba completamente cerrado sobre sí mismo por casas o habitaciones que sólo abrían hacia el patio interior, en el que había caballos, carretas, etcétera. El general Villa y yo, y la capilla, ocupábamos las únicas habitaciones que tenían techo. Las demás contaban sólo con las cuatro paredes abiertas a los cielos y eran utilizadas por sus oficiales".[39]

Tres años más tarde, otro estadounidense que visitó a Villa, Fred Dakin, tuvo una impresión completamente diferente.

A mi llegada a la hacienda, me impresionó el aire de eficiencia y actividad. Me enteré que durante los tres años de ocupación de la tierra los numerosos edificios, establos y bodegas habían sido reconstruidos, se habían tendido veinticinco millas de líneas telefónicas a todas partes del rancho, se había creado una oficina de correos y telégrafos, se estaban levantando un molino de harina y una escuela para todos los niños de primaria. La escuela era lo bastante grande para albergar a doscientos alumnos y era el particular orgullo del general.[40]

Ciertamente la escuela era objeto del "particular orgullo" de Villa. Le puso el nombre de Felipe Ángeles, y consideró su edificación una de las prioridades al hacerse cargo de Canutillo. En 1921, cuando lo visitó el periodista estadounidense Frazier Hunt, Villa rebosaba entusiasmo sobre los planos de construcción.

[Villa] me condujo fuera de la iglesia, por una estrecha y enlodada callecita, a través de una gran puerta, a un patio espacioso rodeado de una fila de cuartos hechos de adobe. "Ésta será nuestra escuela", dijo con enorme orgullo. "La estoy arreglando tan rápido como puedo. Todo está caído y los techos se han derrumbado, pero los estoy reparando y en pocas semanas tendremos aquí una escuela con cuatro maestros. Será la mejor que yo pueda hacer y asistirán todos los niños de este rancho. Escuelas es lo que México necesita por encima de todo. Si yo estuviera al mando de las cosas, haría muchísimas escuelas en las ciudades y pueblos y, además, pondría una escuela en cada hacienda y cada rancho."[41]

En 1922, visitó Canutillo Regino Hernández Llergo, editor de uno de los periódicos más importantes de la ciudad de México. Villa no paraba de hablar de la escuela. Insistió en que había pagado casi todo su costo y llevó al periodista a todos los salones, incluidos los baños; pateó el suelo para mostrar cuán sólida era, elogió la ventilación y mostró su respeto por los maestros pidiendo permiso formalmente al director, el profesor Cuello, antes de entrar. Hernández Llergo quedó impresionado. Opinó que la escuela que Villa había construido podía compararse con las mejores de México. Los trescientos niños que asistían venían no sólo de Canutillo, sino de los ranchos y haciendas de los alrededores. Los cinco maestros, que habían ido voluntarios a Canutillo y cobraban del gobierno federal, elogiaron la dedicación y el interés de Villa por la educación. Les daba alimentación y alojamiento gratuitos, más un complemento monetario, y había persuadido al gobierno de aumentarles los salarios, aunque ya eran altos para las normas del momento. Con frecuencia tomaba parte en las clases y en la noche, a veces, les pedía a los maestros que le leyeran biografías de hombres famosos y libros sobre táctica militar.[42]

Durante los años que pasó en Canutillo, Villa trató de instruirse lo más posible. Aparte de asistir a clases en la escuela y hacer que los maestros le leyeran, intentó él mismo leer una amplia variedad de libros. Cuando el editor Hernández Llergo lo visitó, estaba leyendo *El tesoro de la juventud*, especie de compilación introductoria para jóvenes; Hernández Llergo vio también un texto de geografía y la *Divina comedia*, de Dante, entre sus libros.[43]

Villa no se conformó con llevar los beneficios de la educación a los niños de los alrededores y a sí mismo. Creó una escuela nocturna para que los trabajadores de la hacienda pudieran aprender a leer y escribir.[44]

Participaba intensamente en todos los aspectos de la vida económica de Canutillo. En una ocasión, Hernández Llergo lo encontró reparando personalmente una máquina, y podía explicar a los periodistas, con todo detalle, las ventajas y desventajas respectivas de cultivar papas o cacahuates.

"Yo solo he hecho todo esto, trabajando sin descanso", les dijo Villa a los visitantes de la ciudad de México. "La misma tenacidad que tuve para la guerra, la tengo ahora para el trabajo. Yo soy agricultor, soldado, ingeniero, carpintero, mecánico [...] ¡hasta albañil!... Si todos los mexicanos fueran otros Franciscos Villas, otra cosa sería de mi patria y de mi raza." Pero añadió tristemente: "A mí sólo me faltó cultura... Yo soy un hombre inteligente, con inteligencia dotada por la Naturaleza. ¡Ay, amigos, si mis padres me hubieran educado".[45]

Villa le dijo a Hernández Llergo que había gastado trescientos mil pesos para renovar la hacienda y, aunque el gobierno había colaborado con algún dinero, la mayor parte había salido de su bolsillo. No está claro de dónde había salido ese dinero, pero hay algunas pistas sobre su monto. El 9 de agosto de 1920, poco después de firmar los acuerdos de paz, Villa le escribió una carta a Elías Torres, en la que le decía:

Por la presente, doy a usted poder amplio, cumplido y bastante para que en mi nombre y en mi representación recoja usted del señor Gabino Vizcarra, tres cheques de los siguientes valores. Uno por $ 900 000.00 (novecientos mil pesos), otro por $ 600 000.00 (seiscientos mil pesos) y otro por $ 400 000.00 (cuatrocientos mil pesos), girados por el Banco Alemán, sucursal en Torreón, en contra del First National Bank de El Paso, Texas, y a favor de la señora mi esposa Luz Corral de Villa, cuyos cheques deberán ser endosados a su favor por el señor Vizcarra, para que pueda usted hacerlos efectivos.[46]

Esta carta plantea más preguntas de las que podemos responder. ¿Quién era Gabino Vizcarra? No ha sido posible descubrir su identidad. ¿De dónde venía el dinero? ¿Se lo había apropiado Villa? ¿Era dinero del gobierno? ¿Se cobró alguna vez el cheque? Es notable que Elías Torres, escritor que utilizó en sus libros hasta la más pequeña brizna de la información que obtuvo, nunca mencionara esa carta. ¿Cobró en efecto los cheques? ¿Por qué Villa eligió a un hombre al que escasamente conocía para misión tan delicada?

Era obvio para Villa que el pueblo de México debía hacerse todo tipo de preguntas sobre su propiedad de Canutillo. Siempre había insistido en que no quería nada para sí y había dicho muchas veces, como en una entrevista con John Reed, que soñaba con ser un simple soldado en una colonia militar que se crearía cuando la revolución triunfara y en la que cada uno de sus soldados tendría tierra propia. En la conversación con Hernández Llergo, Villa insistió en que no había pedido esta hacienda. "Cuando me arreglé con Fito, que entonces era presidente de la República, me regaló esta hacienda... Yo no la pedí. Yo, al dejar las armas, quería irme a trabajar a mis pequeñas propiedades de Chihuahua, pero el gobierno me dijo que ésta debía ser mi residencia, y no quise resistirme. Yo no tenía otra intención que dedicarme a trabajar, para no seguir derramando sangre de mis hermanos de raza, y me era igual caer en Chihuahua o en Canutillo..."[47]

Era sin duda cierto que Villa, cuando inició sus negociaciones con el gobierno, sólo pidió una hacienda para sus soldados, y no para él. También puede decirse que tuvo poco que decidir en la materia: uno de los principales problemas, tanto para él como para el gobierno, era cómo garantizar su seguridad cuando dejara las armas. Tras los muchos años de guerra civil y la mucha gente que había ejecutado, tenía gran cantidad de enemigos. Su idea original al respecto era que le permitieran conservar el mando de quinientos hombres encargados de vigilar ya fuera todo el estado de Chihuahua o la parte que Villa consideraba su región, es decir, Parral y sus alrededores. Dado que el gobierno no estaba dispuesto por ningún motivo a hacerle tal concesión, la única salida era alojarlo, con una escolta de hombres escogidos, en una propiedad suficientemente aislada del resto del país para permitirle controlarla y protegerse de cualquier atentado contra su vida.

Sin embargo, Canutillo estaba muy lejos de ser una colonia militar igualitaria en la que cada uno de los soldados tuviera una parcela propia. Una razón, pero no la única, era que los trabajadores de la hacienda no eran antiguos soldados, sino los que residían en Canutillo antes de la llegada de Villa. Sus propios soldados estaban instalados en dos haciendas adyacentes, y es difícil determinar en qué condiciones vivían. En la hacienda de El Pueblo, el encargado era un antiguo general villista, Albino Aranda, pero no está claro qué tanto control ejercía. En febrero de 1922, envió un telegrama de agradecimiento al presidente Obregón "a nombre colonos Pueblito", por "recibir parcelas tierras por conducto Comisión Ingenieros [de la Secretaría de] Hacienda".[48] Un año después, sin embargo, el comandante militar de Chihuahua informó a Obregón que las tierras de la hacienda aún no se habían repartido.[49] De hecho, aparecieron informes sobre choques violentos entre Aranda y sus antiguos soldados, insatisfechos porque sólo se les permitía trabajar parte de las tierras de la hacienda; se dice que Villa apoyó a Aranda en esta controversia.[50]

Todo indica que en la propia Canutillo, la forma dominante de relación laboral era la aparcería. Tras un detallado estudio económico, Villa llegó, al parecer, a la conclusión de que ésa era la forma más lucrativa de cultivar sus tierras. Poco después de tomar posesión de la hacienda, "decidió probar tres sistemas de cultivo. En una parte [...] utilizaría sólo máquinas, y les pagaría jornal a los mecánicos. En una segunda parte, trabajaría con caballos y bueyes, y pagaría jornal a los trabajadores. Y en la tercera [...] los trabajadores utilizaban el viejo sistema mexicano de aparcería. Él proporcionaba los caballos y la semilla, sus campesinos hacían el trabajo y le pagaban un tercio de la cosecha".[51] Dos años más tarde, cuando Hernández Llergo lo visitó, halló que aunque se usaba maquinaria muy moderna, la mayoría de los trabajadores de las tierras eran aparceros.[52]

Hay informes contradictorios sobre las condiciones de vida y de trabajo en Canutillo. Algunos de los trabajadores que se fueron de la hacienda tras el asesinato de Villa informaron que les pagaba muy poco por su trigo y amenazaba con fusilarlos si protestaban.[53] En cambio, los maestros lo describían como un patrón muy generoso con sus trabajadores. En la tienda de la hacienda, vendía al costo los productos que había que traer de fuera, y los productos y alimentos producidos en Canutillo eran gratuitos para los trabajadores.[54]

La única semejanza entre Canutillo y la colonia que Villa soñaba era la disciplina quasi militar que impuso. Existían, por ejemplo, estrictas reglas de trabajo: todos tenían que empezar a trabajar a las cuatro de la mañana, cosa que él mismo supervisaba ya que empezaba su jornada una hora antes, a las tres. Parece que en general, Villa conservó sobre sus hombres el mismo poder de vida y muerte que había ejercido en tiempo de guerra. Hay informes, aunque sin confirmar, sobre algunas ejecuciones que habrían tenido lugar en la hacienda,[55] y el propio Villa no fue en absoluto reticente al respecto: cuando los maestros llegaron de la ciudad de México, Villa trató de desvanecer sus temores en cuanto a la posibilidad de robos y saqueos: "mire, aquí en Canutillo no se pierde nada, porque al que roba alguna cosa lo fusilo".[56]

Su seguridad personal fue un problema incesante para Villa, muy consciente del peligro de ser asesinado. Canutillo estaba situada en una región por la que con frecuencia había rondado como forajido. También había operado en ella no sólo en los días gloriosos del alzamiento maderista de 1910-1911, sino en los largos años de guerrilla, entre 1915 y 1920, cuando tanta sangre se había derramado. Aún disfrutaba de gran popularidad entre muchos habitantes, como comprobó su marcha casi triunfal a través de los pueblos. Pero las muchas ejecuciones que había ordenado y los despojos cometidos por algunos de sus soldados también habían dejado allí una herencia de odio. Y los enemigos locales no eran sino parte del problema. Los dos líderes políticos más poderosos de México, el presidente Obregón y el secretario de Gobernación, Calles, eran no sólo los comandantes a que se había enfrentado en el campo de batalla, sino hombres con los que había chocado personalmente. Había insultado y casi ejecutado a Obregón, y había encarcelado a su hermano. Había amenazado a Calles con crueles represalias si no cesaba en sus ataques contra el gobernador de Sonora, Maytorena. Aún eran peores las relaciones de Villa con los gobernadores de Chihuahua y Durango, Ignacio Enríquez y Jesús Agustín Castro. El odio de Enríquez, contra quien Villa había combatido muchos años y a quien había tratado de emboscar tras las negociaciones de paz, era casi patológico. Dos de sus críticos políticos, que eran todo menos simpatizantes de Villa, le escribieron a Obregón que "con las rencillas que tiene Enríquez con el bandolero Francisco Villa, no ha cesado de trabajar solapadamente en contra de éste, y seríamos los primeros en aplaudirlo si su conducta no comprometiera la tranquilidad de media república y los planes del gobierno del centro".[57] Obregón rechazó en 1921 los informes de Enríquez relativos a que habían surgido rumores de que los hombres de Villa se habían sublevado contra él en Canutillo y que Villa estaba herido; Enríquez decía que estaba pidiendo a los funcionarios locales que le informaran al respecto.[58] El día que recibió el telegrama, Obregón respondió tajantemente: "Ejecutivo mi cargo tiene datos precisos para suponer que carece en absoluto fundamento información hanle rendido y creo conveniente la mayor discreción en investigación que dice ordenará a presidentes municipales Parral y Allende, porque bien pudiera crear animosidad en muchos de los jefes adictos mencionado general, si saben tiénesele desconfianza y vigílasele, sin haber razón para ello".[59]

El único funcionario del gobierno en quien Villa al parecer confiaba era Eugenio Martínez, que comandaba a las fuerzas federales en Coahuila y a quien Villa se había rendido. Por esta razón, lo nombró Obregón comandante militar en Chihuahua.

Las dos estrategias que Villa empleó para garantizar su seguridad consistieron en transformar Canutillo y sus alrededores en una especie de fortaleza impenetrable y, por lo menos hasta 1922, mantener relaciones cordiales con el gobierno de Obregón.

Según uno de los maestros que residió en Canutillo durante el tiempo en que Villa la administró, la había elegido entre una lista de propiedades que el gobierno le presentó "porque es una hacienda que es muy difícil que lleguen a atacarla, porque está colocada de tal manera que por donde quiera que vayan es defendible, hasta con poca gente".[60] Villa no sólo contaba con su escolta de cincuenta y cinco Dorados, pagados y equipados por el gobierno, sino también con numerosos empleados de la hacienda y, sobre todo, con sus antiguos soldados, que habían recibido tierras en las haciendas circunvecinas y estaban encabezados por algunos de sus más leales generales, como Nicolás Fernández.[61] Al año de establecerse allí, Villa aún mantenía una disciplina militar absoluta. "Todo allí se manejaba como un campamento militar", informó el ingeniero de minas Parker, en 1920. "Sonaba el clarín a las seis de la mañana, una hora antes del alba, y de nuevo al anochecer, y a intervalos durante el día. Todos, incluido yo, seguíamos órdenes para ir a comer, apagar la luz, etcétera." Parker observó que se pasaba revista regularmente a la tropa. "Los Dorados se acercaron a caballo, se colocaron en una sola fila frente al edificio y entonces el general Villa, seguido por el coronel que comandaba las tropas, cabalgó muy despacio de un extremo al otro, examinando cuidadosamente a cada hombre y su equipo."[62] Dos años más tarde, cuando el editor Hernández Llergo visitó Canutillo, la disciplina militar parecía haberse relajado un tanto. No se pasaba revista diariamente ni sonaba el clarín durante el día, pero aún existía un orden muy estricto, y el periodista informó que prácticamente todos en la hacienda llevaban por lo menos una pistola al cinto.[63] Después de la muerte de Villa, el gobierno encontró en la propiedad gran cantidad de armas, que podían haber sido utilizadas con fines defensivos y ofensivos.[64] Villa limitó el número de visitantes y destacó a un coronel de su ejército, Nicolás Flores, en la estación de ferrocarril más cercana, para que le informara de cada llegada y cada partida.[65]

Al mismo tiempo que fortalecía su potencial defensivo en Canutillo, se esforzó cuanto pudo, por lo menos hasta 1922, por mejorar sus relaciones con el gobierno de Obregón. Si uno recuerda que Villa no sólo se enfrentó varias veces con él en batalla sino que casi lo hace ejecutar, el tono de sus cartas y telegramas resulta casi irreal. Con ocasión del Año Nuevo y del cumpleaños de Obregón, Villa le telegrafió para desearle "toda clase felicidad".[66] Un vez que se retrasó en felicitarle el cumpleaños, Villa se disculpó alegando: "Con motivo grave enfermedad una hermana mía que murió ayer en Chihuahua no envié a usted mensaje oportunamente felicitándolo por su onomástico, pero ya sabe que lo recuerdo con estimación sincera y que en medio de mis justos dolores sé distinguir a los amigos como usted".[67] En otra ocasión, Villa fue aún más efusivo: "Separados por la distancia pero unidos por el pensamiento y un afecto sincero, lo acompaño hoy día de su onomástico, y estoy con usted dándole mis respetuosos parabienes y un apretado y sincero abrazo".[68]

En sus esfuerzos por impresionar al presidente, Villa no se limitó a enviarle expresiones de simpatía. Como había acordado en Sabinas, se abstuvo hasta 1922 de toda actividad política y de cualquier crítica pública o privada al gobierno. Además, no sólo no participó en las revueltas militares contra Obregón, sino que en cierto momento intervino en su favor.

En 1921, Villa hizo un gesto simbólico de apoyo a Obregón. Le escribió que en caso de guerra con Estados Unidos, estaría dispuesto a pelear de su lado. Obregón replicó cortésmente: "le agradezco en lo que vale el ofrecimiento espontáneo de usted para el remoto caso de que nuestras dificultades no pudieran solucionarse, cosa que no espero, porque hemos ido ganando terreno en la opinión pública del país vecino".[69] Pocos meses después, ese respaldo tomó una forma mucho más concreta: fueron a ver a Villa dos hombres "que trataron de hacer propaganda sediciosa conmigo mismo y [...] los entregué a las autoridades militares de Parral".[70] Los periódicos estadounidenses informaron que Villa había colaborado a reprimir, en Durango, una revuelta de sus antiguos rivales, los hermanos Arrieta, contra el gobierno de Obregón.[71] Impresionado por esa intervención, el *New York Times* comentó que Villa sería un jefe de rurales de primer orden y podía ser un ciudadano útil a su país y un instrumento para su pacificación.[72] Según los diarios estadounidenses, cuando el general Rosalío Hernández, un antiguo partidario de Villa que luego se había vuelto contra él, trató de levantarse contra el gobierno, Villa pidió permiso a las autoridades para salir a combatirlo.[73] *The New York American*, otro periódico estadounidense, informaba que, durante el gobierno de Carranza y de nuevo en el de Obregón, los petroleros estadounidenses le habían ofrecido a Villa grandes sumas de dinero a cambio de participar en una sublevación o al menos permanecer neutral en caso de que ésta se produjera. Villa había rehusado repetidamente, y un petrolero lamentaba haber llegado a la conclusión de que, aunque Villa era un bandido, era "un bandido muy honrado".[74]

Hubo una rebelión en la que el gobierno sí podía contar con la ayuda de Villa. En 1922, su más incansable enemigo en la larga y sangrienta guerra de guerrillas de Chihuahua, Francisco Murguía, decidió sublevarse contra Obregón. Uno de los pocos generales que permanecieron leales a Carranza hasta el fin, De la Huerta, lo había encarcelado por crímenes cometidos durante sus campañas. Había huido a Estados Unidos y, en 1922, cruzó a Chihuahua con treinta hombres, seguro de poder repetir lo que Villa había hecho nueve años antes: reunir a miles de seguidores para derrotar al ejército federal. Confiaba en sus antiguos soldados y en el prestigio que creía haber adquirido en Chihuahua luchando contra Villa. Pero se equivocaba. No sólo nadie se le unió, sino que desertó un tercio de quienes lo acompañaban, y pronto se encontró huyendo a través de Chihuahua, con un puñado de hombres y perseguido de cerca por las tropas de Obregón. Cuando llegó a los alrededores de Canutillo, el comandante federal Escobar sugirió avisarle a Villa y pedirle ayuda para capturar a Murguía.[75] No sabemos si en efecto se hizo así, pero sí que Villa no sólo estaba enterado, sino que sabía el lugar exacto en que Murguía se escondía con unos pocos de sus hombres. Le habría sido fácil capturarlo, pero no hizo nada, y permitió que escapara a la población de Tepejuanes.[76] Allí, el párroco le ayudó a ocultarse, pero el coadjutor lo delató a las autoridades. Murguía fue inmediatamente sometido a un consejo de guerra, en el que el ministerio público lo acusó de rebelión y sedición, y se denunció la corrupción y las atrocidades que había cometido cuando comandaba tropas del gobierno: "Usted no tenía un solo centavo al lanzarse a la rebelión y hoy aparece usted con varios millones de pesos, y eso, como es natural, quiere decir que usted no fue al campo de la lucha con un fin patriótico, sino que hizo de la rebelión un negocio lucrativo que le produjo su actual capital".[77] La acusación más grave contra Murguía fue la de haber prendido fuego al pueblo de Calixto Contreras, Cuencamé. "Ahí está aún el pueblo de Cuencamé, de este estado, donde todavía lo maldicen los huérfanos y las viudas; recuerde usted, mi general, cuando ordenó se incendiase ese pueblo arrojando de sus hogares a infinidad de familias, hoy en la indigencia; ésas son, en el estado de Durango, las huellas de progreso y pacificación que dejó su actuación revolucionaria, cuando fue jefe de este estado".[78] Murguía nunca respondió a los cargos de corrupción, pero sí justificó el incendio de Cuencamé diciendo que el pueblo era "refugio de villistas y madriguera de bandidos". Fue sentenciado a muerte. Hubo una ironía final en su fusilamiento, ya que el pelotón primero le presentó armas con todo el respeto debido a su rango y luego utilizó los mismos rifles para ejecutarlo.[79]

Villa no mostró satisfacción alguna por la muerte de su antiguo perseguidor. Por el contrario, le rindió una especie de último tributo, uno de los mayores cumplidos que podía hacerle a un enemigo: dijo que "fue un soldado de la revolución..."[80] Sorprende el respeto de Villa hacia este hombre, responsable de la ejecución de más soldados villistas que ningún otro general en México. ¿Se debió a que Murguía fue uno de los pocos comandantes norteños que nunca le temieron? ¿Veía Villa en él un reflejo de su propia dureza, resistencia, crueldad y valor? Ninguno de sus enemigos le inspiró a Villa sentimientos semejantes.

El gobierno respondió positivamente a todos los gestos conciliatorios de Villa. Llovían las expresiones de cordialidad de Obregón. "General Eugenio

Martínez encuéntrase conmigo y ambos enviámosle afectuosa felicitación con motivo su onomástico", le telegrafió en una ocasión.[81] Se hizo el propósito de responder personalmente a todas las cartas de Villa y, para atraérselo, fue más allá de la simple retórica, ya que invirtió en ello grandes sumas de dinero. El gobierno no había confiscado la hacienda de Canutillo, sino que la compró de sus dueños al considerable precio de 575 mil pesos. Además, se hizo cargo de los 44 mil pesos de prediales atrasados que la propiedad debía tanto a los gobiernos estatal y federal. También gastó grandes sumas en las haciendas adyacentes, donde se instalaron los soldados villistas. El cónsul mexicano en Estados Unidos empleó 60 mil dólares, en 1921-1922, en la compra de implementos agrícolas para Canutillo.[82] Cuando Villa le pidió al gobierno 40 mil dólares como compensación por las pérdidas que había sufrido al ser requisada por el gobierno de Carranza una empacadora que tenía en Ciudad Juárez, Obregón pagó de inmediato.[83] Un año después, le pagó 25 mil dólares más.

LA VIDA ÍNTIMA DE PANCHO VILLA EN CANUTILLO

Una de las decisiones más difíciles que Villa tuvo que tomar al instalarse en Canutillo se refería al tipo de vida familiar que llevaría en adelante. Resolvió que era tiempo de "regularizar" sus asuntos familiares, pero esto resultó una empresa complicada. Ante todo, se propuso concentrar en la hacienda al mayor número posible de sus hijos. Tres de los varones, Agustín (el mayor), Octavio y Samuel, y cuatro de sus hijas, Micaela, Celia, Juana María y Sara (a la que los maestros llamaban "la Cubana"), fueron a vivir allí con él. Una era hija de la difunta Juana, una de las exesposas de Villa; otros eran de esposas que vivían en los alrededores; las madres de algunos otros no fueron invitadas a vivir en la hacienda y tal vez no dejaron voluntariamente su custodia. La última mujer de Villa, Austreberta, le dio dos hijos más en Canutillo: Francisco e Hipólito (el último nació después de la muerte de su padre). Además, Villa había adoptado a Samuel, hijo de Trinidad Rodríguez, uno de sus generales favoritos, muerto en la revolución.

Villa era un padre devoto. A menudo llevaba consigo a sus hijos en sus recorridos por la hacienda y les explicaba sus ambiciosos proyectos económicos. Seguía su progreso en la escuela con mucha atención y con frecuencia asistía a sus clases.[84] Todos los días, comía con ellos a una mesa puesta para unas treinta personas, porque aparte de su mujer oficial, estaban también invitados los administradores y, en ocasiones, los maestros.

Villa tenía mucha ambición puesta en sus hijos. Cuando le presentó a su hijo mayor al periodista Hernández Llergo, le dijo: "Éste, Agustín, es el que quiero que sea doctor. El otro, Octavio, militar; y el más chico, Panchito, de siete meses, será abogado... Tengo cifradas mis esperanzas en mis hijos. Así que vayan terminando sus estudios preparatorios [sic], quiero mandarlos a los mejores colegios de Francia, España o Alemania". Cuando una reportera añadió que también podría mandarlos a Estados Unidos, Villa fue tajante:

"No, señorita", protestó. "A Estados Unidos, no. A mis hijos, lo primero que les enseño es a odiar al enemigo de mi raza."[85] Con los niños, Villa desplegaba también un sentido del humor que parecía faltarle en otros contextos. Una noche, su sobrino, Frank, hijo de Hipólito, que éste había traído a Canutillo arrebatándoselo por la fuerza a su madre estadounidense, trató en vano de llamar la atención de Villa. "El pequeño Frank estaba sentado junto a Pancho a la hora de la cena", relató luego su madre. "Quería el azúcar y la pedía una y otra vez. Pero Pancho, que estaba ocupado hablando, le mandó callar. El pequeño Frank se enfureció y dijo, tan fuerte como pudo: 'Cuando sea grande, traeré al ejército de Estados Unidos para que te mate'. Eso sí llamó la atención. Pancho dejó su conversación, miró a Frank y soltó la carcajada. Le encantó la osadía de mi hijo y dijo que Frank era exactamente igual a él."[86]

Las relaciones de Villa con sus esposas eran más contradictorias: apasionadas, podían también ser brutales. Luz Corral vivía en el exilio en Estados Unidos adonde, ocasionalmente, Villa le enviaba dinero e incluso cartas de amor, una de las cuales, escrita en sus días de guerrillero, fue interceptada (y mal traducida) por los agentes estadounidenses de inteligencia. Decía:

A mi adorada esposa,
Con cuánto placer escribo esta cartita para comunicarte mis queridos recuerdos y lo muy contento que estaré cuando haya terminado este trabajo por mi querida patria; y este profundo sufrimiento de mi alma por estar separado de ti será cosa del pasado. Creo que cuando estoy lejos de ti soy un desdichado para el que no hay perfume, ni luz del sol, ni nada. Extraño poder confiarte mis pensamientos más íntimos con la certeza de que tú entenderás; pero confío en Dios que nos permita estar juntos de nuevo, y juro que nunca más nos separaremos, porque aprecio cada día más tus virtudes y tu sabiduría ganada en la experiencia, y tú eres y siempre serás el amor de mi corazón, mi corazón que me pesa cuando no estás conmigo.
Se te manda algún dinero para tus gastos, y para el veinte de este mes esperamos mandarte más. [...] Besa a mis hijos por mí. Tu esposo,
Francisco Villa.[87]

A pesar de la romántica carta de Villa, Luz Corral no se sorprendió lo más mínimo cuando regresó a Canutillo y tuvo que compartir el marido con otra esposa semioficial. Se trataba de Soledad Seáñez. Era la prometida de un hombre del que estaba muy enamorada y al que Villa mató o mandó ejecutar. Su relación con Villa fue al parecer ambivalente.[88]

Soledad Seáñez se instaló en una casa aparte en Canutillo, donde cuidaba de su propio hijo y dos de los de Villa, Miguel y Micaela. Según su versión, parecería que las mujeres cuidaban juntas a los niños. "Todas nosotras, Austreberta, Luz y las demás, cuidábamos de todos los niños. Todas queríamos a los niños."[89]

La relación más apasionada de Villa en los últimos años de su vida, y también probablemente la más brutal, fue al parecer con Austreberta Rentería. La historia no se inició con una nota romántica, sino con una violación. Austreberta, una muchacha muy bonita de una familia de clase media de Jiménez, Chihuahua, fue secuestrada por uno de los comandantes villistas más salvajes: el "Mocha Orejas" Baudelio Uribe, quien prácticamente se la ofreció a Villa para ganarse su buena voluntad. Según relató ella en entrevista con un periodista mexicano, cuando le pidió temerosa a Villa que le permitiera volver con su familia, él,

> convencido de que Austreberta no accedería a sus deseos por el amor que él se creía capaz de inspirar en unos cuantos minutos, la hizo suya por la fuerza.
> La escena final de aquella violencia fue terrible. Ya no solamente Austreberta lloraba su desgracia, sino que el general, sentado al borde de la cama, también lloraba.
> "Me casaré contigo, Betita", le decía balbuciente el general Villa, y agregaba: "Tú no eres como otras mujeres".[90]

A continuación, Villa la dejó presa varios meses con una familia de Jiménez a la que, con amenaza de muerte, obligó a conservarla oculta de todo el mundo cuando él evacuó la población. Sólo muchos meses después le permitió finalmente regresar a su casa, asegurándole que era su esposa y que pronto se casaría con ella. El retorno de Austreberta al seno familiar estuvo marcado por la tragedia: llegó justo a tiempo de presenciar la muerte de su hermano que, según palabras de ella, murió de pena por su desaparición. El padre se propuso como principal objetivo en la vida proteger a la hija de las atenciones de Villa. Dejó su negocio en Jiménez, huyó de pueblo en pueblo y, finalmente, cruzó la frontera a Estados Unidos, donde llevó una vida miserable y durísima haciendo todo tipo de trabajos manuales para mantener a la muchacha fuera del alcance de Villa. Cuando Villa se rindió, regresaron a México y se instalaron en Gómez Palacio. Como le contó al periodista José Valadés, en la que hasta donde sabemos fue la única entrevista que concedió en su vida, Austreberta decidió en algún momento que estaba enamorada de su perseguidor. Después de instalarse en Canutillo, Villa le pidió que se reuniera con él, y ella escapó subrepticiamente de casa de su padre. Villa la llenó entonces de atenciones y regalos, y delante de ella, en una escena extremadamente humillante, corrió a Luz Corral de Canutillo. Cuando Austreberta se halló por primera vez en la recámara de Villa,

> entró a la habitación una señora alta, gruesa, y que sonreía amablemente a la recién llegada.
> Al verla entrar, Villa se puso de un salto en pie.
> "¡No te he dicho que no te quería ver más y que te fueras!" gritó Villa.
> La mujer bajó la cabeza.
> "¡No te dije que te fueras, porque ya tenía la dueña de esta casa!" repitió el general con mayor fuerza.
> "Es que los niños..." se atrevió a responder la mujer.

Austreberta estaba atónita. Temblaba de pies a cabeza; sentía desplomarse. La mujer aquella era Luz Corral, la primera esposa de Francisco Villa. *"Deja a los niños; que de ellos se encargará Betita, ¡porque Betita es mi esposa, mi verdadera esposa!"*, gritó de nuevo Villa.

Luz Corral, que se había acercado a Austreberta Rentería, iba a responder de nuevo, cuando sintió sobre su hombro la mano de Pancho, quien al ver que Betita lloraba, reclamó con furor a Luz:

"¿Qué le has hecho, qué le has hecho?..."

"Hable, señora, hable..." imploró Luz a Betita, temerosa de que Pancho creyera que aquellas lágrimas que derramaba la joven eran el resultado de algún golpe material recibido.

"La señora no me ha hecho daño, y solamente le ruego que salga de aquí", contestó Austreberta.

"¡Fuera de aquí!", ordenó Villa, y agregó: *"Y si no se me va mañana mismo de la hacienda, ya verá lo que le pasa, y sepa usted que esta señora es mi esposa, y reconózcala como mi esposa".*

Luz Corral, sin decir una palabra de protesta, salió de la habitación.[91]

Villa no sólo expulsó a Luz Corral de Canutillo, sino que le dio muy poco dinero para subsistir, y a partir de entonces ella dependió de la caridad del poco caritativo Hipólito Villa. Por fin, carente de medio alguno de supervivencia, cuando Hipólito no pudo o no quiso seguirla manteniendo, Luz Corral hizo el gesto que más podía humillar a Villa. Escribió pidiendo ayuda al hombre que lo había derrotado y que había sido su archirrival, el presidente Álvaro Obregón. "Como usted sabrá, hace dos años estoy separada de mi esposo el general Francisco Villa, y aunque él me prometió darme una mensualidad para subvenir a mis necesidades, hasta hoy no lo ha hecho."[92]

Tras ciertas vacilaciones –le tomó dos meses responder–, Obregón decidió ayudarle. "Me he enterado con verdadera pena [...] de las condiciones difíciles por las que atraviesa en la actualidad [...] Si usted, como dice en su carta, realiza algún viaje a esta capital, con su oportuno aviso tendré el gusto de recibirla para que en una forma amplia exponga usted su caso y ver si es posible que el gobierno de mi cargo le imparta alguna ayuda, para que obtenga el trabajo que desea."[93]

Hasta la muerte de Villa, Austreberta fue la esposa oficial en Canutillo. Cuando Hernández Llergo visitó el lugar, Villa se la presentó como su mujer. El periodista de la capital no tuvo la impresión de que fuera muy feliz. "[Villa] gritó: '¡Betita, Betita!' '¡Voy, señor!' Y apareció una señora alta, blanca, bien parecida, de grandes ojos negros y melancólicos, ojos tristes, opacados, como que habían llorado mucho. El rostro pálido de la señora acusaba un intenso sufrimiento."[94]

¿Se debía ese "sufrimiento" a los malos tratos de Villa o a que a Austreberta le resultaba más difícil que a Luz Corral soportar sus relaciones extramaritales? Aparte de su segunda esposa semioficial, Soledad Seáñez, que vivía cerca de la hacienda, Villa tenía otra amante, que también habitaba en las cercanías y que también le dio un hijo. Se trataba de Manuela Casas, para quien Villa había comprado una casa y un hotel en Parral.[95]

La vida familiar de Villa se complicó aún más a causa de un conflicto con su hermana Martina y su hermano Hipólito. No se sabe bien cómo empezó el problema. Luz Corral menciona a personas –no dice quiénes– que lo pusieron contra su hermana "por cosas baladíes", de manera que él dejó de mantenerla.[96] La ruptura con Hipólito pudo tener motivos más sustanciales. En enero de 1921, Villa le había escrito a Obregón una vigorosa carta de recomendación en que pedía que ayudara a Hipólito en sus negocios. Obregón se mostró bien dispuesto, pero los negocios que Hipólito le propuso eran al parecer tan escandalosos que, a pesar de sus deseos de conformar a Villa, no pudo acceder. En un caso, Hipólito sugirió venderle a los Ferrocarriles Nacionales una locomotora que, según un perito, estaba en tan desastrosas condiciones que comprarla habría sido "una operación ruinosa para esta compañía".[97] Tal vez Villa pensó que la codicia de su hermano estaba menoscabando el crédito que él había logrado con el gobierno, ya que el 4 de septiembre de 1922, un año y medio después de haber recomendado a Hipólito, le escribió al presidente: "Con toda atención suplícole como amigo no hacer ningún préstamo a mi hermano Hipólito en caso de que solicite, pues debemos comprender las exigencias que tiene el gobierno y por otra parte deseo antes que todo, como se lo he expresado a usted en anteriores ocasiones, que en cuestión de cuentas no medien las amistades, y que rinda cuenta de sus compromisos como los demás. Salúdolo respetuosamente".[98]

Una de las razones por las que las dudosas actividades de su hermano molestaban a Villa pudo ser que, en 1922, había empezado de nuevo a participar en la vida política del norte del país. Tal vez pensaba participar aún más en los años venideros y temía que los negocios de su hermano lo desacreditaran.

PANCHO VILLA EN CANUTILLO: ¿HACENDADO O DIRIGENTE POPULAR?

Cuando, en junio e 1922, el editor Hernández Llergo fue de visita a Canutillo para entrevistar a Villa durante casi una semana, su reportaje despertó un gran interés en todo México. Más que cualquier otro líder revolucionario, Villa se había convertido en una leyenda en vida y todos sus actos provocaban la más intensa curiosidad. Además, muchos mexicanos se preguntaban por sus futuras intenciones. ¿Volvería a participar en política? ¿Pensaba levantarse contra el gobierno? Una vez convertido en hacendado, ¿había habido un completo giro en su ideología y sus ideales, o seguía siendo lo que siempre había profesado ser y lo que, en opinión de este autor, fue realmente por lo menos un tiempo: un vocero de los campesinos y los pobres en general? Fue difícil para Hernández Llergo contestar estas preguntas, y aún para los historiadores actuales, que tienen todos los documentos a su disposición, las respuestas no pueden ser sino ambiguas. Tal es el caso, sobre todo, respecto de la ideología de Villa. Hay numerosos indicios de que se estaba volviendo más conservador, pero su conservadurismo no era tanto el producto de su reciente adquisición de la condición de hacendado, como del distanciamiento que lo fue separando de la mayor parte de la población de Chihuahua en los últimos tres años de campaña guerrillera. Una y otra vez, en los meses sangrientos y desesperados que van de 1917 a 1920, llamó a los miembros de las defensas sociales de los pueblos chihuahuenses, muchos de los cuales habían servido a sus órdenes en la División del Norte, para que se le unieran o, por lo menos, para que no combatieran contra él. Sus palabras habían caído en oídos sordos. La sensación de estar siendo traicionado y la cólera resultantes aumentaron su alejamiento, y lo llevaron a cometer acciones terribles contra algunos miembros de las defensas sociales y sus familias. Ello puede explicar por qué, cuando fijó las condiciones de paz con el gobierno, pidió tierras para sus soldados, pero nada dijo sobre el reparto agrario para la gente del campo.

Villa no era muy dado a la introspección o la autocrítica. Las pocas veces que reflexionó sobre sus derrotas, las atribuyó a la traición. En 1915, en su Manifiesto de Naco, dijo que su derrota se había debido a la traición de Eulalio Gutiérrez y Woodrow Wilson. Siete años después, en una entrevista con Frazier Hunt, un corresponsal estadounidense, opinó que el pueblo lo había abandonado porque no lo comprendía. "Y sé lo que es tratar de ayudar a gente que no puede entender lo que uno está tratando de hacer por ella. Peleé por ellos durante diez años. Yo tenía un principio. Luché durante diez años para que el pobre pudiera vivir como debe vivir un ser humano, tener su tierra, mandar a sus hijos a la escuela y disfrutar la libertad humana. Pero la mayoría era demasiado ignorante para entender mis ideas. Por esa razón dejé de luchar." Sin embargo, Villa no pensaba que su revolución había sido en vano. "Había tratado de hacer algo por los pobres de México, explicó. Le habían impedido hacer gran cosa, pero había ayudado a algunos. Ahora los peones estaban recibiendo tierras. Se estaban repartiendo los grandes ranchos y plantaciones de los españoles y los extranjeros. Hasta los soldados tenían ayuda para obtener tierras y empezar de nuevo." Pero Villa pensaba que eso no era más que el principio. Las reformas sociales sólo progresarían cuando el pueblo mexicano estuviera educado. "Pobre México ignorante", dijo lentamente. "Hasta que tengan educación no se puede hacer nada."[99]

En vista de su creencia en que el cambio social sólo podía lograrse gradualmente, no sorprende que expresara una clara oposición a los bolcheviques, quienes en esa época tenían cada vez más partidarios en México. Villa no se oponía a ellos solamente por razones ideológicas, sino por animadversión personal hacia Plutarco Elías Calles, el poderoso secretario de Gobernación, a quien la opinión pública consideraba el más señalado defensor del bolchevismo y el heredero probable de la presidencia al expirar el mandato de Obregón. "El radicalismo como nuestros políticos lo entienden no es posible", le dijo Villa a Hernández Llergo.

los líderes del bolchevismo [...] en México como en el extranjero, persiguen una igualdad de clases imposible de lograr. La igualdad no existe, ni puede existir. Es mentira que todos podamos ser iguales [...] La sociedad, para mí, es una gran escalera, en la que hay gente hasta abajo, otros enmedio, subiendo y otros muy altos... Es una escalera perfectamente bien marcada por la naturaleza, y contra la naturaleza no se puede luchar amigo... ¿Qué sería del mundo si todos fuéramos generales, o todos fuéramos capitalistas, o todos fuéramos pobres? Tiene que haber gente de todas calidades. El mundo, amigo, es una tienda de comercio, en donde hay propietarios, dependientes, consumidores y fabricantes [...] Yo nunca pelearía por la igualdad de las clases sociales...[100]

Probablemente esta actitud llevó a algunos conservadores, a principios de los años veinte, a pensar que Villa era su hombre. En mayo de 1922, monseñor Kelley, que durante muchos años había sido el cabildero más importante de la iglesia mexicana en Estados Unidos y que había defendido la intervención militar estadounidense, visitó a Lelan Harrison, un alto funcionario del Departamento de Estado, y le dijo que consideraba que Obregón "era un hombre bien intencionado y bueno, pero estaba rodeado de traidores. Mencionó las tendencias bolcheviques de Calles". Añadió que "consideraba a Villa el más probable líder futuro de la revolución católica conservadora. Se había enterado de que Villa había llamado recientemente a sus partidarios y les había dicho que, aunque les había enseñado a matar, asesinar y robar, ahora había construido una iglesia para que se reformaran. Quería poder dejar una bolsa de oro a campo abierto y tener la seguridad de que la encontraría al día siguiente donde la había dejado".[101]

La embajada de Estados Unidos en México tenía una visión parecida de la ideología de Villa. El encargado de negocios Summerlin estaba convencido de que Raúl Madero era el candidato preferido de los conservadores y de que

Villa y los representantes de las facciones conservadoras en México han [...] planeado a grandes rasgos una campaña de oposición al general Calles para la presidencia de México. Raúl Madero, firme amigo personal de Villa y antiguo subordinado suyo que alguna vez le salvó la vida, era de quien más se hablaba como candidato presidencial al que apoyaría este grupo villista conservador. Se informa que Guillermo Pons, presidente del Sindicato de Agricultores y destacado dirigente conservador, se ha unido a aquellos que trabajan activa pero silenciosamente por la unificación de las facciones conservadoras en torno a un movimiento Villa-Madero. No se ha realizado en realidad ninguna convención general de los conservadores, pero en diversas reuniones informales, entre las que destaca la de Puebla, hace quince días, se ha decidido definitivamente a favor de una combinación Villa-Madero.[102]

Los vagos indicios que sugieren que Villa buscó un acercamiento con Estados Unidos son coherentes con la posibilidad de que estuviera adoptando esta nueva orientación conservadora.

En enero de 1923, un periódico de Texas informó que Villa contemplaba realizar un viaje a Estados Unidos para comprar implementos agrícolas. "Los periódicos mexicanos dicen", concluía el diario texano, "que 'Pancho' ya ha establecido correspondencia sobre el asunto con el gobernador Pat M. Neff y ha sido informado de que no será molestado ni detenido durante su estancia en el estado de Texas."[103]

No sólo los representantes estadounidenses tenían la impresión de que Villa se había convertido en un terrateniente conservador, sino también miembros de las que habían sido las bases naturales de Villa: los hombres del campo radicales de Chihuahua. Esta impresión se debía en gran parte a los sucesos ocurridos en el pueblo de Villa Coronado.

En 1921, la comisión agraria de Chihuahua adjudicó tierras adyacentes a la hacienda de Canutillo a doscientos cuarenta y dos habitantes del pueblo de Villa Coronado. Pero cuando, en diciembre de 1922, éstos trataron de tomar posesión de esas tierras, fueron recibidos por hombres armados encabezados por Nicolás Fernández, quienes les impidieron entrar y dijeron que actuaban por órdenes de Villa.[104] Un mes más tarde, en la primera convención agrarista de los pueblos chihuahuenses, que se celebró del 11 al 13 de enero de 1923, en la capital del estado, para demandar la aplicación de la reforma agraria, los dirigentes denunciaron vigorosamente las acciones de Villa. Allí habló Cástulo Herrera, jefe de Villa en los días heroicos del levantamiento maderista que luego se había unido a Orozco y que siempre mantuvo vínculos con los campesinos revolucionarios del estado. Como una voz surgida del pasado, Herrera le advirtió a Pancho Villa que recordara "la sangre derramada en el campo de batalla para recuperar los sagrados derechos del pueblo, que incluyen la adquisición de tierra".[105] El presidente de la convención agrarista, Abelardo Amaya, le envió un telegrama al presidente Obregón para pedirle interviniera para forzar a Villa a aceptar la decisión de la comisión agraria.

No está claro qué razones movían a Villa, ya que no se ha encontrado en ningún archivo ninguna reacción suya al respecto. Una declaración del gobernador Enríquez después de la muerte de Villa indica que el conflicto se debió menos al deseo de adquirir aquellas tierras para sí, que al de establecer allí a sus antiguos soldados. Según Enríquez, quería ayudar a "un grupo de individuos, malhechores en su mayoría, que lo acompañaron durante sus correrías por Chihuahua".[106] Más que ser las de un hacendado despiadado, sus acciones en este caso parecen propias de un caudillo militar que privilegia a los hombres que han peleado a su lado durante la revolución, sobre los pacíficos campesinos que no han tomado las armas o que incluso pudieron combatir contra él. En apariencia, Villa aún buscaba tierras para sus hombres, aunque el gobierno había prometido expropiar para ellos las haciendas El Pueblito y San Salvador. Esta última propiedad nunca les fue repartida[107] y, por tanto, Villa tal vez se consideraba con derecho de buscar otras tierras, pasando por encima del gobierno estatal. También es posible que su reacción violenta se debiera a que tenía fuertes sospechas de que el otorgamiento de aquellas tierras a Villa Coronado era una provocación de su enemigo, el gobernador Enríquez. En 1921, cuando Enríquez atendió la solicitud, aún no había ley agraria en Chihuahua y prácticamente no se habían entregado tierras a ningún campesino. ¿Por qué aquella excepción? La actuación de Enríquez resulta aún más sospechosa dado que, inmediatamente después de que Fernández ocupó las tierras, Enríquez envió un telegrama muy vehemente a Obregón en que pedía tropas para desalojar a los villistas por la fuerza. Semejante acción podía fácilmente provocar un nuevo levantamiento de Villa; Obregón se negó y le dijo a Enríquez que prefería enviar a su amigo, Luis de León, para que hablara con Villa sobre el asunto.[108]

Villa contribuyó a reforzar la impresión negativa que su acción causó entre los hombres del campo de Chihuahua al no replicar nunca públicamente a las preguntas y acusaciones. Aunque el caso de Villa Coronado no demuestra necesariamente que Villa se hubiera vuelto conservador, otros hechos parecen apuntar en esa dirección. Ciertamente, una carta en que Villa le pidió urgentemente a Obregón que presionara al gobernador de Durango, su viejo enemigo Jesús Agustín Castro, para devolver sus tierras a un hacendado amigo suyo, muestra ciertas tendencias conservadoras.[109] Incluso el llamado de Villa a los hacendados vecinos para entre todos aliviar el desempleo que padecían los hombres del campo en la región tal vez reflejaba más el pensamiento de un hacendado conservador ilustrado, que el de un dirigente popular.[110]

Pero había otro lado de Villa, que permaneció en gran parte oculto no sólo para la gente del campo chihuahuense, sino para la opinión popular, debido a que no quería romper su promesa de no interferir en la política mexicana. Sin embargo, ese aspecto radical y populista de Villa tuvo consecuencias mucho más profundas para la gente del campo que sus tendencias conservadoras. Se manifestó en dos casos: el de Bosque de Aldama y el del contrato McQuatters, uno de menor importancia, el otro de gran relevancia para Chihuahua.

Para los habitantes de la colonia agrícola de Bosque de Aldama, era como si el tiempo se hubiera detenido. Estaban encerrados en una lucha encarnizada con los ricos habitantes del vecino pueblo de Villa de Aldama por conservar el uso de aguas. El gobernador Enríquez apoyaba a sus enemigos, por lo que dirigieron al presidente Obregón una amarga queja –una solicitud que podría haber sido escrita cuando los Terrazas ejercían su férreo control sobre Chihuahua–, en la que decían que

> personas holgazanas y ambiciosas han querido aprovecharse [...] sacándonos de dichas tierras, lo que no se resolvió a hacer ni el mismo gobierno dictatorial del general Porfirio Díaz, tocándole la mancha al actual gobernador del estado general Ignacio C. Enríquez, que pretende hacerse pasar por un revolucionario y un demócrata, de cometer uno de los actos más abominables de su torpe administración, mandando una fuerza de rurales compuesta de más de cuarenta hombres, bajo el mando de los capitanes Simón Armendáriz y Manuel M. Arzate, [que] desde el día 20 del corriente mes nos ha estado atropellando tanto a nuestras familias como a nosotros, pues llegaron a nuestros hogares echándonos encima los caballos, apuntándonos con sus armas, alborotando a nuestras bestias de campo, cegando nuestras norias, destruyendo nuestra maquinaria.[111]

Se trataba de la culminación de una larga serie de incursiones de hombres armados, apoyados por el gobernador, contra la gente de Bosque de Aldama. Una recién formada organización radical, la Confederación de Obreros y Campesinos del estado, telegrafió a Obregón para protestar por los ataques contra los campesinos. Cuando el presidente le pidió explicaciones, Enríquez canceló el tema diciendo que se trataba de un grupo insignificante de agitadores políticos y que "los agricultores saben soy primer agrarista este estado".[112]

Nada indica que, en ese momento, Obregón pensara intervenir a favor de la gente de Bosque de Aldama. Todo lo que hizo fue pedirle información a Enríquez, y cuando éste le aseguró que se trataba de un grupo con ambiciones políticas, ni siquiera respondió a la solicitud de los habitantes. Pero cambió completamente de actitud cuando éstos lograron el apoyo de Pancho Villa, quien le pidió a Obregón que devolviera las tierras, y no sólo que mandara inmediatamente a Bosque de Aldama una comisión para estudiar el asunto, sino un destacamento de tropas federales para proteger a la comunidad de los ataques del gobernador. Villa advertía que ese conflicto estaba "a punto de poner en peligro la paz que tanto lustre y prestigio da al atildado gobierno de usted. Seguro de que no tendrá usted inconveniente alguno en obsequiar mis deseos y de los trabajadores campesinos del Bosque".[113] Esta vez, Obregón reaccionó de inmediato. Le escribió a Villa que "cuando su carta fue en mi poder, ya se había pasado acuerdo a la Secretaría de Agricultura y Fomento para que designe un comisionado [...] a levantar una investigación minuciosa con objeto de poder resolver el caso con todo acierto".[114] La respuesta de Obregón no se quedó en simple promesa. Cuatro días después de escribir su carta, Villa recibió un telegrama del comisionado enviado a la región, que confirmaba las quejas de los habitantes de bosque de Aldama.[115]

Obregón reconoció los derechos de los habitantes del pueblo, y además resolvió realizar un gran reparto agrario en la región, incluyendo las tierras de Martín Falomir, uno de los hacendados más ricos de Chihuahua, que había estado íntimamente vinculado a Terrazas y Creel. Pero ni Enríquez ni Falomir estaban dispuestos a permitirlo. El gobernador ordenó el arresto del representante de los campesinos, E. Juare, como agitador[116] y Falomir logró convencer a un juez federal de que suspendiera la aplicación de la decisión.[117] Fue necesario otro mensaje de Villa a Obregón, en que pedía que el acuerdo del gobierno fuera aplicado "sin que sufra modificación",[118] para que el presidente actuara. Obregón declaró inequívocamente que, tras enviar a varias comisiones a la región, se había tomado la decisión de otorgar a los campesinos de Bosque de Aldama la posesión definitiva de su tierra, y que no había apelación a este fallo.[119] Tras la muerte de Villa, volvieron a empezar los ataques contra las tierras del poblado.[120]

En conjunto, el conflicto de Bosque de Aldama fue un asunto menor en términos políticos. No tuvo repercusiones significativas ni en la política de Chihuahua ni en la del país. No se puede decir lo mismo de otro problema en que Villa intervino y que llegó a asumir dimensiones graves. Se trataba del destino de las inmensas haciendas de Terrazas en Chihuahua.

El deseo de romper el absoluto dominio de la familia Terrazas-Creel sobre la política chihuahuense y la esperanza de que se repartieran sus propiedades habían sido las principales demandas por las que muchos de los revolucionarios de 1910 se unieron a Madero. Sin embargo, con una sola excepción, ninguno de los grandes dirigentes de la revolución estuvo dispuesto a enfrentarse a Terrazas. Madero suspendió los procesos judiciales contra Enrique Creel en el asunto del Banco Minero, impidió a Abraham González actuar contra la familia a pesar de que el gobernador revolucionario afirmaba que tenía pruebas de que Terrazas había apoyado el alzamiento de Orozco, invitó a Luis Terrazas a volver a México y le ofreció todas las garantías posibles para su persona y sus propiedades. También Carranza, tras algunas vacilaciones iniciales, había cedido ante el clan. Aunque poco después de que sus tropas asumieran el control de Chihuahua, en 1916, ratificó el decreto por el que Villa había intervenido las haciendas de Terrazas, tanto por miedo a la reacción de la gente del campo chihuahuense como porque sus generales querían utilizar para sus propios fines los recursos que devengaban esas haciendas, después, en 1919, cambió completamente de actitud e hizo devolver a la familia sus propiedades urbanas. A principios del año siguiente, decretó que debían serles devueltas también sus haciendas.[121] Sólo Villa había desafiado abiertamente al clan, y la expropiación de sus propiedades y la promesa de repartirlas tras la victoria de la revolución habían sido una de las bases principales de su popularidad en Chihuahua.

Carranza no logró llevar a la práctica su decreto sobre los Terrazas antes de ser derrocado por la rebelión de Agua Prieta. Eran Obregón y el gobernador Enríquez quienes debieron decidir a continuación el destino final de las propiedades de la familia. El problema había adquirido nuevas dimensiones debido a una serie de astutas maniobras del antiguo gobernador de Chihuahua, Alberto Terrazas, que había asumido el liderazgo del clan familiar. Se daba cuenta de que, en el clima de los veinte y dado que Obregón dependía cada vez más del apoyo de las organizaciones campesinas radicales, simplemente devolver sus propiedades a una familia que se había convertido en símbolo de la clase prerrevolucionaria de los hacendados era una imposibilidad política. Por tanto, decidió hacer una trato con A. J. McQuatters, un rico empresario minero que había operado en Chihuahua por muchos años, había hecho negocios con todos los dirigentes revolucionarios del estado, incluido Villa, y, a diferencia de muchos otros inversionistas estadounidenses, había conseguido salir económicamente bien parado de todo el proceso.

El trato consistía en que McQuatters comprara todas las propiedades de los Terrazas y firmara un contrato con el gobierno mexicano por el que vendería las tierras agrícolas de las haciendas, en abonos, a los trabajadores. Además, McQuatters se obligaría a realizar grandes obras de riego, crear un banco agrícola con 125 mil dólares de capital y traer cincuenta mil cabezas de ganado a Chihuahua, que había perdido la mayor parte de sus animales en el torbellino de la revolución. McQuatters fundaría también una serie de escuelas y estaciones de experimentación agrícola. A cambio, el gobierno del estado no sólo aceptaría venderle las tierras de los Terrazas, sino que lo exentaría de buena parte de los impuestos, pero, sobre todo, firmaría el acuerdo antes de ejecutar una ley agraria que lo habría obstaculizado de manera grave. Aparte del comprador y del clan, el más entusiasta defensor de ese acuerdo era el gobernador Enríquez. Se rumoraba por ese tiempo que Enríquez tenía intereses personales en el asunto, ya que supuestamente estaba emparentado con los Terrazas. No se ha encontrado ninguna prueba de tal parentesco, y la ganancia o las relaciones personales no serían la única explicación lógica de la actitud de Enríquez. Era un hombre básicamente conservador, que no creía en la reforma agraria tal como se contemplaba en la Constitución, especialmente en los casos en que la tierra debía ser entregada a los ejidos.[122] En 1916, había sido uno de los primeros gobernadores carrancistas que devolvieron las tierras confiscadas a sus antiguos dueños, y se había negado a crear una comisión agraria. El plan de McQuatters de vender las tierras de cultivo de los Terrazas en parcelas individuales –pero no demasiado pequeñas– permitiría que las compraran los rancheros chihuahuenses con mentalidad empresarial, lo que formaría una especie de clase media agraria que Enríquez esperaba convertir en una columna vertebral conservadora. Además, en un territorio devastado por años de feroz guerra revolucionaria, el proyecto parecía ofrecer la posibilidad de una rápida recuperación económica. Las obras de irrigación que planeaba construir, las cincuenta mil cabezas de ganado que quería importar y los ciento veinticinco mil dólares que invertiría en el banco producirían un pronto desarrollo. El gobernador describía a McQuatters como una especie de filántropo, idea que el interesado definitivamente no compartía, ya que se prometía obtener enormes ganancias en aquel proyecto, en el que estaba dispuesto a invertir veinticinco millones de dólares.[123]

Para el presidente Obregón, por lo menos en 1921, el plan de McQuatters parecía una solución al difícil problema de las propiedades de Terrazas. Sabía que no podía simplemente devolverlas sin suscitar una tremenda oposición en el país, especialmente entre los hombres del campo. Ni estaba dispuesto a recurrir al tipo de medida que la Constitución habría permitido, es decir, expropiarlas sin más o con una mínima indemnización y repartirlas entre los campesinos. Habría tenido buenas bases legales para no pagar nada. Como Abraham González había argumentado once años atrás, los Terrazas habían subvaluado sus propiedades durante mucho tiempo con el fin de no pagar prácticamente nada de impuestos, de modo que le debían tanto al gobierno federal que todas o gran parte de sus propiedades podían ser expropiadas como multa por los atrasos. Pero Obregón prefería no echar mano de ese recurso. Nunca dio ninguna explicación de ello, pero con toda probabilidad, aunque quería atraerse el apoyo de los campesinos, no deseaba una ruptura radical con los terratenientes. Por añadidura, dado que su gobierno aún no había sido reconocido por Estados Unidos, tal vez temía que si firmaba un decreto de expropiación semejante, el gobierno estadounidense lo consideraría una especie de bolchevique. La única forma en que podía obtener el apoyo de la gente del campo chihuahuense sin enemistarse con los terratenientes y con Estados Unidos era comprar las propiedades de los Terrazas. Pero esa solución sería costosa para un gobierno agobiado por las deudas y que había dedicado la mayor parte de sus recursos a pagar un muy inflado ejército para evitar que se le sublevara, y Obregón la consideraba sólo como último recurso.

Enríquez opinaba que el plan de McQuatters tenía una ventaja adicional. Para el consumo público, se presentaría el plan como una especie de reforma agraria, ya que McQuatters proponía vender en pequeñas parcelas las partes cultivables de las propiedades. Para influir tanto en el presidente como en la opinión pública, los Terrazas movilizaron a los peones de sus haciendas, los cuales se dirigieron a Obregón para solicitarle que se adoptara el plan. Los Terrazas les habían prometido que tendrían la primera opción de compra y que McQuatters les daría crédito. Los peones estaban cansados del control gubernamental sobre las propiedades y de las difíciles condiciones que les imponía. Pensaban, de modo no enteramente injustificado, que si las tierras realmente se repartían, los principales beneficiarios no serían ellos sino los pueblos vecinos.[124] El plan de McQuatters no le habría costado nada al gobierno federal, seguramente le habría proporcionado impuestos adicionales, y habría estimulado la recuperación económica, una de las piedras de toque de la política de Obregón y de la camarilla sonorense. Además, habría mejorado las relaciones con Estados Unidos y facilitado su reconocimiento, que también era uno de los principales objetivos de Obregón. El presidente al parecer aprobaba el plan mientras no surgiera una oposición masiva en Chihuahua. En diciembre de 1921, le escribió a McQuatters que reconocía "los nobles esfuerzos que usted y su grupo [...] están realizando" y que le ayudaría en todo lo posible.[125]

Una vez conocido el proyecto en Chihuahua, se levantó una enorme oleada de oposición que ni Enríquez ni Obregón habían previsto. La antigua hostilidad contra los Terrazas y la demanda de reforma agraria se vincularon al nacionalismo revolucionario. Los nuevos sindicatos agrarios de Chihuahua, las organizaciones campesinas de fuera del estado, los obreros y muchos individuos protestaron privada y públicamente e hicieron oír sus voces en el recién elegido congreso estatal. La idea de que una compañía extranjera se apoderara de las propiedades creaba gran resentimiento, y se temía que los estadounidenses ejercieran sobre el estado más control que nunca. Irritaba que las tierras de los Terrazas fueran eximidas de cualesquiera leyes futuras de reforma agraria, las cuales, debido a la oposición de Enríquez, no habían sido adoptadas aún; se demandaba que se repartieran esas tierras sin ninguna indemnización y sin que los beneficiarios pagaran por ellas. A pesar de todo, Enríquez y una aplastante mayoría de los legisladores ratificaron el contrato de McQuatters.[126]

Pero Obregón vacilaba. El 6 de marzo, telegrafió a Enríquez que no debía tomarse ninguna decisión hasta que él hubiera estudiado el proyecto con todo detalle. Era obvio que su entusiasmo se estaba desvaneciendo.

351

Según entiendo, descontento general ha provocado este negocio en aquella entidad obedece a que trátase efectuarlo antes promulgar Ley Agraria y este hecho ha despertado alarma en grandes núcleos que esperan con ansia promulgación misma. Ejecutivo mi cargo considera que el asunto es de tal trascendencia interior y exterior, que debe procederse con toda discreción hasta que estúdiese en forma detenida pro y contra del mismo. Al conocer contrato refiérese, procuraré imponerme con todo interés y dar usted mi opinión.[127]

Once días después, Obregón planteó un proyecto absolutamente opuesto al contrato de McQuatters. El factor más importante en ese cambio de opinión fue una carta de Villa, fechada el 12 de marzo de 1922, que contenía una clarísima amenaza. Hasta esa fecha, excepto por su defensa relativamente humilde de las demandas de los campesinos de Bosque de Aldama, Villa no había intervenido prácticamente en la política regional o nacional. Su carta a Obregón constituía por tanto una radical modificación de la conducta seguida desde su rendición y por ello debió impresionar aún más al presidente. En opinión de Villa, el contrato de McQuatters era una conspiración de sus tres mayores enemigos: el clan Terrazas, los estadounidenses y el gobernador Enríquez. Sostenía que Obregón no se daba cuenta de la verdadera situación de Chihuahua. McQuatters "no es sino un fiel servidor de los altos funcionarios de Norte Amércia, y ya comprendiéndolo el pueblo mexicano, es posiblemente el primer paso para una decadencia en el gobierno de su muy digno cargo, y creo que tal mal bien vale la pena de ver de ponerle inmediato remedio". Villa decía que escribía esa carta para "salvar tanto a mi patria así como también al gobierno que usted actualmente representa y al que soy verdaderamente adicto como he venido y vengo demostrándolo". Insistía en que el pueblo de Chihuahua había repudiado el contrato aprobado por el gobernador y la legislatura. Si nada se hacía "después de las unánimes protestas del pueblo chihuahuense se vendrán sin duda los balazos, y esto se dice que será antes de tres meses". Aunque no decía que algunos de esos balazos correrían por cuenta suya y de sus fuerzas, se podía inferir que, si se producía una rebelión en Chihuahua, él la apoyaría. Según Villa, el contrato de McQuatters era parte de una plan de los capitalistas y petroleros estadounidenses para derrocar a Obregón, plan que debía cumplirse también en un plazo de tres meses. Villa envió su carta con un mensajero especial y le pidió a Obregón una respuesta inmediata.[128]

Para Obregón, la carta planteaba la posibilidad de que la gente del campo de Chihuahua se levantara de nuevo y de que Villa la encabezara. Como mínimo, ello podía favorecer a los enemigos del presidente y producir una masiva pérdida de apoyo. Pero cabía prever incluso consecuencias más graves si los rebeldes atacaban propiedades estadounidenses. Con Villa haciendo de las suyas, volvería a presentarse la amenaza de una intervención de Estados Unidos. Así pues, Obregón replicó inmediatamente para manifestar su completa e inequívoca coincidencia con la opinión de Villa. Dijo que desde que conoció el contrato "he venido interviniendo con la mayor diligencia posible para evitar que esta operación se realice, por considerar que entraña un peligro muy serio para nuestro país y porque muchas de las cláusulas del repetido contrato pugnan en absoluto con nuestra leyes actuales, leyes que estamos obligados a defender".[129]

Esta respuesta pudo ser también resultado de la influencia de Calles, que por su parte se opuso al contrato dos días después de que Villa escribiera su carta, en un devastador memorándum redactado por un alto funcionario de la Secretaría de Gobernación de la que Calles estaba a cargo. El memorándum planteaba tres argumentos contra el contrato, cada uno de los cuales constituía por sí mismo un obstáculo decisivo. La primera objeción era que aunque McQuatters prometía todo tipo de concesiones a los gobiernos mexicano y chihuahuense, las cláusulas del contrato no garantizaban el cumplimiento. Incluso si la nueva compañía creada por McQuatters no ponía en práctica las medidas que prometía, "conservará la plena propiedad de las propiedades que ha adquirido, lo que singifica que permitimos que una compañía adquiera una enorme cantidad de tierra sobre la base de una promesa de dividirla, pero dándole de hecho la libertad de no hacerlo". En vez de subdividir o vender parcelas, la compañía podía simplemente explotar por sí misma la tierra, como hacían tradicionalmente los hacendados. La segunda objeción era que el gobierno de Chihuahua que había firmado un contrato con McQuatters estaba de hecho usurpando las prerrogativas del gobierno federal. El memorándum implicaba que si se reconocía el derecho de un gobierno estatal a tomar semejante decisión, otros estados negociarían con los hacendados locales y con empresas extranjeras, lo que limitaría radicalmente las atribuciones del gobierno federal. Pero la principal objeción de la Secretaría de Gobernación era de carácter nacionalista. ¿Cómo podía permitir el gobierno mexicano, cuya política se basaba en la Constitución de 1917 y en su artículo 127, que restringía tajantemente el derecho de los extrajeros a adquirir tierras, que una compañía extrajera asumiera el control sobre propiedades que abarcaban dos y medio millones de hectáreas? Aunque oficialmente McQuatters había aceptado registrar su compañía como una empresa mexicana, que se atendría a leyes de México, de hecho seguía siendo una compañía extranjera, ya que todos sus accionistas lo serían, y el Departamento de Estado intervendría activamente en cualquier conflicto que tuviera con el gobierno mexicano. El memorándum terminaba con la ominosa advertencia contenida en las palabras de un diputado mexicano, treinta y siete años atrás, el 10 de diciembre de 1885, durante una sesión de la Cámara de Diputados en que se debatía un asunto relativo a las grandes concesiones de tierras a los extranjeros. "¿Quiénes serán los compradores? La razón y la experiencia nos lo dicen, señores. Los capitalistas americanos que vienen en busca de tierras pastales para sus ganados. Después de los ganados, ¿qué vendrá? ¡Así comenzó la colonización de Texas y de Nuevo México!"[130]

Pocos días después, Obregón decretó la expropiación de las tierras de los Terrazas para que fueran repartidas entre los campesinos de Chihuahua.

Previsiblemente, la prensa estadounidense estalló en alaridos de protesta. El *Chicago Tribune* condenaba con violencia la cancelación del proyecto de McQuatters y señalaba amenazadoramente: "Obregón ha cedido a los radicales que hay en su partido".[131] Tales acusaciones no se limitaban al *Tribune*, y preocuparon a Obregón, que trataba desesperadamente de lograr el reconocimiento del gobierno republicano de Harding. McQuatters sostuvo que había incurrido en grandes gastos alentado por la respuesta inicialmente favorable de Obregón, y citaba la carta que éste le había enviado en 1921.

Los Terrazas recurrieron a los tribunales. Los mexicanos no representaban un grave problema para Obregón, pero las protestas de la prensa estadounidense, que lo trataban casi de bolchevique, y la amenaza de McQuatters de dar publicidad a su inicial aprobación sí eran problemas serios. No vio otra salida que compensar abundantemente tanto a los Terrazas como al empresario. McQuatters obtuvo al parecer un millón de dólares,[132] y los Terrazas, casi trece millones de dólares por sus tierras, aunque no se les pagó todo junto.[133]

Enríquez cambió entonces de bando. Sostuvo que la venta de las tierras de los Terrazas sentaría un precedente indeseable, ya que el gobierno federal se proponía prohibir que los extranjeros poseyeran tierras. "De ahora en adelante, cualquiera que quiera vender sus tierras a compradores extranjeros podrá estar seguro de que se expone al mismo procedimiento de expropiación."[134] Se convirtió en defensor de una nueva ley agraria, aprobada por el congreso de Chihuahua, y se inició el reparto de las propiedades de los Terrazas. Tal fue el cambio de actitud de Enríquez que llegó al extremo de culpar a Obregón por el retraso en el reparto. Esto fue demasiado para el presidente, quien le recordó "cuánto tiempo detúvose promulgación Ley Agraria para no lesionar repetidos terrenos cuando ellos parecían ir a poder de un trust americano, y con cuánta diligencia procédese ahora con un gobierno que interpuso su acción para resolver uno de los problemas más trascendentales de la presente administración".[135]

La decisión de Obregón representaba una victoria para los hombres del campo de Chihuahua y una derrota para el clan Terrazas, pero ni una ni otra fueron decisivas. Para 1930, sólo había sido fraccionado y entregado el veinte por ciento de las propiedades de los Terrazas, mientras que éstos habían recomprado una cantidad equivalente, sobre la cual volvían a tener el control.[136]

Para Villa, la decisión de Obregón en torno al contrato de McQuatters representaba un último triunfo. A la vez, pudo ser la causa original de su muerte. Al parecer, tras la cancelación del contrato y la aparente capitulación de Obregón ante sus amenazas, cambió por completo de actitud. Una de las características de su temperamento que solían contribuir a sus derrotas era el exceso de confianza que le inspiraban sus victorias.

PANCHO VILLA Y LA POLÍTICA

Fue en la primavera de 1922, pocas semanas después de la dramática carta de Villa a Obregón, cuando *El Universal* envió a Regino Hernández Llergo a entrevistarlo. La razón ostensible, según el periodista, era la intensa curiosidad que sentía todo el pueblo de México por Villa, sus actividades en Canutillo y sus opiniones sobre el futuro desarrollo del país. Aunque es indudable que esa curiosidad existía, también lo es que el gobierno quería que Villa diera una entrevsita a la prensa. *El Universal* tenía fuertes vínculos con dicho gobierno, y los jefes militares del norte propiciaron que Villa recibiera al reportero. El comandante de las fuerzas federales del norte, Gonzalo Escobar, le dio a éste una carta de presentación y le aconsejó a Félix Lara, su comandante en la ciudad de Parral, vecina a Canutillo, que lo apoyara de todas las maneras posibles. Esto fue exactamente lo que hizo Lara, más tarde implicado en el asesinato de Villa. Aprovechando que estaba en buenos términos con el revolucionario, le presentó a Hernández Llergo. Villa se resistía a conceder la entrevista, pero Lara habló con él durante una hora y finalmente lo convenció de aceptar.[137]

El motivo de esa ansiedad del gobierno por que Villa fuera entrevistado no es muy difícil de entender. Aunque a Obregón aún le quedaban dos años en el cargo –las nuevas elecciones presidenciales debían celebrarse en 1924–, la lucha por la sucesión ya había empezado. Dado que una de las principales demandas y plataformas de todas las facciones revolucionarias había sido la no reelección del presidente, estaba claro que Obregón no podía ser candidato. Los dos principales contendientes para sucederlo eran el secretario de Gobernación, Plutarco Elías Calles, y el de Hacienda, Adolfo de la Huerta.

Aunque Obregón favorecía claramente a Calles, De la Huerta contaba con un apoyo relativamente mayor en el país. Existían entre ambos ciertas diferencias de naturaleza ideológica. Los dirigentes obreros radicales, la mayor parte del movimiento sindical y las organizaciones campesinas recién formadas apoyaban a Calles. Los terratenientes y los mexicanos más conservadores, así como una parte sustancial del ejército, favorecían a De la Huerta. Sin embargo, no hay que exagerar esas diferencias, ya que buen número de los políticos radicales, como Salvador Alvarado, también apoyaban a De la Huerta. Habían aparecido rumores en la prensa en el sentido de que Villa tenía ambiciones políticas propias, de que podría no apoyar al candidato oficial e incluso levantarse en armas. Obviamente el gobierno esperaba que Villa repitiera en su entrevista con Hernández Llergo lo que constantemente decía en sus cartas a Obregón: que lo único que le interesaba era su hacienda de Canutillo, sus negocios y asuntos familiares, y que de ningún modo participaría en política.

La entrevista frustró tales esperanzas. Por una parte, Villa proyectó en efecto la imagen de un hombre poderosamente interesado en su hacienda y sus negocios. Durante horas, paseó a Hernández Llergo por Canutillo y le describió todos los aspectos de su economía. Durante horas, disertó sobre los aspectos técnicos de la producción, le mostró orgullosamente al reportero los gallos de pelea que estaba criando y le hizo conocer la escuela.

Pero otra parte de la entrevista causó consternación en el gobierno y muy especialmente entre Calles y sus partidarios. Villa dijo claramente que su promesa de no participar en política sólo se refería al gobierno de Obregón, que terminaría en 1924. Dio a entender que, a partir de esa fecha, podría ser candidato a gobernador de Durango.

De muchas partes de la república, de muchos distritos de Durango me han enviado cartas y comisiones ofreciéndome mi candidatura, y pidiéndome autorización para trabajar en mi favor [...] Pero yo les he dicho que se esperen... que no muevan ese asunto por ahora. Les he manifestado que en los arreglos que hice cuando me arreglé con el gobierno, había dado mi palabra de que yo no me metería en asuntos de política durante el periodo del general Obregón... y estoy dispuesto a cumplir con mi palabra [...] A todos mis amigos les he dicho lo mismo: que esperen, que cuando menos lo piensen llegará la oportunidad... ¡entonces será otra cosa![138]

Villa expresó la convicción de que era enormemente popular en México.

Pues eso de mi candidatura para gobernador de Durango, no tiene mucha importancia para mí en estos momentos; pero eso le demostrará a usted el gran partido que tengo... ¡tengo mucho pueblo, señor!... Mi raza me quiere mucho; yo tengo amigos en todas las capas sociales, ricos, pobres, cultos, ignorantes... ¡Uh, señor, si yo creo que nadie tiene ahora el partido que tiene Francisco Villa!... Por eso me temen [...] por eso me temen los políticos... me tienen miedo, porque saben que el día que yo me lance a la lucha, ¡uh, señor!... ¡los aplastaría![139]

Villa no dijo claramente qué clase de pelea tenía en mente, si política o militar, pero otra de sus frases sin duda aumentó los temores generados por la entrevista: "Yo, señores, soy un soldado de verdad. Yo puedo movilizar cuarenta mil hombres en cuarenta minutos".[140]

Aún más inquietante para el gobierno, y sobre todo para Calles, fue que Villa mostró una clara preferencia por De la Huerta. Llamándolo por el diminutivo "Fito", Villa dijo que era un muy buen hombre y que los defectos que tenía se debían a su excesiva bondad. Fito era un político que quería conciliar los intereses de todos y cualquiera que lograra eso le haría un gran servicio a su patria... Fito era una buena persona, muy inteligente, y no sería un mal presidente de la república... "¿Y el general Calles?", le preguntó Hernández Llergo. "El general Calles tiene muchas buenas cualidades pero también, como todos los hombres, algunos defectos. Su punto de vista político, según creo yo, es resolver el problema obrero a base de radicalismo."

No está claro qué pretendía Villa en esa entrevista. Por un lado, es posible que simplemente dijera lo que le pasaba por la cabeza, como hacía con frecuencia, y más desde que no tenía asesores políticos que lo frenaran. Por otro, también pudo haber la intención de influir en la próxima elección. Dado que estaba convencido del apoyo popular con que contaba, su defensa de la candidatura de De la Huerta se puede considerar un intento de inclinar la balanza en favor de éste. Su referencia a los cuarenta mil hombres que podía movilizar en cuarenta minutos también puede tomarse como una advertencia para que el gobierno no permitiera una elección fraudulenta y respetara la victoria electoral de De la Huerta. Su confesión de que no descartaba la posibilidad de ser candidato a gobernador por Durango se puede interpretar como el precio que le pediría a De la Huerta a cambio de su ayuda. Los dos objetivos que insinuó en la entrevista –un presidente amigo y el control sobre uno de los estados norteños– recuerdan las demandas que planteó en 1914 y 1915. Es significativo que apuntara al gobierno de Durango y no de Chihuahua. Tenía muchos más enemigos en este último estado, donde se habían producido los combates más sangrientos entre 1915 y 1920, que en Durango, que había quedado más al margen de sus actividades en ese periodo. En Chihuahua, muchas de las organizaciones populares estaban bajo la poderosa influencia de Enríquez, y tenían viva la memoria de la guerra civil, por lo que se oponían a Villa. Esa oposición no era al parecer tan acusada en Durango, donde las defensas sociales, aunque pelearon con persistencia contra él, eran mucho menos numerosas y estaban menos entrenadas.

La entrevista de *El Universal* tuvo consecuencias sorprendentes. Once meses después, Adolfo de la Huerta se reunió con Villa en un compartimento de tren, entre Jiménez y Torreón, y le pidió que apoyara la candidatura de Calles. Además de Villa y De la Huerta, estuvieron presentes el comandante de las fuerzas federales en el norte, Eugenio Martínez, el secretario de Villa, Trillo y el subsecretario de Hacienda Luis L. León (que era también confidente de Calles). En un tono sumamente optimista, León le informó a Calles los resultados de esa reunión: "El general Villa insinuó una vez más la conveniencia de que lanzara su candidatura presidencial el señor De la Huerta, pero éste inmediatamente le argumentó en contra. Principió por recordarle que hacía más de un año que le había declarado terminantemente que no jugaría como candidato en las elecciones presidenciales". De la Huerta insistió, según León, en que Calles era el candidato adecuado para el grupo revolucionario.

Le pintó la situación tan difícil en que se veía colocada la revolución si ustedes dos [De la Huerta y Calles], por cuestiones mezquinas y personalistas, se dividieran, dándole con esto el triunfo a la reacción; le explicó en qué forma venían unidos usted y él, de manera que nada ni nadie podría separarlos, al grado de que mientras los revolucionarios estuvieran unidos, la revolución quedaba garantizada, y se felicitó de esa unión fraternal que existía entre usted y el señor De la Huerta, y de la cual le presentamos innumerables pruebas, tanto el señor De la Huerta como yo. Su palabra final fue: que ya no necesitaba que se le volviera a tocar el punto [...] El mismo general Villa nos recordó que en otro tiempo había sido buen amigo de usted, y que veía con gusto que, a pesar de todas las cosas que habían pasado, usted lo trataba muy bien [...] a nadie se nos escapa que [Villa] es un elemento de fuerza.

León decía que "a mi manera de ver el general Villa ha comprendido ya que su situación está vinculada a la nuestra; que por tal motivo, en su interés está sostener a la administración actual [...] Es más, lo creo un poco cansado como guerrillero, y con un intenso deseo de continuar disfrutando de la tranquilidad de que ahora goza". Según el informante, un claro indicio de las intenciones pacíficas de Villa era que insistía en que el secretario de Hacienda De la Huerta construyera un ferrocarril que vinculara el centro del país con su hacienda y la región de Durango que la circundaba. Esa región, casi totalmente impenetrable, había sido refugio de Villa en sus tiempos de guerrillero. Pero la construcción del ferrocarril, razonaba León, le facilitaría al gobierno enviar tropas y haría mucho más difícil para cualquier guerrillero refugiarse allí. Para León, ésta era una prueba crucial de que Villa no tenía intención de levantarse contra el gobierno; además, "ya se siente algo aburguesado y no piensa mucho en nuevas aventuras rebeldes". León concluía su informe sugiriéndole a Calles que se reuniera con Villa y lo invitara a su tren en el camino a Torreón.[141]

No está claro si se celebró esa reunión entre Calles y Villa, aunque informes sin confirmar sostienen que se reunieron, que el primero pidió el apoyo del segundo y que la respuesta fue ambigua. A la pregunta directa de Calles: "¿Puedo contar contigo?", respondió: "Eso depende... Ya sabes, si estás con la justicia y con la mayoría del pueblo, sí. Si no, ¡pos no!"[142] Aunque el relato puede ser apócrifo, no cabe duda de que Villa se opuso a la candidatura de Calles. Pero su conversación con De la Huerta tal vez lo convenció de que el antiguo presidente no era su hombre. Al parecer se alió a continuación con otro candidato, uno de los pocos antiguos colaboradores que seguía viendo en Canutillo: Raúl Madero. Ya en 1921, los contactos entre Villa y Raúl Madero habían despertado las sospechas de los agentes del gobierno. Uno de ellos había informado a Obregón que Raúl Madero y uno de sus hermanos habían ido a ver a Villa en Canutillo. "Lo que llamó la atención de los que supieron de ese viaje fue que los visitantes no fueron por tren, sino que atravesaron toda la región por caminos escondidos, en su coche."[143]

¿Tenían razón los conservadores que al parecer buscaban la colaboración con Villa al pensar que, en un giro de ciento ochenta grados, se había convertido en un aliado seguro? La historia de los frustrados intentos de los conservadores por seducir a Villa es larga. Lo habían ayudado a escapar de prisión en 1912, con la esperanza de que se volviera contra Madero. En lugar de eso, Villa se había reconciliado con el presidente. Habían albergado grandes esperanzas de que en 1914 devolvería las propiedades confiscadas a los terratenientes. En vez de eso, se alió con Zapata y siguió expropiando haciendas. A pesar de su reciente condición de hacendado, podemos dudar que en 1923 se hubiera vuelto un aliado más confiable para los conservadores. Había rechazado, en su entrevista con Hernández Llergo, dos pilares básicos de la política conservadora –el apoyo al clero y la postura proestadounidense–; había apoyado a los campesinos de Bosque de Aldama y había impedido la implementación del proyecto McQuatters; además, hay indicios de que tenía vínculos con las organizaciones populares de Durango, aunque, tal vez significativamente, no en Chihuahua.

Sin embargo, un aspecto de la política que había seguido en 1914 atrajo a los conservadores y seguía atrayéndoles en 1923. Su interés por las transformaciones sociales siempre se había centrado en su propia región. Siempre había estado dispuesto a permitir que los dirigentes regionales y locales de otras partes del país procedieran a su arbitrio. Los conservadores tal vez pensaban que, con Adolfo de la Huerta o con Raúl Madero como presidente, Villa les permitiría actuar a su gusto en el resto de México.

Aunque por una parte no es posible cancelar la posibilidad de que el creciente alejamiento entre Villa y grandes sectores del campesinado mexicano durante la sangrienta guerra de 1915-1920 y su transformación en un hacendado hubieran modificado su actitud y su filosofía social, por otra parece que ese distanciamiento se refería a la gente del campo de Chihuahua, pero no tanto a la de Durango, donde, una vez que hizo la paz con el gobierno, fue recibido como un héroe que vuelve de la guerra en los pueblos por los que pasó. Por tanto, si hubiera llegado a ser gobernador de Durango, es muy posible que hubiera revivido su antigua alianza con las fuerzas populares. Esa posibilidad vuelve problemática la hipótesis de un giro radical en sus ideas sociales.

Cualquiera que fuera la orientación política de Villa en las últimas semanas de su vida, no hay duda de que tanto Obregón como Calles tenían motivos para considerarlo un gran peligro potencial. En la entrevista con Hernández Llergo, había dado a entender que se oponía a Calles y que al acabar el periodo de Obregón se proponía participar de nuevo en política para posiblemente buscar la gubernatura de Durango. La idea de que Villa pudiera controlar de nuevo uno de los estados más volátiles del norte, donde aún gozaba de gran popularidad, era anatema para ambos políticos. No tomaron a la ligera la velada amenaza de que se levantaría en armas si se adoptaba el plan de McQuatters ni su fanfarronada de que podía movilizar cuarenta mil hombres en cuarenta minutos. Aunque la frase era exagerada, había varios miles de hombres dispuestos a seguirlo a su primera llamada. El representante de Estados Unidos en México, Summerlin, consideraba a Villa una gran fuerza autónoma.

Las propiedades de Villa aparecían además hasta cierto punto como extraterritoriales respecto del actual gobierno. Estaban bajo el control de Villa y su propia escolta, fuertemente armada. Las ventajas para la conspiración política que tal situación ofrecía eran claramente percibidas. Muy recientemente se informó que había añadido a sus propiedades la hacienda de El Pueblito, cerca del pueblo de Ojinaga, sobre el Kansas City Railway, un importante punto estratégico.[144]

Una encuesta de opinión de *El Universal* sobre las preferencias de sus lectores para el futuro presidente tal vez se sumó a los temores del gobierno. Los resultados se publicaron el 10 de julio de 1922. Entre los lectores, 142 872 votarían por el empresario Carlos B. Zetina; 139 965, por Adolfo de la Huerta; 84 129 por Calles, y 72 854 por Villa. En varios sentidos, esos datos debieron resultar extremadamente preocupantes para Obregón y para Calles. Indicaban que Calles muy bien podía salir derrotado en una elección general y libre. Sugerían que De la Huerta era más popular que Calles, y la fuerte preferencia por Zetina, un empresario y senador totalmente desconocido, que era el único de los posibles candidatos no identificado con la revolución, parecía delatar un amplio repudio a los dirigentes revolucionarios. Por otra parte, el buen lugar en que quedaba Villa entre los lectores del periódico, mayoritariamente de clase media e incluso alta, podía indicar que su popularidad no estaba restringida a las clases bajas.[145]

En vista de la creciente oposición entre Pancho Villa y el gobierno, los observadores extranjeros, como Summerlin, no se sorprendieron cuando fue asesinado, el 20 de julio de 1923.

·20·
Muerte y supervivencia de Pancho Villa

EL ASESINATO

Entre 1910 y 1920, tres de los grandes líderes de la revolución mexicana –Madero, Zapata y Carranza– fueron asesinados. Por diferentes que fueran sus casos, los tres tuvieron un elemento en común: confiaron en la persona equivocada y ese error les costó la vida. Hasta el final, Madero siguió creyendo en la lealtad de Huerta; Zapata confió en Jesús Guajardo, un oficial carrancista que le prometió pasarse a su bando, y Carranza confió en las profesiones de lealtad de Rodolfo Herrero, que lo asesinó en el camino a Veracruz, en el pueblo de Tlaxcalantongo.

Villa, en cambio, desconfiaba de todo el mundo. Un día que Raúl Madero fue a visitarlo, los dos durmieron fuera de la casa principal, en su recorrido por la propiedad. Madero, que se había acostado cerca de Villa, descubrió al despertar que éste se había alejado para dormir solo en un lugar donde no podría encontrarlo.[1] Esa desconfianza universal se manifestaba en los más nimios detalles. En cierto momento, durante la visita de Hernández Llergo, el periodista quiso cederle el paso, como gesto de cortesía; Villa le dijo que jamás permitía que nadie caminara detrás de él. Sin embargo, a final de cuentas, el mismo exceso de confianza que había sido fatal para Madero, Zapata y Carranza le ganó la partida: en su caso, no fue el exceso de confianza en otra persona, sino en sí mismo y, tal vez, también en el gobierno, lo que lo llevó a la muerte.

Desde el día en que se estableció en Canutillo, el miedo a ser asesinado no dejó de perseguir a Villa. Pocas veces salió de la hacienda durante el primer año, y siempre lo hizo acompañado por una escolta de cincuenta Dorados. Pero, conforme mejoraban sus relaciones con el gobierno de Obregón, su temor fue decreciendo. El presidente colaboró a ello cediendo a todas sus exigencias, enviándole constantemente cartas cordiales y mandándole como obsequio especial dos ametralladoras, prueba adicional de que el gobierno se interesaba en protegerlo contra cualquier ataque exterior.[2]

Su temor se concentró entonces en un individuo que tenía todas las razones del mundo, e incluso bastante justificación, para matarlo. Se trataba de Jesús Herrera, uno de los últimos miembros varones del clan que Villa había intentado exterminar con singular ferocidad. Como hijo menor de José de la Luz Herrera, Jesús decidió emplear su considerable riqueza en obtener venganza por cualquier medio. Durante más de un año se libró entre ambos una guerra secreta. Según Villa, Herrera había sobornado a muchos hombres para que lo mataran, pero todos ellos habían muerto antes de cumplir su misión: algunos, en un pleito de borrachos en un burdel; otros, como Primitivo Escárcega, "en manos de mis simpatizadores seguramente".[3] Tal vez le tocaba a Villa el turno de tomar la ofensiva. Jesús Herrera lo denunció violentamente por haber enviado a dos de sus antiguos subordinados, el general José García y el coronel Rosario Jiménez, con órdenes de matarlo. Pero los verdugos no lograron su objetivo, y fueron arrestados por el gobierno a pesar de las protestas de Villa de que los cargos contra ellos no tenían base legal.[4]

Villa optó por presionar al gobierno para que tomara medidas contra su enemigo. Hasta entonces, había procurado mantenerse fuera de la luz pública y manejaba todos sus problemas mediante discretas cartas al gobierno. Pero esta vez lanzó una campaña de prensa y envió una larga carta a *El Universal*, periódico con el que, al parecer, mantenía relaciones especialmente buenas, a juzgar por la entrevista que había concedido a los editores en Canutillo.

En esa carta, fechada el 19 de marzo de 1923, Villa decía que durante más de un año y medio Jesús Herrera había intentado asesinarlo. Nunca había protestado ni se había quejado formalmente de ello, "por relacionarse nada más con mi vida, ya que la existencia de un hombre retirado a la vida privada no significa nada aisladamente en relación con un número mayor de las demás", pero que ahora se decidía a hablar "habiendo visto últimamente que algunos muchachos han perecido seducidos por el dinero de Jesús Herrera [...] para asesinarme, pienso en la conveniencia de que se eviten estas pérdidas de personas, que no deben ser".

La muerte de los matones y el intento de asesinato a que se refiere habían tenido lugar poco tiempo antes. Durante una visita a la ciudad de Chihuahua, Gil Piñón, administrador de Canutillo y ocasional secretario, había recibido una advertencia de un amigo político, Alfredo Chávez, según el cual un grupo de hombres iba en camino a Canutillo para matar a Villa. Chávez sólo podía identificar a dos de ellos: uno era Pablo Escárcega y el otro, un hermano de los que fueron dos de los más leales generales villistas, Pablo y Martín López. Piñón avisó de inmediato a su jefe, y Villa puso en acción un doble operativo de contraataque. Salió con un grupo de hombres a buscar a los matones. Y, para el caso de que se le escaparan y lograran llegar a Parral, ordenó a varios miembros de su escolta que fueran allí y simularan estar borrachos, trataran de hacer amistad con ellos, los invitaran a un burdel y los mataran. La estrategia de Villa tuvo éxito. Casi todos los asesinos huyeron de regreso a Chihuahua, donde se enteraron de que Villa y sus hombres se acercaban, pero otros dos, entre ellos Primitivo Escárcega, probablemente el más osado, se fueron efectivamente a Parral, y allí los enviados de Villa cumplieron sus instrucciones.[5]

Atenógenes López escapó. A primera vista sorprende que el hermano de los dos lugartenientes más conocidos y más leales de Villa participara en un complot para matarlo. Atenógenes, el mayor de los hermanos, había tomado parte en la revuelta orozquista de 1912. Siguió oponiéndose a Villa pero emigró a Estados Unidos, para no combatir contra sus hermanos. La razón por la que, a su regreso a México, resolvió asesinar a Villa era que estaba convencido de que Martín López no había muerto a manos de los carrancistas, sino ejecutado por él. No hay pruebas que apoyen tal acusación.[6]

Este atentado enfureció a Villa, y el encarcelamiento de García y Jiménez todavía más. Su carta a *El Universal* rebosa de bilis. Herrera, según él, no sólo era un asesino potencial, sino un ladrón; se había hecho millonario a pesar de no haber participado nunca en la guerra: "Se concretó a aprovechar la sombra de sus hermanos para tomar los dineros de la nación". Para terminar añadía: "Palabras francas y sinceras nacidas del fondo del alma son éstas. Yo, hombre de guerra en otras épocas, consagrado ahora por completo al trabajo activo y tranquilo de los campos, falto de garantías por la maledicencia de Herrera únicamente, pero las cuales garantías me las podría proporcionar fusilando a Herrera y éste sería el único responsable de lo que aconteciera".[7] Pedía a sus "hermanos de raza" que le impidieran a Herrera persistir en sus intentos de asesinarlo, pero no especificaba las medidas concretas que dichos hermanos debían tomar.

La furia que expresaba esa carta no era nada comparada con la de Jesús Herrera cuando replicó públicamente, unos días más tarde. En una carta que *El Universal* se negó a reproducir, pero que fue publicada por un periódico de Torreón dirigido por enemigos de Villa, negaba cualquier intención de matar a éste y decía que, si realmente quería tranquilidad de espíritu, el único lugar en que lo conseguiría sería un asilo de locos: "ese criminal ha perdido el juicio [...] todo el país está manchado con la sangre vertida por ese infame [...] cual fiera herida que brama de dolor y de rabia, busca ansioso a quien manchar con su inmunda baba".[8]

En su carta, Villa había amenazado con ejecutar a Herrera, pero después de la publicidad que obtuvo el asunto y el arresto de los dos hombres que tal vez había enviado a matarlo, pensó que ese recurso no tendría éxito, por lo que apeló a Obregón y a Calles para que le pusieran freno a su enemigo.

En una larga carta que le envió a Obregón el 18 de abril de 1923, insistía en el aprecio que sentían por el presidente "los que nos encontramos por acá, dedicados por completo a las labores agrícolas, en un rinconcito del mundo", y en que a pesar de que "estas cuestiones de afecto no acostumbro decirlas, ya sabe usted que en un caso dado, aquí a la retaguardia estoy a sus órdenes". Llamaba la atención de Obregón sobre los constantes ataques –que él llamaba calumnias– de Herrera en la prensa de Torreón; le enviaba una copia de la carta mencionada, y añadía ominosamente: "conociendo como conoce mi carácter, los sacrificios que he hecho para soportar con toda prudencia las grandes inconsecuencias y faltas de Herrera, debiendo advertirle con toda atención, señor presidente, que he obrado así por el respeto y la estimación que tengo a ustedes y espero, pues, que como amigo busque usted la manera de poner término a este asunto".[9]

Villa no dejaba el problema sólo en manos de Obregón: el mismo día, le escribió a Calles una carta de contenido semejante, excepto por ciertas diferencias sutiles. Encontramos las mismas profesiones de simpatía: "aquí, en este rinconcito del mundo en donde sólo se oye el ruido de los implementos de labranza, estamos pendientes de su persona, como lo hacen los buenos amigos y por consiguiente en la extrema retaguardia estamos a sus órdenes en caso necesario", e insistía en que "desde el principio de la lucha revolucionaria de mil novecientos diez ha habido perfecto entendimiento y afinidad de ideas entre los dos", cosa que difícilmente hubiera podido decirle a Obregón, en vista de las batallas de Celaya, León y Aguascalientes, para mencionar sólo algunos de los combates que libraron. Se quejaba de la prensa de Torreón que había publicado las cartas de Herrera, "que contienen gravísimas ofensas y me lastiman hondamente, no respetando para ello Herrera ni a la sociedad ni a nadie". También le pedía "como amigo [...] tenga la bondad de buscarle solución a este asunto para ponerle término". Mencionaba que había escrito a Obregón con el mismo fin, ya que "como buenos revolucionarios, tenemos tanto ustedes como yo que tener afinidad en nuestras ideas, si es familia nacida al calor de los mismos ideales, y considerarnos mutuamente como saben hacerlo los que han tenido penas semejantes".[10]

Obregón tardó más de lo habitual en contestar y sólo lo hizo el 9 de mayo, citando "el exceso de trabajo que he tenido en la presidencia"; elogiaba la prudencia de Villa y prometía buscar "algunas medidas discretas [...] que impidan nuevos y desagradables incidentes".[11]

Uno de esos caminos discretos le había sido sugerido de hecho varias semanas antes por la hermana de Jesús Herrera, hondamente preocupada porque Villa, que "quiere exterminar a toda mi familia", matara a su hermano, "el único ser que vela por todos". Le decía a Obregón que Herrera, alto funcionario del servicio aduanal, era demasiado orgulloso para pedir un traslado, pero ella estaba convencida de que aceptaría ir a Guadalajara u otra ciudad situada más al sur, donde estaría a salvo de las represalias o ataques de Villa.[12]

Obregón le envió una respuesta poco comprometedora, diciendo que consideraría la cuestión.[13] No hay indicios de que Herrera fuera transferido, pero sus ataques públicos cesaron. Una razón pudo ser que Obregón contemplaba una solución muy diferente: el asesinato de Villa, tres meses después de las quejas de éste a Calles y a él.

A principios de julio, Villa decidió ir a Río Florido, un pueblo situado a cierta distancia de Canutillo, porque iba a ser padrino del hijo de un amigo. En el momento cúspide de la División del Norte, cuando parecía el hombre más poderoso de México, cientos de familias le habían pedido que apadrinara a sus hijos, cosa que a Villa le encantaba, por lo que solía acceder y obsequiar regalos a los niños. El bautizo debía combinarse con un viaje a Parral, donde visitaría a una de sus esposas, Manuela Casas, quien residía en un hotel de su propiedad, y donde tenía que arreglar algunos asuntos de negocios.

Aunque le llegaron rumores de que estaba en marcha alguna suerte de complot contra él, no los tomó muy en serio, ya que tales versiones eran el pan de cada día. Estaba en buenos términos con Obregón y Calles, y ellos parecían haber frenado a Herrera. Cuando su secretario Trillo señaló que era demasiado caro llevar consigo a toda su escolta de cincuenta hombres –como hizo siempre en las contadas ocasiones en que salió de Canutillo durante su primer año allí–, Villa accedió a viajar en coche y llevar, aparte del chofer y de Trillo, a sólo los cuatro hombres de su escolta que cabían en el vehículo. Por lo demás, estaba enamorado de los automóviles y le encantaba ese medio de transporte. Pero no desatendió totalmente las advertencias que había oído: ordenó a Gil Piñón que situara a cuatro hombres fuertemente armados en las afueras de Parral, para esperarlo allí y asegurarse de que no había novedad en el camino a Canutillo. No se dio cuenta, cuando el 10 de julio atravesó Parral en dirección a Río Florido, de que en la esquina de las calles Benito Juárez y Gabino Barreda, varios rifles apuntaban hacia él desde las ventanas de un departamento. No dispararon porque, precisamente en el momento en que Villa llegaba al crucero, cientos de niños salían de la escuela vecina.

En la mañana del 20 de julio, tras pasar unos días en Parral y recoger un dinero, Villa decidió regresar a Canutillo. La víspera, telegrafió a Gil Piñón para pedirle que le enviara "tres quesos".[14] Era la clave para pedir tres miembros de su escolta que, según habían acordado cuando partió, le esperarían a las afueras de Parral. Se sentía completamente seguro en esa ciudad, que tenía una guarnición de varios cientos de soldados y cuyo comandante, Félix Lara, era un buen amigo. No sabía que, precisamente ese día, Lara y sus hombres habían salido de la ciudad hacia la vecina población de Maturana, para practicar el desfile militar que debía celebrarse el 16 de septiembre. De haberse enterado de esa circunstancia, tal vez habría sospechado algo. No sólo faltaba todavía mucho para el 16 de septiembre, sino que Maturana era el peor lugar para ensayar un desfile: las calles eran estrechas, irregulares y llenas de subidas y bajadas; no había sencillamente razón alguna para practicar el desfile en aquel pueblo.

Villa estaba de buen humor. Iba manejando él mismo el coche y bromeando con su secretario y sus guardaespaldas. Al llegar a la esquina de Juárez y Barreda, un hombre que estaba allí parado levantó la mano para saludar y gritó: "¡Viva Villa!", el viejo grito de guerra de la División del Norte. Ignoraba Villa que el grito que tantas veces lo había saludado en la batalla esta vez anunciaba su muerte, porque el hombre había sido enviado por los asesinos para vigilarlo: su grito y la mano levantada eran una señal para que los que esperaban en el departamento abrieran fuego cuando el coche llegara al crucero y disminuyera la velocidad para dar vuelta. Villa recibió nueve balazos y murió instantáneamente; otro tanto ocurrió con Trillo, el chofer, y el asistente, Daniel Tamayo. Tres miembros de la escolta quedaron heridos. Rafael Medrano, herido en el brazo y la pierna, logró salir del coche y tirarse debajo de él, fingiéndose muerto, pero poco después lo descubrieron y lo mataron. Otros dos escoltas, Ramón Contreras y Claro Hurtado, pudieron huir hacia un puente cercano. Aunque gravemente herido, Contreras sacó la pistola y logró matar a uno de los asesinos antes de escapar; resultó el único sobreviviente. Hurtado intentó bajar a la ribera del río, encontró la salida cerrada y fue muerto cuando regresaba. Más de cuarenta tiros alcanzaron el coche y, como los asesinos utilizaron balas expansivas, el efecto fue particularmente devastador. Tras asegurarse de que Villa estaba muerto, los asesinos se alejaron tranquilamente a caballo.

La primera noticia que tuvo Obregón de lo ocurrido fue el telegrama del jefe de la oficina de telégrafos de Parral, según el cual los miembros de su propia escolta habían matado a Villa.[15] Pero Obregón se mostró muy escéptico.

> Al Ejecutivo a mi cargo le parece muy extraña la versión de que hayan sido los mismos miembros de la escolta del general Villa los que lo asesinaron, pues si dichos miembros lo acompañaban desde que salió de Canutillo, resulta ilógico que hubieran esperado llegar a las goteras de la ciudad para cometer el asesinato, y si no lo acompañaban en el trayecto resulta muy extraño que se encontrara en Parral o en las afueras de dicha ciudad un núcleo de la misma escolta cuando el general estaba en Canutillo.[16]

Unas horas más tarde, Obregón pudo hacerse una idea mucho más clara de lo que había sucedido al recibir un telegrama del coronel Lara, jefe de la guarnición de Parral, que informaba que habían matado a Villa entre siete y nueve hombres, "al parecer todos rancheros, perfectamente armados con carabinas 30 especial y pistolas escuadra calibre 45, según lo demuestran cajas vacías encontradas en la citada casa". El cable suscitaba dudas sobre la conducta del propio coronel Lara. Según él, "persecución individuos no fue posible hacerla como son deseos esa superioridad, así como míos, por carecer caballada para objeto". Esta excusa era tan improbable que a cualquier observador le habría parecido ridícula: había gran cantidad de caballos en Parral y todo lo que Lara tenía que hacer era pedirlos prestados o requisarlos. En esa tesitura le respondió Obregón, expresando su asombro ante los pretextos aducidos ya que sólo habría necesitado de diez a quince caballos y que habría estado completamente justificado tomarlos de quien los tuviere.[17] A pesar de la sospechosa conducta de Lara, no se le investigó ni se tomó acción alguna contra él.

Aunque Obregón fue notificado del crimen inmediatamente, el servicio telegráfico a Canutillo quedó interrumpido por seis horas. La gente de Villa sólo recibió la noticia seis horas después. Esa interrupción pudo ser intencional, ya que Obregón, al enterarse del atentado, ordenó que el ejército ocupara sin tardanza la hacienda para evitar saqueos y para buscar en la correspondencia de Villa algún indicio sobre la identidad de sus asesinos.[18] Pero la noticia del asesinato llegó a Canutillo antes que la tropa, por lo que parecía inminente que habría un sangriento combate entre los soldados federales y los villistas. Nicolás Fernández, que estaba en la hacienda visitando a su hijo enfermo, inmediatamente ordenó a los residentes que se armaran y dispararan contra cualquier extraño que tratara de entrar.[19] Otro de los jefes de la guarnición villista en Canutillo, Alfredo Paz Gutiérrez, envió un telegrama urgente a Obregón: "Sabemos que viene de Parral un piquete de cincuenta hombres para prestar garantías a los intereses de esta hacienda. Suplicámosle librar sus órdenes a fin de que dicho resguardo se detenga en Rosario, Durango, en vista de que con la escolta y demás gente perteneciente a las colonias podremos resguardar dichos intereses". Explicaba que ya había igualmente comunicado las noticias a los jefes de las colonias cercanas, para que tomaran también precauciones.

Sin duda Obregón ordenó la ocupación de Canutillo para impedir un levantamiento villista. Pero el telegrama de Alfredo Paz Gutiérrez le hizo ver que, justamente, la ocupación podía muy bien provocar un alzamiento.[20] Trató de calmar a los residentes de la hacienda diciendo que las tropas sólo iban a mantener la ley y el orden, que se respetarían todas las condiciones reinantes y se les darían plenas garantías.[21] Pero ningún soldado entró en Canutillo. Se produjo una situación de tensa tregua entre el ejército y los villistas, y la tropa se quedó en Rosario aunque con órdenes de ocupar la hacienda.

Tres días después, el equilibrio se rompió cuando Hipólito Villa le telegrafió a Obregón: "Ayer tarde arribé esta hacienda para ponerme al frente de los negocios e intereses de mi finado hermano y desde luego me tiene a sus respetables órdenes"; agradecía también las condolencias que le había enviado el presidente. Este telegrama le aseguraba a Obregón que alguien tenía el control de los villistas, y probablemente las protestas de lealtad disiparon su temor de que se produjera un alzamiento. Sin embargo, esperó diez días más, hasta el 2 de agosto, para levantar la orden dada a sus tropas. Telegrafió al comandante de las tropas federales en el norte, el general Martínez, que la llegada de Hipólito parecía garantizar la ley y el orden en Canutillo, y que la ocupación de ésta podría parecerles a los jefes villistas una "falta de confianza por parte de gobierno federal".[22]

Villa fue enterrado al día siguiente de su muerte, el sábado 21 de julio de 1923. No fue exactamente el tipo de funeral que él hubiera deseado, aunque le hubiera complacido el espectáculo de los miles de habitantes de Parral que siguieron su ataúd, conducido en un carruaje tirado por dos caballos negros, hasta el cementerio de Parral. También le hubieran agradado la guardia militar y la banda que le presentaron los honores correspondientes a un general de división. Y hubiera aprobado la identidad y las palabras del hombre que hizo el discurso final en la ceremonia: el profesor Coello, director de la escuela de Canutillo, quien se dirigió directamente al general Eugenio Martínez y le dijo que su uniforme y sus galones estaban "manchados con la sangre de esta víctima cuyo asesinato tiene perfiles políticos, y usted no cumplirá ni como hombre, ni como militar, ni como compadre del general Villa si no hace las aclaraciones necesarias caiga quien caiga".[23] En cambio, sin duda le hubiera repugnado el miserable regateo que tuvo lugar entre los médicos que embalsamaron su cuerpo y el representante del gobierno, Eugenio Martínez, en torno a los honorarios que aquéllos debían cobrar. En un telegrama dirigido al presidente, Martínez decía que la tarifa de tres mil pesos era "un poco elevada la cantidad que cobran [...] manifestado que este cobro era en virtud del excesivo trabajo que tuvieron [...] pues presentaban entre los dos cadáveres [el de Villa y el de Trillo] diecisiete heridas".[24]

También le hubiera molestado profundamente el gesto de odio que tuvo Enríquez, al negar el permiso para que el cuerpo fuera enterrado en el túmulo que Villa había erigido para sí mismo pocos años antes, en la ciudad de Chihuahua, alegando que el cementerio llevaba años cerrado y que la parcela en que se hallaba la tumba pertenecía a otra persona.[25] También le hubiera entristecido ver que no estaba presente ninguno de sus hombres ni las personas más cercanas a él; todos se habían quedado atrincherados en Canutillo, con las armas dispuestas, esperando la invasión de las tropas del gobierno.

PANCHO VILLA Y LA PRENSA MUNDIAL

Otra cosa que sin duda le hubiera gustado a Villa era el enorme eco que despertó su muerte en la prensa del mundo entero. Aunque en general los periódicos británicos lo condenaban –el asesinato de Benton estuvo muy presente en sus editoriales–, el tenor de los comentarios de la prensa estadounidense era, sorprendentemente, más variado, a pesar del ataque a Columbus. "[Villa] ha llevado mucho tiempo el estigma del bandido", decía el *New York Times*,

> pero en realidad, aun analfabeto e indisciplinado, fue uno de los hombres fuertes de México. En cierta forma, a pesar de sus excesos, su falta de respeto a la ley, sus crímenes y atropellos, fue un ejemplo conmovedor de talentos desperdiciados por falta de educación elemental. Un Villa instruido hubiera podido ser presidente de la república [...]
>
> Francisco Villa nunca fue tan negro como lo pintaban, ni se le dio crédito por sus capacidades de un orden superior ni por su perruna fidelidad a Madero en cuya integridad creyó sin vacilaciones. Durante largo tiempo le fue leal a Carranza, pero cuando descubrió que tenía los pies de barro, se produjo una brecha que nadie pudo reparar. Ni siquiera Obregón, que veía las cosas más claramente que Villa, pudo soportar a Carranza, y lo derrocó por el bien de México. [...] John Reed supo ver la humanidad y el humor del hombre, su simpatía por los peones, su sencillez, la pugna de su nublado intelecto con los problemas económicos y de estado [...] Alimentó a poblaciones hambrientas con el tren de abastos suplementario que acompañaba siempre a su ejército [...] Una vez dicho lo peor sobre Francisco Villa, una vez que se han probado sus crímenes y se ha pasado revista a sus vicios, cabe la reflexión de que en un México progresista e ilustrado pudo haber sido un útil siervo del estado.[26]

El *Newark and Evening News* escribió:

> Es imposible aplicarle los criterios de la vida civilizada. Vivió en un ambiente de violencia. Lo guiaban sus instintos: a menudo instintos apasionados aunque entremezclados con instintos justicieros. Pertenecía a la imagen del México analfabeto, subdesarrollado, que se debatía tratando de escapar del dominio oligárquico de los científicos y de las opresiones y la ex-

plotación de los poderosos. Lo que hubiera podido llegar a ser en un país civilizado sigue siendo una incógnita: tal vez más grande, tal vez nada.[27]

El *Louisville Courier-Journal* decía: "El espíritu de Pancho, según cualquier sistema creíble de teología pagana, habrá sido transportado al Valhalla sin duda reservado a aquellos elegidos del mundo que viven y mueren con las botas puestas".[28]

"No era solamente un equivocado", comentaba el *Lincoln Star*. "Sus simpatías estuvieron siempre con la clase de los peones de México, víctimas de una opresión tan terrible que desafía al lenguaje."

Otros eran menos favorables. "Podemos por lo menos decir que merece el ingreso al Valhalla de los héroes pintorescos que han hecho al mundo reír a la vez que lo hacían sufrir", decía el *Albany Knickerbocker Press*. "Villa, desde el punto de vista estrictamente práctico, nunca fue nada mejor que un ladrón de caballos y de ganado, y un galán de las damas, semisentimental, semisanguinario. Sonreía casi todo el tiempo y cuanto más ampliamente sonreía más peligroso era."

"No era un estadista ni un hombre de gran inteligencia", sostenía el *Danville Bee*, "pero vivió una vida osada, novelesca y llena de aventuras, y estas tres cualidades se combinaron para ganarle un lugar duradero en la historia de México." En la medida en que era un "carnicero" por su oficio y un pistolero por elección, el *Pittsburgh Gazette Times* consideraba que había tenido "un destino justo", a lo que el *New York World* añadía: "Dotado de extraordinarios talentos innatos, se entregó con determinación a su meta, propia de un auténtico villano. No era tarea fácil y sin embargo la cumplió magníficamente. Para coronar su inconcebible villanía, no amaba a las mujeres, ni el tabaco, ni el vino: la de Villa era villanía por amor al arte".[29]

Las reacciones de los periódicos mexicanos fueron más variadas y extremas que las de la prensa estadounidense. Algunos diarios opuestos a Villa empleaban un tipo de cruda terminología que los estadounidenses nunca hubieran utilizado. Por otra parte, existía una admiración por él que superaba cualquier tratamiento favorable que pudiera dársele al norte de la frontera. Finalmente, había en la prensa mexicana un elemento que estaba completamente ausente en Estados Unidos: personas que por lo demás no lo querían lo admiraban por haber atacado y desafiado al "Coloso del Norte".

Para *Omega*, periódico opuesto a todo el movimiento revolucionario, Villa era "un gorila", un "troglodita" comparable a Emiliano Zapata, "el bandido suriano, tan asesino, tan ladrón, tan culpable como Francisco Villa", y mencionaba "la vida de ese desventurado, cuya degeneración es una mancha más para el caudillaje revolucionario".[30]

Para *Excélsior*, la muerte de Villa significaba "la desaparición de un peligro para esta paz, que con tan poco brillo ha asegurado el poder público".[31]

Y sin embargo, a pesar de estos adjetivos, la mayoría de los diarios mexicanos expresaban algún tipo de admiración hacia Villa. Incluso *Omega*, que tan profundamente rechazaba la revolución y decía que llamar general a Villa era insultar al título,[32] sostenía de pronto que "valía más que muchas grandes figuras políticas actuales" y apuntaba "el lado bueno de ese hombre" que era el de "la lealtad y la gratitud".[33]

El Universal opinaba que Villa, "cualquiera que sea el valor que la posteridad le confiera, fue un hombre que en ciertos momentos concentró un núcleo formidable de fuerza y simpatía populares; un hombre que, de una manera torcida, sin duda, de una forma accidental, si se desea, pero de un modo real, encarnó una porción de la voluntad nacional". Los editores llegaban a la conclusión de que "México [...] ha sido conocido en los últimos diez años por... el general Villa [...] Pongamos un caso: X, es un individuo ignorante, trabajador y poco curioso, quien toda la vida se la ha pasado en Alaska. ¿Creéis, por ventura, que X hubiera tenido conocimiento de la existencia de México sin el general Villa? Mucho me temo que no".[34]

Tras haber hablado de los horribles crímenes de Villa y haberlo acusado de que "mataba por el placer de matar", *Excélsior* decía: "nadie más que él ha burlado a la potencia vecina, ni nadie se ha atrevido a tanto contra ella".[35]

Otros eran claros y abiertos admiradores del difunto. *El Demócrata* elogiaba que "sin saber casi leer, hizo más, pero muchísimo más, que tantos sabios y próceres de los gobiernos; protegió de una manera eficaz y decidida la educación pública; sólo este título bastaría para que sus gratuitos enemigos meditaran la inquina de sus diatribas".[36]

Las opiniones de *El Demócrata* contrastaban tajantemente con otros muchos periódicos. "Para los humildes que se debatían bajo el látigo esclavista, Villa era un vengador; para quienes eran despojados por el amo, Villa era la justicia; para aquéllos cuya sangre hervía aún por el ultraje del 47, Villa era el alma de México frente a Pershing; para quienes especulan con la tierra y con la sangre, Villa era un bandido y un monstruo."[37]

La idea popular de Villa y su asesinato era mucho menos ambigua que la de la prensa y claramente se expresaba en numerosos corridos escritos con ocasión de su asesinato.

> Pobre Pancho Villa,
> fue muy triste su destino:
> morir en una emboscada
> y a la mitad del camino.
> Ay, México está de luto,
> tiene una gran pesadilla,
> pues mataron en Parral
> al valiente Pancho Villa.

Otro corridista escribió, en vena similar:

> Despedida no les doy.
> La angustia es muy sencilla:
> la falta que hace a mi patria
> el señor Francisco Villa.

370

Políticos traidores de instintos tan venales
que a Villa le temían por su gran corazón
y crearon en conjunto sus planes criminales
que sirven de vergüenza a toda la nación.

Adiós general Villa
gran héroe entre los héroes,
el bardo que te quiso,
no te olvidará jamás.
Descansa entre los muertos,
el mundo de otros seres.
Y sea en gloria que goces
por siempre eterna paz.[38]

LOS ASESINOS

"Según *El Universal*, Gandarilla, secretario de la Cámara de Diputados, declaró: 'En todas las bocas está la pregunta: ¿Quién mató a Villa?', y la Cámara respondió espontáneamente: '¡Calles!'"[39]

Los observadores extranjeros coincidían en esa conclusión. "El general Calles tenía, en ese momento, todos los motivos tradicionales para un asesinato político mexicano", escribía el encargado estadounidense Summerlin. Y añadía: "el representante de los intereses británicos en México, que tiene una larga experiencia en la política mexicana y muchas relaciones personales tanto con Villa como con Calles, es confidencialmente de la opinión de que el responsable de la muerte es este último. Ese punto de vista es al parecer el que sostienen más o menos sólidamente muchos hombres responsables de aquí que no están relacionados en forma alguna con el gobierno mexicano".[40] Los observadores extranjeros no pensaban que Obregón estuviera involucrado de ninguna manera en el asesinato. "Existe además una fuerte creencia entre los observadores", decía Summerlin al secretario de Estado, "de que, sea cual fuere la medida en que Calles haya participado en el asesinato, lo hizo sin la connivencia de su jefe. La actitud pública del general Obregón ha sido de dolorida sorpresa ante esta ruptura violenta del orden público".[41]

Inmediatamente después el asesinato, Obregón declaró a la prensa: "Es un signo degradante que los odios y los rencores personales de cualquier tipo aún se ventilen en la violencia y la traición. Villa confiaba en la protección de las autoridades del país y por esa razón el gobierno llevará a cabo una investigación en profundidad de los hechos e intentará aprehender a los culpables".[42]

En cartas privadas a los dos hombres de quienes muchos sospechaban que habían tenido que ver con el asesinato, Obregón subrayaba que su gobierno no tenía razones para matar a Villa, no había participado en el hecho y lo condenaba vigorosamente. "Los enemigos del gobierno han querido despertar suspicacias que fundamentalmente supongo no prosperarán, ya que la actual administración, en el periodo trascurrido, no ha ejecutado un solo acto que conceda a nadie el derecho de suponerlo capaz de maquinaciones macabras, y menos cuando el general Villa, en los últimos meses, dio tan repetidas muestras al gobierno de su lealtad y de su satisfacción por las atenciones que el mismo gobierno le guardaba."⁴³ En una carta similar al gobernador de Durango, Obregón decía que ya cuando era secretario de Guerra de Carranza se había opuesto al decreto en que éste puso precio a la cabeza de Villa.⁴⁴

Las protestas de inocencia de Obregón se volvieron menos convincentes cuando presentó su informe un comité de la Cámara de Diputados enviado a investigar el atentado, el cual decía que el asesinato era de naturaleza política y que las autoridades locales estaban involucradas de alguna manera. Señalaba que el día del asesinato toda la guarnición de Parral había salido de la ciudad hacia Maturana, cuyo terreno era aún menos adecuado para sus prácticas. Indicaba que, en los primeros cuarenta y cinco minutos después del crimen, no se había emprendido ninguna persecución de los asesinos y, por razones inexplicables, se había interrumpido el telégrafo con Canutillo. La guardia de corps de Villa se hubiera lanzado de inmediato en persecución de los criminales, pero las noticias tardaron seis horas en llegar hasta ella.

Lo que más impresionaba al comité era que los asesinos estaban completamente tranquilos y relajados, y no manifestaron la menor prisa en abandonar la escena del crimen:

> Se comprobó [...] que sacaron un abrigo que llevaba el coronel Trillo; que se dirigieron en seguida a la esquina llamada "La Bajadita", como a cincuenta metros del lugar de los sucesos; que su marcha no tenía ni la más ligera precipitación; que encendieron tranquilamente algunos cigarrillos; que reían a carcajadas; que tomaron con toda calma sus caballos; que salieron paso a paso sin precipitación de ningún género, que cuando iban por una loma próxima al río y todavía en poblado, fueron vistos por un barbero de la localidad que se dirigía a su trabajo y el cual barbero informó que la marcha de los asesinos se hacía sin precipitación alguna, diciéndoles los mismos a uno de sus compañeros que marchaba adelante: "Que no había a quién tenerle miedo, que no corriera".⁴⁵

Los miembros del comité señalaban también que ni las autoridades militares ni el juez local les habían servido para nada, sino que habían tratado de estorbar la indagación de todas las maneras posibles.

El informe no implicaba directamente a Obregón. De hecho, el diputado Gandarilla, secretario de la Cámara que encabezó el comité, le escribió que en su opinión él no estaba involucrado.⁴⁶ Sin embargo, la opinión pública sospechaba del gobierno porque los oficiales militares locales estaban directamente subordinados a las autoridades federales, y esas sospechas se ahondaron al ver que nada se hacía contra ninguno de los civiles o militares de Parral.

Dos semanas y media después del asesinato, llegó cierto alivio tanto para Obregón como para Calles bajo la forma de una carta de Jesús Salas Barraza, diputado de la legislatura estatal de Durango, que decía que él había organizado y llevado a cabo el crimen, y que ninguna autoridad gubernamental ni ningún político había tenido nada que ver. Salas Barraza nunca había combatido contra Villa; ni él ni sus familiares habían sido víctimas suyas. La razón por la que supuestamente había asesinado a esa "alma sanguinaria nacida para el mal", esa "víbora cobarde y cruel" era que habían muerto a sus manos innumerables habitantes del distrito que él representaba, El Oro. Salas Barraza señalaba especialmente la destrucción de una planta eléctrica en Magistral, que dejó a miles de familias sin trabajo, y el asesinato de uno de los empleados, Catarino Shmidt, "a quien quería yo como a un hermano". El diputado se consideraba vengador de miles de víctimas de Villa, y sostenía que sólo había prestado oídos a la voz de su conciencia, hasta el punto de no atender a "las consecuencias que para sus pobres hijos podrá este acto acarrear". Si confesaba era para "salvar el buen nombre del gobierno que nos rige actualmente, y evitar que caigan sospechas expresadas sobre algunos funcionarios públicos, a quienes de una manera ligera ha señalado [la] prensa como directores intelectuales de este asunto".[47]

"Enterado con verdadera satisfacción por tu atento mensaje ayer", le escribió Calles a Obregón, "conocerse ya el autor del asesinato de Villa y acompañantes. Éste será el mejor castigo que reciban todos aquellos que con tanta mala fe trataron de mezclar a tu gobierno."[48]

Para la oposición parlamentaria y grandes sectores de la opinión pública, que Salas Barraza confesara voluntariamente el crimen con el solo propósito de salvar el prestigio del gobierno resultaba demasiado increíble. La desconfianza se vio reforzada cuando, un día después de que se publicó la confesión, el diputado de oposición Gandarilla leyó una carta anónima según la cual, después del asesinato, Salas Barraza se había reunido tanto con el gobernador de Durango, Jesús Agustín Castro, como con el viejo enemigo de Villa, Calles.

Salas Barraza declaró de nuevo y vigorosamente que él y sólo él era responsable del asesinato.[49]

Obregón no se apresuró a ocuparse del asesino. Envió a Nuevo León a un alto funcionario, el general Paulino Navarro, con instrucciones de vigilar a Salas Barraza, pero sin actuar. El 8 de agosto, Navarro sugirió que el asesino de Villa fuera arrestado, pero Obregón se opuso.

No podemos proceder aprehensión coronel Salas por ser diputado y protestaría legislatura Durango y asunto tomaría mayores proporciones. Procure usted vigilarlo constantemente y sólo en el caso que intente atravesar línea divisoria deténgalo usted y avise telegráficamente. Rinda parte cada seis horas si es preciso. He ordenado movilización violenta de un Regimiento y un Batallón a Durango y sería imprudente proceder antes de que estas corporaciones se encuentren en aquella plaza.[50]

Al día siguiente, Obregón ordenó sorpresivamente a Navarro que suspendiera su misión y volviera inmediatamente a la ciudad de México a esperar nuevas instrucciones.[51] Pocas horas después, Obregón canceló su anterior mensaje, le pidió a Navarro que arrestara a Salas Barraza inmediatamente y le advirtió que no debía "acatar ninguna orden que no parta de este ejecutivo".[52]

El repentino cambio de opinión de Obregón pudo deberse en parte al temor de que el asesino de Villa cruzara la frontera a Estados Unidos, que tal vez no habría querido extraditarlo. El gobierno sería entonces acusado de haberle permitido escapar. También pudo existir otra razón: Obregón temía que los villistas tomaran el asunto por su cuenta. Un diputado cercano a ellos, Manuel Azueta, lo había estado presionando. El 10 de agosto, sin saber que Salas Barraza ya había sido arrestado, Azueta sugirió que él mismo lo detendría.[53]

A los pocos días, el asesino confeso fue enviado a Chihuahua donde, el 13 de septiembre, fue sentenciado a veinte años de prisión. Pero sólo tres meses después, en diciembre, el gobernador Enríquez lo indultó y lo puso en libertad. Nadie más fue nunca acusado ni detenido por el asesinato de Villa.

En diciembre de 1923, De la Huerta y sus partidarios se levantaron contra el gobierno de Obregón. Pronto se les unió Hipólito Villa[54] con parte de la gente de Canutillo. Tras su derrota, la situación cambió completamente. La oposición desapareció de la Cámara de Diputados, los villistas quedaron desacreditados por su participación y el asesinato de Villa dejó de ser un asunto de actualidad política. El propio Villa dejó de existir para el México oficial.

Sólo unos años después, cuando ya no estaban en el poder ni Obregón ni Calles, los historiadores y periodistas mexicanos empezaron a buscar y a encontrar nuevas claves de la identidad de los asesinos y de sus posibles vínculos con el gobierno. El primer resultado fue la identificación de otros culpables. Aunque Salas Barraza había participado en efecto, no era en absoluto el único organizador: otro autor intelectual había sido Melitón Lozoya, cuyos graves motivos para matar a Villa no databan de la revolución, sino del periodo posrevolucionario. Lozoya había sido administrador de la hacienda de Canutillo cuando ésta era propiedad de la familia Jurado. En ese tiempo, el hombre vendió gran parte de la hacienda en su propio beneficio, diciendo que lo hacía con la plena autorización de la familia. Cuando Villa tuvo conocimiento de esas transacciones, lo amenazó con no especificadas represalias si no devolvía lo que había tomado o pagaba su equivalente en dinero. Entonces Lozoya decidió que la única manera de seguir vivo era matar a Villa. En un pequeño rancho llamado La Cochinera, reclutó a otros ocho hombres, muchos de los cuales tenían agravios personales contra el caudillo. A continuación, alquilaron la casa desde la cual se hicieron los disparos. Se les unió Salas Barraza, que se había enterado del plan por un pariente. Hasta su muerte, tanto Lozoya como Salas Barraza sostuvieron que habían actuado solos, sin ninguna ayuda, apoyo o connivencia del gobierno mexicano.[55]

Pero otros datos recogidos por los investigadores contradicen esas afirmaciones e incriminan a Obregón y a Calles.

La primera pieza probatoria es que Salas Barraza mantenía estrecha relación con dos funcionarios de Obregón que le ayudaron a redactar su confesión: Abraham Carmona, jefe del departamento de Artillería de la Secretaría de la

Defensa, y Juan Serrano, que dirigía la oficina de telégrafos de Torreón. Fue el propio Carmona quien entregó la confesión a Obregón, cuya reacción consistió en decir de Salas Barraza: "nuestro amigo tiene un gran corazón".[56]

Esos vínculos entre los funcionarios y el asesino confeso no acusan por sí mismos ni a Obregón ni a Calles, pero una conversación que tuvo el reportero Justino Palomares con Félix Lara, el comandante de la guarnición de Parral que se abstuvo de perseguir a los asesinos, sí implica directamente a Calles. "Unos meses antes [del asesinato] fui llamado a México por el general Calles, quien en sus instrucciones me dijo de la conveniencia de eliminar al nuevo Cincinato de Canutillo, pues era un peligro para todo el país, máxime cuando sabía que era poseedor de una gran cantidad de armas, las que podría utilizar en cualquier momento." Lara contó que, tras regresar a Parral, se puso en contacto con algunos de los destacados enemigos de Villa, a los que añadió algunos oficiales de su guarnición diestros en disparar. Después del asesinato, los alojó en su cuartel, mientras decía públicamente que había mandado tropas en su persecución.[57] De otra fuente supo Palomares que Lara había recibido cincuenta mil pesos por organizar el atentado y había sido promovido al rango de general.[58]

Esa declaración de Lara colocaba la responsabilidad directamente sobre los hombros de Calles, pero no implicaba a Obregón. Sin embargo, años después de su muerte, su complicidad quedó insinuada en nuevas entrevistas que concedió a los investigadores su antiguo subsecretario de Gobernación, Gilberto Valenzuela. En la primera, dijo que Paulino Navarro, el agente de Obregón que finalmente arrestó a Salas Barraza, halló al revisar el cuarto de hotel de éste en Monterrey documentos que incriminaban tanto a Jesús Herrera como a Calles. Cuando Navarro se los presentó a Obregón, éste le dijo: "No quiero ver esos documentos; haga usted de ellos el uso que la ley manda". Completamente desorientado, Navarro regresó a su oficina con los papeles. El mismo día, un hombre que nunca se identificó acudió a verlo y le sugirió que quemara los documentos; Navarro accedió y se los entregó al anónimo personaje, que presumiblemente los destruyó.[59]

Este episodio complica a Obregón en el encubrimiento, aunque no necesariamente en el asesinato. Pero en otras entrevistas con un investigador estadounidense, Valenzuela fue más franco: dijo que había tenido que renunciar a su cargo por estar el gobierno involucrado en el asesinato.[60]

La acusación más grave contra Obregón la hizo su antiguo enemigo, Adolfo de la Huerta, en una conversación con el hijo adoptivo de Villa y administrador de Canutillo, Francisco Gil Piñón. Según De la Huerta, Gabriel Chávez, rico comerciante de Parral y enemigo personal de Villa, había ido con Jesús Herrera a la ciudad de México para ofrecerle al gobierno matar a Villa si se les garantizaba la impunidad. Calles y quien sería su secretario de Guerra, Joaquín Amaro, uno de los generales que habían combatido a Villa sin éxito en Chihuahua, estaban completamente de acuerdo, pero Obregón vacilaba. Insistía en que Villa había cumplido el pacto de no participar en política y en que, si se actuaba contra él, que fuera en batalla a campo abierto y no a través del asesinato. Ante los apremios de Calles y Amaro, Obregón finalmente accedió, pero les dijo que debían encargarse de todos los preparativos y que su gobierno no debía verse involucrado en modo alguno.[61] Sin embargo, Adolfo de la Huerta no era un testigo imparcial porque tenía muchos motivos para odiar tanto a Obregón como a Calles.

Aunque todos los anteriores datos son muy verosímiles, se basan solamente en testimonios orales. La "pistola humeante", los indicios documentales que verdaderamente implican al gobierno en el asesinato de Villa, sólo han salido a la luz recientemente, cuando llegaron a ser accesibles los archivos de la Secretaría de Gobernación de México y los papeles de Calles y Joaquín Amaro, y cuando los expedientes tanto del FBI como de la inteligencia militar estadounidense fueron desclasificados. Ahora es posible una clara reconstrucción del asesinato y del papel desempeñado por los políticos más destacados, aunque subsisten algunas incógnitas.

Cuatro semanas después del asesinato, un agente del Buró de Investigación estadounidense informó: "Diversas fuentes, en íntimo contacto con los asuntos mexicanos, expresan la opinión de que Villa fue asesinado por orden de P. Elías Calles; que la confesión de Salas Barraza fue preparada para consumo del público por su autor y por Calles; que Salas Barraza no será castigado por el gobierno y tal vez no sea siquiera juzgado, y que recibirá la recompensa pendiente".[62] Tanto los subsecuentes acontecimientos como los papeles de los funcionarios mexicanos confirman en gran parte esa apreciación. El Buró de Investigación sólo se equivocó en su predicción de que Salas Barraza no sería juzgado, y tal vez ignoraba que estaban implicados algunos funcionarios de rango inferior al de Calles. El funcionario más íntimamente vinculado al asesinato fue el general Joaquín Amaro. Había luchado en varias ocasiones contra Villa, tanto en 1914-1915 como en 1920, cuando comandaba fuerzas del gobierno en Chihuahua. En julio de 1923, encabezaba dichas tropas en el estado nororiental de Nuevo León. Otro funcionario que al parecer desempeñó un papel importante fue un segundo general, Jesús Agustín Castro, que también había combatido contra Villa en Chihuahua y era ahora gobernador del estado de Durango.

El 7 de julio de 1923, varias semanas antes del atentado, Salas Barraza le escribió una carta a Joaquín Amaro, "respetable general y fino amigo", en que le comunicaba sus planes de matar a Villa y los justificaba alegando que éste planeaba otro levantamiento; como prueba, citaba el hecho de que lo visitaban constantemente hombres desafectos al gobierno como Antonio Villarreal, Raúl Madero, Llorente, Díaz Lombardo y otros. Además, decía que el gobierno gastaba en Villa enormes sumas de dinero; daba como ejemplo una cantidad mensual de diez mil pesos y una indemnización de doscientos mil por las carnicerías que Villa había perdido en la revolución.

Salas Barraza le pedía claramente a Amaro algún tipo de compensación monetaria, porque su situación financiera era muy mala, y que el general auxiliara a su familia si algo le ocurría. La carta estaba escrita desde Parral y añadía: "he encontrado [...] un grupo de amigos todos conscientes de sus deberes, honrados y con una poseción social [sic] nada despresiable, quienes me han confiado la dirección en compañía con ellos ponerle fin al latrofaccioso Francisco Villa". Pedía: "llegado el caso se sirva impartirme su valiosa influencia ante el mismo gobierno, pues no quiero que bajo ningún concepto se me vaya a juzgar como un asesino dado que he cumplido con un deber de ciudadano honrrado [sic], quitando del camino este elemento que más tarde podrá ser la desgracia completa de nuestra patria".[63]

Esa carta probablemente no era la primera comunicación entre los dos hombres en relación con el planeado asesinato. Cinco días antes, el 2 de julio, un hermano de Salas Barraza había entregado al general Amaro una carta confidencial, que al parecer contenía la misma propuesta pero en forma anónima. Es obvio que, antes de prometer oficialmente matar a Villa, Salas Barraza quería algún tipo de seguridad de que Amaro lo protegería. Puede decirse, como mínimo, que Amaro no intentó detenerlo. De hecho, al parecer informó a Calles, dado que una copia de la carta sin firma, con el destinatario eliminado, se encuentra en el archivo Calles.

Otros documentos revelan la clara complicidad de Castro, el gobernador de Durango. Según un informe de los agentes del Buró de Investigación, Salas Barraza se reportó primero al gobernador, inmediatamente después del crimen, y luego a Calles, en su hacienda de Soledad de Mota.[64] Ese informe del Buró de Investigación confirma la carta anónima que el diputado Gandarilla citó en la Cámara. La fuente del Buró de Investigación fue Paulino Navarro, el hombre del servicio secreto enviado por Obregón a arrestar a Salas Barraza. El hecho de que tanto Castro como Calles estuvieran implicados en el informe pudo ser la razón por la que Obregón se negó a verlo y envió a un ayudante a convencer a Navarro de que lo quemara.[65]

Dos cartas de firma ilegible, que fueron enviadas a Obregón y guardadas bajo llave durante muchos años en el archivo de Fernando Torreblanca, el secretario de Calles, también incriminan a Castro. La primera, escrita el mismo 29 de julio, una semana antes de que Salas Barraza enviara su confesión a Obregón, decía que los testigos habían identificado a Salas Barraza, a un asistente del gobernador Castro y al chofer de este último como participantes en el asesinato.[66] Dado que en esa carta se identificaba correctamente al hombre que sólo una semana después confesaría públicamente su participación, si realmente Obregón hubiera estado interesado en detener a los asesinos, por lo menos habría tratado de interrogar a los otros dos culpables señalados. Pero no lo hizo, ni le reveló jamás a nadie la existencia de esta carta. Amargados por la falta de voluntad del gobierno, los autores de la denuncia escribieron de nuevo a Obregón el 22 de agosto dándole más detalles. Identificaban a otros dos hombres que trabajaban para Castro: un coronel Soto y un hombre llamado Facdoa. Los autores decían que ellos, junto con Salas Barraza, el chofer y el asistente de Castro, se sentían tan seguros la noche del asesinato, que se anduvieron emborrachando en las cantinas de Parral, presumiendo abiertamente de su papel en el atentado y proclamando que tenían la más total inmunidad y no se les podía tocar. Los anónimos corresponsales acusaban a Castro de haber pagado una gran cantidad de dinero a los asesinos, el cual habría tomado de los salarios de sus empleados, acusación que hace pensar que tal vez los propios autores eran servidores públicos. Amargamente concluían: "Se empieza a decir que el gobernador Castro está apoyado por el gobierno del centro de una manera decidida, y que así pudiera cometer los asesinatos que cometiere como el de Villa, robos y demás crímenes, nada les pasará ni a él ni a sus cómplices, pues todos se preguntan ¿por qué no aprehenden a esos asesinos, comenzando desde el gobernador? Éste es un *tirano* diez veces más tirano que Porfirio Díaz".[67] El gobierno de Obregón se mostró tan indiferente a esta carta como a la anterior, y no se emprendió ninguna investigación al respecto.

El gobernador Castro tenía en realidad poderosas razones para malquerer y temer a Villa. No sólo había peleado contra él en la campaña guerrillera de Chihuahua, sino que tuvieron un enfrentamiento ya firmada la paz, porque Castro le exigió que pagara impuestos por la hacienda de Canutillo y Villa se negó diciendo que el gobierno había asumido todas las responsabilidades relativas a la propiedad.[68] Además, al gobernador le preocupaban las insinuaciones de Villa de que en algún momento podría ser candidato a la gubernatura del estado.

El papel de Salas Barraza no consistió solamente en organizar el asesinato y actuar como intermediario entre el gobierno y los asesinos materiales, sino también en encubrir como chivo expiatorio la intervención de Amaro y del gobierno, asumiendo la responsabilidad, diciendo que el gobierno no tenía nada que ver y asegurándose de que sus cómplices guardaran silencio y no fueran de ningún modo interrogados. Obviamente, los demás participantes tuvieron miedo de que, una vez detenido, revelara sus nombres ya fuera por la dureza del interrogatorio o para reducir su propia pena. En una carta enviada a "Todos mis compañeros", él explicó por qué consideraba necesario confesar públicamente el crimen, y añadía: "Yo he asumido toda la responsabilidad y [...] ustedes nada tienen que temer, toda vez que he mantenido en silencio lo que con ustedes se relaciona y que sea cualquiera que fuere el resultado, nunca olvidaré a ustedes y tendré especial cuidado de poner a salvo sus vidas e intereses. Seré más explícito en otra ocasión..."[69] Sin embargo, le preocupaba cómo reaccionarían algunos de sus "compañeros" si eran detenidos. En una carta a Amaro, en que criticaba a la prensa por sus especulaciones, decía: "Como tengo la seguridad de que nada en concreto sacarán [los reporteros], a pesar del cúmulo de procedimientos empleados para descubrir al autor de los acontecimientos; estoy por ese lado enteramente seguro". Expresaba, sin embargo su temor de que pudieran enterarse de los nombres de dos o tres "de los muchachos que operaron conmigo; esto sí me preocupa, puesto que los podrían perjudicar". Aunque confiaba en que incluso bajo amenaza de muerte no hablarían, pensaba que un juez astuto podría arrancarles información; de hecho uno de los cómplices ya había sido arrestado y fue liberado gracias a que guardó silencio durante todo el tiempo que estuvo detenido. "Yo desearía conocer la opinión de usted y *nuestro amigo el de las cercanías,* sobre la actitud que debo asumir" [subrayado mío].[70] Dado que Calles se hallaba en ese momento en su hacienda de Soledad de la Mota, y Salas Barraza probablemente escribía desde Torreón o Parral, no lejos de dicha hacienda, hay escasas dudas de que Salas Barraza se refiriera a él. Así pues, esta carta involucra claramente no sólo a Amaro sino a Calles, en el asesinato de Villa. No es posible precisar si, en respuesta, Amaro tomó alguna medida.

Una parte aún más importante del encubrimiento consistía en impedir que se asociara al atentado el nombre de Amaro, cosa posible porque su relación con Salas Barraza era muy cercana. Para evitarlo, Salas Barraza intentó establecer contactos con otros militares y obtener de ellos algún tipo de protección. Así, fue a ver al general Escobar, destacado en Torreón, y le dijo cuán decepcionado estaba con Amaro, porque se había negado a ayudarlo o protegerlo en "los momentos más críticos de mi vida [...] hechos que creyó a pie juntillas", le escribió Salas Barraza a Amaro, "me ofreció ayudarme en todo lo que se me ofreciera. Pero como yo le pidiese una carta de presentación y recomendación para el presidente, me manifestó que ignorando el criterio de aquel mandatario, sobre el mismo tópico, no conceptuaba pertinente dármela, pero que me repetía, estaba dispuesto a impartirme su ayuda en todos sentidos".[71] La carta en que confesaba públicamente el asesinato estaba dirigida a otro general, Abraham Carmona, como su "distinguido y estimado amigo".[72] Obviamente esperaba que, si recaía en los militares cualquier sospecha, su objeto serían Escobar y Carmona, y no Amaro.

Salas Barraza no era ningún mártir heroico y voluntario. Confiaba en que su situación como miembro de la legislatura estatal de Durango lo protegería del arresto y en que, si se planteaba en la Cámara cualquier exigencia de levantar su inmunidad, el gobernador Castro se encargaría de que no progresara. Incluso Obregón pensaba al parecer que así sería, pero Castro no intervino, probablemente por miedo a implicarse él mismo. Salas Barraza esperaba también que, en una carta pública, el gobernador lo apoyaría y certificaría que era un hombre honorable, a lo que también se negó Castro "[diciéndome] que, antes que sus deberes de funcionario y amigo, estaba su bienestar personal". Salas Barraza confiaba en que Castro por lo menos cumpliría la promesa que había hecho a varios de sus amigos de que, cuando las autoridades federales lo trasladaran de la ciudad de México a Parral, donde sería juzgado, a su paso por Durango una comisión de los legisladores locales pediría su liberación, por tener derecho a inmunidad parlamentaria. Nada de eso sucedió, lo cual le causó al detenido una profunda desilusión.[73]

Fue en ese momento cuando Salas Barraza perdió el control e intentó escapar a Estados Unidos. Después de ser sentenciado a veinte años de prisión, le escribió a Amaro una carta urgente pidiéndole ayuda, en la que agradecía a "todas las autoridades que directa e indirectamente han tenido que intervenir en mi asunto, desde el presidente de la República hasta los funcionarios de este estado"[74] con excepción del procurador que lo había acusado y el juez que lo había sentenciado. No sólo pedía ayuda en relación con su liberación, sino también financiera.

Amaro respondió de inmediato prometiendo intervenir ante el gobernador Enríquez y darle dinero al hermano de Salas Barraza.[75] Amaro cumplió su palabra el mismo día: le escribió a Enríquez para pedirle que liberara al asesino, arguyendo que su crimen estaba más que justificado ya que Villa nunca tuvo que responder ante ningún tribunal por los muchos que él había cometido. Agradecía la amabilidad y la atención que el gobernador había tenido con Salas Barraza.[76] Enríquez estuvo más que dispuesto a colaborar: en su último día de gobierno, otorgó oficialmente la amnistía y liberó a Salas Barraza, quien poco después se convirtió en oficial del ejército, peleó contra la rebelión de De la Huerta y, el 17 de mayo de 1924, diez meses después del asesinato de Villa, gracias a la intercesión de dos generales, obtuvo una entrevista amistosa con Obregón.[77]

Tal vez Obregón tenía ligas más cercanas con los asesinos materiales de lo que al principio se supuso. El 2 de enero de 1923, siete meses y medio antes del asesinato, uno de sus subordinados, el general José Amarillas, le dirigió una carta de recomendación para "Melitón Lozoya, hijo [...] quien lleva por objeto tratar algunos asuntos con usted". Significativamente, Amarillas no decía de qué asuntos se trataba, pero recomendaba calurosamente a Lozoya diciendo que había sido guía "de la columna que iba a mi mando por el rumbo de Canutillo y a la vez con entusiasmo secundó el movimiento del Plan de Agua Prieta".[78] Por desgracia, los archivos no revelan si Obregón recibió a Lozoya. El tono ambiguo de esta carta es sospechoso. Generalmente, cuando se pide audiencia con el presidente, se explica de antemano el asunto en que debe perder su valioso tiempo. Es significativo que no se hiciera así, y que meses después Lozoya asesinara a Villa. Alrededor de tres años más tarde Lozoya reclamó su recompensa, que fue sustanciosa: le pidió al presidente Calles nada menos que la construcción de una presa para regar las tierras de una hacienda de su padre.[79]

Excepto porque Salas Barraza sí fue procesado, cosa que al parecer Obregón trató de evitar en cierto momento, todas las demás hipótesis esbozadas por el Buró de Investigación parecen certeras: se encontró un borrador de la confesión en los papeles de Calles, Salas Barraza fue liberado tras unas pocas semanas de prisión, fue recibido en audiencia personal por Obregón y, según los autores de la carta anónima que lo identificaban como uno de los asesinos una semana antes de que se publicara su confesión, recibió del gobernador de Durango grandes sumas de dinero en recompensa por el asesinato.

En conjunto, caben escasas dudas de que el gobierno no sólo estuvo implicado, sino que probablemente organizó el asesinato de Villa. Sin embargo, las anteriores revelaciones dejan algunas preguntas abiertas: ¿tenía el gobierno bases verdaderas para temer un levantamiento de Villa? ¿Fue ese temor la única razón para asesinarlo? ¿Quién fue el principal culpable del homicidio: Obregón, Calles o ambos? Las primeras dos son más fáciles de resolver que la tercera.

Los agentes de inteligencia estadounidenses obtuvieron copia de un informe que pocos días después del asesinato le envió a Obregón Eugenio Martínez, el comandante de las tropas en el norte del país, el cual permite pensar que el gobierno pudo tener serias razones para temer una sublevación. Martínez decía que se había localizado en Canutillo un gran depósito de armas, mucho mayor del que habría requerido la defensa de la hacienda. Mencionaba 6 mil 400 carabinas Winchester con 250 mil cartuchos, 1 110 rifles máuser, 800 carabinas máuser y 300 mil cartuchos para ellas, así como gran cantidad de granadas de mano y bombas de diversos tipos, incluidas algunas cargadas con dinamita. La existencia de este arsenal parece confirmar las sospechas expresadas a un agente estadounidense por un informante, el cual había oído decir que De la Huerta había proporcionado gran cantidad de armas y municiones a Villa,

> que Raúl Madero pudo ser una mera cortina de humo en cuanto a la oposición al actual gobierno y que, en el momento oportuno, De la Huerta hubiera declarado su candidatura y hubiera sido apoyado activamente por Villa.
>
> El informante dijo también que es creencia corriente en los círculos militares mexicanos que tanto el general Obregón como el general Calles estaban informados de los aparentes preparativos de Villa para ejercer una oposición activa, y que estaban de acuerdo en la necesidad de eliminarlo de alguna manera.[80]

La suposición de que, en caso de guerra civil entre los partidarios de De la Huerta y los de Calles –que de hecho estalló pocos meses después–, Villa hubiera tomado partido por el primero no es en absoluto irrazonable. Villa había expresado su apoyo a De la Huerta y su oposición a Calles en su entrevista con *El Universal*, y es improbable que hubiera permanecido neutral. Había peleado en sangrientas batallas contra Obregón y contra Calles, mientras que nunca se había enfrentado a De la Huerta, quien le otorgó la amnistía. Esto significaba no sólo que su vida hubiera estado más segura bajo el gobierno de De la Huerta, sino que éste hubiera opuesto menos resistencia que Obregón y Calles al objetivo declarado de Villa de reemprender la actividad política a partir de 1924.

El gobierno tenía una razón todavía más poderosa para creer que Villa podía tomar parte en un levantamiento, ya que estaba en el proceso de llegar a un acuerdo con Estados Unidos y sabía que éste sería considerado como una especie de capitulación por muchos mexicanos nacionalistas. En los Tratados de Bucareli, firmados entre los gobiernos de ambos países a pocas semanas del asesinato de Villa, el gobierno de Obregón cedía, a cambio del reconocimiento de Estados Unidos, ante las demandas de las compañías petroleras estadounidenses de que las cláusulas nacionalistas del artículo 27 no les fueran aplicadas retroactivamente. De la Huerta se opuso tajantemente a ese acuerdo y ello sería una de las principales razones por las que tomó las armas contra Obregón y Calles. En vista de los poderosos sentimientos antiestadounidenses de Villa, existía una clara posibilidad de que participara en una sublevación.

El gobierno tenía todavía otra razón más para eliminar a Villa, también íntimamente relacionada con su nacionalismo. Según fuentes estadounidenses, las presiones de algunos funcionarios del gobierno de Harding que también creían posible un alzamiento villista pudieron pesar de manera importante para que el gobierno mexicano participara en el asesinato.

Agentes del Buró de Investigación y de la Inteligencia Militar informaron que importantes funcionarios mexicanos estaban convencidos de que el asesinato había sido un requisito de Estados Unidos para dar el reconocimiento. Una teoría que los agentes del Buró de Investigación comunicaron a sus oficinas en Washington fue que

> el gobierno mexicano mismo ha provocado el asesinato debido a supuestas presiones de los comisionados estadounidenses que ahora se encuentran en la ciudad de México, que habrían informado a Obregón de que un obstáculo importante para el reconocimiento era Pancho Villa y que cuanto antes lo retirara, antes se le reconocería; que Obregón y sus consejeros dieron su venia para el asesinato y aceptaron recompensar a los homicidas los cuales, según vaticinan, nunca serán capturados.[81]

Aunque los agentes del Buró de Investigación no se comprometían en cuanto a la validez de estas acusaciones, que no negaban ni confirmaban, un agente de la Inteligencia Militar, que también los escuchó, opinaba que eran falsas: "que un elemento no pequeño de esta capital –de gente no muy inteligente– atribuyó el asesinato de Villa a presiones de los miembros estadounidenses de la Comisión Mexicano-Estadounidense para que Villa fuera castigado por el ataque a Columbus, etcétera, antes de poder recomendar favorablemente el reconocimiento", a lo que añadía: "Por supuesto, no es cierto".[82]

El Buró de Investigación se mostraba menos incrédulo en sus informes y no suponía que sólo los creían los mexicanos "no muy inteligentes". "Una fuente confiable dice", informó el agente del Buró de Investigación Manuel Sorola, "que cuando se le notificó a Calles el asesinato, su único comentario fue: 'Se ha cumplido la segunda de las condiciones básicas impuestas por Estados Unidos para el reconocimiento'."[83]

Si este informe es cierto, como el agente creía, Calles probablemente recibió indicaciones de importantes personalidades estadounidenses en el sentido de que querían que Villa fuera eliminado.

No hay pruebas definitivas de que los representantes estadounidenses en la comisión negociadora plantearan tal exigencia, o si lo hicieron, actuaron con total conocimiento del gobierno de Harding, ya que no hay registros escritos al respecto. En cualquier caso, tales demandas difícilmente se hubieran puesto por escrito. Sin embargo, no es ilógico suponer que un requisito para reconocer al gobierno de Obregón fuera que éste pudiera garantizar la estabilidad de México, y ciertamente los estadounidenses percibían a Villa como una amenaza para dicha estabilidad. Los miembros del gobierno de Harding, tales como el antiguo senador Fall, que era entonces secretario del Interior y luego fue procesado por corrupción, hubieran tenido escasos escrúpulos morales al respecto.

Probablemente nunca será posible establecer de un modo definitivo si el responsable en última instancia fue Obregón o Calles. Por una parte, el asesinato era más del estilo de Obregón. Aunque Calles era secretario de Gobernación y, por tanto, tenía autoridad sobre la policía, no poseía ninguna sobre el ejército, que estuvo claramente implicado y quedaba dentro de la esfera de influencia de Obregón. Por otra parte, Calles, que era el candidato oficial a la presidencia, tal vez tenía más que ganar con el asesinato, por lo que la mayoría de los observadores extranjeros sospecharon de ambos. Hasta el momento, la cuestión tiene que quedar abierta.

EL ÚLTIMO LEVANTAMIENTO VILLISTA

Por fin había llegado su hora. Durante años, Hipólito había vivido a la sombra de su hermano mayor. Los últimos meses antes del asesinato habían sido particularmente desastrosos para él. Todas las multifacéticas aventuras financieras en que se había embarcado –venta de caballos e intento de vender un tren al gobierno, breves incursiones en la exploración petrolera– habían fracasado. Al final, debía 126 mil pesos al gobierno federal. Obregón le había cancelado la deuda,[84] pero aquellas actividades habían acabado por enfurecer al hermano, que lo había desterrado de Canutillo. Desvanecidos sus sueños, Hipólito llevaba una vida oscura en su rancho de El Fresno cuando la muerte de Francisco le ofreció una nueva oportunidad de estar en el candelero. Inmediatamente se dirigió a Canutillo, y asumió la dirección de la hacienda y de los colonos villistas. No tenía legalmente autoridad para ello, ya que su hermano no lo había designado como heredero. Pero, en la práctica, tanto los colonos como el gobierno favorecieron el traspaso, los primeros porque esperaban que convenciera al gobierno de respetarles sus derechos y las posesiones que habían adquirido; el gobierno, porque consideraba que Hipólito era el único que podía controlar a los colonos e impedir que emprendieran actos espontáneos de venganza por el asesinato de su jefe o se unieran a una posible revuelta delahuertista. Había razones para suponer que Hipólito no se involucraría en ninguna aventura armada: Obregón podía no esperar gratitud por la cancelación de la deuda, pero sabía cuánto le gustaba a Hipólito la buena vida, a cuyo disfrute podría dedicarse una vez dueño de Canutillo y de su gran riqueza. Además, Hipólito no tenía el carisma de su hermano y sus incentivos para sublevarse eran mucho menores.

Cuando se apoderó del mando en Canutillo, Hipólito atropelló los derechos de las dos principales viudas de Villa, Austreberta y Luz Corral, que se quejaron amargamente de ello en cartas dirigidas a Obregón. Tras salir de Canutillo para asistir a los funerales de Villa, se quejaba Austreberta:

> [...] dejé todos nuestros bienes bajo el cuidado inmediato de mi cuñado don Hipólito, que en un principio me ofreció encargarse desinteresadamente de su administración, mientras mi estado me permitía hacerme cargo personalmente de ella.
>
> Después, cuando mi estado me lo permitió, ya no pude volver porque mi propio cuñado se había apoderado de todo y, como tenía gente armada bajo su mando, tuve miedo de ir a exigirle personalmente.[85]

Con igual enojo, Luz Corral protestaba porque "mi cuñado Hipólito no camina de acuerdo con mis intereses, ignorando motivos, negándose dicho cuñado a tener entrevista o correspondencia conmigo".[86] Ni los colonos ni el gobierno demostraron el menor interés en proteger los derechos de las viudas, aunque Obregón cambió más tarde de actitud.

Los colonos estaban dispuestos a reconocer la legitimidad del mando de Hipólito, porque no sólo era el hermano de Villa, sino que había peleado a su lado en los duros y amargos días de la lucha guerrillera. Sobre todo, había logrado lo que ellos querían: el 3 de agosto, Obregón le había escrito para decirle que el gobierno estaba dispuesto a respetar los derechos adquiridos por los colonos desde que Francisco Villa firmó la paz y que se habían cancelado las órdenes dadas a las tropas federales de ocupar Canutillo.[87] A cambio, Hipólito reiteró una y otra vez, en cartas a Obregón, su lealtad al gobierno de la capital y su deseo de vivir en paz.[88] Poco después de la sublevación de De la Huerta, el 22 de diciembre, Hipólito incluso felicitó a Obregón por la victoria obtenida sobre los rebeldes.[89]

Pero unas semanas más tarde, en enero de 1924, Hipólito se unió al levantamiento. No está claro por qué lo hizo: ¿quería simplemente subirse al tren, pensando que De la Huerta iba a ganar? ¿Temía que lo asesinaran Obregón y Calles? ¿Quería vengar a su hermano? Nada sabemos al respecto.

Su participación en la revuelta presenta los rasgos de la habitual ineptitud de Hipólito. Ni siquiera logró reunir a todos los colonos de Canutillo, ya que sólo participaron ciento cincuenta hombres.[90] De los generales villistas situados en las haciendas vecinas, Nicolás Fernández se sublevó, pero no así Albino Aranda. Tampoco lo hicieron los habitantes de los pueblos de Durango y Chihuahua: Hipólito no tenía el prestigio de su hermano.

Su ineficacia también se manifestó en su primera "actividad" política importante. Secuestró al ejecutivo británico Mackenzie y pidió 400 mil pesos por su rescate.[91] Era lo último que los delahuertistas querían, porque deseaban el reconocimiento estadounidense y europeo, y por ese tipo de acción se les tildaría de bandidos, de modo que De la Huerta le ordenó a Hipólito que liberara al secuestrado.[92]

Poco después, el levantamiento de Hipólito se desinfló. El 10 de febrero, Obregón telegrafió a Calles que la campaña contra Villa ya no era necesaria y que las tropas debían ser trasladadas para combatir a los rebeldes más al sur.[93] En mayo de 1924, se rindió el jefe guerrillero más experimentado con que contaban los villistas, Nicolás Fernández. Lo mismo hizo Hipólito unos meses más tarde, en octubre del mismo año, no sin antes haber fracasado en una última empresa.[94] El 30 de mayo, cuarenta villistas encabezados por él atacaron a seis soldados del gobierno que escoltaban a Jesús Salas Barraza, el asesino de Villa que, liberado entre tanto por Obregón, estaba combatiendo contra los rebeldes. A pesar de su aplastante superioridad numérica, fueron rechazados y no lograron vengar a su antiguo jefe.[95]

En conjunto, Hipólito tuvo suerte. A diferencia de otros jefes revolucionarios como Manuel Chao, capturado y fusilado por las tropas federales, Hipólito fue amnistiado y ni siquiera tuvo que exiliarse. Lo que no recuperó fue Canutillo, que pasó a manos del gobierno. "Puede usted estar seguro", dijo Obregón a uno de sus subordinados, "de que no se devolverá Canutillo ni ninguna de las propiedades que tuvieron los villistas."[96]

Si de una característica jamás dio muestras Hipólito fue de timidez. Sólo dos meses después de haber luchado contra el gobierno, exigió al nuevo administrador de Canutillo que le devolviera sesenta y seis mulas y otras propiedades que según él le pertenecían. Esto fue demasiado para Obregón, que ya había gastado en él gran cantidad de dinero. "No debe usted entregar absolutamente nada a Hipólito Villa", ordenó a su administrador "y si éste comprueba tener algunos animales de su propiedad, debe usted retenerlos en su poder y dar datos en relación con ellos para que la comisión Monetaria pida embargo, por tener un adeudo pendiente en dicha Comisión el citado rebelde."[97] Pero Hipólito no se daba por vencido fácilmente, en especial si se trataba de dinero. De nuevo solicitó al gobierno la devolución de su hacienda de El Fresnillo, que le había sido confiscada cuando se sublevó. Calles, que fue quien respondió a esa solicitud, se mostró tan inconmovible como Obregón, y también advirtió que la hacienda sería embargada para pagar las deudas de Hipólito.[98]

Desde el momento en que se rindió, el hermano menor de Villa dejó de tener relevancia para la historia de México. Se retiró a su rancho, se vio mezclado al parecer en interminables pleitos legales, y murió olvidado en 1957.[99]

LA GUERRA DE LAS VIUDAS

En vida, Villa nunca se había preocupado por someter a convencionalismos su vida familiar. No sorprende por tanto que no tomara providencias para su sucesión en caso de muerte, y que dejara tras de sí un embrollo legal mayúsculo. Resulta irónico que quien tuvo que desenredar la madeja fuera el hombre que venció a Villa en 1915 y probablemente tuvo parte en su asesinato: Álvaro Obregón.

La herencia en disputa era cuantiosa. Tras la muerte de Villa, las propiedades que dejaba fueron valoradas en 630 mil pesos. Incluían la hacienda de Canutillo, seis casas en la ciudad de Chihuahua, dos casas en Hidalgo del Parral, un hotel en la misma ciudad y dos ranchos pequeños.[100] Se rumoraba que había enterrado grandes sumas de dinero y los cazadores de tesoros escarbaron en vano por todo Canutillo y por otras zonas que Villa había frecuentado. El tesoro al parecer existió, pero había sido robado años antes de la muerte de Villa. En 1921, Manuel Puentes, un abogado contratado por él, demandó a un hombre llamado Pedro Meraz, acusándolo de haber robado 500 mil pesos en monedas de oro, 18 kilos de oro y 3 barras de oro de 6 kilos cada una, que Villa había escondido en su rancho de "La Boquilla". Aunque Puentes presentó la demanda en 1921, Meraz nunca fue procesado en vida de Villa, y el asunto sólo se aireó en los tribunales en 1923-1925. Puesto que Villa solía reclamar con la mayor energía el dinero que se le debía o que le había sido robado, cabe pensar que tal vez no quiso acelerar este asunto por temor a que se le hicieran preguntas sobre la procedencia del dinero. Cuando los tribunales lo retomaron, entre octubre de 1923 y mediados de 1925, dos de sus Dorados, José García y Baltasar Piñones, sólo pudieron decir que otro de sus ayudantes, Bernabé Sifuentes, le había dicho a Meraz dónde estaba escondido el dinero y éste lo había robado. Pero no sabían de dónde venía el dinero, no tenían pruebas de su existencia, ni podían decir en qué circunstancias se había apoderado Meraz de él, y el juez sobreseyó el proceso por falta de pruebas.[101]

Para todas las viudas de Villa excepto una, y para todos sus hijos, su muerte fue un completo desastre en términos tanto personales como económicos. A corto plazo, el embrollo financiero se debió a las actividades de Hipólito; a largo plazo fue resultado de las circunstancias políticas. En el momento de su muerte, Villa tenía relaciones más o menos permanentes con tres mujeres: Austreberta era su esposa oficial y ama de Canutillo; Soledad Seáñez vivía en las cercanías, y Manuela Casas, que le había dado un hijo, administraba un hotel propiedad de Villa en Parral y había recibido de él una casa propia. Luz Corral había sido expulsada de Canutillo, no recibía ninguna ayuda y dependía de la escasa generosidad de Hipólito.[102] Cuando éste ocupó la hacienda, se apropió todos sus rendimientos, sin darles parte alguna a las esposas. Austreberta apeló a Obregón, pidiéndole protección para ella y sus hijos en nombre "del que fue mi esposo (QPD), señor Francisco Villa [porque] la amistad que él sentía por usted fue leal y quizá esa misma lealtad ocasionó su muerte" y esperaba de su "nobleza de corazón" que protegiera a sus hijos huérfanos.[103] Obregón respondió sugiriendo un arreglo entre los herederos: "Creo que bajo el aspecto legal, el asunto de ustedes es demasiado complicado; y que si ustedes pudiesen realizar un arreglo, en lo privado, para que se hiciera una distribución equitativa de los bienes que dejó el extinto general, entre lo hijos de éste, realizarían una labor de concordia, economizarían dinero y, sobre todo, tiempo".[104]

Pero no había en los herederos espíritu contemporizador. Al parecer, Austreberta no hizo el menor intento de llegar a un acuerdo con los demás; por el contrario, le escribió de nuevo a Obregón exigiendo que el gobierno le quitara la propiedad a Hipólito y nombrara un administrador.[105] Esto era lo último que Obregón pensaba hacer, como ya vimos, porque quería evitar un alzamiento de los villistas. De manera que replicó que no tenía autoridad para intervenir en la materia y que tendría que decidir un juez quién era el heredero legal.[106]

Austreberta aceptó encantada esa sugerencia. Con ayuda de Eugenio Martínez, antiguo compadre de Villa que había negociado su rendición en 1920, apeló al juez de Inde, Durango, quien la declaró albacea de las propiedades de Villa. Esa sentencia no tuvo el menor efecto sobre Hipólito, que simplemente se negó a reunirse con los representantes de Austreberta. Pero cuando Hipólito se sublevó y las tropas federales ocuparon Canutillo, ella pensó que por fin había llegado su momento. Armada con la decisión del juez que la nombraba albacea, pidió a las autoridades militares que le entregaran la hacienda y sus rendimientos. De nuevo sus exigencias cayeron en oídos sordos. Los comandantes federales y los gobernadores de Chihuahua y de Durango le dijeron que la decisión estaba en manos del gobierno federal. De nuevo Austreberta escribió a Obregón: le comunicaba que había sido declarada albacea y pedía que le devolviera Canutillo.[107] Entonces descubrió que Obregón tenía una idea muy distinta de quién era la heredera legal.

Poco después de la muerte de Villa, también Luz Corral le había escrito para reclamar la herencia. "La presente es para hacer saber a usted que tengo en mi poder los documentos que me acreditan como esposa legal del finado general Villa. Si como creo mi esposo contrajo matrimonio con la señora Rentería, creo no será válido dado que entre el general Villa y yo no había ningún divorcio el cual pudiera hacer legal este nuevo matrimonio." Le pedía a Obregón que la apoyara y le concediera audiencia para explicarle en detalle el asunto.[108] La respuesta de Obregón fue más cordial que la que le dio a Austreberta. No era hombre que olvidara sus deudas y, durante su visita a Chihuahua, Luz Corral había colaborado de manera importante a salvarle la vida[109] y, al parecer, también a salvar al hermano de Obregón de ser ejecutado cuando cayó prisionero de Villa. Contestó diciendo que le gustaría recibirla en la ciudad de México, "pues es mi deseo servirla, ya que siempre he conservado un recuerdo de gratitud, tanto por las atenciones que guardó al suscrito durante su estancia en Chihuahua y, de una manera muy especial, por las que guardó a mi hermano Francisco, cuando estuvo preso en la capital de aquel estado".[110] Ordenó que se le pagara el pasaje de tren a la ciudad de México, donde la recibió, y giró instrucciones al jefe de la Comisión Monetaria para que le diera cinco mil pesos de modo con que sufragar los gastos necesarios para recuperar su herencia.

Hasta entonces, Obregón siempre había proclamado su neutralidad, pero cuando Austreberta reclamó oficialmente el legado, pensó que había llegado el momento de dar claramente su opinión. "Datos obran en esta presidencia infórmanme de que general Francisco Villa contrajo matrimonio con todas fórmulas ley con señora Luz Corral, quien fue su primera esposa; y como ésta vive y no existen ningunos datos de haberse disuelto legalmente aquel matrimonio, el suscrito cree por tanto que debe abstenerse intervenir en un asunto que tiene tantas complicaciones, especialmente de carácter moral."[111] Aunque de esa manera rechazaba la reclamación de Austreberta, mantenía una apariencia de neutralidad al declarar que no intervendría. En realidad hizo lo contrario, y de manera muy directa, unas pocas semanas después. El gobierno reconoció a Luz Corral *de facto* como heredera de Villa al comprarle a ella todos los derechos sobre Canutillo y ocupar enseguida la hacienda.[112]

En sus cartas a Austreberta, Obregón siempre fue un tanto oblicuo. Nunca le dijo el verdadero significado de su decisión de comprarle a Luz Corral sus derechos, y sólo cuando se le negó el acceso a la hacienda y a sus rendimientos, y al ver que el gobierno no se dirigía a ella para realizar la transacción, se dio cuenta Austreberta de que había quedado completamente excluida de la herencia. Sus constantes súplicas de que Luz Corral fuera obligada a presentarse ante los tribunales, y sus protestas de que no estaba autorizada para vender Canutillo, fueron completamente desoídas. Por fin, Obregón empezó a perder la paciencia. "El suscrito no desea mezclarse en la controversia que tendrá que surgir, seguramente, entre las diversas señoras que se unieron en matrimonio al extinto señor general Villa", le contestó a una nueva petición de ayuda.[113] Pero de nuevo se vio forzado a intervenir, cuando estalló el conflicto con otra esposa, Manuela Casas, que administraba el Hotel Hidalgo, propiedad de Villa, y sostenía sin probarlo que éste le pertenecía. Cinco días después del asesinato, Austreberta se lo había quitado. Temía por añadidura que ésta le arrebatara su última posesión: la casa que Villa le había dado. En una carta a Obregón, le decía que tenía un hijo de Villa y le pedía que como "protector de las viudas y huérfanos" impidiera que le quitaran la casa. No tenía queja de Luz Corral, escribió, pero la "otra señora [...] me quitó la posesión del hotel y ahora me quiere quitar la casa en donde vivo, y yo creo que tanto derecho tiene ella como yo".[114]

Entonces, Obregón llamó a Luz Corral a la ciudad de México y le pidió su opinión sobre la solicitud de Austreberta de que el gobierno le reconociera la propiedad del Hotel Hidalgo. Luz Corral se vengó finalmente, entonces, de la mujer que la había desplazado del afecto de Villa y había contribuido a exiliarla de Canutillo. Con el apoyo de Eugenio Martínez, Austreberta en efecto había requerido la posesión del Hotel Hidalgo para cuidar de los hijos que tenía de Villa. Luz Corral le dijo tajantemente a Obregón: "Señor presidente, yo conozco como unos diez hijos de Pancho y sé que existen otros tantos; a unos yo misma los he criado y los quiero como si fueran mis hijos, y para poder cederles a los hijos de Austreberta el Hotel Hidalgo, necesitaría tener tantas haciendas cuyo valor fuera el mismo que representa el Hotel Hidalgo como hijos de Pancho existen". Obregón accedió a que se hiciera como ella quería, y la mandó a hablar con el general Martínez, que había sido el protector de Austreberta. Luz le dijo que Austreberta no debía recibir nada, ya que se había llevado todo el dinero que había en la hacienda e incluso se había apropiado las joyas que ella se había visto obligada a dejar allí.[115] "'General, ¿cree usted que únicamente la señora Rentería tiene derecho a esa herencia que dejó Pancho para sus hijos? ¿Y [a] los otros hijos que dejó no les asiste el mismo derecho? Yo les repartiría a todos iguales o a ninguno', y le expuse lo mismo que al general Obregón."[116] Martínez aceptó, y Austreberta perdió la posesión del hotel, cuyo destino es imposible determinar en los documentos existentes.

Austreberta se vio entonces forzada a suplicar una pensión para ella y ayuda financiera para educar a sus hijos. Los archivos de los sucesivos presidentes mexicanos están llenos de peticiones suyas. En 1931, el gobernador de Chihuahua Ortiz otorgó a cada uno de los hijos, Francisco e Hipólito, una pensión de veinte pesos mensuales para su educación. Su sucesor la canceló, y Austreberta apeló a Calles, diciendo que sus "inocentes hijos" no eran responsables de los errores de su padre y que debía tomar en consideración "las batallas de renombre en que tomó parte, y de las cuales hablará la historia de la revolución".[117] Lo mismo que Soledad Seáñez, que no intervino en el conflicto durante los años veinte, seguiría solicitando a los sucesivos gobiernos del país, hasta los años cincuenta, cuando finalmente ambas recibieron una pequeña pensión.

En contraste con todas las demás viudas, Luz Corral dedicó el resto de su vida a preservar la memoria de su esposo. Con ese fin, escribió un libro titulado *Pancho Villa en la intimidad*, que es a la vez una descripción personal y una especie de historia de muchos episodios de la vida política y social que ella había compartido. Esperó a que Obregón hubiera muerto y Calles no fuera ya presidente, y sólo publicó el libro en el periodo de Lázaro Cárdenas que, aunque había combatido contra Villa, tenía de él una opinión mucho más favorable. Fue un triunfo suyo convencer a José Vasconcelos, que había roto con Villa en 1915 y por su parte lo había descrito en sus memorias como una especie de monstruo, de escribir un prólogo en que expresaba puntos de vista mucho menos críticos:

> Cuando circunstancias adversas para la patria llevaron al general Villa a ejercer funciones de gobierno que nunca debió asumir, me convertí en su enemigo franco y enconado, pero no irreconciliable [...] pues volví a ser admirador de Villa, derrotado por la carranclanería en sociedad con el extranjero pero convertido por eso mismo en símbolo de un pueblo vejado [...] El Villa guerrillero es indiscutible; el Villa caudillo fue un error. Y el Villa ciudadano fue siempre valioso y había de sellar su virtud con el martirio.[118]

Luz Corral presidió celebraciones oficiales, dio entrevistas a los periódicos y convirtió la casa que había compartido con Villa, la Quinta Luz, en un museo donde ella personalmente mostraba las habitaciones de ambos, diversas pertenencias de Villa y el coche en que fue asesinado. Todas las viudas de Villa vivieron hasta edad avanzada, pero nunca se reconciliaron. En las escasas ocasiones en que se encontraban, como en las ceremonias a que todas ellas acudían al cementerio de Parral para honrar la memoria de Villa en el aniversario de su muerte, cada una ponía su corona en la tumba y, a veces, la última quitaba las flores que había dejado la anterior.[119]

LOS RESTOS DE PANCHO VILLA

Tan poco descanso ha tenido el cuerpo de Villa en la muerte como tuvo en vida. Cuando estaba en la cumbre de su poder, se hizo preparar una magnífica cripta en el cementerio de la ciudad de Chihuahua; pero el gobernador Enríquez impidió que fuera enterrado allí. Tampoco pudo descansar en paz en el panteón de Parral, donde permaneció muchos años. El 6 de febrero de 1926, el administrador del cementerio descubrió que habían abierto la tumba y que la cabeza había desaparecido. Los culpables nunca fueron detenidos. Las sospechas recayeron primero en Emil Holmdahl, un mercenario que peleó un tiempo en las filas villistas. En aquel momento, se hallaba en Parral supuestamente para trabajar en la minería, y se le había oído preguntar, junto con el mexicano Alberto Corral, dónde estaba la tumba. Además, se encontró un hacha ensangrentada en su habitación. Pero nada se le pudo probar, ya que no se halló la cabeza en su poder y la sangre no podía proceder de un cuerpo que llevaba enterrado dos años y medio.[120]

Muchos años después, el periodista mexicano Manuel Ceja Reyes localizó a otro culpable de la profanación. Según un tal capitán Garcilaso, que estaba destacado en Parral cuando ésta se produjo, su comandante, coronel Durazo, le había ordenado llevar una escuadra de soldados al panteón, exhumar el cuerpo y decapitarlo, porque el presidente Obregón quería el cráneo. El pelotón cumplió las instrucciones y entregó la cabeza a Durazo, pero Garcilaso no tenía idea de qué había sido de ella. No existe el menor indicio de que Obregón tuviera en ningún momento tan macabro deseo. El propio Durazo negó cualquier responsabilidad, pero dijo que un conocido general carrancista, Arnulfo Gómez, gran admirador de Villa, quería hacer examinar su cráneo por científicos para determinar por qué había sido un genio militar tan notable. Según Durazo, uno de los subordinados de Gómez, un coronel conocido como "El Chololo", se había llevado la calavera. En todo caso, nunca fue recuperada.

Hay rumores de todo tipo sobre el destino de la cabeza de Villa: habría sido adquirida por un instituto científico estadounidense, la tendría un general mexicano o se hallaría en poder de una sociedad secreta de la Universidad de Yale –a la que George Bush perteneció en una época–, la Skull and Bones Society.[121]

Lo que quedaba del cadáver fue enterrado de nuevo en Parral, pero tampoco permaneció allí. En 1976, el presidente Luis Echeverría decidió que el lugar que le correspondía era el Monumento a la Revolución, en la ciudad de México, y el 18 de noviembre los restos fueron solemnemente exhumados del Panteón de Parral para su traslado. Cincuenta y tres años después de su muerte, Pancho Villa recibió el reconocimiento y los funerales oficiales que no tuvo cuando fue asesinado. Asistieron a la ceremonia de exhumación representantes de la Secretaría de la Defensa y la Secretaría de Gobernación, del gobernador de Chihuahua, y de las guarniciones de todo el norte. También acudieron Austreberta y los hijos y nietos de Villa. El único miembro importante de la familia que se negó a tomar parte fue Luz Corral, que seguía pensando que el lugar de Villa no estaba en la ciudad de México sino en la cripta de Chihuahua. Un diputado federal elogió a Villa como gran revolucionario, gran líder militar y dijo que su entierro en el Monumento a la Revolución consolidaba "la unidad de todos los mexicanos".

El ataúd que contenía los restos fue transportado por las calles de Parral, precedido por un destacamento de caballería y otro de infantería, y seguido por un caballo negro sin jinete, conducido por un civil de la región montañosa de Chihuahua, de donde procedían la mayoría de los soldados de Villa. Detrás venía un destacamento de hombres que llevaban el uniforme de los Dorados. Una mujer que logró pasar a través de la valla arrojó algunas flores sobre el féretro y dijo: "¡Adiós, mi general!"

A su llegada a la ciudad de México, se llevó a cabo una nueva ceremonia con la participación del presidente Echeverría. Villa quedó enterrado junto a los restos de Madero, a quien tanto reverenció, y de Carranza, su más enconado y odiado enemigo.[122]

PANCHO VILLA EN EL MITO, LA LEYENDA, LA LITERATURA, LA HISTORIA Y EL CINE

"Cierto es que la historia la escriben los vencedores", dijo uno de los que hablaron ante la tumba de Villa en el Panteón de Parral. "Pero también es cierto que la leyenda la escribe el pueblo [...] por eso el nombre de Francisco Villa ha quedado escrito para siempre en el corazón de los pobres."[123] Esta opinión era acertada tanto en relación con la imagen oficial como con la imagen popular de Villa.

Durante muchos años después de muerto, la figura de Pancho Villa estuvo excluida de la ideología oficial mexicana. Su nombre rara vez era mencionado en las conmemoraciones de la revolución; no se le levantó ningún monumento y no se celebraban ni la fecha de su nacimiento ni la de su muerte. A este respecto, Villa era la excepción más que la regla. Cuando se constituyó el Partido Nacional Revolucionario, a fines de los años veinte, para cooptar y conciliar a todas las facciones revolucionarias, se hizo un esfuerzo consciente por incluir en su panteón a todos los jefes revolucionarios: Madero, Carranza, Obregón y Zapata, algunos de los cuales se habían enfrentado en vida en sangrientos combates, eran todos oficialmente aceptados como héroes. Pero Villa siguió siendo un famoso marginado por lo menos hasta 1934. Y no por azar: los dirigentes sonorenses Obregón y Calles, que controlaron los destinos del país hasta ese año, habían librado sus mayores batallas luchando contra Villa y los villistas, y debían gran parte de su legitimidad revolucionaria a las victorias que obtuvieron contra él. Una rehabilitación incluso parcial de Villa habría menoscabado sus propias hazañas. El gobierno radical de Lázaro Cárdenas asumió una actitud más favorable, aunque el presidente también había combatido contra los villistas en la revolución. Este giro no sólo se debió a que Cárdenas era más radical, sino a que había emprendido una importante reforma agraria en la región lagunera de Durango y Coahuila, para muchos de cuyos habitantes Villa era un gran héroe revolucionario.

La plena rehabilitación del caudillo del norte ante el México oficial sólo se produjo mucho más tarde, en 1966, cuando surgió una nueva generación de presidentes que no habían participado en la revolución, pero se consideraban sus herederos, y como tales requerían sumar el prestigio de Villa como sustento de su posición. No es casual que el mayor signo de distinción que el México oficial le rindió a Villa, poner su nombre en letras de oro en la Cámara de Diputados junto a los de Madero, Carranza y Zapata, se dio durante el gobierno de uno de los presidentes más represivos, Gustavo Díaz Ordaz. Debido a que contaba con un apoyo cada vez menor –dos años más tarde ordenaría la sangrienta masacre de estudiantes en Tlatelolco–, el partido revolucionario oficial propuso incluir en la Cámara el nombre de Pancho Villa. El subsecuente debate mostró cuán controvertida era todavía su personalidad y también las profundas divisiones existentes dentro de la clase política.

Para reducir al mínimo la polémica, los autores de la propuesta oficial sólo mencionaron aquellos méritos de Villa que ninguna facción revolucionaria habría puesto en duda. Se le elogiaba por su papel en el derrocamiento de Porfirio Díaz y, sobre todo, por haber organizado la División del Norte, que tan destacado lugar tuvo en la derrota de la dictadura huertista. En un giro irónico, el PRI nominó al diputado Juan Barragán, uno de los más destacados historiadores defensores de Carranza, para que explicara por qué debían rendírsele honores a Villa. Barragán dijo que, como carrancista, pensaba que debían ser definitivamente reconocidos los méritos de Villa en la lucha contra Díaz y contra Huerta, y pasó a enumerar la larga serie de batallas en que Villa tomó parte. Pero la moción no se aprobó sin polémica. Una parte considerable de la Cámara se opuso, incluso dentro de las filas del PRI. Uno de los diputados de este partido, Salgado Baz, objetó que Villa se había opuesto a la Constitución revolucionaria de 1917, y dio a entender que el divisionario era responsable de la guerra civil que desgarró a México después de la victoria sobre Huerta. Con frase llena de ironía, comparó la Cámara de Diputados con el templo de Huitzilopochtli, en el sentido de que en él se unían sacrificadores y víctimas sacrificiales: Carranza había ordenado la ejecución de Zapata, Obregón era responsable de la muerte de Carranza, y todos tenían en la Cámara sus nombres escritos con letras doradas. Si incluían a Villa, ¿por qué no incluir los nombres de sus asesinos y de los asesinos de Obregón? Los diputados del conservador Partido Acción Nacional también se opusieron. Tal vez porque muchos de sus partidarios eran del norte, no atacaron directamente a Villa, pero uno de sus representantes dijo simplemente que la Cámara no era una academia de historia y no debía tomar decisiones históricas.

El debate fue muy emotivo. Las galerías estaban repletas de defensores de Villa, la oposición fue abucheada y los gritos de ¡Viva Villa! fueron constantes. El único intento serio de incluir en el análisis no sólo al caudillo, sino al movimiento que él representaba, fue el de Vicente Lombardo Toledano, uno de los mayores intelectuales de México y líder del Partido Popular Socialista, quien dijo que tres fuerzas sociales heterogéneas habían llevado a cabo la revolución y, aunque sus divisiones eran inevitables, las tres merecían crédito por su éxito. La primera facción estaba compuesta por hacendados progresistas que habían establecido ligas con la apenas emergente burguesía industrial. Los representantes de ese grupo eran Madero y Carranza. Una segunda fuerza social estaba constituida por los indígenas y campesinos, que querían la devolución de las tierras arrebatadas a los pueblos; su líder y representante había sido Emiliano Zapata. Villa, dijo Lombardo, representaba a la tercera fuerza, los peones de las haciendas. "¿Quién tenía la razón?", preguntó. "Todos. Los tres grandes sectores; pero sólo en parte. La razón la tenían juntos los tres." El movimiento revolucionario de México tenía una gran deuda con Francisco Villa, concluyó: "Hoy se paga en parte esa deuda, no totalmente. Porque la única manera de pagar totalmente una deuda, si se quiere y reconoce que existe como tal, es no formular loas a los personajes, sino cumplir su mandato histórico".[124]

La resolución en favor de Villa fue adoptada por ciento sesenta y ocho votos contra dieciséis. Cuando se anunciaron los resultados nuevos gritos de "¡Viva Villa!" y una tremenda oleada de aplausos sacudió la Cámara.

En parte, por lo menos, la rehabilitación de Villa también pudo deberse a que los mexicanos redescubrieron el famoso libro de John Reed, *México insurgente*, que había ejercido una inmensa influencia en la opinión pública estadounidense cuando se publicó en 1914. Aunque nunca fue totalmente olvidado, sí fue en general ignorado a partir de la aparición de la obra más famosa de Reed, sobre la revolución soviética, *Diez días que estremecieron al mundo*, casi desaparecida de la circulación por decisión de Stalin, profundamente resentido porque en ella se le mencionaba muy escasamente, mientras sus rivales, Trotsky, Kamenev y Zinoviev figuraban de manera destacada. Después del XX Congreso del PCUS, que condenó a Stalin, el libro ruso de Reed de nuevo alcanzó una circulación masiva; *México insurgente* fue rescatado del olvido y pudo inspirar en muchos mexicanos una visión de Villa distinta de la que se tenía en los años veinte.

Sin embargo, el México revolucionario nunca fue un estado totalitario y, fuera del círculo oficial, Villa estaba decididamente vivo. Alentaba en los periódicos mexicanos y en las baladas populares: los corridos de la revolución.

Un índice de artículos de periódicos y revistas registra cerca de dos mil, escritos sólo en México hasta 1978, que tratan sobre Villa. A menudo publicados en las ediciones dominicales, entre los cómics y los anuncios de curas para toda suerte de males, desde la calvicie hasta la impotencia, el lector podía encontrar polémicas entre villistas y antivillistas, entrevistas con viejos revolucionarios, reportajes, informes de testigos y relatos sobre la vida amorosa de Villa, incluidas algunas entrevistas con sus viudas. Se escribieron casi cien libros sobre Villa, desde memorias hasta obras de historia y novelas. Entre los autores se hallan algunos de los escritores más prestigiosos de México, como Martín Luis Guzmán, Rafael F. Muñoz, Nellie Campobello, Mariano Azuela y Carlos Fuentes. Hollywood, que había adoptado a Villa en 1913-1914 y luego lo había desechado, lo redescubrió en 1934, cuando produjo la famosa película *Viva Villa*, con Wallace Beery. Aunque subestimaba vastamente la inteligencia de Villa, inventaba episodios que nunca ocurrieron y sobresimplificaba la complejidad de la revolución, por todo lo cual atrajo severas críticas de los mexicanos, incluida la viuda de Villa, el film simpatizaba tanto con su héroe como con la revolución; tuvo una impresionante acogida en Estados Unidos y en Europa y ayudó a popularizar el movimiento revolucionario mexicano. Desde entonces, un gran número de películas hollywoodenses y mexicanas se han ocupado de Villa.

El caudillo sobrevivió también en los medios masivos y en el imaginario popular. Esto se refleja claramente en los mitos acerca de su figura que surgieron durante la revolución y se expresaban sobre todo en los corridos, aún hoy conocidos y creados en todo México. Se requeriría un libro por lo menos tan largo como éste para analizar, describir y valorar el inmenso crecimiento de la leyenda de Villa. Lo que se puede decir brevemente es que los corridos subrayan varios rasgos contradictorios de su figura. Era un hombre que se hizo a sí mismo, levantándose desde los niveles más bajos de la escala social para convertirse en uno de los mayores caudillos militares de México. Aunque la imagen de su siempre victorioso e imbatible ejército se deterioró tras las derrotas que le infligió Obregón, revivió cuando diez mil estadounidenses al mando de Pershing entraron en México para no lograr capturarlo. También está la imagen de Villa el vengador: el de los agravios personales –la violación de su hermana y su encarcelamiento por Huerta–, el de los crímenes políticos –el asesinato de Madero–, el de los agravios sociales –el hombre que castigaba a los brutales mayordomos y hacendados–, y finalmente el vengador del honor humillado de México: el hombre que atacó Columbus, Nuevo México y después eludió la persecución de Pershing. Está la imagen de Villa como amigo de los pobres, que ayudaba a viudas y huérfanos. Y está la imagen de Villa el macho. Aquí, un notable proceso tuvo lugar, como ha señalado con inteligencia un estudioso. "La leyenda revolucionaria de Villa nunca se ocupó realmente de negar los dos elementos principales de la leyenda negra –sus rudas maneras con las mujeres y su arbitraria y despiadada destrucción de vidas–, sino más bien de darles un barniz atractivo e incorporarlos a la imagen del héroe masculino en la tradición mexicana del machismo: aplastante, dominante y sobrehumano."[125]

Villa sobrevivió también bajo otra forma que probablemente lo habría sorprendido e incluso escandalizado: se volvió objeto de cultos religiosos. Cada año, participan en los actos que se realizan en Chihuahua por el aniversario de su muerte miembros de un culto religioso para los que Villa se ha convertido en un ser sobrenatural. Ese culto villista no se encuentra sólo en Chihuahua. En un pequeño poblado en la carretera a San Luis Potosí, a mil doscientos kilómetros de la frontera estadounidense, la antropóloga Ruth Behar describe una ceremonia en que un médium asumía la personalidad de Pancho Villa y, frente a un numeroso público, bendecía la comida que ingerían y les prometía: "No morirán de hambre, porque no es mi deseo". Al final de la ceremonia, los participantes gritaban "¡Viva Villa!".[126]

El hecho de que el México oficial lo repudiara durante tanto tiempo pudo paradójicamente colaborar a mantener viva la figura de Villa entre los sectores populares que desconfiaban del gobierno. También contribuye al interés por él que, como ningún otro dirigente revolucionario, sigue generando polémica, a pesar de que tanto los que combatieron contra él como quienes lo hicieron en sus filas están prácticamente todos muertos. La controversia es mayor porque Villa no dejó archivo, no cabía en ningún molde conveniente y es reclamado como propio por facciones sumamente heterogéneas, a menudo situadas en extremos opuestos del espectro político. El movimiento fascista que surgió en México en los años treinta, los Camisas Doradas, heredó su nombre de la famosa guardia personal de Villa y estuvo encabezado por el exvillista Nicolás Rodríguez. Para la izquierda, por otra parte, Villa fue uno de los grandes revolucionarios campesinos; un contingente mexicano que peleó en las filas de las Brigadas Internacionales contra Franco, en España, se llamaba Pancho Villa. Hoy día, el dirigente de los indios revolucionarios de Chiapas, donde Villa nunca combatió, dice que se ha inspirado en sus tácticas, y uno de los grupos revolucionarios campesinos de ese estado lleva su nombre. No es sino uno de los muchos grupos populares, muy lejos del campo original de operaciones de Villa, que se llaman villistas y se dicen sus herederos.

Los villistas han tenido peor suerte que su dirigente. En contraste con sus aliados zapatistas, no fueron reconocidos como revolucionarios agrarios *bona fide*, ni por el México oficial ni por gran número de los historiadores que se han ocupado de la revolución mexicana. Cuando se refieren a ellos, muchos tienden a coincidir con un conocido historiador estadounidense que los describió como hombres

> reclutados de las minas y los ranchos ganaderos, y de las zonas rojas y los tugurios llenos del estruendo de las sinfonolas y del tintineo de los pianos mecánicos, en los salones de baile de cuarta, que bordean la frontera. Las consignas de los hombres del norte pudieron ser "Libertad" y "Democracia", el derrocamiento de los hacendados, de los científicos y de los jefes políticos; pero para la mayoría de ellos, cuando iban hacia el sur en los trenes militares [...], la revolución significaba poder y botín, el saqueo de las haciendas y el pillaje de las ciudades.[127]

Sólo en años recientes, los historiadores mexicanos, sobre todo de Chihuahua y Durango, y los estudiosos estadounidenses han empezado a desentrañar los enormes conflictos agrarios de esos dos estados, y la base agraria de la revolución popular que tuvo lugar en ellos. Con esto se ha producido una nueva visión y definición de los villistas y del villismo.

Conclusión

La revolución de Chihuahua no fue sino uno de los muchos movimientos que constituyeron lo que generalmente se llama la revolución mexicana, pero fue uno de los más importantes: en 1910-1911 y de nuevo en 1913-1915, los revolucionarios chihuahuenses y sus aliados cambiaron el destino de la nación. Por lo menos en cinco aspectos su experiencia histórica se distinguió de la de los movimientos que tuvieron por base otras regiones. El primero fue su fuerza militar. En 1910, la revolución chihuahuense fue el único levantamiento a gran escala contra el régimen porfiriano. Sólo después de que los chihuahuenses demostraron al resto del país cuán vulnerable era el régimen, estallaron revueltas masivas en otros lugares. En 1913-1914, de nuevo fueron los revolucionarios chihuahuenses y sus aliados de Durango y partes de Coahuila quienes llevaron el grueso del combate y lograron las victorias más significativas contra el ejército federal. El segundo rasgo que distinguió al movimiento chihuahuense consistió en su composición social: fue el único que contó con miembros de todas las clases sociales excluidos los hacendados. Los hacendados encabezaron a los revolucionarios de Coahuila y Sonora, mientras que la rebelión zapatista de Morelos consistió básicamente en campesinos de los pueblos libres, sin peones, ni trabajadores, ni miembros de las clases medias (con excepción de un puñado de intelectuales). Tercero: ningún otro movimiento revolucionario tuvo relaciones tan volátiles con el gobierno de Estados Unidos y con los intereses empresariales de ese país. Durante un tiempo, fue el que mantuvo vínculos más estrechos con los estadounidenses; más tarde, fue el más hostil a Estados Unidos. Cuarto: la historia personal del dirigente chihuahuense no se parecía a ninguna otra. Entre las grandes figuras revolucionarias de Chihuahua, sólo Villa había sido un peón y también un perseguido por la justicia antes de la revolución. Finalmente: también distinguen al movimiento chihuahuense la cantidad de controversias y de interpretaciones radicalmente diversas que ha suscitado. Desde el periodo revolucionario hasta hoy, ni las percepciones populares, ni las actitudes oficiales gubernamentales, ni las interpretaciones de los estudiosos han encontrado un terreno común respecto del movimiento ni respecto de su líder.

Una de las polémicas más importantes tiene que ver con la composición social de la revolución de Chihuahua: ¿fue esencialmente un movimiento campesino, fueron los mineros su componente principal o lo fue una coalición de marginales y chusma fronteriza? ¿Qué papel desempeñaron en ella las clases medias?

No es en absoluto fácil explicar la amplitud de la revolución de 1911. Se alzó contra el régimen existente lo que podría tal vez llamarse el conjunto de la sociedad civil. En un despliegue sin precedentes de unidad, rara vez alcanzado en otras partes del país, incluyó sectores tanto rurales como urbanos y a todas las clases, con excepción de la oligarquía gobernante de los hacendados. Sus raíces son difíciles de entender debido a que las causas más ostensibles de los levantamientos que se produjeron en otros lugares estaban ausentes en Chihuahua. Ciertamente, no había similitud con los factores que desencadenaron las revoluciones rusas de 1905 o de 1917: una guerra perdida contra Japón y una guerra sangrienta e interminable que costaba millones de vidas de 1914 a 1917. No hay semejanza tampoco con las características xenofóbicas de la rebelión de los bóxers en China, a fines del siglo XIX. Algunos españoles y un número relativamente grande de chinos perecieron a manos de los revolucionarios mexicanos, en la fase inicial y más espontánea de la revolución, pero el grupo de extranjeros más numeroso, el de los estadounidenses, quedó indemne. De hecho, muchos de ellos, incluidos los empresarios y propietarios de minas, mostraron gran simpatía por los revolucionarios. Tampoco es posible comparar el régimen de Luis Terrazas y Enrique Creel, o el del mismo Porfirio Díaz, con las sangrientas y represivas dictaduras latinoamericanas del tipo de las de Trujillo, Somoza o Batista. En realidad, Terrazas fue durante mucho tiempo un dirigente considerablemente popular y tuvo mucho prestigio entre amplios segmentos de la población de Chihuahua, como resultado de sus éxitos guerreros contra los indios. La transformación de Terrazas de caudillo popular en un hombre universalmente odiado en Chihuahua, junto con su yerno Enrique Creel, se debió a que intentó destruir lo que hasta entonces había sido una sociedad fronteriza altamente autónoma. Este proceso se inició hacia el final del siglo XIX, tras la derrota de los apaches, cuando los inversionistas extranjeros se lanzaron sobre el país, se construyeron ferrocarriles, creció el valor de la tierra y surgió una producción mercantil, con lo cual aparecieron incentivos tanto para expropiar las tierras privadas como para cerrar el libre acceso a los pastizales; el proceso llegó a su punto culminante cuando Creel asumió el gobierno del estado y promulgó la ley agraria de 1905 junto con reformas políticas que minaban la autonomía de que habían gozado las comunidades de la frontera durante los siglos XVIII y XIX.

Sin embargo, estos procesos no explican por sí solos el estallido de la revolución. Crearon un profundo descontento en los habitantes de los pueblos, herederos de las colonias militares de Chihuahua, pero también los dividieron profundamente. No sólo los hacendados, sino también muchos habitantes, se beneficiaron con la nueva ley agraria y las restricciones a la autonomía municipal, que con frecuencia favorecían a una camarilla dentro de cada pueblo, generalmente compuesta por forasteros a los que Creel consideraba que podía dominar y manipular mejor otorgándoles cargos políticos. El problema con Creel era que lo que daba con una mano lo quitaba con la otra. Cuando, en 1907-1908, la honda recesión originada en Estados Unidos golpeó a Chihuahua y se combinó con cosechas extremadamente malas, causando un alza espectacular en los precios de los alimentos, Creel reaccionó cargando con nuevos impuestos a las clases bajas y medias, ya empobrecidas y presionadas. No podía gravar a los inversionistas extranjeros, que habían fijado condiciones de exención para traer su capital al estado, y no quería aumentar los impuestos a su propia clase, la de los hacendados. En consecuencia, en muchas partes del campo chihuahuense las fuerzas heterogéneas profundamente enfrentadas entre sí debido a la ley agraria de Creel se unieron contra los impuestos. Así ocurrió en San Andrés, donde, tras un contencioso y una lucha entre los indios y los no indios en torno al derecho a la tierra, todo el pueblo se unió en una revuelta contra las nuevas contribuciones. Otra medida que colaboró a unificar a las facciones contendientes de los pueblos en contra de los hacendados fue la abrupta cancelación del derecho de pastura tanto en las tierras de los hacendados como en los terrenos públicos que ellos adquirían a muy bajo precio. Esta medida se vio complementada con la arbitraria confiscación del ganado perteneciente a los habitantes de los pueblos cuando se le encontraba en las tierras de la hacienda. Según los generales de Díaz, ésa fue una de las causas principales del odio que despertó el régimen de Terrazas y Creel entre los habitantes de los pueblos de Chihuahua.

La crisis económica de 1907-1908 tuvo otro efecto devastador sobre dichos habitantes: muchos de ellos habían logrado superar, por lo menos en parte, la pérdida de tierras y de privilegios tradicionales buscando trabajo en las minas del norte del país o al otro lado de la frontera. Pero, con la crisis, los trabajadores mexicanos fueron los primeros despedidos en Estados Unidos, y en México también cerraron muchas minas. Tradicionalmente, en tales situaciones de crisis los mineros podían regresar a sus pueblos y sobrevivir allí; como habían perdido gran parte de sus tierras, esto les resultó difícil o imposible.

Los habitantes de los pueblos no constituían la mayoría de la población, pero fueron la columna vertebral de la revolución. En ocasiones anteriores en que se habían levantado, como en 1891-1893, solían encontrarse prácticamente solos: obtenían escaso apoyo de los peones de las haciendas, que aún formaban una gran parte de la población rural, o de la creciente población urbana. Pero esta situación cambió radicalmente en 1910-1911.

Un aspecto significativo de la revolución chihuahuense fue que también simpatizó con el movimiento la mayoría del heterogéneo conglomerado al que podemos llamar clases medias, muy dividido y compuesto por grupos muy diversos: pequeños rancheros y tenderos, pequeños empresarios, notables locales de pueblos y ciudades. Una parte significativa de esa "clase media" estaba constituida por clientes y beneficiarios de Terrazas y Creel, que no se unieron a los revolucionarios pero tampoco defendieron a la oligarquía. Fuera de ese grupo, la gran mayoría de las clases medias se opuso a ella.

Las clases urbanas, y sobre todo las clases medias, repudiaban al régimen, en parte, por los nuevos impuestos que consideraban injustos e ilegítimos. Pero su resentimiento iba mucho más allá: derivaba de la decisión de Díaz de entregar el poder a Terrazas y Creel en 1903, abandonando la política que durante largo tiempo le había dado cierto grado de legitimidad y popularidad y había creado una ilusión de democracia en Chihuahua. Cuando Díaz estaba consolidando su dictadura, a partir de 1884, una de sus principales medidas había consistido en retirar del poder en sus estados nativos a caudillos tradicionales como los Terrazas, e imponer a sus propios hombres –a veces forasteros, a veces rivales de la oligarquía tradicional–, generalmente más débiles que aquéllos a quienes sustituían. El objetivo era evitar que una facción se volviera demasiado poderosa y enfrentar a los distintos grupos unos contra otros para conservar el poder y evitar las revueltas locales o regionales, tan frecuentes a principios del siglo XIX. Esta política había dado cierta vía libre a las clases medias regionales, atraídas por los dos bandos que intentaban consolidar o recuperar el poder en sus estados de origen. Pero, a principios del siglo XX, Díaz empezó a cambiar de estrategia. Por una parte, algunas oligarquías locales, como el clan Terrazas, se habían vuelto tan poderosas que era difícil negarles el poder político. Además, Díaz se daba cuenta de que, a diferencia de sus predecesoras decimonónicas, nunca se levantarían contra el gobierno central, porque tenían demasiado que perder; sus intereses estaban ahora inextricablemente unidos a los de los inversionistas extranjeros, para quienes la estabilidad era un requisito absoluto y que aportaban grandes beneficios a esas oligarquías que solían servirles de intermediarias. La nueva política de Díaz significaba que las clases medias perdían todo camino de acceso al poder y quedaban desamparadas ante los caprichos del gobernador, los jefes políticos y los presidentes municipales nombrados verticalmente. En esta situación de profunda crisis política y económica, sucesos que bajo otras circunstancias podrían haber suscitado sólo una respuesta limitada se convirtieron de pronto en factores definitivos en el despertar de la conciencia del pueblo de Chihuahua. Así ocurrió con el caso del robo al Banco Minero, que minó y tal vez incluso destruyó cualquier legitimidad que le quedara al gobierno de Creel.

En contraste con muchas otras partes de México, grandes sectores de las clases medias de Chihuahua estaban dispuestos a luchar junto a los revolucionarios rurales. En gran parte del país existía un profundo abismo entre la sociedad urbana hispanohablante mestiza o blanca, por una parte, y el campesinado indígena, por otra; pero no había tal abismo en Chihuahua. Los indios tarahumaras, que constituían el grueso de la sociedad indígena del estado, sólo participaron marginalmente en la revolución. Las clases urbanas no temían que los rancheros –ya fueran mestizos o indios– se lanzaran a una guerra de castas contra ellos. Por el contrario, durante un siglo, los habitantes de las ciudades habían visto a la gente de los pueblos como sus principales defensores contra los ataques de los "bárbaros" del norte. Grandes sectores de las clases medias eran por tanto muy diferentes de las de Morelos, que tenían terror de los campesinos.

El germen de la revolución en Chihuahua también se extendió a un grupo que hasta entonces había sido considerado el segmento más dócil de la sociedad: los peones de las grandes propiedades. Terrazas había hecho cuanto había podido para mantener el paternalismo tradicional característico de sus haciendas. Siempre que visitaba una hacienda se esforzaba por reconocer a cada campesino y a su familia, hacer regalos a todos y darles medios de subsistencia en periodos de hambruna o de malas cosechas. Sin embargo, ese paternalismo estaba muy deteriorado. Tras la derrota de Gerónimo, en 1884, Terrazas perdió uno de los soportes de la legitimidad que poseía a los ojos de sus peones, que ya no necesitaban su protección contra los ataques de los apaches. Conforme las comunicaciones mejoraban en Chihuahua, muchos peones pudieron contrastar sus condiciones de vida con las que reinaban al norte de la frontera o incluso en las propiedades de los extranjeros, forzados a hacer concesiones que no existían en las haciendas tradicionales, para atraerse a los trabajadores: no empleaban el peonaje por deudas y tendían a pagar en efectivo, lo que significaba independizarse de la tienda de raya.

En conjunto, la concentración de poder económico y político en manos de una sola familia, y las inconmensurables arbitrariedades que engendró, hicieron que todo el descontento del estado de Chihuahua se dirigiera contra la oligarquía gobernante de Terrazas y Creel.

Pero sería un gran error ver las causas de la revolución sólo en términos económicos. Los hombres que constituyeron el núcleo central del ejército revolucionario, los antiguos colonos militares de la frontera apache, habían vivido de acuerdo con cierto código de honor durante casi dos siglos. Habían peleado para "preservar la civilización contra los bárbaros", como decían los habitantes de Namiquipa. A cambio, la sociedad "civilizada" los respetaba y honraba y les permitía conservar las grandes cantidades de tierra que les habían concedido el gobierno colonial español y, después, el de Benito Juárez. Para ellos, ese código de honor se había roto cuando los gobernantes de Chihuahua, y sobre todo Creel, intentaron reducirlos al nivel de campesinos pobres o sin tierras, cosa que los degradaba al rango social más bajo del estado y les arrebataba el estatus y la dignidad que habían ganado en arduas luchas contra los apaches.

Un rasgo distintivo central de la revolución chihuahuense fue la ausencia de hacendados en su dirección. No era una coincidencia. En otros estados del norte, como Coahuila y Sonora, los hacendados estaban muy divididos y sólo una parte se identificaba con la coalición que detentaba el poder. En Chihuahua, Terrazas y Creel habían cooptado prácticamente a toda la clase terrateniente mediante los matrimonios, la absorción o la destrucción de los rivales. Esto no significa que los hacendados chihuahuenses los apoyaran ciegamente, pero no tenían ninguna razón para sublevarse y nunca se unieron a la revolución. No surgió en Chihuahua ningún equivalente de un Maytorena en Sonora o de Madero y Carranza en Coahuila.

Otro punto a discusión es si el movimiento revolucionario de Chihuahua fue un movimiento premoderno en que el bandolerismo desempeñaba un papel importante, como podría sugerir la personalidad de Villa. ¿Era un movimiento retrógrado, opuesto a la modernización?

No es posible considerar premoderno al movimiento revolucionario de Chihuahua. El bandolerismo siempre jugó un papel mucho menor en ese estado que en otras regiones de México. Era una ocupación demasiado peligrosa, mientras los apaches aún incursionaban, y el subdesarrollo de la economía y las dificultades de transporte lo convertían en una empresa poco lucrativa. No había en Chihuahua, antes de la revolución, una tradición de heroicos bandidos sociales como ocurría más al sur, por ejemplo en Durango. A pesar de las enormes repercusiones de la rebelión de Tomóchic, el milenarismo fue la excepción más que la regla. La oposición religiosa al régimen se manifestaba en el avance del protestantismo o en el surgimiento de un catolicismo social como el de Silvestre Terrazas.

Tampoco eran premodernos en modo alguno los movimientos de oposición que aparecieron en la época porfiriana. Las células revolucionarias del Partido Liberal que se formaron en el campo y en las ciudades eran semejantes a las que creaban los revolucionarios en Europa. Los antiguos colonos descontentos no buscaban en absoluto aislarse del resto de la sociedad; por el contrario, a través de cartas en los periódicos e incluso manifestaciones, buscaban apoyo en las ciudades. Muchos habitantes de los pueblos habían viajado a otras partes del estado o a Estados Unidos, y tenían un conocimiento de otras sociedades que los campesinos de las demás regiones del país nunca llegaron a adquirir. Chihuahua tenía uno de los niveles de alfabetismo más altos y fue uno de los pocos estados en que los diarios desempeñaron un papel importante en el estallido de la revolución. El órgano del Partido Liberal, *Regeneración*, tenía uno de sus mayores públicos en Chihuahua, y Luis Terrazas estaba convencido de que *El Correo de Chihuahua* había sido uno de los factores decisivos en ese estallido.

Los rancheros de Chihuahua no rechazaban las galas del mundo moderno. Estaban acostumbrados a la economía de mercado y respetaban profundamente la educación. Para ellos el regreso a la sociedad tradicional significaba volver a las instituciones democráticas que habían existido en la época dorada de la frontera. A lo que se oponían era a que la "modernización" se hiciera a sus expensas, expropiándoles sus tierras, eliminando su autonomía e imponiéndoles el control central.

Una de las principales características del movimiento revolucionario en Chihuahua, así como del ejército que produjo, fue que, a diferencia de los de Morelos, su composición social varió enormemente en diferentes etapas de la revolución. En el periodo maderista, surgió una unidad sin precedentes entre las clases bajas de la sociedad –antiguos colonos militares, peones, trabajadores industriales, mineros, ferrocarrileros– y amplios sectores de las clases medias. Esta unidad se desintegró poco tiempo después del triunfo, cuando importantes segmentos de las clases bajas se unieron con elementos disidentes de las clases medias, e incluso con los poderosos hacendados, en la rebelión de Orozco. La unidad entre esas fuerzas heterogéneas fue aún más tenue que la de los revolucionarios de un año antes, y pronto se disolvió. En 1913, Villa logró reunificar a los grupos sociales que habían constituido la revolución maderista y creó de hecho una unidad aún más fuerte entre ellas, sobre la base de los enormes recursos que controlaba, su carismática personalidad, sus victorias y el apoyo que logró en Estados Unidos. Después de la derrota de Villa, esa coalición de nuevo se vino abajo. Algunos fragmentos se volvieron a unir brevemente cuando las tropas estadounidenses ocuparon zonas de Chihuahua, mientras las de Carranza trataban al estado como si fuera un territorio ocupado. Cuando los estadounidenses se fueron y Carranza aceptó armar a una parte importante de la población, la coalición villista de clases medias y bajas se disolvió definitivamente. No sólo las clases medias, sino una parte significativa de los habitantes de los pueblos y de los obreros se volvieron contra Villa, y en apariencia, de 1917 a 1920, su apoyo se fue reduciendo cada vez más.

LA DIVISIÓN DEL NORTE

Los profundos y veloces cambios que se producían en la base social del movimiento revolucionario se reflejaron en la serie de transformaciones, igualmente profundas y rápidas, que sufrieron sus fuerzas armadas. Una de las tareas más difíciles para cualquier historiador es definir la naturaleza de la División del Norte. ¿Era un ejército revolucionario imbuido con un hondo sentido de su misión, con una visión de una sociedad nueva, diferente y más justa? ¿Era el pueblo en armas, como los zapatistas en el sur, para el que el pensamiento civil y la mentalidad civil eran más importantes que el militarismo? ¿O era, en último término, una fuerza profesional de combate, leal ante todo a su líder, similar a los ejércitos caudillistas que surcaban América Latina en el siglo XIX? La cuestión es extremadamente difícil de dilucidar, porque a final de cuentas los tres elementos existían en la División del Norte, aunque en grados diferentes en los distintos momentos.

El ejército maderista que se había levantado en 1910-1911 para derrocar al régimen de Terrazas y Creel, en Chihuahua, y al de Porfirio Díaz, en México, era claramente un ejército revolucionario imbuido ante todo del sentido de su misión: crear una sociedad diferente. Estuvo compuesto principalmente por hombres de treintaitantos años, con frecuencia dueños de alguna propiedad y que sabían leer y escribir. Era un ejército estrictamente disciplinado, que generalmente evitaba el pillaje y el robo, integrado por hombres que habían ido a pelear por su propia voluntad. Gran parte del espíritu, la ideología y la organización del ejército maderista estaba presente también en la División del Norte. Muchos de sus soldados ya habían combatido en 1910-1911 y muchos de sus líderes también lo habían sido entonces. Como su antecedente, la División del Norte estaba compuesta principalmente por voluntarios, aunque contenía cierto número de prisioneros federales que habían elegido unirse a Villa para no ser fusilados. Sin embargo, a principios de 1914, la División del Norte adquirió características que la hicieron muy diferente de sus antecedentes. Gracias a que controlaban Chihuahua y a sus buenas relaciones con Estados Unidos, los revolucionarios se adueñaron de recursos con que no contaban en 1910-1911. En consecuencia, se combinaron en el ejército rasgos cada vez más heterogéneos.

Por una parte, dado que era inmensamente popular y reflejaba la composición de la población chihuahuense, y dado que muchos soldados iban acompañados de sus esposas o queridas, aún conservaba muchos elementos del pueblo en armas. Por otra, empezaba a asumir las estructuras de un ejército profesional. Aunque el saqueo y el robo seguían estando prohibidos –Villa era muy estricto al respecto–, combatir se convirtió en una forma de vida para muchos de sus miembros. Después de cada victoria, Villa les daba cuantiosas recompensas. Un número creciente de oficiales era nombrado por Villa y el mando del ejército, en vez de ser elegido por los hombres de sus localidades. Hasta cierto punto, la ideología de la División del Norte cambió junto con su composición social. Los jefes de familia que habían predominado en el periodo de Madero fueron sustituidos por hombres más jóvenes e incluso niños de doce a quince años que, por razones obvias, carecían de la convicción ideológica de los viejos soldados, y esta dilución de la ideología se vio reforzada conforme se incorporaban más y más desertores del ejército federal. El proceso se aceleró conforme el ejército se fue alejando de su región de origen, y cada vez más el *esprit de corps* iba sustituyendo a la ideología revolucionaria. Después de la disolución de la División del Norte, y especialmente después de la salida de la expedición de Pershing en 1917, el carácter de las fuerzas armadas villistas cambió de nuevo. Para entonces eran una heterogénea mezcla en la que había veteranos de la División del Norte (sobre todo los Dorados), cuya lealtad hacia Villa dominaba sobre todas las demás, habitantes de los pueblos que tomaban las armas tras haber sido despojados de sus pertenencias por los soldados carrancistas, desertores federales que preferían el oro que pagaba Villa al papel moneda sin valor de Carranza, y un número creciente de vaqueros desempleados. "Puros vaqueritos" fue la forma en que Villa caracterizó a su ejército en una conversación con Ángeles, en 1918. Muchos preferían unírsele que emigrar a Estados Unidos, donde temían ser alistados en el ejército estadounidense para ir a la primera guerra mundial.

Las causas del enorme éxito del movimiento revolucionario de Chihuahua en 1910-1911 y 1913-1914 son más fáciles de identificar que las de su derrota final en 1915. Los revolucionarios chihuahuenses podían contar con la unidad de toda la sociedad civil contra Terrazas y Creel y más tarde contra Huerta. La tradición de lucha de la frontera influía en su determinación inicial de combatir y en las victorias que alcanzaron. A ello hay que añadir los recursos que les ofrecían las haciendas de la oligarquía y el acceso relativamente fácil a las armas del otro lado de la frontera. La presencia de jefes militares carismáticos –Madero y Orozco en 1910-1911 y Villa en 1913-1914– también tuvo una importancia decisiva.

Ninguna causa única explica la derrota de la Convención Revolucionaria, cuyo sector más importante eran los revolucionarios de Chihuahua. La heterogeneidad de su composición y la mentalidad regional de su dirigente pesaron en ella; además, era más pobre en dinero y recursos que los carrancistas.

Las derrotas militares de Villa derivaron sobre todo de sus errores de estrategia y de táctica. A diferencia de cualquiera de los generales carrancistas, su autoridad era absoluta y, por tanto, con frecuencia no era posible una verdadera discusión. Sin embargo, esas derrotas no tenían que haber conducido por fuerza al tipo de debacle que Villa sufrió si sus políticas sociales hubieran sido diferentes. Como dijo uno de sus consejeros intelectuales más inteligentes, Federico González Garza: "Desde que sacamos a Huerta, tiene usted que concederme, desde un punto de vista práctico, que si hubiéramos sabido cómo realizar una confiscación ordenada, sujeta a reglas estrictas, y si hubiéramos hecho un reparto de tierras siguiendo un plan inteligente y sin violencia, para estas horas hubiéramos podido crear nuevos intereses que hubieran ayudado a sostener al nuevo régimen".[1] Ese reparto agrario hubiera dado al villismo una base invencible a pesar de su derrota militar. Pero ese programa no se llevó a cabo debido a la alianza y parcial dependencia del villismo respecto de Estados Unidos, asociación que resultó a la vez fuente de fuerza y causa crítica de debilidad.

PANCHO VILLA Y ESTADOS UNIDOS

Por una parte, los estrechos vínculos con los estadounidenses y la posibilidad de obtener armas y recursos al otro lado de la frontera le permitieron a Villa transformar a sus soldados de fuerza guerrillera en ejército regular, capaz de derrotar a los federales en batallas a gran escala. Pero el otro lado de la moneda era que la necesidad de asegurarse recursos para comprar armas y municiones en Estados Unidos hizo que fuera imperativo para Villa conservar las grandes propiedades que estaban bajo su control. A diferencia de Zapata, no podía distribuirlas entre los hombres del campo, porque eso podía perjudicar el apoyo de Estados Unidos al hacerlo aparecer como un revolucionario radical que no respetaría el carácter sagrado de la propiedad privada. Por añadidura, Villa temía que, mientras durara la guerra, cualquier reparto agrario reduciría significativamente la disposición de los habitantes de los pueblos para combatir fuera de sus regiones de origen.

También en otro sentido ese vínculo con los estadounidenses constituía una espada de dos filos. Villa logró financiar sus gastos militares y sociales, imprimiendo grandes cantidades de papel moneda, al principio bien aceptado por los estadounidenses. Pero fue una ventaja a corto plazo. Tan pronto como sufrió su primera derrota importante, el valor de su moneda se desplomó y otro tanto ocurrió con la economía de Chihuahua. En este contexto, el gobierno villista contrastó tajantemente con el Morelos zapatista, donde grandes haciendas comerciales fueron entregadas a la agricultura de subsistencia. Zapata nunca imprimió papel moneda; pagaba a sus soldados con tierras, no con dinero como Villa, cuyo apoyo era por lo mismo más precario: cuando el dinero perdió su valor, el apoyo se tambaleó.

Por tanto, los vínculos de Villa con Estados Unidos sin duda tuvieron profundas consecuencias indirectas tanto en sus victorias como en sus derrotas. Un problema más arduo es establecer si la política que siguió Estados Unidos contribuyó a esa derrota. Ésta es una de las cuestiones más polémicas en la muy debatida historiografía de la revolución mexicana. La idea, mucho tiempo defendida, de que Estados Unidos favoreció y apoyó unilateralmente a Villa hasta que Obregón lo venció es un supuesto en extremo dudoso. Aunque hay indicios de que, por un tiempo, el gobierno de Wilson y los intereses estadounidenses vieron en Villa al próximo hombre fuerte de México y la mejor solución para ellos, esa actitud se modificó mucho antes de la batalla de Celaya. Esto no significa que Estados Unidos se aliara tajante y plenamente con Carranza en ese momento. El gobierno estadounidense había perdido la fe en que la facción de Villa pudiera por sí sola llevar a cabo el tipo de cambios que quería para México y consideró que enfrentarla contra Carranza era la mejor manera de defender sus intereses. Durante un breve tiempo, en 1914, mucho antes de la victoria de Carranza en la guerra civil, sólo sus fuerzas pudieron adquirir armas en Estados Unidos. En ese momento, cuando los carrancistas controlaban algunos puertos y los villistas no, el gobierno de Wilson decretó que los revolucionarios sólo podrían comprar armas enviadas por barco. Cuando las autoridades estadounidenses le entregaron a Carranza el puerto de Veracruz, también le entregaron grandes arsenales. Y aunque las decisivas derrotas de Villa en el Bajío no se le pueden atribuir a la política seguida por Estados Unidos, sí se le puede achacar su derrota final en Agua Prieta: al permitir que las tropas de Obregón cruzaran su territorio para entrar en Sonora, Wilson colaboró de manera muy importante en la victoria de éste contra la División del Norte.

Una de las cuestiones más interesantes es por qué se rompió la alianza Villa-Estados Unidos, que existió en efecto brevemente y a la que colaboraron Villa, por una parte, y el gobierno de Wilson y los empresarios estadounidenses, por la otra. Algunos historiadores oficiales carrancistas y también estadounidenses tienen una respuesta simple: incluso antes de que Villa fuera derrotado, el gobierno de Wilson descubrió que no era más que un bandido. Suponiendo por un momento que así fuera (y mi opinión no es ésa), las autoridades estadounidenses se han aliado a través de la historia con gobernantes latinoamericanos de pésima reputación. Ni siquiera Wilson tuvo reparos en hacerlo con algunos gobernantes centroamericanos y caribeños. Lo que hizo que la ruptura fuera prácticamente inevitable fue que el gobierno de Wilson, a pesar de su "idealismo", no era diferente de sus predecesores republicanos cuando se veían amenazados los derechos tradicionales de las compañías estadounidenses. Si Villa les parecía tan atractivo era porque no había tocado sus propiedades ni les había fijado nuevos impuestos. Esa política sólo pudo sostenerse mientras estuvo disponible la gran fortuna de la oligarquía mexicana, y sobre todo la de los Terrazas, y mientras el papel moneda de Villa tuvo valor en Estados Unidos. Cuando sus recursos se agotaron y su dinero se devaluó, no tuvo más opción que recurrir al único grupo que aún tenía riquezas en el norte de México, los estadounidenses, y empezar a gravarlos o a forzar a las compañías mineras a volver al trabajo.

La resistencia de Estados Unidos a las medidas de Villa no fue sino uno de los factores que minaron la confianza del caudillo norteño en el gobierno de ese país. Villa pronto se dio cuenta de que para los estadounidenses la alianza con él no era una relación entre aliados iguales, sino entre un amo y un subordinado. Ése era ciertamente el tipo de vínculo que se planteaban Canova y su grupo en el Departamento de Estado, algunos empresarios y algunos miembros del gobierno, cuando le propusieron a Villa un pacto que hubiera convertido a México en un protectorado de Estados Unidos. El revolucionario no tenía manera de saber que ésa no era la política oficial del gobierno estadounidense. Pero tampoco tuvo dicho gobierno reparos en tratar a Villa y a su facción de una forma que contravenía las normas de las relaciones internacionales. Como una facción importante en México, los villistas fueron invitados a participar en un conferencia en Washington y, a través de Hugh Scott, se les prometió que no habría un reconocimiento unilateral a Carranza en el momento en que el gobierno de Washington estaba precisamente examinando la posibilidad de otorgarlo. Sin darles ninguna explicación a los delegados villistas, Washington reconoció a Carranza de un día para otro. Además, Estados Unidos violó su neutralidad al permitir a los carrancistas que cruzaran su territorio para atacar a Villa.

Aunque la alianza entre Villa y Estados Unidos llegó así a un final poco glorioso, la relación simbiótica entre ambos no terminó, sino que duró hasta la muerte del caudillo. El ataque a Columbus y la subsecuente expedición de Pershing le proporcionaron un nuevo balón de oxígeno en los años 1916-1917 y, después de 1917, los impuestos que obtenía de las compañías estadounidenses que trataban de hacer negocios en Chihuahua fueron los recursos que le permitieron sobrevivir durante los largos años de la lucha guerrillera. Con toda probabilidad, el asesinato de Villa en 1923 fue en gran medida resultado del deseo que tenía el gobierno mexicano de obtener el reconocimiento de Estados Unidos.

PANCHO VILLA: EL HOMBRE

Las controversias que ha suscitado el movimiento villista no son nada en comparación con las que ha provocado la personalidad de su líder, considerado como el Robin Hood de la frontera, el amigo de los pobres, el líder del campesinado revolucionario mexicano, Zapata norteño, azote de la frontera, Atila del norte, bandido infrahumano o Quinto Jinete del Apocalipsis.

Significativamente, la polémica en torno a Villa no se refiere a ninguno de los rasgos principales de su carácter. Existe un difundido acuerdo entre amigos y enemigos respecto a que era capaz de grandes actos de generosidad y de actos de crueldad igualmente grandes.

Algunos de los principales puntos en discusión se refieren al pasado de Villa como bandido, a las razones de su espectacular ascenso dentro del movimiento revolucionario de 1910-1911 y, sobre todo, en 1913-1914, y a su ideología y el grado en que ésta influyó en el tipo de política que siguió.

Probablemente nunca sabremos con exactitud por qué Villa se convirtió en un forajido. Su relato sobre la violación de una hermana puede ser cierto, pero los datos que con tanto detalle ofrece al respecto en sus memorias –cómo disparó contra el hacendado y cómo mató a los rurales que lo perseguían– contrastan totalmente con los documentos contemporáneos. El único motivo por el que las autoridades de Durango lo arrestaron en 1898 fue por robarse dos mulas y un rifle. También hay que decir que, si alguna vez existió un sistema que forzara a quienes no tenían la menor intención criminal a convertirse en forajidos, era la estructura política y social del Durango porfiriano. Cualquier peón que incurría en el desagrado de un hacendado podía ser enviado al ejército sin juicio previo, destino que en más de un sentido equivalía a la esclavitud. Salvo excepcionales circunstancias, no tenía la menor posibilidad de apelar. Frente a tal alternativa, no es sorprendente que muchos, especialmente si eran voluntariosos y valientes, eligieran convertirse en delincuentes.

El traslado de Villa a Chihuahua y su cambio de nombre se debieron con toda probabilidad a su deserción del ejército. En Chihuahua, vivió al parecer en una zona intermedia, entre ocupaciones en su mayoría legales y el robo de ganado. Sus empleos confesables consistieron en trabajar para empresas extranjeras, sobre todo compañías mineras y de ferrocarriles, como capataz y transportista de mercancías valiosas a través de zonas de peligro. El prestigio que adquirió ante algunos empresarios extranjeros poderosos puede explicar por qué las autoridades estatales lo trataron durante largo tiempo con indulgencia, de manera que, cuando a mediados de 1910 un funcionario porfiriano lo arrestó por un delito obviamente menor, fue inmediatamente liberado, su pistola y su dinero le fueron devueltos e incluso se sintió lo bastante seguro para presentar una queja ante otro funcionario. La ruptura de Villa con las autoridades porfirianas se produjo al parecer cuando mató a uno de sus antiguos socios, Claro Reza, que se había convertido en agente del gobierno. No está claro si el homicidio se debió a que Villa se había unido ya a los revolucionarios, o si se unió a éstos en parte como resultado de su crimen y de las acciones que el gobierno tomó contra él.

Las tres principales leyendas sobre sus actividades como delincuente antes del estallido de la revolución son en general erróneas. No era el multihomicida que sus enemigos lo tildaban de haber sido antes de 1910; no era la víctima despiadadamente perseguida que mató a docenas de rurales, como se describe a sí mismo, ni era el mítico "Robin Hood de la frontera", azote de la oligarquía de los Terrazas-Creel.

Los motivos por los que se unió al movimiento revolucionario sólo podemos inferirlos. En muchos aspectos, era muy distinto de otros dirigentes populares que se sublevaron en 1910 contra el régimen de Díaz. A diferencia de

Zapata, Ortega o Contreras, nunca fue dirigente de una comunidad ni su representante ante el mundo exterior. A diferencia de la gran mayoría de los líderes populares que se levantaron en 1910-1911, no había participado en ningún grupo político de oposición. No tenía vínculos con el Partido Liberal ni pertenecía al Partido Antirreeleccionista o, si se vinculó a este último, fue muy poco antes del estallido de la revolución. Aunque nunca sabremos con certeza por qué se unió al movimiento revolucionario, tenía todas las razones posibles para odiar a la oligarquía de Durango que lo había enviado al ejército y probablemente lo había forzado a vivir fuera de la ley. Por su parte, la oligarquía chihuahuense al parecer le había impedido entrar en el negocio legal de la carne. Como para muchos otros forajidos, la revolución representaba para él la posibilidad de llevar de nuevo una existencia legal y una oportunidad de mejorar su estatus social. Pero, a diferencia de ellos, no hay indicios de que se uniera a Madero para poder saquear y robar. Por el contrario, sus tropas estaban consideradas como las más disciplinadas del ejército revolucionario, y no hay ninguna prueba de que, en ese periodo, adquiriera riquezas importantes más allá de los diez mil pesos que Madero le dio.

El espectacular ascenso de Villa en 1910-1911 parece sorprendente a primera vista si se toma en cuenta su falta de bases políticas o sociales antes de esa fecha. A menudo se ha supuesto que lo que compensó con creces esa desventaja fue su inmensa reputación entre los hombres del campo chihuahuense que acudían en masa a su llamado. Pero, como este libro ha tratado de mostrar, no existía esa inmensa reputación antes de 1910. El ascenso de Villa se debió a otros factores. Sin duda era un líder carismático, pero decir eso es decir demasiado y demasiado poco. Varias cualidades le ayudaron a convertirse en el líder incuestionado de sus hombres –características tradicionalmente propias del caudillo como su audacia, su disposición a asumir riesgos personales, su puntería, su habilidad como jinete (hay corridos sobre sus caballos)–; pero tal vez fuera más importante la genuina entrega a sus hombres, por cuyo bienestar al parecer se preocupaba más que otros jefes militares. La atención que prestaba a las viudas y los huérfanos, los frecuentes regalos a sus hombres, el tren hospital que creó en los años victoriosos son clara muestra de esa actitud. La disciplina férrea que mantuvo desde el momento en que asumió el mando significaba que no se desperdiciaran recursos en saqueos y en destrucciones sin objeto, sino que todo se empleara para abastecer a su ejército y a sus hombres. Un rasgo esencial de Villa era su capacidad para identificarse personal, material e ideológicamente con sus soldados. No sólo compartía su comida, se sentaba con ellos junto a sus fogatas y recordaba sus rostros, sino que asumía su ideología. Paradójicamente, el temor que inspiraba acrecentaba su imagen de macho y su popularidad.

Otro factor muy distinto que contribuyó a su ascenso fue que por un tiempo Madero vio en él al más leal de sus subordinados en Chihuahua. Paradójicamente, esto no se debió a su lealtad personal al presidente mártir sino a su falta de pasado político. En buena medida, el entusiasmo de Madero por Villa se debía a que fue el único jefe dispuesto a detener y desarmar a los miembros del Partido Liberal. La posición de Villa a este respecto era única, porque la mayoría de los jefes revolucionarios en algún momento habían tenido conexiones con ese partido, por mucho tiempo la principal fuerza de oposición en Chihuahua.

Existe una enorme diferencia cualitativa entre el papel que Villa desempeñó durante la revolución maderista de 1910-1911 y el que cumplió en la revolución constitucionalista de 1913-1914. Durante la primera, las fuerzas que él comandó personalmente no pasaban de setecientos hombres, y el conjunto del ejército maderista en Chihuahua nunca rebasó los cinco o siete mil soldados. En el periodo maderista, Villa nunca ejerció ninguna responsabilidad política.

En 1914, en el momento culminante de su poder, su ejército sumaba entre cuarenta y cien mil hombres. No hacía guerra de guerrillas, sino campañas regulares, y ejercía autoridad política sobre gran parte del norte de México. En los años 1913-1914, este antiguo peón semianalfabeto demostró ser un espléndido organizador, un administrador extremadamente eficaz y un sorprendente creador de consensos. Millones de pesos pasaron por sus manos y, aunque no tenía organización política y sólo contaba con un pequeño número de técnicos e intelectuales para ayudarle, logró enfrentar eficazmente tres problemas simultáneos, cada uno de los cuales era por sí mismo complejísimo. Primero, en muy poco tiempo, logró transformar sus heterogéneas fuerzas guerrilleras en una fuerza de combate regular sumamente eficiente y capaz de poner sitio a ciudades defendidas por el ejército profesional. Segundo, consiguió a la vez conservar y aumentar su base de apoyo popular en Chihuahua, alimentando a los pobres y a los desempleados, y restableciendo la precaria unidad de las clases medias y bajas que había sido el fundamento de la revolución maderista en ese estado. Tercero, no tuvo menos éxito en obtener primero la neutralidad y luego el apoyo de sectores decisivos de la población y de la élite estadounidenses, desde radicales como John Reed y Mother Jones hasta políticos destacados como Woodrow Wilson, importantes empresarios y, durante un tiempo, incluso William Randolph Hearst.

¿Tenía Villa una ideología y, sobre todo, tenía esa ideología consecuencias prácticas en la política que aplicaba? Odiaba auténticamente a las oligarquías de Durango y Chihuahua, pero de ningún modo incluía en esa categoría a todos los hacendados, ni parecía que fuera una de sus prioridades destruir la hacienda como institución. Había admirado y continuaba admirando a Madero, y permitió que la familia de éste y otros hacendados a los que no consideraba enemigos conservaran sus propiedades. No tuvo reparos en alinearse con Maytorena, uno de los terratenientes más conservadores de Sonora.

Por lo menos hasta 1915, sincera y genuinamente creyó en la redistribución del ingreso de los ricos a los pobres. Una parte, pero en su opinión no necesariamente la parte más significativa de esa redistribución, era el reparto de tierras. Sin embargo, éste nunca tuvo para él la importancia que la reforma agraria tenía para Emiliano Zapata. Una razón de esa diferencia de actitud era que Chihuahua tenía una población no agrícola relativamente mayor

410

que Morelos. Además, en muchos sentidos, Villa era un jefe militar, y sus hombres constituían su principal interés. Dado que entre éstos se halló durante cierto tiempo la mayor parte de la población masculina joven de Chihuahua, ese interés era muy amplio y probablemente abarcaba a la mayoría de los habitantes del estado.

La ideología de Villa tuvo siempre consecuencias concretas. Su odio a la oligarquía se manifestó en la confiscación de sus tierras y propiedades. Su convicción de que debía producirse una redistribución de la riqueza se expresó en los masivos repartos de alimentos y otros bienes a los sectores más pobres de la sociedad. Su compromiso con sus soldados se reflejó en las enormes sumas que dedicó a los heridos, y a los huérfanos y viudas de esos hombres.

En sus planes para Chihuahua, Villa fue a la vez un tradicionalista y un modernizador, lo primero en el sentido de que quería regresar a la principal forma de organización de los habitantes de los pueblos, tanto en el periodo colonial como en el siglo XIX: las colonias militares; lo segundo, por su profunda creencia en los beneficios de la educación. Durante su gobierno en Chihuahua, dio un tremendo impulso a la construcción de escuelas y a la asistencia para los maestros. Aunque manifestó ciertos rasgos xenofóbicos contra españoles y chinos, hasta fines de 1914 fue mucho menos nacionalista que otras facciones, sobre todo que la de Carranza. Trató a los estadounidenses en las regiones que controló mucho mejor que los revolucionarios de otras partes del país. Era más regionalista que nacionalista. Cuando se le presentó, no aprovechó en modo alguno la oportunidad de ser presidente de México. Aunque formuló un plan coherente para Chihuahua, no era capaz de plantearse una agenda nacional y su plan de reforma agraria para todo el país llegó en fecha muy tardía y nunca se aplicó. Su programa nacional más coherente fue la descentralización, en la que cada facción se encargaría de los territorios que controlaba y aplicaría en ellos las políticas que quisiera. El plan preveía un gobierno nacional débil que no ejercería prácticamente ningún control sobre las regiones. Hay un profundo contraste entre sus notables actividades como gobernador, en términos legislativos, ideológicos y administrativos, y la ausencia de tales actividades cuando asumió oficialmente el control de un gobierno regional sobre una zona del norte mucho mayor que su propio feudo de Chihuahua y Durango.

La ideología de Villa reflejaba en buena medida la de los antiguos colonos militares chihuahuenses. Ejemplo de ello son su idea de fundar colonias militares en todo el país y también su convicción de que había que ganarse la tierra combatiendo. En sus solicitudes al régimen de Díaz, los colonos siempre habían insistido en que ellos habían obtenido sus tierras luchando contra los apaches y, por tanto, estaban muy dispuestos a aceptar la idea de Villa de que los primeros en recibir tierra debían ser los soldados que habían vertido su sangre para ganarla.

Los habitantes de los pueblos de Chihuahua siempre desconfiaron del gobierno central. La insistencia de Villa en la descentralización correspondía ciertamente a sus deseos. Excepto en aquellas regiones en que los extranjeros estaban directamente involucrados en la expropiación de sus tierras, tendían a ser menos nacionalistas que la población de las ciudades, y esto también se reflejaba en la ideología de su caudillo.

El principal defecto de Villa a los ojos de grandes sectores de su base rural, así como de la clase media, era, como señaló Felipe Ángeles, "no ser ningún demócrata". No toleraba la oposición; no hubo elecciones de nivel local, regional ni nacional durante su administración. Aunque el único periódico que publicaba su facción, *Vida Nueva*, con frecuencia se ocupaba de cuestiones agrarias y sociales, nunca cuestionó las decisiones de Villa y propagó un culto a su personalidad que a veces recuerda los periódicos de alguna dictadura latinoamericana. Respecto a la democracia, la ideología de Villa correspondía mucho más a la de los caudillos tradicionales del norte que a la de los habitantes de sus pueblos.

¿Era Villa, como sus enemigos lo pintaban, un simple bandido deseoso de poder y riqueza? De haberlo sido, hubiera actuado después de su derrota a la manera de los corruptos políticos latinoamericanos, del tipo de Batista en Cuba o Somoza en Nicaragua, cuando son militarmente vencidos: se llevan lo que pueden del tesoro estatal con la idea de llevar una buena vida en el exilio. Villa tuvo la oportunidad de hacer otro tanto. Durante mucho tiempo controló el tesoro de la División del Norte. Wilson le había ofrecido asilo en Estados Unidos. Pero eligió volver a la vida dura, salvaje y en extremo peligrosa de un guerrillero.

¿Fue Villa el principal responsable de la sangrienta guerra civil en que se hundió México en los años 1914-1915? Prácticamente en todas las revoluciones, tras la caída del viejo régimen, el conflicto armado entre facciones revolucionarias con agendas nacionales muy distintas es la regla más que la excepción. En México, Villa fue quien ofreció la única solución que podía haber asegurado la paz a corto plazo, aunque probablemente no a la larga: la descentralización, y el reconocimiento del statu quo militar en que cada facción gobernaría el territorio que controlaba y llevaría a cabo una reforma agraria. Es significativo que incluso después de que Villa desapareció de la escena nacional, la guerra civil continuara en gran parte del país durante toda la presidencia de Carranza.

Las causas de la guerra civil entre las facciones revolucionarias siguen siendo uno de los principales motivos de conflicto en la historiografía de la revolución mexicana. Una hipótesis la considera resultado de las rivalidades personales entre los líderes; otra, producto de diferentes mentalidades de las élites revolucionarias (a saber, la élite carrancista de orientación urbana contra la élite convencionista de orientación mucho más rural). Según otra hipótesis, la guerra de clases es la explicación esencial del enfrentamiento entre los villistas y zapatistas de orientación campesina contra la nueva burguesía encabezada por la alianza carrancista. A fin de cuentas, las diversas hipótesis no se excluyen entre sí. Hubo un cierto grado de rivalidad personal así como temor de la élite carrancista urbana a que, si los villistas y zapatistas tomaban el poder, los "bárbaros" del campo destruirían la civilización y el estado mexicanos. Inversamente, la élite zapatista y villista temía que una victoria carrancista redujera de nuevo su autonomía y los subordinara a un estado sobre el que tendrían escasa influencia.

Sin embargo, la cuestión de la tierra fue de importancia decisiva: no hay duda de que explica en gran parte el conflicto entre zapatistas y carrancistas, pero hay discusión sobre si tuvo relevancia en el conflicto entre Villa y Carranza. La idea de que el primero, por haber sido peón, se interesaba mucho más por la cuestión agraria que Carranza, que era un hacendado, ha sido acertadamente descartada como una explicación simplista. No fueron sólo las diferencias sociales entre los dos dirigentes, sino también las profundas diferencias entre sus regiones de origen –que conformaron sus bases sociales– lo que explica sus muy diferentes maneras de considerar las cuestiones agrarias. Como este libro ha tratado de explicar, la expropiación de las tierras de los pueblos había sido un problema grave antes de la revolución en las zonas que fueron el corazón del movimiento villista: Chihuahua y Durango. No se puede decir otro tanto de las zonas centrales del carrancismo, Coahuila (fuera de la región lagunera) y Sonora (con la significativa excepción de los indios yaquis).

Las diferencias entre villistas y carrancistas respecto al problema de la tierra no se expresaron en sus programas, que son bastante similares. A diferencia de los zapatistas, ni unos ni otros se plantearon el inmediato reparto de las haciendas.

Fue el destino que siguieron los hacendados y el sistema de la hacienda lo que distinguió a los villistas de los carrancistas. En los territorios controlados por Villa y algunos de sus aliados (excepto en Sonora), la gran mayoría de los hacendados huyeron y sus propiedades fueron en gran parte confiscadas y administradas por el gobierno revolucionario. El problema para los constitucionalistas era devolverlas a sus antiguos dueños, como quería Carranza, o confiscarlas de manera permanente como preludio a su reparto, tal como Villa propuso en su decreto de diciembre de 1913. Esa diferencia profunda fue articulada con claridad por uno de los consejeros intelectuales de Villa, Silvestre Terrazas, quien dijo: "Uno de los dirigentes quiere actuar muy radicalmente, confiscando las propiedades del enemigo y expulsando a los elementos corruptos; el otro desaprueba esta conducta, propone devolver algunas de las propiedades confiscadas y se deja influir por un número infinito de enemigos, que día tras día lo apartan de los objetivos, los principios y las metas de la revolución".[2]

Otra cuestión que separaba a los dos bandos se remonta hasta el siglo XIX: centralización contra descentralización. Ni la dirigencia rural ni el componente campesino del movimiento convencionista querían un gobierno centralizado fuerte que, para ellos, había atacado sistemáticamente su cultura, su autonomía y su bienestar material. Para Carranza y muchos de sus partidarios, un gobierno central débil tendría como consecuencia la desintegración de México y la posible absorción de parte de sus regiones norteñas por Estados Unidos. Además, grandes sectores de la población urbana deseaban un gobierno central fuerte que los protegiera de la población rural.

¿Qué tan sanguinario era Villa? ¿Fue su ferocidad parte del mito o se basa-

413

ba en la realidad? No hay duda de que Villa era capaz de la mayor brutalidad cuando se apoderaba de él uno de sus periódicos ataques de ira. En general, sin embargo, el movimiento villista no fue más cruel que los demás movimientos revolucionarios de México, y durante algún tiempo lo fue menos. El gobierno de Huerta ejecutaba por rutina a todos sus prisioneros y fue Carranza quien ordenó a todas las facciones revolucionarias que hicieran otro tanto. En realidad, el Primer Jefe reconvino a Villa por decretar una amnistía parcial para algunos de sus prisioneros y defendió públicamente las ejecuciones de Villa en una carta dirigida al gobernador de Arizona. La diferencia entre Villa y los demás jefes revolucionarios era que pensaba que no había razón para ocultar lo que hacía, y llevaba a cabo las ejecuciones pública y, a veces, personalmente. Hasta 1915, respetó en general a los civiles, a menos que pertenecieran a la oligarquía o fueran chinos. Tras su ocupación inicial de la ciudad de Chihuahua, rechazó la sugerencia de que ejecutara a los partidarios de Huerta y de Orozco y, en cambio, decretó una amnistía general para ellos si aceptaban dejar las armas.

En los años 1915 a 1920, Villa sufrió sin duda un proceso de declinación moral, y empezó a reclutar gente a la fuerza y a masacrar grupos de civiles conforme una parte creciente de la población de Chihuahua le retiraba su apoyo. A partir de 1920, osciló entre tendencias en extremo contradictorias. Por una parte, se había convertido en un hacendado rico y, por la otra, no había pedido al gobierno una propiedad como condición para la paz. "Es una infamia decir que Villa pidió una hacienda como condición para rendirse", dijo años más tarde, en una entrevista, Adolfo de la Huerta, que era presidente provisional de México cuando el revolucionario se rindió. "Fui yo quien decidió que debía obtenerla."[3] Lo que quería era ser comandante militar de una parte de Chihuahua. Ese mando era la única manera de protegerse contra los numerosos enemigos que se había ganado en su larga carrera revolucionaria. Una vez que el gobierno rehusó otorgárselo, el mejor recurso fue establecer una poderosa escolta en una hacienda apartada. Si hubiera permanecido allí sin salir nunca, hubiera sido mucho más difícil matarlo. Por un lado, administraba su hacienda de una forma autoritaria en nada distinta de la de Terrazas o Creel; por otro, hizo algo que ningún hacendado tradicional hubiera permitido: creó una de las mejores escuelas del país tanto para sus hijos como para los de todos sus trabajadores. Por un lado no estableció ningún vínculo con las nuevas organizaciones agrarias de Chihuahua que criticaban su actuación. Por otro, planteó algunas demandas que éstas nunca hubieran tenido la fuerza de imponer al gobierno estatal: impidió la venta de las propiedades de Terrazas a McQuatters y, con ello, hizo posible que gran parte de ellas fueran repartidas a los habitantes de los pueblos. No fueron las protestas de las organizaciones agrarias, sino las amenazas de Villa, las que forzaron al gobierno estatal a detener la expropiación y persecución contra los habitantes de Bosque de Aldama.

Villa apoyó a Adolfo de la Huerta para la presidencia del país contra los deseos de Obregón, que quería que su sucesor fuera Plutarco Elías Calles. Algunos historiadores consideran a De la Huerta más conservador que Calles, pero no es un hecho establecido que lo fuera, y para Villa las alianzas personales eran mucho más importantes en este caso que la ideología política. De la Huerta le había ayudado en 1913, no había combatido contra él durante la revolución y le había otorgado la amnistía en 1920. Obregón y Calles habían sido sus más feroces enemigos.

En 1923, Villa hizo a la prensa declaraciones contra el agrarismo mucho más conservadoras que la ideología que había defendido en 1913, 1914 y 1915. Pero mantuvo estrechos vínculos con las organizaciones campesinas radicales de Durango, aunque no de Chihuahua. Algunos conservadores lo reclamaron como suyo en 1922 y 1923, pero también lo habían hecho en 1912 y de nuevo en 1914, y Villa había defraudado sus esperanzas. En vista de la enorme popularidad de que aún disfrutaba en amplios sectores de las clases populares norteñas, cabe dudar que se hubiera vuelto contra las que eran sus bases naturales de apoyo. Así pues, la cuestión de si Villa dio un giro completo en 1923 y se convirtió en un acendrado conservador o si seguía siendo en su corazón un líder popular comprometido con los pobres probablemente deba seguir siempre abierta.

Como la de Villa, la figura de su colaborador ideológico más cercano, Felipe Ángeles, aunque mucho menos conocida, sigue siendo polémica. Sus enemigos lo han pintado como un oportunista o como un reaccionario cuyo principal interés era ser presidente de México y restablecer algún tipo de orden conservador con ayuda de los restos del ejército federal. Su oportunismo, dicen, se manifestaba en las políticas sumamente contradictorias que adoptó. En 1912, luchó contra Zapata y en 1914 fue el arquitecto de la alianza entre Zapata y Villa. Se proclamaba el más sólido defensor de Madero, pero nunca le advirtió de los sospechosos movimientos de Huerta durante la Decena Trágica. Según sus enemigos, intentó una reconciliación con el ejército federal, que constituía el mayor peligro para la supervivencia de la revolución mexicana. Finalmente, traicionó el nacionalismo mexicano al persuadir a Villa de no apoyar la advertencia de Carranza a los estadounidenses, tras la invasión de Veracruz, de que se retiraran del país. Finalmente, traicionó a Villa abandonándolo en 1915 e intentando ponerlo a la cabeza de una alianza reaccionaria cuando regresó a México en 1918.

Creo sin embargo que la personalidad de Ángeles y sus movimientos se pueden ver en términos muy distintos. Tenía una ideología coherente, que intentó llevar a la práctica. Era un socialdemócrata moderado, en un país en que no existía un partido de esa orientación. Como todos los socialdemócratas moderados, creía en la democracia, en la necesidad de llevar a cabo reformas sociales y económicas profundas que, sin embargo, debían implementarse gradualmente. A pesar de ser un militar, cuyo oficio era matar, era un humanista que tenía más respeto a la vida humana que ningún otro dirigente de la revolución mexicana, con la posible excepción de Madero. Practicar esa política en un país sin partidos políticos ni tradición de organización política moderna era tarea digna de don Quijote, figura literaria con la que, de hecho, Ángeles se identificaba mucho. Creía que podía lograr sus objetivos a través de líderes populares como Villa y Zapata. En parte, tal vez sobrestimó su propia influencia sobre Villa, pero creía que podía también lograr sus objetivos a través de alianzas de Villa con otras fuerzas: fue el arquitecto de su alianza con Zapata, por una parte, con el conservador Maytorena por otra, y también con Estados Unidos; esperaba que esas alianzas limitaran las tendencias dictatoriales de Villa y lo forzaran a negociar. Por encima de todo, estaba convencido de que cuanto más estrechas fueran las relaciones de Villa con el gobierno de Wilson, al que consideraba típicamente socialdemócrata, más fácilmente se convertiría en un reformador que, por lo menos, permitiera la democracia y llevara a cabo las profundas reformas sociales que el país requería.

No hay pruebas de que traicionara ni a Madero ni a Villa ni la causa del nacionalismo mexicano. Aunque no advirtió al primero de las contradictorias medidas que tomaba Huerta, probablemente debido a la muy imbuida tradición de disciplina militar, casi no hay duda de que Huerta lo consideraba como el único oficial federal que apoyaría al presidente y lo hizo detener, juzgar y exiliar precisamente por esa razón. Dejó a Villa a mediados de 1915, pero en una carta posterior el propio Villa asumió la responsabilidad de esa ruptura y le pidió disculpas por la forma en que lo había tratado en aquel momento. Aunque en 1914 no se unió a la protesta de Carranza contra la invasión de Veracruz, temiendo que un conflicto armado entre los revolucionarios y Estados Unidos acabara con la revolución, después de la invasión de Pershing estuvo dispuesto a regresar a su país para combatir contra los estadounidenses si estallaba una guerra en toda forma entre ambos países.

Independientemente de estas controversias ideológicas, tres hechos destacan respecto de Ángeles. Manifestó un grado de humanidad único entre los revolucionarios mexicanos con excepción de Madero. No hay precedentes en la revolución mexicana de nada parecido a la liberación de tres mil prisioneros, que él llevó a cabo después de la batalla de Monterrey. Tras regresar a México, en 1918, hizo cuanto pudo para poner coto a la violencia de Villa contra la población civil. Dejó la revolución tal como había entrado en ella: pobre y sin dinero suficiente para sobrevivir, aunque él también tuvo grandes posibilidades de enriquecerse. Regresó completamente solo para combatir en México creyendo que la única manera de impedir una intervención estadounidense era derrotar a Carranza. Pagó por esa creencia con su vida.

¿Hubiera alterado una victoria de la Convención el rostro de México y cambiado el curso de la revolución? Pocos historiadores han estado dispuestos a especular al respecto. Uno de ellos es Alan Knight. En su notable obra *The Mexican Revolution*, Knight pinta un desolado cuadro de lo que hubiera sido el país tras un triunfo convencionista. "Un hipotético régimen villista, surgido de una hipotética victoria villista, ciertamente hubiera sido distinto del que surgió, pero no en virtud de un mayor igualitarismo social o fervor revolucionario." Knight ve la posibilidad de un estado villista mucho más débil:

un régimen indolente en la ciudad de México, que presidiría débilmente sobre docenas de feudos locales y en gran medida independientes. Villa no

416

mostró ningún apetito personal por la presidencia [...] el poder nacional hubiera sido delegado en hombres afines –en Ángeles o en civiles decadentes como el doctor Silva–, mientras Villa y sus generales se retiraban a sus recién adquiridas propiedades del norte, se enseñoreaban de Chihuahua, vivían en el primitivo estilo señorial que anticipó Urbina en 1913 y luego emuló, con evidente satisfacción, el propio Villa en 1920.

Knight considera que se les hubiera permitido a los civiles villistas gobernar el país y que éstos hubieran tratado de alcanzar los mismos fines que Obregón y Calles en los años veinte: "reconstruir el estado semidestruido, reducir las muy infladas fuerzas armadas, restaurar la economía y la moneda, obtener reconocimiento e inversiones del exterior, tratar de legitimar al nuevo régimen sobre la base de leyes y partidos formales". Ese gobierno, empero, hubiera sido mucho más débil que los de Obregón y Calles, "porque los caudillos villistas, aunque no quisieran conducirlo ellos mismos, no hubieran querido que infringiera sus derechos y propiedades parroquiales. Hubieran entregado el poder (formal) en manos de los civiles nacionalistas aspirantes, siempre que los civiles los dejaran en paz; pero esta condición de inmediato ponía límites estrechos a la reconstrucción del estado y, en muchos sentidos, condenaba a éste a la impotencia [...] Un hipotético régimen villista", concluye Knight, "se hubiera parecido menos al México posrevolucionario (real) que a la Bolivia posrevolucionaria, donde *políticos* civiles débiles, un tanto fortuitamente instalados en el gobierno, intentaban, sin lograrlo, establecer una base de poder confiable; donde el estado abdicó del control de grandes sectores de la sociedad política, y donde el resultado fue su expulsión del poder y un legado de inestabilidad y pretorianismo".[4] Además, Knight piensa que un gobierno villista hubiera significado un tipo de "bandolerismo –vulgar, descarado, criminal– con patente de corso".[5]

Esta sombría imagen del México villista tiene ciertas bases en la realidad. Es una extrapolación hacia el futuro de mucho de lo que ocurrió en 1915. Ni Villa ni Zapata querían permitir que surgiera en México un gobierno central fuerte. En efecto los oficiales y soldados villistas que la ocuparon llevaron a cabo en la ciudad de México ejecuciones y secuestros. Ningún reparto sustancial de tierras tuvo lugar en el territorio controlado por los villistas mientras su caudillo ejerció el poder.

Sin embargo, creo que la proyección de Knight tiene dos graves inconvenientes. El primero es que subestima la influencia de Zapata y el segundo es su rechazo al componente agrario que existía en el villismo. Si la Convención hubiera triunfado, hay pocas razones para dudar que la influencia del zapatismo se hubiera difundido rápidamente más allá de los confines de Morelos y sus alrededores, a grandes zonas del centro y el sur del país. Como resultado, la misma marejada de demandas campesinas y tomas de tierras que surgió en 1911 como consecuencia de la victoria de Madero se hubiera producido una vez más en buena parte de México.

De 1911 a 1913, Madero, con ayuda de sus partidarios conservadores, el ejército federal y los hacendados logró acotar, pero no destruir, esos movimientos campesinos. Para 1914, el ejército federal había desaparecido y la mayoría de los hacendados del norte y el centro habían huido.

¿Se hubieran detenido los repartos de tierras en los límites de los territorios bajo el control directo de Villa? Es altamente improbable. Decenas de miles de veteranos villistas hubieran exigido la tierra que Villa les había prometido para cuando la revolución triunfara. Aquellas poblaciones que habían perdido sus tierras a manos de las haciendas las hubieran reclamado y también hubieran exigido tierra los hombres del campo que no la tenían. ¿Hubiera resistido o hubiera querido resistir Villa a esas exigencias? Es más que dudoso. Independientemente de si creía en la reforma agraria –y yo creo que así era–, sabía ciertamente que era una de las principales demandas de sus bases de apoyo. Había vivido todo el levantamiento de Orozco y visto el precio que el gobierno de Abraham González tuvo que pagar por no llevar a cabo el reparto por el que habían combatido tantos chihuahuenses en la revolución maderista. Además, se oponía claramente a que las haciendas expropiadas les fueran devueltas a sus antiguos dueños, como hizo Carranza. No hay indicios de que Urbina, que se dedicó a construirse un nuevo imperio agrario según el modelo de los Terrazas, fuera representativo de la mayoría de los comandantes villistas. Como ha tratado de demostrar este libro, la mayoría de las haciendas expropiadas no estaban en manos de esos generales, sino de administradores nombrados por el estado, que no contaban con ninguna base de poder y por tanto difícilmente podían habérselas apropiado. En absoluto es evidente que un Villa victorioso, en el momento cumbre de su poder y su popularidad en 1915, se hubiera comportado como Villa el hacendado de 1920, desilusionado y desmoralizado como consecuencia de sus repetidas derrotas y de su creciente pérdida de apoyo popular. Ni siquiera en 1920, cuando empezó a tantear las posibilidades de un acuerdo de paz con el gobierno de De la Huerta, pidió Villa una hacienda. Incluso si hubiera querido convertirse en hacendado tras lograr la victoria y se hubiera hecho con una hacienda, hubiera accedido sin embargo a una distribución masiva de tierras para sus partidarios.

Las consecuencias políticas y económicas de ese reparto masivo de la tierra y el ingreso no son fáciles de definir. En términos sociales, el país hubiera sido mucho más igualitario de lo que fue tras la victoria de Carranza y Obregón. Entre los efectos económicos a corto plazo, hubiera habido un aumento de la agricultura de subsistencia a costa de la producción comercial. Sin embargo, a lo largo de toda la historia de México, los pequeños rancheros y las comunidades de los pueblos libres han producido tradicionalmente excedentes para el mercado. Los rancheros del norte, en la medida de sus recursos, habían practicado la producción para el mercado mientras tuvieron tierras. Uno de los proyectos favoritos de Villa era alentarlos a ampliar la producción para el mercado creando un banco que proporcionara créditos baratos a los pequeños propietarios.

¿Hubiera sido más democrático un México convencionista? A la larga, las sociedades más igualitarias con más propietarios campesinos individuales ciertamente tienden a ser más democráticas que las sociedades con terratenientes ricos que controlan gran parte del campo. Además, si un reparto agrario masivo hubiera evolucionado desde abajo y no desde arriba, como ocurrió en México en los años veinte y treinta, los rancheros y los campesinos hubieran llegado a ser mucho más independientes del estado. A corto plazo, en la región zapatista la democracia a nivel local fue mucho mayor que en el resto del país. No puede decirse lo mismo de Chihuahua en tiempo de guerra, pero ese estado tenía una larga tradición de autonomía municipal y un grado de democracia de frontera que Villa no hubiera podido ignorar. Esto no significa que él fuera un demócrata convencido: no lo era, pero sus principales rivales, Carranza y Obregón, tampoco eran grandes defensores de las elecciones abiertas y limpias. Ninguno de ellos podía aspirar a un poder dictatorial absoluto, ya que encabezaban alianzas regionales a cuyos líderes y seguidores no podían hostilizar. Carranza y Obregón trataron de limitar el poder de los caudillos regionales sacándolos de sus lugares de origen y dándoles mandos militares en estados donde no tenían raíces y donde, por tanto, difícilmente podían enfrentarse a ellos. Villa no hizo lo propio, sino que permitió a sus partidarios locales conservar el control de sus regiones, con lo que debilitaba aún más sus posibilidades de convertirse en un dictador nacional. Esto puede, por lo menos a primera vista, fortalecer el argumento de Knight de que la Convención hubiera sido incapaz de crear un estado mexicano fuerte y viable, y de que México podría haberse convertido en otra Bolivia. Existe, sin embargo, entre los dos países una profunda diferencia que hubiera impedido la bolivianización de México: la frontera con Estados Unidos. Es extremadamente dudoso que el gobierno de Wilson o sus sucesores republicanos hubieran aceptado la anarquía en su frontera sur, con peligro para las propiedades de los estadounidenses, y una inestabilidad permanente. La amenaza estadounidense hubiera sido aún mayor puesto que, a partir de 1918, Estados Unidos contó con el ejército más fuerte y numeroso de su historia. México tenía una larga tradición de unidad en torno a un gobierno nacional fuerte cuando se enfrentaba a la amenaza de una invasión extranjera. Incluso en la década de 1860, cuando el país estaba mucho más dividido y menos integrado que a principios del siglo XX, gran número de mexicanos se unieron en torno a Juárez para defender al país contra el imperio de Napoleón. En 1920, la amenaza de una intervención estadounidense constituyó un factor decisivo en la paz que Obregón logró alcanzar con muchos líderes conservadores y revolucionarios que habían luchado contra el gobierno de Carranza hasta su derrocamiento. Frente a la posibilidad de una invasión, es muy posible que, a pesar de la resistencia de Villa, de Zapata y de los seguidores de ambos, hubiera surgido un gobierno central fuerte, posiblemente bajo la dirección de Ángeles.

SUMARIO

No es fácil evaluar el impacto general que tuvieron Villa y su movimiento en la revolución mexicana y en el desarrollo del país. La imagen más difundida de Villa es radicalmente diferente de la de los demás líderes revolucionarios. Zapata, Carranza, Obregón y Calles son considerados creadores y constructores. Zapata estableció en Morelos una de las sociedades más igualitarias que haya conocido el país. Carranza, Obregón y Calles fueron creadores del nuevo estado mexicano, nacionalista y revolucionario, que ha resultado ser una de las estructuras más estables de la historia de América Latina.

A Pancho Villa se le ve como un destructor. Para sus enemigos, destruyó la ley y el orden y la sociedad civil. Para sus partidarios y, finalmente, para el gobierno mexicano de los años cincuenta, merecía crédito por el papel decisivo que tuvo en la destrucción de la dictadura de Huerta. En realidad, Villa contribuyó más que ningún otro líder de la revolución de 1910-1920 a la destrucción del viejo régimen. En 1910-1911 colaboró a evitar que Madero decidiera una retirada de Ciudad Juárez, que hubiera sido tan desastrosa para la revolución como la retirada de Hidalgo ante la ciudad de México en 1811. En 1913-1914, no sólo colaboró decisivamente a acabar con la dictadura militar de Huerta, sino que la expulsión masiva de hacendados que llevó a cabo contribuyó a debilitar su poder como clase social: aunque muchos recuperaron sus propiedades en el gobierno de Carranza o después de 1920, su control sobre las haciendas y los peones quedó definitivamente debilitado en términos económicos, políticos y sociales. Cuando Cárdenas expropió sus bienes en los años treinta, no pudieron ofrecer una resistencia eficaz.

Otra de las formas en que Villa contribuyó de manera determinante a la destrucción del antiguo régimen fue también su empresa más polémica: el ataque a Columbus, Nuevo México. Por una parte, provocó la muerte de civiles estadounidenses inocentes, suscitó una invasión de Estados Unidos a México que puso en peligro la soberanía del país y creó la amenaza de una guerra entre los dos países. Por otro, produjo el resultado que Villa esperaba: las relaciones entre Estados Unidos y Carranza se deterioraron a tal punto que el gobierno de Wilson impuso un embargo de armas y los bancos estadounidenses le negaron el crédito al gobierno carrancista. Éste se debilitó tanto que no pudo realizar su programa de destrucción contra los movimientos campesinos aún rebeldes, ni devolver todas las propiedades confiscadas a sus antiguos dueños. Como resultado, los zapatistas de Morelos, los hermanos Cedillo en San Luis Potosí y el propio movimiento villista, así como numerosas insurgencias locales, lograron sobrevivir hasta la era de Obregón, cuando los nuevos gobernantes sonorenses accedieron a hacer concesiones que Carranza jamás hubiera aceptado. En pocas palabras, el sistema de las haciendas y el viejo régimen nunca se repusieron.

Es posible plantear como hipótesis que la reacción nacionalista contra la expedición de Pershing radicalizó al Congreso Constituyente de Querétaro, que finalmente adoptó una constitución mucho más radical que la defendida por Carranza.

También hay pocas dudas de que la reforma agraria que tuvo lugar en los años veinte en Chihuahua, y que fue más amplia entonces que en ninguna otra parte de México (con excepción de Morelos), se debiera al movimiento revolucionario que Villa había encabezado y a la nueva confianza en sí misma que le había dado a la población rural del estado. El hecho de que su ejército fuera derrotado en 1915 debido a sus errores estratégicos y a diversos acontecimientos económicos y políticos dentro y fuera de México no demerita ese logro.

Aunque el estado que Villa creó en Chihuahua era menos revolucionario y menos democrático que el Morelos zapatista, en muchos sentidos fue único en México. Desplazó a la oligarquía de su poder económico y político y repartió mercancías a los sectores más pobres. El Chihuahua revolucionario abrió para las clases bajas posibilidades de movilidad social sin paralelo. Se dio un impulso sin precedentes a la educación. A fines de 1914 la delincuencia llegó a su punto más bajo en la historia del estado. En su momento cumbre, 1913-1914, el Chihuahua revolucionario fue una de las pocas sociedades en que la administración estatal de gran parte de la economía funcionaba con sorprendente eficacia. En algunos sentidos, puede ser considerado el primer estado benefactor de la historia mexicana.

Finalmente, Villa produjo uno de los mitos revolucionarios más poderosos, fascinantes y persistentes, que se difundió desde México a gran parte del mundo. No sólo llegó al resto del país y a Estados Unidos, sino que cruzó el océano y ejerció influencia incluso en países tan lejanos como mi Austria natal. Hace unos años tuve una larga conversación con el doctor Bruno Kreisky, excanciller austriaco. Cuando me preguntó en qué estaba trabajando, repliqué que escribía la biografía de un hombre al que probablemente él no conocía, el revolucionario mexicano Pancho Villa. "Está usted muy equivocado", me dijo, "al pensar que no sé nada de Villa. Soy un gran *fan* suyo, lo mismo que gran parte de mi generación de socialistas austriacos. En realidad, tuvo un papel importante en nuestras actividades políticas." Decir que me sorprendí es quedarse corto. La historia que me contó el doctor Kreisky era asombrosa. En febrero de 1934, tras un sangriento golpe de estado en que miles de obreros resistentes fueron muertos o encarcelados, se estableció en Viena un régimen autoritario. Quedó suprimida toda expresión de disidencia y se impuso la censura a la prensa, la radio y los libros. Como otras fuerzas de oposición, el Partido Socialista de Austria tuvo que pasar a la clandestinidad, y otro tanto hizo su ala juvenil encabezada por Kreisky. Su objetivo era movilizar a los jóvenes austriacos contra el régimen, pero de una manera pacífica. En plena dictadura fascista austriaca, un año después del golpe, se estrenó la película estadounidense *Viva Villa*. Ensalzaba la revolución mexicana, la personalidad de Villa y la lucha de los desposeídos por la justicia. Las autoridades austriacas no se habían dado cuenta de su potencial y la trataron como a un *western* cualquiera. Cuando Kreisky y los dirigentes de los jóvenes socialistas vieron la película, decidieron convertirla en centro de actividad y movilización política contra el régimen. Cientos de ellos acudían al Kreuzkino, en el centro de Viena, donde se exhibía el film. Cuando Villa aparecía en la pantalla llamando a los peones mexicanos a levantarse contra sus opresores y gritando "¡Viva la revolución!", el público austriaco se levantaba de sus asientos gritando a su vez: "¡Abajo la dictadura de

Schuschnigg! ¡Viva la democracia! ¡Viva el Partido Socialista!" Villa, gracias a la película, se convirtió en un héroe principal de los disidentes austriacos. Podemos ver en ello una de las ironías de la historia: unos ochenta años antes, un austriaco, Maximiliano de Habsburgo, había viajado a México a crear un imperio autoritario; pasado el tiempo, la imagen de un revolucionario mexicano, bajo la forma de Pancho Villa, venía a Austria y se convertía en instrumento de la lucha democrática en ese país.

Sobre el rastro de Pancho Villa
en los archivos

Cuando empecé a escribir la biografía de Villa y la historia de su movimiento, se me presentaron cuatro obstáculos principales en cuanto a las fuentes. El primero era la discrepancia entre la enorme cantidad de memorias y artículos sobre él (más de dos mil, sólo en los periódicos mexicanos) y la aparente escasez de documentación contemporánea de archivo (con la significativa excepción de los años 1913-1915).

El segundo problema importante era la discrepancia entre la inmensa cantidad de fuentes manuscritas para el periodo en que Villa fue una personalidad pública y en que dirigió uno de los mayores movimientos revolucionarios de México, y las etapas anteriores y posteriores de su vida. De diciembre de 1913 al otoño de 1915, Villa estuvo en contacto constante con diplomáticos de otros países; dio entrevistas a corresponsales extranjeros que por un tiempo lo acompañaron en sus grandes campañas militares. La riqueza de fuentes para ese periodo contrastaba con lo que parecía una ausencia total de fuentes manuscritas sobre su vida antes de 1910 y la relativa pobreza de fuentes de archivo para el periodo maderista y para los años que van de su derrota a su muerte.

El tercer problema era la diferencia entre el inmenso volumen de fuentes de archivo estadounidenses y el reducido número de las europeas y sudamericanas.

Aún parecía mayor la cuarta discrepancia: entre los documentos extranjeros y los mexicanos. En las fuentes mexicanas, el problema más difícil era la escasez de documentos de origen villista, en comparación con los producidos por sus opositores. Me parecía todavía más significativa la escasez de cartas u otros documentos del propio Villa. Lo que he intentado hacer en este libro, a lo largo de muchos (tal vez demasiados) años de trabajo, fue resolver o por lo menos paliar esas discrepancias con la ayuda imprescindible de colegas, amigos, estudiantes y ayudantes de investigación cuyos nombres consigno en los agradecimientos y con quienes tengo una incalculable deuda de gratitud. Los resultados se describen en la siguiente evaluación y enumeración de las fuentes de archivo que he utilizado.

FUENTES PRIMARIAS MEXICANAS

Este título se refiere a todas las fuentes originadas en México, aunque algunas se encuentran ahora en Estados Unidos.

A diferencia de Carranza o Zapata, Villa no dejó un archivo importante. Lo único que podría considerarse como tal son los textos de las cartas que escribió a diferentes personalidades desde su hacienda de Canutillo, tras su rendición en 1920, y que se encuentran en el archivo privado del doctor Rubén Osorio, en Chihuahua. Estas cartas tienen que ver sobre todo con asuntos de negocios, aunque algunas se ocupan de Herrera y sus supuestos intentos de asesinar a Villa. Para las etapas anteriores de su vida, son mucho más reveladores los papeles de los hombres que estuvieron asociados a él. La mayor colección de estos documentos es la de los papeles de Silvestre Terrazas, que se hallan en la Bancroft Library de la Universidad de California en Berkeley. Contienen una amplia correspondencia entre Villa y Silvestre Terrazas, de éste con muchos de los altos funcionarios villistas, informes de la policía secreta a las autoridades villistas sobre la situación en el estado de Chihuahua, y un panorama de las condiciones sociales y económicas en que se encontraban las haciendas confiscadas por Villa a principios de 1914. Además, cuando fue secretario de Gobierno con Villa, Silvestre Terrazas encontró muchos de los papeles de Creel, que contenían valiosa información sobre el movimiento magonista de principios de siglo, y parte de la correspondencia de Creel con sus subordinados.

También son muy reveladores los papeles del representante de Villa ante la Convención Revolucionaria de Aguascalientes, que más tarde fue presidente de ésta, Roque González Garza. Contienen gran parte de su correspondencia con Villa, informes detallados sobre las actividades de la Convención, y correspondencia con su hermano Federico sobre las actividades de los exiliados mexicanos entre 1915 y 1920. Cuando consulté estos papeles, eran propiedad de la familia de Roque González Garza. Son muy importantes también los papeles de Federico González Garza; aunque tuvo menos contacto con Villa que su hermano, contienen interesante información sobre la situación interna de Chihuahua. También incluyen algunos valiosos documentos villistas: el ultimátum de Villa a Madero en 1913 y el contrato que Villa firmó, a principios de 1914, con la Mutual Film Company. Los papeles han sido donados por la familia al archivo Condumex de la ciudad de México.

Los papeles del gobernador sonorense José María Maytorena, que se encuentran en el Claremont College, en California, son una fuente importantísima sobre Villa y, más aún, sobre Ángeles. Contienen memorias en parte inéditas de Maytorena, correspondencia entre él y Villa, y entre él y sus agentes, encargados de las relaciones con Villa y los villistas. Todavía más importante es su correspondencia con Ángeles durante su exilio en Estados Unidos. Aunque una parte de esa correspondencia se ha publicado en un libro compilado por Álvaro Matute, *Documentos relativos al general Felipe Ángeles* (México, 1982), muchas de las cartas escritas o recibidas por Ángeles no están incluidas.

Los papeles de Lázaro de la Garza, en la Nettie Lee Benson Library de la Universidad de Texas en Austin, guardan abundante información sobre el equipamiento de los ejércitos villistas y los tratos que hizo Villa para procurarse armas y municiones en Estados Unidos. Se encuentran allí también informes sobre Villa que le llegaron a su emisario en 1914 y 1915, y muchas cartas de Villa a Lázaro de la Garza, aunque son menos interesantes que la correspondencia que se encuentra en los archivos de otras personalidades villistas, entre los que destacan los papeles de uno de sus representantes en Estados Unidos, Enrique Llorente, en la Public Library de Nueva York.

Los papeles de Eusebio Calzado, superintendente de ferrocarriles de Villa, están en el Museum of the Daughters of the American Revolution, en San Antonio, Texas.

La Buckley Collection de la Universidad de Texas en Austin contiene la correspondencia de los dos hermanos Urquidi, que representaron primero a Carranza y luego a la Convención Revolucionaria en Estados Unidos. La misma colección comprende testimonios sobre los intentos de Villa por obtener dinero de los sacerdotes jesuitas mediante la intimidación.

Papeles privados de personalidades mexicanas no villistas

Los papeles de Porfirio Díaz que se encuentran en la Universidad Iberoamericana, en la ciudad de México, constituyen una fuente muy valiosa para conocer las condiciones reinantes en Chihuahua durante la era porfiriana y para entender las actividades de Luis Terrazas y Enrique Creel. Para el periodo revolucionario, el archivo Díaz contiene reveladores informes de los gobernadores Alberto Terrazas y Miguel Ahumada, así como informes confidenciales de los generales y oficiales de Díaz sobre el levantamiento maderista en ese estado, que no se ocupan sólo de la situación militar, sino que evalúan la impopularidad de la familia Terrazas, la composición social de los revolucionarios y el estado de ánimo general de la población de Chihuahua.

Algunos de los papeles de Luis Terrazas se encuentran en el CIDECH, en la ciudad de Chihuahua.

Los papeles del gobernador coahuilense Miguel Cárdenas, que son propiedad del doctor Pérez Correa, contienen interesantes datos sobre los primeros años de la carrera de Venustiano Carranza. La enorme colección de los papeles de éste se halla en el archivo Condumex, en la ciudad de México. Contiene muchos informes y cartas dirigidos al Primer Jefe, aunque a menudo faltan las respuestas. Tal vez la parte más importante de este archivo, por lo que toca a Villa, sea el intercambio de telegramas entre Carranza y sus comandantes de Chihuahua en 1915-1920.

Los papeles del general federal Rubio Navarrete, también en Condumex, comprenden algunas interesantes descripciones de la quasi ejecución de Villa por órdenes de Huerta. Fue Rubio Navarrete, al parecer, quien le salvó la vida. Este archivo también contiene importantes análisis, desde el bando federal, de las razones de las derrotas que sufrió a manos de Villa.

Entre los papeles de cuatro generales carrancistas –Amado Aguirre, Juan Barragán, Jacinto Treviño y Francisco Urquizo, todos ellos en el archivo de la

Universidad Nacional Autónoma de México–, los de Treviño son los más interesantes. Fue comandante carrancista en Chihuahua hasta fines de 1916, y Villa le infligió sonadas derrotas. Sus papeles contienen la correspondencia que sostuvo con sus superiores y las explicaciones que él daba sobre su mala fortuna.

Entre los papeles del general carrancista Pablo González, de los que hay microfilms en la Universidad de Texas en Austin, existe alguna información sobre las batallas contra Villa, aunque en conjunto son de limitada importancia para el tema de este libro.

Los papeles privados de Elías Torres, que fue uno de los intermediarios del gobierno en las negociaciones para la rendición de Villa en 1920, iluminan de manera interesante ese acontecimiento, y se encuentran en posesión de su familia en la ciudad de México.

Los papeles de Gildardo Magaña, que incluyen el archivo Emiliano Zapata, son de gran interés respecto de la relación entre éste y Villa. Se hallan en la biblioteca de la Universidad Nacional Autónoma de México. Una de las cartas más interesantes que Zapata le escribió a Villa a principios de 1914 se encuentra, sin embargo, en los papeles de Reyes Avilés, en las colecciones especiales de la Universidad de Texas en El Paso.

Los papeles de la familia Martínez del Río contienen informes día a día del administrador de la inmensa hacienda de Santa Catalina, en Durango, donde tuvo lugar una serie de levantamientos campesinos y donde operaba uno de los generales villistas más destacados, Calixto Contreras. También incluyen una carta privada que informa sobre el bandido Francisco Villa, de Coahuila, cuyo nombre asumió Villa según algunos autores.

Muchos de los papeles de Álvaro Obregón, Plutarco Elías Calles y el secretario de este último, Fernando Torreblanca, se pueden encontrar en el archivo Obregón-Calles-Torreblanca, en la ciudad de México. Proporcionan interesantísima información sobre las campañas de Villa en 1916-1917, sobre su rendición y, principalmente, sobre su asesinato.

Los papeles de Joaquín Amaro, en el mismo archivo, ofrecen pruebas concluyentes de la participación del gobierno mexicano en el homicidio.

Gracias a la generosidad de Marta Rocha, pude consultar algunas de las notas que tomó de los papeles del gobernador de Chihuahua Ignacio Enríquez, con gran cantidad de datos sobre la formación y operación de las defensas sociales.

El doctor Rubén Osorio me permitió consultar copias de los papeles inéditos de Abraham González, escritos durante su gubernatura en Chihuahua. Ese archivo contiene también el interesantísimo expediente de la defensa social de Los Llanos de San Juan Bautista.

Aparte de valiosa información sobre Martín Luis Guzmán, los papeles de éste contienen los muy interesantes cuestionarios que envió a muchos de los colaboradores de Villa, copias de la correspondencia Ángeles-Maytorena y las memorias originales de Villa.

Por desgracia, el Archivo Estatal de Chihuahua se incendió en 1940. Sin embargo, algunos de sus documentos más importantes acerca de la revolución fueron examinados antes de su destrucción por Francisco Almada, y copias de ellos fueron enviadas al historiador mexicano Manuel González Ramírez, quien las donó al Archivo General de la Nación.

Algunas de las fuentes más valiosas sobre la historia prerrevolucionaria y la historia de la revolución en Chihuahua se encuentran en el archivo del distrito de Guerrero, en Ciudad Guerrero. Se centran sobre todo, aunque no exclusivamente, en el periodo prerrevolucionario y contienen una correspondencia detallada entre las autoridades locales, regionales y estatales. Gracias a la generosidad de Ana María Alonso y Daniel Nugent, pude también consultar parte del material que habían recogido del archivo de Namiquipa. Por su parte, María Teresa Koreck me permitió examinar algunas fuentes del pueblo de Cuchillo Parado.

Consulté el registro municipal de Ciudad Juárez y de la ciudad de Chihuahua, que en conjunto contienen poca información sobre el periodo revolucionario. En el archivo municipal de Parral se encuentra una denuncia contra Villa, fechada en 1910.

El archivo del Supremo Tribunal de Justicia del Estado de Chihuahua contiene los expedientes de las demandas y juicios de las viudas de Villa. Las actas manuscritas de las sesiones del Gobierno Nacional del Norte que Villa creó en 1915 también se encuentran allí.

Algunas de las fuentes más útiles para la historia de Chihuahua antes de la revolución y para la historia social de ésta se hallan en el Archivo de la Reforma Agraria, en la ciudad de México. En una parte de ese archivo que durante largo tiempo fue de difícil acceso para los investigadores, la sección de Terrenos Nacionales, encontré docenas de quejas y solicitudes de los habitantes de los pueblos de Chihuahua, Durango y Coahuila sobre la expropiación de sus tierras y los abusos que sufrían.

Los archivos de Durango contienen interesantes datos sobre los primeros años de Villa como bandido.

Me fueron inmensamente útiles los papeles de la Secretaría de la Defensa Nacional. El archivo comprende dos secciones muy diferentes. La primera, el Archivo Histórico, contiene informes detallados de las autoridades federales bajo los gobiernos de Díaz, Huerta y Carranza, sobre las campañas en el norte contra Villa y su ejército. También incluye gran número de quejas de civiles y de oficiales sobre abusos cometidos por las fuerzas federales en el norte.

Los papeles de la segunda sección, el archivo de Cancelados, me resultaron aún más interesantes. Contienen expedientes y dossiers de los comandantes y oficiales que participaron en el ejército revolucionario. El de Villa contiene la única copia disponible del proceso judicial que se le siguió en 1912. El de Ángeles proporciona información sobre el juicio que le hicieron en 1913 las autoridades huertistas y datos hasta ahora desconocidos sobre su corte marcial de 1919. Igualmente reveladores son los de muchos oficiales que sirvieron con o contra Villa.

Los papeles de la Secretaría de Relaciones Exteriores de México son muy importantes no sólo para la historia externa de la revolución, sino también para su aspecto interno. Una vez que las fuerzas revolucionarias tomaron control del norte, los cónsules federales a lo largo de la frontera organizaron un servicio de inteligencia para averiguar lo que ocurría en esos territorios. Sus informes son pues de importancia decisiva para la historia militar, política y social de la revolución. A partir de 1915, dichos cónsules se concentraron de nuevo en la recopilación de información entre los exiliados mexicanos, cuyas organizaciones lograron penetrar, de manera que sus informes nos proporcionan datos únicos sobre las actividades de los exiliados y sus relaciones con diferentes grupos de interés y organizaciones estadounidenses. Recientemente la Secretaría de Relaciones Exteriores adquirió algunos papeles hasta entonces inaccesibles. Los que resultaron más útiles para mi investigación fueron los expedientes de la Embajada de México en Washington y el diario de Adrián Aguirre Benavides.

El bien organizado Archivo General de la Nación también es de enorme relevancia para la historia de Villa y del villismo. Los papeles de Madero contienen su correspondencia con Villa en 1912 y cartas, también relativas a Villa, entre Madero y Abraham González, así como otras enviadas a Madero por Ángeles y Calixto Contreras.

Se pueden encontrar informes detallados sobre las propiedades confiscadas en Chihuahua en los Papeles de Gobernación, también localizados en el Archivo General de la Nación. Una pequeña colección de papeles de Zapata incluye correspondencia entre éste y Villa. Una de las fuentes más importantes en el mismo archivo es la correspondencia entre Villa y Obregón, posterior a la rendición del primero en 1920, que se encuentra en los papeles presidenciales de Obregón. Los expedientes de la Comisión Monetaria se ocupan principalmente del destino de las posesiones de Terrazas después de la revolución.

FUENTES ESTADOUNIDENSES

Afortunadamente para los historiadores, Villa operó cerca de la frontera con Estados Unidos y despertó un gran interés en ese país. Como resultado, existe abundante información sobre él y su movimiento en los archivos estadounidenses.

La fuente estadounidense más importante, y durante largo tiempo por desgracia casi la única accesible a los investigadores, es el archivo del Departamento de Estado, el cual contiene los papeles de la embajada y de los consulados de todo México, que proporcionan una enorme cantidad de datos sobre sucesos y personalidades vinculados a la revolución. Aunque estos documentos son útiles, también presentan muchos problemas. La mayoría de los cónsules que informaban sobre la situación local no eran diplomáticos profesionales, sino hombres de negocios que actuaban como cónsules honorarios. Esto tiene a la vez una ventaja y una desventaja. La primera es que habían vivido durante muchos años en la zona donde ejercían su responsabilidad consular y solían tener un excelente conocimiento de las condiciones reinantes y de las personas que allí vivían. La desventaja es que no eran en absoluto informadores desinteresados. La mayoría tenía poderosos intereses de negocios que los vinculaban a algunos grupos de la región y ello, consciente o inconscientemente, prejuiciaba sus informes. Además, la mayoría tendía a tener una actitud profundamente racista hacia México. Subsumían a la mayor parte de las clases inferiores, a las que despreciaban, bajo el título general de "pelados" o, en el mejor de los casos, "peones". En general, eran incapaces de distinguir los muy heterogéneos grupos sociales que esas clases abarcaban.

Aparte de los cónsules, toda una muchedumbre de agentes de inteligencia vigiló muy de cerca los acontecimientos y las personas durante la revolución mexicana. Hasta cierto punto, sus informes sirven en ocasiones de contrapeso a los de los cónsules y diplomáticos. Sólo hace relativamente poco tiempo que los papeles de esas agencias de inteligencia fueron desclasificados y puestos a disposición de los investigadores. Comprenden una variedad de organizaciones y agencias, a menudo enfrentadas entre sí. A diferencia de los cónsules, que eran muy reticentes en sus informes sobre los tratos y los vínculos secretos de los empresarios o funcionarios estadounidenses con las diversas facciones mexicanas, las agencias de inteligencia gubernamentales eran más francas, porque sabían cuán restringido sería el público que tendría acceso a sus informes.

El Departamento de Estado poseía su propio organismo para la recolección y evaluación de inteligencia, la Oficina del Counselor, que contiene información en extremo reveladora sobre los lazos entre funcionarios y hombres de negocios estadounidenses con las facciones revolucionarias.

En términos de mera cantidad, la fuente más importante sobre la revolución mexicana se encuentra en los archivos de los agregados militares de Estados Unidos, agentes no oficiales enviados por el Departamento de Inteligencia Militar que amplió notablemente sus actividades después de que su país entró en la primera guerra mundial. Esos papeles incluyen no sólo un montón de informes confidenciales sobre las actividades revolucionarias mexicanas, sobre todo acerca de Villa y sus hombres, sino también copias de cartas interceptadas entre Villa y sus agentes en Estados Unidos, así como de cartas de cualquier tipo entre México y Estados Unidos o entre México y Europa, interceptadas por los censores estadounidenses. Además de enviar agentes a México, la Inteligencia Militar entrevistaba a los viajeros que volvían de ese país y trataba de organizar sistemáticamente sus informes.

Otro grupo altamente relevante de expedientes militares son los de la Expedición Punitiva, en especial toda su sección de inteligencia, que entrevistó a cientos de testigos y trató de conocer día por día las actividades de los villistas antes, durante y después del ataque a Columbus. Esos archivos contienen informes detallados de los agentes japoneses que las autoridades militares es-

429

tadounidenses enviaron para espiar a Villa y envenenarlo. El Departamento de Inteligencia de la Expedición Punitiva también elaboró informes interesantes sobre las condiciones sociales reinantes en las regiones que ocupó.

Aunque menos voluminosos que los archivos de la Inteligencia Militar, los papeles del Buró de Investigación del Departamento de Justicia (antecesor del FBI) también contienen abundante información sobre el México revolucionario. Por una parte, el Buró interceptó aún más correspondencia entre Villa y sus partidarios, y, por otra, sus agentes lograron infiltrar a la mayoría de las organizaciones de exiliados mexicanos en Estados Unidos. Gracias a eso pudieron descubrir prácticamente todos los complots e intrigas de éstos, ya fuera en connivencia con intereses estadounidenses o para actuar por sí mismos.

Los papeles del Buró de Investigación por desgracia sólo están disponibles en forma de mal fotografiados microfilms, que se encuentran en los National Archives. Todos los que son posteriores a 1920 están aún retenidos por el FBI pero, bajo el Freedom of Information Act, gran parte de la información que contienen ha sido desclasificada. Gracias a ello he podido obtener de sus expedientes informes confidenciales sobre el asesinato de Villa.

En comparación con los papeles de esos tres grandes servicios de inteligencia estadounidenses, encontré mucho menos reveladores o importantes los del Servicio Secreto y los telegramas interceptados por la Agencia Nacional de Seguridad.

Por suerte para los historiadores, la mayoría de los políticos y militares estadounidenses destacados que de una u otra manera trataron con Villa han dejado archivos. Los más útiles son los de Woodrow Wilson, William Jennings Bryan, Robert Lansing, John Joseph Pershing, Leonard Wood, Tasker Howard Bliss, Edward M. House y Frank L. Polk. Estos hombres diseñaron la política de Estados Unidos respecto a Villa, aunque ninguno de ellos tuvo contacto directo con el revolucionario mexicano. Sólo una figura política estadounidense importante estableció una relación personal con él y sus papeles son tal vez los más interesantes entre los documentos privados que dejaron los políticos estadounidenses: se trata de Hugh Lenox Scott.

Con muy pocas excepciones, los tratantes en municiones, los oscuros cabilderos como Hopkins, los diplomáticos corruptos como Leon Canova o los impostores como Keedy no dejaron papeles. Por fortuna, sin embargo, dejaron huellas y algún tipo de registro de sus actividades. Hopkins rindió testimonio dos veces ante comités del Senado de Estados Unidos, y tanto las agencias estadounidenses como los políticos mexicanos rindieron vívidos informes de sus actividades. El autor de su obituario en el *New York Times* también tuvo acceso a información sobre la vida y los tratos de Hopkins, no sólo con los gobiernos de América Latina, sino también con los de Europa del este. Se han conservado los papeles de dos cabilderos, muy notorios en Washington y cuyas actividades tuvieron gran importancia para Villa. El primero es Chandler Anderson, cuyo diario contiene valiosísima información sobre los tratos entre los empresarios estadounidenses con diferentes facciones revolucionarias y sobre la forma en que procuraron influir en la política mexicana. James Garfield, hijo de un expresidente, cabildeó para Villa en 1914-1915, y sus papeles describen las actividades un tanto torpes que emprendió para procurarle el reconocimiento de Estados Unidos.

Muy pocas de las compañías estadounidenses que operaban en México y que establecieron contacto con Villa y su facción han permitido que los investigadores examinen sus archivos. Por obvias razones, las excepciones más importantes son las que han dejado de trabajar o vendido sus sucursales mexicanas. Los archivos más reveladores son los del Ferrocarril del Noroeste de México (Mexican Northwestern Railroad), que se encuentran en la división de manuscritos de la Universidad de Texas en El Paso y en Austin, y los papeles de la Corralitos Hacienda, en la división de manuscritos de la Nettie Lee Benson Library, en la Universidad de Texas en Austin. Los papeles de la International Harvester Corporation, que también pude consultar, son mucho menos interesantes. Este limitado acceso a los archivos de las compañías no significa que sea imposible estudiar sus actividades. Algunos de sus papeles fueron enviados a la comisión mixta de reclamaciones mexicano-estadounidense, que se encargó de presentar todas las demandas de las compañías por daños sufridos durante la revolución. Algunas también enviaron memoranda a diversas figuras políticas o tuvieron conversaciones con políticos que las registraron en sus diarios. Además, muchas de ellas se esforzaron por exponer sus puntos de vista al senador Fall, en cuyo archivo se conservan sus cartas. He encontrado, sin embargo, que la mejor manera de valorar las actividades de las empresas estadounidenses en México consiste en examinar los papeles de otras potencias, sobre todo los que existen en los archivos británicos, franceses, alemanes y españoles, dado que los representantes diplomáticos de estos países no tenían las mismas inhibiciones que los estadounidenses para ocuparse del asunto.

Los papeles del senador Fall, que se encuentran en la Huntington Library en California y de los que hay microfilms en poder de la Universidad de Nebraska, son poco objetivos pero muy interesantes. Contienen muchos informes de estadounidenses residentes en México que se vieron muy afectados por la revolución.

El juzgado de Deming, Nuevo México, contiene las actas del juicio a los villistas que participaron en el ataque a Columbus y fueron capturados.

Existen informes de misioneros estadounidenses en Chihuahua y en el norte de México en los papeles de las Board Missions en la Widener Library de la Universidad de Harvard. Incluyen tanto datos sobre muchos dirigentes revolucionarios que eran protestantes como descripciones de la vida cotidiana en Chihuahua durante la revolución.

GRAN BRETAÑA

A diferencia de Estados Unidos, Gran Bretaña no ha desclasificado aún sus expedientes de inteligencia para el periodo de la revolución mexicana. Por fortuna, muchos de ellos se encuentran en los archivos del Foreign Office, que

431

están ahora disponibles para todos los investigadores. Entre los cónsules británicos más interesantes y cultivados destaca Patrick O'Hea. Había estudiado en Cambridge y se trasladó a México por razones de salud; era administrador de una de las haciendas de Pablo Martínez del Río y durante la revolución llegó a ser vicecónsul en Torreón, donde tuvo trato constante con todos los jefes revolucionarios que pasaron por esa ciudad y veía con frecuencia a Pancho Villa. Aunque nada objetivo –odiaba a Villa–, parece haber captado mejor los problemas sociales del campo mexicano e incluso los cambios internos de las facciones revolucionarias que la mayoría de los diplomáticos.

Los papeles de Lord Cowdray, director de la Mexican Eagle Company, contienen reveladoras apreciaciones sobre la situación política, social y económica reinante elaboradas por los representantes de la compañía en México. En menor grado, lo mismo puede decirse de los empleados de la anglo-estadounidense Tlahualilo Company.

FRANCIA

Las fuentes más importantes sobre Villa en los archivos franceses se hallan en el Ministerio de Relaciones Exteriores, en el Quai d'Orsay, y en los archivos de la inteligencia militar, en el Château de Vincennes. Los papeles del ministerio contienen algunos informes internos sobre la situación en México y la ocupación por Villa de la ciudad de México y de Guadalajara. También documentan las esperanzas que tenía el encargado francés Ayguesparre, íntimamente vinculado a la oligarquía tradicional mexicana, de que Villa pudiera ser cooptado por la clase alta. Los informes del agregado militar en los archivos de la inteligencia francesa incluyen algunas conversaciones muy reveladoras que acerca de Villa sostuvo el agregado militar en Washington con Woodrow Wilson.

ALEMANIA

Las fuentes alemanas más útiles se encuentran en el ministerio de Relaciones Exteriores en Bonn y en lo que fuera el principal archivo de Alemania del Este, en Postdam, cerca de Berlín. Revelan los complots alemanes para lanzar a Villa en un ataque contra Estados Unidos, pero también incluyen informes internos desde Chihuahua acerca de Villa y el villismo. Los papeles del cónsul alemán en Ciudad Juárez, Máximo Weber, están en la división de manuscritos de la biblioteca de la Universidad de Texas en El Paso. Como los británicos y los franceses, los archivos alemanes son especialmente importantes para documentar las actividades de los agentes y empresarios estadounidenses en México durante la revolución.

ESPAÑA

Los comerciantes y hacendados españoles fueron los extranjeros más perseguidos por Villa y los villistas durante 1915, con excepción de los chinos. Por esa razón, el gobierno español mostró profundo interés en las actividades de dichos revolucionarios y, en 1915, envió a un agente especial, Antonio Zapico, a obtener garantías de Villa para los ciudadanos españoles. Zapico presenció los últimos meses de la División del Norte y envió al Ministerio de Relaciones Exteriores en Madrid informes detallados sobre sus encuentros con Villa y sobre la desintegración de su gobierno en el norte.

AUSTRIA

Aunque la monarquía austrohúngara mostró escaso interés en México antes de 1910 –las relaciones diplomáticas entre el imperio y este país sólo se reiniciaron a principios del siglo XX, porque el emperador Francisco José consideraba que Porfirio Díaz compartía la responsabilidad por la ejecución de su hermano Maximiliano–, los austriacos se interesaron mucho por la revolución mexicana a partir del estallido de la primera guerra mundial. Como los alemanes, esperaban que Estados Unidos se involucrara en México y, por ello, no pudiera participar al lado de los Aliados. Por esa razón, el archivo del Ministerio de Relaciones Exteriores de Austria contiene interesantes informes sobre las relaciones entre Estados Unidos y los revolucionarios mexicanos.

LA HISTORIA ORAL

Desafortunadamente, no se hizo ningún intento por entrevistar a los veteranos de la revolución de manera sistemática antes de los años sesenta, cuando Urióstegui Miranda llevó a cabo un primer intento. Sólo en los años setenta, el Programa de Historia Oral del Instituto Nacional de Antropología e Historia, dirigido por la doctora Eugenia Meyer, para el que fui asesor, realizó entrevistas con más de cien veteranos de todos los rangos de la División del Norte. Aunque las historiadoras Alicia Olivera de Bonfil y Laura Espejel entrevistaron sobre todo a veteranos zapatistas, también registraron algunas entrevistas con veteranos del ejército de Villa. Fue el intento más amplio y sistemático por salvaguardar las memorias de quienes participaron en una revolución que el México oficial había ignorado por largo tiempo. Además, algunas de las mejores entrevistas que conozco con veteranos villistas fueron realizadas por el doctor Rubén Osorio, de la ciudad de Chihuahua, quien logró hablar con docenas de los revolucionarios chihuahuenses de todas las franjas del espectro político. También encontré muy útiles las entrevistas del Proyecto de Historia Oral de la Universidad de Texas en El Paso, aunque, dado que hay que tratar con veteranos de setenta y ochenta años de edad, obviamente presentan algunos problemas por el largo tiempo transcurrido desde su participación en la revolución. Muchos habían sufrido la influencia de lo que los diferentes medios habían escrito o dicho al respecto. Otros tal vez deseaban realizar su propio papel para obtener una pensión del gobierno. Sin embargo, proporcionan una visión subjetiva única, que a menudo los documentos escritos no pueden ofrecer.

Hay dos libros que se pueden llamar memorias de Pancho Villa. La primera autobiografía fue escrita por Ramón Puente, que cuando la escribió era un exiliado en Estados Unidos. Puente no sostiene que las memorias le fueran dictadas verbatim por Villa, sino que eran resultado de largas conversaciones que había tenido con el jefe revolucionario acerca de su vida. Aunque no hay duda de que Puente conocía tanto a Chihuahua como a Villa, hay que señalar que cuando escribió el libro, en 1919, él era parte interesada: actuaba como agente villista en Estados Unidos, y uno de sus principales objetivos era rehabilitar a Villa a los ojos de la opinión pública tanto mexicana como estadounidense.

Las memorias de Villa más famosas fueron escritas por una de las mayores figuras literarias de México, Martín Luis Guzmán. En su prefacio, indica que la primera parte se basa en tres memorias originales dictadas por Villa. La primera es una hoja de servicios mecanografiada, escrita en forma autobiográfica, que describe las actividades militares de Villa durante la revolución maderista. La segunda está integrada por notas manuscritas, probablemente tomadas por Manuel Bauche Alcalde, intelectual villista y por un tiempo editor en jefe del periódico *Vida Nueva*, con quien Villa sostuvo largas conversaciones acerca de su vida. La tercera es una serie de cuadernos manuscritos por Bauche Alcalde y titulados *Vida del general Francisco Villa*. Martín Luis Guzmán consideraba que los dos primeros documentos habían sido alterados por estenógrafos o mecanógrafos que no reflejaban con precisión el lenguaje de Villa, y que el tercero estaba escrito en el estilo de un hombre de la ciudad de México. Dado que Guzmán conoció a Villa y sabía cómo hablaba, pensó hacer varios cambios menores para reflejar mejor su personalidad y su estilo.

Dado que las memorias originales nunca se han publicado, han surgido dudas sobre la autenticidad del texto de Guzmán y sobre si se tomó demasiadas libertades. Habiendo tenido acceso al original gracias a su familia, sólo puedo confirmar que Guzmán·no era sólo un gran escritor, sino también un investigador extraordinariamente serio.

Existen interesantes discrepancias entre los tres documentos que van más allá del lenguaje. Mientras las notas manuscritas que se le pueden atribuir más directamente a Villa y la hoja de servicios son narraciones lineales de hechos, el texto de Bauche Alcalde contiene justificaciones y apreciaciones ideológicas. Incluye por ejemplo una enumeración de seis páginas de todas las medidas y políticas negativas de Porfirio Díaz, con detalles que Villa, semianalfabeto, difícilmente habría conocido. A este respecto apenas se puede dudar que Guzmán tenía razón al considerar que no reflejaban las auténticas memorias del revolucionario. Por otra parte, el texto incluye algunas apreciaciones ideológicas que sí se ajustan al pensamiento de Villa, como el largo pasaje en que sueña con crear colonias militares, ideas que una y otra vez desarrollaría en fechas posteriores, en sus charlas con John Reed o con el emisario de Woodrow Wilson, Duval West, y que he citado en este libro. Además, esos pasajes fueron previamente escogidos por la nieta del caudillo, Guadalupe Villa, quien considera que reflejan con precisión la manera de pensar de su abuelo.

El texto de Bauche Alcalde, el único fechado, fue terminado el 27 de febrero de 1914. Al parecer estuvo originalmente destinado a la publicación. "No tengo intención de siquiera justificarme o defenderme", le dijo Villa a Bauche Alcalde; "la gente debe conocerme como soy y como fui para que puedan apreciar lo que soy." Aunque habría sido fácil para Bauche Alcalde, que por un tiempo fue editor en jefe del periódico villista, publicarlas en forma de libro o enviarlas a un periódico de Estados Unidos, las memorias permanecieron inéditas. Esto pudo deberse a que Villa no se reconoció en ellas o a su creciente desconfianza hacia Bauche Alcalde, quien pronto fue despedido de *Vida Nueva* y se pasó a los carrancistas, o a que las memorias se terminaron una semana después del asesinato de Benton y Villa tal vez no quería llamar la atención sobre su pasado de bandolero en tan delicado momento. Cuando Bauche Alcalde salió de Chihuahua, le envió las memorias al médico personal de Villa, el doctor Raschbaum.[1] Cuando éste dejó ese cargo, en octubre de 1914, se las entregó a Luz Corral.[2] Por razones desconocidas, ella no pudo conservarlas, y quedaron en posesión de Austreberta Rentería, la última esposa de Villa. A través de la intermediación de Nellie Campobello, destacada escritora, autora de libros llenos de admiración hacia Villa, Austreberta le proporcionó el texto a Martín Luis Guzmán, quien reconoce su deuda con las dos mujeres.[3] Firmó con ellas un contrato por el que les daba el 30 por ciento del 27.77 por ciento del total de sus derechos de autor, que correspondía a la parte basada en las memorias originales. Estos derechos siguieron pagándose incluso después de la muerte de Guzmán; he encontrado registro en los archivos de Guzmán según el cual se continuaron pagando a Nellie Campobello hasta 1978.

La última parte del libro no se basa en las memorias originales de Villa, ni Guzmán dice que así sea, a diferencia de la primera parte que reconstruye la forma en que el revolucionario, en su opinión, habría escrito. Se ha dudado de su autenticidad porque el autor nunca dijo en qué fuentes se había basado aparte de su propio conocimiento de Villa. Pero sus archivos revelan, de nuevo, que era un estudioso serio. Envió docenas de cuestionarios a antiguos villistas que, en los años treinta, no eran muy viejos aún, y que le proporcionaron detallada información. Además, Luis Aguirre Benavides, uno de los antiguos secretarios de Villa, dice que sostuvo largas conversaciones con Guzmán sobre las decisiones y actividades del general. Aunque las memorias constituyen, tal vez, la obra más importante que existe sobre el tema, tienen dos inconvenientes. El primero es que Guzmán no tuvo acceso a gran parte del material de archivo de origen mexicano o extranjero que se relaciona con Villa. El segundo es que las memorias originales le fueron dictadas a Bauche Alcalde, un hombre que en 1915 defeccionó de las filas villistas y se convirtió en secretario de uno de sus mayores enemigos, Pablo González. ¿Alteró el manuscrito antes de abandonar a Villa? Aunque así no fuera, Villa al parecer tenía una memoria más bien selectiva, que en ocasiones contradice los documentos contemporáneos. Durante su proceso en 1912, testificó que había trabajado para la Mexican Nortwestern Railroad Company y transportado para ella grandes cantidades de dinero. Nada de eso se dice en las memorias. Más notable aún es la ausencia de cualquier mención del ultimátum que le envió a Madero después de escapar de prisión a principios de 1913. Hay rumores de que, en Canutillo, Villa dictó un conjunto de memorias que fueron tomadas en taquigrafía y se encuentran en posesión de una de sus hijas. No he logrado verlas y todavía no estoy seguro de que existan.

Memorias de los colaboradores de Villa

Muchos de los intelectuales que trabajaron con Villa, la mayoría de los cuales en un momento u otro se decepcionaron, aunque en diversos grados, escribieron memorias. La primera, cuyo autor permaneció durante largo tiempo en el anonimato, se publicó bajo el pseudónimo de "Juvenal" con el título: *¿Quién es Francisco Villa?* (Dallas, 1916). Las partes más valiosas se refieren a las relaciones de Villa con los demás dirigentes de su movimiento. El libro trata de describir a su personaje y, asimismo, la organización interna de la División del Norte. En general los historiadores no lo han tomado en serio, ya que Juvenal era el pseudónimo de un periodista español, y dudaban de que un hombre de esa nacionalidad pudiera conocer verdaderamente y desde dentro al movimiento villista. En 1945, el periódico mexicano *El Universal* reveló que el verdadero autor era uno de los secretarios de Villa, que lo había conocido íntimamente, Enrique Pérez Rul. Lo que hace especialmente interesantes estas memorias es la temprana fecha en que fueron escritas (1915-1916), cuando los acontecimientos estaban aún muy frescos en la mente del autor. Además, aunque Pérez Rul rompió con Villa, no se volvió partidario de Carranza, sino que se exilió en Estados Unidos. No tenía intención de probar que ninguno de los dos bandos tenía la razón y escribió con sorprendente objetividad.

Las memorias de otro secretario de Villa, Luis Aguirre Benavides, que lo dejó antes que Pérez Rul, se publicaron en los años setenta y, al parecer, también fueron escritas mucho más tarde que las de éste. Sin embargo contienen información interesante.

Partes de *El águila y la serpiente*, una novela que Martín Luis Guzmán escribió años antes que las *Memorias de Pancho Villa*, pueden considerarse como reminiscencias personales sobre el villismo. En ella, el escritor da una imagen del revolucionario norteño mucho más negativa que en su obra posterior.

Tal vez es sintomático de las contradictorias actitudes del México oficial el hecho de que los importantísimos recuerdos de Silvestre Terrazas, secretario de gobierno de Villa, sólo se publicaran por entregas en una revista relativamente oscura de Chihuahua, en los años treinta. Sólo en los años setenta fueron publicados en forma de libro, primero en Chihuahua y luego en la ciudad de México. Aunque el libro contiene información fundamental, también debe ser examinado con precaución, ya que Terrazas, que para los años treinta se había vuelto mucho más conservador de lo que había sido durante la revolución, trata de justificar su conducta respecto a Villa. Por fortuna, el libro publicado se puede comparar con la enorme cantidad de papeles y documentos contemporáneos que dejó en sus archivos, los cuales se encuentran ahora en la Bancroft Library de la Universidad de California en Berkeley.

Los muy hostiles recuerdos de Villa que registró José Vasconcelos han sido cuestionados por otros participantes en la revolución. Es significativo que, años después de escribirlos, su autor hiciera un prefacio mucho más laudatorio para las memorias de la esposa de Villa, Luz Corral. Ella es la única de sus cónyuges que al parecer tuvo un papel en su vida política, y el libro que escribió, *Pancho Villa en la intimidad,* da algunos datos personales desconocidos y arroja una luz nueva sobre la reunión del caudillo con Obregón en 1914. Sin embargo, también hay que tomarlo con precaución, ya que la autora se propone rehabilitar a Villa e insistir en su propia importancia sobre las otras mujeres que lo rodearon. Austreberta Rentería y Soledad Seáñez no publicaron memorias, pero ambas han sido entrevistadas (yo mismo logré hablar con Soledad Seáñez) y sus sentimientos hacia su difunto marido parecen mucho más contradictorios que los de Luz Corral, aunque Villa rompió con ésta a principios de los años veinte.

Aparte de esas memorias publicadas en forma de libro, existe una enorme cantidad de cartas, entrevistas y memorias breves de otros villistas, generalmente publicadas en los suplementos dominicales de los periódicos mexicanos, y que fueron indexadas por Stanley Ross y un equipo de investigadores en una colección de cinco volúmenes, *Fuentes de la historia contemporánea de México; periódicos y revistas* (México). Existen dos memorias inéditas que encontré altamente interesantes. Las primeras son de Máximo Castillo, y el profesor Jesús Vargas, de Chihuahua, me permitió consultarlas. En algunos aspectos, Castillo, que se decía zapatista, puede ser considerado el mayor opositor de izquierda que tuvo Villa en Chihuahua. Castillo no veía necesidad de respetar las propiedades o las susceptibilidades de los estadounidenses, y quería llevar a cabo un reparto de tierras inmediato. Por esa razón, a pesar de sus intentos por aliarse con Villa, nunca lo logró, tuvo que huir del país y estuvo mucho tiempo preso en Estados Unidos.

Las memorias más importantes acerca del periodo guerrillero de Villa son las de José María Jaurrieta. Éste se unió a Villa sólo al final de ese periodo, en 1916, y gracias a que era instruido se convirtió en su secretario y su agente confidencial para misiones en Estados Unidos. Las memorias (de las que sólo partes estaban publicadas cuando empecé esta obra y que la familia González, que posee el original, amablemente me permitió consultar a través de la mediación de Richard Estrada) se publicaron en México en los primeros meses de 1998, y son la mejor y en muchos casos la única fuente sobre las actividades guerrilleras de Villa entre 1915 y 1920. Jaurrieta puede ser considerado como el único intelectual que peleó junto a él y le siguió siendo fiel hasta el fin. Algunas de las más interesantes memorias de los revolucionarios se han publicado como artículos o entrevistas en periódicos mexicanos o mexicano-estadounidenses.

Los diarios más importantes como fuentes sobre el movimiento villista son los dos que publicaba su gobierno: *Vida Nueva,* que existió desde principios de 1913 hasta fines de 1915, y el *Periódico Oficial del Estado de Chihuahua.*

El *Correo del Bravo,* que publicaban en El Paso agentes del gobernador sonorense Maytorena, arroja una luz nueva sobre la relación entre Villa y Carranza.

Buen número de excelentes corresponsales estadounidenses siguieron a Villa en sus campañas en 1914 y escribieron algunos de los mejores textos sobre él. El más conocido e influyente fue John Reed, cuyos artículos fueron reunidos en el libro *México insurgente.* El trabajo de otros reporteros, como John W. Roberts, del *New York American,* o Edwin Emerson (también agente secreto del ejército estadounidense) del *Philadelphia Inquirer,* ha sido inmerecidamente olvidado.

Desde mediados de 1915 y hasta su rendición en 1920, ningún reportero tuvo acceso a Villa. Los mejores reportajes sobre sus actividades de esos años son de testigos chihuahuenses y fueron publicados por dos diarios de El Paso, *El Paso Times* y *El Paso Herald,* que siguieron los acontecimientos del vecino Chihuahua con el mayor detalle. A partir de 1919, el periódico *La Patria,* que Silvestre Terrazas publicaba en español en Estados Unidos, prestó mucha mayor atención a la guerra civil que allí se desarrollaba. Era anticarrancista aunque no enteramente villista.

Fuentes de archivo

A. MÉXICO

Ciudad de México
- Archivo General de la Nación
  - Ramo Presidentes:
    Francisco Madero
    Obregón-Calles
    Cárdenas
    Ávila Camacho
    Ruiz Cortines
      Villa Hipólito y "El Fresno"
      Villa Monumento
      Ex-Latifundio Babicora
    López Mateos
      Residentes Canutillo
      Villa Monumento
  - Ramo Gobernación
    Subramo Bienes Intervenidos
  - Ramo Revolución
    Serie Manuel González Ramírez
    Serie Zapata
  - Documentos donados por López Portillo
    Melitón Lozoya
    Controversia película "Pancho Villa"
- Comisión Nacional Agraria
- Dirección General de Gobierno
  - Correspondencia Villa-Zapata
  - Serie Fernando Iglesias Calderón
  - Comisión Monetaria
  - Archivo Histórico de Hacienda
  - Serie Convención de Aguascalientes
  - Archivo Genovevo de la O.
- Archivo del Instituto de Estudios Históricos de la Revolución Mexicana

- Instituto Mora
  - Programa de Historia Oral: entrevistas con villistas
- Hemeroteca Nacional
  - Artículos de periódico
- Archivo de la Secretaría de Relaciones Exteriores
- Archivo de la Secretaría de la Defensa Nacional
  - Archivo Histórico
  - Archivo de Cancelados
- Archivo de la Secretaría de la Reforma Agraria
  - Sección de Terrenos Nacionales
- Archivo Porfirio Díaz: Universidad Iberoamericana
- El Colegio de México
  - Archivo de la Embajada de la República Española en México
- Archivo de la Universidad Nacional Autónoma de México
  - Archivo Amado Aguirre
      Rafael Chousal
      Heriberto Jara
      Gildardo Magaña
      Manuel Barragán
      Francisco Urquizo
- Archivo del Instituto Nacional de la Revolución Mexicana
- Biblioteca Nacional
  - Archivo de Francisco Madero
- Biblioteca del Instituto Nacional de Antropología e Historia - Microfilm
  - Archivo Madero - Microfilms Archivo del Patronato de Historia de Sonora

Archivos privados
- Ciudad de México
  - Archivo Miguel Cárdenas
  - Archivo Calles-Torreblanca
  - Archivo Joaquín Amaro
  - Archivo Roque González Garza
  - Archivo Martín Luis Guzmán
  - Archivo Martínez del Río
  - Papeles de Elías Torres
  - Fundación Condumex
      Archivo Venustiano Carranza
      Archivo Bernardo Reyes
      Archivo Guillermo Rubio Navarrete
      Archivo Federico González Garza

- Durango
  - Archivo Histórico del Estado de Durango
  - Archivo de San Juan del Río

440

- Nuevo León
  - Archivo privado de Juan F. Brittingham, Monterrey

- Chihuahua
  - Archivo de Ciudad Guerrero
  - Archivo Municipal de Ciudad Juárez
  - Archivo de Namiquipa
  - Archivo privado del doctor Rubén Osorio
    Correspondencia de Francisco Villa en Canutillo
    Correspondencia de Abraham González
    Entrevistas orales con revolucionarios
  - CIDECH, ciudad de Chihuahua
    Papeles de Luis Terrazas
    Memorias de Máximo Castillo
  - Papeles de Marta Rocha
    Copias del archivo de Ignacio Enríquez
  - Archivo del Supremo Tribunal de Justicia de Chihuahua

B. ESTADOS UNIDOS

- Arizona
  - Universidad de Arizona en Tucson
    Microfilm de la "Colección Alberto Piña"

- California
  - Bancroft Library, Universidad de California en Berkeley
    Colección Silvestre Terrazas
    Papeles Holmdahl
    Papeles Flores Magón
  - Pomona College, Claremont
    Papeles de José María Maytorena
  - Huntington Library, Los Ángeles
    Papeles de Albert Bacon Fall

- Connecticut
  - Sterling Library, Universidad de Yale, New Haven
    Diario de Frank Polk
    Diario del coronel House

- Illinois
  - Universidad de Illinois en Carbondale
    Papeles de Francisco Vázquez Gómez
  - International Harvester, Chicago
    Archivo

- Indiana
  - Lilly Library, Universidad de Indiana en Bloomington
    Miscellaneous Papers on the Mexican Revolution

- Massachusetts
  - Universidad de Harvard
  - Widener Library
    Papeles de John Reed
  - Houghton Library
    Papeles del American Board of Comissioners for Foreign Missions
  - Papeles de Walter H. Page

- Minnesota
  - Minnesota Historical Society
    Microfilm Papeles de John Lind

- Nuevo México
  - Universidad de Nuevo México en Albuquerque
    Papeles del Senador Albert B. Fall
  - Historical Museum, Columbus
    Carta de Arthur Ravel
    Tribunal de Deming Courthouse: transcripción del proceso seguido
    en el Juzgado de Distrito del Sexto Distrito Judicial del estado de
    Nuevo México en y para el Condado de Luna, estado de Nuevo Mé-
    xico, demanda contra Eusevia Rentería, Taurino García, José Rodrí-
    guez, Francisco Alvares, José Rangel y Juan Castillo, número 664.

- Nueva York
  - Biblioteca Pública de Nueva York
    Papeles de Enrique Llorente

- Texas
  - Universidad de Texas en Austin
    Papeles de Lázaro de la Garza
    Papeles Buckley
    Papeles del Mexican Northwestern Railroad
  - Universidad de Texas en El Paso
    Papeles del Mexican Northwestern Railroad
    Papeles de Máximo Weber
    Colección McNeely
    Papeles de Reyes Avilés
    Entrevistas con antiguos villistas
  - Museum of the Daughters of the American Revolution, San Antonio
    Papeles de Eusebio Calzado

- Washington, D. C.
  - National Archives
    Archivo del Departamento de Estado
    1. Foreign Affairs Branch, State Department Decimal File, 1910-29, exp. 812.00, Political Affairs, Mexico. Record Group 59
    2. Exp. 862.202 12 German Military Activities in Mexico, micro-copia 336, rollos 55-59
    3. Files of the Office of the Counselor
  - Archivo del Departamento de Justicia
    Exp. Felix Sommerfeld
  - Archivo de la Oficina del Adjutant General
  - Archivo de la Expedición Punitiva
  - Archivo de la Inteligencia Militar
  - Archivo del Buró Investigación
    Papeles de la Comisión Mixta Mexicano-Estadounidense de Reclamaciones
    Seguridad Nacional
    Telegramas Interceptados por la Agencia
  - Biblioteca del Congreso, División de Manuscritos
    Papeles de Chandler Anderson
    Papeles de Tasker Howard Bliss
    Papeles de William Jennings Bryan
    Papeles de Henry F. Fletcher
    Papeles de James R. Garfield
    Papeles de Robert Lansing
    Papeles de John J. Pershing
    Papeles de Hugh Scott
    Papeles de Woodrow Wilson (microfilm)
    Papeles de Leonard Wood
  - Federal Bureau of Investigation
    Expedientes relativos al asesinato de Villa

C. ALEMANIA

- Archivo del Ministerio de Relaciones Exteriores, Bonn
  - México

México 1	Correspondencia con el Real Embajador Ministe-rial en México así como con otras misiones y gabi-netes extranjeros acerca de los asuntos internos y relaciones de México. A partir del 8 de enero de 1882 el encabezado reza: "Asuntos generales de Mé-xico, 58 vols., (1879-1890)"
1 secreto	Asuntos Generales de México, vol. 1 (1915)
1 *add*	Información sobre Particulares y Protección de sus Intereses en Caso de Disturbios, 8 vols. (1913-19)

7	Relaciones con Norteamérica, 5 vols. (1889-1920)
15	Prensa, 1 vol. (1914-16)
16	Relaciones de Alemania con México, 3 vols. (1917-20)
16 secreto	Documentos del consejero privado del Káiser, doctor Goeppert, 1 vol. (1917)

○ Alemania

| 2n | Intervenciones Parlamentarias (1916-17) |
| 127, n. 21 | La Legación Mexicana en Berlín (1888-1918) |

○ Archivo Legación México, Paquete 1-20
• Archivo Federal Alemán, Sección de Historia Militar, Freiburg im Breisgau
  ○ Archivo de la Marina Alemana
• Archivo Central Alemán, Potsdam
  ○ Ministerio de Exteriores, División de Política Comercial

Ns. 1724-1726	Situación Económica de México (1887-1920)
4491	Chihuahua (1907-14)
4493	Durango (1907-15)
52734	Durango (1871-87)
54044	Durango (1887-1906)
54064	Chihuahua (1900-1906)

  ○ Departamento del Interior

| 6113 | Asuntos Secretos (1917) |

  ○ German Reichsbank

| H II B 41 | Situación Económica de México: Comercio, Industria, Finanzas |

  ○ Reichstag, Protocolo del Comité de Presupuesto del Reich

| 1314-1315 | Julio-Agosto de 1917 |

  ○ Legados
    Legado de Herwarth von Bittenfeld
• Archivo Central Alemán, Merseburg
    Rep. 92, E I, n. 13 Legado de Kapp
    CXIII, 17

D. AUSTRIA

• Archivo del Congreso, la Corte de Justicia y el Gobierno, Viena
  ○ Archivo Político
    Informes de México (1904-18)
    Informes de Washington (1904-17)
    Archivo Embajada México (1904-18)
    Guerra 7, México, Posición de México respecto de la Guerra Mundial
  ○ Archivo Administrativo
    Relaciones Comerciales con México
  ○ Archivo de Guerra, Viena
    Archivo del Evidence Bureau del Estado Mayor

E. CUBA

- Archivo Nacional de Cuba, La Habana
  - Comisión de Estado
    Informes diplomáticos y consulares de México, leg 38 (1904), 266
    (1907), 313 (1903), 324 (1904), 341 (1905), 335, 375 (1907), 377
    (1903), 378 (1903), 843 (1911)
  - Guerra Mundial, leg 1148-1155 (1914-18)

F. FRANCIA

- Archivo del Ministerio de Asuntos Exteriores, París
  - Correspondencia Política y Comercial
    Nueva Serie, México
    1. Política Interior. Revolución. Actitud de las Potencias, vols. 1-15
       (1897-1918)
    2. Ejército. Marina, vols. 16-17 (1897-1917)
    3. Política Exterior. Dossier General, vols. 18-20 (1896-1913)
    4. Relaciones con Francia, 2 vols. (1891-1917)
    5. Finanzas, vols. 23-32 (1895-1918)
    6. Obras Públicas-Minas, vols. 33-40 (1902-18)
    7. Guerra 1914-1918, 2 vols. (1914-18)
- Archivo del Ministerio de la Guerra, Vincennes
  - Informes de los Agregados Militares en México y Estados Unidos

G. GRAN BRETAÑA

- Public Record Office, Londres
  - Papeles del Ministerio de Relaciones Exteriores (Foreign Office)
  - Papeles Balfour
- Museo Británico de la Ciencia, Londres
  - Papeles de Sir Weetman Pearson (Lord Cowdray)
- Archivo de la Tlahualilo Company

H. ESPAÑA

- Archivo del Ministerio de Relaciones Exteriores, Madrid

Agradecimientos

Este capítulo de agradecimientos será inusitadamente amplio ya que a lo largo de los muchos años que he trabajado en este libro he recibido la ayuda generosa de numerosas instituciones así como de amigos, colegas, estudiantes y miembros de mi familia.

Agradezco profundamente a las instituciones que colaboraron a financiar esta empresa: la Universidad de Chicago, la John Simon Guggenheim Foundation, el Social Sciences Research Council y la American Philosophical Society.

Debo agradecer especialmente a los muchos archivos y bibliotecas de diversos lugares del mundo que me prestaron su ayuda. En la ciudad de México, quiero expresar mi gratitud al Archivo General de la Nación, el Instituto Mora, la Hemeroteca Nacional, el archivo de la Secretaría de Relaciones Exteriores, el archivo de la Secretaría de la Defensa Nacional, el archivo de la Secretaría de la Reforma Agraria, el Archivo Porfirio Díaz de la Universidad Iberoamericana, el archivo de la Universidad Nacional Autónoma de México, el archivo del Instituto Nacional de la Revolución Mexicana, la Biblioteca Nacional, la Biblioteca del Instituto Nacional de Antropología e Historia y El Colegio de México.

Quiero dar las gracias también a los propietarios de varios archivos privados localizados en la ciudad de México que me permitieron consultar sus fondos. Entre ellos se encuentran el archivo Calles-Torreblanca, y especialmente su directora, Norma Mereles de Ogarrio, y los archivos de Roque González Garza, Martín Luis Guzmán, Martínez del Río, la familia de Elías Torres por permitirme ver sus papeles, y la Fundación Condumex. En Chihuahua, quiero agradecer al archivo de Ciudad Guerrero, al archivo Municipal de Ciudad Juárez, al CIDECH y al doctor Rubén Osorio por permitirme consultar su archivo privado.

En Durango, quiero expresar mi gratitud al archivo del estado de Durango y al Archivo de San Juan del Río, y en Nuevo León, al señor Mario Cerruti por informarme del paradero del archivo privado de Juan F. Brittingham, y al señor Juan Ignacio Barragán, su propietario, que me permitió consultarlo.

Un número igualmente grande de archivos y bibliotecas estadounidenses me han sido de gran ayuda. Entre ellas se hallan la Biblioteca de la Universidad de Chicago, la Biblioteca Newberry en Chicago, la Biblioteca Bancroft en la Universidad de California en Berkeley, el salón de la colección especial del Claremont College en Pomona, la Biblioteca Huntington en Los Ángeles, la

Biblioteca Sterling de la Universidad de Yale, la sección de colecciones especiales de la Biblioteca de la Úniversidad de Illinois en Carbondale, la Biblioteca Lilly de la Universidad de Indiana en Bloomington, las bibliotecas Widener y Houghton de la Universidad de Harvard, la Universidad de Nuevo México en Albuquerque que me permitió consultar los microfilms de los papeles del senador Albert Bacon Fall, el Historical Museum en Columbus, el tribunal de Deming que me envió transcripciones del proceso seguido a los villistas capturados en Columbus, la Biblioteca Pública de Nueva York, la Biblioteca Nettie Lee Benson de la Universidad de Texas en Austin, el departamento de colecciones especiales de la Biblioteca de la Universidad de Texas en El Paso y el Museum of the Daughters of the American Revolution en San Antonio, así como el Archivo Nacional y la Biblioteca del Congreso en Washington.

En Alemania, quiero agradecer a la Biblioteca Iberoamericana en Berlín, al archivo del Ministerio de Asuntos Exteriores en Bonn, al Archivo Central Alemán en Postdam y al Archivo Central Alemán de Merseburg. En Francia, agradezco al Archivo Nacional y al archivo del Ministerio de Asuntos Exteriores, en París. En Gran Bretaña, agradezco a la Public Record Office, al British Museum of Science y al archivo privado que contiene los papeles de la Tlahualilo Company. En España, al archivo del Ministerio de Relaciones Exteriores y en Austria al Haus Hof und Staats Archiv de Viena.

A lo largo de estos años, un número notable de amigos, colegas y estudiantes me han ayudado, muchos poniendo a mi disposición nuevas fuentes, otros mediante estimulantes discusiones sobre algunas de mis ideas y las suyas, y otros más leyendo todo el manuscrito o partes del mismo y contribuyendo con sugerencias extremadamente valiosas.

Quiero agradecer a Eugenia Meyer que por tantos años me ha prestado ayuda en todos los sentidos: el Programa de Historia Oral que ella dirigió produjo muy importantes y valiosas entrevistas con los villistas supervivientes en los años setenta. Creó así una fuente fundamental para la historia del villismo y ya por esto sólo le estoy muy agradecido. Además, me ha dado innúmeras muestras de amistad, ayudándome a obtener acceso al archivo de la Secretaría de la Defensa, poniendo a mi disposición nuevas fuentes, discutiendo algunas de las ideas centrales del libro y alentándome constantemente.

También quiero expresar mi agradecimiento a Alicia Olivera de Bonfil y a Laura Espejel por permitirme consultar sus importantes entrevistas con antiguos revolucionarios. De igual manera, agradezco a la nieta de Villa, Guadalupe Villa, los valiosos datos que me proporcionó.

Muchos amigos y colegas han dado muestra de una increíble generosidad poniendo sus archivos personales a mi alcance. El doctor Rubén Osorio me permitió ver los numerosos materiales que ha reunido, tanto de fuentes escritas y orales sobre la historia del villismo, como sobre la historia de Chihuahua. El profesor Russell Chace de la Universidad de York, que ha investigado sobre Chihuahua durante muchos años, me permitió copiar cuanto pudiera interesarme de sus materiales. Los profesores Ana Alonso y Daniel Nugent de la Universidad de Arizona y María Teresa Koreck de la Universidad de Michi-

448

gan fueron igualmente generosos con los productos de su investigación. Sus puntos de vista sobre la historia de Chihuahua en algunos manuscritos inéditos y en sus comunicaciones orales me fueron de gran ayuda. Otro tanto puedo decir de Mark Wasserman, profesor de la Universidad de Rutgers, por su notable trabajo sobre Chihuahua. El profesor Hans Werner Tobler de la Eidgenössische Technische Hochschule de Zurich me proporcionó materiales interesantes e importantes, resultado de su investigación en los papeles de Inteligencia Militar que se encuentran en el Archivo Nacional de Washington.

Quiero agradecer al profesor John Hart de la Universidad de Houston los materiales sobre los intereses económicos estadounidenses en México que puso a mi disposición. Mucho me he beneficiado del trabajo de Richard Estrada sobre la revolución de Orozco en Chihuahua y les estoy muy reconocido a él y al profesor Manuel González por permitirme consultar las memorias en parte inéditas de José María Jaurrieta. Quiero dar las gracias a William Meyers por facilitarme el acceso a los papeles de Elías Torres. Mis repetidas conversaciones con Alicia Hernández sobre la revolución mexicana y especialmente sobre sus aspectos militares me fueron muy útiles, y ella puso también a mi disposición interesantes materiales. Tengo una inmensa deuda con los historiadores chihuahuenses Carlos González, Víctor Orozco y Jesús Vargas, quienes me ofrecieron su hondo conocimiento de Chihuahua así como importantes fuentes.

Quiero expresar mi gratitud a Marta Rocha que me permitió consultar sus notas sobre el archivo del gobernador Ignacio Enríquez; a William French por los materiales que me mostró sobre Parral; a Rosa María Meyer, quien me facilitó el acceso al archivo de la familia Martínez del Río y a dicha familia por permitirme consultar su importantísimo fondo.

Tuve la suerte de contar con asistentes de investigación de primerísimo nivel que me ayudaron inmensamente en la travesía por el enorme volumen de fuentes que necesité para escribir este libro. Quiero dar las gracias a Richard Estrada, Ángeles Garciadiego, William Meyers, Antonio Ruiz, Marta Rocha, Marco Antonio Martínez, Miguel Vallebueno y Gonzalo Zeballos.

Christopher Boyer y James Kalven me ayudaron a eliminar las consecuencias lingüísticas de haber crecido entre idiomas distintos del inglés.

Me beneficié mucho de las numerosas conversaciones sobre la naturaleza de la revolución mexicana y sobre la historia de México en general con el difunto Guillermo Bonfil y con Adolfo Gilly, Alan Knight, Enrique Semo y John Coatsworth.

Susan Lundy, Linnea Cameron y Tonja Hopkins mecanografiaron diversas versiones de los capítulos de este libro y se vieron así forzadas a participar en la azarosa vida de Pancho Villa.

María Teresa Franco llamó mi atención por primera vez sobre una carta de Villa, escrita tras su encarcelamiento y muy crítica de Madero. David Walker puso a mi alcance su enorme colección de datos sobre la revolución en Durango. A su vez, Juan Mora me proporcionó cuantiosos datos sobre la revolución en Nuevo León. Josefina Moguel me auxilió durante mi trabajo en el archivo Condumex. Los dos directores del archivo de la Secretaría de Relaciones Exteriores, José María Muriá y Jorge Álvarez, me prestaron considerable ayuda cuando trabajé en los fondos a su cargo. El profesor Álvaro Matute fue el primero en mencionarme y mostrarme algunos importantes materiales que se encuentran en los papeles del general Amado Aguirre.

Constantemente hube de confrontar mis ideas con los argumentos de mis muy brillantes alumnos, primero en la Universidad de Texas y luego en la Universidad de Chicago; aprendí mucho en ese diálogo y espero que también ellos se hayan beneficiado.

Tengo una especial deuda de gratitud con aquellos de mis colegas que leyeron todo el libro o una parte y que me fueron de invaluable ayuda. Colin Lucas y Guillermo de la Peña leyeron la primera parte de este libro; John Coatsworth, John Womack, Javier Garciadiego y Claudio Lomnitz leyeron el manuscrito completo y mi deuda con ellos es enorme. Finalmente quiero agradecer a los miembros de mi familia que padecieron a lo largo de los muchos años que dediqué a escribir este libro. No hubo unas vacaciones de los últimos quince años de nuestra vida que mi esposa, Jana, no compartiera con Pancho Villa. Mi hijo Leo leyó partes del manuscrito, y mi hija Jackie lo leyó entero y me dio su generoso y constante aliento. A ella dedico este libro.

Anexo

TRANSCRIPCIÓN DE LAS CARTAS DE VILLA CITADAS EN EL CAPÍTULO 4

Aora boy a referirme a lo que disen los periodicos [...] que yo tengo causas pendientes en el Archivo de Zacatecas, pues yo no tengo causas pendientes en ninguna parte de la Republica, y donde tenga que se presenten. Yo no quiero que digan que Ud. ni los jueses se laben las manos como disen a mi fabor yo e obrado legalmente y no ay quien me conosca capital de lo ajeno todos estos periodistas que ablan en esos terminos son un atajo de picaros.

Saludo a Ud. con el cariño que le profeso y que a de ser el que le hede tener asta la tunba y espero que al recibo desta Dios lo conserbe con felisidad [...] mientras aber si yo consigo mi libertad lo que he de agradeser a Ud. por que esta guerra nos a dejado en la miseria. Yo tengo que trabajar para aserme bibir pues como Ud. sabe a mi no me dominó ni el ambre ni el interes para ser sinsero con mi patria y lo que hise yo lo debe aser todo onbre sinsero por que yo no soy onbre que estoy cultibado pero en el fondo de mi corason quiero a mis amigos y a mi patria, no les dejo mas que cariño y gratitud. Ya no le digo mas por que me pongo a contemplar las hinjustisias de la bida. Reciba el sinsero carino que le guardo en el fondo de mi corason.

Yo no e sido mas que un amigo fiel del Gobierno y juro que yo siempre dire a Ud. berdad por que yo no soy de dos caras como nuestro buen amigo Orosco. Adios Sr.

Yo soy uno de sus amigos que le hinploro felisidad, aunque no se cuanto le allan puesto mal de mi, pero yo juro que sere fiel [...] y nunca tendra de mi adulasiones, por que el onbre de conbisiones firmes sufre como yo pero sufre en el fondo del corason no me quejo con Ud. de mis sufrimiento por que los sufrimientos se hisieron para los onbres.

No olbide Ud. que ami no me asedusido el dinero que asta mi campo de canpaña me fue a ofreser el padre de Orosco y esto lo sabe mucha jente, y a mi nunca me asedusido el tesoro ay personas que ablan de mi pero estan muy lejos de conprender los sentimientos de mi corason. Yo soy onbre de conbisiones firmes y si no las an conprendido ay que sufrir.

Pido a Ud. en nonbre de la justisia que me conseda tres minutos de audiensia aora que hesta mi General Huerta aqui. Yo no tengo que pedir a Ud. y al Sr. General mas que justisia y espero de Ud. que me resuelba lo que a bien tenga. Yo soy bictima de la hingratitud en esta carcel. Adios señor.

Yo no se que le diria mi General de mi pero si es persona de consensia justa jusgo que no le abra dicho mal de mi pues para mi fuera un gusto que le dieran el telegrama que yo le dirijia a Ud. de Jimenes, pero creo que no lo aran [...] ni en cartas y ni en presensia de Ud. ablare yo mal del General por que Dios no me echo en este mundo para eso.

Aora boy a suplicar a Ud. [...] por que se comenten tantos abusos con nosotros, que la polesia reserbada me agarro a mi hermano y me lo quieren aser orosquista, pues despues que Orosco los tubo casi sinco meses presos, aora melos apresan los enpliados del Gobierno, pues que sera de nosotros. Contenplo que seremos martires. Yo pienso que yo no selo e serbido asi al Gobierno y espero de la bondad de Ud. que se duela de mi hermano que por lo mas sagrado de su familia melo ponga en livertad, para que baya aser bibir aquellas familias, la mia y dos que mantengo dela rebolusion pasada que son de una familia tres señoritas y la mama y la otra cuatro de familia y la mama. Ya me despido de Ud. Ofresco a Ud. mi sinseridad y respeto.

Sacan mas de un millon de pesos y muchos elementos de guerra y se abrian echo muy poderosos [...] pues para la toma de Parral se quedo sin parque y se quedo sin la toma de Torrion, por que en las dos gerras que yo sostube le di tienpo al gobierno para que se Organizara tropa en Torrion.

Yo e sido fiel con Ud. y soy, pues ami no me a dominado [...] el dinero. Sin la canpaña que yo desenpeñe al Gobierno le ubiera costado medio millon de pesos [...] Yo no se por que permite Ud. esto. Pido a Ud. justisia ya me canso de aserlo y si Ud. no puede aserlo pido en nonbre dela justisia una junta de ministros para que se sepa quien tiene rason. Una parte de mi mala suerte que sea yo onbre sin cultibo y no se defender mi derecho. Pido justicia Sr. ya me despido de Ud. con el cariño y respeto de sienpre. Adios señor.
  Francisco Villa
  Si Ud. no quere que yo lo desonrre consedame sinco minutos de audiencia por telefono de aqui.
  Por causas muy poderosasicimas, que ha su tiempo explicare.

Aun que yo sufra hinjustisias, no por eso dejo de apresiarlo si Ud. no cunple con ser legal con migo [...] que le diga el Sr. direitor desta carsel lo que yo me espreso de Ud. y las palabras y baldones que resibo de los contrarios del Gobierno, pero si Dios me echo en el mundo para sufrir ay que sufrir. Pero me queda el consuelo que no fui oy de un partido y mañana de otro. Si Ud. no cunple con su deber Dios que lo allude. Ya me despido de Ud. Con el cariño y respeto de sienpre. A Dios señor. Su amigo que lo apresia, Francisco Villa.

En vista de la triste situasion por que atravieso debido al colmo de las intrigas y calunias de que he sido blanco por parte de jente sin sentimientos, recurro a Ud. Sr. Presidente para pedirle me conseda trasladarme a España asta que se lleve a efecto la pasificasion del pais, ya que mis umildes serbisios prestados trajeron disgustos y mal estar para siertos elementos elevados.

Muy respetable Sr. Presidente
El que a bos se dirije, desde el antro de esta prision, conserba toda bia, las mismas hideas, y los mismos prinsipios, para defender al Gobierno de su dino cargo.

Presiajo que mis henemigos quieran hinfluenciarlo para que permanesca sufriendo los duros enbates del hinfortunio; pero no lo querra asi, por que confio en la grandesa de su alma y en su bondadoso corason.

Sr. Presidente, si Ud. quiere todabia que pueda serbirle de algun helemento en Chihuahua, para contribuir ala pasificasion de aquel Estado, me conprometo y le doy mi palabra de honor de aser una persecusion tenas y enerjica en oteniendo mi livertad y le aseguro, salvo que no me quiten la bida en algun conbate, cojerle baliendome de alguna maña al traidor Orosco a quien lo condeno por deslial.

Solamente que Ud. quiera que peresca en manos de mis henemigos y que de la noche ala mañana aparesca muerto, sea por Dios, me resinare a morir esclamando siempre "Viba el hesclaresido democrata que se lanso a los asares de la guerra para reconquistar el hinperio de la ley y de la justisia", "Viba el Apostol de la Democrasia que redoco la ditadura del General Diaz". Estas seran mis ultimas palabras si llego a caer en manos de mis henemigos.

Sr. Presidente: me hinputaban que me abia robado los fondos de Parral. Lo hise para sostener mi tropa, quite hese dinero a sus henemigos y lo hise con autorisasion del Supremo Gobierno [...] Yo no tengo mas hesperansa que en Ud. [...] hespero de su espiritu de generosidad ordenar seme ponga en libertad para hir a la canpaña. O en su defeto mandarme a una nasion hextranjera. Su respetable contestasion para saber a que atenerme. Soy de Ud. su hinutil amigo y fiel serbidor.

Notas

SIGLAS

A.A. Bonn: Archiv des Auswärtiges Amts, Bonn.

ABCFMA: American Board of Commissioners for Foreign Missions Archive, Cambridge, Massachusetts, Houghton Library.

ADU: Archivo de Durango.

AFT: Archivo Fernando Torreblanca.

AGN: Archivo General de la Nación.

AHDN: Archivo Histórico de la Secretaría de la Defensa, México, D. F.

AJA: Archivo de Joaquín Amaro.

AJT: Archivo de Jacinto Treviño.

AJV: Archivo Jesús Vargas.

AMAE: Archives du Ministère des Affaires Étrangères, Correspondance Politique.

AMR: Archivo de Martínez del Río, México.

APD: Archivo Porfirio Díaz, Universidad Iberoamericana, México, D. F.

BI: U. S. Bureau of Investigation Archives.

Condumex: Archivo Histórico de la Fundación Condumex, México, D. F.

DHRM: Documentos Históricos de la Revolución Mexicana: Isidro Fabela (comp.), *Documentos históricos de la revolución mexicana*, 27 vols. e índice, Fondo de la Cultura Económica, México, 1960-1976.

DZA: Deutsches Zentralarchiv, Postdam Auswärtiges, AMT.

HHSTA: Haus Hof und Staats Archiv, Viena.

MID: Military Intelligence Division Files, War Department General Staff, National Archives, Washington, D. C.

MLG: Archivo Martín Luis Guzmán.

MRM: Museo de la Revolución Mexicana.

PHO: Programa de Historia Oral, Instituto Nacional de Antropología e Historia. Los expedientes se encuentran en el Instituto Mora, México, D. F.

POC: Papeles Obregón-Calles.

PRO FO: Public Record Office, Foreign Office, Londres.

PSRE: Papeles de la Secretaría de Relaciones Exteriores.

PST: Papeles de Silvestre Terrazas, Bancroft Library, Berkeley.

PWW: Papeles de Woodrow Wilson, Arthur S. Link (comp.).

RAT: Archivo de la Secretaría de la Reforma Agraria, Sección de Terrenos Nacionales, México, D. F.

RGG: Papeles de Roque González Garza.

SDF: U. S. State Department Files, National Archives, Washington, D. C.

SRE: Archivo de la Secretaría de Relaciones Exteriores, México, D. F.

CAPÍTULO 12

1. SDF, 81200-14061, Carothers al secretario de Estado, 18 de diciembre de 1914.

2. Ibid., 81200-14048, Canova a Bryan, 8 de diciembre de 1914.

3 Ibid.

4. Robert E. Quirk, *The Mexican Revolution, 1914-1915. The Convention of Aguascalientes*, Indiana University Press, Indianápolis, 1960, pp. 136-40, y Cervantes, *Francisco Villa y la revolución...*, cit., pp. 362-66.

5. Citado en Dudley Ankerson, *Agrarian Warlord, Saturnino Cedillo and the Mexican Revolution in San Luis Potosí*, Northern Illinois University Press, 1984, p. 66.

6. Ver Ankerson, *Agrarian Warlord...*, cit., pp. 73-75; Romana Falcón, *Revolución y caci-*

quismo en San Luis Potosí, México, 1989, pp. 84-85.

7. Ver Raymond T. J. Buve, "¡Ni Carranza ni Zapata!: ascenso y caída de un movimiento campesino que intentó enfrentarse a ambos: Tlaxcala, 1910-1919", en F. Katz (comp.), *Revuelta, rebelión y revolución...*, cit., vol. 2, pp. 24-53.

8. Ibid.

9. Ibid.

10. *Diccionario histórico y biográfico de la revolución mexicana,* cit., vol. 4, pp. 123-24.

11. Sobre la política conservadora de Maytorena, ver Aguilar Camín, *La frontera nómada,* cit., pp. 364-67.

12. Knight, *Mexican Revolution,* cit., vol. 2, p. 18.

13. José C. Valadés, *Rafael Buelna, las caballerizas de la revolución,* México, 1984, p. 77.

14. Barrera Fuentes, *Crónicas y debates,* cit., vol. II, pp. 152-67, reunión del 2 de febrero de 1915.

15. Estas actividades de algunos miembros de la familia Madero se hicieron públicas con motivo del proceso que tuvo lugar en 1919, en Los Ángeles, cuando Alberto Madero demandó a Lázaro de la Garza que le devolviera una gran suma de dinero que, según él, le había adelantado a este último para comprar municiones para Villa. Ver *Los Angeles Express,* 27 de marzo de 1919.

16. Friedrich Katz, "Agrarian Changes in Northern Mexico in the Period of Villista Rule, 1913-1915", en *Contemporary Mexico: Papers of the IV International Congress of Mexican History,* James W. Wilkie, Michael C. Meyer y Edna Monzón de Wilkie (comps.), University of California Press, Berkeley y Los Ángeles, 1976, pp. 259-73.

17. Ramón Ruiz, *The Great Rebellion,* Nueva York, 1980, pp. 189-91.

18. Archivo privado de Roque González Garza, ciudad de México, Federico González Garza a Roque González Garza, septiembre de 1915.

19. Quirk, op. cit., p. 118.

20. Ver la mejor descripción y valoración de Lucio Blanco en Jorge Aguilar Mora, *Una muerte sencilla, justa, eterna,* Era, México, 1990, pp. 158-63.

21. Antonio Agacio, encargado de negocios de la legación de Chile en México, al embajador chileno en Estados Unidos, 9 de enero de 1915, en Sol Serrano (comp.), *La diplomacia chilena y la revolución mexicana,* México, 1986, p. 204.

22. *Vida Nueva,* 16 de febrero de 1915.

23. Obregón a Carranza, 16 de noviembre de 1916, citado en Berta Ulloa, *Historia de la revolución mexicana, 1914-1917,* cit., vol. 4, p. 36.

24. *Vida Nueva,* 21 de noviembre de 1915.

25. La mejor valoración de las fuerzas contrarrevolucionarias en México se encuentra en Javier Garciadiego Dantan, *Revolución constitucionalista y contrarrevolución. Movimientos reaccionarios en México, 1914-1920,* tesis presentada en el Centro de Estudios Históricos de El Colegio de México.

26. *New York American,* 19 de julio de 1914, John Roberts, entrevista a Villa.

27. Luz Corral de Villa, *Pancho Villa...,* cit., p. 92.

28. Papeles de Eber C. Byam, 15 de noviembre de 1915, archivos de la Catholic Church Extension Society, en papeles Buckley, University of Texas at Austin. Robert E. Quirk, *The Mexican Revolution and the Catholic Church, 1910-1929,* Bloomington, 1973, p. 54.

29. M. Cuzin, *Journal d'un français au Mexique, Guadalajara, 16 novembre 1915-6 juillet 1915,* J. L. Lesfargues, 1973, p. 65.

30. *Vida Nueva,* 5 de febrero de 1915.

31. Ver Quirk, *The Mexican Revolution...,* cit., pp. 68-69.

32. Aguilar Camín, *La frontera nómada...,* cit., pp. 364-67.

33. Villa nunca mencionó en sus memorias ni en entrevistas que tuviera algún trato con los Zuloaga antes de 1910. Es mucho más probable que su benevolencia hacia ellos se debiera al parentesco que tenían con Madero.

34. Archivos del Ministerio de Relaciones Exteriores de Francia, Politique 12, p. 99.

35. Ibid., Ayguesparre al Ministerio de Relaciones Exteriores de Francia, 22 de agosto de 1914.

36. Ibid., 6 de octubre de 1914.

37. Ibid., Politique 9, Ayguesparre al Ministerio de Relaciones Exteriores de Francia, 31 de diciembre de 1914.

38. Vide infra.

39. PRO FO, 371 2961 3167, Harrison a Cummins, 12 de mayo de 1917.

40. Gilbert M. Joseph describe y analiza la estrategia de Carranza en Yucatán en *Revolution from Without: Yucatan, Mexico and the United States, 1880-1924,* Durham, 1988, pp. 93-150. Sobre Chiapas, ver Thomas Benjamin, *A Rich Land, a Poor People,* Albuquerque, 1989, pp. 99-143, y Antonio García de León, *Resistencia y utopía,* Era, México, 1985, vol. 2, pp. 14-155. Sobre Ta-

basco, ver Armando de Maria y Campos, *Múgica. Crónica biográfica*, México, 1939.

41. Sobre la revuelta de Chiapas, Benjamin, op. cit.; García de León, op. cit., y Alicia Hernández Chávez, *La tradición republicana del buen gobierno*, Fondo de Cultura Económica, México, 1993.

42. Sobre el movimiento de Peláez, ver Jonathan C. Brown, *Oil and Revolution in Mexico*, Los Ángeles, 1993, pp. 253-307; Javier Garciadiego Dantan, op. cit., pp. 95-153; Lorenzo Meyer, *Su Majestad Británica contra la revolución mexicana*, México, 1991, pp. 201-34.

43. Sobre las relaciones de Gran Bretaña con Peláez, ver Meyer, op. cit., y Katz, *La guerra secreta*, cit., pp. 520-31.

44. Sobre la actitud de Carranza hacia Limantour, Terrazas y Creel, ver Katz, op. cit., pp. 333-34, 600-602, y vide infra.

45. Vide infra.

46. José C. Valadés, *Historia general de la revolución mexicana*, Editores Mexicanos Unidos, México, 1976, vol. 2, p. 541.

47. SDF, 812.00/14061, Canova al secretario de Estado, 16 de diciembre de 1914.

48. Ibid.

49. Quirk, *The Mexican Revolution...*, cit., p. 139.

50. Ibid., p. 144.

51. Luis Aguirre Benavides, *De Francisco Madero...*, cit., p. 210.

52. Guzmán, *El águila y la serpiente*, Porrúa, México, 1987, pp. 290-92.

53. Luis Aguirre Benavides, op. cit., p. 231.

54. Papeles Pearson, Adams a Cowdray, 11 de enero de 1915.

55. Ibid.

56. *El Paso Morning Times*, 14 de diciembre de 1914.

57. Ibid.

58. Papeles Pearson, Adams a Cowdray, 11 de enero de 1915.

59. SDF, 812.00/14061, Canova al secretario de Estado, 16 de diciembre de 1914.

60. Luis Aguirre Benavides, op. cit., pp. 214-15.

61. Quirk, *The Mexican Revolution...*, cit., p. 148.

62. Ibid., pp. 150-79.

63. Ibid.

64. PSRE, telegrama de Eugenio Aguirre Benavides a Ángeles interceptado por la embajada de México en Washington, 24 de enero de 1915.

65. Ibid.

66. Ibid., Ángeles a Eugenio Aguirre Benavides, 24 de enero de 1915.

67. Luis Aguirre Benavides, op. cit., pp. 258-61.

68. Vide infra.

69. Vide infra.

70. Obregón, *Ocho mil kilómetros...*, cit., pp. 236-38.

71. *New York Times*, 30 de abril de 1915.

72. Ibid., 30 de abril de 1915.

73. Ibid., 1 de mayo de 1915.

74. No he encontrado ninguna carta parecida en el Archivo de Díaz. Éste no fue de ningún modo el único intento de la propaganda carrancista por desacreditar a Ángeles falsificando supuestas cartas suyas. Otra carta que también tiene todas las características de una falsificación fue al parecer transmitida por la representación carrancista en Estados Unidos al Departamento de Estado. Era un mensaje dirigido por Felipe Ángeles a uno de los principales representantes de los conservadores mexicanos en aquel país, Jorge Vera Estañol, y decía que él y Villa estaban dispuestos a aliarse con Huerta, que acababa de regresar a Estados Unidos de su exilio en España. "Al señor Díaz Lombardo le estoy enviando a usted copias del mensaje que me envió el general Villa acerca de las propuestas de Huerta incluidas en su carta del 16 último. Debo decirle que el general Villa, como yo mismo y otros jefes, estamos dispuestos a llegar al acuerdo, mientras su resultado sea la paz de México y agrade a los miembros de la Convención, todos los cuales son amigos de Villa y de nuestra causa. Entre tanto, informe al general Huerta que su presencia en la frontera en el momento actual sería enteramente inoportuna y peligrosa y serviría para complicar una situación que ya es lamentable. Es mejor esperar, que actuar con precipitación." La carta está fechada el 8 de mayo de 1915 y, según el consulado mexicano en Los Ángeles, fue obtenida "gracias a la actividad del señor Solano y su esposa, que a cambio de remuneración son muy útiles a nuestro causa". El archivo de la embajada mexicana en Washington no contiene copia del original ni firma que pueda atribuirse a Ángeles. Solano le vendió al consulado mexicano otra carta, escrita por Vera Estañol a Huerta, que dice que "Villa es representante de grandes grupos de fuerzas armadas que tienden a la creación de un salvaje sistema militar sin más ley que las de la violencia y el robo. Si pudiéramos dirigir todas esas

energías en una sola corriente de orden, la victoria de nuestra causa sería infalible. Pero Villa está enriqueciendo a sus amigos y creando una causa militar que constituirá el núcleo de la restauración. Si podemos eliminar a los Madero de las filas villistas, el general Ángeles se haría cargo del resto: pero este último es un personaje ambicioso y debemos mantenerlo de nuestro lado", Vera Estañol a Victoriano Huerta, 10 de mayo de 1915 (archivo de la embajada mexicana en Washington, leg. 461-XEXP 3). No sólo semejante carta y la existencia de semejante alianza son altamente improbables en vista del odio profundo que sentían Villa y Ángeles por Huerta, también habrían sido contraproducentes. Era un momento en que Villa buscaba por todos los medios si no el reconocimiento al menos la buena voluntad de Estados Unidos y alinearse con el mayor enemigo de Wilson habría sido suicida. Además, Huerta tenía muy poco que ofrecer. No tenía tropas a su disposición y prácticamente carecía de partidarios en México. A fin de cuentas, las propias autoridades carrancistas debieron pensar que la carta era falsa ya que, a diferencia de otras falsificaciones, como la carta de Díaz a Ángeles, nunca intentaron utilizarla en su propaganda.

75. AHDN, XI/481.5/294, Tamaulipas, folio 40, Villarreal a Carranza, 22 de enero de 1915.

76. John Kenneth Turner, ¿Quién es Francisco Villa?, El Paso, 1915.

77. Sobre los Batallones Rojos, ver Barry Carr, El movimiento obrero y la política en México, 1910-1929, Secretaría de Educación Pública, México, 1976, vol. 1, pp. 77-120, y Jean Meyer, "Les ouvriers dans la révolution mexicaine: Les Bataillons Rouges", en Annales 25, n. 1, enero-febrero de 1970, pp. 30-55.

78. Quirk, The Mexican Revolution..., cit., p. 65; Obregón, op. cit., pp. 233-38.

79. Vida Nueva, 18 de noviembre de 1914.

80. Ibid., 21 de noviembre de 1914.

81. Ibid.

82. Ibid.

83. Ibid., 30 de enero de 1915.

84. Ibid., 20 de marzo de 1915.

85. Barrera Fuentes, Crónicas y debates, cit., vol. 2, p. 248.

86. Ibid., vol. 2, p. 237.

87. Ibid., vol. 2, pp. 229, 240.

88. Ibid., vol. 3, pp. 150, reunión de la Convención Revolucionaria el 8 de marzo de 1915.

89. Amaya, La Soberana Convención Revolucionaria..., cit., pp. 264-65.

90. Barrera Fuentes, op. cit., vol. 3, p. 364.

91. Ibid., p. 365.

92. Amaya, op. cit., p. 271.

93. Barrera Fuentes, op. cit., vol. 3, p. 548.

94. Ejemplo de ello es que cuando los mineros de Chihuahua exigieron que se les pagara en oro y no en el devaluado papel moneda, Villa accedió. Su asesor financiero Lázaro de la Garza le aconsejó vehementemente que rechazara la demanda. Papeles de Lázaro de la Garza, 1-148. L. de la Garza a Villa, 9 de mayo de 1915.

95. Katz, La guerra secreta, cit., p. 323; Antonio Díaz Soto y Gama, La cuestión agraria en México, El Caballito, México, 1976.

96. Armando de Maria y Campos, op. cit., pp. 101-03.

97. Aguilar Camín, op. cit., p. 416.

98. Francisco Almada, La revolución en el estado de Chihuahua, México, 1964, vol. 2, p. 212.

99. Ibid.

100. Vito Alessio Robles, La Convención Revolucionaria de Aguascalientes, México, 1979, pp. 408-09.

101. Federico Cervantes, Felipe Ángeles en la revolución (Biografía 1869-1919), México, 1964, pp. 194-95.

102. Linda B. Hall, Alvaro Obregon, Power and Revolution in Mexico, 1911-1920, A&M University Press, College Station, Texas, 1981, pp. 102-04.

103. Cuzin, op. cit., p. 37.

104. Ibid., pp. 38-39.

105. Ibid., p. 42.

106. Ibid., p. 50.

107. Ibid., p. 57.

108. Ibid., p. 60.

109. Ibid., p. 76.

110. Ibid.

111. Ibid., p. 68.

112. Ibid., p. 77.

113. Will B. Davis, Experiences and Observations of an American Consular Officer during the Recent Mexican Revolutions, Chula Vista, California, 1920, pp. 71-72.

114. Cuzin, op. cit., p. 66.

115. Miguel Sánchez Lamego, Historia militar de la revolución en la época de la Convención, Chihuahua, 1983, pp. 91-92; Barragán, Historia del ejército..., cit., vol. 2, pp. 177-79.

116. Federico Cervantes, op. cit., p. 206.

117. Juan Mora, The Transformation of a Peripheral Society: A Social History of Nuevo Leon,

1848-1920, tesis de doctorado, Universidad de Chicago, 1991, pp. 542-48.

118. Archivos del Ministerio español de Asuntos Exteriores, vicecónsul de España en Monterrey, J. P. Lagüera, al embajador en Washington, 31 de mayo de 1915.

119. "Manifiesto de Naco", 5 de noviembre de 1915, en *Vida Nueva*, 21 de noviembre de 1915.

120. PHO. Este tipo de acciones pueden explicar por qué, según algunas versiones, cuando Fierro se estaba hundiendo en un pantano, ninguno de sus hombres acudió en su ayuda.

121. Juvenal, *¿Quién es Francisco Villa?*, cit.

CAPÍTULO 13

1. Enrique Sánchez, *Corridos de Pancho Villa*, cit., p. 12.

2. José Valadés, *Historia...*, cit., vol. 2, pp. 691-93.

3. Federico Cervantes, *Francisco Villa y la revolución mexicana*, cit., pp. 407-10.

4. Ibid., pp. 421-22.

5. Holcombe, *United States Arms Control...*, cit., p. 103.

6. Papeles de De la Garza, Lázaro de la Garza a Francisco Villa, 31 de marzo de 1914.

7. SDF, Department of Justice, Felix A. Sommerfeld, exp. 5305-9, declaración de Sommerfeld.

8. Papeles de De la Garza, 1-115, Villa a De la Garza, s.f.

9. Ibid., 8-48, Alberto Madero a De la Garza, 4 de noviembre de 1933.

10. Ibid., deposición de De la Garza el 26 de junio de 1916 ante tribunal superior de California. Ver también más adelante, el proceso Alberto Madero vs. Lázaro de la Garza.

11. *Vida Nueva*, 9 de abril de 1915.

12. Obregón, *Ocho mil kilómetros en campaña...*, cit., p. 324.

13. Ver uno de los mejores análisis militares de la batalla de Celaya en Luis Garfias M., *Breve historia militar de la revolución mexicana*, México, 1981, vol. 2.

14. RGG, carpeta 12, memorándum s.f.

15. Ibid.

16. *Vida Nueva*, 10 y 12 de abril de 1915.

17. Federico Cervantes, op. cit., p. 432.

18. Ibid., p. 439.

19. Ibid., p. 437.

20. Ibid., p. 436.

21. *Vida Nueva*, 21 de abril de 1915.

22. Ibid.

23. Cervantes, op. cit., p. 458.

24. *Vida Nueva*, 7 de mayo de 1915.

25. Juan Barragán Rodríguez, *Historia del ejército y de la revolución constitucionalista...*, cit., vol. 2, p. 335.

26. Cervantes, op. cit., p. 460.

27. *Todo*, 19 de diciembre de 1933. Estos comentarios no fueron parte de un pronunciamiento público de Villa sino que se basan en las memorias de uno de sus hombres, Gómez Morentín, que fue su enviado a Estados Unidos en los años 1916 a 1920. Según Gómez Morentín, Villa le dijo esto en 1918, cuando la junta liberal de Nueva York le sugirió que Ángeles se reincorporara a sus filas. En los comentarios que Gómez Morentín le atribuye, Villa mostraba mucho menos entusiasmo por el retorno de Ángeles a México que en la carta que le envió al interesado y que se menciona más adelante.

28. PWW, Bryan a Carothers, 24 de abril de 1914, vol. 29, p. 498.

29. Clarence C. Clendenen, *The United States and Pancho Villa...*, cit., p. 89.

30. PWW, diario del coronel House, anotación del 30 de agosto de 1914, vol. 30, p. 463.

31. Clendenen, op. cit., p. 131.

32. P. Edward Haley, *Revolution and Intervention: The Diplomacy of Taft and Wilson with México, 1910-1917*, MIT, 1970, p. 150.

33. Steven A. Mange, "William Randolph Hearst and the Mexican Revolution", 1989, ensayo inédito.

34. Papeles de Lázaro de la Garza, 1-79, Lázaro de la Garza a Villa, 14 de septiembre de 1914.

35. John Hart, *Revolutionary Mexico...*, cit., pp. 294, 423-24.

36. Berta Ulloa, *La revolución intervenida...*, cit., p. 198; Holcombe, op. cit., pp. 78-79.

37. Vide supra.

38. Robert E. Quirk, *An Affair of Honor*, cit., pp. 157-71.

39. Arthur S. Link, *Wilson*, Princeton University Press, Princeton, 1947, vol. 3, p. 261.

40. Vide infra.

41. Robert E. Quirk, *The Mexican Revolution, 1914-1915*, Nueva York, 1960, pp. 279-81.

42. Gilbert Joseph y Daniel Nugent (comps.), *Everyday Forms of State Formation. Revolution and the Negotiation of Rule in Modern Mexico*, Duke University Press, Durham, 1994, pp. 152-60.

43. Friedrich Katz, *La guerra secreta,* cit., pp. 377-78.

44. PWW, vol. 33, p. 188.

45. Ibid.

46. Los papeles del Ministerio francés de Asuntos Exteriores no revelan que el gobierno francés tuviera ninguna intención de intervenir militarmente en México. En conjunto, los franceses eran más reticentes que los británicos en su oposición a la política estadounidense en México. Ver Katz, op. cit., pp. 551-55.

47. Quirk, *The Mexican Revolution...,* cit., pp. 256-57.

48. Cervantes, op. cit., p. 504.

49. Quirk, op. cit., pp. 279-81.

50. Informe del encargado de la legación chilena en México al embajador chileno en Estados Unidos, 9 de enero de 1915, en Sol Serrano (comp.), *La diplomacia chilena y la revolución mexicana,* cit., p. 204.

51. PWW, vol. 32, p. 388, entrevista Duval West-Villa, 6 de marzo de 1915, informe de Duval West a Wilson.

52. Papeles del senador Fall, grupo R, p. 6.

53. SDF, 812.00/14010, Silliman al Departamento de Estado, 14 de diciembre de 1914. En una carta dirigida a Zapata, uno de sus funcionarios más altos, Palafox, describía a Iturbide como un millonario que tenía grandes haciendas en Colima y Michoacán y que, como gobernador del Distrito Federal, bajo Huerta y Carral, fue responsable de "muchos asesinatos", papeles de Magaña, Palafox a Zapata, 29 de diciembre de 1914.

54. Papeles de Magaña, Palafox le escribió a Zapata que Iturbide había sobornado a dos de los agentes especiales de Wilson con cientos de miles de dólares para que lo sacaran clandestinamente del país. Un simpatizante estadounidense del senador Fall dijo que Iturbide había comprado los servicios de Canova por cinco mil dólares. Vide infra.

55. Larry D. Hill, *Emissaries to a Revolution: Woodrow Wilson's Executive Agents in Mexico,* Baton Rouge, Louisianna State University Press, 1973, pp. 294-98.

56. Louis M. Teitelbaum, *Woodrow Wilson and the Mexican Revolution, 1913-16. A History of United States-Mexican Relations from the Murder of Madero Until Villa's Provocation Across the Border,* Exposition Press, Nueva York, 1967, pp. 222-23.

57. Papeles del senador Fall, grupo R, Roberts a Scrugham, 29 de agosto de 1916.

58. AMAE, CP, Mexique Pol. Int. 9, Ayguesparre al Ministerio de Relaciones Exteriores de Francia, 26 de diciembre de 1914.

59. SDF, 59, 812.00 1-55311/2, Canova al secretario de Estado, 29 de mayo de 1915.

60. Diario de Chandler Anderson, 28 de mayo de 1915, Biblioteca del Congreso. Los papeles del Departamento de Estado contienen sólo el esquema del plan de Canova. La mayor parte de la información disponible se encuentra en el diario de Anderson, especialmente en las anotaciones correspondientes al 23 de abril, 14, 19 y 28 de mayo, 1 y 29 de junio, 23 y 31 de julio de 1915. Queda muy claro el deseo de los conservadores de aplicar en 1915 una estrategia similar a la que habían aplicado en 1911. Estaban dispuestos a hacer algunas "concesiones" en cuanto a la composición del gobierno. Iturbide aceptaba, por ejemplo, incluir a Manuel Bonilla como representante de las fuerzas villistas y a Álvaro Obregón como representante de las carrancistas. Para asegurar a los conservadores un control del ejército mexicano similar al que tenían en 1911, "el propio Iturbide no participaría en el nuevo gobierno, pero actuaría como jefe de las fuerzas militares que lo apoyarían, lo cual consideraba esencial, con el fin de estar en capacidad de obligar al nuevo gobierno a cumplir los compromisos que hubiera contraído para obtener el apoyo de Estados Unidos" (Diario de Anderson, 22 de julio de 1915).

61. Sobre el papel de Anderson como cabildero de los intereses estadounidenses mineros, petroleros y otros, ver Robert Freeman Smith, *The United States and Revolutionary Nationalism in Mexico, 1916-1932,* The University of Chicago Press, Chicago, 1972, p. 95.

62. Katz, "Pancho Villa and the Attack on Columbus, New Mexico", en *The American Historical Review* 83, n. 1, febrero de 1978, pp. 119-23.

63. Smith, op. cit., p. 95.

64. Citado en David F. Houston, *Eight Years with Wilson's Cabinet, 1913-1920,* 1926, vol. 1, p. 133.

65. Link, op. cit., pp. 475-76.

66. SDF, 59, 812-00-15531-2, Canova al secretario de Estado 17 de julio de 1915.

67. Teitelbaum, op. cit., pp. 270-76.

68. Justice Department 180178, Cobb al fiscal general Gregory, 7 de marzo de 1916.

69. SDF, Office of the Counselor, E. B. Stone al Departamento de Justicia, 14 de marzo de 1916.

70. Durante toda su carrera en el Departa-

mento de Estado, Canova se vio siempre acosado por acusaciones de corrupción. Ver Teitelbaum, op. cit., p. 398.

71. Ver William K. Meyers, "Pancho Villa and the Multinationals: United States Mining Interests in Villista Mexico, 1913-1915", *Journal of Latin American Studies* 23, n. 2, mayo de 1991, pp. 339-63.

72. Smith, op. cit., p. 28n. Las actividades de Garfield en favor de Villa están ampliamente documentadas en los papeles de James A. Garfield, Biblioteca del Congreso, y se describen más adelante.

73. PWW, vol. 33, p. 533.

74. Ibid., vol. 33, p. 305. Bryan a Wilson, 2 de junio de 1915.

75. Clendenen, op. cit., p. 179.

76. PWW, vol. 33, p. 488. Wilson al secretario de Estado Lansing, 8 de julio de 1915.

77. Clendenen, loc. cit.

78. PWW, vol. 33, pp. 463-64, Franklin Lane a Woodrow Wilson, 1 de julio de 1915.

79. Teitelbaum, op. cit., pp. 260-61.

80. Archivo del Ministerio de Relaciones Exteriores de España, Madrid, informes del agente especial Emilio Zapico al Ministro, 23 de agosto de 1915.

81. SDF, 812-00-15656, Villa al secretario de Estado, 5 de agosto de 1915.

82. Archivo del Ministerio de Relaciones Exteriores de España, Madrid, informes del agente especial Emilio Zapico al Ministro, 23 de agosto de 1915.

83. Ibid.

84. Ibid.

85. PRO FO, 204-462-136857, Patrick O'Hea a Cecil Spring-Rice, 4 de junio de 1915.

86. Ibid., O'Hea a Spring-Rice, 7 de octubre de 1915.

87. Las relaciones de Villa con Juan F. Brittingham son otro ejemplo del tipo de concesiones que tuvo que hacerle a la familia Terrazas. Brittingham era un empresario estadounidense que se había hecho amigo del hijo de Luis Terrazas, Juan, cuando ambos estudiaban en el Christian Brothers College de Saint Louis, Missouri. Esa amistad determinó en gran parte que Brittingham emigrara a México y que ambos se asociaran en diversas empresas. Una de las más importantes fue la Compañía Jabonera de La Laguna, que había logrado crear un monopolio para la compra de semilla de algodón y su transformación en jabón y aceite. Cuando Villa ocupó la región lagunera, Brittingham hu-

yó a El Paso, Texas, pero nombró a un inglés, Patrick O'Hea (que pronto se convertiría en vicecónsul británico en Torreón) como su gerente general. La ciudadanía estadounidense de Brittingham y la calidad diplomática de O'Hea probablemente contribuyeron a convencer a Villa de no confiscar la compañía sino, por el contrario, llegar a un arreglo con ella. Las plantaciones de algodón que fueron confiscadas y administradas por funcionarios villistas siguieron vendiendo su semilla a Brittingham, quien también se encargaba de vender algodón a sus clientes extranjeros. Uno de los beneficios que obtenía Villa en ese arreglo consistía en recibir más de trescientos cincuenta mil dólares de impuestos de la Compañía Jabonera. Sin embargo, Brittingham fue al parecer uno de los pocos empresarios que resultaron más listos que Villa, porque compraba el algodón muy por debajo de los precios del mercado y lo vendía mucho más caro en Gran Bretaña. Su influencia sobre las autoridades estadounidenses era tan grande que la devolución de su fábrica era uno de los puntos principales de la agenda del general Scott cuando se reunió con Villa para convencerlo de cancelar sus medidas antiestadounidenses (ver Stephen Haber, *Industry and Underdevelopment: The Industrialization of Mexico, 1890-1940*, Stanford University Press, Stanford, 1989, pp. 89-90, 133). Hay una biografía de Brittingham exhaustiva y abundante en información útil: Juan Ignacio Barragán y Mario Cerutti, *F. Brittingham y la industria en México, 1859-1940*, Urbis Internacional, Monterrey, 1993. Se pueden encontrar descripciones detalladas de sus tratos con Villa en el archivo Brittingham, en posesión de Juan Ignacio Barragán, en Monterrey, México.

88. Clendenen, op. cit., pp. 183-84.

89. Ibid., pp. 185-86.

90. Haley, op. cit., p. 175.

91. Ver capítulo 14, nota 15.

92. Almada, *La revolución en el estado de Chihuahua*, cit., vol. 2, p. 276.

93. *El Paso Herald*, 10 de septiembre de 1915. También en PST, caja 1, "José Santos Chocano".

94. Iván Hinojosa, "Jose Santos Chocano. A Poet in the Mexican Revolution", 1991, ensayo inédito.

95. Archivo de Maytorena, Raúl Madero a Maytorena, 2 septiembre de 1915.

96. Ibid., Raúl Madero a Villa, 9 y 29 de septiembre de 1915.

97. Ibid.

98. Isidro Fabela, y Josefina E. de Fabela (comps.), *Documentos históricos de la revolución mexicana*, cit., vol. 1, p. 366.

99. Papeles de Federico González Garza, Bonilla a Federico González Garza, 10 de octubre de 1015.

100. Vide infra.

101. SDF, 812-00-23133, memorándum de Canova.

102. Teitelbaum, op. cit., p. 303.

103. SDF, 812-00-16083, Carothers al secretario de Estado, 8 de septiembre de 1915.

104. Ibid., 812-00-16142, Cobb al secretario de Estado, 13 de septiembre de 1915.

105. Ibid., 812-00-16209, Cobb al secretario de Estado, 17 de septiembre de 1915.

106. *El Paso Morning Times*, 24 de septiembre de 1915.

107. Vide infra. Una de las razones por las que Ángeles pudo dejar a Villa es que éste sospechaba que conspiraba con Maytorena para destituirlo. Tal era el sentido de una carta anónima enviada a Maytorena desde Ciudad Juárez el 23 de junio de 1915 (papeles de Martín Luis Guzmán; carta de un innominado capitán de la Brigada Morelos a Maytorena, 23 de junio de 1915). Muy posiblemente Maytorena informó a Ángeles del contenido de esta carta. Dado que el íntimo amigo de Maytorena, Aureliano González, había sido fusilado por Villa, Ángeles puede haber creído que le aguardaba un destino similar si se quedaba en la División del Norte.

108. Aguilar Camín, *La frontera nómada*, cit., p. 416.

109. Archivo de Maytorena, Roque González Garza a Maytorena, 23 de septiembre de 1915.

110. Ibid., memorándum de Maytorena sin fecha, titulado "Motivos del distanciamiento del general Villa con el gobernador José María Maytorena".

111. Ibid., Maytorena a Acosta y Urbalejo, 18 de octubre de 1915.

112. Almada, *Gobernadores...*, cit., p. 464; Silvestre Terrazas, *El verdadero...*, cit., pp. 185-88.

113. Valadés, *Rafael Buelna, las caballerizas de la revolución*, cit., p. 84.

114. Ibid., p. 92.

115. Ibid.

116. Ibid.

117. Ibid.

118. Ver Juvenal (pseudónimo de Enrique Pérez Rul), *¿Quién es Francisco Villa?*, cit., p. 47.

119. Ibid.

120. *Vida Nueva*, 14 de septiembre de 1915.

121. AHDN, XI-481-5-121, caja 7, Guanajuato, Ramírez al secretario de Defensa, memorándum de 1917, sin fecha exacta.

122. *El Paso Morning Times*, 8 de octubre de 1915.

123. Calzadíaz Barrera, *Hechos reales de la revolución...*, cit., vol. 3, pp. 87-88.

124. John W. Roberts, "Villa's Own Story of His Life", publicación del McClure Newspaper Syndicate, n. 35, 1916, p. 8.

125. C. L. Sonnichsen, "Pancho Villa and the Cananea Copper Company", *Journal of Arizona History*, 20, n. 1, primavera de 1979.

126. Papeles del senador Fall, declaración del doctor R. H. Thigpen, 7 de noviembre de 1915.

127. *Vida Nueva*, 21 de noviembre de 1915.

128. Katz, *La guerra secreta*, cit., p. 344; Link, *Woodrow Wilson and the Progressive Era...*, cit., p. 134.

129. Vide supra. Hallamos pruebas adicionales de que estas propuestas no eran un invento de Villa, en un pacto secreto que Canova firmó dos y medio años después con varios empresarios estadounidenses para llevar al poder al líder de la facción conservadora emigrada, Eduardo Iturbide, con ayuda de Estados Unidos. El pacto contiene disposiciones notablemente similares a las que mencionó Villa en sus acusaciones contra Carranza. El punto 10 de ese acuerdo secreto decía:

En compensación de los servicios que usted y sus jefes se obligan a prestar, yo por mí mismo, mis jefes y asociados, me obligo, por mí mismo y por ellos, a que nosotros y el partido político que nos apoya, usaremos toda nuestra influencia y medios de que podamos disponer para conseguir lo siguiente:

A. Que los nombramientos de secretarios de Estado encargados del Despacho de Relaciones Exteriores y Hacienda en el Gobierno Mexicano recaigan en personas especialmente capacitadas para restablecer y conservar la mejor armonía entre los Gobiernos de México y los Estados Unidos e inspiren confianza a usted y sus jefes por lo que se refiere al cumplimiento de las obligaciones aquí contenidas.

B. Que el Gobierno Mexicano nombre a los jefes de usted con el carácter de consejeros de Hacienda o agentes financieros especiales para el arreglo de todas las cuestiones financieras que deban tratarse en los Estados Unidos [...] El nombramiento de agentes financieros da a los jefes de usted el derecho de designar el banco depositario de los fondos del gobierno mexicano, siempre que la designación recaiga en una institución idenca [sic].

El punto 10(g) especificaba que el nuevo gobierno nominaría una misión que tendría poderes para negociar con Estados Unidos "las bases que deban servir para el arreglo de los siguientes asuntos: Chamizal, Aguas del Río Colorado, estaciones navales en el Pacífico, Ferrocarriles Mexicanos estratégicos en la República; y para convenir también los medios apropiados que deban ponerse en práctica para que sus jefes vigilen en México la inversión de los fondos provenientes de los empréstitos colocados por ellos".

En el punto 10(i) se decía que para "obtener la más perfecta armonía y cooperación entre los gobiernos de México y los Estados Unidos [...] trabajaremos por obtener, favoreciendo, la creación voluntaria por el gobierno mexicano, de zonas militares que cubran y comprendan las líneas ferrocarrileras que cruzan de norte a sur de la República, tanto las existentes como las que puedan construirse en lo sucesivo, bajo condiciones que puedan satisfacer las necesidades de una alianza ofensiva y defensiva y con objeto de que ambos gobiernos tomen igual parte en la defensa de dichas zonas en caso de peligro".

El punto 10(j) tenía como propósito "la terminación mediante un arreglo satisfactorio para los interesados, de los contratos o concesiones por las cuales el señor Westman L. Pearson, hoy Lord Cowdray, y sus asociados, explotan el ferrocarril entre Puerto México y Salina Cruz, a través del Istmo de Tehuantepec; y la devolución del completo control y explotación de dicho ferrocarril al gobierno de México". Además, decía que las partes involucradas dispondrían "conceder a sus jefes en igualdad de condiciones la preferencia para la venta de los bonos destinados a proveer los fondos necesarios que permitan al gobierno mexicano dar por terminada dicha concesión; colocar dicho ferrocarril en condiciones de operar con completa eficiencia, construyendo una doble vía en toda su extensión con todos los equipos necesarios, terminales, etcétera [...] en todo caso el gobierno

mexicano deberá retener el control de la mayoría de las acciones de la compañía del ferrocarril, concediendo a sus jefes, junto con las demás compensaciones que oportunamente se convengan, la parte de esas acciones que se estima adecuada, pero que no podrán exceder de un cuarenta y nueve por ciento de las mismas". También se incluía una cláusula que establecía que dicho ferrocarril sería parte de una zona militar, que Estados Unidos tendría derecho a proteger si consideraba que el ferrocarril estaba amenazado. SDF, acuerdo bilingüe sin firma, noviembre de 1917, exp. Leland Harrison, caja 208 (Mexican Intrigue).

130. RGG, González Garza a Villa, 29 de octubre de 1915.

131. Calzadíaz Barrera, op. cit., vol. 3, pp. 141-43.

132. Ver Thomas H. Naylor, "Massacre at San Pedro de la Cueva. The Significance of Pancho Villa's Disastrous Sonora Campaign", en *Western Historical Quarterly* 8, n. 2, abril de 1977.

133. Ver Silvestre Terrazas, op. cit., pp. 194-200.

134. BI, rollo 863. Declaración sin fecha de Hipólito Villa a periódico innominado. Aunque Hipólito no siempre es un testigo muy confiable, las palabras que le imputa a su hermano son muy similares a otros discursos de Villa y, ante todo, son muy similares a la reacción que tuvo cuando Carranza quiso quitarle el mando de la División del Norte, antes de la batalla de Zacatecas.

135. La mejor descripción y reconstrucción de esos últimos días de Villa en Chihuahua se encuentra en el notable libro de Jorge Aguilar Mora, *Una muerte sencilla, justa, eterna,* Era, México, 1990, pp. 116-20.

136. Ibid.

137. SDF, 81200-16964, Edwards al secretario de Estado, 17 de diciembre de 1915.

138. Ibid.

139. *El Paso Herald,* 24 de octubre de 1915.

140. Katz "Pancho Villa and the Attack on Columbus...", cit., p. 112.

141. S. Terrazas, op. cit., p. 209.

142. Ibid., p. 203.

143. Katz, op. cit., p. 114.

144. Vide infra.

145. BI, rollo 856, entrevista del agente del Buró F. O. Pendleton con Medinaveitia, 4 de abril de 1916.

146. Almada, *La revolución en el estado de Chihuahua,* cit., vol. 2, p. 300.

147. *El Paso Herald*, 10 de noviembre de 1915.

148. *El Paso Times*, 8 de octubre de 1915.

149. Ver capítulo sobre las fuentes.

150. Cervantes, op. cit., pp. 431, 463-64.

151. Ángeles, *Documentos relativos al general Felipe Ángeles*, Domés, México, 1982, p. 163.

152. Ibid., p. 164.

153. Juvenal, *¿Quién es Francisco Villa?*, cit., p. 91.

154. RGG, Federico González Garza a Roque González Garza, septiembre de 1915.

155. Gilly, *La revolución interrumpida*, cit., pp. 216-18.

III. DE DIRIGENTE NACIONAL A GUERRILLERO

CAPÍTULO 14

1. Sobre las intrigas de Creel en Estados Unidos, ver los informes de los agentes carrancistas en archivo de Carranza 5048, 5102, 7471.

2. Luis Herrera siempre había estado opacado por su hermano Maclovio. Aunque heredó las tropas que su hermano había comandado, nunca alcanzó un prestigio comparable.

3. Ver datos biográficos de Enríquez en AHDN, XI/III/2/876, Enríquez, pp. 371-37, 7, hoja de servicios, archivos cancelados; Marta Eva Rocha Islas, *Las defensas sociales en Chihuahua*, Instituto Nacional de Antropología e Historia, México, 1988, p. 130; Almada, *Gobernadores del estado de Chihuahua*, cit, pp. 525-32.

4. Anthony Goldner, *The Demise of the Landed Elite in Revolutionary Mexico, 1913-1920*, tesis de doctorado, Universidad de Chicago, 1993, cap. 2.

5. Graziella Altamirano y Guadalupe Villa, *Chihuahua, una historia compartida, 1824-1921*, Instituto Mora, México, 1988, pp. 277-78.

6. Ibid.

7. El mejor trabajo sobre estas milicias es Rocha, op. cit.

8. Ver notas 1 y 2 del capítulo 15.

9. E. Meyer et al., *Museo Histórico de la Revolución en el estado de Chihuahua*, Instituto Nacional de Antropología e Historia, México, 1961, p. 122.

10. SDF, Oficina del Counselor, carta interceptada de Acosta a Villa, 12 de enero de 1916.

11. Ver diferentes puntos de vista sobre los motivos de Villa para atacar Columbus en Katz, "Pancho Villa and the Attack on Columbus, New Mexico", en *The American Historical Review* 83, n. 1, febrero de 1978, pp. 101-30; ver también Charles Harris III y Louis R. Sadler, "Pancho Villa and the Columbus Raid: The Missing Documents", en *New Mexico Historical Review* 50, 1975, pp. 335-47; Larry A. Harris, *Pancho Villa and the Columbus Raid*, El Paso, 1949; Katz, "Alemania y Francisco Villa", en *Historia Mexicana* 12, 1962, pp. 83-103; Francis R. Munch, "Villa's Columbus Raid: Practical Politics or German Design?", en *New Mexico Historical Review* 44, 1969, pp. 189-214; James A. Sandos, "German Involvement in Northern Mexico, 1915-1916: A New Look at the Columbus Raid", en *Hispanic American Historical Review* 50, 1970, pp. 70-89; Tuchman, *The Zimmerman Telegram*, Macmillan, Nueva York, 1966, y E. Bruce White, "The Muddied Waters of Columbus, New Mexico", en *The Americas* 32, 1975, pp. 72-92.

12. Almada, *La revolución en el estado de Chihuahua*, México, 1964, vol. 2, pp. 298-99. Almada dice que el cónsul británico en El Paso, Homan C. Hyles, había hecho una declaración a los periodistas en el sentido de que si Villa cruzaba la frontera hacia Estados Unidos pediría su detención y juicio por el asesinato de Benton. Esta noticia fue publicada en diversos periódicos de la ciudad de México, entre ellos *El Demócrata*, y Almada cree que eso hizo que Villa cambiara de opinión y decidiera quedarse en México.

13. Calzadíaz Barrera, *Por qué Villa atacó Columbus, intriga internacional*, Editores Mexicanos Unidos, México, 1972; Calzadíaz Barrera, *Hechos reales de la revolución*, cit., vol. 6, pp. 11-17. Es muy dudoso que la principal finalidad de Villa fuera vengarse de Sam Ravel. De ser así, Columbus habría sido su primer objetivo. Como se ve más abajo, el objetivo de Villa durante su primera expedición contra Estados Unidos era Presidio, Texas, y no Columbus, Nuevo México. Uno de sus soldados, Juan Caballero, que participó en el fallido ataque a Presidio y también en el de Columbus, dudaba por la misma razón que Ravel fuera el blanco más importante (testimonio de Juan Caballero escrito el 7 de diciembre de 1971 y sometido a la Confederación de Veteranos Revolucionarios de la División del Norte, copia mecanoscrita, p. 3). En su exhaustiva investigación de todos los aspectos del ataque a Columbus, la comisión de inteligencia estadounidense no menciona a Sam Ravel. Por otra parte, en una

conversación con su abogado, uno de los atacantes capturados por los estadounidenses dijo que tenía órdenes del comandante villista Candelario Cervantes de capturar a Ravel vivo o muerto (declaración de Santos Torres al abogado Renehem, Calzadíaz Barrera, *Por qué Villa...*, cit., p. 188). La historia de la relación entre Ravel y Villa es oscura. En una carta dirigida al rabino Fierman, el hermano menor de Sam Ravel, Arthur, escribía: "Sí hicimos negocios con prácticamente todos los demás revolucionarios que venían a la frontera de Columbus pero nunca con Villa" (Bloom Southwest Jewish Archives, Universidad de Arizona, Tucson, Arthur Ravel al rabino Floyd Fierman, 16 de noviembre de 1961). Por otra parte, los papeles del senador por Nuevo México, Albert Bacon Fall, contradicen la declaración de Arthur Ravel, ya que contienen una carta de Sam Ravel fechada el 26 de julio de 1914, en la que dice que había sido "retenido por un grupo de villistas en Palomas, al otro lado de la frontera, frente a Columbus, Nuevo México" (Fall al secretario de Estado William Jennings Bryan, 27 de julio de 1914). En el mismo expediente de Ravel, hay una carta sin firma pero probablemente escrita por él, en la que se dice que en enero de 1914 entregó mercancía al teniente coronel Puentes, del ejército villista (papeles de Fall, exp. de Ravel). Es muy posible que una vez que Villa atacó Columbus, Ravel se convirtiera en su segundo objetivo. Por fortuna para él, no estaba en Columbus cuando ocurrió el ataque. Su hermano menor Arthur fue capturado por los villistas quienes lo forzaron a llevarlos a la bodega de su hermano. En el camino, los que lo llevaban fueron muertos por soldados estadounidenses y él logró escapar.

14. Vide supra.

15. Esta carta formaba parte de una colección de documentos encontrados en el cadáver de un villista tras el ataque. Nunca llegaron al archivo del Departamento de Estado, sino que se encuentran en la Oficina del Adjutant General, exp. 2384662, Record Group 94, junto con el exp. 2377632. El texto completo de esta carta se publicó por primera vez en White, art. cit. Una lista completa de los documentos y un intento de análisis se publicó al mismo tiempo en Harris y Sadler, art. cit., pp. 345-47.

16. *El Paso Herald*, 25 de mayo de 1916.

17. John Reed, "The Mexican Conflict", *The Masses*, VIII, n. 6, junio de 1916, p. 11.

18. McGaw citado en Bill Rakoczy, *Villa Raids Columbus, New Mexico*, Bravo Press, El Paso, 1981, pp. 148-50.

19. Katz, *La guerra secreta*, cit., pp. 378-79.

20. A. A. Bonn, Mexico 1 secr., vol. 1, Dernburg a Holtzendorff, mayo de 1915.

21. Katz, op. cit., p. 387.

22. Ibid., pp. 614-15.

23. Ibid., pp. 386-87.

24. O puede ser que planeara reclutar una fuerza mayor (con los zapatistas) en seis meses, y al ver que esto era imposible, y que sus recursos disminuían aún más, apresurara la fecha.

25. Calzadíaz Barrera, *Hechos reales...*, cit. vol. 3, pp. 198-99.

26. National Archives, informe de operaciones del "general" Francisco Villa desde noviembre de 1915, Cuartel General de la Expedición Punitiva en el Campo (de aquí en adelante "informe de operaciones"), México, 31 de julio de 1916, pp. 6-7.

27. José María Jaurrieta, *Con Villa (1916-1920). Memorias de campaña*, Consejo Nacional para la Cultura y las Artes, México, 1997.

28. Testimonio de Thomas B. Holmes, incluido en las pruebas sometidas al Departamento de Estado en el asunto del asesinato de C. R. Watson, administrador de la Cusi Mining Company, y otros, cerca de Santa Isabel en el estado de Chihuahua, México, 10 de enero de 1916, sometido por la Cusi Mining Company, Winston, Payne, Strawn y Shaw, Attorneys, First National Bank Building, Chicago, Illinois. Esta publicación está contenida en SDF, 312-115 C96.

29. Ibid., testimonio de César Sala.

30. Ibid., testimonio de Manuel Silveyra.

31. Ibid., testimonio de R. Calderón, hijo.

32. Ibid., testimonio de B. M. Freudenstein.

33. Ibid., W. D. Pierce a S. L. Pierce, 9 de enero de 1916.

34. Clendenen, *The United States and Pancho Villa...*, cit., p. 224.

35. Informe de operaciones, cit.

36. *El Paso Herald*, 25 de mayo de 1916.

37. Informe de operaciones, cit., p. 11.

38. Ibid., pp. 11-12. Este informe de los funcionarios de inteligencia de Estados Unidos (que nunca se publicó) está confirmado por el testimonio de uno de los participantes en el ataque a Columbus, Juan Caballero, que en 1971 escribió una crónica del ataque que planeaba Villa contra Estados Unidos y lo sometió a la confederación de Veteranos de la División del Norte. Ver artículo de Juan Caballero en *El Sol*, 25 de noviembre de 1971.

39. Estos informes de fuentes estadounidenses fueron confirmados por una fuente mexicana independiente. Juan Caballero, que era el secretario de Nicolás Fernández, también dice que el objetivo inicial de Villa era atacar Presidio, Texas, y que la expedición tuvo que regresar porque el coronel Pérez desertó con sus hombres (María Guadalupe Santa Cruz, "¿Por qué Villa invadió Columbus?", *El Sol*, 25 de noviembre de 1971).

40. Informe de operaciones, cit., p. 19.

41. Rubén Osorio, *Pancho Villa, ese desconocido*, cit., p. 189.

42. Ibid.

43. Informe de operaciones, cit.

44. Herbert Molloy Mason, Jr., *The Great Pursuit: General John J. Pershing's Punitive Expedition Across the Rio Grande to Destroy the Mexican Bandit Pancho Villa*, Random House, Nueva York, 1970, pp. 7-9.

45. Rakoczy, op. cit., p. 27.

46. Calzadíaz Barrera, *Hechos reales...*, cit., vol. 6, pp. 15-17.

47. Pablo López no menciona tampoco a Ravel en la última entrevista que le hicieron antes de su muerte, cuando habló de los motivos del ataque a Columbus.

48. Informe de operaciones, cit., p. 28.

49. Ibid.

50. Ibid.

51. Mahoney, "The Columbus Raid", en *Southwest Review* 17, invierno de 1932. No hay consenso en cuanto a si Villa pronunció ese discurso, ni siquiera sobre si los hombres que atacaron Columbus sabían que estaban penetrando en Estados Unidos. El "informe de operaciones" cuidadosamente recopilado por los oficiales de inteligencia de la Expedición Punitiva y basado en declaraciones de los villistas prisioneros no menciona el discurso. Muchos de dichos villistas, arrastrados ante los jueces estadounidenses, declararon que no sabían que se hallaban en territorio estadounidense atacando a las tropas de Estados Unidos. Si Villa mencionó a los mexicano-estadounidenses quemados vivos en una cárcel de El Paso, ello constituiría uno de los pocos momentos, si no el único, en que expresó algún interés por los problemas de los mexicano-estadounidenses. A este respecto su actitud era muy distinta de la de Carranza, que intentó utilizar para sus propios fines los movimientos chicanos disidentes y revolucionarios. (Ver el mejor análisis de ese movimiento en James A. Sandos, *Rebellion*

in the Borderlands: Anarchism and the Plan of San Diego, 1904-1923, University of Oklahoma Press, Norman, 1992.) Cuando algunos miembros del movimiento de Plan de San Diego para apoyar una posible rebelión mexicano-estadounidense fueron a ver a Villa, éste no sólo se opuso, sino que amenazó con fusilarlos (papeles del senador Fall, declaración sin fecha ni firma, anexada a memorándum para Dan M. Jackson firmado Ges T. Jones y escrito el 28 de diciembre de 1919).

52. Sandos, op. cit., p. 98.

53. Informe de operaciones, cit., p. 32.

54. Clendenen, op. cit., p. 239.

55. Ibid., pp. 236, 246.

56. Link, op. cit., p. 202.

57. Joseph D. Tumulty, *Woodrow Wilson as I Knew Him*, Nueva York, 1921, p. 159.

58. J. Edward Haley, *Revolution and Intervention: The Diplomacy of Taft and Wilson with Mexico*, MIT Press, Cambridge, 1970, p. 194.

59. Ibid., p. 189.

60. Ulloa, *Historia de la revolución mexicana, 1914-1917*, vol. 6, *La Constitución de 1917*, El Colegio de México, México, 1983, p. 64. Hay un gran corpus de literatura sobre la Expedición Punitiva en México. Algunas de las principales obras escritas por estadounidenses son: Braddy, *Pershing's Mission in Mexico*, Western College Press, El Paso 1966; Clendenen, op. cit.; Link, op. cit.; Mason, op. cit.; Donald Smythe, *Guerilla Warrior*, Nueva York, 1963; Michael L. Tate, "Pershing's Punitive Expedition: Pursner of Bandits or Presidential Panacea?", en *The Americas* 32, pp. 46-72, y Frank Tompkins, *Chasing Villa*, Harriburg, Pensilvania, 1939. Dos obras mexicanas: una monografía y una colección de documentos de autores simpatizantes de Carranza, son Alberto Salinas Carranza, *La Expedición Punitiva*, Botas, México, 1936, e Isidro y Josefina E. de Fabela (comps.), *Documentos históricos de la revolución mexicana. Expedición Punitiva*, 2 vols., México, 1967-1968. Obras de autores mexicanos simpatizantes de Villa son Calzadíaz Barrera, *Hechos reales*, cit., vol. 3; Nellie Campobello, *Apuntes sobre la vida militar de Francisco Villa*, Ibero-Americana de Publicaciones, México, 1940, y Cervantes, *Francisco Villa y la revolución*.

61. Clendenen, op. cit., pp. 251-52.

62. Haley, op. cit., p. 190.

63. Ver Stanley Karnow, *In Our Image: America's Empire in the Philippines*, Nueva York, 1989, pp. 139-96.

64. National Archives, Group 165, Records of the War Department, General and Special Staffs, General Correspondence, 1920-1942, green file on Mexican Affairs, Oficina del jefe de Estado Mayor, Departamento de Guerra, 25 de marzo de 1916 y 14 de julio de 1919.

65. Haley, op. cit., p. 195.

66. Ibid., p. 197.

67. E. Meyer et al., op. cit., vol. 1, pp. 71-72.

68. National Archives, papeles del Adjutant General, Grupo 94, HEO Document exp. 2379210, archivado con 2377632, Pershing al Adjutant General, 18 de abril de 1916.

69. Informe de operaciones, cit., pp. 33-34.

70. Calzadíaz Barrera, *Hechos reales...*, cit., vol. 6, p. 54.

71. Informe de operaciones, cit., p. 38.

72. Ibid., p. 38.

73. Ibid., p. 41.

74. Loc. cit.

75. Loc. cit.

76. PWW, vol. 36, p. 586.

77. Calzadíaz Barrera, op. cit., vol. 6, p. 71.

78. Píndaro Urióstegui Miranda, *Testimonios del proceso revolucionario de México*, cit., p. 120.

79. Informe de operaciones, cit., p. 52; ver proclama de Cervantes.

80. Ibid.

81. Calzadíaz Barrera, *Hechos reales...*, cit., vol. 6, p. 72; Nugent, *Spent Cartridges of Revolution...*, cit., p. 83.

82. Ana María Alonso, "US Military Intervention, Revolutionary Mobilization, and Popular Ideology in the Chihuahuan Sierra, 1916-1917" en Nugent, *Rural Revolt in Mexico and US Intervention*, Center for US-Mexican Studies, University of San Diego, San Diego, 1988, p. 217. Esta carta la encontraron en el cuerpo de Cervantes los estadounidenses que lo mataron.

83. Informe de operaciones, cit., p. 61. Acosta obviamente quería decir "Hidalgo y Costilla" y "Allende", pero ésta es la forma en que están escritos los nombres en la traducción que se encuentra en el informe de operaciones. No está claro si el error fue de los estadounidenses o de Acosta.

84. Calzadíaz Barrera, *Villa contra todo...*, cit., vol. 1, pp. 95-96; informe de operaciones, cit., p. 62.

85. Informe de operaciones cit., p. 63.

86. Alonso, op. cit., p. 216.

87. Calzadíaz Barrera, *Hechos reales...*, cit., vol. 6, p. 54; Alonso, loc. cit.

88. Alonso, op. cit.

89. Calzadíaz Barrera, *Villa contra todo...*, cit., vol. 1, p. 92.

90. *El Paso Herald*, 25 de mayo de 1916; MID, Record group 395, E1210.

91. Archivo Privado de Rubén Osorio, Chihuahua, carta de Pablo López.

92. Informe de operaciones, noticia de periódico anexa a la p. 59.

93. Calzadíaz Barrera, *Hechos reales...*, cit., vol. 6, p. 72.

94. PWW, vol. 36, 1916, p. 424, Diario de House, 6 de abril de 1916.

95. Link, op. cit., p. 282.

96. Ibid., pp. 280-81.

97. PWW, loc. cit.

98. Loc. cit.

99. Katz, *La guerra secreta*, p. 356; Haley, op. cit., p. 235.

100. Haley, op. cit., p. 197.

101. Ibid., p. 199.

102. Loc. cit.

103. Ibid., p. 200.

104. Harold Eugene Holcombe, *United States Arms Control and the Mexican Revolution, 1910-1924*, tesis de doctorado, Universidad de Alabama, 1968, p. 127; Emily S. Rosenberg, "Economic Pressures en Anglo-American Diplomacy in Mexico, 1917-1918", en *Journal of Interamerican Studies and World Affairs* 17, mayo de 1975, pp. 123-52.

105. Almada, *Gobernadores del estado de Chihuahua*, cit., p. 526.

106. Archivo Condumex, papeles de Carranza, sección telegramas Chihuahua, Treviño a Obregón con copia para Carranza, 10 de junio de 1916.

107. AHDN, Chihuahua, Murguía a Carranza, 31 de diciembre de 1916.

108. MID, informes de inteligencia, 11-22-16.

109. MID, informe, 12-27-16.

110. National Archives, Adjutant General's Office, Record Group 395, MRE 1187, Caja 29DF3337, James B. Ord al comandante del Campamento, El Valle, México, 12 de diciembre de 1916.

111. MID, informe de inteligencia, 11-24-16.

CAPÍTULO 15

1. SDF, 81200-19083, Montague al Departamento de Estado, 30 de agosto de 1916.

2. Informe de operaciones, cit., p. 71.

3. Ibid., p. 75.

4. Ibid.

5. Ibid., p. 74.

6. Ibid., p. 78.

7. Ibid., p. 79.

8. Ibid.

9. Ibid., p. 76.

10. Vide infra.

11. MID, 8529-60, agente de inteligencia al comandante general, Departamento del Sur, 26 de julio de 1916.

12. PRO FO, 371-2702-PO6322, 133407, Patrick O'Hea a Thurstan, 29 de mayo de 1916.

13. Ibid.

14. Ibid., O'Hea a Thurstan, 2 de enero de 1917.

15. Francisco Almada, *La revolución en el estado de Chihuahua*, cit., vol. 2, p. 322.

16. Las sospechas de Villa pudieron no ser enteramente infundadas. Dos años más tarde, otro oficial carrancista, el coronel Guajardo, le dijo a Zapata que él y sus hombres estaban dispuestos a pasarse a su bando y, cuando Zapata acudió a verlo, lo hizo asesinar junto con su escolta.

17. Begoña Hernández y Lazo, *Batallas de la Plaza de Chihuahua, 1915-1916*, México, 1984.

18. Jaurrieta, *Con Villa (1916-1929), memorias de campaña*, Consejo Nacional para la Cultura y las Artes, México, 1997, pp. 36-37.

19. Caraveo no estaba prisionero en Chihuahua y nunca se unió a Villa.

20. Jaurrieta, *Con Villa...*, cit., pp. 36-37.

21. National Archives, grupo 393, Primera Guerra Mundial, expedientes de organización, Expedición Punitiva a México, jefe de Estado Mayor, exp. 1191220, 1916, entrevista con el general Luis J. Comadurán.

22. Jaurrieta, op. cit., p. 38.

23. Hernández y Lazo, op. cit., pp. 38-39, Treviño a Obregón, 20 de septiembre de 1916.

24. SDF, 812-00-19439, cronología del movimiento de Villa.

25. MID, grupo 185, memorándum de Inteligencia Militar, sección Inteligencia, cuartel General, Expedición Punitiva, Ejército de Estados Unidos en campaña cerca de Colonia Dublán, México, 9 de noviembre de 1916. Esta versión se basa en el relato de Rafael Grejala de Pedernales que, según los agentes de inteligencia estadounidenses, tenía relaciones influyentes en Chihuahua.

26. SDF, 812-00-19529, Blocker al Departamento de Estado, 14 de octubre de 1916.

27. Ibid., 812-00-19295 y 812-00-19288, Cobb al secretario de Estado, 25 de septiembre de 1916.

28. Jaurrieta, op. cit., p. 44.

29. Ibid., p. 47.

30. Vide infra.

31. Hernández y Lazo, op. cit., p. 49, Villa a Treviño, Santa Isabel, 23 de octubre de 1916.

32. Este manifiesto se encuentra en SDF, grupo 76, entrada 145, así como en Almada, op. cit., pp. 382-86.

33. SDF, 812-00-19719, Carothers al Departamento de Estado, 1 de noviembre de 1916.

34. AHDN, Chihuahua, 1916, X1/481.5/72, caja 28, Obregón a Maycotte, 28 de octubre de 1916.

35. AHDN, Chihuahua, 1916, X1/481.5/72, caja 28, Obregón a Maycotte, 29 de octubre de 1916.

36. AHDN, Chihuahua, 1916, X1/481.5/72, caja 28, telegrama sin fecha de Obregón a Murguía.

37. AHDN, Chihuahua, 1916, X1/481.5/72, caja 28, Murguía a Obregón, 22 de noviembre de 1916.

38. SDF, 812-00-20067, Charles Montague al secretario de Estado Robert Lansing, 9 de diciembre de 1916.

39. PRO FO, 371-2958 PO 6322, O'Hea a Thurstan, 11 de diciembre de 1916, anexo al despacho n. 499 de Thurstan, 19 de diciembre de 1916, pp. 326-32.

40. Ibid.

41. SDF, 812-00-19972, W. M. Stell al teniente H. O. Flipper, 30 de octubre de 1916.

42. Ibid.

43. Ibid.

44. Ibid., 812-00-19403, Cobb al Departamento de Estado, 3 de octubre de 1916.

45. Ibid., 812-00-19867, Pershing al Adjutant General.

46. Jaurrieta, op. cit., pp. 57-58.

47. AHDN, Chihuahua, 1916, X1/481.5/72, caja 28, Herrera a Obregón, 29 de octubre de 1916.

48. Ibid., Treviño a Obregón, 31 de octubre de 1916.

49. Ibid., Obregón a Treviño, 3 de noviembre de 1916.

50. Archivo Fernando Torreblanca, fondo Álvaro Obregón, serie 1052, inventario 84, exp. Obregón, Álvaro, secretario de Guerra y Marina, foja 226, Treviño a Obregón, 4 de noviembre de 1916.

51. Archivo Fernando Torreblanca, fondo

Álvaro Obregón, serie 1052, inventario 84, exp. 1, Obregón, Álvaro, secretario de Guerra y Marina, foja 339, Obregón a Treviño, 18 de noviembre de 1916.

52. AHDN, Chihuahua, 1916, X1/481.5/72, caja 28, Murguía a Carranza, 22 de noviembre de 1916. Ver también ibid., Murguía a Carranza, 25 de diciembre de 1916 y 31 de diciembre de 1916.

53. SDF, 812-00-19395, Cobb al Departamento de Estado, informe sobre opinión de Hunter Mckay, corresponsal de Associated Press en Chihuahua, 3 de octubre de 1916.

54. National Archives, grupo 393, Primera Guerra Mundial, Organización, Expedición Punitiva a México, n. 120-123: The reign of terror in Chihuahua, 27 de noviembre de 1916, informante anónimo al capitán Reed.

55. Jaurrieta, op. cit., p. 64.

56. Ibid., p. 65.

57. MID, Statement of the defense and attack of Chihuahua City, capitán Reed al capitán Campanole, 11 de noviembre de 1916.

58. Ibid.

59. Archivo de Treviño, caja 19, exp. 73, informe del comandante del Noveno Batallón, Primera División, al comandante en jefe del Ejército del Noreste, s.f.

60. Ibid.

61. Ibid.

62. Villa hizo una excepción. Faltó a su palabra respecto de un viejo rival que había peleado contra él en el bando de los orozquistas, Luis Comadurán, quien dijo a los agentes estadounidenses que Villa lo odiaba tanto que había decidido quemarlo vivo públicamente. En el último momento, según su versión, logró escapar (MID, entrevista con Luis J. Comadurán, 20 de diciembre de 1916). No hay forma de comprobar si Comadurán estaba exagerando o Villa tuvo realmente tales intenciones.

63. Archivo de Treviño, caja 19, exp. 73, p. 24, UNAM, Treviño a Obregón, 23 de enero de 1917.

64. AHDN, exp. X1/481-5-72, vol. 3, informe sin fecha de Obregón a Carranza.

65. Ibid., Obregón a Carranza, 29 de noviembre de 1916.

66. Ver AHDN, 1481-5-72, caja 30, Murguía a Treviño, marzo a mayo de 1917, Murguía a Treviño, 9 de mayo de 1917; archivo de Treviño, Murguía a Treviño, 18 de julio de 1917.

67. SDF, 812-00-19846, Carothers al Departamento de Estado, 7 de noviembre de 1916.

68. National Archives, grupo 120, Primera Guerra Mundial, Organización, Expedición Punitiva a México, cuartel general 1916-17, exp. 775-908-876B, telegrama de Farnsworth a Pershing, 16 de diciembre de 1916.

69. Archivo de la Secretaría de Relaciones Exteriores de México, 725-1-435, Andrés García a la Secretaría.

70. Archivo de Treviño, caja 19, exp. 73, Treviño a Obregón, anexo secreto a su informe del 23 de enero de 1917.

71. Edward J. Haley, *Revolution and Intervention...*, cit., p. 206.

72. Ibid., p. 217.

73. PWW, vol. 38, p. 547, Funston al Departamento de Guerra, 25 de octubre de 1916.

74. Ibid., vol. 40, pp. 202-03, Pershing a Funston, 9 de diciembre de 1916.

75. National Archives, grupo 120, Primera Guerra Mundial, Organización, Expedición Punitiva a México, exp. 5254-5274, documentos confidenciales, correspondencia Pershing-Funston, Pershing a Funston, 6 de junio de 1916.

76. Martin Blumenson, *The Patton Papers*, Houghton Mifflin, Boston, 1972-74, vol. 1, pp. 373-74.

77. Ibid., Patton a su padre, 28 de septiembre de 1916.

78. National Archives, grupo 94, Oficina del Adjutant General, exp. 2379210, adicional 8203, 31 de mayo de 1916, anexo a 2377632, Funston al Adjutant General en que se cita mensaje de Pershing, 29 de mayo de 1916.

79. Calzadíaz Barrera, *Villa contra todo y contra todos*, Editores Mexicanos Unidos, México, 1965, vol. 2, p. 89.

80. Papeles del senador Fall, Huntington Library, Huntington, California, Medler a Fall, 13 de diciembre de 1918. En una carta al fiscal general, el fiscal de Nuevo México Burkhart escribió: "He examinado las pruebas que me entregaron los agentes especiales del Departamento, y me satisface que no puede obtenerse ninguna sentencia contra ninguno de estos acusados según los términos de la sección 4. La única prueba contra ellos es su propia declaración, hecha cuando fueron arrestados y bajo la custodia de autoridades militares. Las declaraciones de los diecinueve sentenciados por asesinato en los tribunales locales informan que fueron forzados, bajo amenaza de muerte, a unirse a las fuerzas de Villa; que no sabían que el objeto de la expedición era un

ataque a Columbus, sino que se les dijo que iban a Palomas en el Viejo México, y no supieron hasta después del ataque que estaban en Nuevo México; que no participaron realmente en el ataque excepto porque fueron encargados de cuidar los caballos de quienes entraron en la población; que nunca habían estado en Nuevo México antes de la noche del 9 de marzo de 1916, con ocasión del mencionado ataque, y todos eran ciudadanos mexicanos. El gobierno no conoce ningún testigo que pueda identificar a ninguno de estos hombres como participantes en el ataque. Me parece que estas pruebas son enteramente insuficientes para obtener una sentencia bajo el cargo de incitar, poner en marcha, colaborar o participar en ninguna rebelión o insurrección contra la autoridad de Estados Unidos" (MID, 90755-31-92, Burkhart al fiscal general, 22 de marzo de 1917).

81. Ibid. La frase del juez es una alusión y un ataque a la política de "*watchful waiting*" (cautelosa espera) que propugnaba el presidente Wilson en 1913 y 1914.

82. Transcripción de las sesiones del Tribunal Distrital del sexto Distrito Judicial del estado de Nuevo México dentro y por el Condado de Luna, estado de Nuevo México, demandante contra Eusebio Rentería, Taurino García, José Rodríguez, Francisco Álvarez, José Rangel y Juan Castillo, n. 664, p. 177. Ver una descripción de ese proceso en Kenneth S. Zontek, *"Damned if They Did, Damned if They Didn't." The Trial of Six Villistas Following the Columbus Raid, 1916*, tesis de maestría, New Mexico State University, 1993.

83. Artículo, proceso Deming, p. 7. Este artículo me fue enviado por cortesía del tribunal de Deming, pero infortunadamente he extraviado el nombre del autor.

84. Papeles del senador Fall, informe del detective de la Agencia Ben Williams, 18 de mayo de 1916, incluido en la carta de Medler a Fall.

85. Ver nota 84, p. 7.

86. Ver Calzadíaz Barrera, *Por qué Villa atacó Columbus...* cit.

87. Ibid., pp. 290-91.

88. Ver nota 85, p. 9.

89. Vide infra.

90. Calzadíaz Barrera, op. cit., pp. 245, 265.

91. Charles H. Harris III y Louis R. Sadler, "Termination With Extreme Prejudice: The U.

S. vs. Pancho Villa", en Harris III y Sadler (comps.), *The Border in the Revolution: Clandestine Activities of the Mexican Revolution, 1910-1920*, High-Lonesome Books, Silver City, Nuevo México, 1988, pp. 7-23.

92. El detective de la agencia Ben Williams que había entrevistado a los villistas sentenciados informó: "Todos ellos afirman que en caso de que Estados Unidos interviniera en México, Japón declararía la guerra a Estados Unidos. Esto se lo dijo Pancho Villa". Papeles del senador Fall, Huntington Library, correspondencia Medler-Fall, informe del detective de la Ben Williams Detective Agency, 16 de mayo de 1916.

93. Informe de Stone, 9 de agosto de 1916, FBI, rollo 14, citado en Harris y Sadler, op. cit., p. 11.

94. National Archives, grupo 395, Expedición Punitiva, informe de Dyo y Fusita, 23 de septiembre de 1916; Harris y Sadler, op. cit., p. 16.

95. Harris y Sadler, op. cit., p. 15.

96. Ibid., p. 18.

97. Ibid., p. 22, Baker a Gregory, 29 de febrero de 1917.

98. Ibid., p. 21.

99. Ibid., p. 22, Baker a Gregory, 29 de febrero de 1917.

100. Condumex, archivo de Carranza, Andrés García a Carranza, 23 de agosto de 1916, telegramas, Chihuahua. "Japonés *Tsuto Mudyo* infórmame de San Gerónimo, Chihuahua, en carta veinticuatro julio recibida hoy, que el 9 julio envenenó a Francisco Villa en Taramantes cerca de Parral. Creo este mismo es individuo que hace cinco meses ofrecióme hacerlo, pero no concluimos arreglo ninguno porque Primera Jefatura desechó ofrecimiento. Procuro obtener confirmación." Obviamente Mudyo era el Dyo a que se referían los estadounidenses y que les dijo que había envenenado a Villa.

101. Ver Katz, *La guerra secreta...*, cit. pp. 355-56.

102. Friedhelm Koopmann, *Diplomatie und Reichinteresse das Geheimdienstkalkül in der deutschen Amerikapolitik 1914 bis 1917*, Peter Lang, Frankfurt a. M., 1990, p. 297.

103. Larry D. Hill, *Emissaries to a Revolution: Woodrow Wilson's Executive Agents in Mexico*, Louisiana State University Press, Baton Rouge, 1973, p. 370.

104. Diana K. Christopulos, "American Radicals and the Mexican Revolution, 1900-

1925", tesis de doctorado inédita, Universidad del Estado de Nueva York en Stony Brook, 1980, p. 246.

105. Ibid., p. 248.

106. Ibid., p. 249.

107. John Reed, "The Mexican Conflict", en *The Masses*, 6 de junio de 1916.

108. Archivo del Ferrocarril del Noroeste de México (Mexican Northwestern), Universidad de Texas en Austin, exp. secreto 1-201, gerente del Mexican Northwestern a R. Holme Smith, Toronto, 15 de marzo de 1916.

109. No todos los empresarios estadounidenses estaban a favor de la intervención. James W. Malcolmson, que por largo tiempo trabajó para la American Smelting and Refining Company y que ahora trabajaba como ingeniero asesor para El Tigre Mining Company, les dijo a los agentes estadounidenses: "No veo qué particular ventaja obtendrían las minas con las que he tenido relación de una intervención del gobierno de Estados Unidos. Nuestras empresas no han sufrido problemas laborales ni la costosa interferencia de la Western Federation of Labor u otros sindicatos. También hemos estado enteramente a salvo de cualquier proceso por daños personales, los que según creo en Estados Unidos ocupan más de tres cuartas partes del tiempo de todos los tribunales, pero no afectan en ningún grado a las empresas mineras de México. Todo el tiempo hemos producido nuestro mineral con mano de obra de plata y hemos vendido nuestros productos a precio de oro, y de hecho el único inconveniente serio que hemos tenido es el de los años recientes, debido enteramente a la falta de un gobierno ordenado y a las condiciones caóticas de la disputa por el liderazgo". Malcolmson pensaba que el costo de la mano de obra en México era de veinte a cincuenta por ciento menor, y que esto cambiaría si Estados Unidos ocupaba el país: "[...] Sólo puedo repetir que desde el punto de vista de la minería profesional, no ganaríamos nada con la intervención más allá del simple hecho de que las condiciones de orden que existían hasta hace cinco años siempre significarían una mano de obra más económica. Aparte de eso no ganaríamos nada con la intervención estadounidense debido a que el trabajo se paga en México en plata, no se conocen las demandas por daños personales o de otro tipo y nuestros productos se venden a precio de oro". National Archives, División del Colegio de Guerra, 8534-114, oficial de inteligencia al comandante general, distrito de Arizona, Douglas, Arizona, 3 de agosto de 1916. También, vide infra.

CAPÍTULO 16

1. Américo Paredes, *A Texas-Mexican Cancionero. Folksongs of the Lower Border*, University of Illinois Press, Urbana, 1976, pp. 89-91.

2. Roque y Federico González Garza a Venustiano Carranza y los miembros civiles y militares de su gobierno *de facto*, 22 de febrero de 1916, en Isidro Fabela, *Documentos históricos de la revolución mexicana*, México, 1969, vol. 17, pp. 33-46.

3. Armando de Maria y Campos, *Múgica: crónica biográfica*, México, 1939, pp. 101-03.

4. Papeles Pearson, A. E. Worswick a Body, 29 de junio de 1917.

5. Vide infra.

6. Ver Thomas Benjamin, "Regionalizing the Revolution: The Many Mexicos in Revolutionary Historiography", en Thomas Benjamin y Mark Wasserman (comps.), *Provinces of the Revolution: Essays on Regional Mexican History, 1910-1929*, University of New Mexico Press, Albuquerque, 1990.

7. Vide infra.

8. Alicia Hernández Chávez, "Militares y negocios en la revolución mexicana", en *Historia Mexicana* 34, n. 2, p. 208.

9. Rosendo Salazar, *La Casa del Obrero Mundial*, México, 1962, p. 216.

10. *Informe del C. Venustiano Carranza, Primer Jefe del Ejército Constitucionalista encargado del poder ejecutivo de la República, leído ante el Congreso de la Unión en la sesión del 15 de abril de 1917*, México, 1917, pp. 2-3.

11. Vide infra.

12. PRO FO, 371 2964, Harrison a Cummins, 12 de mayo de 1917.

13. Anthony Goldner, *The Demise of the Landed Elite in Revolutionary Mexico, 1913-1920*, tesis de doctorado, Universidad de Chicago, 1993.

14. PRO FO, 371 2964, Patrick O'Hea al Foreign Office, 12 de noviembre de 1917.

15. AHDN, XI/481.5/72, caja 28, Murguía a Carranza, 16 de diciembre de 1916.

16. Los "mecates" eran las cuerdas de maguey que usaba Murguía para colgar a los prisioneros villistas.

17. MID, 8532-345, Oficina Distrital de Inteligencia, El Paso, Texas, 10 de noviembre de 1917.

18. Vide infra.

19. John Womack, *Zapata and the Mexican Revolution*, Alfred A. Knopf, Nueva York, 1969, p. 260.

20. Rubén Osorio Zúñiga, *Pancho Villa, ese desconocido*, Ediciones del Gobierno del Estado de Chihuahua, Chihuahua, 1991, p. 189.

21. National Archives, grupo 393, Primera Guerra Mundial, Organización, Expedición Punitiva a México, n. 120-23, "The Reign of Terror in Chihuahua", 27 de noviembre de 1916, informe enviado al capitán Reed.

22. Ibid.

23. Ibid.

24. Ibid.

25. Ibid.

26. Ralph H. Vigel, "Revolution in Confusion: The Peculiar Case of Jose Ines Salazar", *New Mexico Historical Review*, vol. 53, n. 2, abril de 1978, p. 147.

27. José María Jaurrieta, *Con Villa...*, cit., p. 70.

28. Archivo de Treviño, UNAM, México, Treviño a Murguía, 20 de junio de 1917.

29. Jaurrieta, op. cit., p. 71.

30. Jaurrieta, op. cit., pp. 75-76.

31. Jaurrieta, op. cit., p. 76; Calzadíaz Barrera (*Villa contra todo y contra todos*, cit., vol. 2, pp. 104-05) sugiere una motivación distinta del asesinato de las soldaderas por Villa. Dice que una de ellas trató de matarlo. La versión de Jaurrieta es mucho más verosímil.

La masacre de estas soldaderas y la violación de las mujeres de Namiquipa fueron las mayores atrocidades que cometió Villa contra la población civil durante sus años como revolucionario. Constituyeron un cambio fundamental en la conducta que había seguido antes de su derrota de 1915. Hasta ese momento prácticamente todos los observadores habían quedado impresionados por la disciplina que Villa mantenía y por sus esfuerzos por proteger a los civiles y en especial a los miembros de las clases más bajas.

Previsiblemente, la prensa carrancista no sólo informó sobre estas crueldades, sino que inventó otras que nunca cometió. Así, en 1920, la prensa informaba que Villa había detenido un tren que transportaba soldados carrancistas con sus mujeres; los soldados huyeron y como una de las mujeres trató de matar a Villa, éste mandó matar a trescientas de ellas, junto con sus hijos. Cuando la noticia llegó al gobernador provisional carrancista de Chihuahua, Abel S. Rodríguez, le escribió al secretario de Guerra que en su opinión "estas noticias no sólo son exageradas sino erróneas" (AHDN, XI/481.5/79, caja 71, Abel Rodríguez a la Secretaría de Guerra, 18 de junio de 1920). La prensa informaba que Villa quemaba vivos a muchos de sus prisioneros. No he encontrado corroboración de tales acusaciones, aunque Calzadíaz Barrera, autor favorable a Villa, menciona que, cuando Villa lo capturó, Santos Merino, habitante del pueblo de Bachíniva que había servido de guía a la expedición de Pershing, fue quemado vivo (op. cit., vol. 2, p. 95).

Otra atrocidad atribuida a Villa por la prensa carrancista fue el asesinato de la familia González, constituida por cuatro mujeres y un niño, en la población de Jiménez. Según esas versiones, Villa y algunos de sus hombres entraron en la casa de la familia y trataron de violar a la madre y a sus tres hijas. Como se resistieron, Villa las mató a todas y también al bebé que una de ellas llevaba en brazos.

Jaurrieta rechaza vehementemente esta versión, aunque su jefe tampoco sale muy bien parado en la suya, según la cual Villa le había confiado cincuenta mil pesos a la señora González, que era su amiga desde hacía mucho tiempo. También le había dado un salvoconducto para cruzar sus líneas. La señora había utilizado el salvoconducto para ayudar a los carrancistas y cuando Villa, tras la captura de Jiménez, le pidió que devolviera parte del dinero, ella rehusó. Entonces Villa envió a tres hombres con órdenes de fingir que iban a quemarla, para intimidarla, pero de no hacer tal cosa aunque las mujeres resistieran. Ellas estaban armadas, dispararon contra los soldados villistas y éstos contestaron el fuego y las mataron a todas. Jaurrieta dice que Villa de ninguna manera le habría hecho daño a un niño. Dado que nunca intenta esconder o embellecer las atrocidades cometidas por Villa, su versión es creíble (Jaurrieta, op. cit., pp. 146-47).

32. Papeles de Barragán, UNAM, 373-60, IV-9, folio 1-134, Obregón a Carranza, 19 de diciembre de 1916, informando sobre los mensajes que repetidamente le había enviado a Murguía.

33. AHDN, XI 481-5-72, caja 28, Murguía a Obregón, 11 de diciembre de 1916.

34. Ibid., Murguía a Obregón, 16 de diciembre de 1916.

35. Ibid., Murguía a Talamantes, 19 de diciembre de 1916.

36. Papeles de Barragán, UNAM, 373-60-IV-9, folio 1-134, telegrama de Obregón a Carranza, 19 de diciembre de 1916.

37. AHDN, X1 481-5-72, caja 28, Carranza a Murguía, 24 de diciembre de 1916.

38. AHDN, X1 481-5-72, caja 28, Murguía a Carranza, 25 de diciembre de 1916.

39. SDF, 81200-20271, informe sin firma procedente de Torreón, escrito el 3 de enero de 1917, incluido en el informe consular estadounidense.

40. PRO FO, 371-2959-126937, vicecónsul británico en Torreón Patrick O'Hea a Thurstan.

41. Archivos del Ministerio de Asuntos Exteriores, París, Mexique, 14, Bernadini al ministro francés en México, 2 de enero de 1917.

42. O'Hea a Thurstan, cit.

43. PRO FO, 371-2939-126937-41521, Thurstan al Foreign Office, 19 de enero de 1917.

44. SDF, 812-00-20271, informe sin firma desde Torreón, 3 de enero de 1917, incluido en el informe consular del 12 de enero de 1917.

45. Ibid.

46. Jaurrieta, op. cit., p. 84.

47. Ibid.

48. Ibid., pp. 84-85. Se puede hallar una descripción de la batalla desde el punto de vista de Murguía en un ensayo de José Valadés basado en testimonios orales de varios de los lugartenientes carrancistas y publicado en *La Prensa*, San Antonio, Texas, el 19 de marzo de 1935.

49. Ibid., p. 94.

50. Ibid.

51. Ibid., pp. 96-97.

52. Federico Cervantes, *Francisco Villa y la revolución*, cit., p. 570.

53. Ibid.

54. Jaurrieta, op. cit., p. 102.

55. Ibid.

56. Ibid.

57. Ibid., pp. 105-106; Cervantes, op. cit., p. 571.

58. Entrevista de Hunt con *El Universal Gráfico*, 17 de marzo de 1924.

59. Vide infra.

60. AHDN, X1/481.5/76, caja 30, Treviño a Murguía, 23 de marzo de 1917.

61. Ibid., Murguía a Treviño, 9 de mayo de 1917.

62. *El Universal*, 20 de junio de 1917.

63. Parte de esta carta se encuentra reproducida en el archivo del Departamento de Estado, 81200-21096, National Archives, y se publicó entera en *El Heraldo del Norte*, el 20 de junio de 1917.

64. Jaurrieta, op. cit., pp. 107-20; *Todo*, 19 de diciembre de 1933, entrevista con Alfonso Gómez Morentín.

65. Papeles de Urquizo, UNAM, Villa a Murguía, 10 de agosto de 1917.

66. Francisco Almada, *La revolución en el estado de Chihuahua*, cit., vol. 2, p. 332. Por desgracia, Almada nunca da referencias de sus afirmaciones ni explica en qué se basan. Sin embargo, he comprobado que es un historiador extremadamente serio, que ha trabajado con una enorme cantidad de fuentes primarias y archivos en Chihuahua. En las conversaciones que tuve con él, siempre fue capaz de documentar cada uno de los asertos de sus libros. Otro historiador, José Valadés, que se basa en fuentes inéditas de antiguos villistas, también llegó a la conclusión de que a mediados de 1917 Villa tenía intención de retirarse de la política y de la resistencia activa, aunque no menciona que hiciera ningún esfuerzo concreto por iniciar negociaciones con Murguía (José C. Valadés, *Historia general de la revolución mexicana*, cit., vol. 3, p. 520).

67. Heinrich Heine, *Historisch-kritische Gesamtausgabe der Werke*, Manfred Windfuhr (comp.), Hoffmann und Campe, Hamburgo, 1975, pp. 77-78.

68. Rafael F. Muñoz, *¡Vámonos con Pancho Villa!*, Espasa-Calpe Mexicana, México, 1978, p. 92.

69. PRO FO, 371-2959-126937-41521, Patrick O'Hea a Thurstan, 11 de enero de 1917.

70. AHDN, X1/481-5, Favela a Amaro, 12 de agosto de 1917.

71. AHDN, X1/481-5-76, caja 30, Murguía a Chávez, 30 de mayo de 1917.

72. Ibid., José Riojas a Carranza, 24 de agosto de 1917.

73. Ibid., Murguía a Chávez, 30 de mayo de 1917.

74. *Periódico Oficial*, n. 7, 1917, sábado 17 de febrero de 1917.

75. Luis González y González, *Pueblo en vilo*, El Colegio de México, México, 1968.

76. Marta Rocha, *Las defensas sociales en Chihuahua*, cit., p. 67.

77. Ibid., p. 68.

78. Archivo privado de Osorio, reseña de los acontecimientos más notables de la defensa social de los Llanos de San Juan Bautista desde su organización a la fecha.

79. Nota a pie de la protesta de Murguía, Condumex, archivo de Carranza, sección de telegramas, Murguía a Carranza, 17 de julio de 1918.

80. Ibid., Enríquez a Carranza, 22 de julio de 1918.

81. Francisco Almada, *La revolución en el estado de Chihuahua*, cit., vol. 2, p. 333.

82. Entrevista del autor con Raúl Madero.

83. Katz, *La guerra secreta*, cit., p. 369. El manifiesto se puede ver también en Cervantes, *Francisco Villa...*, cit., pp. 592-95.

84. Marta Rocha, op. cit., p. 95.

85. Papeles del Ferrocarril del Noroeste de México (Mexican Northwestern Railroad), Universidad de Texas en Austin, informe a A. R. Home Smith, presidente, El Paso, Texas, 24 de abril de 1919.

86. Archivo de Enríquez, Salcido a Enríquez, 25 de agosto de 1919.

87. RAT, Carranza a Manuel Aguirre Berlanga, 9 de enero de 1917.

88. Vide supra.

89. RAT, subsecretario de Hacienda a Carranza, 26 de diciembre de 1916.

90. Ibid., Carranza a Aguirre Berlanga, 9 de enero de 1917.

91. Sobre el saqueo de Murguía en las propiedades confiscadas, ver papeles de Treviño, UNAM, administrador de las haciendas confiscadas, Domínguez a Carranza, 30 de enero de 1917. El informe fue erróneamente fechado el 30 de enero de 1916, pero, dado que menciona hechos que ocurrieron a fines de ese año, como la asunción del mando de las fuerzas federales en Chihuahua por Murguía, es obvio que la fecha correcta es 1917.

92. RAT, Ortiz a Carranza, 15 de noviembre de 1918.

93. Katz, op. cit., p. 331, AGN, Gobernación, caja 5, exp. 19, Guillermo Muñoz a Carranza, 10 de mayo de 1916.

94. AGN, Gobernación, gobernador provisional a Carranza, 1 de julio de 1916.

95. Ibid., caja chica 5, exp. 19, subsecretario de Hacienda a Secretaría de Gobernación, 31 de marzo de 1919.

96. Ibid., caja 245, exp. 15, subsecretario de Hacienda a Secretaría de Gobernación, 21 de marzo de 1919.

97. Ibid., caja 88, exp. 32, Luis Terrazas a secretario de Gobernación, 10 de agosto de 1918. Ver una carta muy similar, enviada directamente a Carranza, en la que Terrazas expone los mismos argumentos. AGN, Gobernación, Bienes Intervenidos, Luis Terrazas a Carranza, 11 de octubre de 1919.

98. Ibid., Andrés Ortiz a Aguirre Berlanga, 24 de febrero de 1919.

99. Ibid., subsecretario de Hacienda a Luis Terrazas, 18 de marzo de 1919.

100. Ibid., Carlos Cuilty a Carranza, 6 de febrero de 1920; Aguirre Berlanga a Cuilty, 17 de marzo de 1920.

101. Vide infra.

102. AGN, Gobernación, caja 211, exp. 57, Rodolfo Cruz a Carranza, 8 de febrero de 1917.

103. Vide supra.

104. Archivo de Treviño, informe de Domínguez, administrador de hacienda confiscada, a Carranza, 30 de enero de 1916 (30 de enero de 1917, ver nota 91).

105. MID, 8532-345, informe del teniente coronel de caballería Harry C. Williard a la Oficina Distrital de Inteligencia, 10 de noviembre de 1917. La renta que exigían los terratenientes Terrazas era sólo de la cuarta parte de la cosecha.

106. Enríquez sólo se interesó en la reforma agraria tras el fracaso del contrato de McQuatters. Ver capítulo 20.

107. Vide infra.

108. Vide infra.

CAPÍTULO 17

1. BI, informe de John Wren, oficina de El Paso, Texas, 9-14 de febrero de 1917.

2. Louis Stevens, *Here Comes Pancho Villa: An Anecdotal History of a Genial Killer*, Fredrick A. Stokes, Nueva York, 1930, p. 243.

3. MID, 8532-49, Grinstead al comandante de distrito, El Paso, 27 de octubre de 1916.

4. BI, informe de John Wren, ibid.

5. BI, Gus Jones a Bielaski, 6 de noviembre de 1918.

6. Jessica Peterson y Thelma Cox Knoles (comps.), *Pancho Villa: Intimate Recollections by People Who Knew Him*, Hastings House, Nueva York, 1977.

7. BI, informe de Gus Jones, 6 de mayo de 1919.

8. Cónsul estadounidense Blocker al Departamento de Justicia, citando carta de Harry B. Bradley, contenida en BI, exp. 184162, J. Edgar Hoover a Luhring, asistente del fiscal general, 16 de mayo de 1927.

9. BI, informe de Gus Jones, 5 de mayo de 1919.

10. BI, exp. 1085-867, informe de Gus Jones, 10 de octubre de 1918.

11. BI, rollo 864, informe del agente Stone sobre una discusión con el coronel Silva, 18 de marzo de 1916.

12. Ibid.

13. Vide supra.

14. BI, memorándum del Departamento de Justicia a Harrison en el Departamento de Estado, 7 de junio de 1917.

15. Ibid.

16. SDF, 862.202 12/1759, microcopia 336, Cobb al secretario de Estado, 26 de octubre de 1917.

17. Ibid.

18. Ver Katz, *La guerra secreta*..., cit., pp. 610-17.

19. Ver MID, 8532-262, informe de Gus T. Jones, 6 de octubre de 1917.

20. Ibid., el informe de Jones contiene una copia de la carta enviada por Castellanos a Villa, 12 de septiembre de 1917.

21. Vide infra.

22. BI, microfilm rollo 857, informe del Departamento de Justicia, 23 de enero de 1917.

23. BI, 1085-869, informe, 23 de diciembre de 1916.

24. Ibid.

25. Ibid., informe del agente del BI Stone, 22 de enero de 1917.

26. BI, microfilm 1085-869, informe al BI de Archur T. Bailey/Begley, 19 de diciembre de 1916.

27. La inteligencia estadounidense logró interceptar gran número de las cartas que Villa enviaba a sus representantes en Estados Unidos. En un memorándum al Departamento de Estado, un agente del Departamento de Justicia, Gus Jones, escribió: "He logrado mantenerme en estrecho contacto [con Villa] porque actualmente tengo dos buenos informantes en sus fuerzas y he conseguido que un informante mío trabaje como mensajero confidencial entre Pancho y la junta villista local; así que, como usted verá, obtengo información confidencial antes incluso de que se enteren todos ellos". SDF, 812-00-22452, Gus Jones al Departamento de Estado, 2 de enero de 1919. El principal mensajero entre Villa y Estados Unidos era Alfonso Gómez Morentín, y es interesante preguntarse si él era el informante a que Jones se refería.

28. A. A. Bonn, México 1, vol. 56, Bernstorff a Bethmann-Hollweg, 4 de abril de 1916.

29. HHSTA, PA, México, informes 1916, embajador en Washington a Ministro de Relaciones Exteriores, 17 de abril de 1916.

30. A. A. Bonn, México, vol. 56, Bernstorff a Bethmann, Hollweg, 24 de junio de 1916.

31. Ibid., memorándum Montgelas, 23 de marzo de 1916.

32. Emmanuel Voska y Will Irvin, *Spy and Counterspy*, Nueva York, 1940.

33. Juan Bautista Vargas, "Alemania propone a Villa el control de la zona petrolera", en *Novedades*, México, 10 de octubre de 1939. No he encontrado ninguna referencia a esa propuesta en ningún documento alemán, pero ello no significa gran cosa ya que la mayoría de los archivos de la inteligencia alemana correspondientes a la primera guerra mundial fueron destruidos y no todos los proyectos de sabotaje se informaban al Ministerio de Relaciones Exteriores, que es la única dependencia alemana importante cuyos archivos están intactos.

34. Katz, op. cit., pp. 439-518.

35. DZA, Reichstag, n. 1307, minutas del Comité de Presupuesto, 28 de abril de 1917.

36. SDF, 862.202 12/270, microcopia 336, rollo 55, cónsul en Nogales al secretario de Estado, 9 de abril de 1917.

37. Los británicos interceptaron un telegrama en ese sentido de una agencia de inteligencia alemana. Burton J. Hendrick, *The Life of Walter H. Page*, Nueva York, vol. 2, p. 175.

38. PRO FO, 371 3961, minutas del Foreign Office, 29 de junio de 1917.

39. Ibid. 371 2961 3167, memorándum de Cummins, s.f.

40. Ibid.

41. Ibid., memorándum s.f. de Body y carta de Body, 29 de abril de 1917.

42. Ibid., 371 2964 3204, memorándum de Bouchier, 29 de octubre de 1917.

43. Ibid., Barclay a Balfour, noviembre de 1917.

44. Citado por Clifford Wayne Trow, *Senator Albert B. Fall and Mexican Affairs: 1912-1921*, tesis de doctorado, Universidad de Colorado, 1966, p. 151.

45. Katz, op. cit., pp. 562-66.

46. SDF, Oficina del abogado general, informe del Departamento de Guerra al Departamento de Estado, 17 de enero de 1917.

47. Papeles del senador Fall, microfilm E.9330, Hunt a Villa, 17 de enero de 1917. En el archivo Calles-Torreblanca hay una fotocopia de una carta subsecuente de Hunt a Villa. Esa carta hace referencias a previos mensajes

que Hunt le había enviado a Villa, pero también está fechada el 17 de enero, como la carta original. ¿Significa esto que dicha carta original fue escrita en una fecha anterior o que esta nueva carta es una falsificación? Esto último no es imposible, ya que el texto contiene flagrantes errores de ortografía y de gramática inglesa. Dice que pronto Estados Unidos retirará sus tropas de México y que la opinión pública puede volverse contra Carranza ya que "no es más que un tiranuelo y un completo fracaso incapaz de establecido [sic] un gobierno firme y honesto en México". A continuación se le propone a Villa encontrarse en la frontera con los senadores Fall y Brandegee "que están muy interesados en conocerlo a usted y en ofrecer su valiosa influencia a sus órdenes, para el establecimiento de un gobierno firme y estable en la parte norte de México, donde dados sus abundantes recursos naturales de [sic] fuerte apoyo financieramente [sic] puede obtenerse de un cierto grupo de capitalistas estadounidenses que poseen grandes intereses petróleos [sic] y mineros en México, grupo que ya está muy influido por el senador Fall en favor de usted, y sólo está esperando que un gobierno estable y honesto se establezca en México, que pueda dar ampliamente [sic] garantías a todas las inversiones extranjeras que son el único medio de conseguir la verdadera paz y posteridad que la mayoría del pueblo mexicano está ansioso de ella [sic]" (archivo Plutarco Elías Calles, en 2398 86, legajo 5-7, fojas 221-224, "Gómez Arnulfo"). Esta carta puede ser una falsificación de los propagandistas mexicanos en Estados Unidos deseosos de explotar la primera carta de Fall. También puede tratarse de una mala traducción.

48. Ibid. Había un detalle extraño en la carta de Hunt. Aunque estaba firmada con su nombre y realmente escrita por él, la caligrafía de la firma no era suya. Probablemente como medida de protección, había pedido a su esposa que escribiera su nombre para, en caso de que la carta fuera interceptada, poder alegar que se trataba de una falsificación.

49. Lorenzo Meyer, *Su majestad británica contra la revolución mexicana...*, cit., p. 101.

50. Papeles del senador Fall, E9330, Hunt a Fall, 5 de febrero de 1917.

51. *El Universal Gráfico*, México, 17 de marzo de 1924.

52. Papeles del senador Fall, E9330, Fall a Hunt, 1 de febrero de 1917.

53. MID, 9700-840. Declaración de Villa entregada a un funcionario del MID por Hopkins, s.f.

54. José María Jaurrieta, *Con Villa...*, cit., p. 195.

55. Para los historiadores de la revolución mexicana, las actividades de los agentes carrancistas, registradas en el archivo de la Secretaría de Relaciones Exteriores, y las de los agentes estadounidenses, que se encuentran en los archivos del BI, Military Intelligence, el Departamento de Estado y otras dependencias estadounidenses, son un tesoro de información.

56. Ver Womack, *Zapata...*, cit., pp. 301-04, 356-58.

57. Papeles de Maytorena, Hurtado Espinosa a Maytorena, 31 de julio de 1922.

58. Ibid.

59. Vide supra.

60. *Los Angeles Examiner*, 27 de marzo de 1919.

61. Papeles de Lázaro de la Garza, Lázaro de la Garza a Federico González Garza, 20 de mayo de 1916.

62. BI, rollo 863, carta interceptada, Hipólito Villa a Francisco Villa, 10 de julio de 1916.

63. *Los Angeles Examiner*, 27 de marzo de 1919.

64. Papeles de Lázaro de la Garza, Adrián Aguirre Benavides a Lázaro de la Garza, 27 de octubre de 1933.

65. Papeles de Roque González Garza, Roque González Garza a Nieto, 15 de agosto de 1916. En su carta Roque González Garza no explica las razones morales para rechazar a Villa. Dado que el ataque a Columbus no era una de ellas, probablemente se refería a las atrocidades y ejecuciones que Villa cometió en 1916 y que afectaban ya no sólo a la clase alta, sino también a las clases media y baja.

66. Almada, *Gobernadores...*, cit., p. 505.

67. Papeles de Roque González Garza, loc. cit.

68. Para una biografía de Díaz Lombardo ver Ramón Puente, *La dictadura, la revolución y sus hombres*, México, 1938, pp. 205-09. Ver papeles de Federico González Garza, Manifiesto de Díaz Lombardo corregido por González Garza.

69. SDF, 81200-20987, Miguel Díaz Lombardo a Villa, 4 de febrero de 1917, carta interceptada por las autoridades estadounidenses.

70. *El Paso Herald*, 22 de diciembre de 1915.

71. BI, rollo 863, Hipólito Villa a Francisco Villa, 10 de julio de 1916.
72. Ibid., rollo 863, informe del agente del BI Stone, 29 de abril de 1917.
73. Ibid., rollo 863, informe de un agente del BI, 10 de septiembre de 1916.
74. Ibid., rollo 863, entrevista de Hipólito Villa con anónimo, periódico s.f.
75. Para 1918, Hipólito había regresado a México y estaba combatiendo al lado de su hermano. Jaurrieta, op. cit., p. 120.

CAPÍTULO 18

1. Américo Paredes, *A Texas-Mexican Cancionero. Folksongs of the Lower Border,* University of Illinois Press, Urbana, 1976, pp. 94-96.
2. Papeles de Maytorena, Ángeles a Maytorena, 11 de enero de 1916.
3. Ibid., 13 de febrero de 1916.
4. Ibid.
5. Ibid.
6. *Documentos relativos al general Felipe Ángeles,* cit., p. 220.
7. Ibid., p. 189.
8. Papeles de Maytorena, Ángeles a Maytorena, 13 de marzo de 1916.
9. *Documentos relativos...,* cit., p. 215, Ángeles a Maytorena, 10 de abril de 1917.
10. Biblioteca de la Universidad de Yale, Diary of Frank Polk, entrada del 22 de junio de 1916.
11. Ibid., entradas del 19 y 20 de junio de 1916.
12. Vide infra.
13. Diary of Frank Polk, cit.
14. *Documentos relativos...,* cit., p. 143.
15. Ibid.
16. Ibid., p. 145.
17. Ibid., p. 163.
18. Ibid., p. 144.
19. Gilly, op. cit., p. 25.
20. Federico Cervantes, *Felipe Ángeles en la revolución...,* cit., p. 238.
21. *Documentos relativos...,* cit., p. 144.
22. Ibid., p. 180.
23. Ibid., p. 164.
24. Ibid., pp. 25-49.
25. Ibid., p. 164.
26. Ibid., pp. 163-64.
27. Ibid., p. 157.
28. Ibid.
29. Ibid., pp. 158-59.
30. Ibid., p. 156.

31. Papeles de Maytorena, Maytorena a Ángeles, 11 de diciembre de 1917.
32. *Documentos relativos...,* cit., pp. 211-12, Ángeles a Maytorena, 21 de marzo de 1917.
33. Ibid., p. 224, Ángeles a Maytorena, 6 de diciembre de 1917.
34. Papeles de Maytorena, Maytorena a Ángeles, loc. cit.
35. *Documentos relativos...,* cit., pp. 226-27, Ángeles a Maytorena, 19 de diciembre de 1917.
36. Papeles de Maytorena, Ángeles a Sarabia, 28 de diciembre de 1917.
37. Sobre estos dos intentos, ver papeles de Maytorena, Calero a Bonilla, 8 de julio de 1916; Calero a Maytorena, 30 de enero de 1917.
38. *Documentos relativos...,* cit., pp. 178-79, Ángeles a Maytorena, 8 de junio de 1916.
39. Ver *Documentos relativos...,* cit., pp. 189, 197-99, Ángeles a Maytorena, 20 de agosto de 1916, y Ángeles a Maytorena, 10 de octubre de 1916.
40. MID, 8532-262, informe de A-R, 26 de marzo de 1918.
41. Puente, *La dictadura, la revolución y sus hombres,* cit., p. 188.
42. SRE, exp. Ángeles.
43. Papeles de Roque González Garza, diario de Roque González Garza, entrada del 11 de julio de 1917.
44. *Documentos relativos...,* cit., p. 233.
45. Departamento de Justicia, *Memorándum para el archivo del Departamento,* 4 de junio de 1919, memorándum sin firma, Felix Sommerfeld.
46. En 1915, Sommerfeld había sido públicamente acusado (aunque nunca fue procesado ni sentenciado) de proporcionar a Villa dinero alemán y de participar en un circuito que falsificaba pasaportes para permitir a reservistas alemanes que vivían en Estados Unidos incorporarse a sus unidades en Alemania. Mucho más incriminatorias para Sommerfeld eran dos cartas interceptadas por el Departamento de Justicia, una en la que el agregado naval alemán en Estados Unidos transmitía al embajador alemán información que le había dado Felix Sommerfeld acerca de contratos militares para Italia, y aún más una carta del propio Sommerfeld al agregado militar alemán en Estados Unidos, Franz von Papen, en que describía los contratos de los Aliados con compañías estadounidenses para la compra de municiones. La gota que acabó de convencer a las autoridades de que Sommerfeld era un

agente alemán fue una invitación de boda cancelada. Cuando la hermana de un ejecutivo petrolero estadounidense en México, que conocía bien a Sommerfeld, se casó con un diplomático alemán, se celebró una gran recepción en la embajada alemana en Washington, bajo los auspicios del embajador Bernstorff. Sommerfeld estaba en la lista de invitados y, en el último momento, el embajador en persona canceló la invitación diciendo "que no sería conveniente hacerlo aparecer en ninguna función relacionada con la embajada alemana, ya que es importante que su asociación con dicha embajada se mantenga en secreto" (Departamento de Justicia, exp. Felix Sommerfeld, Boy Edd a Bernstorff, 19 de diciembre de 1914, Felix Sommerfeld; Sommerfeld a Von Papen, 4 de mayo de 1915; Departamento de Justicia, exp. Felix Sommerfeld, declaración de la señora Walker al Departamento de Justicia contenida en memorándum de John Hanna, 26 de abril de 1919).

47. Departamento de Justicia, exp. Felix Sommerfeld, declaración de S. G. Hopkins, s.f.

48. Ibid.

49. Ibid., declaración de John Hanna, 8 de mayo de 1919.

50. Ibid.

51. Ibid., memorándum de John Hanna al señor O'Brian, 27 de mayo de 1919.

52. Ibid., Creighton a Hopkins, 25 de agosto de 1919.

53. National Archives, 9140-1754-46, informe de R. E. MacKenney al Departamento de Guerra, 12 de junio de 1919.

54. Vide infra.

55. BI, rollo 867, Villa a Ángeles, escrito en Jiménez, Chihuahua, el 14 de septiembre de 1918, interceptado por el Buró de Investigación y traducido por uno de sus agentes.

56. Ibid., rollo 867, Villa a Maytorena, 14 de septiembre de 1918, carta interceptada, traducción del texto por agente del Buró de Investigación.

57. Villa escribió esta carta a pesar de las vehementes objeciones de dos de sus consejeros; uno era su hermano Hipólito quien, por una vez, al parecer tenía un punto de vista más objetivo que el de su hermano. El otro consejero de Villa, cuyo nombre en clave era Benjamín, le escribió a Ramón Puente, que se hallaba en Estados Unidos: "El jefe le escribió una carta a don Pepe, para que le fuera reenviada o entregada en persona, en la que le pide que proporcione al mismo A [Ángeles] cierta suma de dinero con objeto de que pueda incorporarse en las condiciones más ventajosas [...] Ni Polo [éste era, según el Buró de Investigación, el seudónimo de Hipólito] ni yo aprobamos la carta, y así lo expresamos, incluso enérgicamente; pero el jefe estaba decidido a hacerlo y lo hizo desde luego. Por Dios, mantenga esto en el más sagrado secreto; puede ser que la cosa salga bien, y el curso de los acontecimientos siga como un arroyo tranquilo y pacífico; pero se lo digo para que no se sorprenda ante cualquier eventualidad y esté preparado a actuar adecuadamente para detener el curso de los acontecimientos si las circunstancias y el bien de la causa así lo exigen, con el tacto y la diplomacia que le son naturales". MID, exp. 10541-842, Benjamín a Ramón Puente, 20 de octubre de 1918.

58. Papeles de Maytorena, Ángeles a Maytorena, 9 de julio de 1918.

59. Ibid., Maytorena a Ángeles, 16 de julio de 1918.

60. Ibid., Maytorena a Clara Ángeles, 12 de julio de 1918.

61. Ibid., Ángeles a Maytorena, 11 de diciembre de 1918.

62. Ángeles a Calero, 11 de diciembre de 1918, Federico Cervantes, *Felipe Ángeles en la revolución...*, cit., pp. 384-85.

63. Papeles de Roque González Garza, Federico González Garza a Roque González Garza, 17 de febrero de 1919.

64. Vide supra.

65. Véase el manifiesto de Ángeles en Cervantes, op. cit., pp. 271-75.

66. Jaurrieta, op. cit., p. 64.

67. Ibid., pp. 164-65.

68. Papeles del Ferrocarril del Noroeste de México (Mexican Northwestern Railroad), Universidad de Texas en El Paso, gerente del Mexican Northwestern a A. R. Home Smith, presidente de la empresa, 3 de julio de 1919. Según Alfonso Gómez Morentín, que fue ayudante de Villa en sus años de guerrillero, éste recibía alrededor de un millón de dólares al año de las compañías mineras estadounidenses. Ver Luis F. Bustamante, "Los americanos contra Villa", *Todo*, México, 26 de diciembre de 1933.

69. Jaurrieta, op. cit., p. 166.

70. Cervantes, op. cit., p. 330.

71. Gerente del Ferrocarril del Noroeste a Home Smith, cit.

72. Cervantes, *Francisco Villa y la revolución*, cit., p. 585.

73. Cervantes, *Felipe Ángeles...*, cit., pp. 296-99.

74. Jaurrieta, loc. cit.

75. Ibid., p. 165.

76. Según Jaurrieta, uno de los lugartenientes de Villa, el coronel Silverio Tavares, les había prometido a los Herrera respetarles la vida, pero no tenía para ello la autorización de Villa. Ibid., p. 174.

77. Ibid., pp. 175-76.

78. Ibid., p. 176.

79. Ibid., p. 177.

80. Tan terrible era su odio que, como se recordará, tras la captura de Torreón, cuando sus hombres encontraron el cuerpo sin vida de Luis Herrera, ordenó que lo colgaran de un árbol con una foto de Carranza en una mano y un billete de un peso en la otra.

81. Jaurrieta, op. cit., p. 176.

82. Papeles del senador Fall, H. H. Taft a Fall, 22 de julio de 1919. Lo sucedido en San Isidro está descrito en Víctor Orozco Orozco, "Una maestra, un pueblo", *Cuadernos del Norte: Sociedad, Política, Cultura*, n. 12, noviembre-diciembre de 1990, pp. 17-23.

83. Cervantes, op. cit., p. 294.

84. Ibid.

85. Papeles de Brittingham, 370065, carta de Patrick O'Hea desde Monterrey, s.f.

86. Ibid.

87. Ibid.

88. Tal vez Villa desoyó las advertencias de Ángeles por su creciente desconfianza en las decisiones y creencias del general.

89. Cervantes, *Francisco Villa y la revolución*, cit., pp. 601-02.

90. Cervantes, *Felipe Ángeles en la revolución*, cit., pp. 320-21.

91. Ibid., p. 290.

92. SDF, 81200-22827, Erwin al ayudante general, 15 de junio de 1919.

93. Jaurrieta, op. cit., p. 203.

94. MID, 10640-243, informe de agente de inteligencia en servicio a funcionario del Departamento de Inteligencia, Fort Sam Houston, 21 de junio de 1919, visita de mensajero del general Felipe Ángeles al comandante de distrito, distrito de El Paso. El propósito de Ángeles no era sólo asegurar a los estadounidenses que los villistas no les eran hostiles, que, de hecho, habían atacado Ciudad Juárez desde un ángulo que garantizaba que no llegaran disparos a El Paso, y que cuando las tropas estadounidenses cruzaron la frontera, los villistas se habían retirado inmediatamente para no provocar un conflicto internacional, sino que también quería inquirir si el ataque de las tropas estadounidenses contra los villistas era una manifestación de su hostilidad contra éstos. En su carta al general Erwin, Ángeles decía:

> No es pertinente recitar aquí mis conocidas simpatías y mi admiración por la patria de Su Excelencia, que, tomando en consideración la influencia que tengo con las tropas revolucionarias podrían también confirmar el espíritu de amistad de que hablo, pero las menciono para que junto con la generosidad que prevalece entre los militares de todos los países, resulte en que Su Excelencia me dé la respuesta que solicito.
>
> Sé por cierto que las fuerzas revolucionarias no poseen aún la posición internacional que se requiere para obtener información oficial y recurro al proverbial espíritu militar de camaradería para obtener dicha información. Porque las fuerzas revolucionarias, que son la fuerza vital del deseo de redención del pueblo mexicano, necesitan, para guiar su conducta, saber si el ataque por parte de las tropas estadounidenses fue un acto de hostilidad contra la nación mexicana o meramente contra el partido revolucionario, un acto tal vez en conjunción con las fuerzas carrancistas.

Esta carta pone de manifiesto la desesperación y la ingenuidad de Ángeles. Probablemente bajo la influencia de las promesas de Calero, Ángeles creía realmente que los estadounidenses apoyarían a su facción o, por lo menos, no actuarían en su contra. Aún era más ingenuo suponer que el general Erwin podía darle seguridades de que los estadounidenses no estaban contra los villistas. Aunque tal hubiera sido el caso –que no era–, Erwin sólo podía darle la respuesta que le dio: "No hay más que un gobierno mexicano reconocido por los Estados Unidos de América y parece que usted y su superior no están en modo alguno conectados ni afirman estar conectados con ese gobierno reconocido por los Estados Unidos de América. Por tanto, declino tener cualquier tipo de comunicación con usted o con su superior sobre cualquier tema relacionado en cualquier forma con dichos gobiernos".

95. Ibid.

96. Papeles del Ferrocarril del Noroeste de

479

México, cit., gerente en Chihuahua a Home Smith, presidente, 3 de julio de 1919.

97. Cervantes, *Felipe Ángeles en la revolución*, cit., p. 333.

98. BI, 10640-1186.

99. Cervantes, op. cit., pp. 300-01.

100. AHDN, XI/481.5/79, caja 31, Gabino Sandoval al jefe de las operaciones militares en el norte, 20 de septiembre de 1919.

101. SDF, 812-00-23259, cónsul de Estados Unidos en Chihuahua al Departamento de Estado, 1 de diciembre de 1919.

102. Cervantes, op. cit., p. 324, Para un excelente análisis y descripción del proceso de Ángeles, ver Rubén Osorio, "La muerte de dos generales", manuscrito s.f.

103. Cervantes, op. cit., p. 329.

104. Ibid., p. 326.

105. Ibid., pp. 326-27.

106. AHDN, cancelados, exp. Ángeles, XI/171.1/17, vol. 2, Diéguez a Urquizo, 24 de noviembre de 1919.

107. Ibid.

108. *La Patria*, El Paso, Texas.

109. AHDN, cancelados, exp. Ángeles, XI/171.1/17, vol. 2, Diéguez a Urquizo, 24 de noviembre de 1919; Urquizo a Diéguez, 24 de noviembre de 1919.

110. Diéguez siempre insistió en que nada tenía que ver con el proceso y en que todas las decisiones correspondían al consejo de guerra. En realidad, él dirigió el juicio, era responsable ante el gobierno central e informó al cuartel general carrancista todos los detalles de lo que ocurría. Esa declaración probablemente correspondía a su estrategia de disociarse públicamente del proceso.

111. AHDN, XI/481.5/79, caja 31, petición del 24 de noviembre de 1919.

112. Ibid.

113. Cervantes, op. cit., p. 360.

114. Ibid., p. 359.

115. SDF, 812-00-23259, cónsul de Estados Unidos al Departamento de Estado, 1 de diciembre de 1919.

IV. RECONCILIACIÓN, PAZ Y MUERTE

CAPÍTULO 19

1. Papeles del Ferrocarril del Noroeste de México (Mexican Northwestern Railroad), gerente a Home Smith, 3 de julio de 1919.

. 2. Ibid.

3. Jaurrieta, *Con Villa...*, cit., pp. 214-16.

4. Ibid., p. 218.

5. Federico Cervantes, *Francisco Villa y la revolución*, cit., p. 611.

6. BI, Díaz Lombardo a Puente, 2 de mayo de 1920, correspondencia interceptada, informe de E. Kosterlitzky, 13 de mayo de 1920.

7. Ibid.

8. Ibid.

9. Cervantes, *Francisco Villa y la revolución*, cit., p. 616.

10. Ibid., p. 618.

11. Ibid., p. 620; Jaurrieta, op. cit., pp. 222-25.

12. MID, 10541-842-18, Villa a Díaz Lombardo, carta interceptada, 6 de junio de 1920.

13. Papeles de Elías Torres, condiciones publicadas el 3 de junio de 1920.

14. Ibid.

15. Cervantes, op. cit., p. 624.

16. Archivo Fernando Torreblanca, fondo Álvaro Obregón, serie 030400, inventario 2403, exp. 387, De la Huerta Adolfo, fojas 34-35, Obregón a De la Huerta, 17 de julio de 1920.

17. Ibid., Obregón a De la Huerta, 18 de julio de 1920, pp. 38-39.

18. Cervantes, loc. cit.

19. Ibid.; Antonio Vilanova, *Muerte de Villa*, Editores Mexicanos Unidos, México, 1966, p. 63.

20. Cervantes, op. cit., p. 627.

21. PRO FO, 371, 4496, A6267, Patrick O'Hea a Norman King, cónsul general de Gran Bretaña en México, 3 de agosto de 1920, anexada a informe de Cummins al Foreign Office, ibid, 9 de agosto de 1920.

22. Archivo Fernando Torreblanca, fondo Álvaro Obregón, serie 030400, inventario 2391, exp. 375, Hill Benjamín, Obregón a Hill y Serrano, 26 de julio de 1920, p. 13.

23. Véase Graziella Altamirano y Guadalupe Villa, *Chihuahua: Una historia compartida, 1824-1921*, Instituto Mora, México, 1988.

24. Archivo Calles-Torreblanca, fideicomiso, serie 10201, exp. Francisco Villa, Secretaría Particular de la Presidencia.

25. Ibid.

26. Ibid., fondo Álvaro Obregón, serie correspondencia 1920 [030400], exp. Villa Francisco General [2849], Obregón a Villa, 29 de septiembre de 1920.

27. PRO FO, 371, 4495, 1920, secreto CP 1742, Winston Churchill al Foreign Office, 5 de agosto de 1920.

28. Ibid., 4495, A5426, comentarios del Foreign Office hechos el 9 de agosto de 1920.

29. Ibid., 4496, A6271, Cummins al Foreign Office, 13 de agosto de 1920. Vide infra.

30. Ibid., 371, 4496, A6277, Cummins al Foreign Office, 14 de agosto de 1920.

31. Ibid.

32. Ibid., 371, 4496, O'Hea a Norman King, cónsul general de Gran Bretaña en México, 13 de agosto de 1920.

33. Vide Infra.

34. Vicente Blasco Ibáñez, *El militarismo mexicano*, Gernika, México, 1995, cap. IX, pp. 135-48.

35. AGN, Gobernación, legajo 244, exp. 32, informe del gobernador provisional del estado de Chihuahua, Andrés Ortiz, al secretario de Gobernación Manuel Aguirre Berlanga, 7 de diciembre de 1918.

36. Vide infra.

37. Papeles del senador Fall, microfilm, M-N 1734, Universidad de Nebraska, Fred H. Dakin, Some Notes on Francisco Villa.

38. Ibid.

39. Relato de Ralph Parker ("dedicado a mi sobrino nieto Ralph Materna"), "A Visit to General Pancho Villa", manuscrito inédito propiedad de Ralph Parker.

40. Papeles del senador Fall, microfilm, M-N 1734, Fred H. Dakin, op. cit.

41. Frazier Hunt, "New Peons for Old: A Decade of Revolution in Mexico", *Century Magazine*, 22 de marzo de 1922, p. 726.

42. Eugenia Meyer et al., "La vida con Villa en la hacienda del Canutillo", en *Secuencia*, n. 5, mayo-agosto de 1986.

43. Entrevista con Hernández Llergo, *El Universal*, 15 de junio de 1922.

44. Meyer et al., op. cit.

45. Regino Hernández Llergo, "Una semana con Francisco Villa", *El Universal* (publicado entre el 12 y el 18 de junio de 1922), 14 de junio de 1922.

46. Papeles de Elías Torres, Villa a Elías Torres, 9 de agosto de 1920.

47. Hernández Llergo, op. cit., 14 de junio de 1922.

48. AGN, Presidentes, Obregón-Calles, exp. 818 B 13, Albino Aranda a Obregón, 14 de febrero de 1922.

49. Ibid., Martínez a Obregón, 23 de marzo de 1923.

50. Ramón Eduardo Ruiz, *The Great Rebellion...*, p. 198.

51. Relato de Ralph Parker, cit.

52. Hernández Llergo, op. cit., 15 de junio de 1922.

53. *El Diario*, Chihuahua, 26 de julio de 1923.

54. Meyer et al., op. cit., p. 174.

55. *El Diario*, Chihuahua, 26 de julio de 1923.

56. E. Meyer et al., op. cit., p. 178.

57. AGN, papeles Obregón-Calles, 307-E-10, Juan Rivas y Jay Romero a Obregón, 4 de marzo de 1923.

58. Ibid., papeles Obregón-Calles, telegramas, caja 400, exp. 23, VIII, 1921, Enríquez a Obregón, 23 de agosto de 1921.

59. Ibid., Obregón a Enríquez, 21 de agosto de 1921.

60. Meyer et al., op. cit., pp.170-71.

61. Ibid., p. 172.

62. Relato de Ralph Parker, cit.

63. Hernández Llergo, op. cit.

64. MID, Reports on Mexico, 1919-41, n. 4065, microfilm rollo 1, informe fechado 28 de julio de 1923.

65. Meyer et al., op. cit., p. 173.

66. AGN, papeles Obregón-Calles, telegramas, exp. 223-5-3, Villa a Obregón, 3 de enero de 1921.

67. Ibid., Villa a Obregón, sin fecha.

68. Ibid., caja 403, 19 de febrero de 1922.

69. Ibid., Obregón a Villa, 22 de agosto de 1921.

70. Ibid., Villa a Obregón, 20 de febrero de 1922.

71. Ibid., caja 397, legación mexicana en Washington a Obregón, 6 de febrero de 1921.

72. Ibid.

73. Ibid., caja 403, legación mexicana en Washington a Obregón, 20 de febrero de 1922.

74. Ibid., legación mexicana a Obregón, 13 de febrero de 1922.

75. Ibid., Escobar a Obregón, 13 de octubre de 1922.

76. Jaurrieta, op. cit., p. 69.

77. Calzadíaz Barrera, *Hechos reales de la revolución*, cit., vol. 7, p. 266.

78. Ibid.

79. Ibid.

80. Jaurrieta, loc. cit.

81. AGN, Obregón-Calles, telegramas, caja 401, 5 de octubre de 1921.

82. *Novedades*, correspondencia Villa a De la Huerta, 4 y 11 de abril de 1943.

83. AGN, Obregón-Calles, caja 237, decisión de Obregón, 25 de abril de 1921.

84. Meyer et al., op. cit.

85. Hernández Llergo, op. cit., 15 de junio de 1922.

86. Jessica Peterson y Thelma Cox Knoles (comps.), *Pancho Villa. Intimate Recollections...*, cit., p. 205, entrevista con Mabel Silva.

87. MID, 69-756-9, Villa a Luz Corral, s.f. Esta carta es anterior a la estancia de Villa en Canutillo.

88. Ver capítulo 7.

89. Ibid., p. 253.

90. Valadés, "La vida íntima de Villa", *La Prensa*, San Antonio, Texas, 19 de marzo de 1935. Esta descripción está basada en una entrevista de Valadés con Austreberta.

91. Ibid. En una entrevista que concedió al periódico de Silvestre Terrazas, *La Patria*, que se publicaba en El Paso, Texas, Luz Corral no atribuyó la ruptura al nuevo amor de su esposo por Austreberta, sino a unas cartas que le envió a Villa el profesor Matías García, antiguo tutor de uno de sus hijos, Agustín. En dichas cartas, Matías la acusaba "diciéndole [a Villa] que yo [...] me daba vida de reina y que me mantenía con los políticos, y que todo eran fiestas, mientras él se sacrificaba (Pancho) padeciendo mil privaciones y perseguido por los carrancistas y por las tropas americanas". *La Patria*, 9 de agosto de 1923.

92. Luz Corral, op. cit., p. 240. La carta se puede encontrar también en el AGN.

93. Ibid., p. 241.

94. Hernández Llergo, op. cit.

95. AGN, papeles Obregón-Calles, carpeta 04958, Manuela Casas viuda de Villa a Obregón, 28 de mayo de 1924.

96. Luz Corral, op. cit., p. 239.

97. AGN, Gobernación, papeles Obregón-Calles, director general de los Ferrocarriles Nacionales a Obregón, 11 de octubre de 1922.

98. AGN, correspondencia Obregón-Calles, Francisco Villa a Obregón, 4 de septiembre de 1922. Otra manifestación de la creciente hostilidad de Villa hacia su hermano fue su decisión de devolver a los dos niños que Hipólito le había secuestrado a su esposa estadounidense Mabel Silva. Peterson y Knoles, op. cit., pp. 200-01.

99. Ver Frazier Hunt, *One American and His Attempt at Education*, Simon and Schuster, Nueva York, 1938, pp. 232-33.

100. Hernández Llergo, op. cit., 18 de junio de 1922.

101. Papeles de Leland Harrison, correspondencia general 1915-1917, contenedor 8, Mexico, Biblioteca del Congreso, memorándum de Leland Harrison, 3 de mayo de 1922.

102. MID, 2657-91410, Summerlin al secretario de Estado, 27 de julio de 1923.

103. BI, WWG-AB 64-125-5. Sin embargo, el gobierno de Estados Unidos tenía buena memoria y no había olvidado el ataque a Columbus. "Quiero que presten atención a este asunto, particularmente en vista de que él está bajo acusación", les escribió Edgar Hoover, asistente del director del BI, a sus principales agentes en Texas. El agente que tenía mayor experiencia en el trato con los revolucionarios mexicanos, Gus T. Jones, le respondió diciendo que, aunque prestaría toda su atención al asunto, "existen pocas posibilidades de que Francisco Villa venga a Estados Unidos, ya que está plenamente consciente de que se halla actualmente acusado en el estado de Nuevo México bajo el cargo de asesinato con ocasión del ataque a Columbus" (ibid., Gus Jones a J. Edgar Hoover, 23 de febrero de 1923). Sin embargo, el BI no corrió riesgos. "Inmediatamente después de llegadas sus instrucciones", reportó otro agente a Hoover, "el agente conferenció con los jefes de los siguientes departamentos: Aduanas, Servicio de Inmigración, Servicio de Salud Pública, funcionarios de la estación de cuarentena, Asociación de Pilotos de Galveston, junta directiva de Aduanas e Inmigración, Asociación Marítima de Galveston, alguacil del Condado de Galveston y Policía de la Ciudad de Galveston. El agente transmitió a todos estos funcionarios las instrucciones relativas a los informes ya mencionados y requirió su cooperación en la mayor vigilancia y supervisión de los puertos de Galveston y de la ciudad de Texas, con vistas a aprehender sujeto si intentara ingresar en cualquiera de esos puertos" (ibid., agente Sullivan a J. Edgar Hoover, 23 de febrero de 1923). La visita de Villa a Texas nunca se produjo. Su secretario, Trillo, había escrito a Ramón Puente, uno de los pocos antiguos compañeros y confidentes que aún tenía Villa en Estados Unidos, y le pidió su consejo. Puente le contestó que "en mi opinión Villa debe desistir de su intención de entrar en Estados Unidos, a pesar de la promesa de protección del gobernador de Texas; se expondría al arresto si no al asesinato, no sólo en Texas sino en cualquier parte de este país que pudiera visitar" (ibid., entrevista de agente del BI con

Puente, informe de E. Kosterlitzky al BI, 6 de febrero de 1923).

104. AGN, Obregón-Calles, Enríquez a Obregón, 9 de diciembre de 1922.

105. Acta de la Convención Agrarista, Chihuahua, 1923.

106. AGN, papeles Obregón-Calles, Enríquez a Obregón, 12 de febrero de 1924.

107. Ibid., Gobernación, caja 6/48 (C2.34-48).

108. Ibid., papeles Obregón-Calles, exp. 818-C-77, Enríquez a Obregón, 9 de diciembre de 1922; Obregón a Enríquez, 19 de diciembre de 1922.

109. Ibid., AGN, Obregón-Calles, 219-B-8, Villa a Obregón sobre la devolución de una hacienda a los señores Bayán, 4 de febrero de 1922.

110. Por otra parte, ese llamado de Villa podía tener por objeto presionar a los hacendados para que ayudaran a los pobres.

111. AGN, papeles Obregón-Calles, solicitud de los habitantes de Bosque de Aldama, 27 de agosto de 1922.

112. Ibid., Enríquez a Obregón, 24 de mayo de 1922.

113. Ibid., Villa a Obregón, 31 de agosto de 1922.

114. Ibid., Obregón a Villa, 11 de septiembre de 1922.

115. Ibid., subsecretario de Agricultura, R. P. Denegri, a Obregón, 15 de septiembre de 1922.

116. Ibid., Enríquez a Obregón, 21 de diciembre de 1922.

117. Ibid., informe a Obregón sobre la decisión del juez del segundo tribunal civil, 27 de diciembre de 1922.

118. Ibid., Villa a Obregón, 17 de enero de 1923.

119. Ibid., Obregón a Ramón Molinar, 7 de marzo de 1923.

120. Ibid., gobernador Almeida a Obregón, 22 de noviembre de 1924.

121. AGN, ramo Gobernación, Carlos Cuilty a Carranza, 6 de febrero de 1920; Aguirre Berlanga a Cuilty, 17 de marzo de 1920.

122. Las ideas conservadoras de Enríquez se expresan con claridad en su libro *Ni capitalismo, ni comunismo*, México, 1950.

123. Ver Manuel Machado, *The North American Cattle Industry, 1910-1975: Ideology, Conflict, and Change*, Texas A&M University Press, College Station, 1981, pp. 41-47. El análisis más completo y reciente del plan de McQuatters se encuentra en Mark Wasserman, "Strategies for Survival of the Porfirian Elite in Revolutionary Mexico: Chihuahua During the 1920's", en *Hispanic American Historical Review*, 67, n. 1, febrero de 1987. Ver también Luis Aboites Aguilar, *La irrigación revolucionaria*, México, 1987, pp. 119-33; Wasserman, *Persistent Oligarchs: Elites and Politics in Chihuahua, Mexico. 1910-1940*, Duke University Press, Durham, 1993, y Ramón Ruiz, *The Great Rebellion: Mexico 1905-1929*, Norton, Nueva York, 1980, pp. 336-39.

124. AGN, Obregón. Calles, leg. 3 T/V Y Z 86, Labradores Hacienda Torreón, 13 de marzo de 1922.

125. Mark Wasserman, op. cit., pp. 87-107.

126. Ibid., p. 98.

127. AGN, papeles Obregón-Calles, exp. 806-T1, Obregón a Enríquez, 6 de marzo de 1922.

128. Ibid., Villa a Obregón, 12 de marzo de 1922.

129. Ibid., Obregón a Villa, 17 de marzo de 1922.

130. Ibid., memorándum de la Secretaría de Gobernación, rúbrica indescifrable, 28 de marzo de 1922.

131. *Chicago Tribune*, 4 de abril de 1922.

132. Machado, op. cit., pp. 41-47.

133. Para un examen más detenido del contrato McQuatters-Terrazas, ver nota 123.

134. Machado, op. cit., p. 44.

135. AGN, papeles Obregón-Calles, Obregón a Enríquez, 23 de enero de 1923.

136. Wasserman, *Persistent Oligarchs...*, cit., pp. 75-83.

137. Hernández Llergo, op. cit.

138. Ibid., 14 de junio de 1922.

139. Ibid.

140. Ibid., 16 de junio de 1922.

141. Archivo Calles-Torreblanca, Luis León a Calles, informe sobre Villa, 21 de mayo de 1923. No está claro por qué actuó así De la Huerta, que sólo unos meses más tarde, en septiembre, rompería con Obregón y Calles y que en diciembre encabezaría una revolución contra el gobierno. ¿Tenía todavía esperanzas de una verdadera reconciliación con Calles y Obregón? Si era así, no está claro que quería obtener del gobierno a cambio de aplacar a Villa. ¿O temía que Villa llevara a cabo un levantamiento prematuro que sólo lo desacreditaría?

142. Blanco Moheno, *¡Pancho Villa, quien es su padre!*, Diana, México, 1969, p. 236.

143. AGN, papeles Obregón-Calles, caja 127, 307-4-14, informe de un agente anónimo, el 1 de noviembre de 1921.
144. MID, 2657410, Summerlin al Departamento de Estado, 27 de julio de 1923.
145. *El Universal*, 10 de julio de 1922.

CAPÍTULO 20

1. Entrevista del autor con Raúl Madero; archivo de Osorio, Villa a Obregón, 4 de abril de 1922.
2. Esas armas le hubieran servido a Villa para resistir el ataque a Canutillo, pero no hubieran sido irrelevantes en una sublevación de Villa contra el gobierno.
3. Carta de Villa a *El Universal*, 17 de marzo de 1923.
4. Ibid., y respuesta de Jesús Herrera, *El Portavoz*, Torreón, 31 de marzo de 1923.
5. Rubén Osorio, *Pancho Villa, ese desconocido*, cit., pp. 86-87.
6. Ibid., pp. 174-75. Osorio Zúñiga entrevistó al hermano más chico de los que quedaban vivos, Jesús López, quien le dijo que su hermano Martín había tenido un choque con Villa porque éste no se quiso detener a enterrar a uno de los subordinados de Martín, Anaya, muerto en un combate en que los villistas fueron derrotados. Según Jesús, Martín López fue a ver a Villa y tuvieron un violento altercado. Atenógenes López pensaba que Villa había mandado matar a Martín por eso.
7. Carta de Villa a *El Universal*, cit.
8. *El Portavoz*, cit.
9. AGN, papeles Obregón-Calles, Villa a Obregón, 18 de abril de 1923.
10. Archivo de Osorio, correspondencia de Villa desde Canutillo, Villa a Calles, 18 de abril de 1923.
11. AGN, papeles Obregón-Calles, Obregón a Villa, 9 de mayo de 1923.
12. Ibid., Dolores Herrera a Obregón, 2 de marzo de 1923.
13. Ibid., Obregón a Dolores Herrera, 24 de marzo de 1923.
14. Rubén Osorio, "La muerte de dos generales", manuscrito s.f., p. 89.
15. AGN, papeles Obregón-Calles, caja 414, Obregón a Eugenio Martínez, 20 de julio de 1923.
16. Ibid.
17. Ibid.
18. Ibid.
19. Osorio, op. cit., entrevista Gil Piñón, pp. 92-93.
20. AGN, papeles Obregón-Calles, Alfredo Paz Gutiérrez a Obregón, 20 de julio de 1923.
21. Obregón a Paz Gutiérrez, 20 de julio de 1923.
22. Ibid., Obregón a Eugenio Martínez, 2 de agosto de 1923.
23. Antonio Vilanova, *Muerte de Villa*, Editores Mexicanos Unidos, México, 1966, p. 93.
24. AGN, telegramas Obregón-Calles, Obregón a Eugenio Martínez, 22 de julio de 1923.
25. Ibid., Enríquez a Obregón, 21 de julio de 1923.
26. *New York Times*, 24 de julio de 1923.
27. "Editorial Digest", *Washington Post*, 24 de julio de 1923.
28. Ibid.
29. Ibid.
30. *Omega*, 24 de julio, 2 y 10 de agosto de 1923.
31. *Excélsior*, 23 de julio de 1923.
32. *Omega*, 2 de julio de 1923.
33. Ibid., 27 de julio de 1923.
34. *El Universal*, 23 y 24 de julio de 1923.
35. *Excélsior*, 21 de julio de 1923.
36. *El Demócrata*, 21 de julio de 1923.
37. Ibid., 23 de julio de 1923.
38. Simmons, *The Mexican Corrido as the Source...*, cit., pp. 268-77; Vicente T. Mendoza, *El corrido mexicano*, Fondo de Cultura Económica, México, 1976, pp. 67-69; Daniel Moreno (comp.), *Las batallas de la revolución y sus corridos*, Porrúa, México, 1978, pp. 160-61.
39. MID, 2657-4110, Summerlin al secretario de Estado, 27 de julio de 1923.
40. Ibid.
41. Ibid.
42. Ibid.
43. AGN, papeles Obregón-Calles, exp. 101-V-29, Obregón a Calles, 23 de julio de 1923.
44. Ibid., telegramas, 1923, folio 5, Obregón a Castro, 23 de julio de 1923.
45. Citado en Víctor Ceja Reyes, *Yo maté a Francisco Villa*, Centro Librero La Prensa, Chihuahua, 1979, pp. 51-54.
46. AGN, papeles Obregón-Calles, Gandarilla a Obregón, 8 de agosto de 1923.
47. Ibid., exp. 101-V-29, Salas Barraza al general Abraham Carmona, 5 de agosto de 1923.
48. Ibid., exp. 101-V-8, telegrama de Calles a Obregón, 10 de agosto de 1923.
49. Vilanova, op. cit., pp. 99-100.
50. AGN, papeles Obregón-Calles, tele-

gramas, Obregón a Navarro, 8 de agosto de 1923.

51. Ibid., Obregón al jefe de la guarnición en Monterrey, 9 de agosto de 1923.

52. Ibid., Obregón al jefe de la guarnición en Tampico, Lorenzo Muñoz, y al jefe de la guarnición en Monterrey, pidiendo a ambos que localizaran a Navarro, 9 de agosto de 1923.

53. AGN, papeles Obregón-Calles, Azueta a Obregón, 9 y 10 de agosto de 1923.

54. Vide infra.

55. Vilanova, op. cit., p. 101.

56. Elías Torres L., *Hazañas y muerte de Francisco Villa*, Época, México, 1975, pp. 224-25; Carmona a Serrano, 9 de agosto de 1923.

57. Cervantes, *Francisco Villa...*, cit., pp. 641-42.

58. Ceja Reyes, op. cit., p. 196.

59. Vilanova, op. cit., pp. 98-99.

60. Comunicación personal de Bailey.

61. Osorio, *Pancho Villa...*, cit., pp. 88-89.

62. FBI, 64-125-16, informe de Luis D. Nette, 24 de julio de 1923.

63. AJA, Salas Barraza a Amaro, 7 de julio de 1923.

64. FBI, 78149, informe de Manuel Sorola, 20 de agosto de 1923.

65. Vide supra.

66. AFT, fondo Secretaría Particular de la Presidencia, subserie 10201, documentos en caja exp. Villa, Francisco, 61.

67. Ibid., carta anónima a Obregón, 22 de agosto de 1923.

68. AGN, papeles Obregón-Calles, Castro a Obregón, 7 de julio de 1921. Ver también Torres, op. cit., p. 196.

69. AJA, Salas Barraza a sus compañeros, 6 de agosto de 1923.

70. Ibid., carta de Salas Barraza a Amaro, s.f.

71. Ibid.

72. AJA, Salas Barraza a Abraham Carmona, 5 de agosto de 1923.

73. Ibid., Salas Barraza a Amaro, 4 de octubre de 1923.

74. Ibid., Salas Barraza a Amaro, 3 de octubre de 1923.

75. Ibid., Amaro a Salas Barraza, 11 de octubre de 1923.

76. Ibid., Amaro a Enríquez, 11 de octubre de 1923.

77. AGN, papeles Obregón-Calles, Berlanga a Obregón, 8 de mayo de 1924; Obregón a Berlanga, 17 de mayo de 1924.

78. Ibid., caja 76, exp. 219-L-6, José Amarillas a Obregón, 2 de enero de 1923.

79. Ibid., caja 259, exp. H05-1-188, subsecretario de Agricultura a Calles, 22 de enero de 1926.

80. MID, 4065, microfilm rollo 1, Reports on Mexico, 1919-1941, informe de México, 28 de julio de 1923. Muchos años después de la revolución, en 1951, De la Huerta dijo en una entrevista que "concretamente, [Villa] me prometió su ayuda para una nueva presidencia. 'Yo todavía tengo pueblo', me dijo. 'No estoy acabado como creen'", *Mundo*, 3 de mayo de 1951.

81. FBI, 64-125-16, informe de Louis D. Nette al BI, 28 de julio de 1923.

82. MID, 4065, microfilm rollo 1, Reports on Mexico, 1919-1941, informe 28 de julio de 1923.

83. FBI, 78149, Manuel Sorola al BI, 20 de agosto de 1923.

84. AGN, Comisión Monetaria, exp. 389, Hipólito Villa, Hipólito a Fernando Torreblanca, 18 de febrero de 1925.

85. Ibid., papeles Obregón-Calles, Austreberta a Obregón, 28 de agosto de 1924.

86. Ibid., Luz Corral a Obregón, 10 de noviembre de 1923.

87. Ibid., Obregón a Hipólito Villa, 3 de agosto de 1923.

88. Ibid., Hipólito a Obregón, 20 de agosto de 1923.

89. Ibid., Hipólito a Obregón, 22 de diciembre de 1923.

90. Ibid., telegramas, Enríquez a Obregón, 12 de febrero de 1924.

91. Archivo Calles, Hipólito Villa a Gómez Morentín, carta interceptada, 23 de febrero de 1924.

92. Ibid., J. M. Álvarez del Castillo a Hipólito, s.f.

93. AGN, papeles Obregón-Calles, telegramas, Obregón a Calles, 10 de febrero de 1924.

94. Sobre la rendición de Fernández y de Hipólito, ver AGN, papeles Obregón-Calles, telegramas, Escobar a Obregón, 11 de mayo de 1924 (Gómez al general Michel, 20 de septiembre de 1924, y secretario de Agricultura al presidente, 25 de octubre de 1924).

95. AGN, papeles Obregón-Calles, Escobar a Obregón, 30 de mayo de 1924.

96. Ibid., Obregón a Francisco Rodríguez León, 22 de octubre de 1924.

97. Ibid., telegramas, Garduño a Obregón,

11 de noviembre de 1924; Obregón a Garduño, 12 de noviembre de 1924.

98. Ibid., Gómez a Calles, 14 de diciembre de 1924, Calles a Gómez, 15 de diciembre de 1924.

99. Peterson y Cox Knoles, op. cit., entrevista con Mabel Silva, pp. 193-204.

100. AJT, Juzgado Segundo de lo Civil, 19 de febrero de 1924, intestado Francisco Villa.

101. AJT, archivo n. 31. Toca a la apelación interpuesta en el juicio civil que sigue el licenciado Manuel Puente, como apoderado del general Francisco Villa, en contra del señor Pedro Meraz, febrero de 1925.

102. En julio de 1923, el periódico *La Patria* dio la siguiente lista de viudas e hijos de Villa: Esther Villa Cardona de Villa, con dos hijos: Francisco Villa Cardona y Esther; Luz Corral de Villa; Soledad R. de Villa que tuve un hijo; Paula Alamillo de Villa, que vivía en Torreón y no le dio hijos; una hija María, de madre desconocida, que está en Canutillo; un hijo de Juana Torres cuya madre murió en Guadalajara; un hijo de Guadalupe Coss que vive también en Canutillo; otro hijo de Petra Espinosa, de Santa Bárbara, que vive igualmente en Canutillo; un hijo Agustín de Asunción R. de Villa, que vive en Canutillo; un hijo de Austreberta Rentería que vive junto con su madre en Canutillo (*La Patria*, 28 de julio de 1923).

103. Ibid., AGN, papeles Obregón-Calles, Austreberta Rentería a Obregón, 8 de agosto de 1923. No está claro qué quería decir Austreberta con que Villa pudo haber muerto debido a su lealtad a Obregón. ¿Quería implicar que lo habían matado enemigos de Obregón que querían desacreditar a éste o que creían que Villa tomaría el lado del gobierno si De la Huerta se sublevaba? ¿O quería decir que, por su lealtad y su confianza en Obregón, Villa no había tomado las precauciones necesarias para proteger su vida? En la posterior correspondencia con Obregón, Austreberta no volvió a mencionar este argumento.

104. Ibid., Obregón a Austreberta, 20 de agosto de 1923.

105. Ibid., Austreberta a Obregón, 21 de agosto de 1923.

106. Ibid., Obregón a Austreberta, 11 de octubre de 1929.

107. Ibid., exp. 101-V-12, Austreberta a Obregón, 17 de marzo de 1924.

108. Luz Corral a Obregón, 30 de julio de 1923.

109. Vide supra.

110. AGN, papeles Obregón-Calles, Obregón a Luz Corral, 20 de agosto de 1923.

111. Ibid., Obregón a Austreberta, 14 de abril de 1924.

112. No hay prácticamente duda de que la decisión de Obregón se debió en gran medida a su simpatía personal por Luz Corral y a la deuda que creía tener con ella. Pero si Obregón se hubiera basado solamente en razones objetivas, probablemente habría llegado a la misma conclusión. La legalidad del matrimonio de Luz Corral fue puesta en duda por dos veces ante los tribunales y por dos veces certificada por éstos. En 1925, Austreberta cuestionó su validez diciendo que, puesto que el certificado de matrimonio estaba fechado el 16 de diciembre de 1915 era inválido, porque Chihuahua estaba entonces todavía bajo el gobierno convencionista y el subsecuente gobierno carrancista declaró que todas las decisiones legales tomadas por el anterior eran ilegales. Aparte de que ni el gobierno de Carranza ni sus sucesores jamás revocaron las licencias de matrimonio ni demás contratos civiles del periodo convencionista, resulta por lo menos muy extraño que la viuda de Pancho Villa quiera basar su reclamación en la teoría de que todas las medidas legales tomadas durante el gobierno de su esposo en Chihuahua fueron ilegales. El cuestionamiento más grave a la legalidad del matrimonio de Luz Corral fue el que hizo nueve años más tarde, en 1934, un abogado que representaba a la hija que tuvo Villa con Juana Torres. Según la acusación, el acta de matrimonio entre Villa y Luz Corral tenía fecha del 16 de diciembre de 1915, pero él se había casado con Juana Torres el 7 de octubre de 1913 y, puesto que ésta no murió sino hasta 1916, al casarse con Luz habría cometido bigamia y el casamiento no era válido. El abogado pedía que la hija de Juana Torres fuera declarada única heredera legal de Villa. Curiosamente, la demanda contaba con el apoyo de otra de las viudas, Soledad Seáñez, quien declaró que puesto que la boda de Luz Corral con Villa era inválida y Juana Torres había muerto en 1916, ella, que se había casado a su vez con Villa el 1 de mayo de 1919, sería la única viuda legal. Sin embargo, estaba dispuesta a reconocer a la hija de Juana Torres como única heredera de las propiedades. Luz Corral rechazó estas reclamaciones diciendo que se había casado con Villa en 1911 y que, por haber-

se perdido el acta de matrimonio, la de 1915 no era una acta nueva, sino una simple ratificación. Así lo decía en efecto el acta de 1915 y el juez decidió en favor suyo (ibid.).

113. AGN, papeles Obregón-Calles, Obregón a Austreberta, 2 de octubre de 1924.

114. Ibid., Manuela Casas a Obregón, 28 de mayo de 1924.

115. Corral, op. cit., pp. 265-66.

116. Ibid.

117. Archivo Calles, exp. Francisco Villa, gaveta 69, exp. 136, Austreberta Rentería a Calles, 7 de enero de 1932.

118. Corral, op. cit., prefacio.

119. Óscar Ching Vega, *La última cabalgata de Pancho Villa*, Centro Librero La Prensa, Chihuahua, 1977, p. 50.

120. Sobre el papel de Homdahl en la decapitación del cadáver de Villa, ver entrevista al diputado Pedrero en *Novedades*, 18 de octubre de 1954.

121. Sobre la decapitación, ver Elías L. Torres, *La cabeza de Pancho Villa*, Editora y Distribuidora Mexicana, México, 1975; Víctor Ceja Reyes, *Yo decapité a Pancho Villa*, Costa-Amic, México, 1971; Haldeen Braddy, "The Head of Pancho Villa", en *Western Folklore*, vol. 19, n. 1, enero de 1960, y M. Singer, "La cabeza de Villa", en *The New Yorker*, 27 de noviembre de 1989.

122. Sobre el traslado de los restos de Villa a la ciudad de México y la ceremonia de Parral, ver Ching Vega, op. cit.

123. Ibid., p. 140.

124. Los debates se pueden consultar en *El Día*, 11 de noviembre de 1966.

125. John Rutherford, *Mexican Society During the Revolution: A Literary Approach*, Oxford, 1971, pp. 152-53.

126. Ruth Behar, *Translated Woman. Crossing the Border with Esperanza's Story*, Beacon Press, Boston, 1993, pp. 211-13.

127. Henry B. Parkes, *A History of Mexico*, Houghton Mifflin, Boston, 1938, p. 339.

CONCLUSIÓN

1. RGG, Federico González Garza a Roque González Garza, septiembre de 1915.

2. PST, Silvestre Terrazas a Luis Caballero, 2 de julio de 1914.

3. Entrevista con Adolfo de la Huerta, *Mundo*, 3 de mayo de 1951.

4. Alan Knight, *The Mexican Revolution*, cit., vol. 2, pp. 291, 301.

5. Ibid., p. 298.

SOBRE EL RASTRO DE PANCHO VILLA EN LOS ARCHIVOS

1. MLG, cuestionario del doctor Raschbaum.

2. Ibid.

3. MLG, Contrato de Martín Luis Guzmán con Austreberta Rentería y Nellie Campobello

Bibliografía

Aboites Aguilar, Luis, *La irrigación revolucionaria. Historia del sistema nacional de riego del río Conchos, Chihuahua, 1927-1938*, Secretaría de Educación Pública, CIESAS, México, 1987.

Actas del Segundo Congreso de Historia Comparada, 1990, Universidad Autónoma de Ciudad Juárez, Ciudad Juárez, 1990.

Actas del Tercer Congreso de Historia Comparada, 1991, Universidad Autónoma de Ciudad Juárez, Ciudad Juárez, 1992.

Actas del Cuarto Congreso de Historia Comparada, 1993, Universidad Autónoma de Ciudad Juárez, Ciudad Juárez, 1995.

Adame Goddard, Jorge, *El pensamiento político y social de los católicos mexicanos, 1867-1914*, Universidad Nacional Autónoma de México, México, 1990.

Aguascalientes, gobierno del Estado, *La Soberana Convención Revolucionaria en Aguascalientes, 1914-1989*, Instituto Cultural de Aguascalientes, Aguascalientes, 1990.

Aguilar Camín, Héctor, *La frontera nómada. Sonora y la revolución mexicana*, Siglo XXI, México, 1977.

——, y Lorenzo Meyer, *In the Shadow of the Mexican Revolution. Contemporary Mexican History, 1910-1989*, University of Texas Press, Austin, 1993.

Aguilar Mora, Jorge, *Una muerte sencilla, justa, eterna. Cultura y guerra en la revolución mexicana*, Era, México, 1990.

Aguilar, José Ángel (comp.), *En el centenario del nacimiento de Francisco Villa*, n. 71, Biblioteca del Instituto de Estudios Históricos de la Revolución Mexicana, 1978.

Aguilar, Rafael, *Madero sin máscara*, Imprenta Popular, México, 1911.

Aguirre Benavides, Adrián, *Errores de Madero*, Jus, México, 1980.

Aguirre Benavides, Luis, *De Francisco I. Madero a Francisco Villa. Memorias de un revolucionario*, A. del Bosque Impresor, México, 1966.

——, y Adrián Aguirre Benavides, *Las grandes batallas de la División del Norte*, Diana, México, 1979.

Alessio Robles, Miguel, *Obregón como militar*, Cultura, México, 1935.

——, *Mi generación y mi época*, Stylo, México, 1949.

——, *Historia política de la revolución*, Instituto Nacional de Estudios Históricos de la Revolución Mexicana, México, 1985.

Alessio Robles, Vito, *La Convención en Aguascalientes*, Instituto Nacional de Estudios Históricos de la Revolución Mexicana, México, 1979.

Almada, Francisco R., *La rebelión de Tomóchic en Chihuahua*, Sociedad Chihuahuense de Estudios Históricos, Chihuahua, 1938.

——, *Resumen de la historia de Chihuahua*, Libros Mexicanos, México, 1955.

——, *La revolución en el estado de Chihuahua*, 2 vols., Talleres Gráficos de la Nación, México, 1965.

——, *Vida, proceso y muerte de Abraham González*, Talleres Gráficos de la Nación, México, 1967.

——, *Diccionario de historia, geografía y biografía chihuahuenses*, Impresora de Juárez, Ciudad Juárez, 1968.

——, *La revolución en el estado de Sonora*, Talleres Gráficos de la Nación, México, 1971.

——, *Gobernadores del estado de Chihuahua*, Centro Librero de la Prensa, Chihuahua, 1981.

——, *El presidente Madero y los problemas populares*, El Labrador, Chihuahua, s.f.

——, *Juárez y Terrazas. Aclaraciones históricas*, Libros Mexicanos, México, s.f.

Alonso, Ana María, *Thread of Blood. Colonialism, Revolution, and Gender on Mexico's Northern Frontier*, University of Arizona Press, Tucson, 1995.

Alonso Cortés, Rodrigo, *Francisco Villa. El quinto jinete del apocalipsis*, Diana, México, 1972.

Alperovich, Moisei S. y Boris T. Rudenko, *La revolución mexicana de 1910-17. La política de los Estados Unidos*, Ediciones de Cultura Popular, México, 1976.

Alperovich, Moisei S., Boris T. Rudenko y Nikolai M. Lavrov, *La revolución mexicana. Cuatro estudios soviéticos*, Ediciones de los Insurgentes, México, 1955.

Altamirano, Graziella, César Navarro y Guadalupe Villa, *Durango. Bibliografía comentada*, Instituto Mora, México, 1992.

——, y Guadalupe Villa, *Chihuahua, una historia compartida, 1824-1921*, Instituto Mora, Gobierno del estado de Chihuahua, México, 1988.

Álvarez Salinas, Gilberto, *Pancho Villa en Monterrey*, Continentes, Monterrey, 1969.

Alvear Acevedo, Carlos, *Episodios de la revolución mexicana*, Jus, México, 1988.

Amaya, Juan Gualberto, *Venustiano Carranza, caudillo constitucionalista. Segunda etapa: febrero de 1913 a mayo de 1920*, México, 1947.

Amaya C., Luis Fernando, *La Soberana Convención Revolucionaria, 1914-1916*, Trillas, México, 1966.

Anderson, Rodney, *Outcasts in Their Own Land. Mexican Industrial Workers, 1906-1911*, Northern Illinois University Press, De Kalb, 1976.

Ángeles, Felipe, *Documentos relativos al general Felipe Ángeles*, Álvaro Matute (comp.), Domés, México, 1982.

——, *La toma de Zacatecas*, Secretaría de Educación Pública, México, s.f.

Ankerson, Dudley, *Agrarian Warlord. Saturnino Cedillo and the Mexican Revolution in San Luis Potosi*, Northern Illinois University Press, De Kalb, 1984.

Anónimo, *Cartilla revolucionaria para los agentes de propaganda de la causa constitucionalista*, Yucatán, 1915.

Anónimo, *Romance histórico villista. Diario en verso de un soldado de Villa*, Litográfica Regma, Chihuahua, 1975.

Araquistáin, Luis, *La revolución mejicana*, Biblioteca del Hombre Moderno, Madrid, 1927.

Archivo General de la Nación, *Documentos inéditos sobre Emiliano Zapata y el cuartel general*, Comisión para la Conmemoración del Centenario del Natalicio del General Emiliano Zapata, México, 1979.

Arellano, Luz de, *Palomas, Torreón y Pancho Villa*, Imprenta Venecia, México, 1966.

Arenas Guzmán, Diego, *Proceso democrático de la revolución mexicana*, Instituto Nacional de Estudios Históricos de la Revolución Mexicana, México, 1971.

Arias Olea, Heliodoro, *Apuntes históricos de la revolución de 1910-1911*, Bachíniva, 1960.

Arnold, Oren, *The Mexican Centaur. An Intimate Biography of Pancho Villa*, Portals Press, Tuscaloosa, Alabama, 1979.

Arreola Valenzuela, Antonio, Máximo N. Gámiz y José Ramón Hernández, *Summa Duranguense*, Gobierno del estado de Durango, Durango, 1979-80.

Arriaga, Guillermo, *Relato de los esplendores y miserias del Escuadrón Guillotina, y de cómo participó en la leyenda de Pancho Villa*, Planeta, México, 1991.

Arroyo Irigoyen, Luz Elena y María del Carmen Barreneche, *El cambio social en el sureste de México. Dos estudios*, Centro de Investigaciones y Estudios Superiores en Antropología Social, México, 1985.

Avita Hernández, Antonio, *Corridos de Durango*, Instituto Nacional de Antropología e Historia, México, 1989.

Azcárate, Juan F., *Esencia de la revolución (lo que todo mexicano debe saber)*, Costa-Amic, México, 1975.

Azuela, Mariano, *Los de abajo. Novela, cuadros y escenas de la revolución mexicana*, El Paso del Norte, El Paso, 1916.

Badillo Soto, Carlos, *¡A sus órdenes mi general!*, Talleres Gráficos del Gobierno del estado de Durango, Durango, 1993.

Baeker, Thomas, *Die Deutsche Mexikopolitik 1913/14*, Colloquium, Berlín, s.f.

Baerlein, Henry, *Mexico, the Land of Unrest: Being Chiefly an Account of what Produced the Outbreak in 1910*, Filadelfia, 1914.

Baldwin, Deborah J., *Protestants and the Mexican Revolution. Missionaries, Ministers, and Social Change*, University of Illinois Press, Urbana, 1990.

Bannon, John Francis, *The Spanish Borderlands Frontier, 1513-1821*, University of New Mexico Press, Albuquerque, 1963.

Barragán Rodríguez, Juan, *Historia del ejército y de la revolución constitucionalista*, 2 vols., Instituto de Estudios Históricos de la Revolución Mexicana, México, 1985.

Barragán, Juan Ignacio y Mario Cerutti, *Juan F. Brittingham y la industria en México 1859-1940*, Urbis Internacional, Monterrey, 1993.

Barrera Fuentes, Florencio (comp.), *Crónicas y debates de las sesiones de la Soberana Conven-*

490

ción Revolucionaria, 3 vols., Talleres Gráficos de la Nación, México, 1965.

Barrientos, Herlinda, María Dolores Cárdenas y Guillermo González Cedillo, Con Zapata y Villa. Tres relatos testimoniales, Instituto Nacional de Estudios Históricos de la Revolución Mexicana, México, 1991.

Bastian, Jean-Pierre, Protestantismo y sociedad en México, Casa Unida de Publicaciones, México, 1983.

————, Los disidentes. Sociedades protestantes y revolución en México, 1872-1991, Fondo de Cultura Económica, México, 1989.

Bauche Alcalde, Hombres de la revolución. Villa, México, s.f.

Becker, J. L. de, (1914), De cómo se vino Huerta y cómo se fue. Apuntes para la historia de un régimen militar, Martínez Fernández del Campo, Luis (comp.), El Caballito, México, 1975.

Beezley, William H., Insurgent Governor. Abraham Gonzalez and the Mexican Revolution in Chihuahua, University of Nebraska Press, Lincoln, 1973.

Behar, Ruth, Traslated Woman: Crossing the Border with Esperanza's Story, Beacon Press, Boston, 1993.

Bell, Eduard I., The Political Shame of Mexico, Mc-Bride, Nast and Company, Nueva York, 1914.

Benítez, Fernando, Lázaro Cárdenas y la revolución mexicana. El caudillismo, vol. 2, Fondo de Cultura Económica, México, 1977.

Benjamin, Thomas, A Rich Land, a Poor People. Politics and Society in Modern Chiapas, University of New Mexico Press, Albuquerque, 1989.

————, y William McNellie (comps.) Other Mexicos. Essays on Regional Mexican History, 1876-1911, University of New Mexico Press, Albuquerque, 1984.

————, y Mark Wasserman (comps.), Provinces of the Revolution. Essays on Regional Mexican History, 1910-1929, University of New Mexico Press, Albuquerque, 1990.

Betanzos, Óscar, et al., Historia de la cuestión agraria mexicana. Campesinos, terratenientes y revolucionarios, 1910-1920, vol. 3, Siglo XXI, México, 1988.

Bethell, Leslie (comp.), Mexico Since Independence, Cambridge University Press, Cambridge, 1991.

Blaisdell, Lowell L., The Desert Revolution, Baja California, 1911, University of Wisconsin Press, Madison, 1962.

Blanco Moheno, Roberto, ¡Pancho Villa, quien es su padre!, Diana, México, 1969.

Blasco, Wenceslao, Las indiscreciones de un periodista, Manuel Mañón, México, 1921.

Blasco Ibáñez, Vicente, Mexico in Revolution, Dutton, Nueva York, 1920.

————, El militarismo mexicano, Gernika, México, 1995.

Blumenson, Martin, The Patton Papers, 2 vols., Houghton Mifflin, Boston, 1972-74.

Bonilla, Manuel, Diez años de guerra, Fondo para la Historia de las Ideas Revolucionarias en México, México, 1976.

Braddy, Haldeen, Cock of the Walk. Qui-qui-ri-qui! The Legend of Pancho Villa, University of New Mexico Press, Albuquerque, 1955.

————, Pancho Villa at Columbus. The Raid of 1916, Western College Press, El Paso, 1965.

————, Pershing's Mission in Mexico, Western College Press, El Paso, 1966.

————, The Paradox of Pancho Villa, Western College Press, El Paso, 1978.

Brading, D. A. (comp.), Caudillo and Peasant in the Mexican Revolution, Cambridge University Press, Cambridge, 1980.

Breceda, Alfredo, México revolucionario, 1913-1917, vol. 1, Tipografía Artística, Madrid, 1920.

Brenner, Anita, The Wind that Swept Mexico. The History of the Mexican Revolution, University of Texas Press, Austin, 1971.

Brown, Jonathan C., Oil and Revolution in Mexico, University of California Press, Berkeley, 1993.

Bulnes, F., El verdadero Díaz y la revolución, México, 1920.

Bush, I. J., Gringo Doctor, Caldwell, Idaho, 1939.

Buve, Raymond Th. J., Boeren-mobilisatie en Landhhervorming Tijdens en na de Mexicaanse Revolutie. De vallei van Nativitas, Tlaxcala, tussen 1910 en 1940, Centrum voor Studie en Documentatic van Latijns Amerika, Amsterdam, 1977.

————, (comp.), Haciendas in Central Mexico from Late Colonial Times to the Revolution. Labor Conditions, Hacienda Management, and its Relation to the State, Centre for Latin American Research and Documentation, Amsterdam, 1984.

————, El movimiento revolucionario de Tlaxcala, Universidad Autónoma de Tlaxcala, 1994.

Calero, Manuel, Un decenio de política mexicana, Nueva York, 1920 (1a. edición, 1917).

Calvert, Peter, The Mexican Revolution, 1910-1914. The Diplomacy of the Anglo-American Conflict, Cambridge University Press, Cambridge, 1968.

Calzadíaz Barrera, Alberto, *Villa contra todo y contra todos*, 2 vols., Editores Mexicanos Unidos, México, 1965.

———, *Hechos reales de la revolución*, Patria, México, 1967-82 (vol. 1, 1967; vol. 2, 1967; vol. 3, 1972; vol. 4, 1973; vol. 5, 1975; vol. 6, 1977; vol. 7, 1980; vol. 8, 1982).

———, *Por qué Villa atacó Columbus. Intriga internacional*, Editores Mexicanos Unidos, México, 1972.

———, *Víspera de la revolución. El abuelo Cisneros*, Patria, México, 1969.

———, *El general Martín López*, Patria, México, 1975.

Camp, Roderic A., Charles A. Hale y Josefina Vázquez (comps.), *Los intelectuales y el poder en México*, El Colegio de México, México, 1991.

Campobello, Nellie, *Apuntes sobre la vida militar de Francisco Villa*, Ibero-Americana de Publicaciones, México, 1940.

Candelas Villalba, Sergio, *La batalla de Zacatecas*, Gobierno del estado de Zacatecas, Zacatecas, 1989.

Canto y Canto, Carlos H., *Los halcones dorados de Villa*, Diana, México, 1969.

Caraveo, Marcelo, *Crónica de la revolución (1910-1929)*, Trillas, México, 1992.

Cárdenas Noriega, Joaquín, *José Vasconcelos, 1882-1982, educador, político y profeta*, Océano, México, 1982.

Cardoso, Ciro F. S., Francisco G. Hermosillo y Salvador Hernández, *La clase obrera en la historia de México. De la dictadura porfirista a los tiempos libertarios*, México, 1980.

Carr, Barry, *El movimiento obrero y la política en México, 1910-1929*, 2 vols., Secretaría de Educación Pública, México, 1976; Era, México, 1981.

———, *Organized Labor and the Mexican Revolution, 1915-1928*, Occasional Papers, Latin American Studies Centre, Saint Anthony's College, Oxford, 1972.

Carranza, Venustiano, *Antología*, Josefina Moguel (comp.), Instituto Nacional de Estudios Históricos de la Revolución Mexicana, México, 1986.

———, *Informe del C. Venustiano Carranza, Primer Jefe del ejército constitucionalista encargado del poder ejecutivo de la república mexicana, leído ante el Congreso de la Unión en la sesión del 15 de abril de 1917*, México, 1917.

Carranza Castro, Jesús, *Origen, destino y legado de Carranza*, Costa-Amic, México, 1977.

Casasola, Gustavo (comp.), *Historia gráfica de la revolución mexicana, 1900-1970*, 10 vols., Trillas, México, 1973.

Case, Alden Buell, *Thirty Years with the Mexicans. In Peace and Revolution*, Fleming H. Revell Company, Nueva York, 1917.

Caserini, Aldo, *Le Battaglie di Pancho Villa. L'epopea della rivoluzione messicana*, Varesina Grafica Editrice, Azzate, 1972.

Castañeda Jiménez, Héctor F., et al., *Jalisco en la revolución*, Gobierno del estado de Jalisco, Guadalajara, 1988.

Castillo, Heberto, *Historia de la revolución mexicana*, Posada, México, 1977.

Castillo, José R. del, *Historia de la revolución social de México*, Instituto Nacional de Antropología e Historia, México, 1985.

Cazés, Daniel, *Los revolucionarios*, Grijalbo, México, 1973.

Ceja Reyes, Víctor, *Yo decapité a Pancho Villa*, Costa-Amic, México, 1971.

———, *Yo maté a Francisco Villa*, Centro Librero de la Prensa, Chihuahua, 1979.

———, *Francisco Villa, el hombre*, Centro Librero de la Prensa, Chihuahua, 1979.

———, *Yo, Francisco Villa y Columbus*, Centro Librero de la Prensa, Chihuahua, 1987.

———, *Cabalgando con Villa*, Centro Librero de la Prensa, Chihuahua, 1987.

Cervantes, Federico, *Francisco Villa y la revolución*, Alonso, México, 1960.

———, *Felipe Ángeles en la revolución. Biografía (1869-1919)*, México, 1964.

Chávez, José Carlos, *Peleando en Tomóchic*, Imprenta Moderna, Ciudad Juárez, 1955.

Chávez Calderón, Plácido, *La defensa de Tomóchic*, Jus, México, 1964.

Ching Vega, Óscar W., *La última cabalgata de Pancho Villa*, Centro Librero de la Prensa, Chihuahua, 1977.

Clendenen, Clarence C., *Blood on the Border. The United States and the Mexican Irregulars*, Macmillan, Nueva York, 1969.

———, *The United States and Pancho Villa. A Study in Unconventional Diplomacy*, Kennikat Press, Port Washington, 1972.

Cline, Howard F., *The United States and Mexico*, Atheneum, Nueva York, 1968.

Coatsworth, John H., *Growth Against Development. The Economic Impact of Railroads in Porfirian Mexico*, Northern Illinois University Press, De Kalb, 1981.

———, *Images of Mexico in the United States*, Center for U. S.-Mexican Studies, San Diego, 1989.

———, *Los orígenes del atraso. Nueve ensayos de his-*

toria económica de México en los siglos XVIII y XIX, Alianza Editorial Mexicana, México, 1990.

Cockcroft, James D., *Intellectual Precursors of the Mexican Revolution*, Austin, 1968.

——, *Mexico. Class Formation, Capital Accumulation, and the State*, Nueva York, 1983.

Coerver, Don M., y Linda B. Hall, *Texas and the Mexican Revolution. A Study in State and National Border Policy, 1910-1920*, Trinity University Press, San Antonio, 1984.

Coker, William S., *Abraham González*, Instituto Nacional de Estudios Históricos de la Revolución Mexicana, México, 1985.

——, *Álvaro Obregón*, Instituto Nacional de Estudios Históricos de la Revolución Mexicana, México, 1985.

——, *Batalla de Celaya*, Instituto Nacional de Estudios Históricos de la Revolución Mexicana, México, 1985.

——, *Felipe Ángeles*, Instituto Nacional de Estudios Históricos de la Revolución Mexicana, México, 1985.

——, *Francisco Villa*, Instituto Nacional de Estudios Históricos de la Revolución Mexicana, México, 1985.

——, *Periodismo en la revolución*, Instituto Nacional de Estudios Históricos de la Revolución Mexicana, México, 1985.

——, *Salvador Alvarado*, Instituto Nacional de Estudios Históricos de la Revolución Mexicana, México, 1985.

——, *Toma de Torreón*, Instituto Nacional de Estudios Históricos de la Revolución Mexicana, México, 1985.

——, *Tratados de Teoloyucan*, Instituto Nacional de Estudios Históricos de la Revolución Mexicana, México, 1985.

——, *Últimos meses de Porfirio Díaz en el poder. Antología documental*, Instituto Nacional de Estudios Históricos de la Revolución Mexicana, México, 1985.

——, *Venustiano Carranza*, Instituto Nacional de Estudios Históricos de la Revolución Mexicana, México, 1985.

Contreras, Mario y Jesús Tamayo, *México en el siglo XX: 1900-1913*, vol. 1, Universidad Nacional Autónoma de México, México, 1983.

Córdova, Arnaldo, *La ideología de la revolución mexicana. Formación del nuevo régimen*, Era, México, 1973.

Corral de Villa, Luz, *Pancho Villa en la intimidad*, Centro Librero de la Prensa, Chihuahua, 1976.

Correa, Eduardo J., *El Partido Católico Nacional y sus directores*, Fondo de Cultura Económica, México, 1991.

Corzo Ramírez, Ricardo, José G. González Sierra y David A. Skerritt, ... *Nunca un desleal. Cándido Aguilar, 1889-1960*, El Colegio de México, México, 1986.

Cosío Villegas, Daniel (comp.), *Historia moderna de México*, 2 vols., Hermes, México, 1956.

——, et al. (comps.), *Historia general de México*, vol. 1, El Colegio de México, México, 1980.

Creel de Müller, Lulú, *El conquistador del desierto. (Biografía de un soldado de la república)*, Lourdes Creel de Müller, Chihuahua, 1981.

Cruz, Salvador, *Vida y obra de Pastor Rouaix*, Instituto Nacional de Antropología e Historia, México, 1980.

Cumberland, Charles C., *Mexican Revolution. The Constitutionalist Years*, University of Texas Press, Austin, 1972.

——, *Mexican Revolution. Genesis Under Madero*, University of Texas Press, Austin, 1974.

Curiel, Fernando, *La querella de Martín Luis Guzmán*, Oasis, México, 1987.

Cuzin, M., *Journal d'un français au Mexique. Guadalajara, 16 novembre-6 juillet 1915*, Lesfargues, París, 1983.

Davis, Will B., *Experiences and Observations of an American Consular Officer During the Recent Mexican Revolutions*, Chula Vista, California, 1920.

De Arellano, Luz, *ver* Arellano, Luz de.

De Becker, J. L. de, *ver* Becker, J. L. de.

De la Garza Treviño, Ciro R., *ver* Garza Treviño, Ciro R. de la.

De la Huerta, Adolfo, *ver* Huerta, Adolfo de la.

De los Reyes, Aurelio, *ver* Reyes, Aurelio de los.

De Maria y Campos, Armando, *ver* Maria y Campos, Armando de.

De Orellana, Margarita, *ver* Orellana, Margarita, de.

Del Castillo, José R., *ver* Castillo, José R. del.

Díaz Soto y Gama, Antonio, *La cuestión agraria en México*, El Caballito, México, 1976.

Diccionario histórico y biográfico de la revolución mexicana, 7 vols., Instituto Nacional de Estudios Históricos de la Revolución Mexicana, México, 1991.

Diccionario Porrúa de historia, biografía y geografía de México, 3 vols., Porrúa, México, 1986.

Doerries, Reinhard R., *Imperial Challenge. Ambassador Count Bernstorff and German-American Relations, 1908-1917*, University of North Carolina Press, Chapel Hill, 1989.

Dromundo, Baltasar, *Villa y la "Adelita"*, Victoria de Durango, Durango, 1936.

Duarte Morales, Teodosio, *El rugir del cañón*, Ciudad Juárez, 1967.

——, *Villa y Pershing. Memorias de la revolución (20 de noviembre de 1910 a 1913)*, El Labrador, Ciudad Juárez, s.f.

Durán, Esperanza, *Guerra y revolución. Las grandes potencias y México, 1914-1918*, El Colegio de México, México, 1985.

Eisenhower, John S. D., *Intervention! The United States and the Mexican Revolution, 1913-1917*, Norton, Nueva York, 1993.

Emiliano Zapata y el movimiento zapatista. Cinco ensayos, Secretaría de Educación Pública, México, 1980.

Enciso, Xavier, *El ataque a Ciudad Juárez y los acontecimientos del 14 al 18 de junio*, El Paso, 1919.

Enríquez, Ignacio C., *Ni capitalismo ni comunismo, una democracia económica*, Porrúa, México, 1950.

Fabela, Isidro, *Mis memorias de la revolución*, Jus, México, 1977.

——, *La política interior y exterior de Carranza*, Jus, México, 1979.

——, *Historia diplomática de la revolución mexicana*, 2 vols., Instituto Nacional de Estudios Históricos de la Revolución Mexicana, México, 1985.

——, y Josefina E. de Fabela (comps.), *Documentos históricos de la revolución mexicana*, 27 vols. e índice, Fondo de Cultura Económica, México, 1960-76.

——, *Documentos históricos de la revolución mexicana. Expedición Punitiva*, 2 vols., México, 1967-68.

Falcón, Romana, *Revolución y caciquismo en San Luis Potosí, 1910-1938*, El Colegio de México, México, 1984.

——, y Soledad García, *La semilla en el surco. Adalberto Tejeda y el radicalismo en Veracruz, 1883-1960*, El Colegio de México, México, 1986.

Fatout, Paul, *Ambrose Bierce. The Devil's Lexicographer*, The University of Oklahoma Press, Norman, 1951.

Fischer Wood, Eric, *Leonard Wood. Conservator of Americanism*, George H. Doran Company, Nueva York, 1920.

Flores Caballero, R. R., *Administración y política en la historia de México*, México, 1981.

Flores Vizcarra, Jorge y Otto Granados Roldán, *Salvador Alvarado y la revolución mexicana*, Universidad Autónoma de Sinaloa, Culiacán, 1980.

Florescano, Enrique, *Bibliografía general del desarrollo económico de México, 1500-1976*, Secretaría de Educación Pública, Instituto Nacional de Antropología e Historia, Departamento de Investigaciones Históricas, México, 1980.

——, *El nuevo pasado mexicano*, Cal y Arena, México, 1992.

——, y Javier Garciadiego (comps.), *Así fue la revolución mexicana*, 8 vols., Consejo Nacional de Fomento Educativo, México, 1985.

Foix, Pere, *Pancho Villa*, Trillas, México, 1976.

Foner, Phillip S., *Mother Jones Speaks: Collected Writings and Speeches*, Monad Press, Nueva York, 1983.

Frías, Heriberto, *Tomóchic*, Porrúa, México, 1983.

Friedrich, Paul, *Agrarian Revolt in a Mexican Village*, Prentice-Hall, Englewood Cliffs, Nueva Jersey, 1970.

Frost, Elsa Celia, Michael C. Meyer y Josefina Zoraida Vázquez (comps.), *El trabajo y los trabajadores en la historia de México. Ponencias y comentarios presentados en la V Reunión de Historiadores Mexicanos y Norteamericanos, Pátzcuaro, 12 al 15 de octubre de 1977*, El Colegio de México, México, 1979.

Fuentes, Carlos, *La muerte de Artemio Cruz*, Fondo de Cultura Económica, México, 1962.

——, *The Old Gringo*, Farrar, Straus and Giroux, Nueva York, 1985.

——, *El naranjo o los círculos del tiempo*, Alfaguara, México, 1993.

Fuentes Mares, José, *...Y México se refugio en el desierto. Luis Terrazas, historia y destino*, Jus, México, 1954.

——, *La revolución mexicana. Memorias de un espectador*, Grijalbo, México, 1986.

Furber, Percy N., *I Took Chances: From Windjammers to Jets*, Edgar Backus, Leicester, 1954.

García de León, Antonio, *Resistencia y utopía. Memorial de agravios y crónicas de revueltas y profecías acaecidas en la provincia de Chiapas durante los últimos quinientos años de su historia*, vol. 2, Era, México, 1985.

Garciadiego Dantán, Javier, *Rudos contra científicos. La Universidad Nacional durante la revolución mexicana*, El Colegio de México, México, 1996.

García Naranjo, Nemesio, *Memorias de Nemesio García Naranjo. Mis andanzas con el general Huerta*, vol. 7, Talleres de El Porvenir, Monterrey, s.f.

García Riera, Emilio, *México visto por el cine extranjero, 1970-1988*, Era, México, 1990.

Garfias M., Luis, *Breve historia militar de la revolución mexicana*, vol. 1, Secretaría de la Defensa Nacional, México, 1981.

————, *Truth and Legend on Pancho Villa. Life and Deeds of the Famous Leader of the Mexican Revolution*, Panorama, México, 1981.

Garibaldi, Giusseppe, *A Toast to Rebellion*, Publishing Company, Garden City, Nueva York, 1937.

Garner, Paul H., *La revolución en la provincia. Soberanía estatal y caudillismo en las montañas de Oaxaca (1910-1920)*, Fondo de Cultura Económica, México, 1988.

Garza Treviño, Ciro R. de la, *La revolución mexicana en el estado de Tamaulipas, 1885-1913*, Porrúa, México, 1973.

Gerdes, Claudia, *Mexikanisches Banditentum (1827-76) als Sozial-Geschichtliches Phänomän*, Breitenbach, Saarbrucken, 1987.

Gilderhus, Mark T., *Diplomacy and Revolution. U.S.-Mexican Relations under Wilson and Carranza*, University of Arizona Press, Tucson, 1986.

Gilly, Adolfo, *The Mexican Revolution*, Verso, NLB, Londres, 1983.

————, *La revolución interrumpida*, Era, México, 1994.

Girón, Nicole, *Heraclio Bernal. Bandolero, cacique o precursor de la revolución*, México, 1976.

Goltz, Horst von der, *My Adventures as a German Secret Agent*, Robert M. McBride and Company, Nueva York, 1917.

Gómez, Marte R., *La reforma agraria en las filas villistas. Años 1913 a 1915 y 1920*, Talleres Gráficos de la Nación, México, 1966.

————, *Pancho Villa. Un intento de semblanza*, Fondo de Cultura Económica, México, 1972.

————, *Historia de la Comisión Nacional Agraria*, México, 1975.

Gómez Quiñones, Juan, *Mexican Nationalist Formation. Political Discourse, Policy and Dissidence*, Floricanto Press, Encino, 1992.

————, *Sembradores. Ricardo Flores Magon y el Partido Liberal Mexicano. A Eulogy and Critique*, Chicano Studies Center Publications, Los Ángeles, 1977.

González, Carlos, *Miguel Ahumada. El gobernador porfirista*, Meridiano 107, Ciudad Juárez, 1992.

González, Pablo, hijo, *El centinela del fiel constitucionalismo*, Textos de cultura historiográfica, Saltillo, 1971.

González, Manuel W., *Con Carranza. Episodios de la revolución constitucionalista, 1913-1914*, Instituto Nacional de Estudios Históricos de la Revolución Mexicana, México, 1985.

————, *Contra Villa. Relato de la campaña, 1914-1915*, Botas, México, 1935.

González Calzada, Manuel, *Historia de la revolución mexicana en Tabasco*, Instituto Nacional de Estudios Históricos de la Revolución Mexicana, México, 1972.

————, *El agrarismo en Tabasco*, Consejo Editorial del Gobierno del estado de Tabasco, México, 1980.

González Flores, Enrique, *Chihuahua de la independencia a la revolución*, Botas, México, 1949.

González Garza, Federico, *La revolución. Mexicana. Mi contribución político-literaria*, México, 1936.

————, *La revolución mexicana*, Partido Revolucionario Institucional, México, 1982.

González Navarro, Moisés, *La pobreza en México*, El Colegio de México, México, 1985.

González Pacheco, Cuauhtémoc, *Capital extranjero en la selva de Chiapas 1863-1982*, Universidad Nacional Autónoma de México, México, 1983.

González Ramírez, Manuel (comp.), *Fuentes para la historia de la revolución mexicana*, 4 vols., Fondo de Cultura Económica, México, 1954-57.

————, *La revolución social de México*, 3 vols., Fondo de Cultura Económica, México, 1966.

González Roa, Fernando, *Aspecto agrario de la revolución mexicana*, Secretaría de la Reforma Agraria, México, s.f.

González y González, Luis (comp.), *Fuentes de la historia contemporánea en México. Libros y folletos*, 3 vols., México, 1962-63.

————, *Pueblo en vilo*, El Colegio de México, México, 1968.

Gordillo y Ortiz, Octavio, *La revolución en el estado de Chiapas*, Instituto Nacional de Estudios Históricos de la Revolución Mexicana, México, 1986.

Gracia García, Guadalupe, *El servicio médico durante la revolución mexicana*, Editores Mexicanos Unidos, México, 1982.

Gressley, Gene M. (comp.), *Old West / New West. Quo Vadis?*, High Plains Publishing Company, Worland, Wyoming, 1994.

Grieb, Kenneth J., *The United States and Huerta*, University of Nebraska Press, Lincoln, 1969.

Griffen, William B., *Apaches at War and Peace. The Janos Presidio, 1750-1858*, University of New Mexico Press, Albuquerque, 1988.

Grimaldo, Isaac, *Apuntes para la historia. Contiene la vida, muerte y funerales del general Maclovio Herrera y ligeros apuntes biográficos de sus principales compañeros de armas. Precedidos de un juicioso proemio del modesto escritor Rafael S. Lechón*, Gobierno potosino, Imprenta de la Escuela Industrial Militar, San Luis Potosí, 1916.

Gruening, Ernest, *Mexico and its Heritage*, Century Company, Nueva York, 1928.

Guerra, François-Xavier, *Le Mexique. De l'ancien régime à la révolution*, 2 vols., L'Harmattan, París, 1985.

Guerrero, Práxedis G., 1991, *Práxedis G. Guerrero. Artículos literarios y de combate; pensamientos, crónicas revolucionarias, etc.*., Centro de Estudios Históricos del Movimiento Obrero Mexicano, México, 1977.

Guilane, Jacques, *Pancho Villa. L'aventurier de la révolution*, La Pensée Universelle, París, 1985.

Guilderhus, Mark T., *Pan-American Visions. Woodrow Wilson in the Western Hemisphere, 1913-1921*, University of Arizona Press, Tucson, 1986.

Guilpain Peuliard, Odile, *Felipe Ángeles y los destinos de la revolución mexicana*, Fondo de Cultura Económica, México, 1991.

Gutelman, Michel, *Réforme et mystification agraires en Amérique Latine. La cas du Mexique*, François Maspero, París, 1971.

Guzmán, Martín Luis, *Memorias de Pancho Villa*, Porrúa, México, 1984.

——, *El águila y la serpiente*, Porrúa, México, 1987.

——, *Muertes históricas*, Consejo Nacional para la Cultura y las Artes, México, 1990.

Guzmán Esparza, Roberto, *Memorias de don Adolfo de la Huerta*, Guzmán, México, 1957.

Haber, Stephen, *Industry and Underdevelopment. The Industrialization of Mexico, 1890-1940*, Stanford University Press, Stanford, 1989.

Haley, J. Edward, *Revolution and Intervention. The Diplomacy of Taft and Wilson with Mexico*, Massachusetts Institute of Technology Press, Cambridge, 1970.

Hall, Linda B., *Alvaro Obregon. Power and Revolution in Mexico, 1911-1920*, A&M University Press, College Station, Texas, 1981.

—— y Don M. Coerver, *Revolution on the Border. The United States and Mexico, 1910-1920*, The University of New Mexico Press, Albuquerque, 1988.

Harrer, Hans Jürgen, *Die Revolution in Mexiko*, Paul Rugenstein, Colonia, 1973.

Harris III, Charles H. y Louis R. Sadler, *The Border and the Revolution. Clandestine Activities of the Mexican Revolution 1910-1920*, High-Lonesome Books, Silver City, 1988.

Harris, Larry A., *Pancho Villa and the Columbus Raid*, McMath Company, El Paso, 1949.

——, *Pancho Villa. Strong Man of the Revolution*, High-Lonesome Books, Silver City, 1989.

Hart, John Mason, *Anarchism and the Mexican Working Class, 1860-1931*, University of Texas Press, Austin, 1978.

——, *Revolutionary Mexico. The Coming and Process of the Mexican Revolution*, University of California Press, Berkeley, 1987.

Hatch, Nelle Spilsbury y B. Carmon Hardy, *Stalwarts South of the Border*, M. Knudsen, El Paso, 1985.

Heine, Heinrich, *Historisch-kritische Gesamtausgabe der Werke*, Manfred Windfuhr (comp.), Hoffmann und Campe, Hamburgo, 1975.

Henderson, Paul V. N., *Mexican Exiles in the Borderlands, 1919-1913*, Texas Western Press, El Paso, 1979.

——, *Felix Diaz, the Porfirians, and the Mexican Revolution*, University of Nebraska Press, Lincoln, 1981.

Hendrick, Burton J., *The Life of Walter H. Page*, 3 vols., Doubleday, Page and Company, Nueva York, 1923-25.

Hernández Chávez, Alicia, *La tradición republicana del buen gobierno*, Fondo de Cultura Económica, México, 1993.

Hernández y Lazo, Begoña, *Las batallas de la plaza de Chihuahua, 1915-1916*, Universidad Nacional Autónoma de México, Coordinación de Humanidades, México, 1984.

——, et. al. (comps.), *Las mujeres en la revolución mexicana, 1884-1920. Biografías de mujeres revolucionarias*, Instituto Nacional de Estudios Históricos de la Revolución Mexicana, México, 1992.

Herrera, Celia, *Francisco Villa ante la historia*, Costa-Amic, México, 1981.

Herrera-Sobek, María, *The Mexican Corrido. A Feminist Analysis*, University of Indiana Press, Bloomington, 1990.

Herrera-Vargas, Benjamín, *La revolución en Chihuahua, 1910-1911*, México, s.f.

Hicks, Granville, *John Reed. The Making of a Revolutionary*, Macmillan, Nueva York, 1936.

Hill, Larry D., *Emissaries to a Revolution. Woodrow Wilson's Executive Agents in Mexico*, Louisiana State University Press, Baton Rouge, Luisiana, 1973.

Hobsbawm, Eric, *Primitive Rebels. Studies in Ar-*

chaic Forms of Social Movements in the 19th and 20th Centuries, Norton, Nueva York, 1965.

Holden, Robert Curry, Mexico and the Survey of Public Lands. The Management of Modernization, 1876-1911, Northern Illinois University Press, De Kalb, 1994.

———, Teresita, Stemmer House, Owings Mills, Maryland, 1978.

Houston, David F., Eight Years with Wilson's Cabinet, 1913-1920, Doubleday, Page and Company, Nueva York, 1926.

Hovey, Tamara, John Reed. Witness to Revolution, George Sand Books, Nueva York, 1982.

Huerta, Victoriano, Memorias, Vertica, México, 1957.

Huerta, Adolfo de la, Memorias de don Adolfo de la Huerta según su propio dictado, Roberto Guzmán Esparza (transcripción y comentarios), México, 1957.

Hunt, Frazier, One American and his Attempt at Education, Simon and Schuster, Nueva York, 1938.

Hurtado y Olin, Juan, Estudios y relatos sobre la revolución mexicana, Costa-Amic, México, 1978.

Illades Aguilar, Lillian, La rebelión de Tomóchic, México, 1993.

Illiades, Carlos, México y España durante la revolución mexicana, México, 1985.

———, Presencia española en la revolución mexicana (1910-1915), Instituto Mora, México, s.f.

Irving, Clifford, Tom Mix and Pancho Villa, Saint Martin's Press, Nueva York, 1982.

Iturriaga de la Fuente, José, La revolución hacendaria, Secretaría de Educación Pública, México, 1987.

Jacobs, Ian, Ranchero Revolt. The Mexican Revolution in Guerrero, University of Texas Press, Austin, 1983; La revolución mexicana en Guerrero, Era, México, 1990.

Jauffret, Eric, Révolutions et sacrifice au Mexique, Les Éditions du Cerf, París, 1986.

Jaurrieta, José María, Seis años con el general Francisco Villa, El Instante, Artes Gráficas Mexicanas, SCL, México, 1935.

———, Con Villa (1916-1920), memorias de campaña, Guadalupe Villa Guerrero (comp.), Consejo Nacional para la Cultura y las Artes, México, 1997.

Johnson, Annie R., Heartbeats of Colonia Diaz, Mesa, Arizona, 1972.

Johnson, Kenneth M., Jose Yves Limantour vs. United States, Los Ángeles, 1961.

Johnson, William W., Heroic Mexico. The Narrative History of a Twentieth Century Revolution, Harcourt Brace Jovanovich, San Diego, 1984.

Jones, Oakah L., Jr., Nueva Vizcaya, Heartland of the Spanish Frontier, University of New Mexico Press, Albuquerque, 1988.

———, Los Paisanos. Spanish Settlers on the Northern Frontier of New Spain, University of Oklahoma Press, Norman, 1979.

Jordán, Fernando, Crónica de un país bárbaro, Centro Librero de la Prensa, Chihuahua, 1975.

Joseph, Gilbert M., Revolution from Without. Yucatan, Mexico, and the United States, 1880-1824, Duke University Press, Durham, 1980.

———, y Daniel Nugent (comps.), Everyday Forms of State Formation. Revolution and the Negotiation of Rule in Modern Mexico, Duke University Press, Durham, 1994.

Juvenal (pseudónimo de Enrique Pérez Rul), ¿Quién es Francisco Villa?, Gran Imprenta Políglota, Dallas, 1916.

Karnow, Stanley, In Our Image. America's Empire in the Phillippines, Foreign Policy Association, Nueva York, 1989.

Katz, Friedrich, Deutschland, Diaz und die Mexikanische Revolution, Deutscher Verlag der Wissenschaften, Berlín, 1964.

———, Pancho Villa y el ataque a Columbus, Nuevo México, Sociedad Chihuahuense de Estudios Históricos, Chihuahua, 1979.

———, The Secret War in Mexico, University of Chicago Press, Chicago, 1981; La guerra secreta en México, Era, México, 1982.

———, Villa, el gobernador revolucionario de Chihuahua, traducción e introducción de Rubén Osorio, Talleres Gráficos del estado de Chihuahua, México, 1984.

———, (comp.), Riot, Rebellion, and Revolution, Princeton University Press, Princeton, 1988; Era, México, 1990.

———, y Jane Dale Lloyd (comps.), Porfirio Díaz frente al descontento regional, Universidad Iberoamericana, México, 1986.

King, Rosa E., Tempest over Mexico. A Personal Chronicle, Little, Brown, Boston, 1940.

Knight, Alan, The Mexican Revolution, 2 vols., Cambridge University Press, Cambridge, 1986.

———, U. S.-Mexican Relations, 1910-1940. An Interpretation, Center for U.S.-Mexican Studies, University of San Diego, La Jolla, 1987.

Koopmann, Friedhelm, Dilomatie und Raichsinteresse das Geheimdienstkalkül in der deutschen

Amerikapolitik 1914 bis 1917, Peter Lang, Frankfurt am Mein, 1990.

Krauze, Enrique, *Álvaro Obregón. El vértigo de la victoria*, Fondo de Cultura Económica, México, 1987.

——, *Francisco Villa. Entre el ángel y el fierro*, Fondo de Cultura Económica, México, 1987.

——, *Francisco Madero. Místico de la libertad*, Fondo de Cultura Económica, México, 1987.

——, *Plutarco E. Calles. Reformar desde el origen*, Fondo de Cultura Económica, México, 1987.

——, *Venustiano Carranza. Puente entre siglos*, Fondo de Cultura Económica, México, 1987.

——, *Siglo de caudillos. Biografía política de México (1810-1910)*, Tusquets, México, 1994.

LaFrance, David G., *The Mexican Revolution in Puebla, 1908-1913*, Scholarly Resources, Wilmington, Delaware, 1989.

LaMond Tullis, F., *Mormons in Mexico. The Dynamics of Faith and Culture*, Utah State University Press, Logan, 1987.

Langle Ramírez, Arturo, *El ejército villista*, Instituto Nacional de Antropología e Historia, México, 1961.

——, *Crónica de la cobija de Pancho Villa*, Instituto Nacional de Estudios Históricos de la Revolución Mexicana, México, 1973.

——, *Los primeros cien años de Pancho Villa*, Costa-Amic, México, 1980.

Lansford, William Douglas, *Pancho Villa*, Shelbourne Press, Los Ángeles, 1965.

Lara Pardo, Luis, *Madero. Esbozo político*, Botas, México, 1938.

Lau, Ana y Carmen Ramos, *Mujeres y revolución, 1900-1917*, Instituto Nacional de Estudios Históricos de la Revolución Mexicana, México, 1993.

Lavretski, I. y Adolfo Gilly, *Pancho Villa. Dos ensayos*, Macehual, México, 1978.

Lavrov, Nikolai M., *La revolución mexicana, 1910-1917*, Ediciones de Cultura Popular, México, 1978.

Leal, Juan Felipe, *La burguesía y el estado mexicano*, El Caballito, México, 1972.

——, y José Woldenberg, *La clase obrera en la historia de México. Del estado liberal a los inicios de la dictadura porfirista*, Siglo XXI, México, 1980.

León, Luis L., *Crónica del poder. Los recuerdos de un político en el México revolucionario*, Fondo de Cultura Económica, México, 1987.

Liceaga, Luis, *Félix Díaz*, Jus, México, 1958.

Lida, Clara E. (comp.), *Tres aspectos de la presencia española en México durante el Porfiriato*, El Colegio de México, México, 1981.

Limantour, José Yves, *Apuntes sobre mi vida pública, 1892-1911*, Porrúa, México, 1965.

Limerick, Patricia Nelson, *The Legacy of Conquest. The Unbroken Past of the American West*, Norton, Nueva York, 1987.

Link, Arthur S., *Wilson*, 5 vols., Princeton University Press, Princeton, 1947-65.

——, *Woodrow Wilson and the Progressive Era, 1910-1917*, Harper Torchbooks, Nueva York, 1963.

Lister, Florence C. y Robert Lister, *Chihuahua, Storehouse of Storms*, University of New Mexico Press, Albuquerque, 1966.

Lloyd, Jane-Dale, *El proceso de modernización capitalista en el noroeste de Chihuahua (1880-1910)*, Universidad Iberoamericana, Departamento de Historia, México, 1987.

López de Lara, Laura (comp.), *El agrarismo en Villa*, Centro de Estudios Históricos del Agrarismo en México, México, 1982.

Lozoya Cigarroa, Manuel, *Francisco Villa, el grande*, Impresiones Gráficas México, Durango, 1988.

Machado, Manuel A. Jr., *Centaur of the North. Francisco Villa, the Mexican Revolution, and Northern Mexico*, Eakin Press, Austin, 1988.

——, *The North American Cattle Industry, 1910-1975. Ideology, Conflict and Change*, Texas University Press, College Station, Austin, 1981.

Machuca Macías, Pablo, *Mil novecientos diez. La revolución en una ciudad del norte*, Costa-Amic, México, 1977.

MacGregor, Josefina, *México y España del Porfiriato a la revolución*, Instituto Nacional de Estudios Históricos de la Revolución Mexicana, México, 1992.

MacLachlan, Colin M., *Anarchism and the Mexican Revolution. The Political Trials of Ricardo Flores Magon in the United States*, University of California Press, Berkeley, 1991.

Madero, Francisco, *La sucesión presidencial en 1910*, Secretaría de Hacienda y Crédito Público, México, 1908.

——, *Antología*, María de los Ángeles Suárez del Solar (comp.), Instituto Nacional de Estudios Históricos de la Revolución Mexicana, México, 1987.

Madero, Gustavo A., *Epistolario*, Diana, México, 1991.

Magaña, Gildardo, *Emiliano Zapata y el agrarismo en México*, 5 vols., Instituto Nacional de

Estudios Históricos de la Revolución Mexicana, México, 1985.

Mantecón Pérez, Adán, *Recuerdos de un villista. Mi campaña en la revolución*, México, 1967.

Margo, A., *Who, Where, and Why is Villa?*, Latin American News Association, Nueva York, s.f.

Maria y Campos, Armando de, *Múgica. Crónica biográfica*, Ediciones Populares, México, 1939.

Márquez Sterling, Manuel, *Los últimos días del presidente Madero. Mi gestión diplomática en México*, Porrúa, México, 1958.

Martin, Louis A. M., *Viva Villa*, Meulenhoff, Amsterdam, 1965.

Martínez, Óscar J., *Border Boom Town, Ciudad Juárez Since 1848*, University of Texas Press, Austin, 1971.

——, *Fragments of the Mexican Revolution. Personal Accounts from the Border*, University of New Mexico Press, Albuquerque, 1983.

Martínez del Río, Pablo, *El suplicio del hacendado*, México, 1928.

Martínez Fernández del Campo, Luis (comp.), De Becker, J. L., *De cómo vino Huerta y cómo se fue, Apuntes para la historia de un régimen militar*, El Caballito, México, 1975.

Martínez Núñez, Eugenio, *La vida heroica de Práxedis G. Guerrero (Apuntes históricos del movimiento social desde 1900 hasta 1910)*, Instituto de Estudios Históricos de la Revolución Mexicana, México, 1960.

Mason, Herbert Molloy, Jr., *The Great Pursuit. General John J. Pershing's Punitive Expedition Across the Rio Grande to Destroy the Mexican Bandit Pancho Villa*, Random House, Nueva York, 1970.

Matute, Álvaro, *Historia de la revolución mexicana, periodo 1917-1924. La carrera del caudillo*, vol. 8, El Colegio de México, México, 1980.

McCreary, Guy Weddington, *From Glory to Oblivion*, Vantage Press, Nueva York, 1974.

McCutchen McBride, George, *The Land Systems of Mexico*, American Geographical Society, Nueva York, 1923.

McDonald, H., Malcolm (comp.), *The Intellectual in Politics*, University of Texas Press, Austin, 1966.

McWilliams, Carey, *The Mysteries of Ambrose Bierce*, American Mercury, Camdem, Nueva Jersey, 1931.

Medellín M., José de Jesús, *Las ideas agrarias en la Convención de Aguascalientes*, Centro de Estudios Históricos del Agrarismo en México, México, 1986.

Medina Ruiz, Fernando, *Francisco Villa. Cuando el rencor estalla...*, Jus, México, 1972.

Mejía Prieto, Jorge, *Las dos almas de Pancho Villa*, Diana, México, 1990.

——, *Yo, Pancho Villa*, Planeta, México. 1992.

Memoria del Congreso Internacional sobre la Revolución Mexicana, vol. 5, Instituto de Estudios Históricos de la Revolución Mexicana, México, 1991.

Mena Brito, Bernardino, *Felipe Ángeles, federal*, Herrerías, México, 1936.

——, *El lugarteniente gris de Pancho Villa*, México, 1938.

Mena, Mario, *Álvaro Obregón. Historia militar y política, 1912-1929*, Jus, México, 1983.

Mendoza, Vicente T., *El corrido mexicano*, Fondo de Cultura Económica, México, 1976.

Mercado, Salvador R., *Revelaciones históricas, 1913-1914*, Salvador R. Mercado, Las Cruces, Nuevo México, 1914.

Metz, Leon C., *Border. The U. S.-Mexico Line*, Mangan Books, El Paso, 1989.

México y los Estados Unidos. Opiniones de intelectuales y de los periódicos más serios acerca de los últimos acontecimientos, Talleres Linotrópicos de *Revista de Revistas*, México, 1916.

Meyer, Eugenia, *Conciencia histórica norteamericana sobre la revolución de 1910*, Instituto Nacional de Antropología e Historia, México, 1970.

——, Graciela Altamirano, Mónica Cuevas, Laura Herrera, Gema Lozano y Guadalupe Villa, *Museo Histórico de la Revolución en el estado de Chihuahua*, Instituto Nacional de Antropología e Historia. México, 1961.

Meyer, Jean, *La révolution mexicaine, 1910-1940*, Calmann-Levy, París, 1973.

Meyer, Lorenzo, *México y Estados Unidos en el conflicto petrolero (1917-1942)*, El Colegio de México, 1991.

——, *Su Majestad Británica contra la revolución mexicana, 1900-1950. El fin de un imperio informal*, El Colegio de México, México, 1991.

——, *La segunda muerte de la revolución mexicana*, Cal y Arena, México, 1992.

——, e Isidro Morales, *Petróleo y nación (1900-1987)*, Fondo de Cultura Económica, México, 1990.

Meyer, Michael C., *Mexican Rebel. Pascual Orozco and the Mexican Revolution, 1910-1915*, University of Nebraska Press, Lincoln, 1967.

——, *Huerta. A Political Portrait*, University of Nebraska Press, Lincoln, 1972.

Meyers, William K., *Forge of Progress, Crucible of*

Revolt. Origins of the Mexican Revolution in the Comarca Lagunera, 1880-1911, University of New Mexico Press, Albuquerque, 1994.

Moheno, Querido, *Mi actuación política después de la Decena Trágica*, Botas, México, 1939.

Molina, Silvia, *La familia vino del norte*, Cal y Arena, México, 1993.

Moorehead, Max L., *The Apache Frontier*, University of Oklahoma Press, Norman, 1968.

Moreno, Daniel (comp.), *Batallas de la revolución y sus corridos*, Porrúa, México, 1978.

Morris, Roy, Jr., *Ambrose Bierce. Alone in Bad Company*, Crown Publishers, Nueva York, 1995.

Muñoz, Ignacio, *Verdad y mito de la revolución mexicana (relatada por un protagonista)*, 4 vols., Ediciones Populares, México, 1965.

Muñoz, Rafael F., *Pancho Villa, rayo y azote*, Populibros La Prensa, México, 1971.

———, *Relatos de la revolución*, Grijalbo, México, 1985.

———, *¡Vámonos con Pancho Villa!*, Espasa-Calpe Mexicana, México, 1978.

Neumann, Joseph, *Révoltes des indiens tarahumars (1626-1724)*, Université de Paris, París, 1969.

Niemeyer, Eberhardt Victor, Jr., *El general Bernardo Reyes*, Biblioteca Nuevo León, Universidad de Nuevo León, Monterrey, 1966.

———, *Revolution at Queretaro. The Mexican Constitutional Convention of 1916-1917*, University of Texas Press, Austin, 1974.

Nugent, Daniel (comp.), *Rural Revolt in Mexico and U. S. Intervention*, Center for U. S.-Mexican Studies at the University of San Diego, San Diego, 1988.

———, *Spent Cartridges of Revolution. An Anthropological History of Namiquipa, Chihuahua*, The University of Chicago Press, Chicago, 1993.

Núñez, Ricardo E., *La revolución en el estado de Colima*, Instituto Nacional de Estudios Históricos de la Revolución Mexicana, México, 1973.

Obregón, Álvaro, *Ocho mil kilómetros en campaña*, Fondo de Cultura Económica, México, 1970.

O'Brien, Steven, *Pancho Villa*, Chelsea House, Nueva York, 1991.

O'Connor, Harvey, *The Guggenheims. The Making of an American Dynasty*, Covici, Friede, Nueva York, 1937; reimp., Arno Press, Nueva York, 1976.

O'Connor, Richard, *Black Jack Pershing*, Doubleday, Garden City, 1961.

O'Hea, Patrick, *Reminiscences of the Mexican Revolution*, Fournier, México, 1966.

Oikión Solano, Verónica, *El constitucionalismo en Michoacán. El periodo de los gobiernos militares (1914-1917)*, Consejo Nacional para la Cultura y las Artes, México, 1992.

Olea, Héctor R., *Breve historia de la revolución en Sinaloa (1910-1917)*, Instituto Nacional de Estudios Históricos de la Revolución Mexicana, México, 1964.

O'Malley, Ilene V., *The Myth of the Revolution. Hero Cults and the Institutionalization of the Mexican State, 1920-1940*, Greenwood Press, Nueva York, 1986.

Ontiveros, Francisco de, *Toribio Ortega y la Brigada González Ortega*, Familia Martínez Ortega, El Paso, 1914.

Orellana, Margarita de, *La mirada circular. El cine norteamericano de la revolución mexicana, 1911-1917*, Joaquín Mortiz, México, 1991.

———, *Villa y Zapata. La revolución mexicana*, Anaya, Madrid, 1988.

Orozco Orozco, Víctor, *Historia general de Chihuahua. Tierra de libres. Los pueblos del distrito Guerrero en el siglo XIX*, vol. 3, Universidad Autónoma de Ciudad Juárez, Gobierno del estado de Chihuahua, Ciudad Juárez, 1995.

Orozco, Wistano Luis, *Legislación y jurisprudencia sobre terrenos baldíos*, El Tiempo, México, 1985.

Osorio Zúñiga, Rubén, *Pancho Villa, ese desconocido*, Gobierno del estado de Chihuahua, Chihuahua, 1991.

———, *Tomóchic en llamas*, Consejo Nacional para la Cultura y las Artes, México, 1995.

Palavicini, Félix F., *Mi vida revolucionaria*, Botas, México, 1937.

———, *Historia de la Constitución de 1917*, 2 vols., Consejo editorial del Gobierno del estado de Tabasco, México, 1980.

———, *Los diputados*, Fondo para la Historia de las Ideas Revolucionarias, México, 1976.

Palomares, Justino N., *Anecdotario de la revolución*, Ediciones del Autor, México, 1954.

Palomares Peña, Noé G., *Propietarios norteamericanos y reforma agraria en Chihuahua, 1917-1942*, Universidad Autónoma de Ciudad Juárez, Ciudad Juárez, 1992.

Pani, Alberto J., *Mi contribución al nuevo régimen, 1910-1913*, Cultura, México, 1936.

———, *Apuntes autobiográficos*, Porrúa, México, 1951.

Paredes, Américo, *A Texas-Mexican Cancionero. Folksongs of the Lower Border*, University of Illinois Press, Urbana, 1976.

Parker, George, *Guaracha Trail*, Dutton, Nueva York, 1951.

500

Parkes, Henry B., *A History of Mexico*, Houghton Mifflin, Boston, 1938.

Pasquel, Leonardo, *La revolución en el estado de Veracruz*, 2 vols., Instituto Nacional de Estudios Históricos de la Revolución Mexicana, México, 1972.

Paz, Octavio, *The Labyrinth of Solitude*, Grove Press, Nueva York, 1985.

Pazuengo, Matías, *Historia de la revolución en Durango*, Gobierno del Estado, Cuernavaca, 1915.

Perea, Héctor y Xavier Guzmán Uribiola, *Martín Luis Guzmán. Iconografía*, México, 1987.

Peterson, Jessica y Thelma Cox Knoles (comps.), *Pancho Villa. Intimate Recollections by People who Knew Him*, Hastings House, Nueva York, 1977.

Pierri, Ettore, *Pancho Villa. La verdadera historia*, LibroMex, México, 1983.

Pierson Kerig, Dorothy, *Luther T. Ellsworth, U. S. Consul on the Border During the Mexican Revolution*, Western Press, El Paso, 1975.

Pinchon, Edgcumb, *Viva Villa! A Recovery of the Real Pancho Villa, Peon..., Bandit..., Soldier.., Patriot*, Grosset and Dunlap, Nueva York, 1933.

Plana, Manuel, *El reino del algodón en México. La estructura agraria en La Laguna (1855-1910)*, Patronato del Teatro Isauro Martínez, México, 1991.

———, *Pancho Villa et la révolution mexicaine*, Giunti, Casterman, Florencia, 1993.

Ponce Alcocer, María Eugenia, *Las haciendas de Mazaquiahuac. El Rosario, El Moral, 1912-1913*, Universidad Iberoamericana, Centro de Información Académica, Departamento de Historia, México, 1981.

Portal, Marta, *Proceso narrativo de la revolución mexicana*, Ediciones de Cultura Hispánica, Madrid, 1977.

Portilla, Santiago, *Una sociedad en armas. Insurrección antirreeleccionista en México, 1910-1911*, El Colegio de México, México, 1995.

Prida, Ramón, *De la dictadura a la anarquía*, Botas, México, 1958.

Prieto Reyes, Luis, et al., *VII Jornada de Historia de Occidente. Francisco J. Múgica*, Centro de Estudios de la Revolución Mexicana "Lázaro Cárdenas", Jiquilpan de Juárez, Michoacán, 1993.

Puente, Ramón, *Pascual Orozco y la revuelta de Chihuahua*, Gómez de la Puente, México, 1912.

———, *Villa en pie*, México Nuevo, México, 1937.

———, *La dictadura, la revolución y sus hombres*,

Instituto Nacional de Estudios Históricos de la Revolución Mexicana, México, 1985.

———, *Tres revolucionarios, tres testimonios: Villa*, vol. 1, Instituto Mora, Offset, México, 1986.

Py, Pierre, *Francia y la revolución mexicana, 1910-1920*, Fondo de Cultura Económica, Centro de Estudios Mexicanos y Centroamericanos, México, 1991.

Quintero Corral, Lucio, *Pancho Villa derrotado en Tepehuanes, Durango, al intentar tomar la ciudad de Durango*, Ciudad Juárez, 1990.

Quirk, Robert E., *The Mexican Revolution, 1914-1915. The Convention of Aguascalientes*, Indiana University Press, Indianápolis, 1960.

———, *An Affair of Honor. Woodrow Wilson and the Occupation of Veracruz*, McGraw-Hill, Nueva York, 1962.

———, *The Mexican Revolution and the Catholic Church, 1910-1929*, University of Indiana Press, Bloomington, 1973.

Quiroga, Alfonso, *Vida y hazañas de Francisco Villa*, La Época, San Antonio, s.f.

Raat, W. Dirk, *Revoltosos. Mexico's Rebels in the United States, 1903-1923*, A&M University Press, College Station, Texas, 1981.

———, *The Mexican Revolution. An Annotated Guide to Recent Scholarship*, G. K. Hall, Boston, 1982.

———, *Mexico and the United States. Ambivalent Vistas*, University of Georgia Press, Athens, 1992.

Rakoczy, Bill, *Villa Raids Columbus, N. M.*, Bravo Press, El Paso, 1981.

———, *How did Villa Live, Love, and Die?*, Bravo Press, El Paso, 1983.

Ramírez, Guillermo H., *Melitón Lozoya, único director intelectual en la muerte de Villa*, Durango, s.f.

Ramírez Rancaño, Mario, *El sistema de haciendas en Tlaxcala*, Consejo Nacional para la Cultura y las Artes, México, 1990.

Rascoe, Jesse (comp.), *The Treasure Album of Pancho Villa*, Frontier Book Company, Toyahuala, Texas, 1962.

Razo Oliva, Juan Diego, *Rebeldes populares del bajío. Hazañas, tragedias y corridos, 1910-1927*, Katún, México, 1983.

Reed, John, *Insurgent Mexico*, Simon and Schuster, Clarion Books, Nueva York, 1969.

———, *Villa y la revolución mexicana*, Nueva Imagen, México, 1983.

La revolución en las regiones. Memorias, 2 vols., Instituto de Estudios Sociales, Universidad de Guadalajara, Guadalajara, 1986.

Reyes, Aurelio de los, *Cine y sociedad en México*, México, 1981.

——, *Con Villa en México. Testimonios de camarógrafos norteamericanos en la revolución*, Universidad Nacional Autónoma de México, México, 1985.

——, *With Villa in Mexico on Location*, Performing Arts Annual, Library of Congress, Washington, 1986.

Richardson, William Harrison, *Mexico Through Russian Eyes, 1806-1940*, University of Pittsburgh Press, Pittsburgh, 1988.

Richmond, Douglas W., *Venustiano Carranza's Nationalist Struggle, 1893-1920*, University of Nebraska Press, Lincoln, 1983.

Riding, Alan, *Distant Neighbors. A Portrait of the Mexicans*, Random House, Nueva York, 1989.

Rivas López, Ángel, *El verdadero Pancho Villa*, Costa-Amic, México, 1970.

Rivera, Librado, *¡Viva tierra y libertad!*, Antorcha, México, 1980.

Rivero, Gonzalo G., *Hacia la verdad. Episodios de la revolución*, Compañía Editora Nacional, México, 1911.

Robe, Stanley S., *Azuela and the Mexican Underdogs*, University of California Press, Berkeley, 1979.

Robinson, Carlos T., *Hombres y cosas de la revolución*, Imprenta Cruz Gálvez, Tijuana, 1933.

Robles Linares, Manuel, *Pastor Rouaix. Su vida y su obra*, Avelar, México, 1976.

Robleto, Hernán, *La mascota de Pancho Villa. Episodios de la revolución mexicana*, LibroMex, México, 1960.

Rocha Islas, Martha Eva, *Las defensas sociales en Chihuahua*, Instituto Nacional de Antropología e Historia, México, 1988.

Rodríguez, María Guadalupe, Antonio Arreola, Gloria Estela Cano, Miguel Vallebueno, Mauricio Yen, Guadalupe Villa y Graziella Altamirano, *Durango (1840-1915). Banca, transportes, tierra e industria*, Universidad Autónoma de Nuevo León-Universidad Juárez del estado de Durango-Instituto de Investigaciones Históricas, Monterrey, 1995.

Rodríguez O., Jaime E. (comp.), *The Revolutionary Process in Mexico. Essays on Political and Social Change*, UCLA Latin American Center, Los Ángeles, 1990.

—— (comp.), *Patterns of Contention in Mexican History*, Scholarly Resources, Wilmington, 1992.

Rojas, Beatriz, *La pequeña guerra. Los Carrera*

Torres y los Cedillo, El Colegio de Michoacán, Zamora, 1983.

Rojas González, Francisco, *El Diosero*, Fondo de Cultura Económica, México, 1974.

Roman, Richard, *Ideología y clase en la revolución mexicana. La Convención y el Congreso Constituyente*, Secretaría de Educación Pública, México, 1976.

Romero Flores, Jesús, *La revolución como nosotros la vimos*, Instituto Nacional de Estudios Históricos de la Revolución Mexicana, México, 1963.

Rosenberg, Emily S., *Spreading the American Dream. American Economic and Cultural Expansion, 1895-1945*, Hill and Wang, Nueva York, 1982.

——, *World War I and the Growth of United States Predominance in Latin America*, Nueva York, 1987.

Rosenstone, Robert, *Romantic Revolutionary. A Biography of John Reed*, Penguin Books, Garland, Nueva York, 1982.

Ross, Stanley R., *Francisco I. Madero, Apostle of Mexican Democracy*, Columbia University Press, Nueva York, 1955.

—— (comp.), *Fuentes de la historia contemporánea de México. Periódicos y revistas*, El Colegio de México, México, 1965.

Rouaix, Pastor, *Consideraciones generales sobre el estado social de la nación mexicana*, Imprenta del Gobierno del estado de Durango, Durango, 1927.

——, *Régimen político del estado de Durango durante la administración porfirista*, Imprenta del Gobierno del estado de Durango, Durango, 1927.

——, *La revolución maderista y constitucionalista en Durango*, Imprenta del Gobierno del estado de Durango, Durango, 1932.

Rouverol, Jean, *Pancho Villa*, Doubleday, Nueva York, 1972.

Rubluo, Luis, *Historia de la revolución mexicana en el estado de Hidalgo*, 2 vols., Instituto de Estudios Históricos de la Revolución Mexicana, México, 1983.

Ruffinelli, Jorge, *Reed en México*, Nueva Imagen, México, 1983.

Ruis Facius, Antonio, *La juventud católica y la revolución mexicana, 1910-1925*, México, 1963.

Ruiz Cervantes, Francisco José, *La revolución en Oaxaca. El movimiento de la soberanía, 1915-1920*, Fondo de Cultura Económica, México, 1986.

Ruiz, Ramón Eduardo, *Labor and the Ambivalent Revolutionaries. Mexico, 1911-1923*, Johns Hopkins University Press, Baltimore, 1976.

——, *The Great Rebellion: Mexico 1905-1929*, Norton, Nueva York, 1980; *México: la gran rebelión*, Era, México, 1984.

——, *The People of Sonora and Yankee Capitalists*, University of Arizona Press, Tucson, 1988.

Rutherford, John, *Mexican Society During the Revolution. A Literary Approach*, Clarendon Press, Oxford, 1971.

——, *An Annotated Bibliography of the Novels of the Mexican Revolution*, Whitson, Troy, Nueva York, 1972.

Saborit, Antonio, *Los doblados de Tomóchic. Un episodio de literatura e historia*, Cal y Arena, México, 1994.

Salas, Elizabeth, *Soldaderas in the Mexican Military. Myth and History*, University of Texas Press, Austin, 1990.

Salazar, Rosendo, *La Casa del Obrero Mundial*, Costa-Amic, México, 1962.

Salinas Carranza, Alberto, *La Expedición Punitiva*, Botas, México, 1936.

Sámaro Rentería, Miguel Ángel, *Un estudio de la historia agraria de México de 1760 a 1910. Del colonialismo feudal al capitalismo dependiente y subdesarrollado*, Universidad Autónoma Chapingo, México, 1993.

Sánchez, Enrique, *Corridos de Pancho Villa*, Editorial del Magisterio, México, 1952.

Sánchez, Luis Alberto, *Aladino, o la vida y obra de José Santos Chocano*, LibroMex, México, 1960.

Sánchez Azcona, Juan, *Apuntes para la historia de la revolución mexicana*, México, 1961.

——, *Tres revolucionarios, tres testimonios: Madero*, vol. 1, Instituto Mora, Offset, México, 1986.

Sánchez Lamego, Miguel A., *Historia militar de la revolución mexicana en la época maderista*, 2 vols., Talleres Gráficos de la Nación, México, 1977.

——, *1956-1960, Historia militar de la revolución constitucionalista*, 5 vols., Talleres Gráficos de la Nación, México, vols. 1 y 2, 1956; vols. 3 y 4, 1957; vol. 5, 1960.

——, *Historia militar de la revolución en la época de la Convención*, Instituto Nacional de Estudios Históricos de la Revolución Mexicana, México, 1983.

Sandos, James A., *Rebellion in the Borderlands. Anarchism and the Plan of San Diego, 1904-1923*, University of Oklahoma Press, Norman, 1992.

Santos Chocano, José, *Los fines de la revolución mexicana considerados dentro del problema internacional*, Imprenta del Gobierno del estado de Chihuahua, Chihuahua, s.f.

——, *Obras completas*, Aguilar, México, 1954.

Santos, Gonzalo N., *Memorias*, México, 1984.

Santos Santos, Pedro Antonio, *Memorias*, Consejo Estatal para la Cultura y las Artes, Archivo Histórico del estado de San Luis Potosí, San Luis Potosí, 1990.

Schmidt, Henry C., *The Roots of Lo Mexicano. Self and Society in Mexican Thought, 1900-1934*, A&M University Press, College Station, Texas, 1978.

Schmidt, Steffen W., y Helen Hogt Schmidt (comps.), *Latin America. Rural Life and Agrarian Problems*, Iowa State University, Ames, Iowa, 1977.

Schuster, Ernest Otto, *Pancho Villa's Shadow. The True Story of Mexico's Robin Hood as Told by His Interpreter*, The Exposition Press, Nueva York, 1947.

Seminario de Historia Moderna de México, *Comercio exterior de México, 1877-1911*, El Colegio de México, México, s.f.

——, *Estadísticas sociales del Porfiriato, 1877-1910*, El Colegio de México, México, s.f.

——, *Fuerza de trabajo y actividad económica por sectores. Estadísticas económicas del Porfiriato*, El Colegio de México, México, s.f.

Séptimo Congreso Nacional de Historia de la Revolución Mexicana, Sociedad Chihuahuense de Estudios Históricos, Chihuahua, 1977.

Serralde, Francisco, *Los sucesos de Tlaxcalantongo y la muerte del expresidente de la república C. Venustiano Carranza*, México, 1921.

Serrano, Sol (comp.), *La diplomacia chilena y la revolución mexicana*, Secretaría de Relaciones Exteriores, Archivo Histórico Diplomático Mexicano, México, 1986.

Shorris, Earl, *Under the Fifth Sun. A Novel of Pancho Villa*, Delacorte Press, Nueva York, 1980.

Silva Herzog, Jesús, *Breve historia de la revolución mexicana*, 2 vols., Fondo de Cultura Económica, México, 1960.

——, *El agrarismo mexicano y la reforma agraria*, Fondo de Cultura Económica, México, 1964.

Simmons, Mearle E., *The Mexican Corrido as the Source for Interpretive Study of Modern Mexico (1870-1950)*, University of Indiana Press, Bloomington, Indiana, 1957.

503

Slatta, Richard W. (comp.), *Bandidos. The Varieties of Latin American Banditry*, Greenwood Press, Nueva York, 1987.

Slattery, Matthew T., *Felipe Angeles and the Mexican Revolution*, Greenbriar Books, Prinit Press, Parma Heights, Ohio, s.f.

Slotkin, Richard, *Gunfighter Nation. The Myth of the Frontier in Twentieth-Century America*, Atheneum, Nueva York, 1992.

Smith, Robert Freeman, *The United States and Revolutionary Nationalism in Mexico, 1916-1932*, The University of Chicago Press, Chicago, 1972.

Smythe, Donald, *Guerrilla Warrior. The Early Life of John J. Pershing*, Scribner, Nueva York, 1973.

Solares, Ignacio, *La noche de Ángeles*, Diana, México, 1991.

Sonnichsen, C. L., *Colonel Greene and the Copper Skyrocket*, The University of Arizona Press, Tucson, 1974.

Sotelo Inclán, Jesús, *Raíz y razón de Zapata*, México, 1970.

Spenser, Daniela, *El Partido Socialista Chiapaneco. Rescate y reconstrucción de su historia*, Centro de Investigaciones y Estudios en Antropología Social, México, 1988.

Spicer, Edward, *Cycles of Conquest. The Impact of Spain, Mexico and the United States on the Indians of the Southwest, 1953-1960*, University of Arizona Press, Tucson, 1962.

Spielberg, Joseph y Scott Whiteford (comps.), *Forging Nations. A Comparative View of Rural Ferment and Revolt*, Michigan State University Press, East Lansing, 1976.

Stein, Max, *General Francisco Villa. Peon Chief, Terror of Mexico*, Max Stein, Chicago, 1916.

Stevens, Louis, *Here Comes Pancho Villa. An Anecdotal History of a Genial Killer*, Fredrick A. Stokes Company, Nueva York, 1930.

Strategies of the Communists. A Letter from the Communist International to the Mexican Communist Party, Workers Party of America, Chicago, 1923.

Tablada, José Juan, *La defensa social. Historia de la campaña de la División del Norte*, Imprenta del Gobierno Federal, México, 1913.

Tannenbaum, Frank, *The Mexican Agrarian Revolution*, The Brookings Institution, Washington, 1930.

——, *Peace by Revolution. An Interpretation of Mexico*, Columbia University Press, Nueva York, 1933.

Taracena, Alfonso, *La verdadera revolución mexi-cana (1913-1914)*, Costa-Amic, México, 1967.

——, *Madero, víctima del imperialismo yanqui*, Talleres de la Editorial, México, 1973.

——, *Historia extraoficial de la revolución mexicana*, Jus, México, 1987.

——, *La verdadera revolución mexicana (1901-1911)*, Porrúa, México, 1991.

——, *La verdadera revolución mexicana (1915-1917)*, Porrúa, México, 1992.

——, *La verdadera revolución mexicana (1918-1921)*, Porrúa, México, 1992

Taylor, Harold W., *Memories of Militants and Mormon Colonists in Mexico*, Shumway Family History Services, Yorba Linda, California, 1991.

Taylor, Lawrence, *La gran aventura en México. El papel de los voluntarios extranjeros en los ejércitos revolucionarios mexicanos, 1910-1915*, 2 vols., Consejo Nacional para la Cultura y las Artes, México, 1993.

Teitelbaum, Louis M., *Woodrow Wilson and the Mexican Revolution, 1913-16. A History of United States-Mexican Relations from the Murder of Madero Until Villa's Provocation Across the Border*, Exposition Press, Nueva York, 1967.

Tello Díaz, Carlos, *El exilio. Un retrato de familia*, Cal y Arena, México, 1993.

Tenorio Adame, Antonio (comp.), *El agrarismo en Villa*, Centro de Estudios del Agrarismo en México, México, 1982.

Terrazas D., Joaquín, *Memorias del señor coronel don Joaquín Terrazas*, Centro Librero de la Prensa, Chihuahua, 1980.

Terrazas, Filiberto, *El tesoro de Villa*, Universo, México, 1989.

Terrazas, Silvestre, *El verdadero Pancho Villa*, Era, México, 1985.

Testimonios de la revolución mexicana, Talleres Gráficos del Gobierno del estado de Chihuahua, Chihuahua, 1989.

Thompson, Wallace, *The People of Mexico. Who They Are and How They Live*, Harper and Brothers, Nueva York, 1921.

Thord-Gray, Ivar, *Gringo Rebel. Mexico, 1913-1914*, University of Miami Press, Coral Gables, 1961; Era, México, 1985.

Tinker, Edward Larocque, *The Memoirs of Edward Larocque Tinker*, The University of Texas, The Encino Press, Austin y Encino, 1970.

Tobler, Hans Werner, *Die Mexikanische Revolution. Gesellschaftlicher Wandel und Politischer Umbruch, 1876-1940*, Suhrkamp, Frankfurt am Mein, 1992.

Tomás, Fray, *Fulgores siniestros*, Talleres linotipográficos de "Las Noticias", Guadalajara, 1932.

Tompkins, Frank, *Chasing Villa*, Service Publishing Company, Harrisburg, Pensilvania, 1939.

Torres, Elías L., *Veinte vibrantes episodios de la vida de Villa*, Sayrols, México, 1934.

——, *Cómo murió Pancho Villa*, Editora y Distribuidora Mexicana, México, 1975.

——, *Hazañas y muerte de Francisco Villa*, Época, México, 1975.

——, *La cabeza de Pancho Villa*, Editora y Distribuidora Mexicana, México, 1975.

——, *Vida y hazañas de Pancho Villa*, Editora y Distribuidora Mexicana, México, 1975.

——, *Vida y hechos de Francisco Villa*, Época, México, 1975.

Toussant Aragón, Eugenio, *Quién y cómo fue Pancho Villa*, Universo, México, 1979.

Treviño, Jacinto B., *Memorias tomadas del original manuscrito del autor*, México, 1984.

Trowbridge, Edward D., *Mexico To-day and Tomorrow*, Macmillan, Nueva York, 1919.

Trujillo Herrera, Rafael, *Cuando Villa entró en Columbus*, Porrúa, México, 1973.

Tuchman, Barbara Wertheim, *The Zimmermann Telegram*, Macmillan, Nueva York, 1966.

Tuck, Jim, *Pancho Villa and John Reed. Two Faces of Romantic Revolution*, The University of Arizona Press, Tucson, 1984.

Tudela, Mariano, *Pancho Villa. Vida, leyenda, aventura*, Plaza y Janés, Barcelona, 1971.

Tumulty, Joseph D., *Woodrow Wilson as I Knew Him*, Doubleday, Page and Company, Nueva York, 1921.

Turner, Ethel Duffy, *Ricardo Flores Magón y el Partido Liberal Mexicano*, Partido Revolucionario Institucional, México, 1984.

Turner, John, *¿Quién es Francisco Villa?*, El Paso del Norte, El Paso, 1915.

——, *Barbarous Mexico*, Charles H. Kerr, Chicago, 1911.

——, *La intervención en México y sus nefandos factores: diplomacia del dólar y prensa mercenaria*, Laredo Publishing Company, Laredo, Texas, 1915.

Turner, Timothy, *Bullets, Bottles, and Gardenias*, The Southwest Press, Dallas, 1935.

Tutino, John, *From Insurrection to Revolution in Mexico. Social Bases of Agrarian Violence, 1750-1940*, Princeton University Press, Princeton, 1986; *De la insurrección a la revolución en México*, Era, México, 1990.

Ulloa, Berta, *Revolución mexicana, 1910-1920*, en Guías para la Historia Diplomática de México, n. 3, Secretaría de Relaciones Exteriores, Archivo Histórico Diplomático Mexicano, México, 1963.

——, *La revolución intervenida. Relaciones diplomáticas entre México y los Estados Unidos, 1910-1914*, El Colegio de México, México, 1971.

——, *Historia de la revolución mexicana, 1914-1917. La revolución escindida*, vol. 4, El Colegio de México, México, 1979.

——, *Historia de la revolución mexicana, 1914-1917. La encrucijada de 1915*, vol. 5, El Colegio de México, México, 1979.

——, *Historia de la revolución mexicana, 1914-1917. La Constitución de 1917*, vol. 6, El Colegio de México, México, 1983.

——, *Veracruz, capital de la nación*, El Colegio de México-Gobierno del estado de Veracruz, México, 1986.

Urióstegui Miranda, Píndaro, *Testimonios del proceso revolucionario de México*, Talleres de Argrin, México, 1970.

Urquizo, Francisco L., *¡Viva Madero!*, Populibros La Prensa, México, 1969.

——, *Memorias de campaña. De subteniente a general*, Fondo de Cultura Económica, México, 1971.

——, *Venustiano Carranza*, Libros de México, México, 1976.

——, *Páginas de la revolución*, Biblioteca del Oficial Mexicano, México, 1981.

——, *Recuerdo que...*, Instituto Nacional de Estudios Históricos de la Revolución Mexicana, México, 1985.

Vagts, Alfred, *Mexico, Europa und Amerika und der besonderer Berücksichtugung der Petroleumpolitik*, Walter Rothschild, Berlín, 1928.

Valadés, José C., *Historia general de la revolución mexicana*, 5 vols., Editores Mexicanos Unidos, México, 1976.

——, *Rafael Buelna. Las caballerías de la revolución*, Leega-Júcar, México, 1984.

Valdiosera, Ramón, *Zapata, 3000 años de lucha*, Universo, México, 1982.

Valenzuela, Clodoveo y A. Cháverri Matamoros, *Sonora y Carranza*, México, 1921.

Vanderwood, Paul J., *Disorder and Progress. Bandits, Police, and Mexican Development*, University of Nebraska Press, Lincoln, 1981.

——, y Frank N. Samponaro, *Border Fury. A Picture Postcard Record of Mexico's Revolution and U. S. War Preparedness, 1910-1917*, University of New Mexico Press, Albuquerque, 1988.

Vargas Arreola, Juan Bautista, *A sangre y fuego con Pancho Villa*, Fondo de Cultura Económica, México, 1988.

Vargas Valdés, Jesús (comp.), *Tomóchic. La revolución adelantada*, Ciudad Juárez, 1994.

Vaughan, Mary Kay, *The State, Education, and Social Class in Mexico, 1880-1928*, Northern Illinois University Press, De Kalb, 1982.

Vayssière, Pierre, *Les révolutions d'Amérique Latine*, Seuil, París, 1991.

Vázquez Gómez, Francisco, *Memorias políticas, 1909-1913*, Imprenta Mundial, México, 1933.

Vera Estañol, Jorge, *Historia de la revolución mexicana: orígenes y resultados*, Porrúa, México, 1957.

Vilanova, Antonio, *Muerte de Villa*, Editores Mexicanos Unidos, México, 1966.

Villa, Francisco, *Contestación que el señor general Villa da a la nota americana*, CIDECH, Chihuahua, s.f.

——, *Memorias de Pancho Villa*, El Universal Gráfico, México, 1923.

Villarello Vélez, Ildefonso, *Historia de la revolución mexicana en Coahuila*, México, 1970.

Vives, Pedro A., *Pancho Villa*, Historia 16, Quórum, Madrid, 1987.

Vizcaíno, Fernando, *Biografía política de Octavio Paz*, Algazara, Málaga, 1993.

Voska, Emmanuel y Will Irvin, *Spy and Counterspy*, Doubleday Doran, Nueva York, 1940.

Wasserman, Mark, *Capitalists, Caciques, and Revolution. The Native Elite and Foreign Enterprise in Chihuahua, Mexico, 1854-1911*, University of North Carolina Press, Chapel Hill, 1984.

——, *Persistent Oligarchs. Elites and Politics in Chihuahua, Mexico, 1910-1940*, Duke University Press, Durham, 1993.

Wasserstrom, Robert, *Class and Society in Central Chiapas*, University of California Press, Berkeley, 1983.

Weber, David J., *New Spain's Northern Frontier*, Sexton Methodist University Press, Dallas, 1979.

Wells, Allen, *Yucatan's Guilded Age. Haciendas, Henequen, and International Harvester, 1860-1915*, University of New Mexico Press, Albuquerque, 1985.

Wessel, Harald, *John Reed: Roter Reporter aus dem Wilde Westen. Biografische Reisenbrief*, Neues Leben, Berlín, 1979.

Westphall, Victor, *Thomas Benton Catron and his Era*, University of Arizona Press, Tucson, 1973.

Wickham-Crowley, Timothy P., *Guerrillas and Revolution in Latin America. A Comparative Study of Insurgents and Regimes since 1956*, Princeton University Press, Princeton, 1992.

Wilkie, James W., *The Mexican Revolution. Federal Expenditure and Social Change Since 1910*, University of California Press, Berkeley, 1967.

——, Michael C. Meyer y Edna Monzón de Wilkie (comps.), *Contemporary Mexico. Papers of the IV International Congress of Mexican History*, University of California Press, Berkeley, 1976.

Wilson, Henry Lane, *Diplomatic Episodes in Mexico, Belgium and Chile*, Doubleday, Page and Company, Garden City, Nueva York, 1923.

Wilson, Woodrow, *The Papers of Woodrow Wilson*, 69 vols., Arthur S. Link (comp.), Princeton University Press, Princeton, 1966-94.

Wolf, E., *Peasant Wars of the Twentieth Century*, Harper and Row., Nueva York, 1969.

Wolfskill, George y Douglas W. Richmond (comps.), *Essays on the Mexican Revolution. Revisionist Views of the Leaders*, University of Texas Press, Austin, 1979.

Womack, John, Jr., *Zapata and the Mexican Revolution*, Alfred A. Knopf, Nueva York, 1969.

Young, Karl E., *Ordeal in Mexico. Tales of Danger and Hardship Collected from Mormon Colonists*, Desert Book, Salt Lake City, 1968.

Zapata, Emiliano, *Antología*, Laura Espejel, et al. (comps.), Instituto Nacional de Estudios Históricos de la Revolución Mexicana, México, 1988.

Zuno, José G., *Historia de la revolución en el estado de Jalisco*, Instituto Nacional de Estudios Históricos de la Revolución Mexicana, México, 1971.

TESIS

Ávila Espinosa, Felipe Arturo, *El pensamiento económico, político y social de la Convención de Aguascalientes*, Universidad Nacional Autónoma de México, 1988.

Bryan, Anthony T., *Mexican Politics in Transition, 1900-1913. The Role of General Bernardo Reyes*, University of Nebraska, 1970.

Bullock, Marion Dorothy, *Pancho Villa and Emiliano Zapata in the Literature of the Mexican Revolution*, University of Georgia, 1983.

Christopulos, Diana K., *American Radicals and the Mexican Revolution, 1900-1925*, State University of New York at Stony Brook, 1980.

French, William Earl, *A Peaceful and Working People. The Inculcation of the Capitalist Work Ethic in a Mexican Mining District (Hidalgo District, Chihuahua, 1880-1920),* University of Texas, Austin, 1990.

Garciadiego Dantan, Javier, *Revolución constitucionalista y contrarrevolución. Movimientos reaccionarios en México 1914-1920,* El Colegio de México, Centro de Estudios Históricos, 1981.

——, *The Universidad Nacional and the Mexican Revolution, 1910-1920,* Universidad de Chicago, 1988.

Goldner, Anthony, *The Demise of the Landed Elite in Revolutionary Mexico, 1913-1920,* University of Chicago, 1993.

Harper, James William, *Hugh Lenox Scott, Soldier Diplomat, 1876-1917,* University of Virginia, 1968.

Holcombe, Harold Eugene, *United States Arms Control and the Mexican Revolution, 1910-1924,* University of Alabama, 1968.

Jackson, Byron C., *The Political and Military Role of General Felipe Angeles in the Mexican Revolution, 1914-1915,* Georgetown University, 1976.

Johnson, Robert Bruce, *The Punitive Expedition. A Military, Diplomatic, and Political History of Pershing's Chase after Pancho Villa, 1916-1917,* 2 vols., University of Southern California, 1964.

Lloyd, Jane-Dale, *Cultura ranchera en el noroeste de Chihuahua,* Universidad Iberoamericana, México, 1995.

Lou, Dennis Wingsou, *Fall Committee. An Investigation of Mexican Affairs,* Indiana University, 1963.

McLeroy, James David, *The Minds of Pancho Villa. A Study in Insurgent Leadership,* University of Texas, Austin, 1976.

Monticone, Joseph Raymond, *Revolutionary Mexico and the U. S. Southwest. The Columbus Raid,* California State University, Fullerton, 1981.

Mora Torres, Juan, *The Transformation of a Peripheral Society. A Social History of Nuevo Leon, 1848-1920,* University of Chicago, 1991.

Orozco Orozco, Víctor Manuel, *Política y sociedad en una región del norte de México. Los pueblos libres del distrito Guerrero, Chihuahua, en el siglo XIX,* Facultad de Ciencias Políticas y Sociales, Universidad Nacional Autónoma de México, México, 1994.

Pozo Marrero, Acalia, *Dos movimientos populares en el noroeste de Chihuahua,* Universidad Iberoamericana, México, 1991.

Reed, Raymond J., *The Mormons in Chihuahua, Their Relations with Villa and the Pershing Punitive Expedition, 1910-1917,* University of New Mexico, 1938.

Roberts, Donald Frank, *Mining and Modernization. The Mexican Border States during the Porfiriato, 1876-1911,* University of Pittsburgh, 1974.

Rocha, Rodolfo, *The Influence of the Mexican Revolution on the Mexico-Texas Border, 1910-1916,* Texas Tech University, 1981.

Rocha Islas, Martha Eva, *Del villismo y las defensas sociales en Chihuahua (1915-1920),* Universidad Nacional Autónoma de México, 1979.

Sandels, Robert Lynn, *Silvestre Terrazas, the Press, and the Origins of the Mexican Revolution in Chihuahua,* University of Oregon, 1967.

Sapia-Bosch, Alfonso Franco, *The Role of General Lucio Blanco in the Mexican Revolution, 1913-1922,* Georgetown University, 1977.

Sessions, Tommie Gene, *American Reformers and the Mexican Revolution. Progressives and Woodrow Wilson's Policy in Mexico, 1913-1917,* The American University, 1974.

Trow, Clifford Wayne, *Senator Albert B. Fall and Mexican Affairs, 1912-1921,* University of Colorado, 1966.

Villa Guerrero, Guadalupe, *Francisco Villa. Historia, leyenda y mito,* Universidad Autónoma de México, Facultad de Filosofía y Letras, Colegio de Historia, México, 1976.

Zontek, Kenneth S., *"Damned if They Did, Damned if They Didn't". The Trial of Six Villistas Following the Columbus Raid, 1916,* New Mexico State University, 1993.

ARTÍCULOS

Aguirre, Lauro y Teresa Urrea, "Tomóchic", *El Independiente,* El Paso, 7 de agosto de 1896.

Alonso, Ana María, "U. S. Military Intervention, Revolutionary Mobilization, and Popular Ideology in the Chihuahuan Sierra, 1916-1917", en Daniel Nugent (comp.), *Rural Revolt in Mexico and U. S. Intervention,* Center for U. S.-Mexican Studies at the University of San Diego, San Diego, 1988.

Altamirano, Graziella, "Los sonorenses y sus alianzas. La capitalización del poder", *Boletín,* Fideicomiso Archivos Plutarco Elías

Calles y Fernando Torreblanca, México, septiembre de 1991.

Baldwin, Deborah, "Broken Traditions. Mexican Revolutionaries of Protestant Allegiances", *The Americas*, 40, n. 2, octubre de 1983, pp. 229-58.

Bastian, Jean-Pierre, "Protestantismo y política en México", *Revista Mexicana de Sociología*, n. 43, México, 1966.

Beezley, William H., "State Reform During the Provisional Presidency Chihuahua 1911", *Hispanic American Historical Review*, 50, n. 3, agosto de 1970, pp. 524-37.

———, "In Search of Everyday Mexicans in the Revolution", *Revista Interamericana de Bibliografía*, 33, n. 3, 1983, pp. 366-82.

Bellingeri, M., "Formación y circulación de la mercancía tierra-hombre en Yucatán (1880-1914)", *Historias*, n. 19, 1988, pp. 109-18.

Benjamin, T., "Regionalizing the Revolution. The Many Mexicos in Revolutionary Historiography", en Thomas Benjamin y Mark Wasserman (comps.), *Provinces of the Revolution. Essays on Regional Mexican History, 1910-1929*, University of New Mexico Press, Albuquerque, 1990.

Braddy, Haldeen, "The Head of Pancho Villa", *Western Folklore*, 19, n. 1, enero de 1960.

———, "The Loves of Pancho Villa", *Western Folklore*, 19, n. 3, julio de 1962.

Burdick, Charles, "A House on Navidad Street. The Celebrated Zimmerman Note on the Texas Border", *Arizona and the West*, 8, n. 1, primavera de 1966.

Bustamante, Luis F., "Los americanos contra Villa", *Todo*, México, 26 de diciembre de 1933.

Buve, Raymond Th. J., "Peasant Movements, Caudillos, and Land Reform during the Revolution (1910-1917) in Tlaxcala, Mexico", *Boletín de Estudios Latinoamericanos y del Caribe*, n. 18, junio de 1975, pp. 112-52.

———, "Movilización campesina y reforma agraria en los valles de Nativitas, Tlaxcala (1919-1923)", en Elsa Celia Frost, Michael C. Meyer y Josefina Zoraida Vázquez (comps.), *El trabajo y los trabajadores en la historia de México. Ponencias y comentarios presentados en la V Reunión de Historiadores Mexicanos y Norteamericanos, Pátzcuaro, 12 al 15 de octubre de 1977*, El Colegio de México, México, 1979.

———, "Agricultores, dominación política, y estructura agraria en la revolución. El caso

de Tlaxcala (1910-1918)", en Raymond Th. J. Buve (comp.), *Haciendas in Central Mexico from Late Colonial Times to the Revolution. Labor Conditions, Hacienda Management, and its Relation to the State*, Centre for Latin American Research and Documentation, Amsterdam, 1984, pp. 199-271.

———, "El movimiento revolucionario de Tlaxcala (1910-1914). Sus orígenes y desarrollo antes de la gran crisis del año 1914 (la rebelión arenista)", *Anuario de Humanidades*, 8, 1984, pp. 141-83.

———, "'Neither Carranza nor Zapata!' The Rise and Fall of a Peasant Movement that Tried to Challenge Both, Tlaxcala, 1910-1919", en Friedrich Katz (comp.), *Riot, Rebellion, and Revolution*, Princeton University Press, Princeton, 1988; Era, México, 1990, vol. 2, pp. 24-53.

Calvert, Peter, "The Mexican Revolution: Theory or Fact?", *Journal of Latin American Studies*, 1, n. 1, mayo de 1969, pp. 51-68.

Cárdenas, Leonard, Jr., "The Municipality in Northern Mexico", *Southwestern Studies*, 1, n. 1, primavera de 1963.

Carr, Barry, "Las peculiaridades del norte mexicano, 1880-1927. Ensayo de interpretación", *Historia Mexicana*, 22, n. 3, México, enero-marzo de 1972-73, pp. 320-46.

Carry, James C. "Felipe Carrillo Puerto and the Ligas de Resistencia: Upheaval in Yucatan, 1915-1923", en Steffen W. Schmidt y Helen Hogt Schmidt (comps.), *Latin America. Rural Life and Agrarian Problems*, Iowa State Univeristy, Ames, 1977.

Ceballos Ramírez, Manuel, "El manifiesto revolucionario de Braulio Hernández", *Estudios, ITAM*, 5, México, verano de 1986, pp. 115-21.

Cerda, Luis, "Causas económicas de la revolución mexicana", *Revista Mexicana de Sociología*, 53, n. 1, México, pp. 307-47.

Chávez Chávez, Jorge, "Recuento indigenista en el estado de Chihuahua (1880-1950)", en *Actas del Cuarto Congreso de Historia Comparada, 1993*, Universidad Autónoma de Ciudad Juárez, Ciudad Juárez, 1995, pp. 421-34.

Chevalier, François, "Un facteur décisif de la révolution agraire au Mexique. Le soulèvement de Zapata, 1911-1919", en *Annales: Économies, sociétés, civilisations*, 16, n. 1, enero-febrero de 1961, pp. 66-82.

Coatsworth, John, "Patterns of Rural Rebellion in Latin America. Mexico in Comparative

Perspective", en Friedrich Katz (comp.) *Riot, Rebellion, and Revolution*, Princeton University Press, Princeton, 1987, pp. 21-64; *Revuelta, rebelión y revolución*, Era, México, 1990, vol. 1, pp. 27-64.

——, "La historiografía económica de México", *Revista de Historia Económica*, 6, n. 2, Madrid, primavera-verano de 1988, pp. 277-91.

Coello Avedaño, Jesús, "Pancho Villa, pacífico, leal y patriótico", *Memorias del Congreso Nacional de Historia de la Revolución Mexicana*, SCHEH, México, 19-21 de noviembre de 1974.

Coker, William S., "Mediación británica en el conflicto Wilson-Huerta", en *Historia Mexicana*, 18, n. 2, México, octubre-diciembre de 1968, pp. 224-57.

Cosío Villegas, Daniel, "Politics and the Mexican Intellectual", en H. Malcolm McDonald (comp.), *The Intellectual in Politics*, University of Texas Press, Austin, 1966.

De los Reyes, Aurelio, *ver* Reyes, Aurelio de los.

De Orellana, Margarita, *ver* Orellana, Margarita de.

Eiser-Viafora, Paul, "Durango and the Mexican Revolution", *New Mexico Historical Review*, 49, n. 3, julio de 1974, pp. 219-40.

Escárcega, Alfonso, "Giner, subjefe de la División del Norte", *Sexto Congreso Nacional de Historia de la Revolución Mexicana*, Sociedad Chihuahuense de Estudios Históricos, Chihuahua, 20-21 de noviembre de 1975.

Estrada, Richard, "The Mexican Revolution in the Ciudad Juarez-El Paso Area, 1910-1920", *Password* (Quarterly Review of the EL Paso County Historical Society), 24, n. 2, verano de 1979, pp. 55-69.

——, "Zapata to Villa, Revolutionary Camp in Morelos, January 19, 1914", en *Proceding of the Pacific Coast Council on Latin American Studies*, 8, San Diego State University Press, San Diego, 1981-82.

Falcón, Romana, "¿Los orígenes populares de la revolución de 1910? El Caso de San Luis Potosí", en *Historia Mexicana*, 29, n. 2, octubre-diciembre de 1979, pp. 97-240.

——, "Charisma, Tradition, and Caciquismo. Revolutiuon in San Luis Potosi", en Friedrich Katz (comp.), *Riot, Rebellion, and Revolution*, Princeton University Press, Princeton, 1988; *Revuelta, rebelión y revolución*, Era, México, 1990, vol. 2, pp. 89-112.

French, William E., "Business as Usual. Mexico Northwestern Railway Managers Confront the Mexican Revolution", *Mexican Studies*, 5, n. 2, verano de 1989, pp. 221-38.

——, "Trabajadores mineros y la transformación del trabajo minero durante el Porfiriato", en *Actas del Tercer Congreso de Historia Comparada, 1991*, Universidad Autónoma de Ciudad Juárez, Ciudad Juárez, 1992, pp. 297-306.

Furman, Necah S., "Vida Nueva. A Reflection of Villista Diplomacy, 1914-1915", *New Mexico Historical Review*, 53, n. 3, abril de 1978, pp. 171-92.

Garciadiego Dantan, Javier, "Salutación a un paradójico historiador", *Casa del Tiempo*, 10, n. 100, marzo-abril de 1991.

——, "Movimientos estudiantiles durante la revolución mexicana", en Jaime E. Rodríguez O. (comp.), *The Revolutionary Process in Mexico. Essays on Political and Social Change*, UCLA Latin American Center, Los Ángeles, 1990, pp. 115-60.

Gilly, Adolfo, "Felipe Ángeles camina hacia la muerte", en Odile Guilpain, *Felipe Ángeles y los destinos de la revolución mexicana*, Fondo de Cultura Económica, México, 1991.

González Herrera, Carlos, "Los terrenos nacionales durante el Porfiriato", en *Actas del Tercer Congreso de Historia Comparada, 1991*, Universidad Autónoma de Ciudad Juárez, Ciudad Juárez, 1992, pp. 243-54.

——, "La agricultura en el proyecto económico de Chihuahua durante el Porfiriato", en *Siglo XIX, Cuadernos de Historia*, 2, n. 5, febrero de 1993, pp. 9-38.

González Navarro, M., "El maderismo y la revolución agraria", en *Historia Mexicana*, 37, n. 1, julio-septiembre de 1987, pp. 5-27.

González y González, Luis, "La revolución mexicana desde el punto de vista de los revolucionados", *Historias*, 8-9, 1985. pp. 5-14.

Grieb, Kenneth J., "Standard Oil and the Financing of the Mexican Revolution", *California Historical Society Quarterly*, 50, n. 1, marzo de 1971, pp. 57-71.

Guerra, François-Xavier, "La révolution mexicaine. D'abord une révolution minière?" en *Annales: Économies, sociétés, civilisations*, 35, n. 5, septiembre-octubre de 1981, pp. 785-814.

——, "Réponse de François-Xavier Guerra", en *Annales: Économies, sociétés, civilisations*, 38, n. 2, marzo-abril de 1983, pp. 460-69.

——, "Teoría y método en el análisis de la revo-

509

lución mexicana", *Revista Mexicana de Sociología*, 51, n. 2, abril-junio de 1989, pp. 3-24.

Gugliotta, Tom, "True Grit", *Tropic* [Suplemento dominical del *Miami Herald*], 9 de noviembre de 1986.

Guilford, "Introduction", en Larry A. Harris, *Pancho Villa, Strong Man of the Revolution*, High-Lonesome Books, Silver City, Nuevo México, 1989.

Gwin, J. B., "Mexico After Ten Years of Revolution", *The Survey*, 13 de noviembre de 1920, pp. 248-49.

Harris III, Charles H. y Louis R. Sadler, "Pancho Villa and the Columbus Raid: The Missing Documents", *New Mexico Historical Review*, 50, n. 4, octubre de 1975, pp. 335-46.

———, "The Plan of San Diego and the Mexican-United States War Crisis of 1916. A Reexamination", *Hispanic American Historical Review* 53, n. 3, agosto de 1978, pp. 381-408.

———, "The 'Underside' of the Mexican Revolution, El Paso, 1912", *The Americas*, 39, n. 1, julio de 1982, pp. 69-83.

———, "Termination With Extreme Prejudice. The U. S. vs. Pancho Villa", en Charles H. Harris III y Louis R. Sadler, *The Border and the Revolution. Clandestine Activities of the Mexican Revolution, 1910-1920*, High-Lonesome Books, Silver City, 1988, pp. 7-23.

Hart, John Mason, "Agrarian Precursors of the Mexican Revolution. The Development of an Ideology", *The Americas*, 29, n. 2, octubre de 1972, pp. 131-50.

———, "The Dynamics of the Mexican Revolution. Historiographic Perspectives", *Latin American Research Review*, 19, n. 3, 1984, pp. 223-331.

Henderson, Paul V. N., "Woodrow Wilson, Victoriano Huerta, and the Recognition Issue in Mexico", *The Americas*, 41, n. 2, octubre de 1984, pp. 151-76.

Hernández Chávez, Alicia, "La defensa de los finqueros en Chiapas, 1914-1920", en *Historia Mexicana*, 28, n. 3, enero-marzo de 1979, pp. 335-69.

———, "Militares y negocios en la revolución mexicana", en *Historia Mexicana*, 34, n. 2, octubre-diciembre de 1984, pp. 181-212.

———, "Origen y ocaso del ejército porfiriano", en *Historia Mexicana*, 39, n. 1, julio-septiembre de 1989, pp. 257-96.

Hernández Llergo, Regino, "Una semana con Francisco Villa en Canutillo", *El Universal*, 12 a 18 de junio de 1922.

Holden, Robert, "Priorities of the State in the Survey of Public Land in Mexico", *Hispanic American Historical Review*, 70, n. 4, noviembre de 1990, pp. 579-608.

Hunt, Frazier, "New Peons for Old. A Decade of Revolution in Mexico", *New Century Magazine*, 22 de marzo de 1922.

Joseph, Gilbert M., y A. Wells, "Yucatan. Elite Politics and Rural Insurgency", en Thomas Benjamin y Mark Wasserman (comps.), *Provinces of the Revolution. Essays on Regional Mexican History, 1910-1929*, University of New Mexico Press, Albuquerque, 1990, pp. 93-131.

———, "Seasons of Upheaval. The Crisis of Oligarchical Rule in Yucatan, 1909-1915", en Jaime E. Rodríguez O. (comp.), *The Revolutionary Process in Mexico. Essays on Political and Social Change*, UCLA Latin American Center, Los Ángeles, 1990, pp. 161-85.

Kahn, D., "The Saboteur who Shook Manhattan", en *Military History*, abril de 1985.

Katz, Friedrich, "Alemania y Francisco Villa", en *Historia Mexicana*, 12, n. 1, julio-septiembre de 1962, pp. 83-103.

———, "Zu den Spezifischen Ursachen der Mexikanischen Revolution von 1910", en Manfred Kossok, *Studien über die Revolution*, Akademik, Berlín, 1969.

———, "Labor Conditions on Haciendas in Porfirian Mexico. Some Trends and Tendencies", *Hispanic American Historical Review*, 54, n. 1, febrero de 1974, pp. 1-47.

———, "Peasants in the Mexican Revolution of 1910", en Joseph Spielberg y Scott Whiteford (comps.), *Forging Nations. A Comparative View of Rural Ferment and Revolt*, Michigan State University Press, Whiteford, East Lansing, 1976.

———, "Revolution und reformen in Lateinamerika", *Geschichte und Gesellschaft*, 2, n. 2, 1976, pp. 241-43.

———, "Agrarian Changes in Northern Mexico in the Period of Villista Rule, 1913-1915", en James W. Wilkie, Michael C. Meyer y Edna Monzón de Wilkie (comps.), *Contemporary Mexico. Papers of the IV International Congress of Mexican History*, University of California Press, Los Ángeles y México, 1976.

———, "Die Schuldknechtschaft in Mexiko", en *Festschrift für Herrmann Trimborn*, Bonn, 1978.

———, "Pancho Villa and the Attack on Columbus, New Mexico", *The American Historical Review*, 83, n. 1, febrero de 1978, pp. 101-30.

———, "Pancho Villa as Revolutionary Governor of Chihuahua", en George Wolfskill y Douglas W. Richmond (comps.), *Essays on the Mexican Revolution. Revisionist Views of the Leaders*, University of Texas Press, Austin, 1979.

———, "Pancho Villa's Agrarian Roots and Policies", en D. A. Brading (comp.), *Caudillo and Peasant in the Mexican Revolution*, Cambridge University Press, Cambridge, 1980.

———, "Mexico. Restored Republic and Porfiriato, 1867-1910", en Alan Knight (comp.), *Cambridge History of Latin America*, vol. V, Cambridge University Press, Cambridge, 1986.

———, "From Alliance to Dependency. The Formation and Deformation of an Alliance between Francisco Villa and the United States", en *Rural Revolt in Mexico and U. S. Intervention*, Center for U. S.-Mexican Studies, University of California, San Diego, 1988.

———, "Rural Rebellions After 1810", en Friedrich Katz, *Riot, Rebellion, and Revolution*, Princeton University Press, Princeton, 1988, pp. 277-91; *Revuelta, rebelión y revolución*, Era, México, 1990, pp. 177-213.

———, "Pancho Villa y la revolución mexicana", *Revista Mexicana de Sociología*, 2, n. 89, abril-junio de 1989. pp. 87-113.

———, "La última gran campaña de Francisco Villa", *Boletín*, n. 5, Fideicomiso Archivos Plutarco Elías Calles y Fernando Torreblanca, México, 1991.

———, "Die Schuldknechtschaft in Tulancingo", *Circumpacifica: Festschrift für Thomas S. Barthel*, Peter Lang, Frankfurt am Mein, 1991, pp. 239-48.

———, "Los motivos agrarios de la revolución en Chihuahua", en Ricardo Ávila Palafox, Carlos Martínez Assad y Jean Meyer (coords.), *Las formas y las políticas del dominio agrario. Homenaje a François Chevalier*, Universidad de Guadalajara, Guadalajara, 1992, pp. 276-83.

———, "Zum Werdegang der Nachkommen von Azteken, Inka und Maya seit der spanischen Eroberung", *Zeitschrift für Lateinamerika*, n. 44-45, Viena, 1993, pp. 91-101.

———, "The Demise of the Old Order on Mexico's Haciendas, 1911-1913", en *Ibero-amerikanisches Archiv*, 20, n. 3-4, Berlín, 1994, pp. 399-435.

———, "Los hacendados y la revolución mexicana", en *Actas del Cuarto Congreso de Historia Comparada, 1993*, Universidad Autónoma de Ciudad Juárez, Ciudad Juárez, 1995, pp. 396-408.

———, "The Agrarian Policies of Emiliano Zapata, Francisco Villa and Venustiano Carranza", en Columbia University, 1995.

Knight, Alan, "Intellectuals in the Mexican Revolution", en Roderic A. Camp, Charles A. Hale y Josefina Vázquez (comps.), *Los intelectuales y el poder en México*, El Colegio de México, México, 1981.

———, "La révolution mexicaine: révolution minière ou révolution serrana", en *Annales: Économies, sociétés, civilisations*, 38, n. 2, marzo-abril de 1983, pp. 449-59.

———, "The Mexican Revolution. Bourgeois? Nationalist? Or just a 'Great Rebellion'?" *Bulletin of Latin American Research*, 4, n. 2, 1985, pp. 1-37.

———, "Los intelectuales en la revolución mexicana", *Revista Mexicana de Sociología*, 51, n. 2, 1989, pp. 25-65.

———, "Revolutionary Project, Recalcitrant People. Mexico, 1910-1940", en Jaime E. Rodríguez O. (comp.), *The Revolutionary Process in Mexico. Essays on Political and Social Change*, UCLA Latin American Center, Los Ángeles, 1990, pp. 227-64.

Koreck, María Teresa, "Space and Revolution in Northwestern Chihuahua", en Daniel Nugent (comp.), *Rural Revolt in Mexico and U. S. Intervention*, Center for U. S.-Mexican Studies, University of San Diego, San Diego, 1988.

LaFrance, David, "Many Causes, Movements, and Failures, 1910-1913. The Regional Nature of Maderismo", en Thomas Benjamin y Mark Wasserman (comps.), *Provinces of the Revolution. Essays on Regional Mexican History, 1910-1929*, University of New Mexico Press, Albuquerque, 1990.

Lavrov, Nikolai M., "Verkhouni revoliutsionnyi konvert (iz istorii mekiskanskoi revoliutsil 1910-1977gg", *Vop. Ist.*, 3, marzo de 1972, pp. 94-106.

Lerner, Victoria, "Rebelión y disidencia en la frontera norte de México, 1914-1920. (Estados Unidos tierra de conspiraciones mexicanas)", en *Actas del Cuarto Congreso de Historia Comparada, 1993*, Universidad Autónoma de Ciudad Juárez, Ciudad Juárez, 1995, pp. 533-42.

León G., Ricardo, "Comerciantes y mercado crediticio en el Chihuahua porfiriano. El ca-

511

so del Banco Minero de Chihuahua", en *Actas del Tercer Congreso de Historia Comparada, 1991*, Universidad Autónoma de Ciudad Juárez, Ciudad Juárez, 1992, pp. 255-64.

Lloyd, Jane-Dale, "Rancheros and Rebellion", en Daniel Nugent (comp.), *Rural Revolt in Mexico and U. S. Intervention*, Center for U. S.-Mexican Studies, University of San Diego, San Diego, 1988.

Lowery, S., "The Complexity of a Revolutionary. Pancho Villa", *Twin Plant News*, Nibbe, Hernández and Associates, El Paso, noviembre de 1988.

MacGregor, Josefina, "La XXVI Legislatura frente a Victoriano Huerta. ¿Un caso de parlamentarismo?", *Secuencia*, 4, enero-abril de 1986, pp. 10-23.

Mahoney, Tom, "The Columbus Raid", *Southwest Review*, 17, invierno de 1932, pp. 161-71.

Marvin, George, "Villa: The Bandit Chieftain who has Risen to Become the Most Powerful Man in Mexico", *World's Work*, 28, julio de 1914, pp. 269-84.

Meyer, Eugenia, María Alba Pastor, Ximena Sepúlveda y María Isabel Souza, "La vida con Villa en la hacienda del Canutillo", *Secuencia*, 5, mayo-agosto de 1986, pp. 170-83.

Meyer, Jean, "Les ouvriers dans la révolution mexicaine. Les Batallions Rouges", en *Annales: Économies, sociétés, civilisations*, 25, n. 1, enero-febrero de 1970, pp. 30-35.

———, "Grandes campañas, ejércitos populares y ejército estatal en la revolución mexicana (1910-1930)", en *Anuario de Estudios Americanos*, 31, 1974, pp. 1005-1030.

———, "Periodización e ideología", en James W. Wilkie, Michael C. Meyer y Edna Monzón de Wilkie (comps.), *Contemporary Mexico. Papers of the IV International Congress of Mexican History*, University of California Press, Los Ángeles y México, 1976, pp. 711-22.

———, "Le catholicisme social au Mexique jusqu'en 1913", *Revue Historique*, 260, 1978, pp. 143-59.

Meyer, Lorenzo, "La revolución mexicana y las potencias anglosajonas", en *Historia Mexicana*, 34, n. 2, 1984, pp. 300-52.

Meyers, William K., "La Comarca Lagunera. Work, Protest, and Popular Mobilization in North Central Mexico", en Thomas Benjamin y William McNellie (comps.), *Other Mexicos. Essays on Regional Mexican History, 1876-1911*, University of New Mexico Press, Albuquerque, 1984.

———, "Second Division of the North. Formation and Fragmentation of the Laguna's Popular Movement, 1910-1911", en Friedrich Katz, *Riot, Rebellion, and Revolution*, Princeton University Press, Princeton, 1988; *Revuelta, rebelión y revolución*, Era, México, 1990, pp. 113-48.

———, "Pancho Villa and the Multinationals. United States Mining Interests in Villista México, 1913-1915", *Journal of Latin American Studies*, 23, n. 2, mayo de 1991, pp. 339-63.

Miller, Simon, "Lands and Labour in Mexican Rural Insurrections", *Bulletin of Latin American Research*, 10, n. 1, 1991, pp. 55-79.

Mistron, Deborah, "The Role of Pancho Villa in the Mexican and the American Cinema", *Studies in Latin American Popular Culture*, 2, 1983, pp. 1-13.

Monsiváis, Carlos, "La aparición del subsuelo. Sobre la cultura de la revolución mexicana", *Historias*, n. 8-9, 1985, pp. 159-78.

Munch, Francis R., "Villa's Columbus Raid. Practical Politics or German Design?", *New Mexico Historical Review*, 44, n. 3, julio de 1969, pp. 189-214.

Natividad Rosales, José, "Pancho Villa, el hombre y la fiera", *Siempre!*, 9, n. 84, 2 de febrero de 1955, pp. 33-34, 70.

Naylor, Thomas H., "Massacre at San Pedro de la Cueva. The Significance of Pancho Villa's Disastrous Sonora Campaign", en *Western Historical Quarterly*, 8, n. 2, abril de 1977.

O'Brien, Dennis J., 1977, "Petróleo e intervención. Relaciones entre Estados Unidos y México, 1917-1918", *Journal of Interamerican Studies and World Affairs*, 17, n. 2, 1977, pp. 123-52.

Orellana, Margarita de, "Quand Pancho Villa était vedette de cinéma", *Positif, Revue de Cinéma*, 251, 1 de febrero de 1982, pp. 43-46.

———, "Pancho Villa", *City Limits*, 5-11 de marzo de 1982.

Orozco, Serafina, "My Recollections of the Orozco Family and the Mexican Revolution of 1910", *Password*, primavera de 1980.

Orozco Orozco, Víctor M., "Revolución y restauración. La lucha por la tierra en San Isidro y Namiquipa", en *Actas del Cuarto Congreso de Historia Comparada, 1993*, Universidad Autónoma de Ciudad Juárez, Ciudad Juárez, 1995, pp. 495-514.

———, "Notas sobre las relaciones de clase en Chihuahua durante la primera fase de las guerras indias", en *Actas del Segundo Congre-*

so de *Historia Comparada, 1990*, Universidad Autónoma de Ciudad Juárez, Ciudad Juárez, 1990, pp. 369-384.

———, "Una maestra, un pueblo", *Cuadernos del Norte. Sociedad, política y cultura*, n. 12, noviembre-diciembre de 1990, pp. 17-23.

Ortoll, S. y A. Bloch, "Xenofobia y nacionalismo revolucionario. Los tumultos de Guadalajara, México, en 1910", en *Cristianismo y Sociedad*, 86, 1985.

Osorio Zúñiga, Rubén, "Francisco Villa y la guerrilla en Chihuahua (1916-1920)", *Boletín del Cemos, Memoria*, 1, n. 10, mayo-junio de 1985.

Palomares Peña, Noé G., "Minería y metalurgia chihuahuense. Batopilas y Santa Eulalia entre 1880 y 1920", en *Actas del Tercer Congreso de Historia Comparada, 1991*, Universidad Autónoma de Ciudad Juárez, Ciudad Juárez, 1992.

Paulsen, G. E., "The Legal Battle for the Candelaria Mine in Durango, Mexico, 1890-1917", en *Arizona and the West*, 23, n. 3, 1981, pp. 243-66.

———, "Reaping the Whirlwind in Chihuahua: The Destruction of the Minas de Corralitos, 1911-1917", *New Mexico Historical Review*, 58, n. 3, 1983, pp. 253-70.

Ramírez Rancaño, Mario, "Los hacendados y el huertismo", *Revista Mexicana de Sociología*, 48, n. 1, 1986, pp. 167-200.

Reed, John, "The Mexican Tangle", en James C. Wilson (comp.), *John Reed for "The Masses"*, Jefferson, McFarland and Company, 1987.

Reyes, Aurelio de los, "With Villa in Mexico on Location", *Real Life*, 9, pp. 99-131.

Richmond, Douglas W., "Mexican Immigration and Border Policy During the Revolution", *New Mexico Historical Review*, 57, n. 3, 1982, pp. 269-88.

Rocha Islas, Martha Eva, "Nuestras propias voces. Las mujeres en la revolución mexicana", *Historias*, 25, octubre de 1990-marzo de 1991.

Rosenberg, Emily S., "Economic Pressures in Anglo-American Diplomacy in Mexico, 1917-1918", *Journal of Interamerican Studies and World Affairs*, 17, mayo de 1975, pp. 123-52.

Ruiz, Antonio, "Memorias inéditas", *El Correo de Chihuahua*, 20 de noviembre de 1912.

Salgado, Eva, "Fragmentos de historia popular II. Las mujeres en la revolución", *Secuencia*, 3, diciembre de 1985, pp. 206-14.

Sandos, James A., "German Involvement in Northern Mexico, 1915-1916: A New Look at the Columbus Raid", *Hispanic American Historical Review*, 50, n. 1, febrero de 1970, pp. 70-89.

———, "Northern Separatism During the Mexican Revolution. An Inquiry into the Role of Drug Trafficking, 1919-1920", *The Americas*, 41, n. 2, octubre de 1984, pp. 191-214.

Sariego, J. L., "Anarquismo e historia social minera en el norte de México, 1906-1918", *Historias*, n. 8-9, 1985, pp. 111-24.

Schulze, Karl Wilhelm, "Las leyes agrarias del villismo", *Actas del Segundo Congreso de Historia Comparada, 1990*, Universidad Autónoma de Ciudad Juárez, Ciudad Juárez, 1990.

———, "Konzept und Realität der Agrarpolitik Pancho Villas auf dem Hintergrund der Sozial- und Landverhältnisse in Chihuahua während des Porfiriats und der Revolution", *Jahrbuch für Geschichte von Staat, Wirtschaft und Gesellschaft Lateinamerikas*, 30, 1993, pp. 279-328.

Semo, Enrique, "La cuestión agraria y la revolución mexicana. Nuevos enfoques", *Historias*, 21, octubre de 1988-marzo de 1989.

Sims, Harold, "Espejo de caciques. Los Terrazas de Chihuahua", en *Historia Mexicana*, 18, n. 3, enero-marzo de 1968, pp. 379-99.

Singer, M., "La cabeza de Villa", *The New Yorker*, 27 de noviembre de 1989.

Sonnichsen, C. L., "Pancho Villa and the Cananea Copper Company", *Journal of Arizona History*, 20, n. 1, primavera de 1979.

Stillwell, Arthur, "I Had a Hunch", *The Saturday Evening Post*, 4 de febrero de 1928.

Tardanico, R., "State, Dependency, and Nationalism. Revolutionary Mexico, 1924-1928", *Comparative Studies in Society and History*, 24, n. 3, julio de 1982, pp. 400-24.

Tate, Michael L., "Pershing's Punitive Expedition: Pursuer of Bandits or Presidential Panacea?", *The Americas*, 32, 1975, pp. 46-72.

Taylor, Lawrence D., "The Great Adventure. Mercenaries in the Mexican Revolution, 1910-1915", *The Americas*, 43, n. 1, 1986, pp. 25-45.

Terrazas Perches, Margarita, "Biografía de Silvestre Terrazas", en Silvestre Terrazas, *El Verdadero Pancho Villa*, Era, México, 1985.

Tobler, Hans Werner, "Alvaro Obregon und die Anfänge der Mexikanischen Agrarreform: Agrarpolitik und Agrarkonflict, 1921-1924", *Jahrbuch für Geschichte von Staat,*

Wirtschaft und Gesellschaft Lateinamerikas, 8, 1971, pp. 310-65.

——, "Las paradojas del ejército revolucionario. Su papel social en la reforma agraria mexicana, 1920-1935", en *Historia Mexicana*, 21, n. 1, 1971, pp. 38-79.

——, "Zur Historiographie der Mexikanischen Revolution, 1910-1940", en *Jahrbuch für Geschichte von Staat, Wirtschaft und Gesellschaft Lateinamerikas*, 12, 1975, pp. 286-331.

——, "La burguesía revolucionaria en México. Su origen y su papel", en *Historia Mexicana*, 34, n. 2, 1984, pp. 213-37.

——, "Die Mexikanische Revolution in vergleichender Perspektive. Einige Faktoren Revolutionären Wandels in Mexiko, Russland, und China im 20 Jahrhundert", en *Ibero-Amerikanisches Archiv*, 14, n. 4, 1988, pp. 453-71.

Tutino, John, "Revolutionary Confrontation, 1913-1917. Regional Factions, Class Conflicts, and the New National State", en Thomas Benjamin y Mark Wasserman (comps.), *Provinces of the Revolution. Essays on Regional Mexican History, 1910-1929*, University of New Mexico Press, Albuquerque, 1990.

Uroz, Antonio, "La injusta leyenda de Pancho Villa", en *America*, enero-marzo de 1957, pp. 18-20.

Ursúa de Escobar, Aurora, "Mis recuerdos del general Francisco Villa", en *Novedades*, 12 de julio de 1964.

Valadés, José C., "La vida íntima de Villa", *La Prensa*, San Antonio, Texas, 19 de marzo de 1935.

Vanderwood, Paul J., "Response to Revolt. The Counter-Guerrilla Strategy of Porfirio Diaz", en *Hispanic American Historical Review*, 56, n. 4, noviembre de 1976, pp. 551-79.

——, "Building Blocks but yet No Building", en *Mexican Studies*, 3, n. 2, 1987, pp. 421-32.

——, "Explaining the Mexican Revolution", en Jaime E. Rodríguez O. (comp.), *The Revolutionary Process in Mexico. Essays on Political and Social Change*, UCLA Latin American Center, Los Ángeles, 1990, pp. 97-114.

——, "'None but the Justice of God'. Tomochic, 1891-1892", en Jaime E. Rodríguez O. (comp.), *Patterns of Contention in Mexican History*, Scholarly Resources Inc., Wilmington, 1992.

Vargas, Juan Bautista, "Alemania propone a Villa el control de la zona petrolera", *Novedades*, México, 10 de octubre de 1939.

Vigil, R. H., "Revolution and Confusion. The Peculiar Case of Jose Ines Salazar", *New Mexico Historical Review*, 53, n. 2, 1978, pp. 145-69.

Villa Guerrero, Guadalupe, "Durango y Chihuahua. Los lazos financieros de una élite", en *Actas del Tercer Congreso de Historia Comparada, 1991*, Universidad Autónoma de Ciudad Juárez, Ciudad Juárez, 1992, pp. 265-74.

Voss, S. F., "Nationalizing the Revolution. Culmination and Circumstance", en Thomas Benjamin y Mark Wasserman (comps.), *Provinces of the Revolution. Essays on Regional Mexican History, 1910-1929*, University of New Mexico Press, Albuquerque, 1990.

Walker, David, "Porfirian Labor Politics. Working Class Organizations in Mexico City and Porfirio Diaz, 1876-1902", *The Americas*, 37, n. 3, enero de 1981, pp. 257-87.

Wasserman, Mark, "Strategies for Survival of the Porfirian Elite in Revolutionary Mexico: Chihuahua During the 1920's", *Hispanic American Historical Review*, 67, n. 1, febrero de 1987, pp. 87-107.

——, "Provinces of the Revolution", en Thomas Benjamin y Mark Wasserman (comps.), *Provinces of the Revolution. Essays on Regional Mexican History, 1910-1929*, University of New Mexico Press, Albuquerque, 1990.

Waterbury, Ronald, "Non-Revolutionary Peasants. Oaxaca compared to Morelos in the Mexican Revolution", en *Comparative Studies in Society and History*, 17, n. 4, 1975, pp. 410-42.

White, E. Bruce, "The Muddied Waters of Columbus, New Mexico", *The Americas*, 32, n. 1, julio de 1975, pp. 72-92.

Wilkie, James W., "Changes in Mexico Since 1895. Central Government Revenue, Public Sector Expenditure, and National Economic Growth", en *Statistical Abstract of Latin America*, 24, James W. Wilkie y Adam Perkal, 1985, pp. 861-80.

Womack, John, Jr., "Spoils of the Mexican Revolution", *Foreign Affairs*, 48, n. 4, julio de 1970, pp. 674-87.

——, "The Mexican Economy During the Revolution, 1910-1920. Historiography and Analysis", *Marxist Perspectives*, 1, n. 4, invierno de 1978, pp. 80-123.

——, "The Mexican Revolution", en Leslie Bethell (comp.), *Mexico Since Independence*, Cambridge University Press, Cambridge, 1991.

Ysunza Uzeta, Salvador, "Francisco Villa, el centauro del norte", en *Magisterio*, julio de 1968.

MATERIALES INÉDITOS

Anderson, C. Diary, s.f.

Ángeles, Felipe, "Ángeles en Parral", discurso de Felipe Ángeles, 22 de abril de 1919.

Anónimo, "Pancho Villa and Germany. A Preliminary Report", s.f.

——, "Social Elements of the Orozco Revolt. The Mexican North, 1912", s.f.

——, "Soviet Historians and the Mexican Revolution", s.f.

Benavides, Adán, "In Search of the Elusive Ally. Pancho Villa and the Mexican-American", 1971.

Caeser, Dorothy, "The United States and Carranza Before the Split With Pancho Villa", 1973.

Calhoun, Fredrick, "The Military, Woodrow Wilson and the Mexican Revolution. A Study in Lost Opportunites and American Frustration", 1977.

Castillo, Máximo, "Diario del general Máximo Castillo", s.f.

Chávez, José, "Francisco Villa, the Mexican Revolutionary Leader", United States Naval Academy, Anapolis, 1960.

De Orellana, Margarita, ver Orellana, Margarita de.

Duarte Morales, Teodosio, "Teodosio Duarte Morales, precursor de la revolución mexicana", s.f.

Estrada, Richard, "Liderazgo popular en la revolución mexicana", s.f.

French, William E., "A Peaceful and Working People. Manners, Morals, and Class Formation in Northern Mexico", 1994.

Giner Durán, Práxedis, "Cómo y cuándo conocí a Francisco Villa, el maderista", memorias inéditas de Práxedis Giner Durán, s.f.

Goldner, Anthony, "Nobody but Venustiano. The Utility of 'Bourgeois Mediocrity Incarnate'", 1987.

Hinojosa, Iván, "José Santos Chocano. A Poet in the Mexican Revolution", 1991.

Hu DeHart, Evelyn, "The Villista Bureaucracy. Men and Organization", 1971.

Jaurrieta, José María, "Seis años con el general Francisco Villa", s.f.

Kemmerer, Edwin, "The Mexican Problem", The Edwin Kemmerer Papers, Princeton University Library, Princeton, s.f.

Koreck, María Teresa, "Social Organization and Land Tenure in a Revolutionary Community in Northern Mexico, Cuchillo Parado, 1865-1910", trabajo presentado en la Séptima Reunión de Historiadores Mexicanos y Norteamericanos, Oaxaca, 25-26 de octubre de 1995.

Lerner, Victoria, "Historia de la reforma educativa", s.f.

——, "Los fundamentos socioeconómicos del cacicazgo en el México post-revolucionario. El caso de Saturnino Cedillo", s.f.

Løtveit, Morten, "The Rise of Pancho Villa", 1984.

Mange, Steven A., "William Randolph Hearst and the Mexican Revolution", 1989.

Meyer, Eugenia, "Hablan los villistas", s.f.

Orellana, Margarita de, "Las metamorfosis de Pancho Villa a través de la cámara", s.f.

——, "Pancho Villa, primer actor del cine de la revolución", s.f.

Osorio Zúñiga, Rubén, "General Pancho Villa's Expedition to Capture Venustiano Carranza", s.f.

——, "La muerte de dos generales", s.f.

——, "Francisco Villa, la guerrilla en Chihuahua y la paz con el gobierno de México", manuscrito inédito s.f.

Parker, Ralph, "A Visit to General Pancho Villa", propiedad de Ralph Parker, s.f.

Pittman, Kenneth D., "The Agrarian Roots of Rebellion. The Plantation Economy of Mexico (1860-1910)", s.f.

Salomon, Doris, "John Reed, Frank Tannenbaum, and the Mexican Revolution", University of Chicago, 1986.

Smith, John Dunn, "Literary Treatments of the Mexican Revolution", University of Chicago, 1986.

Smith, Michael M., "Carrancista Propaganda in the United States, 1913-1917: An Overview of Institutions", s.f.

Spikes, Paul, "Francisco Villa and San Agrarismo", 1971.

Tobler, Hans Werner, "Bauernerhebungen und Agrarreform in der Mexikanischen Revolution", s.f.

——, "Die Mexikanische Revolution Zwischen Beharrung und Veränderung", s.f.

——, "Einige Aspekte der Gewalt in der Mexikanischen Revolution", s.f.

——, "Kontinuität und Wandel der Auslandsabhangkigkeit im Revolutionären und Nachrevolutionären Mexiko", s.f.

Torales, Cristina, "Los industriales y la revolución mexicana", s.f.

Treviño Villarreal, Mario, 1990, "Fases previas al constitucionalismo en Nuevo León", trabajo inédito presentado en el Congreso Internacional sobre la Revolución Mexicana en la Ciudad de San Luis Potosí, 1-5 de octubre de 1990.

Vargas Valdés, Jesús, 1990, "Máximo Castillo y la revolución en Chihuahua", trabajo inédito presentado en el Congreso de Historiadores, San Diego, California, 17-19 de octubre de 1990.

——, "Una flor para Francisco Villa", trabajo inédito presentado en el Congreso de Historia Comparada, 1991.

——, "Los obreros de Chihuahua. Algunas experiencias de organización (1880-1940)", s.f.

Walker, David, "'Y hay que quedar conforme porque a nadie se le puede exigir nada'. The Villista Legacy and Agrarian Radicalism in Eastern Durango, Mexico, 1913-1930", trabajo inédito presentado en la First Joint Conference of the Rocky Mountain Council for Latin American Studies and the Pacific Coast Council for Latin American Studies, Las Vegas, 5-9 de marzo de 1995.

Wasserman, Mark, "La reforma agraria en Chihuahua, 1920-1940. Algunas notas preliminares y ejemplos", en *Actas del Cuarto Congreso de Historia Comparada, 1993*, Universidad Autónoma de Ciudad Juárez, Ciudad Juárez, 1995, pp. 461-80.

Wiemers, E., "Interest and Intervention. Business Groups and Intervention in the Mexican Revolution", s.f.

Willis, Standish E., "Pancho Villa's Army", s.f.

Wulff, J., "The Mexican Herald. An American Newspaper in the Mexican Revolution", 15 de diciembre de 1982.

Zimmerman, R., "Wirtschaftlich-Gesellschaftliche Aspekte der Mexikanischen Eisenbahnen vor und in der Revolution (1888-1920). Das Beispiel Des 'Mexicano del Sur' (Puebla-Oaxaca)", 1986.

Índice analítico

En este índice "s" después de un número indica una nueva referencia en la página siguiente y "ss" indica referencias independientes en las dos páginas siguientes. Si el tema se trata de manera continuada a lo largo de dos o más páginas, ello se indica como espacio entre dos números de página, e.g., "57-59". Passim se emplea para un grupo de referencias cercanas entre sí pero no consecutivas.

queo de Wilson, • 247, 405-6, 521n5; •• 81, 406; capturadas en Torreón, • 259; medios de Villa para procurarse, de Estados Unidos, • 270, 309, 344, 364, 448; •• 30s, 126, 249-50, 405, 456n15; levantamiento del bloqueo estadounidense, • 289, 344, 352, 377; y Mondragón, • 314; tratos de De la Garza, • 344; •• 70, 268-69, 456n15; impacto de la primera guerra mundial, • 344; •• 33, 69s, 83-84, 138-39, 184; de la coalición convencionista, •• 30-31, 68-69, 71-72; de los carrancistas, •• 31, 69, 172, 420; de Buelna, •• 104; depósitos ocultos de Villa, •• 135, 172, 221, 226; contrabandistas de Villa, •• 228, 249-52; cargamentos alemanes, •• 257; de fábricas mexicanas, •• 296, 301; hacienda de Canutillo, •• 381; fuentes de archivo, •• 424-25. *Ver también* Artillería

Armendáriz, Eleuterio, • 84

Armendáriz, Simón, •• 347

Armendáriz de Orduño, Soledad, • 419

Arredondo, Eliseo, • 382

Arrieta, hermanos, • 331, 423, 489; •• 15, 182s, 189, 337

Artillería (División del Norte), • 259, 314, 344s, 353, 399s. *Ver también* Armas/municiones

Arzate, Manuel M., •• 347

ASARCO. *Ver* American Smelting and Refining Company

Asociación de los Habitantes de Cuchillo Parado, • 50

Aubert, Trucy, • 194

Avellano, Pascual del, •• 309

Ávila, Fidel, • 244, 287, 308, 313; •• 244; y González Garza, • 324; sobre elecciones anuladas, • 456; y la política de reforma agraria, • 465, 468; •• 57; informes administrativos, • 474-75, 484; sobre la rendición de Villa, •• 118-19

Ayguesparre, Victor, •• 27s, 432

Aztecas, • 25

Azuela, Mariano, • 324, 328, 514n90; •• 393

Azueta, Manuel, •• 374

Babícora, Hacienda de, • 188, 459; •• 141, 227, 238. *Ver* San Miguel de

Baca, Cástulo, • 208

Baca, Guillermo, • 80, 304

Baca, Juan Bautista, padre, • 456

Baca Valles, Manuel, • 92, 284-85, 312-13; •• 162

Baca Valles, Miguel, • 95

Bachimba, batalla de, • 208

Bachíniva, pueblo, • 43, 58ss, 81, 340; •• 156, 227

Baker, Newton, •• 154, 163ss, 201

Baldías, tierras, • 72

Banco del Estado de Chihuahua, • 275, 459

Banco Minero (Chihuahua), el, • 30, 35; •• 349; robo, • 69-71, 161-62; •• 400; y la intervención de Madero, • 162, 179-80; incendio, • 175; extorsiones de Villa, • 190, 202, 208, 506n35; fondos ocultos, • 284-85; y el régimen de Huerta, •• 246

Banda, Manuel, • 341-42, 420

Banderas, Juan, •• 35-36

Bandidaje: en Durango, • 85, 97, 499n35; rechazo chihuahuense, • 90; •• 402; de los maderistas, • 180s; ataque de Villa, • 246-47; •• 321; aplicación del término, • 469; de Treviño, •• 167-68. *Ver también* Villa, Francisco, como bandido

Baray, Pablo, • 340

Baray, Pedro, • 43, 58s

Barbarous Mexico (*México bárbaro,* Turner), • 368

Barragán, Juan, • 332; •• 392, 425, 447

Barragán, Manuel, • 430

Barragán Rodríguez, Juan (funcionario carrancista), • 520n103

Barrón, Heriberto, • 322

Barrows, David, • 460, 485, 487

Batallones Rojos, •• 48, 132, 209, 330

Bauche (poblado), • 128

Bauche Alcalde, Manuel, • 16, 86, 325s, 393, 482, 492n4; •• 434-35

Baz, Salgado, •• 392

Beery, Wallace, •• 393

Behar, Ruth, •• 394

Beltrán, Francisco, •• 159s, 228

Beltrán, Gorgorio, •• 174

Beltrán, José, • 21

Ben Williams, Agencia de Detectives (Nuevo México), •• 198

Benavides, Catarino, • 113

Benton, William S.: confrontación con Villa, • 374-76, 464; consejo de guerra fingido, • 377s, 519n72; y la responsabilidad de Villa, • 519n74; •• 136, 259, 326, 464n12

Berlanga, David, •• 34-35, 39

Bernadini (cónsul francés), •• 223

Bernal (coronel federal), • 402

Bernal, Heraclio, • 87-88 passim, 97

Bernstorff, Johann von, •• 256, 477-78n46

Biddle, John, • 20, 499n20

Bierce, Ambrose, • 347-48, 516n54

Biermann (agente germano-estadounidense), •• 259

Birmingham Herald, • 371

movimientos de oposición prerrevolucionarios, • 62-66; crisis económica, • 66-69, 78-79; papel en la revolución mexicana, • 77-79, 237-39; •• 397; escaso bandidaje, • 91-92; •• 402; robo de ganado, • 91-92; sistema legal, • 92s; policía, • 93-95; fuerzas porfiristas, • 103, 118; llegada de Madero, • 110-17 passim; reacciones posrevolucionarias, • 164-67; cartas abiertas de Villa, • 184ss; popularidad de Villa, • 243-44, 274, 277; •• 174-75, 177-78, 184-85; ejecuciones de civiles, • 280-81, 484s; bibliotecas personales, • 288; propiedad, • 466, 469; •• 55-56; gobierno carrancista, •• 130-34, 239-40; defensas sociales, •• 133, 237-43; desempleo de los villistas, •• 134; ocupación por Treviño, •• 167-69, 182, 187; confiscación/reparto, •• 172-74, 184-85, 217; brutalidad de la guerra civil, •• 214-15, 217; y plan McQuatters-Terrazas, •• 349-54; fuentes de archivo, •• 427. *Ver también* Chihuahua villista

Chihuahua, revolución en (1910-11): factores que contribuyeron, • 73-75, 78-79, 453; •• 398-401; primeros levantamientos, • 79-81, 82s; estrategias, • 81, 111-12, 128-29, 135; reclutamiento de Villa, • 81, 83-84, 90, 95-97, 500n49; batalla de San Andrés, • 99; batalla de Chihuahua, • 100, 500n57; estrategias contra, • 100-4; informe anónimo sobre, • 107; simpatías populares, • 107s, 118-19; opinión de Díaz sobre, • 109-10; facciones ideológicas, • 113-15; composición social, • 153; •• 398-402; elementos únicos, • 153; •• 397-98; financiamiento, • 203; papel de las mujeres, • 335; perspectiva de modernización, •• 402, 404. *Ver también* Maderistas, los; Revolución mexicana (1910-11)

Chihuahua villista: popularidad de Villa, • 243-44, 274, 277; •• 174-75, 177-78, 184-85; problemas administrativos, • 268-72 passim; trato a la clase media, • 268, 278-81, 288; medidas de redistribución, • 274-76, 278, 291-92, 457s; •• 55-56, 421; John Reed sobre, • 366, 442, 445; nombramientos de Carranza, • 380-81, 383; impacto de la revolución sobre, • 475-79; moneda devaluada, • 478; •• 92-93, 126, 405; ceremonias patrióticas, • 480-81; agenda socialista, • 486-87. *Ver también* Chihuahua; Villista, gobierno

Chinos, • 275, 376; •• 181, 185-186, 194, 200, 218, 223, 398, 411, 414, 432

Chololo, El, •• 390

Chousal, Rafael, • 498n8

Churchill, Winston, •• 326

CIDECH (Centro de Investigaciones y Documentación del Estado de Chihuahua), •• 425

Científicos, • 57, 71-72, 75, 118, 160, 172, 256, 387s, 452; •• 28, 30, 37, 46, 258, 266, 368, 395. *Ver también* Élite

Cine, industria: y la imagen de Villa, • 372-74; •• 393

Ciudad Juárez, • 62, 116, 128s, 132-35, 140-44, 146, 168, 187, 231, 261s, 383s, 502-3n152; •• 168, 303ss, 420; sitio prolongado de Madero, • 116, 128s, 132-33; ataque Orozco/Villa, • 134-35, 146; •• 420; Tratados de, • 140-44, 231, 502-3n152; rebelión de Vázquez Gómez, • 168-69, 187; captura por Villa, • 261-62; traslado de Carranza a, • 383s; bandidaje, •• 168; derrota de Villa, •• 303-7

Ciudad de México. *Ver* México, ciudad de

Clase baja, la: negociación de conflictos, • 93-94; descontento de, después de la revolución, • 165; •• 402-3; vínculos de Villa con, • 269, 274, 333; •• 51-52, 215-16, 218; ideas de Ángeles sobre, •• 279s; fuentes de archivo sobre, •• 429. *Ver también* Pueblos, habitantes de los; Industrial, clase obrera

Clase media, la: bajo el régimen de Díaz, • 42, 66, 154; •• 399; grupos que componían, • 57-58; hostil a Terrazas-Creel, • 60-63; •• 399-400; y el movimiento magonista, • 62s; descontento, antes de la revolución, • 67-68, 73-74; relaciones de González con, • 72, 154s, 269-70, 453; vínculos de los habitantes de los pueblos con, • 79; •• 399-400; insurrecciones en Chihuahua, • 164; pérdida de simpatía hacia Madero, • 230; bajo el gobierno villista, • 269, 278-81, 288-89; opiniones agrarias, • 466; expropiación de Villa, •• 172, 185-86

Clase obrera. *Ver* Industrial, clase obrera

Clay Pierce, Henry, • 363

Coahuila: crisis económica, • 67; simpatías maderistas, • 72, 113, 151, 446; condiciones agrarias, • 489; •• 397; revolución radical, • 232; gobierno carrancista, • 233-34, 352, 454-55; importancia de Torreón, • 251; traslado de Villa, •• 323-24

Cobb, Zach Lamar, • 462; •• 102, 254

Cobertura de los medios. *Ver* Prensa, cobertura de

Colignon, Eduardo, •• 60

Colín (dirigente villista), •• 72

Colonia Dublán, •• 166

Colonias militares, las, • 25-31 passim, 446; creación propuesta por Villa, • 291-92, 410, 467; •• 434. *Ver también* Pueblos, habitantes de los

sobre la herencia, •• 383-88 passim, 486-87n112; memorias, •• 389, 437; y homenajes a Villa, •• 389s

Corralitos, Hacienda de, •• 431

Correo del Bravo, El, • 391s; •• 438

Correo de Chihuahua, El, • 49, 62, 181, 271; •• 402; opiniones políticas, • 63-65, 109, 166s; represión del gobierno, • 65-66; sobre el escándalo del Banco Minero, • 69s; proclama de Villa, • 184s; sobre Villa, • 186-87, 219; sobre el arresto de los hermanos de Villa, • 207; sobre William Benton, • 375

Cortázar (gobernador), • 47

Cosío Villegas, Daniel, • 321

Coss, Francisco, • 430, 437

Cowdray, Lord, • 362; •• 36, 38, 208, 432

Creel, Enrique: medidas para la expropiación de la tierra, • 44-45, 49-57 passim; •• 398-99; "modernización" de Chihuahua, • 58-9; sobre Talamantes, • 51-52; grupos sociales opuestos, • 58-61, 79; •• 398-401; informantes antimagonistas, • 62; y Silvestre Terrazas, • 63-66, 109; sobre la crisis económica, • 67-69; y el escándalo del Banco Minero, • 69-71, 161-62; •• 349; sobre las injusticias de la revolución, • 131, 504n11; vínculos con Orozco, • 172, 505n51; oro escondido, • 284-85; y Carranza, •• 30; fuentes de archivo sobre, •• 424s. *Ver también* Municipal, ley agraria (1905); Terrazas-Creel, clan

Creel, Juan, • 69s, 208, 284s

Creel de Luján, señora, •• 243

Creel de Müller, Lulú, •• 492n10

Creel, Reuben W., • 65

Creelman, James, • 71, 74s

"Criminal Record of Francisco Villa" (*Expediente Criminal de Francisco Villa,* memorándum del gobierno de Huerta), • 492n17

Croix, Teodoro de (virrey), • 31

Cruces, colonia militar, • 31, 36

Cruz, Felipe, • 40

Cuchillo Parado, • 32, 50, 60, 80, 164, 243, 248, 300, 462s, 493-94n13, n14; •• 146, 295, 427

Cuello, Jesús, •• 332

Cuencamé, región de, • 164, 489; •• 338

Cueva de Coscomate, •• 159

Cueva Pinta, rancho La, • 83s

Cuilty, Carlos, • 275; •• 246

Cultural china, revolución, •• 216

Cumbre, ataque al túnel de La, • 471, 524-25n55

Cummins, Cunard, • 149, 331ss, 376s; •• 259, 326

Cusihuiráchic, •• 142, 179s

Cusihuiráchic Mining Company, •• 142-43

Cuzin, M., •• 60, 62, 456n29, 458n103

Dakin, Fred, •• 331

Danton, Georges Jacques, • 13, 392, 441; •• 9, 44

Danville Bee, •• 369

Dávila, Pedro, • 460

Davis, Will, •• 62

Decena Trágica. *Ver* Huerta, golpe de

Declaración de Torreón, • 412-13

Defensas sociales, • 250, 283; fundación, •• 133; organizadas por Pershing, •• 160, 196; contra el ejército carrancista, •• 237-43, 318; composición social, •• 237-39; relaciones de Villa con las, •• 241-42, 299-302 passim, 344; faccionalismo, •• 243

Dehesa, Teodoro, • 502-3n152

Delgado (general villista), •• 120

Demócrata, El, •• 370, 464n12

Denegri, Ramón, • 318

Departamento de Estado de Estados Unidos: y el incidente de Tlahualilo, • 200; sobre Hopkins, • 362; sobre Benton, • 378; y Ángeles, •• 457-58n74; y la conspiración de Iturbide, •• 86-89, 460n54, n60; plan de, contra Carranza, •• 97; y el plan de Charles Hunt, •• 263; archivos de, •• 428-29; sobre Villa, • 517n8

Departamento de Inteligencia Militar de Estados Unidos, • 97; •• 201, 382, 429s

Departamento de Justicia de Estados Unidos, • 363, 518n29; •• 197, 253s, 288s, 313

Dernburg, Bernhard, •• 139

Deudas, peonaje por, • 64, 104, 151, 245, 464; •• 16, 29, 48. *Ver* Peones

Díaz, régimen de: estabilidad, • 29-30, 57-58; revuelta de Tomóchic, • 37, 40; la clase media bajo, • 42, 66, 154; •• 400; vínculos de Luis Terrazas con, • 42, 107; •• 244s, 399-400; protestas de los habitantes de los pueblos, • 45-47, 49, 496n46; disputas de Creel con, • 51-56; oposición del PLM, • 62-63; y la iglesia católica, • 64; ilegitimidad, • 74s, 118-19; promesas de reforma, • 118; estrategias encontradas, • 128-31; órganos represivos, • 150; jefes villistas opuestos, • 300-9 passim; y familia Ángeles, • 313-14; intelectuales opuestos, • 323-24. *Ver también* Díaz, Porfirio

Díaz, Félix, • 154, 213ss, 228s, 255, 281s, 316, 318s, 445; •• 20, 29, 258-61, 266s, 282, 303

Díaz, Porfirio: reclamaciones de tierras de los habitantes de los pueblos, • 48-56 passim;

•• 411; informes de Creel, • 68, 159; y el escándalo del Banco Minero, • 70; entrevista Creelman, • 71-72, 74; estrategia contrarrevolucionaria, • 100-2; reclutamiento militar por, • 105-7; informes de Hernández, • 108, 111, 118-19; sobre la revolución de Chihuahua, • 108-10; promesas de reforma, • 118; informes de Lauro Villar, • 119; renuncia, • 133-34; golpe de 1876, • 141; y los Tratados de Ciudad Juárez, • 142; vínculos de Carranza con, • 233-34, 509n11; Villa comparado con, • 371; uso de la propaganda, •• 45s; fusilamientos, • 504n12; fuentes de archivo sobre, •• 425. *Ver también* Díaz, el régimen de

Díaz, Porfirio Adrián, • 340

Díaz Couder, Manuel, • 85, 499n19

Díaz Lombardo, Miguel: y Ángeles, • 319; •• 51; origen, • 323; •• 270; relación con Villa, • 325; •• 101, 229, 248, 271; sobre la ejecución de Obregón, • 420; González Garza contra, •• 19, 42, 274; Salas Barraza sobre, •• 376; como representante en Estados Unidos, •• 90, 272, 274; exclusión de la amnistía, •• 122; y Félix Sommerfeld, •• 289; sobre el conflicto Carranza-Obregón, •• 318

Díaz Ordaz, Gustavo, •• 391

Díaz Soto y Gama, Antonio, •• 42, 49, 54, 56

Diéguez, Manuel: vínculos carrancistas, • 430; •• 28; propuesta de Obregón, • 439, 523n64; combates o campañas militares, •• 60-61, 65-66, 75, 78, 108, 222, 301; carta contra Carranza dirigida a, •• 115; y el proceso de Ángeles, •• 310s, 312-14, 480n106; muerte, •• 331

Diez días que estremecieron al mundo (John Reed), •• 393

Divina Comedia (Dante), •• 332

División del Bravo, • 399

División del Noreste. *Ver* Ejército del Noreste

División del Noroeste. *Ver* Ejército del Noroeste

División del Norte: jefes militares autónomos, • 243-44, 294, 300-9, 343-44; financiamiento, • 247, 457ss; •• 126, 405; disciplina, • 253-54, 278, 332-35, 341; •• 215; en Torreón, • 253-54, 259, 352-54; en Ciudad Juárez, • 261-62; Thord Gray sobre, • 264-65, 511n71; soldaderas, • 263, 335-37; en Tierra Blanca, • 264-66, 310; promesas de distribución de la tierra, • 275s, 334-35, 447, 457; •• 53-54; haciendas confiscadas, • 289, 307, 343, 430, 446, 460; unidades técnicas, • 309-10, 345-46; importancia de los ferro-

carriles, • 312, 336, 350, 393s; papel de Ángeles, • 320-21; •• 22, 282; Cunard Cummins sobre, • 331-32; Edwin Emerson sobre, • 332-34; formas de reclutamiento, • 334s; •• 215-16, 403; atención médica, • 336, 452, 476, 515n15; motivos para unirse a, • 337-40; antiguos soldados federales, • 340, 345; •• 21-23, 111; opiniones, sobre Villa, • 340-41; los Dorados, • 336, 342; •• 95; reclutas extranjeros, • 345-48; caballería, • 350; composición social/regional, • 351-52; •• 95, 404; en Saltillo, • 393-94; hostilidad de Carranza, • 395-98, 421-22; renuncia de Villa, • 395-96; en Zacatecas, • 398-400; bloqueo estadounidense de armas, • 405-6, 521n5; propuesta federal de rendición, • 408-9; iniciativas de pacificación, • 424-25; opiniones en Aguascalientes, • 428-31; desintegración/desmoralización, •• 95-103 passim, 107-8, 117-18; rendición oficial, •• 118-21, 134, 404; veteranos, •• 131, 133-34, 142, 146-47, 217, 238; raíces maderistas, •• 403; fuentes de archivo sobre, •• 433, 436

Divorcio, leyes sobre, •• 55

Documentos relativos al general Felipe Ángeles (Álvaro Matute), •• 424

Domínguez, Cruz, •• 120, 161s

Domínguez, Feliciano (el Tuerto), • 95

Domínguez, Pedro, • 99

Domínguez, Refugio, • 459

Don Quijote (Miguel de Cervantes), • 40, 240

Dorados, los, • 336, 342; •• 95, 122, 134s, 145, 178, 191, 226, 228, 297, 336, 361, 386, 390, 404

Dos Bocas, Hacienda de, • 147

"Dos granaderos, Los", (Heinrich Heine), •• 235

Douglas, Charles A., • 518n28

Dozal, Juan, • 264

Drebben, Sam, • 347

Durán, Gabino, • 464

Durango: bandidaje, tradición, • 85-87, 91-92, 499-500n35; levantamientos, • 151-52, 164; importancia de Torreón para, • 250-51; movimiento en Chihuahua comparado con, • 488-89; reforma agraria de 1915, •• 57; defensas sociales, •• 238; rebelión de los Arrieta, •• 337; planes de Villa para la gubernatura, •• 356s, 359; fuentes de archivo sobre, •• 427

Durango (ciudad), • 97, 105, 232, 291, 142, 248, 253s, 268s, 332, 423, 476; •• 238, 301, 317

Durazo (coronel federal), •• 390
Dyo. *Ver* Mudio, Tsuto

Eagle Films Manufacturing and Producing Company, • 374
Eaton, Cyrus, • 82s
Ébano, El, región, •• 65, 67s, 188, 230
Echeverría, Luis, •• 390
Economía: durante la crisis de 1908-10, • 66-69, 78-79; •• 399s; del Chihuahua villista, • 476-79; y devaluación de la moneda, •• 92-93
Educación: respeto de Villa por, • 125, 473-75; •• 332, 344
Edwards, Thomas D., • 517n8
Ejecución(ones): por Navarro, • 108, 136, 210; de prisioneros, por Villa, • 254, 256s, 262, 307; •• 62, 178-79, 215, 226, 414, 468n25; bajo el régimen de Huerta, • 256; •• 414; ley de 1862, • 256-57; Carranza sobre, • 256-57; •• 414; de civiles, por Villa, • 281, 484s; •• 116-17; por Fierro, • 310-11, 376-77; •• 34-35, 326; Zapata sobre, • 388-89; en Zacatecas, • 403-4; Ángeles sobre, • 403; •• 64, 298; planeada, de Obregón, • 419-20, 421, 522n33; •• 335, 387; durante el terror villista, •• 34-38; Eulalio Gutiérrez sobre, •• 34s; de Aureliano González, •• 103; de estadounidenses, •• 143-44, 148; de Pablo López, •• 162-63; por González Díaz, •• 168-69; por carrancistas, •• 179; de soldaderas, •• 221, 472n31; por Murguía, •• 227; de Ángeles, •• 313-14; en la hacienda de Canutillo, •• 335; de Murguía, •• 338
Ejército del Centro (Venustiano Carranza), • 394
Ejército Federal: y los ataques apaches, • 27s; reclutamiento forzoso, • 37, 86, 106, 335; y la revuelta de Tomóchic, • 39-42, 495n33; reclutamiento de Villa, • 85, 293, 499n19; intentos de reclutamiento, • 105-7; incompetencia contraguerrillera, • 111-13; partidarios de Reyes, • 113; en Ciudad Juárez, • 128-29; temores de conciliación, • 130; bajo los Tratados de Ciudad Juárez, • 140-41; política de Madero sobre, • 141, 151, 195, 202, 227-28, 234-35; milicias estatales comparadas con, • 210s, 234-35; en Torreón, • 252-53, 352-54; ofertas de amnistía de Villa, • 279, 452; soldaderas, • 335; absorbido por las fuerzas de Villa, • 340, 345; •• 21-23, 85, 111; en Zacatecas, • 399-403, 520-21n133; rendición de, a los carrancistas, • 407-9; vínculos de Ángeles con, ••

45-46; situación en 1913 comparada con 1916, •• 184. *Ver también* Carrancistas, militares
Ejército Libertador del Sur, • 351, 388, 429; •• 10, 13, 43, 58, 130. *Ver también* Zapata, Emiliano; Zapatistas
Ejército del Noreste (División del Noreste, Pablo González), • 325, 393, 409, 412s, 421, 426, 428, 430, 439, 446; •• 20
Ejército del Noroeste (División del Noroeste, Álvaro Obregón), • 424, 426, 428s, 432, 439s; •• 20, 132
Ejército Reconstructor Nacional, •• 301
El Paso (Texas), • 128; confrontación Villa-Garibaldi, • 144-46; huida de Villa a, • 218-19; ataque planeado contra, •• 121; incidente del despiojamiento, •• 149s, 466n51; como centro revolucionario, •• 265; exilio de Ángeles, •• 275-76; disparos villistas hacia, •• 305
El Paso Herald, The, • 219, 370; •• 98, 119, 122, 145, 438
El Paso Morning Times, • 126, 480; •• 438; entrevista de Castillo con, • 167; sobre el contrabando de municiones, • 247; sobre las políticas villistas, • 276, 334, 456, 472; sobre el regalo de Villa a su esposa, • 295; entrevistas de Villa, • 524-25n55; •• 106-7, 462n122
El Paso del Norte, • 133
Elección de 1910, • 71-72, 75
Elecciones: control descentralizado, • 410-11, 418; declaración de Torreón sobre, • 412-13; aplazamiento de, por los villistas, • 455; opiniones convencionistas sobre, •• 54; del régimen de Carranza, •• 209; Díaz Lombardo sobre, •• 271-72; Ángeles sobre, •• 294-95; encuesta de 1922 sobre, •• 359-60
Élite (oligarquía), la: relaciones de Madero con, • 71, 144, 153-62 passim, 174, 209, 215-16, 230, 274-75; y los levantamientos campesinos, • 100-1, 130, 147-49, 503n165, 505n51; impuestos de González, • 156-57, 454; •• 350; vínculos de Orozco con, • 158, 162-63, 169-75, 291, 505n51; •• 246; postura ante la intervención estadounidense, • 160, 173; vínculos de Carranza con, • 234, 236; •• 27-30, 120-31; Gamboa como candidato, • 356; concepto de propiedad privada, • 466; transformación por la revolución, •• 280-81, 328, 421. *Ver también* Creel, Enrique; Hacendados, los; Terrazas, Luis; Terrazas-Creel, el clan
Elizondo, Brigada, •• 65

Elizondo, José V., •• 179s
Emerson, Edwin, • 332ss, 348ss, 353, 515n15; •• 216, 438
Emporium (club de El Paso), • 240
Engels, Friedrich, •• 281
Enramada, batalla de La, •• 183
Enrile, Gonzalo, • 175
Enríquez, Ignacio, hijo: origen/experiencia, •• 131-32; políticas agrarias, •• 132, 243, 246, 248, 330, 346-47, 354; defensas sociales, •• 133, 238-43 passim; sobre la intervención estadounidense, •• 155-56; destitución como gobernador, •• 167, 240; relaciones de Villa con, •• 319, 335-36, 346-47; petición de Bosque de Aldama contra, •• 347-48, 352; sobre el trato McQuatters-Terrazas, •• 350-54 passim; y el entierro de Villa, •• 368, 389; y el indulto a Salas Barraza, •• 374, 379-80; fuentes de archivo sobre, •• 426
Enríquez, Ignacio, padre, •• 131
Erwin, James B., •• 304s
Escandón, Pablo, • 219-20
Escárcega, Pablo, •• 362
Escárcega, Primitivo, •• 362
Esclavitud, de los indios, • 26
Escobar, Gonzalo, •• 312, 323, 338, 355, 379
Escudero, Francisco, • 328, 382; •• 122
Escudero, Juan, •• 42
Escuela de Artes y Oficios (Chihuahua), • 475
Españoles, • 26, 31, 37, 141, 240, 246, 275, 281-83, 287, 333, 357, 375-76, 382, 454, 456, 468, 517n8; •• 26, 52, 185, 344, 398, 411, 431ss
Espejel, Laura, •• 433, 448
Espinosa, José María, •• 161, 196
Espinosa, Petra, • 179, 296
Espinoza, Salomé, • 460
Esquivel Obregón, Toribio, • 139
Estación Marte, •• 63
Estación Reforma, batalla de, •• 225-26
Estados Unidos: prohibición de la inmigración, • 67; actitud de Orozco ante, • 188, 193; obtención de armas por Villa, • 270, 289, 309, 344, 363-64, 448; •• 31s, 126, 249-50, 405, 456n15; opinión pública, • 348, 355, 366-74; •• 98-99; impacto de la alianza de Villa con, • 355; •• 32, 405-7; intermediarios de Villa con, • 360-61, 363-66, 448-49; •• 428-29; hacendados exiliados, •• 25; tropas carrancistas en, •• 109; emigración villista, •• 133; ataque planeado por Villa contra, •• 134-39, 464n12, 465n15; vigilancia de la frontera, •• 249-50, 265-66; acti-

vidades revolucionarias de mexicanos en, •• 265-66; relaciones de Obregón con, •• 350-51, 354, 381-82. Ver también Estadounidenses; Wilson, gobierno de
Estados Unidos, intervención de: temores del régimen de Díaz, • 129ss; amenaza a Madero, • 132, 134, 200; élites chihuahuenses sobre, • 159-60, 173; como preocupación de Villa, • 262-63, 269s; •• 327; Carranza sobre, • 447-48; •• 129, 155-56; alternativas de Duval West a, •• 84, 460n46; provocación alemana, •• 84, 139-40, 256-57; postura de Wilson sobre, •• 84-85, 152-53, 261; uso estratégico por Villa, •• 137-38, 139-40, 152, 166-67, 189; respuesta de Namiquipa, •• 160, 196; posición de los empresarios estadounidenses sobre, •• 165, 205, 261, 288, 471n109; Albert Bacon Fall sobre, •• 261; Ángeles sobre, •• 276-82 passim, 293; Iturbide sobre, •• 278; Obregón sobre, •• 329, 352; respuesta hipotética villista, •• 419. Ver también Expedición Punitiva; Veracruz
Estadounidenses: oposición nacionalista a, • 61, 269; opinión de Villa sobre, • 247, 289-90, 448; •• 142, 180-81, 193-94, 223-24, 300-6 passim, 411; como empleados de los ferrocarriles, • 270; en la División del Norte, • 345-47; trato de Castillo a, • 470-71; ejecuciones de, •• 143-44, 148; propiedades confiscadas a, •• 172, 174, 180-81; opinión de Ángeles sobre, •• 303, 305-6, 311, 398. Ver también Estadounidenses, empresarios
Estadounidenses, empresarios, • 27-28; •• 96; inversiones en Chihuahua, • 64, 78-79; cierre de 1908-1910 en México, • 66-67; postura intervencionista, • 157; •• 165, 205, 261, 288, 471n109; actitud de Orozco ante, • 188, 193; relaciones de Villa con, • 359-60, 363-65, 448-49, 471-72; •• 180-81; conexión de Hopkins con, • 362-63; y plan de Canova, •• 87-89, 460n60; demandas de financiamiento por Villa, •• 90, 96-97, 110, 242-43, 254-55, 296, 305-6, 406-7, 478n68; bienes confiscados, •• 93, 96, 142, 172-73, 461n87; y la masacre de Santa Isabel, •• 142-45, 465n28; planes contra Carranza, •• 261-65, 475-76n47, 476n48; y los exiliados conservadores, •• 266; impacto de la revolución sobre, •• 328-29; política de Obregón sobre, •• 328s, 381-82; vínculos de McQuatters con, •• 351-54; fuentes de archivo sobre, •• 429-31. Ver también Minas
Estadounidenses, militares: movilización por

Flores, Ángel, •• 115
Flores, Blas, • 202
Flores, Nicolás, •• 336
Flores Magón, Enrique, • 62, 66, 82, 114s, 117, 121; •• 47, 265. *Ver también* PLM
Flores Magón, Ricardo, • 62s, 66, 82, 114s, 117, 121, 165, 368; •• 47, 265. *Ver también* PLM
Following the Flag in Mexico (película), • 374
Fountain, Thomas, • 191, 193
Francia, • 34, 74, 79, 231s, 283, 314s, 319, 323, 427; •• 30s, 35, 44, 203, 254, 256, 261, 269, 281, 339, 432; París, • 77, 130; revolución francesa, •• 27
Franciscanos, misioneros, • 26, 37
Francisco Villa, el quinto jinete del apocalipsis (Alonso Cortés), • 15
Franco, María Teresa, • 509n123
Franco, Romualdo (primo de Villa), • 17
Franco Domínguez, Julia, •• 300
Freyna (dirigente socialista), •• 205
Frías, Albino, • 82, 122
Frías, Heriberto, • 40s
Frontera, vigilancia de la, •• 249-50, 265-66
Fuentes, Alberto, • 235
Fuentes, Carlos, • 516n54; •• 393
Fuentes de la historia contemporánea de México: periódicos y revistas, •• 437
Fuentes Mares, José, • 493n10
Fuerte Hidalgo, •• 304
Fuller, Paul, • 410, 417, 429; •• 13, 89, 91
Funston, Frederick, •• 109, 153, 195
Furber (empresario inglés), • 90s

Galaviz, José, •• 317
Galeana, distrito de, • 32, 48, 51, 61, 114, 119, 165s, 169, 269, 463; •• 157s, 168
Galván, Guadalupe, • 281
Gama, Pablo, • 481
Gamboa, Federico, • 356
Ganado: y derechos de pastoreo, • 46, 55s, 464; •• 399; robo, • 91-93; agotamiento, • 477; •• 31, 69; valor de exportación, •• 94; en el trato McQuatters-Terrazas, •• 349
Gandarilla, Emilio, •• 371ss, 377
García, Andrés, •• 201, 263, 265
García, Gregorio, • 306
García, José, •• 362s, 386
García, Juan, • 343
García, Matías, • 481; •• 482n91
García, Máximo, • 499n19
García Aragón, Guillermo, •• 34
García de la Cadena, Enrique, • 317, 331
García Cuéllar, Samuel, • 105, 498n8
Garcilaso (capitán federal), •• 390

Gardea, Guadalupe, • 313
Garfias, Luis, •• 71
Garfield, James Rudolph, •• 90, 430-31
Garibaldi, Giuseppe, • 117, 120, 125, 127, 144ss, 345
Garrison, Lindley, •• 82, 139
Garza, Lázaro de la, • 287, 309, 344, 360, 364, 449, 485; •• 456n15, 458n94; regalo a Villa de, • 295; corrupción de, •• 70; venta a Francia de municiones destinadas a Villa, •• 268-69; fuentes de archivo sobre, •• 424-25
Garza Cárdenas, Luis de la, •• 42, 122
Garza Galán (gobernador), • 324, 509n11
Gavira, Gabriel, •• 150, 222, 309, 312
Gemichi Tatematsu, •• 199-200
General Francisco Villa, El, (Bauche Alcalde), • 492n4
Gerónimo, • 31; •• 401
Gil Piñón, Francisco, • 473s; •• 362, 365, 375
Gogojito, Hacienda de, • 16s
Goltz, Horst von der, • 346s, 349
Gómez, Arnulfo, •• 390
Gómez, Justiniano, • 198
Gómez Luna, Alfonso, •• 309, 314
Gómez Morentín, Alfonso, •• 229-30, 232, 255, 271, 459n27
Gómez Morentín, Manuel, •• 305
Gómez Palacio (ciudad), • 256, 302, 353s, 423; •• 341
Gómez Palacio, Francisco, • 122, 147, 164, 503n170
González, Abraham: reclutamiento de Villa, • 19, 21, 81, 90, 95-96, 500n49; y el escándalo del Banco Minero, • 69-70, 160-61; relaciones con la clase media, • 72, 80, 113, 139, 154, 269-70, 453; y Claro Reza, • 94, 500n47; contrabando de armas, • 111; perspectivas de política social, • 153s, 154-55, 274-75; reformas, • 156-57, 167-68, 180, 453-54; •• 350, 418; perjudicado por Madero, • 157-58, 160-62, 209; •• 349; sobre la lealtad de Ciudad Guerrero, • 169; sobre los revolucionarios orozquistas, • 175; relaciones de Villa con, • 179-80, 184-86, 194, 201, 204-5, 219, 221-23; y el conflicto Villa-Soto, • 182-83; oposición de Huerta, • 195, 209, 506n41; asesinato, • 223, 230, 238; sobre la revuelta de Huerta, • 228-29; y Juan Medina, • 309; fuentes de archivo sobre, •• 426
González, Arnulfo, •• 240
González, Aureliano, • 162, 205, 222, 248, 271, 456; •• 103, 462n107
González, familia, •• 472n31
González, Manuel, • 29ss

Hacienda de Canutillo. *Ver* Canutillo, hacienda de

Hacienda de El Guaje, •• 71

Hale, William Bayard, • 363

Hambruna (1917-18), •• 214

Hamm, Walter C., • 254

Hammond, John Hays, • 360; •• 80

Hanna, John, •• 289

Harding, gobierno de, •• 354, 381s

Harris, Charles, • 126s; •• 201

Harrison, Leland, •• 345, 462-63n129

Hart, John, • 523n67

Hassán, sultán filipino, • 365

Hawes, John J., •• 254s

Hay, Eduardo, • 116, 432

Hayes, Ralph, •• 289

Hearst Press, • 370

Hearst, William Randolph, • 188, 193, 361; •• 80, 141, 144, 152, 238, 410

Heine, Heinrich, •• 235

Hermana María, • 41

Hermosillo, •• 108, 115

Hernández, Braulio, • 172, 185, 294

Hernández, Eduardo, •• 224s

Hernández, Juan, hijo, • 408

Hernández, Juan, padre, • 101, 107-111, 118s, 130

Hernández, Luis, • 375

Hernández, Rafael, • 209

Hernández, Rosalío, • 249, 397s; •• 105

Hernández Llergo, Regino: en la hacienda de Canutillo, •• 332-36 passim; y los hijos de Villa, •• 339; sobre Austreberta, •• 342; entrevista de Villa con, •• 343-45

Herrera, Cástulo, • 82, 84, 99ss, 134, 165; •• 346

Herrera, Celia, • 20ss, 492n17

Herrera, Dolores, •• 364

Herrera, Jesús, •• 361-65, 375

Herrera, José de la Luz, •• 299, 361

Herrera, Luis, • 424; •• 15, 131, 167, 188, 224, 299, 464n2

Herrera, Maclovio: en Parral, • 189; origen, • 304, 341; •• 224; y Carranza, • 380, 397s; •• 15, 299; en Monterrey, •• 63s; y Luis Herrera, • 424; •• 131, 299, 464n2

Herrera y Caro (comandante), •• 34

Herrerías, Ignacio, • 123, 127, 186, 264

Herrero, Rodolfo, •• 361

Hidalgo, Antonio, •• 17

Hidalgo, Cutberto, •• 320

Hidalgo, Miguel, • 59, 141, 269; •• 161

Hidalgo del Parral, • 67, 72, 302-3; •• 385. *Ver también* Parral

Hill, Benjamín, • 412, 417ss, 440; •• 76, 321, 324

Hintze, Paul von, • 228, 236, 255, 363

Hobsbawm, Eric, • 92

"Hoja de servicios del general Francisco Villa", • 492n4

Hoffman, Pablo, • 165

Holden, Robert, • 494n17

Holguín, Epifanio, •• 317

Holland, Philip, • 236

Holmdahl, Emil, •• 389

Holmes, George, •• 250-53, 256, 273, 295

Holmes, Thomas B., •• 143, 465n28

Holtzendorff, Henning von, •• 139

Homestead Act (Estados Unidos), • 33, 494n15

Honecker, Erich, •• 217

Hoover, J. Edgar, •• 482n103

Hopkins, Sherbourne G.: y el movimiento maderista, • 362; y Carranza, • 362, 518n28; y Sommerfeld, • 363-64, 287ss; "Declaración de Villa" para negar su participación en Columbus, •• 264, 288; y el proceso de Ángeles, •• 313; fuentes de archivo sobre, •• 430

Horcasitas, batalla de, •• 219-20, 224

Hospitales. *Ver* Médica, atención

Hotel Hidalgo, •• 388

Houghton, E. H., • 505n51

House, Edward M., •• 79, 163, 165, 430

Houston, David, •• 165

Huelgas, • 65, 164, 234, 368-69; •• 54, 209, 330, 458n94

Huerta, Adolfo de la: apoyo sonorense a, • 241, 380; •• 381; relaciones con Villa, •• 320-23, 325, 333-34, 356-57, 381, 414, 485n80; y el asesinato de Villa, •• 323, 376; como sucesor presidencial, •• 355, 359-60; y Calles, •• 357-58, 483n141; contra el gobierno de Obregón, •• 374, 384; sobre los Tratados de Bucareli, •• 381

Huerta, el golpe de, • 223; evaluación de Madero sobre, • 227-29; apoyo de la élite a, • 231; respuesta de Carranza a, • 235-37; sospechas de Ángeles sobre, • 316-18, 513n65

Huerta, Victoriano: tácticas de contrainsurgencia, • 130s, 315-16; y Limantour, • 142, 502-3n152; trato hacia Villa por, • 195-98, 201-2, 507n48, n52, n53, n56, n62; y Abraham González, • 209; relaciones de Madero con, • 210-11, 215, 318; golpe contra Madero, • 223, 228-29; y Chao, • 244; ejecuciones bajo, • 255-56; •• 414; vínculos con españoles, • 243s; y los zapatistas, • 315-16; trato a Ángeles, • 318-19; y Díaz Lombardo, • 323; disuelve el Congreso, • 356; oposición de Wilson, • 355-56, 385-86, 406-7; empresarios

estadounidenses sobre, • 359; renuncia /huida, • 408; y la liberación de Bonilla, • 465; levantamientos campesinos contra, •• 16-17; y Riveros, •• 18; complots alemanes con, •• 84, 139; e Iturbide, •• 86; y el clan Terrazas, •• 246; y Calero, •• 267-68; y Castellanos, • 508n103; y la propaganda carrancista, •• 457-58n74
Humboldt, Hacienda de, • 165
Hunt, Charles, •• 262ss, 475-76n47, n48
Hunt, Frazier, •• 332, 344
Hunt, W. B., • 257
Hurtado, Claro, •• 365
Husk, Carlos, • 20
Hyles, Homan C., •• 464n12

Iglesias Calderón, Fernando, • 425
Independencia, guerra de (1810-11), • 26, 269
Industrial, clase obrera: bajo el régimen de Díaz, • 42; descontento antes de la revolución, • 61-62, 73-74; vínculos del PLM con, • 62s; apoyo a González, • 154-56, 453s; huelgas después de la revolución, • 164; exclusión del zapatismo, •• 15, 51; bajo el régimen carrancista, •• 47-48, 60. Ver también Mineros
Industrial Workers of the World. Ver IWW
Infantería, • 350; •• 68-73 passim
Inmigración, prohibición de la, • 67
Instituto Científico y Literario (Chihuahua), • 288
Intelectuales, los: Villa sobre, • 321; vínculos con Carranza, • 322, 325, 381; empleo de, por Zapata, • 322; •• 229; en el gobierno villista, • 322-29; •• 436; ruptura con Villa, •• 229, 270-71, 310
International Harvester Corporation, •• 431
Iturbe, Ramón, • 430
Iturbide, Eduardo, •• 86-89, 259, 261, 266, 278, 285, 460n53, n54, n60, 462-63n129
IWW (Industrial Workers of the World), • 93, 114, 359, 368, 472; •• 47
Izquierda estadounidense, la: opiniones sobre Villa, • 366-69; sobre el ataque a Columbus, •• 204-5

Jagow, Gottlieb von, •• 140
Jahnke, Kurt, •• 254
Jalisco, •• 14, 17, 28, 56, 61s, 68, 71, 78, 98, 108, 222
Janos, colonia militar, • 32, 36, 51-56, 103, 166, 303
Japoneses: complot para envenenar a Villa, •• 199-201, 429-30, 470n92
Jara, Heriberto, • 431

Jáuregui, Carlos, • 217-20 passim
Jaurrieta, José María, •• 176, 228s, 232, 295, 305, 307, 317, 437, 449, 472n31
Jefes políticos, • 34, 65, 87, 118, 142, 150s, 245
Jesuitas, misioneros, • 26, 28, 32, 37-38
Jiménez, Rosario, •• 362
Jones, Gus, •• 251, 482-83n103
Jones, Mary (Mother Jones), • 368s; •• 410
Juare, E., •• 348
Juárez, Benito, • 11, 33, 50, 59, 132, 155, 256, 387; •• 244, 401
Juvenal (pseudónimo). Ver Pérez Rul, Enrique

Kahn, Otto, • 360
Kamenev, Lev, •• 393
Kansas Orient and Pacific Railroad, • 44
Keane, P., •• 144
Keedy, J. F., •• 88ss, 113, 140, 252s, 286, 430
Kelley, monseñor Francis C., •• 345
Knight, Alan, • 322, 442, 505n51; •• 416s, 419, 449
Knotts, Frank, •• 251
Koreck, María Teresa, • 493-94n13; •• 427, 448-49
Kornilov, Lavr Georgyevich, • 74-75, 231
Kreisky, Bruno, •• 421
Krupp (industrial alemán), • 314-15

Landa y Escandón, Guillermo de, • 219
Lane, Franklin K., •• 86, 88s, 91, 101, 165
Lanfersick, Walter, •• 205
Lansing, Robert, •• 83s, 97, 113, 254, 263, 430
Lara, Félix, •• 355, 365s, 375
Larrazolo, Octaviano Ambrosio, •• 198s
Lascuráin Paredes, Pedro, • 229, 513n65
Lawrence, David, •• 288
Legalista, Partido (más tarde Alianza Liberal). Ver Alianza Liberal
Legislación y jurisprudencia sobre terrenos baldíos (Orozco), • 494n17
Lenin, Vladimir, • 12, 299; •• 44, 328
León, batalla de, •• 74-76, 79
León, Luis de, •• 347
León, Luis L., •• 357s
León de la Barra, Francisco, • 131, 140, 158, 168, 173
Lerdo de Tejada, Sebastián, • 30
Letcher, Marion: sobre la política fiscal de González, • 156, 504n5; sobre el movimiento de Orozco, • 158, 170, 173, 504n9, 505n51; sobre las actitudes ante la intervención estadounidense, • 160, 228; sobre Villa, • 281s, 517n8; sobre Sommerfeld, • 363; sobre Bierce, 516n54

Leva, • 37, 86, 106, 150, 264, 335
Ley fuga, • 85, 93, 150, 198, 484, 507n56
Life of General Villa, The (película), • 373
Limantour, José Yves, hijo, • 34, 101, 118, 130s, 133s, 142, 502-3n152; •• 25, 30, 45ss, 209
Limantour, José Yves, padre, • 34
Lincoln Star, •• 369
Lind, John, • 256, 517n8; •• 81
Linss, Edward, •• 140, 252s
Lippmann, Walter, • 368
Llorente, Enrique, • 364; •• 284, 376, 425
Lloyd, Jane Dale, • 493-94n13, n17
Loera, Manuel F., • 56
Lombardo Toledano, Vicente, •• 392
López, Atenógenes, •• 362-63, 484n6
López, Martín: origen, • 313, 338; crueldad, •• 135, 147; sobre el ataque a Columbus, •• 157; en el cerro de Santa Rosa, •• 191; en Ciudad Juárez, •• 304; muerte, •• 317, 362-63, 484n6
López, Pablo: origen, • 338; •• 135, 147; sobre el objetivo de Villa, •• 137; y la masacre de Santa Isabel, •• 142-45, 465n28; ejecución, •• 162-63; y el ataque a Columbus, •• 466n47
López Hermosa, Alberto, •• 309
López Moctezuma (ingeniero), • 53s
López Negrete, don Agustín, • 16s, 86
López Negrete, familia, • 16, 84, 96, 301
López Ortiz, Mariano (Papacito), • 111s, 203; •• 183
Los Llanos de San Juan Bautista, •• 239, 426
Louisville Courier-Journal, •• 369
Lozoya, Melitón, •• 374, 380
Lucas, Ralph, •• 148, 151
Luis XVI (rey de Francia), • 231; •• 9, 46
Luis Felipe, duque de Orleáns, •• 46
Luxemburgo, Rosa, •• 281

MacDonald (gobernador de Nuevo México), •• 198
Machismo, • 277, 295
Mackenzie (ejecutivo británico), •• 384
Maderistas, los: relaciones con los hacendados, • 103, 122, 128-29, 242; estrategias guerrilleras, • 111-13, 135; líderes/pago, • 120-21; disciplina/ideología, • 126-27; •• 403; tácticas de ejército regular, • 128-29; y los Tratados de Ciudad Juárez, • 142-44; situación después de la revolución, • 162-67, 177, 180-82, 227-33, 451-52; en la rebelión de Orozco, • 187-88, 352; integración al ejército federal, • 194-96; papel de las mujeres, • 335. *Ver también* Revolución mexicana (1910-11)
Madero, Alberto, •• 456n15

Madero, Alfonso, • 112
Madero, Emilio: Cunard Cummins sobre, • 149-50; y Villa, • 216, 222, 260, 507n53; •• 19, 40-41; en Torreón, •• 58; en Saltillo, •• 63; renuncia, •• 101
Madero, Ernesto, • 504n11
Madero, Evaristo, • 68
Madero, Francisco, • 68, 100, 112-13, 344; •• 219; campaña electoral de 1910, • 71-72; Plan de San Luis, • 72, 83-84, 136; precondiciones revolucionarias, • 73-75; apoyo de Ortega, • 80; llegada a Chihuahua, • 110-17 passim; cuestión del control del ejército, • 113-14, 117-121, 259s, 290-91; conflicto con los magonistas, • 114-15, 121, 125-26; relaciones con Orozco, • 116, 125s, 168-71; derrota de Casas Grandes, • 117, 119; lealtad de Villa, • 125, 184-85, 194, 204-6; maderistas disciplinados, • 126-27; conflicto con la facción militar, • 132-38 passim, 380; rendición de Navarro, • 136-37, 140, 179, 210, 255; y el tratado de Ciudad Juárez, • 140-43; política respecto del ejército federal, • 141-42, 194-96, 201-2, 227-28, 234-35; estrategia para atraerse a las élites, • 144, 153s, 157-58, 160-62, 174-75, 209, 215-16, 274-75; levantamientos campesinos contra, • 147-50; •• 16-17, • 503n165; políticas de González, • 153-56; revuelta de Reyes contra, • 159-60; y el escándalo del Banco Minero, • 161, 179-80; •• 349; críticas de Villa, • 179-80; •• 303; y el conflicto Villa-Soto, • 182-83; y el encarcelamiento de Villa, • 198-201, 210-11, 239-40, 507n53, n62; y Henry Lane Wilson, • 199-200; correspondencia de Villa con, • 203-23 passim, 509n123; •• 428; revuelta de Félix Díaz contra, • 213-14; demanda de amnistía de Villa, • 217-23; golpe de Huerta contra, • 223, 228-29; seguidores distanciados, • 230-31; y la familia Aguirre Benavides, • 304-5; vínculos de Ángeles con, • 315-18; •• 278-79, 303, • 513n65; y Díaz Lombardo, • 323; •• 271; y González Garza, • 324; y Sommerfeld, • 363-64; •• 265; nombre de calle, •• 37-38; retirada a Bustillos, •• 121; y Calero, •• 267; asesinato, •• 361; papeles en archivos, •• 428
Madero, Gustavo, • 143, 145, 201, 215, 230, 305, 318, 328, 362
Madero, Julio, •• 19
Madero, Raúl: y el oro del Banco Minero, • 284s; vínculos con Villa, • 305, 361; •• 19, 327, 358, 376; y la planeada ejecución de Obregón, • 419ss, 422, 522n33; como go-

México, terror de la ciudad, •• 33-38, 43, 417
México insurgente (John Reed), •• 393, 438
Meyer, Eugenia, •• 433
Meyer, Michael, • 505n51
Meza Gutiérrez, L., • 382
Michel, Ricardo, •• 317
Micheltorena, • 35
Miguel Salas, Hospital Estatal (Chihuahua), • 476
Milicias estatales, • 210-11, 235, 352
Milicias locales. *Ver* Defensas sociales
Militares, colonias. *Ver* Colonias militares, las
Miller (médico estadounidense), •• 110
Miller, Charles, •• 198
Miller, Frank, •• 252
Minas, • 26, 34; medidas represivas, • 61; en la crisis de 1908, • 66-67; en Chihuahua comparado con Sonora, • 448; bajo el gobierno villista, • 471-73; funcionamiento suspendido, •• 32, 69, 90; préstamos forzosos a Villa, •• 96, 110, 296, 478n68; postura intervencionista, •• 471n109
Mineros, • 61, 65s; reclutamiento por Villa, • 334; y Mother Jones, • 368-69; masacre por Pablo López, •• 142-45, 458n94, 465n28
Miramón, Miguel, • 323; •• 271
Misioneros, • 26-32 passim, 37-38
Mitchell, William, • 354
Moctezuma, • 11
Moctezuma, batalla de, •• 299
Molina, Olegario, • 53, 56
Mondragón, Manuel, • 314
Moneda. *Ver* Papel moneda
Monroe, Corolario de Roosevelt a la Doctrina, • 378-79
Monterde y Arremoyo, pueblo, • 45
Monterrey, batalla de, •• 58, 60, 62ss, 78, 416
Montes, Ezequiel, • 50, 80
Monumento a la Revolución (ciudad de México), • 15; •• 390
Mora y del Río, José, •• 25
Morelos (estado): levantamientos campesinos, • 118, 147, 164, 170; •• 397; papel de Escandón, • 220; segunda revolución, • 232; reputación de Ángeles, • 434; estructura social, • 454, 488; agricultura de subsistencia, • 457-58; •• 54, 405; confiscación, •• 26; alianzas conservadoras, •• 267
Morelos, José María, • 59
Moreno, Agustín, • 183
Moreno, Francisco (El Mocho), • 246
Mormones, • 61, 64, 78, 98, 114, 165, 247, 269, 470
Morris, Roy, hijo, • 516n54

Moye, Federico, • 267
Mudio, Tsuto (pseudónimo Dyo), •• 200, 470n100
Mueller, Guillermo, • 499n35
Múgica, Francisco, •• 29, 56, 208
Mulato, El (pueblo), • 41
Muller, Enrique, • 34, 48, 54
Munguía, Eutiquio, • 252, 260, 353; •• 34
Municiones. *Ver* Armas/municiones
Municipal, ley electoral (1914), • 456
Municipal, ley agraria (1905): promulgación/contenido, • 44-45; como inconstitucional, • 53; defensa por Creel, • 53-55; reversión villista de sus efectos, • 461-64; •• 398-99; expropiaciones, • 494n17, 496-7n79
Municipales, concejos, • 453s
Muñoz, Alejandro, • 21
Muñoz, Carlos, • 50
Muñoz, Guillermo, •• 244
Muñoz, Ignacio, • 398, 403
Muñoz, Rafael F., •• 235, 393
Murga, Aurelio, • 339; •• 233
Murga, Encarnación, • 339; •• 233
Murga, Juan, • 339; •• 233
Murga, Lucas, • 31
Murga, Ramón, • 339; •• 233
Murga, Sabás, • 339
Murguía, Francisco: origen, • 430, 486; •• 188, 247; estrategia de Obregón contra, •• 75; conflicto de Treviño con, •• 167-68, 189-90, 192-93, 230-31; conflictos de Villa con, •• 174-75, 221-235 passim, 473n66; sobre la derrota de Arrieta/Maycotte, •• 182-84; atrocidades contra los chihuahuenses, •• 214-15; victoria de Horcasitas, •• 219-20; estrategia en Torreón, •• 220-22, 224; derrota de Rosario, •• 225-26, 231; protesta de Santa Isabel, •• 237; oferta de amnistía a los villistas, •• 237; Enríquez comparado con, •• 240-42; y el plan de Hawes, •• 254; captura/ejecución, •• 331, 337-38
Muro Ledesma, Francisco, • 341
Museum of the Daughters of the American Revolution (San Antonio), •• 425
Mutual Film Company, • 372s, •• 424

Naco, manifiesto de (noviembre de 1915), •• 110s, 123, 142, 149, 173, 270, 344
Namiquipa, colonia militar, • 27, 31, 164; solicitud de tierras, • 48-55 passim; levantamiento maderista, • 80-81; reversión de los efectos de la ley de Creel, • 238, 462-63; reclutamiento de Villa, •• 146-47; derrota de

536

Cervantes, •• 160-61; policía de Pershing, •• 160, 196, 238; atacantes de Columbus procedentes de, •• 197-98; violaciones de los villistas, •• 227, 237
Napoleón III, • 29
Natera, Pánfilo, • 331, 394s, 399, 421, 443; •• 95
Navarrete, Emiliano, •• 41
Navarro, Juan: como verdugo, • 108, 136, 210; Hernández sobre, • 111; en Ciudad Juárez, • 128s, 134-36; indulto de Madero a, • 136-38, 140, 179, 210, 255
Navarro, Paulino, •• 373, 375, 377
Neff, Pat M., •• 346
Neutralidad, las leyes de, aplicación de, •• 265
New Freedom, doctrina (Wilson), •• 282
New Review, •• 205
New York American, •• 80, 337, 438
New York Herald, The, • 518n28
New York Times, • 143-45, 372; •• 46, 264, 337, 368, 430
New York World, •• 369
Newark and Evening News, •• 368
Nieto, Macario, • 47s, 97
Nieves, Hacienda de Las, •• 105
Niño, El, (cañón), • 259
No reelección, principio. *Ver* Partido Antirreeleccionista
Nogueira, Emma, • 481
North, Oliver, •• 87
Nueva York, Biblioteca Pública de, •• 448
Nuevo León, • 233, 352, 446; •• 14, 19, 41, 64, 67, 154, 222, 262, 301, 373, 376
Nugent, Daniel, • 493-94n13; •• 427, 448

O, Genovevo de la, •• 280
Oaxaca, •• 14, 23, 28, 210
Obregón, Álvaro, • 259, 273, 319, 353, 394; •• 22, 280, 418-19; y Aguirre Benavides, • 327-28, 423; Villa sobre, • 380, 383; •• 59, 69-71; origen, • 390; y Carranza, • 390, 440; •• 14, 318-19; tratado de Teoloyucan, • 409; y la estrategia sonorense de Villa, • 415-19; plan de ejecutarlo, • 419-21, 423; •• 335, 387, • 522n33; demanda de renuncia en Aguascalientes, • 436-39; sobre Ángeles, •• 45, • 513n65; victoria en la ciudad de México, •• 65; necesidades de comunicaciones militares, •• 68-73 passim; victorias de Celaya, •• 71-74, 122s; victoria de León, •• 75-76, 124; intento de suicidio, •• 76; victoria de Aguascalientes, •• 76-77; Carranza y Enríquez, •• 132, 335-36; y Cabrera, •• 166; relaciones con Treviño, ••

167, 188-89, 193; sobre las tácticas de Villa, •• 183; sobre el tratado de paz de Villa, •• 320-22, 324-25; correspondencia de Villa con, •• 325, 336-39, 363-64; y Luz Corral, •• 342; y la calavera de Villa, •• 390; fuentes de archivo sobre, •• 426-28; y la conspiración de Iturbide, •• 460n60. *Ver también* Obregón, gobierno de
Obregón, Francisco, •• 387
Obregón, gobierno de: políticas contradictorias, •• 328-30; relaciones con Villa, •• 336-39, 361, 363-64, 484n2; rebelión de Murguía contra, •• 337-38; relaciones de Hipólito Villa con, •• 343, 374, 383-84; decisión sobre Villa Coronado, •• 346-47; decisión sobre Bosque de Aldama, •• 347-48; sobre el trato McQuatters-Terrazas, •• 350-54; candidatos a sucesores suyos, •• 355-57, 359-60; y el asesinato de Villa, •• 365-66, 371-83 passim; y Salas Barraza, •• 374; temor a levantamiento villista, •• 380-81; reconocimiento de Estados Unidos, •• 381-82; y las viudas/herencia de Villa, •• 383, 385-89, 486n102, n112
Obregón-Calles-Torreblanca, archivo, •• 426
Ochoa, Delfino, • 49
Ochoa, familia, • 43, 49
Ochoa, Feliciano, • 45-46
Oficina del Counselor (Departamento de Estado de Estados Unidos), •• 429
O'Hea, Patrick, • 96; sobre Villa, •• 223-24, 323-24, 327-28; sobre Contreras, • 301; sobre Fierro, • 311; sobre Sam Drebben, • 347; sobre John Reed, • 367; sobre el gobierno carrancista, •• 175; sobre la ocupación de Torreón en 1916, •• 223; sobre los militares carrancistas, •• 236, 302; archivo, •• 432; y Brittingham, •• 461n87
Ojinaga, • 102, 110, 121, 243, 266, 268, 283, 348, 459s, 481; •• 74, 145s, 148, 228, 237, 359
Ojos Azules (poblado), •• 161
Olivera de Bonfil, Alicia, •• 433, 448
Omega, •• 369
Organizaciones campesinas, • 65s, 164, 368-69; •• 54s, 209-10, 329, 351, 458n94. *Ver también* Huelgas
Orientales, Hacienda de Los, • 55, 460
Ornelas, Porfirio, • 124
Orozco, Luis, • 18
Orozco, Pascual, hijo: y Villa, • 21, 78, 99, 139-40, 179, 184-87, 229, 300, 501-2n117; origen/rasgos, • 81-82, 115-16, 249; en Cerro Prieto, • 102, 501-2n117; relaciones con

Madero, • 116-17, 120s, 125s, 133-39 passim, 380; en los medios, • 123, 143; vínculos con la élite, • 158, 163, 169-75, 291; •• 246, • 505n51; deserción del régimen de Madero, • 167-69, 187-88; apoyo del PLM, • 168-69; hostilidad de Estados Unidos, • 188, 193; movimiento desbandado, • 208-9. *Ver también* Orozquistas

Orozco, Pascual, padre, • 82

Orozco, Wistano Luis, • 494n17

Orozco Orozco, Víctor Manuel, • 493n6, 493-94n13

Orozquistas: en Rellano, • 188; en Torreón, • 188-89; en el sitio de Parral, • 189-94, 291, 304; y Madero, • 194, 208, 215-16; y Villa, • 452; •• 176-77; odio de Villa, • 207, 258; •• 59; como bandidos, • 246-47; en la ciudad de Chihuahua, • 249; violencia/brutalidad, • 256; ejecuciones por Fierro, • 311; en la batalla de La Dura, • 390; en Zacatecas, • 399-400; y Carranza, •• 131

Orpinel, Blas, • 303

Ortega, Toribio: origen, • 50, 60, 121, 177, 243, 300-1, 446; en el levantamiento de Cuchillo Parado, • 80; y Villa, • 239, 248; muerte, •• 16, 146

Ortiz, Andrés, • 174, 505n51; •• 244ss, 310, 388, • 505n51

Ortiz, José de Jesús, • 64

Osorio Zúñiga, Rubén, • 495n25, n33, 510n23; •• 424, 426, 433, 447s

Osuna, Andrés, •• 180, 189

Outlook, • 336

Pacheco (presidente municipal de Janos), • 166

Pacheco, Carlos, • 36

Pacificación: como prioridad de Wilson, • 424; •• 113; villistas sobre, • 223s; como prioridad de los carrancistas, •• 129-31, 133

Padilla (oficial carrancista), •• 192

Padilla, Jerónimo, •• 227

País, El, • 217

Palafox, Manuel, •• 460n53, n54

Palavicini, Félix, • 322; •• 50

Palomares, Justino, •• 375

Palomas, • 41; •• 199

Pancho Villa en la intimidad (Luz Corral de Villa), •• 389, 437

Pani, Alberto, • 363

Pankey (gobernador de Nuevo México), •• 199

Papacito. *Ver* López Ortiz, Mariano

Papel moneda: uso por Villa, • 344, 382, 469; devaluación, • 478; •• 92-94, 126; falsificación, •• 35

Papen, Franz von, •• 288, 477-78n46

Paredes, Manuel, • 338

Paredón, • 393

Parker, Ralph, •• 331, 336

Parra, Ignacio, • 18s, 87s, 97, 499n35

Parral, • 80, 122s; popularidad de Villa, • 182; •• 225; sitio en la revuelta de Orozco, • 188-92, 203, 269, 291; confiscaciones de Villa, • 190s, 202, 203s; •• 184-85, 242-43; postura antiestadounidense, •• 166; última campaña de Villa, •• 296-99, 300-1, 303; asesinato de Villa, •• 365-67, 372; tumba de Villa, •• 390

Partido Acción Nacional, •• 392

Partido Liberal Mexicano. *Ver* PLM

Partido Nacional Revolucionario, •• 391

Partido Revolucionario Institucional (PRI), •• 391-92

Partido Socialista Estadounidense, •• 204-5

Patria, La, •• 121, 294, 438, 482n91, 486n102

Patton, George S., •• 195, 202

Paz Gutiérrez, Alfredo, •• 366-67

Paz Solórzano, Octavio, •• 286

Pedernales, batalla de, • 110

Peláez, Manuel, •• 29s, 89, 129, 208, 259ss, 267, 282, 287

Peones: y el sistema de peonaje por deudas, • 64, 104, 151, 156, 245, 464; •• 16, 29, 48, 402; descontento, • 165; de las haciendas confiscadas, • 460-63; y el programa de recuperación de propiedades, •• 213, 247-48; y el plan McQuatters-Terrazas, •• 350; datos del censo sobre, • 496-97n79

Peña (ministro), • 316

Peraldi, Fernando, •• 312

Pereyra, Orestes, • 300, 302s, 331

Pérez, Jesús, • 340

Pérez, Julián, •• 146

Pérez, Santana, • 39, 495n33

Pérez Correa, Fernando, •• 425

Pérez de Olveda, Piedad, • 455

Pérez Rul, Enrique, • 302, 303, 481, 515n104; •• 120; sobre Urbina, • 306; sobre Hipólito Villa, • 309; sobre influir en Villa, • 325; como secretario de Villa, • 328; sobre la victoria de Guadalajara, •• 66; sobre la derrota convencionista, •• 123; memorias, •• 436; sobre la planeada ejecución de Obregón, • 522n40

Periódico Oficial del Gobierno Constitucionalista del Estado de Chihuahua, • 464s, 479s; •• 438

Periódicos. *Ver* Prensa, cobertura de

Pershing, John J.: sobre la popularidad de Villa, •• 79-80; y el ataque a Columbus, •• 150; Expedición Punitiva, •• 154-58, 164-65,

187; colaboración de Namiquipa con, •• 160-61, 172, 196, 227; sobre la ocupación de Chihuahua, •• 195; complot para envenenar a Villa, •• 200-2; archivo, •• 430. *Ver también* Expedición Punitiva
Pesqueira, Ignacio, • 430
Pesqueira, Roberto, • 381
Petroleras, las compañías: y Peláez, •• 29-30; postura intervencionista, •• 261, 288; planes contra Carranza, •• 261-64, 337, 475-76n47, 476n48; y Calero, •• 267-68, 285; y el movimiento de Ángeles, •• 285-87; y Sherbourne Hopkins, •• 287-88; y Obregón, •• 381. *Ver también* Tampico
Philadelphia Inquirer, •• 438
Piedra, batalla de La, • 123
Pierce, Henry Clay, • 362s
Pierce, W. D., •• 144
Pierce Oil Corporation, • 362
Pineda, Rosendo, • 315
Pino Suárez, José María, • 162, 227, 229, 236, 255, 318, 465
Piña, Alberto, • 391, 408, 414
Piñones, Baltasar, •• 386
Pittsburgh Dispatch, • 371
Pittsburgh Gazette Times, •• 369
Plan de Ayala (Zapata), el, • 169, 388s, 444, 446; •• 280; adopción por la Convención, • 435-36; •• 282; como agenda nacional, •• 12-13; respuesta de Villa, •• 13
Plan de la Empacadora (Orozco), • 169
Plan de Guadalupe (Carranza), • 236-37, 388, 392, 413, 452s; •• 47
Plan de San Luis Potosí (Madero), • 72-73, 83, 136, 166, 171, 422
Plan de Tacubaya (Orozco), • 171
Platt, Enmienda, •• 165
PLM (Partido Liberal Mexicano), el, • 61; fundación/influencia, • 62-63; fracaso de, • 63; en el distrito de Galeana, • 114-15; y Orozco, • 168-69; hostilidad de Villa, • 359, 368; •• 409-10; y John Kenneth Turner, • 368; •• 47, 265; elementos modernos, •• 402. *Ver también* Magonista, movimiento
Policía Reservada de Chihuahua (policía secreta), • 483s
Polk, Frank L., •• 277s, 430
Poole, P. Martil, • 349
Porfiriano, régimen. *Ver* Díaz, el régimen de
Powell, Alexander, • 371
Prensa, cobertura de: de Orozco, • 121; de Villa, • 121, 217, 348, 370ss; •• 23-24, 322-24, 337, 354-56, 362-63, 369-71; de los Tratados de Ciudad Juárez, • 143; de la confrontación

Villa/Garibaldi, • 145-46; del contrabando de armas, • 247-48; de las esposas de Villa, • 295; •• 341-42, 482n91; por los medios estadounidenses, • 370-72; •• 122, 152; de la alianza Villa/Zapata, • 389; de las políticas de Carranza, • 391-92; •• 24-25; del Chihuahua villista, • 456, 475-77; de la reforma agraria, • 464; •• 56-57, 61; como instrumento de propaganda, • 479-80; •• 49-52, 412, 415; de la correspondencia Limantour/De la Barra, •• 45-46; de Santos Chocano sobre Villa, •• 98-99; del Wild West Show, •• 119; de la masacre de Santa Isabel, •• 145; del conflicto Murguía/Treviño, •• 230-31; del plan Hunt/Fall, •• 263-64; de De la Garza, •• 268; de la hacienda de Canutillo, •• 333s; del proyecto McQuatters, •• 354; como fuente de archivo, •• 438; de las atrocidades de los villistas, •• 479n31. *Ver también Correo de Chihuahua, El; El Paso Morning Times; Vida Nueva*
PRI. *Ver* Partido Revolucionario Institucional
Prieto, Abelardo, • 95
Prieto, Guadalupe, • 94
Primera guerra mundial: y abasto de armas, • 344, 424; •• 31, 69, 83, 139, 184; y la evacuación de Veracruz, •• 81-82; y relaciones mexicano-estadounidenses, •• 84, 113, 138-40, 152-53, 202, 257-58, 277; y la Expedición Punitiva, •• 163-64, 202; brutalidad, •• 214; perspectiva de Ángeles sobre, •• 277
Producción agrícola. *Ver* Alimentos/precios
Propaganda: villista, • 479-82; •• 49-53, 57, 412; carrancista, •• 33, 45-48, 50, 57, 457-58n74, 472n31; zapatista, •• 48-49
Propiedad privada, como principio, • 357, 411, 466; •• 282
Protestantes, misioneros, • 38, 64s, 82
Protestantismo, •• 402
Puebla, •• 15, 59, 65, 302
Pueblito, Hacienda del, •• 334, 346
Pueblos, habitantes de los: como fuerza contra los apaches, • 26, 29, 31; vínculos españoles, • 26-27; •• 297, 402; como sociedad con confianza en sí misma, • 28; relaciones de Luis Terrazas con, • 29, 41-44, 495n40; expropiación de tierras, • 31-35, 44-47, 462-63, 494n17, 496-97n79; cinco colonias, • 31-32; y los hermanos Limantour, • 34-35; concesiones de Carrillo, • 36; medidas de Creel contra, • 43-49 passim; •• 399-400; protestas sobre derechos agrarios, • 43-57 passim; derechos de pastoreo, • 43, 55, 57, 464; •• 400; vínculos con la clase media, •

128-36 passim, 146; •• 420; como política o como anárquica, • 129-30; y Tratados de Ciudad Juárez, • 140-41; contribución de Villa, • 146; comparada con revolución de 1913-14, • 232, 242; papel de las mujeres, • 335; cabilderos en Washington, • 362. *Ver también* Chihuahua, revolución en (1910-11)

Revolución mexicana (1913-14), la: papel de Carranza, • 233, 236-37; estados centrales, • 232; comparada con revolución de 1910-11, • 232, 242; jefes chihuahuenses, • 238, 242; •• 397; contrabando de armas, • 247-48; batalla de Torreón, • 250-53; ejecución de prisioneros, • 254, 255-56; cuestiones relativas a la unificación, • 259-60; batalla de la ciudad de Chihuahua, • 260; batalla de Ciudad Juárez, • 261-62; batalla de Tierra Blanca, • 265-66; papel de las mujeres, • 335-36; en San Luis Potosí, •• 16-17; en Tlaxcala, •• 17

Revolución mexicana: Mi contribución políticoliteraria, La (González Garza), • 514n87

Revolución rusa, • 74-75, 77, 231-32, 299, 441, 470; •• 9, 44-45, 216, 328, 393

Revolucionarios, movimientos: precondiciones para, • 63, 73-75, 78; fase radical, • 231-32, 469-70; facciones rivales, • 440-41, 442-43; •• 9; medidas represivas, • 483; técnicas propagandísticas, •• 44-45; y decadencia moral, •• 216-17; contradicciones inherentes, •• 328. *Ver también* Chihuahua, revolución en (1910-11); Revolución mexicana (1910-11); Revolución mexicana (1913-14)

Reyes, Bernardo: exiliado por Díaz, • 71s, 75; Madero sobre, • 113, 154; punto de vista sobre la represión militar, • 130; golpe contra Madero, • 159-60, 214, 228; y Castellanos, • 213; y Carranza, • 233; encarcelamiento, • 255; vínculos españoles, • 282; misión de estudio, • 315; y Calero, •• 267

Reyes, Canuto, •• 76, 92

Reyes Avilés, papeles de, •• 426

Reyes Robinson (oficial revolucionario), • 134

Reza, Claro, • 21, 94, 96, 178; •• 408

Rhoades, Nelson, •• 90

Rhodes, Charles D., • 160

Ricos en los pueblos, • 462-63

Rintelen, Franz von, •• 84

Río Florido, pueblo, •• 173-74, 297, 364s

Rivera, Eustaquio, • 474

Riveros, Felipe, •• 18

Roberts, John W., •• 109, 438

Robespierre, Maximilien de, • 13, 392, 441, 470; •• 9, 27, 44

Róbinson, Carlos, • 420

Robles, José Isabel: origen, • 305-6; y Villa, • 398; y la planeada ejecución de Obregón, • 420, 422, 522n40; y Obregón, • 424, 437; en la coalición convencionista, •• 20; y Gutiérrez, •• 40; ejecución, •• 41-42

Robles, Juvencio, • 149, 255, 315

Rocha Islas, Marta, •• 426, 441, 449

Rodríguez, Abel S., •• 472n31

Rodríguez, Abelardo, • 298

Rodríguez, Apolonio, • 102

Rodríguez, José, •• 115, 141, 159, 162, 198

Rodríguez, Nicolás, •• 394

Rodríguez, Ramón, •• 168

Rodríguez, Trinidad, • 249, 339, 346s, 396; •• 339

Rodríguez Sáenz, Rogelio, • 339

Rojas, Antonio, • 171s

Rojas, Máximo, •• 17

Romero, Margarita, • 481

Romero, Pedro, • 338, 340

Roosevelt, Corolario a la Doctrina Monroe, • 379

Roosevelt, Theodore, • 379

Rosado, licenciado, • 391

Rosario, batalla de, •• 225s, 227, 230s

Ross, Stanley, •• 437

Roth, Carlos, • 191, 192s

Rouaix, Pastor, • 250

Roux, Hebert, • 470

Roux, Jacques, • 470

Rubio, Hacienda de, •• 131, 241

Rubio Navarrete, Guillermo, • 197s, 201, 399, 507n49, n51, n52, n53; •• 425

Rueda Quijano, Alfredo, •• 239

Ruiz, Antonio, • 83, 500n49; •• 449

Ruiz, Ramón Eduardo, • 523n66

Saavedra, Miguel, •• 227

Sabinas, •• 323, 326, 337

Sabinas Coal Company, • 234

Sacarías (arrendatario de hacienda), • 461

Sadler, Louis, •• 201

Sala, César, •• 143

Salas, Félix, •• 308, 317

Salas Barraza, Jesús, •• 372-80, 384

Salazar, José Inés, • 171s, 175, 191, 193s, 204; •• 176s, 219

Salcido, José María, •• 243

Saltillo, • 236s, 393-96; •• 24, 40s, 58, 63

San Andrés: lucha por la tierra, • 47-48, 462; •• 399; vínculos de Villa con, • 97, 246; levantamiento revolucionario, • 99-100, 121, 167; •• 241; batalla, •• 178-79, 468n25

541

San Antonio, colonia militar, • 55s, 80
San Buenaventura, • 473
San Carlos, colonia militar, • 55s, 80
San Carmen, Hacienda de, • 460
San Felipe, Hacienda de, • 166
San Felipe Torres Mochas, •• 41, 65
San Francisco de Borja (pueblo), •• 239
San Isidro (pueblo), • 21, 38, 82s; •• 179, 186, 300
San Isidro, Hacienda de, • 460
San José de Gracia, •• 238
San Juan Guadalupe, Hacienda de, • 47
San Juan del Río, • 17, 85-88
San Juan de Ulúa (prisión), • 59, 150, 255, 430
San Lorenzo, Hacienda de, • 245
San Luis Potosí, • 198, 235, 437; •• 16s, 40s, 56, 65, 129, 204, 222, 285, 307, 394, 420
San Miguel de Babícora, Hacienda de. *Ver* Bibícora
San Pedro de las Cuevas, •• 116s, 216
San Pedro Ocuila, • 301
San Salvador, Hacienda de, •• 346
Sánchez, José María, • 101, 109
Sánchez, Juan, • 337s
Sánchez Azcona, Juan, • 133, 183, 206, 215
Sandoval (especulador inmobiliario), • 45
Sandoval, Gabino, •• 308
Santa Catalina, Hacienda de, • 147, 301s, 499n35
Santa Eulalia, mina, •• 300
Santa Isabel: masacre de López, •• 142-45, 151, 162, 193, 242, 465n28; derrota de Osuna, •• 179-80; ocupación carrancista de, •• 237
Santa María de Cuevas, pueblo, • 375s
Santa Rosa, batalla del cerro de, •• 190-93, 218
Santa Rosalía, guarnición, •• 183, 314
Santiago Tlatelolco (prisión militar), • 214, 216
Santo Tomás, pueblo, • 41, 209
Santos Chocano, José, • 326s, 480, 514-15n101; •• 98-100
Santos Merino, •• 472n31
Sarabia, Emiliano, •• 285
Sarabia, Juan, • 62, 169
Satevó (pueblo), • 245s
Saucito, Hacienda de, • 245
Scobell (cónsul británico), • 281
Scott, Hugh: vínculos de Villa con, • 364-65, 366, 448; •• 144, 194; experiencia/ideología, • 364-66, 516n54; •• 80, 407; y Ángeles, •• 91, 102; y la Compañía Jabonera, •• 96, 461n87; sobre la Expedición Punitiva, •• 154, 156, 164s; archivos, •• 430

Scott-Obregón, Protocolo, •• 207. *Ver también* Expedición Punitiva
Seáñez, Soledad (esposa de Villa), • 297ss; •• 340, 342, 386, 388-89, 437, 486n112
Secretaría de la Defensa Nacional, • 12, 204; •• 374s, 390, 427
Secretaría de Agricultura y Fomento, • 45ss, 52-56; •• 348
Secretaría de Gobernación, • 141, 154; •• 111, 353, 376, 390
Secretaría de Guerra, • 141, 201; •• 167, 188s
Seese, George, •• 138, 151
Serdán, Aquiles, • 305
Serrano, Francisco, • 235; •• 324
Serrano, Juan, •• 375
Servín, Martiniano, •• 63
Sheldon Hotel (El Paso), •• 265
Shmidt, Catarino, •• 373
Sifuentes, Bernabé, •• 386
Silliman, John R., •• 86, 89, 113
Silva, Darío, • 298; •• 89, 263
Silva, Mabel, •• 482n98
Silva, Miguel, • 413, 420
Silva, Prisciliano, • 116s
Silva Sánchez, •• 192
Sims, Harold, • 493n10
Sisniega, Federico, • 505n51
Slocum, Herbert J., •• 150
Socialismo, • 486-87; •• 281s, 310-11
Sociedades de Ayuda Mutua de los Trabajadores, • 61, 69
Soldaderas, • 335-37, 401; •• 108s, 221, 472n31
Sombreretillo, Hacienda de, • 301, 461
Sombreros, táctica de los, • 100, 500n57
Sommerfeld, Felix: como agente de Villa, • 344, 449, 516n54; •• 70; y Hopkins, • 363-64, 518n28; •• 288-89; sobre la seguridad de Ángeles, •• 102; y el ataque a Columbus, •• 138-40, 265; como agente alemán, •• 477-78n46
Sonora, • 72, 106, 151, 232, 259; •• 397; y golpe de Huerta, • 235; papel de Maytorena, • 235-36, 411-12; •• 102-3; conflictos de liderazgo, • 390-91; conferencia de Torreón sobre, • 412-13; campaña de Villa, • 414; •• 97-109 passim, 115, 136; estrategia Villa/Obregón en, • 415-18; expropiación de tierras, • 446; minas estadounidenses, • 448; infraestructura civil, • 454-55; batalla de Agua Prieta, •• 108-9, 136, 149, 406; Enríquez, •• 132
Sorola, Manuel, •• 382
Sosa (general carrancista), •• 237
Sota, Josefa, • 21

546

Fotocomposición: Alfavit, S. A. de C. V.
Impresión: Programas Educativos, S. A. de C. V.
Calz. Chabacano 65-A, 06850 México, D. F. Empresa certificada por el Instituto Mexicano de Normalización y Certificación, A. C., bajo la norma ISO-9002: 1994/NMX-CC-04: 1995 con el número de registro RSC-048, e ISO-14001: 1996/NMX-SAA-001: 1998 IMNC con el número de registro RSAA-003.
10-IV-2003